清史原来超有趣

另一半清史

莫忆城　编著

中国华侨出版社
北京

图书在版编目(CIP)数据

清史原来超有趣：另一半清史/莫忆城编著.—北京：中国华侨出版社，2014.5(2020.7重印)

ISBN 978-7-5113-4609-4

Ⅰ.①清… Ⅱ.①莫… Ⅲ.①中国历史—清代—通俗读物 Ⅳ.①K249.09

中国版本图书馆 CIP 数据核字(2014)第 102031 号

清史原来超有趣：另一半清史

编　　著：	莫忆城
责任编辑：	岑　芩
封面设计：	韩立强
文字编辑：	黎　娜　贾　娟
图文制作：	北京东方视点数据技术有限公司
经　　销：	新华书店
开　　本：	720mm×1020mm　1/16　印张：28　字数：596 千字
印　　刷：	北京德富泰印务有限公司
版　　次：	2014 年 8 月第 1 版　2020 年 7 月第 4 次印刷
书　　号：	ISBN 978-7-5113-4609-4
定　　价：	68.00 元

中国华侨出版社　北京市朝阳区西坝河东里 77 号楼底商 5 号　邮编：100028
法律顾问：陈鹰律师事务所
发 行 部：(010)58815874　　　　传　真：(010)58815857
网　　址：www.oveaschin.com　　　E-mail: oveaschin@sina.com

如果发现印装质量问题，影响阅读，请与印刷厂联系调换。

前 言

人性是推动历史发展的动因，以人为本，历史才有意义。每个历史人物身上都有很多可以评说的生动的故事，这些故事组成了丰富多彩的历史。

清朝是中国历史上第二个也是最后一个由少数民族入主中原并建立的大一统政权，是中国历史上封建君主专制王朝中的最后一个，历经十三朝十二帝。其前身是1616年由努尔哈赤建立的后金政权，1636年皇太极将国号改为大清。1644年，多尔衮迎顺治帝入关，迁都北京，其后统治中国近300年。这一时期，统治者巩固了中国多民族国家的统一，奠定了现代中国版图的基础，鼎盛时领土达1300万平方公里，疆域西跨葱岭，西北达巴尔喀什湖，北接西伯利亚，东北至黑龙江以北的外兴安岭和库页岛，东临太平洋，东南到台湾及附属岛屿钓鱼岛、赤尾屿等，南至南海诸岛。

这一时期，发生了或正史记载的，或民间流传的，或众说不一的，或争论不休的一系列故事：有改朝换代的血腥战争、尔虞我诈的宫廷竞争、空前绝后的开疆扩土、思想文化的钳制、此起彼伏的农民起义、西方列强的侵略压迫、开明人士的救亡图存、异域文化的西学东渐、维新人士的改良尝试……它达到了封建王朝的最高顶峰，却也成为2000多年来中国专制帝制统治的最后终结。

读清史，我们看到了一个帝国由兴而衰、由盛而亡及其背后故事——骨肉相残之痛、权宦迭起之恨、奸贼横行之怒、流寇殃民之殇，加之朝堂上纷纷扰扰的派系之争，虎视眈眈的强敌，曾经的锦绣河山终被弄得一败涂地，可悲可叹。

书写一部历史，不是为了向世人展现往昔的人情世故，叫人为王者感叹踌躇，而是为了与历史的人物身影交错，携手同游，共经盛世兴衰的波澜，体味人生的豪迈与遗憾，捕捉人性中的善与恶。

本书以人性解史，以趣味说史，将整个大清王朝将近300年的历史，分为"天朝上国初长成""跃马中原，扶摇直上""夕阳残照——在残败家园被辱的岁月"三个阶段，从努尔哈赤崛起于东北写起，从跃马中原到驰骋天下，从统一全国到丧权辱国、宣统退位出宫，记述了大清王朝近300年的历史史实，再现了清朝数百年间的各种风云际会，涵盖了政治、经济、军事、文化、科技、宗教、法制、外交等领域的历史大事和兴亡嬗变。

本书尽量避免枯燥乏味的叙述方式，在尊重史实的基础上，以幽默风趣却不乏智慧的语言、调侃轻松却不失庄重的语调，讲述中国300多年前的历史，并试图进入到历史事件背后，深度挖掘历史人物内在的真实情感，使读者与其产生共鸣。本书运用三维结构，用历史事件来展现人性的复杂和诡秘，透过历史的迷雾，解构历史中的人物，以人性洞察历史，还原历史的真相。

目 录

第一卷　天朝上国初长成

第一章　从奴隶到大汗，努尔哈赤的奠基路 ·········· 2
　　爱新觉罗氏的始祖传说 ·········· 2
　　寄人篱下受人欺 ·········· 4
　　死里逃生很玄乎 ·········· 6
　　血染古勒城 ·········· 9
　　闪击图伦，首战告捷 ·········· 11
　　兔子急了也会咬人 ·········· 14
　　十岁小女下嫁有妇之夫 ·········· 16
　　出来混，总归是要还的 ·········· 18
　　因美女而灭的九部联盟 ·········· 20
　　不爱红颜恋江山 ·········· 24
　　翅膀硬了单飞时 ·········· 26

第二章　后金崛起，真的不忽悠 ·········· 29
　　上马征战忙，下马改革新 ·········· 29
　　七恨告天，师出有名 ·········· 32
　　后金与明朝的正面交锋 ·········· 34
　　凭你几路来，我只一路去 ·········· 36
　　迁都辽阳，紧逼大明 ·········· 38
　　恩威并济，化敌为友 ·········· 41
　　广宁之战尽取辽西 ·········· 43
　　半路杀出个程咬金 ·········· 46
　　努尔哈赤的最后一战 ·········· 49

第三章　皇太极：聪明的"伐木人" ·········· 52
　　谁杀了努尔哈赤 ·········· 52

"伐木工"夺皇位 ··· 54
先稳住了再说 ··· 57
权力要实实在在地握在自己手里 ··· 60
生死冤家袁崇焕 ·· 62
欲擒故纵除隐患 ·· 65
醉翁之意不在酒 ·· 68
武攻朝鲜，拉拢蒙古部，建大清 ·· 69
兼容性强的管理系统 ··· 71

第四章　轮番上场唱主角 ·· 75
君王有罪无人问 ·· 75
戛然而止的吴陈姻缘 ··· 77
草根皇帝不靠谱 ·· 80
左手借兵剿匪，右手开门揖清 ··· 83
没有定论的皇太极之死 ·· 86
皇太极枕边的政治家 ··· 90
激烈的皇位之争 ·· 92
当不了皇帝就掌控皇帝 ·· 95

第二卷　跃马中原，扶摇直上

第一章　说清朝不如唱清朝 ··· 100
自产自销办戏班 ··· 100
舞台上的皇室爱情 ·· 102
有心无力过笔瘾 ··· 104
青年真才子，晚年老名士 ·· 106

第二章　有的不仅是好戏，还有问题 ······································ 109
顺治之死，袈裟还是寿纱 ·· 109
康熙登基另有推手 ·· 112
降臣杀主，斩草除根 ··· 113
吃力不讨好 ··· 115
亦正亦邪说鳌拜 ··· 117
每个成功男人的背后都有一个女人 ·· 120
十天还完八年受的气 ··· 123
皇帝不发话没人敢行动 ·· 125

学习好的有官当 127

第三章　平三藩，统台湾，定边疆 131
　　吴三桂，你别太得意 131
　　狐狸尾巴终于露出来了 133
　　早知今日何必当初 134
　　郑成功治理台湾有一套 136
　　揭开陈近南的真实面纱 138
　　敬酒不吃吃罚酒 139
　　纯属正当防卫 141
　　关键时候还得自己出马 145

第四章　打好民生牌 147
　　土地问题事小，打击政敌事大 147
　　发展生产、搞水利两手抓 148
　　六下江南，一举三得 150
　　避暑不过是个幌子 152
　　山区里做官，土房里断案 154
　　靳辅治河，百姓丰衣足食 157
　　手工业的恢复和发展 159
　　农民也要做点小生意 161
　　北"京"南"扬"，平分秋色 163

第五章　九子夺嫡花样多 166
　　被两立两废的太子 166
　　如意算盘也有不如意的时候 169
　　聪明反被聪明误的皇八子 171
　　十四变四，谁才是正统 173

第六章　雍正：承上启下的过渡者 177
　　父皇驾崩永远有说头 177
　　生母使绊子，难倒雍正帝 180
　　作诗要小心，说话要留神 183
　　此地无银三百两 185
　　十三弟的忠诚 188
　　李卫当官 190

第七章　康乾盛世不安稳 192
　　侄子反叔叔 192

最后的安稳民生 ·· 195
准噶尔部终于消停了 ·· 197
平定大小金川叛乱 ··· 200
土尔扈特部归国 ·· 202

第八章 风光背后有隐患 ·· 206
乾隆身世之谜 ·· 206
全面革新有鱼漏网 ··· 208
大排场游玩，大手笔摆宴 ····································· 211
史上最高产的诗人 ··· 213
编书还是毁书 ·· 215
"纪大烟袋"不简单 ··· 217
谁说刘墉是罗锅 ·· 219

第九章 和珅：巧取豪夺，无所不用 ························ 222
和珅的发迹之路 ·· 222
是贪官，也是理财高手 ·· 225
挡他财路者死 ·· 227
心口不一，退而不让 ··· 229
和珅跌倒，嘉庆吃饱 ··· 230

第十章 有心无力的嘉庆 ·· 233
被逼无奈的起义 ·· 233
无力回天 ··· 234
死不瞑目 ··· 236
弹弓打出皇位 ·· 237
鸦片贸易 ··· 239

第三卷 夕阳残照——在残败家园被辱的岁月

第一章 落魄挨打奈何天 ·· 242
鸦片贩子的克星 ·· 242
微焦再现虎门销烟 ··· 245
遮羞破布化炮灰 ·· 247
《穿鼻草约》——《南京条约》的序曲 ················ 250
到梦醒的时候了 ·· 251
大国首富的悲哀 ·· 253

皇帝也无奈 ················· 255
　　一死百了 ·················· 256

第二章　太平城的太平军 ············ 259
　　残疾君王有妙计 ··············· 259
　　"四无"皇帝 ················ 260
　　"上帝"也疯狂 ··············· 261
　　封个王来当 ················· 263
　　自欺欺人的大同梦 ·············· 264
　　天王梦碎了 ················· 266
　　惹不起，躲得起 ··············· 268
　　空想的资本主义 ··············· 270
　　回光返照，大势难返 ············· 272

第三章　签到手软的各色条约 ·········· 276
　　英军轰不开的城门 ·············· 276
　　中国商船，一个入侵的借口 ········· 278
　　卷土重来 ·················· 280
　　可惜了那园子 ················ 287

第四章　清末"女皇"慈禧 ··········· 290
　　兰贵人的那点心计 ·············· 290
　　牝鸡司晨 ·················· 292
　　女人来要权 ················· 294
　　暗箱操作清末政治 ·············· 297
　　见书头疼，说玩眼放光 ············ 299
　　沉迷于酒色的同治帝 ············· 300

第五章　又一个傀儡 ·············· 305
　　尚未破解的死亡谜团 ············· 305
　　被抱来的小皇帝 ··············· 307
　　被当皇帝很受挫 ··············· 309

第六章　洋务运动：未富未强先破产 ······ 313
　　洋务运动的兴起 ··············· 313
　　清末出国热 ················· 319
　　设同文馆，开展近代教育 ··········· 321
　　强军之梦，洋务派的奋争 ··········· 323
　　技术立国，学皮毛 ·············· 325

安内攘外，师夷长技以自强 ·················· 327
陆路不通走水路 ······························ 331
真给中国人长脸 ······························ 332

第七章　不败而败，不胜而胜 ·················· 336
爱怎么样就怎么样吧 ·························· 336
姜还是老的辣 ································ 339
三朝赤诚心 ·································· 342
福建水师的噩梦 ······························ 344

第八章　海疆上的悲鸣 ························ 349
失落的亚洲第一 ······························ 349
打仗放一边，祝寿最要紧 ······················ 352
每日只吃一餐的政治秀 ························ 354
未烧城门，先灭池鱼 ·························· 357
真正是心口不一 ······························ 359
"以夷制夷"的计划落空 ······················· 361
这一天终于来了 ······························ 364
奕䜣也不能将"杯子修补完整" ················· 365
且战且求和 ·································· 367
《马关条约》 ································ 370
重建北洋水师 ································ 373

第九章　戊戌变法，近代化政治改革的尝试 ········ 375
公车上书 ···································· 375
且由他们闹去 ································ 377
光绪帝的努力 ································ 380
空欢喜一场 ·································· 382

第十章　大清帝国最后的岁月 ···················· 385
扶清灭洋，来自民间的反抗 ···················· 385
借力打力 ···································· 386
大事不妙，赶快求和 ·························· 389
一盘散沙，义和团神话的破灭 ·················· 391
八国联军夺北京 ······························ 393
苦做了替罪羔羊 ······························ 395
逃时落魄，回时铺张 ·························· 396

第十一章　封建挽歌，新世界崛起 ········· 400
　　袁大头火了 ········· 400
　　换汤不换药的新政 ········· 403
　　文界也革命 ········· 405
　　光绪死亡之谜 ········· 407
　　慈禧之死 ········· 409
　　一语成谶，大势已去 ········· 411
　　大清掘墓人 ········· 414
　　抛夫弃子闹革命 ········· 416
　　君主立宪梦被搅了 ········· 418
　　惨淡谢幕 ········· 421

第十二章　不绝如缕写哀情 ········· 424
　　给女人们一个乌托邦 ········· 424
　　嬉笑怒骂龚自珍 ········· 426
　　"当朝柳永" ········· 428
　　男有容若，女有太清 ········· 429
　　行云流水一孤僧 ········· 431

第一卷
天朝上国初长成

　　明朝后期,朝政腐败,君王不朝,民不聊生,东南倭寇作乱,中原农民起义,北方的蒙古部落虎视眈眈……朱元璋辛辛苦苦建立起来的大明王朝,就如同一株从内部开始腐烂的大树,在风雨中飘摇。但谁也没想到,明王朝的对手,竟然是来自一个苦寒之地、地处边陲荒原的女真人。金朝之后,努尔哈赤以十三副铠甲起兵,一统辽东,刀锋直指已是强弩之末的朱明王朝。努尔哈赤之后的皇太极、多尔衮承父遗志,挺进中原,掀起惊涛骇浪。

第一章
从奴隶到大汗，努尔哈赤的奠基路

从帐下奴隶到开国之君，从十三铠甲到千军万马，努尔哈赤用44年的时间完成了人生的蜕变。44年里，他是历史航船的舵手，斩冰破浪，激荡烟波，统建州，并海西，收野人，灭叶赫，结束长期以来女真各部落之间的混战，打造出一支足以与明朝相抗衡的锋利长矛。

爱新觉罗氏的始祖传说

明嘉靖三十八年（1559年），建州左卫苏克素护部赫图阿拉城（后改称兴京，今辽宁省抚顺市新宾县）中传来一声新生儿响亮的哭声，他的父亲、大明建州左卫指挥爱新觉罗·塔克世为自己的第一个儿子取名努尔哈赤。赵尔巽等在《清史稿·太祖本纪》中写道："（努尔哈赤）孕十三月而生。"也就是说其母是怀孕十三个月方才生下他。

从"努尔哈赤"这个名字能看出爱新觉罗家族那种剽悍的性格。爱新觉罗为"像金子般高贵神圣的觉罗族"之意，"爱新"意为"金子"，"觉罗"是地名，在今天

长白山天池

"长白山"之名源于满族语果勒敏珊延阿林，被视为满族的发源地，备受满族人尊崇。《太祖武皇帝实录》最早记载了长白山之东北布库里山下佛库伦吞神鸟所遗朱果而生布库里雍顺的神话，以此向人们昭示皇权天授的神圣性。

黑龙江省依兰一带，是清太祖努尔哈赤祖先最早居住的地方。

传说很久以前，东北长白山上有一座布库里山，山上有一个湖泊，叫布勒瑚里湖。也不知是何年何月，天宫里的恩古伦、正古伦、佛库伦三位仙女突然心血来潮，想要到凡间去玩玩。于是，她们想办法躲过了天庭守卫的法眼，偷偷溜到人间，来到布勒瑚里湖畔。

湖水分外清澈晶莹，对三个终日闷在天庭的仙女有着莫大的吸引力。合计一番，她们决定在湖里先洗个澡。

正在三位仙女玩得开心之时，一只喜鹊飞了过来，在三仙女中最小的佛库伦头上久久盘旋。佛库伦感到很奇怪，伸出手去想要摸摸这只看起来十分可爱的喜鹊。但没想到，喜鹊将口中衔着的一枚朱果吐到了她的手中，随后长鸣而去。

喜鹊留下来的这枚朱果色泽红艳，散发着一股诱人的香气，让佛库伦爱不释手。见两位姐姐有穿衣服离开的意思，就忙把朱果放在嘴里，匆忙着衣。忙中出错，佛库伦一不留神把果子囫囵吞进肚里。没过多大一会儿，佛库伦便感到有小腹下坠的异状，心知自己这是怀孕了。当两位姐姐要飞走时，自己的身体却沉重不堪，无法驾云飞升。

两位姐姐得知事情的来龙去脉之后，安慰她道："我们早已长生不老，时间的流逝对我们来说没什么意义。你就在这里把孩子生下来，等身子轻了再飞回去也来得及。"

就这样，佛库伦独自一人留在了布库里山上。

没过多久，一个长相奇异的男孩呱呱落地，生下来就会说话，迎风就长，没多长时间，便长大成人。佛库伦给他起了个名字：爱新觉罗·布库里雍顺，将自己的身世和他的诞生经过详细地讲与他听，并告诉他："你是上天安排出生的人，你的使命就是平息天下的战乱。现在，你沿着这条溪水一直往下游，那里有你成名立业的地方。"说完这番话，佛库伦便消失不见了。

布库里雍顺划着母亲留下的一叶独木舟，顺流而下，来到长白山东南一个叫鄂谟辉的地方，在溪水边用柳枝和野蒿搭起一座窝棚，暂时居住了下来。

在布库里雍顺居住的地方，有一座城叫鄂多理城，也就是今天的吉林省敦化市。城里有三姓人家，各以姓为派别，形成三派，终日里为了争夺鄂多理城的控制权而打个不休。但三家实力差不多，谁也没本事把另外两家吃掉，更不甘心就此沦为人后。是故，这座小小的城里终日上演着刀光剑影的闹剧。

一日，城中有人去提水，发现溪边有一座窝棚。那个时候交通极为不便，陌生人很少见，所以他很是惊讶。走近一看，见里面住着个相貌奇异、举止不凡的年轻人——布库里雍顺。

当下，布库里雍顺向来者介绍了自己，也将自己的使命告知。来者一听，满心欢喜，连忙奔回城里，找到仍在械斗的三家首领，将情况一一讲明，并说："我想他会公平解决我们之间的争斗的，为什么不去问问他呢？"三家首领听罢，又惊又喜，忙率一干人来到了布库里雍顺的窝棚前。

见到布库里雍顺后，三家首领一商议，决定结束三家争斗，让这个上天派下来的使者担任城中领袖。众人用手臂结成人轿，抬起布库里雍顺，浩浩荡荡地走回城中。

从此以后，布库里雍顺便成了鄂多理城之主，娶了城中如花似玉的百里氏之女为妻。鄂多理城终于迎来了安定、平静的日子。

然而好景不长。布库里雍顺死后没过几代人，鄂多理城再次陷入危机之中。一次极大的叛乱，布库里雍顺的子孙几乎被斩杀殆尽，只有一个名叫樊察的小男孩逃了出来。当他逃到荒野上时，身后的追兵越来越近，眼见就要束手就擒，突然几只乌鸦落在他的肩膀上，追兵误以为樊察是一段枯树，从他的身边跑了过去。就这样，樊察才侥幸逃脱，将爱新觉罗氏的唯一血脉传了下去。

以上爱新觉罗氏的起源是根据清人所写就的《清实录》整理而成。从中可以看出，其神话色彩远远大于可以让人相信的历史事实。不过历史上确实存在过名叫布库里雍顺的人，当然他不是仙女的儿子，而是一个生卒年不详、曾任职元代首任斡朵里万户府万户的人，出生于黑龙江北岸的依里兰多里，另有一种说法是出生在海兰泡的薄科里山。无论是哪种说法，都离长白山十万八千里。就算是布库里雍顺后来搬到了长白山附近，那么也不能证明爱新觉罗这个姓是从他那里留下来的。因此，布库里雍顺是否为爱新觉罗氏的始祖，仍然悬而未决。

不管怎么说，传说中的清朝肇始算是出现了。

寄人篱下受人欺

明万历元年（1573年），明抚顺游击裴承祖带着数十个随从来到建州右部都指挥使王杲（满族语名为喜塔喇氏·阿突罕）的古勒城（今辽宁新宾）中。裴承祖叹了一口气，义无反顾地走了进去。

裴承祖此行是来向王杲讨要被绑架的大明人质的。说来话长。大明王朝在辽东采用的是对女真人进行分而治之的政策，一方面以海西女真哈达部贝勒王台压制建州王杲，却又并不正式向王杲授以官职。这就引起了王杲对朝廷的极大不满，经常纵容部落之人抢掠汉族人的牲畜。

明隆庆四年（1570年），明朝廷为了息事宁人，特意在抚顺城设立抚夷厅，在周边地区开辟贸易，"自此开原以南，抚顺、清河、瑷阳、宽甸，皆有市场，奉明约束"，让王杲以马换钱，想要借此来让王杲安分些，哪怕王杲经常用羸弱不堪的瘦马、病马来充当贡马，朝廷也忍气吞声，用高价收购。但王杲并不领情，抚夷厅内，索酒抢酒，每喝必醉，酒醉之后又大肆闹事，抚夷厅的明朝官员也不敢管，只得任他骂街耍酒疯。曾经有一个新上任的边官贾汝翼坚持要察看王杲带来的"贡马"质量，王杲大为不满，怀恨而去。不久便再次对汉族人进行掠夺。软弱的明朝廷不仅没有采取有效的反击措施，反而撤掉了贾汝翼的职务。这样一来，王杲更加有恃无恐。

两年之后的秋天，王杲部将来力红属下奈尔秃等四人入关降明。来力红前来索人时，被抚顺的裴承祖拒绝。虽然裴承祖后来在朝廷的施压下将奈尔秃等人送了回去，但来力红仍旧恨之入骨，并出兵攻入抚顺城，率人掠去明军五人。对此，右佥都御史巡抚辽东张学颜上奏朝廷："汝翼却杲馈遗，惩其违抗，实伸国威。苟缘此罢斥，是进退边将皆敌主之矣。臣谓宜谕王杲，送还俘掠。否则调兵剿杀，无事姑息以畜祸。"

这番措辞极为强硬，而朝廷则以此宣谕王杲，敦促其放人。然而王杲并没有把这份旨意放在眼里，依旧我行我素。裴承祖这才不得不单刀赴会。

同样是向对方索要俘虏，王杲的部将来力红好歹是全身而退，裴承祖并没难为他；而裴承祖此番来向王杲要人，却等于是自闯地狱。

王杲不仅没有将五个被俘的明军士兵还与裴承祖，反而将这个送上门来的冤家剖腹剜心处死，裴承祖所带来的数十名随从也无一幸免，皆命丧辽东。

忍无可忍已无须再忍。明朝廷对王杲所作所为的忍耐已到了极限，青萍之末的微风迅速化为逆转宇宙的狂飙，战争一触即发。

明万历二年（1574年），辽东都督佥事李成梁率领6万大军奉旨征讨王杲部落。除前因外，李成梁又声称王杲"负不赏之功，宁远相其为人，有反状，忌之"。李成梁乃一员名将，善于用兵。即使王杲采用"深沟坚垒以自固"的防御手段，坚守古勒城，依然没有挡住李成梁的一把大火，全军覆没。王杲运用李代桃僵之计，带着一干家眷侥幸逃脱，向蒙古方向狂奔而去。

破古勒城时，李成梁部本已斩首1104名女真人，但李成梁在对一个16岁的少年挥刀时，却把手垂了下来。这个少年就是努尔哈赤。

王杲是努尔哈赤的外祖父。10岁的时候，努尔哈赤三兄弟不受继母待见，父亲便将哥仨送到王杲部做人质。按说都是血脉至亲，外孙子的到来应当是给老爷子增添天伦之乐的，但努尔哈赤之父、大明建州左卫指挥塔克世当时是明朝的官，与王杲这个部落首领正是对头，因此翁婿俩人闹得很僵，王杲也就迁怒于外孙子，将自己的这几条血脉看成奴隶。

虽然努尔哈赤在外公家是奴隶，但好歹也有个落脚之处，不至于无家可归。然而古勒城一战，王杲部落彻底覆灭，努尔哈赤再次陷入孤苦无依的境地。眼见李成梁对自己动了杀心，努尔哈赤连忙跪倒在地，抱住李成梁所骑战马的腿，放声大哭，再三请死。

如果努尔哈赤不去痛哭请死，李成梁是一定要斩草除根的；结果他请杀之言一出口，李成梁反倒是心不忍了。动了恻隐之心的李成梁偏腿下马，"怜之，不杀，留帐下卵翼如养子"，把努尔哈赤带到抚顺城中。

李成梁部驻扎的抚顺城建于明洪武十七年（1384年），其意为"抚绥边疆，顺导夷民"，正是中原的桥头堡，在战略上起到对辽东少数民族各部落群体的监视及反扑作用。因此，被朱明王朝视为关外地区的军事要地，其守将自然也是要千挑万选。

李成梁镇守辽东30年，仅大捷就有10次之多，时有"东南戚继光，东北李成梁"之说，与抗倭英雄戚继光相提并论。后世清人所撰的《明史》中，也给了李成梁很高的评价："边帅武功之盛，（明）两百年来所未有。"可见其人在军事上确有造诣。

李成梁是朝鲜人后裔，高祖李英时迁到中原。大明王朝对他不那么待见，虽然李成梁有能力及军事素养，还是被派到这个苦寒之地来了。不过这对李成梁来说也算是因祸得福，《明史》中说他"全辽商民之利尽笼入己"，控制了整个东北地区的军事、经济，俨然一方军阀。

努尔哈赤以退为进，保全了自己的性命。投身李成梁后，因"身长八尺，智力过人，隶成梁标下。每战必先登，屡立功，成梁厚待之"，不可不谓是塞翁失马。

一天，李成梁的小妾在给他洗脚的时候，发现了李成梁脚底板上有三颗黑痣，很惊讶。李成梁得意地说："这三颗黑痣可是富贵之兆。正是因为有了它，我才能当上如此大的官。"

他的小妾若有所思："那脚心上长了七颗红痣的又有什么福分呢？咱家小罕（努尔哈赤的昵称）的脚底板就有七颗红痣呢。"

李成梁听后大惊失色，几乎将洗脚盆踢翻：脚心长七颗红痣乃是天子之象，这人表面上看来倒还本分，可没想到他脚底下踩着的竟是这么大的一座火山！前不久朝廷传来一道密旨，称据观天象，紫微星下凡，东北方有天子之气，着李成梁秘密查访，一有消息，即刻逮捕。

李成梁当下拿定主意，也不声张，命令下人连夜打造囚笼，准备天一亮就将努尔哈赤押解上京。

李成梁的小妾虽然不明白怎么回事，但善于察言观色的她见李成梁脸色有异，忽怒忽喜，再喜再怒，心知定会跟自己刚才说的话有关。平日里她与努尔哈赤的关系不错，见此情形，顿感后悔，于是偷来了李成梁的令箭，趁着夜色，跑到了努尔哈赤的卧室，告诉努尔哈赤李成梁要对他下手，让他赶紧跑，能跑多远跑多远。

努尔哈赤手持令箭，骑上一直伴随他的一匹青马，冲出李府，冲进了茫茫的夜色中。

死里逃生很玄乎

抚顺，李府，夜未眠。

一具女尸静静地悬在一棵种在静谧之处的柳树上。万籁俱寂，唯有府中工匠们刻意压抑的打造囚笼的叮当声，在夜空中回响。

三更天，但李成梁一点倦意也没有。他目光灼灼地看着渐渐成形的囚笼，心下不禁得意非常。要知道，当时在位的天子是万历皇帝朱翊钧，这位皇上感兴趣的是如何享尽人间富贵，如何做到长生不老，因此无论七颗红痣之象是不是天子之兆，万历皇帝都会深信不疑的。

突然，一个家丁匆匆跑来报告："小夫人自缢了！"

李成梁闻听此言，好似一瓢冷水当头浇下。他倒是不在乎一个女子，而是隐约感觉到努尔哈赤已经不在他的掌控中了。

果不其然，当李成梁匆匆赶往努尔哈赤所住的卧室时，早已是人去屋空。盛怒之下，李成梁下令将已死的小妾全身衣服扒光，用柳条重责四十。传说后来满族人民每年收黍子的时候，都要插柳枝，为的是感激和纪念那位为救努尔哈赤而殉命于柳树上的小妾；而熄灯祭祀的习俗，则源于为死后赤裸身体的小妾遮羞。

李成梁当即下令，出兵追击，不抓回努尔哈赤誓不罢休，活要见人，死也要看到尸体！

此时的努尔哈赤正骑着青马在浓浓的夜色中逃亡，身边只有他的大黄狗紧紧相随。从夜到晨，又从清晨到中午，直到把他的那匹青马累死在了路上。努尔哈赤看着青马的尸体，看着青马依旧在滴淌着血沫的嘴，潸然泪下，发誓说："大青啊大青，日后我努尔哈赤建国之时，必以你的名字来命名！"说罢，带着狗继续逃亡。

失去了脚力的努尔哈赤自然跑不过装备齐全的追兵。情急之下，一头钻进了一片荒草地。黑土地土质好，就算是荒草也比人长得高，努尔哈赤钻进去，就如同是一根针掉进了汪洋大海，上哪儿去找？李成梁的追兵还都骑着马，更没法进去找了，索性将荒草地围了个水泄不通。

跑了一整夜的努尔哈赤见追兵没跟上，顿时松懈了下来，委顿倒地，沉沉睡去。

李成梁左等右等也不见努尔哈赤的动静，顿时大怒，命令士兵纵火，一定要逼出努尔哈赤，就算是把他烧死了也行。顿时火光冲天，荒草地成了一片火海，转瞬间就要烧到努尔哈赤的身边。而努尔哈赤，依然昏昏地睡着。

见熊熊之火马上就要烧到身边，始终伴随着努尔哈赤的那条黄狗万分焦急，连咬带挠也没把努尔哈赤弄醒。情急之中，狗看到不远处有一个小水坑，就跳进去把身体沾满水，再跑回努尔哈赤身边打滚，压灭大火，就这样来来回回的，终于在努尔哈赤身边弄出条防火隔离带。努尔哈赤的性命算是保住了，但那条狗却累死了。

这时，荒草地也被火烧得所剩无几，李成梁的追兵踏着地上的灰烬一点点地缩小包围圈。当追兵快靠近努尔哈赤的时候，一群乌鸦铺天盖地地扑到了努尔哈赤的身上，将他盖了个严严实实。追兵走近一看，以为是乌鸦在啄吃死尸，认定努尔哈赤已死，也就鸣金收兵，撤回了李府。

这一切都是在努尔哈赤沉睡时发生的。等他睡够了睁眼一看，见旁边倒着自己的狗，身上落着一群乌鸦，再看到身边的灰烬和防火隔离带，方明白了刚才的凶险。

就这样，努尔哈赤逃脱了李成梁的追踪。

与满族人的肇始相同，上述这段历史同样充满了不可思议的色彩。其实这也是一个民间传说，并且为当今绝大多数人所了解和接受。但事实却并非如此。

努尔哈赤确实因为王杲的战败而被李成梁俘虏，可他的身份只是李成梁的奴隶，养子一说实为后世杜撰。要知道，李成梁可是有九个儿子的，个个都挺成器，没必要把一个小奴隶当儿子养活。

努尔哈赤脚底板上的七颗红痣也不过是传言，谁也不知道有没有。努尔哈赤逃出李府的原因据说是他与李成梁的小妾有苟且之事，被李成梁听到了风声。这种家丑对一个普通男人来说都是致命的，更何况堂堂封疆大吏？李成梁肚量再大，这口气恐怕也没法咽下去。

至于以青马之名为大清国号，更是子虚乌有。清的国号是在1636年由皇太极改金为清。为什么称之为清？史学界公认的说法有两种：

一种说法是在改国号的前一年，也就是1635年，皇太极便废除了族号"女真"，

满族鸟兽神帽神衣
满族的神帽是一个鸟兽的形状，由此可见满族人的图腾崇拜。

改称"满洲"。在满族语中，"满洲"的发音与"曼殊"相似。"曼殊"一词来自佛教，本是一尊佛的名字，意思是"清之帝王"。皇太极用"清"代"金"作为国号，对于取代明王朝和笼络各族人心，都比"大金"或"后金"这两个称呼所能起到的作用大得多。

另一种说法恰与上面的说法相反，乃是舍去"清"的本意而用其发音。满族语中的"清"与"金"属谐音字，在发音上，汉语的"清"与满族语的"金"发音相同，把"金"改为"清"，只是改了一个发音相同的汉字而已，满文中却无须改动。

具体哪一种说法是正确的，现在史学上尚无定论，以至于还有多种说法流传。例如皇太极曾经得到一方据说是夺自元顺帝之手的传国玉玺，皇太极因此改国号"金"为"清"。至于传国玉玺与"清"有什么关系，那就不得而知了。

无论怎么说，努尔哈赤算是离开了李成梁的地盘。他万万没想到的是，此次死里逃生，却彻底改变了他的命运。

血染古勒城

辽东，古勒城，满目疮痍。

一个精壮的汉子站立在大火过后的废墟上，眼望西南，双目尽赤，双拳紧握，良久，从牙缝中挤出一句话："此仇不报，誓不为人！"

此人乃建州女真右卫酋长喜塔拉氏·阿台，王杲之子，努尔哈赤的舅舅。李成梁的一把大火，烧毁了阿台的家园，也使得王杲打下来的根基不复存在。

当年王杲侥幸逃脱之后，带领包括阿台在内的一干家眷到了哈达部，想要在自己的好友海西女真哈达贝勒王台处暂且躲一下明军追杀的风头。见到老朋友来了，王台很是高兴，将王杲和其家眷安置好，并承诺说等风头过了，便亲自率兵护送王杲还归辽东，以帮助他东山再起，与朝廷相抗衡。接下来的数日，王台天天与王杲把酒言欢，一派和谐气象。

然而，表面上王台殷勤厚待，实际上却是掩盖阴谋的烟幕弹。明军得知王杲躲在哈达部时，便密令王台交出王杲，否则，王台将面临城破人亡的结果。王台无奈，只得听从。又担心打草惊蛇，便采用这种日日款待的手段，将王杲原有的戒备心理予以打消，王杲对王台没有一点防备之心。王台苦苦等待的时机来了。

某日，王台又摆起盛宴款待王杲。心里已经十分踏实的王杲很快就酩酊大醉，人事不省。王台趁机命手下将王杲捆了个结结实实，打算押解进京，交与明廷处置。

阿台闻听王台用奸计将父亲擒获，心知王台要将王杲送入京师领功，而此一去必是凶多吉少，遂决定以死相拼，救老父于危难之中。阿台虽武艺超群，却并不是一介莽夫。因此他没有大动肝火，凭借一身蛮力与王台争个鱼死网破，而是策划了详细的劫狱方案。

设计擒拿了王杲，王台自然也不能放过他的家人。哈达军丁整日严密地监视着阿台和他家人的住处，时刻防范他们做出不利于王台的举动。这样一来，局势就逼得阿台不可鲁莽行事，若稍有不慎，得到的将是灭顶之灾。

经过周密的计划，阿台终于躲开了守卫的法眼，逃出被森严监视的住所，悄无声息地前往监押王杲的牢狱里打探，准备找个机会救出父亲。

然而老谋深算的王台早就猜到了阿台会甘冒奇险劫狱救父，在醉缚王杲当天，就以重兵押解，将其连夜送到明军的手里。明辽东守臣得到王杲后，即以槛车送至京城。之后，朝廷颁旨一道，将王杲凌迟处死。

尚在哈达部的阿台经过一番探询，方才得知老父早已被押解至京城处死，在自己羽翼未丰的情况下，只好强压满腔怒火，潜回已经成为废墟的古勒城。

重回故地的阿台在废墟之上再建古勒城，继承父志，欲称雄于建州。古勒城重修之后，阿台自封为王，昔日里被李成梁军击溃的王杲旧部也相继回归，投靠于阿台麾下；同时，阿台又将原建州左卫的部族陆续统一，实力迅速扩张。

为了进一步巩固统治力量，阿台与兄弟阿海、王太在与古勒城相望之处，另起一座沙吉城，两城互为犄角，打造了一个防御系统上的互保营寨。此外，阿台兄弟三人又进一步通过修建秘道、控制水渡等一系列手段进一步加强了两座城池的防御能力，只等着实力进一步壮大，以报杀父之仇。

在建州一方来说，阿台部的实力足以称王称霸，但与哈达部相比，实力仍略逊一筹。行事谨慎的阿台在磨快刀之前自然不敢去啃这块硬骨头，而是先选择明朝与辽东的边境之处作为复仇之对象。

自明万历十年（1582年）起，阿台对辽东大肆抢掠，稍有抵抗便挥刀屠杀。明军守卫伤亡惨重，对阿台闻风色变。同年，阿台终于找到了复仇之良机——王台死了。

有王台坐镇的哈达部内部团结，外部又受到明廷的保护，而他一死，哈达部内部为争夺领导权而大打出手，哈达部的力量受到极大的削弱，这就为阿台的复仇造就了天赐良机。阿台得知消息之后，立即联系叶赫部酋长杨吉奴，商议与之共同出兵征讨王台之子虎尔罕。杨吉奴与虎尔罕早有罅隙，如今阿台主动相约联合出兵征讨，杨吉奴自然大喜过望。

哈达部闻听阿台与杨吉奴联军来犯，忙向明廷求援。明廷先是下诏喝止，但复仇心切的阿台根本不将这道圣旨放在眼里。此举彻底激怒了明廷，命李成梁出兵讨伐，阿台大败，被迫撤回古勒城，继续寻机对明边境进行窃掠与屠杀行动。

此时的明廷已下定决心除去这一方隐患。由于古勒城和沙吉城防御固若金汤，朝廷一时没有找到奏效的办法。这时，一个名叫尼堪外兰的人为负责此项军事行动的李成梁提供了足够的信息。

佟佳·尼堪外兰是苏克素浒河部图伦城主，向来受明廷的节制，算是明廷安插在辽东地区的间谍。辽东各部落一有风吹草动，他便向明廷进行汇报，以辅佐明廷维护辽东地区的安定。

阿台欲报父仇而大肆抢掠、出兵哈达部之事自然难逃尼堪外兰的双眼；同时，嗅觉灵敏的他也意识到阿台这种公然与朝廷决裂的行径必会激起京师的怒火，而这，也正有他的用武之地。

尼堪外兰来到李成梁府，向李成梁表示自己愿意为进攻古勒城的明军提供帮助，愿意以一名向导的身份为明军打开通往胜利之门。

李成梁对此自然是求之不得，不过一个尼堪外兰还不足以保证胜利在握，他又找了两个人一同作为向导，这就是努尔哈赤的祖父和父亲觉昌安与塔克世。虽然塔克世是古勒城原城主王杲的女婿，与王杲之子阿台为姻亲，但这不过是由于早年间塔克世出于对自己部落利益的考虑而娶了王杲之女为妻，并不代表着姻亲关系的和谐性。一方是明廷的地方官，一方是建州女真的领头人物，算是冤家对头，再密切的关系，也不大可能消除这种来自骨子里的对比。因此,李成梁命令觉昌安和塔克世同尼堪外兰一起跟随明军行动时,觉昌安父子也就毫不犹豫地答应了。

明万历十一年(1583年)二月,在李成梁的率领、尼堪外兰等人的指引下,明军浩浩荡荡地杀奔古勒城。

阿台利用古勒城和沙吉城的互守之势,与明军展开了激烈的战斗。李成梁到底是一员军事素质极强的将领。他先兵分两路,将相距三里远的两城分别包围,切断了两城的互援之路。李成梁率一部攻打古勒城,令副将秦得倚攻打沙吉城。沙吉城一战即下,守卫沙吉城的阿海战死。而古勒城三面临水,一面靠山,易守难攻,明军伤亡惨重仍久攻不下。即使李成梁施火攻,也未损其分毫。李成梁一筹莫展,把尼堪外兰、觉昌安、塔克世三人叫过来痛骂一顿。

三人见李成梁拿自己当出气筒,虽有满腹委屈也说不出来,只得想法破城。按照李成梁的指示,尼堪外兰先行出动,在城门外许诺:"天朝大兵既来,岂有释汝班师之理?汝等不如杀阿台归顺。太师有令,若能杀阿台者,即令为此城之主!"

尼堪外兰承诺,谁能诛杀阿台,就让他当古勒城城主,又满口应承,大军进城之后只杀阿台一人,余者皆无罪。同时,觉昌安、塔克世父子利用自己与阿台的亲属关系进得城中,散布流言,"明军只诛杀阿台,其他人可以放心开门迎接明军";"诛杀阿台,归顺尼堪外兰,可得荣华富贵"。

一时之间,古勒城中军心大动,虽然大多数人仍在负隅顽抗,但有部分士兵开门迎明。

古勒城门轰然洞开,明军如流水般冲入城内。然而李成梁并没有信守不杀诺言,明军入城之后大肆杀戮。据《明史·李成梁传》记载,此役明军共屠戮1300余人(另有一说是2200多人),阿台在混战中中箭身亡。阿台之弟王太乘混乱厮杀之机,逃出城去,成为王杲、阿台家族中唯一幸存者,从而使得这一族能在女真动荡的社会中延续下来。

此役的重要性并不在于古勒城破、明廷的心腹之患阿台战死,而在于先大军一步进入城中的努尔哈赤的祖父觉昌安和父亲塔克世一并死在了明军挥起的屠刀之下。

相对于1300多个死者来说,两个人的死并不起眼,但努尔哈赤又怎会放过这个可以树立起自己实力的机会。祖父、父亲之死,带给他的是莫大的悲伤,同时,也带来了改天换地、龙起辽东的机遇。

闪击图伦,首战告捷

京师,紫禁城。

万历皇帝朱翊钧面前的龙案上摆放着两份奏折,一份让人感到兴奋,那是李成梁上奏剿灭辽东大患阿台部的捷报;另一份则让人感到头疼,同样是李成梁所奏,但却是因古勒城一战,属于明军一方的觉昌安和塔克世被杀,其后代努尔哈赤向明朝廷索要赔偿的奏折。

以明廷眼下的国力，向努尔哈赤做赔偿只不过是九牛一毛而已。当时大明内阁首辅张居正刚刚辞世不久，明王朝的下坡路还没那么明显，国家实力仍在，真要是赔偿并不是什么大不了的事。然而，以天朝上国之身份向辽东的"化外之民"做赔偿实在是好说不好听。若是置之不理，谁又会知道那些人将会闹出多大的乱子来。万历皇帝左右为难，干脆把这事交给新上任不久的内阁首辅申时行。

申时行不是张居正，他没有前任乾纲独断的魄力，也没有雷厉风行的勇气。为了保证边疆的稳定，申时行起草了一份兼顾双方的奏折，请皇上准奏。万历皇帝觉得申时行的主意不错，就痛快地下诏给"债主"努尔哈赤了。

其实努尔哈赤并不指望朝廷会对其祖、父之死做出什么赔偿。对大明王朝来说，一个小小的建州左卫指挥，哪怕是父子两条性命，也根本不会在意。他们虽然做的是大明的官，但还有另一个身份，那就是建州女真的部落首领，这种身份才是为大明王朝所忌讳的。王杲、阿台都是明摆着的例子。即使没有犯边的意思，朝廷也会严加防范。

祖、父之仇自然要报，但自己的实力远远不够，强大如阿台者也没有抵挡住明军的刀锋，因此，伺机而动才是道理。他之所以向明朝索赔，实质上是在向朝廷表态：我努尔哈赤是朝廷的人。朝廷希望女真人自相残杀，以免势力坐大。在朝廷颁给努尔哈赤的圣旨中，他看到了希望。"明覆曰：汝祖、父实是误杀，遂以尸还，仍与敕书三十道，马三十匹，复给都督敕书。"

归还遗体，30道敕书，30匹马，这就是觉昌安和塔克世两条性命换来的赔偿。马对于辽东地区来说并不是什么稀罕物，这些赔偿中，最值钱的就是敕书。

在明代，敕书是明朝政府发给女真各部酋长的一种换信。女真各部酋长凭此敕书，才可以到马市进行商品交易活动。到了万历年间，只有敕书持有者才能入京朝贡贸易，发放的敕书数就是朝贡的限额，朝贡贸易由此真正成为敕书贸易。明代的敕书几乎是一次性发放，因此属于稀罕物。最初发放时，建州女真总共才500道（海西女真有1000道），这次一下子给了努尔哈赤30道敕书，无异于给其部落一个生财之道，一个以辽东特产换钱、壮大自己的机会。

虽然朝廷已经用"误杀"一词来解释觉昌安和塔克世之死，但这并不能消除努尔哈赤的复仇之心，因为复仇之外，他还有更大的野心。复仇，仅仅是他的第一步。

第一步向谁复仇？目标自然不可能是明朝。努尔哈赤现在的全部家当只有30匹马、一个龙虎将军的虚衔，外加父亲塔克世留下来的13副盔甲，用这点装备对明朝宣战，无异于以卵击石。于是，他将报复的目标最先锁定在炸开古勒城门的女真族图伦城城主尼堪外兰身上。

最初，努尔哈赤希望借明军的力量来处置尼堪外兰，曾对明军边将说："杀我祖、父者实尼堪外兰唆使之也，但执此人与我，即甘心焉。"然而边将则称："尔祖、父之死，因我兵误杀故，以敕书马匹与汝，又赐以都督敕书，事已毕矣。今复如是，吾即助尼堪外兰筑城于嘉班，令为尔满洲国主。"话说得很不客气，并且警告努尔哈赤：尼堪外兰即将是满洲的领导，你努尔哈赤也不过是他的一个子民罢了。

努尔哈赤气急败坏地往回走，途中偏又遇到了尼堪外兰这个冤家，于是上前质问。最终，不但对尼堪外兰的质问没有结果，反而被其奚落了一顿。这下更加深了努尔哈赤对尼堪外兰的仇恨。回到其地，努尔哈赤联合沾河寨主常书等百余人，加上自己的30来人，于万历十一年（1583年）四月三十日晚向尼堪外兰所据的图伦城（今辽宁省新宾县汤图）发起了进攻。

努尔哈赤轻骑直进，直扑图伦。次日东方未明之时，已将图伦城围了个水泄不通。

见图伦城内已是插翅难逃，努尔哈赤吹响了攻城的号角。努尔哈赤的部下，与之自小长大的安费扬古一马当先，率一部人马在城墙之下搭成一道人梯，安费扬古顺着人梯一跃而上，数个守城的兵丁顿时倒在了他的刀下，余人纷纷跃上城头，一番血战之后终于将城门由内打开。在城外早已等得急不可耐的努尔哈赤，见城门洞开，立刻率领部下蜂拥而入。猛烈的攻击持续了不到一刻钟，便以图伦城守兵弃械投降而告终。

满族人穿的铠甲

此役，努尔哈赤"得甲三十副，兵百人以归"，取得了起兵之后的第一场大捷，但尼堪外兰却跑了。

在起兵之前，努尔哈赤曾密会了萨尔浒城城主诺密纳兄弟，并得到他们派兵相助的承诺，然而正式发起进攻时，却不见诺密纳兄弟的身影。出兵心切，努尔哈赤当时也未作他想。

如此机密的行动却被尼堪外兰事先得知了消息，是谁告的密？不言而喻。

当努尔哈赤尚在路上行军时，尼堪外兰已经带领家眷偷偷地溜出了图伦城，逃往嘉班城（今辽宁省抚顺市东大甲邦），努尔哈赤派弟弟舒尔哈齐直扑嘉班，尼堪外兰又仓皇向鹅尔浑（今辽宁省抚顺县河口台）狂奔而去，躲过了这一劫。

突袭图伦城，努尔哈赤打的是为祖、父报仇的旗号。然而实质上，阿台兄弟的行径让朝廷已是忍无可忍，古勒城本身就是一颗定时炸弹，留着它只会让朝廷旦夕难眠、寝食难安，对维护边境之稳定更是一大祸患。这根眼中钉不予拔除，那只能说明朝廷的软弱与无能。朝廷下定了决心，尼堪外兰这样一个小小的部落首领又怎能反抗？因此，攻打古勒城只不过是水到渠成之事，尼堪外兰在其中起到的作用，不过是顺水推舟罢了。

尼堪外兰不顾建州女真的利益而去投靠明廷，其实也是无奈之举。瘦死的骆驼比马大，明廷再弱，对整日里战乱不断、一盘散沙的女真部落施以镇压也易如反掌。辽东地区亦属于大明领土，《诗经》有言，"普天之下，莫非王土；率土之滨，莫非王臣"，以此来论，尼堪外兰当向导也并不为过，就连觉昌安和塔克世也一样依附于明朝，努尔哈赤又有什么理由去指责尼堪外兰呢？

至于尼堪外兰炸开城门，实质上还是李成梁的安排。入城之后只杀阿台、不杀他人也不过是李成梁做出的承诺，一个小小的尼堪外兰又有什么能力去阻止？死于乱军之中的觉昌安与塔克世，也并非尼堪外兰亲手所刃，完全是因为巷战之中战况莫测，敌我难辨，努尔哈赤又有何借口去责备尼堪外兰？

正如前文所说，努尔哈赤闪击图伦城，不过是为壮大自己的实力找一个借口罢了。古勒城之战后，明廷亲口许诺立尼堪外兰为满洲之主，但尼堪外兰的实力却远远不够。努尔哈赤用尼堪外兰开刀，一方面是向明廷表示归顺，一方面又有示威之意，而他根本的目的仍在统一整个辽东地区，用雄厚的实力与明廷对抗。

应该说，尼堪外兰是努尔哈赤崛起之路上一块垫脚石。正是踩着这块石头，努尔哈赤才建起了日后的广阔天地。

兔子急了也会咬人

夜凉如水。努尔哈赤在赫图阿拉城中沉沉地睡着。多少年了，他都没有在自己的家里睡过这么香甜的觉。10岁时的他被父亲赶出了家门，从此开始了做奴隶的生涯；奴隶生活结束之后，努尔哈赤仍是无家可归，只得靠在山林里打猎采参度日；也曾出入关市，辗转各地，佣工谋生；又曾听明朝边官征调，出征参战。总之，在颠沛流离中度过了数年的时光。直到祖、父战死，才算回到了家中。因筹划突袭图伦城、除掉尼堪外兰之事，更是夜不能寐。此际，虽然没能手刃尼堪外兰，但总算迈出了宏图大业的第一步。

窗外，一个黑影敏捷地闪过巡逻的守卫，无声无息地潜入了努尔哈赤沉睡中的院落。一把锋利的刀，在月光下闪着冷冷的光芒。

院子里的狗突然狂叫起来，惊醒了沉睡中的努尔哈赤。借着月光向窗外一望，寒闪闪的刀光正扑面而来。努尔哈赤纵身跃起，随手提起枕边的刀，自窗口跃出。刺客见势不妙，落荒而逃。

努尔哈赤心里很清楚派来刺客的不是别人，正是他的叔伯兄弟们。

努尔哈赤突袭图伦城之事让他的这些叔伯兄弟们异常恼怒。在这些人眼里，尼堪外兰是朝廷钦命的名正言顺的女真之主，努尔哈赤此举是在向朝廷的权威发起挑战。这样做带来的后果必然是整个女真族的灭顶之灾。加上塔克世死后，朝廷让努尔哈赤荫袭了建州左卫指挥一职，这更让他们难以接受。因此，只有让努尔哈赤彻底消失，才能让他们好受一些。

这种想法不只是爱新觉罗氏家族人才有,其实整个建州女真对努尔哈赤的这种做法都大为不满。努尔哈赤起兵之前,也希望那些曾跟尼堪外兰有过芥蒂的部落能共同起兵,但绝大多数部落首领都一口回绝,他们怕的就是引火烧身。

对自己族人的这种心态,努尔哈赤也感到无奈。开弓没有回头箭,他现在唯一能做的就是继续向前。但他也隐约地感觉到,这次暗杀失败,叔伯兄弟们那边肯定不会善罢甘休。若想成就大事业,这个障碍不可不除。

次日清晨,果然又发生变故:安费扬古之子被人绑架!绑架者还留下一张字条,声称如果安费扬古继续为努尔哈赤效命,就要杀掉他的儿子。对方是铁了心地要将努尔哈赤置于死地,既然没法对他动手,那么就拿他身边的人开刀,到时候只剩下努尔哈赤孤家寡人,看他还能如何兴风作浪!

这种卑鄙的举止彻底激怒了努尔哈赤,也坚定了失去爱子的安费扬古的决心。

恰逢此时,萨尔浒城城主诺密纳兄弟捎来消息。一方面为没有参加突袭图伦城之战表示歉意;另一方面是想约努尔哈赤一同去攻打巴尔达城(今辽宁省抚顺市大伙房水库东南),城破之后,所得利益平分。

努尔哈赤心里很明白,上次放走尼堪外兰之事便是诺密纳兄弟搞的鬼,这次主动示好,是因为他们害怕遭到努尔哈赤的报复。努尔哈赤当下也不声张,顺水推舟,紧接着便将安费扬古叫到身边,悄声嘱咐了一番。

第三日,努尔哈赤率兵如约而至,在巴尔达城下与诺密纳兄弟会合。不过他先提出了一个条件,要诺密纳军先行进攻,本部则作为后续力量。

心怀鬼胎的诺密纳自然坚决表示反对。努尔哈赤又道:"尔既不攻,可将盔甲、器械与我兵攻之。"诺密纳不知是计,欣然应允,当下便令手下军士脱衣卸甲,将武器交与努尔哈赤部。

努尔哈赤见自己的军士穿戴整齐,一声喝令,将诺密纳兄弟团团围住,努尔哈赤大将额亦都一刀挥去,将诺密纳斩于马下。奈喀达见状惊慌失措,拨马要走,结果努尔哈赤麾下的另一员大将噶哈善手疾眼快,背后一枪,将其挑落下马。

眼见两位城主已经双双就戮,自己也失去了甲胄武器,面对手持武器的努尔哈赤部,萨尔浒兵只得纷纷表示归顺。

得到了300多名萨尔浒的降卒,努尔哈赤分外高兴,当即分兵两部,让舒尔哈齐与额亦都率一部对降卒予以整点收编,自己则率领另一部向萨尔浒城飞奔而去。距离萨尔浒城还有一里之遥时,便望见一面大书"建州左卫"的旗帜正在城头之上迎风飘扬,安费扬古早已大开城门,迎接努尔哈赤的到来。

原来,这场战斗早就在努尔哈赤的策划之中。在诺密纳主动邀请努尔哈赤联兵攻打巴尔达之时,努尔哈赤便密令安费扬古率领百余骑兵连夜突袭萨尔浒城。为了表示自己是实实在在地示好,也为了在攻打巴尔达之际能够确保除掉努尔哈赤这根眼中钉,诺密纳率领萨尔浒精兵倾城而出,留给安费扬古的只是一座不设防的城池。

虽然被绑架的爱子至此仍生死不明,但对手的恐吓和威胁却进一步坚定了安费扬古追随努尔哈赤的决心。努尔哈赤将偷袭的重任交给了安费扬古,实际上是给予了他充分的信任。平心而论,自己的孩子被劫持,在生死未卜的状态下,谁也不可能心平气和地继续为主征战,没有方寸大乱已经算是心理素质过硬的了。努尔哈赤手下强将如云,额亦都、噶哈善都是独当一面之人,没必要非让一个尚处于悲痛中的父亲去担当此重任。努尔哈赤仍将此任交与安费扬古,实际上是想拴住他的心。

努尔哈赤的这一招,与《三国演义》中刘备白帝城托孤有异曲同工之妙:"若嗣子可辅,则辅之;如其不才,君可自为成都之主。"一句话换来诸葛亮"鞠躬尽瘁,死而后已",努尔哈赤用这个其实并不难的任务换来了安费扬古的忠心耿耿。

安费扬古也没让努尔哈赤失望。攻打巴尔达的前夜,他率领骑兵快马加鞭,子夜时分就将人马隐蔽在萨尔浒城的周边暗处,静待时机。等诺密纳率领军队离城走远之时,安费扬古便领着一干身手敏捷的士兵翻过城墙,神兵天降般站在了一群老弱残兵面前。就这样,未费一兵一卒,安费扬古干净利索地将萨尔浒城纳入了努尔哈赤的囊中。

拿下萨尔浒,意味着努尔哈赤完成了苏克素浒河部的统一,但又岂是努尔哈赤的最终目的。他的眼光望向的是更为广阔的天地——建州。

建州女真分为建州部与长白部。建州部包括已经成为努尔哈赤囊中之物的苏克素浒河部(辽宁苏子河流域)、浑河部(辽宁浑河北岸)、完颜部(吉林通化以南)、董鄂部(辽宁桓仁县附近)、哲陈部(辽宁抚顺附近)五部。长白部包括纳殷部(吉林抚松县东南)、珠舍里部(吉林临江县北)、鸭绿江部(吉林吉安县)三部。夜袭萨尔浒之后,实力得到进一步壮大的努尔哈赤横扫建州,至万历十四年(1586年),已将建州部的大部分地区收入囊中。然而,当他面对实力最为强大的董鄂部时,战场上的叱咤风云无法帮他达成所愿,为了征服这个强有力的对手,努尔哈赤不得不另辟蹊径。

十岁小女下嫁有妇之夫

明万历十六年(1588年)的某个黄道吉日,赫图阿拉城内张灯结彩,努尔哈赤在自己的建州左卫指挥府上大宴宾客。流水席从早至晚,仍没有散去的迹象。

子夜时分,一顶装扮得花枝招展的轿子来到了府门口,建州女真董鄂部首领何和礼一身艳装,身披红绸,胯下一匹高头大马,衬托得27岁的他愈加精神抖擞。

得到通报后,努尔哈赤忙带领一干人迎出院门。何和礼口称岳父泰山,下马叩头行礼,紧接着,便在前呼后拥下走进了建州左卫指挥府。

此时的努尔哈赤28岁，而他的这个"乘龙快婿"何和礼仅比他小一岁，这在古代来说也算不上什么。问题是，何和礼是有家室之人；更重要的问题是，努尔哈赤要嫁出去的长女东果格格年仅10岁。

俗话说：皇帝的女儿不愁嫁。此时的努尔哈赤虽然还不是皇帝，但也是大明建州左卫指挥，名义上的建州女真之主，按理说也不至于如此着急把年方10岁的女儿嫁出去，还是给人家做小妾。难道何和礼真的优秀到了万里挑一的地步吗？

没错，何和礼是辽东地区少有的青年才俊，武艺高强、性情宽和、内敛而富谋略，在部落威信极高，绝非庸常之辈。26岁时便成为董鄂部的首领。

不过仅仅是这样，也不足以使得努尔哈赤将幼女下嫁。何和礼的董鄂部是建州女真五大部落之一，拥兵7000余人，兵强马壮，实力雄厚。当年王杲在世时，也须让它三分。努尔哈赤的壮志在于统一女真，与明廷对抗，要实现这个目的，第一步先要将建州女真纳入囊中。毫无疑问，自王杲部为明所灭、苏克素浒河部被努尔哈赤一统之后，董鄂部成了统一之路上最大的拦路虎。

动用武力？现在的努尔哈赤啃不动这块硬骨头，而他也没有耐心去慢慢壮大自己的实力再去收拾董鄂部，于是，他便动起了联姻的念头。

在统一女真各部的战争中，努尔哈赤用兵的一个显著特点是：不仅用步骑强攻，而且以计谋智取。当用武力无法征服一个对手的时候，那么最好的办法就是与他联合。唯有用采取联姻的方式，方能让对方死心塌地地跟着自己走。把幼女当作政治的牺牲品，对努尔哈赤来说也是无奈之举。

这场婚宴，将努尔哈赤的雄心彰显出来。

按照满族的婚礼习俗，"午夜亮轿，五更娶亲"，也就是新郎官要在午夜时分带着轿子来到未过门的媳妇家，由女方家安排一顿迎亲宴，到五更天（凌晨3点~5点）时将新娘子带入家门拜天地。因此，何和礼于子夜时分准时上门迎亲，并高坐在迎亲宴上。

看起来一切都很顺利，但何和礼忘了一个人：他的原配——赛堪。

新郎就位，酒宴更加热闹。正在这个时候，一个守兵匆匆来报：城门口有100多号人正在一个女子的带领下破口大骂，高声叫嚷让努尔哈赤还她的丈夫。

努尔哈赤不明所以，把眼偷看何和礼，但见这位新郎官的脸顿时吓得煞白。别人不知道，何和礼可猜了出来：那个带兵的女子正是他的原配夫人赛堪。她可是个巾帼不让须眉的人物，不仅光艳照人，更能统兵上阵，泼辣直率，让何和礼是又敬又怕。

何和礼临走之时，向赛堪说是去与努尔哈赤就两部联合一事做些商讨，谁知道他出了城门便穿戴一新、抬起轿子给人家做女婿去了。留守城中的赛堪得到来自心腹之人的通知时，当场火冒三丈，点起100亲兵向赫图阿拉城杀奔而来。

得知在城外闹事的是新女婿何和礼的原配夫人，努尔哈赤感到既好笑又无奈。清官难断家务事，更何况这也不是什么能一笑了之的事，连忙让妻子富察氏·衮代（努尔哈赤的续弦之妻，其原配佟佳氏·哈哈纳扎青，即东果格格的生母早逝）和自己手下的一位女将椒箕陪同女婿何和礼一同前去探察真相。

结婚本来是一件喜事，可被老婆这么一闹，何和礼的面子怎能挂得住？连忙跑到城外，想把赛堪哄回去。谁知刚走到一身戎装、勒马持剑的赛堪面前，就被老婆当头一剑劈了过来。何和礼勉强躲过，衣服却被划破一道，狼狈至极。准岳母衮代一看女婿那边情况不对，忙让椒箕迎战赛堪，不出几个回合，便将赛堪生擒活捉。

赛堪带着一肚子的怒火被缚到府中，本以为自己此次凶多吉少，却没想到努尔哈赤满脸堆笑地亲自为其松绑赐座，上茶赔礼："这件事与你的丈夫无关，你要是心里不痛快，想打想骂就冲我来吧。"此话一出，反倒弄得赛堪无所适从，满腔怒火无处发泄，只听努尔哈赤继续说道："我把女儿嫁给你的丈夫与儿女私情无关，而是想通过这种方式让我们的两个部落联合起来。我的女儿嫁过去之后也不会抢你的地位，你还是大福晋，让东果做偏房，就当自己多了个小妹妹罢了。"一席话说得赛堪哑口无言，再见到还是小孩子的东果格格后，也感觉自己为这个小孩吃醋有些不值，也就默许了这门亲事。

这是在清代天嘏所著的《满清外史》中所记载的故事。按其中所说的，努尔哈赤就是用这种先兵后礼的手段把何和礼从赛堪手中抢了过去，这里面的赛堪也是通情达理之人，努尔哈赤说了几句好话也就接受了。而民国期间小横香室主人在其所编的《清朝野史大观》中说，虽然赛堪在身陷赫图阿拉城的不利局面时勉强将自己的丈夫拱手让人，但一肚子的怨气还是无处发泄，以至于缺少了封建社会严格要求妇女遵守的三从四德，最后导致她所生的子女都不为何和礼所重视，日后世袭何和礼爵位的子女，全都是东果格格所生。这个倒是历史上明确记载的。至于其他的，正史之上倒也没有提及，只能仁者见仁、智者见智。

无论怎么说，何和礼算是正式成为努尔哈赤的女婿，董鄂部与努尔哈赤也正式联合起来。如此，建州女真的大半江山都为努尔哈赤所据，统一建州女真，仅剩下时间问题。

出来混，总归是要还的

抚顺城，如往日一般平静。但在抚顺守将裴松的眼里，风平浪静下翻滚着的是惊涛骇浪。掀起这个涛浪的不是别人，正是在他眼前唉声叹气的尼堪外兰。

对尼堪外兰来说，抚顺城是他最后的屏障。努尔哈赤闪击图伦之后，尼堪外兰便如丧家之犬，四处奔波逃命。他先是跑到了嘉班，结果舒尔哈齐紧跟着尼堪外兰追击到了嘉班。无奈的尼堪外兰又跑到鹅尔浑，靠着明军的保护才勉强过了几年安稳的日子（另有一说称尼堪外兰曾一路跑到了今天的黑龙江省齐齐哈尔城南地区）。

努尔哈赤岂会因此而善罢甘休？杀父之仇不共戴天，虽然明军对尼堪外兰大加袒护，但努尔哈赤哪里会将其放在眼里？报仇事小，以此为契机奠定下一统辽东的基础才是大事。尼堪外兰是朝廷钦命的满洲之主，唯有取而代之才有一呼百应的机会。虽然现在的他也算是一方霸主，但尼堪外兰一天不死，他就无法在这个位子上坐安稳。这次，努尔哈赤的大军终于攻破鹅尔浑城，又岂能再让仇家逃走？

攻城之战中，努尔哈赤身先士卒，突入战阵，"为首一人穿青绵甲，戴毡帽，太祖（努尔哈赤）见之，疑是尼堪外兰，单身直入四十人中，内一人箭射太祖胸旁，从肩后露镞，共中伤三十处。太祖不怯，犹奋勇射死八人，复斩一人，余众皆散"。

然而，尼堪外兰还是在乱军之中跑了，跑进明军的抚顺大营，请求抚顺守将裴松给予庇护。

裴松望着因惊恐而瑟瑟发抖的尼堪外兰，轻叹一声，心里感到好笑，但又有些可怜这个家伙。

塔克世死后，尼堪外兰本来是明廷要重点扶持的对象，然而就是这样一个堂堂的部落首领，却被一个只有十三副铠甲的努尔哈赤打得狼狈不堪。再加上尼堪外兰依附明朝，在女真部落里的口碑极差，古勒城之战后，努尔哈赤又大肆宣扬尼堪外兰对女真的背叛之举，更使得这位依赖于明朝的女真首领的声望一落千丈。努尔哈赤仅用百余兵力便将图伦城攻克、尼堪外兰事前得到消息却也无援来救便是明证。虽然当时的各个部落不愿意帮努尔哈赤，但对尼堪外兰也是嗤之以鼻，就乐得做个坐山观虎斗的看客。对于这样的尼堪外兰，明朝还有什么继续保护、扶持的必要？

已经失去了利用价值的尼堪外兰，在明朝的眼里，不过是一个累赘罢了。如何甩掉这个包袱，正是现在的裴松为之挠头的。

正在裴松想辙的时候，六名身上深深插着箭镞的汉族人跌跌撞撞地冲进了抚顺军营。这六人本已在乱战中中箭，被努尔哈赤所擒，"太祖复深入其箭，令带箭往南朝传信：'可将仇人尼堪外兰送来，不然我必征汝矣。'"

裴松心里明白这只不过是努尔哈赤的大话罢了，以努尔哈赤现在的实力，还不足以跟大明王朝叫板。由于东南沿海的倭寇尚未肃清，朝廷方面现在也不想把过多的战力投入到辽东中来，因此，对努尔哈赤的这种专横跋扈，还是息事宁人的好，而且，也正好摆脱了尼堪外兰这个累赘。

不过，如果直接把尼堪外兰绑起来给努尔哈赤送去，朝廷的颜面又将何存？裴松背着尼堪外兰，派人给努尔哈赤送去一个口信："尼堪外兰既然来了这里，岂有送出去的道理？你自己来杀他吧。"

努尔哈赤听了这话之后又惊又喜，但又不敢相信："汝言不足信，莫非诱我入耶？"从使者口中得到的答复是："若不亲往，可少遣兵去，即将尼堪外兰与汝。"

努尔哈赤虽然很想手刃仇人，但也不敢跟明朝兵戈相见，更不敢轻身犯险，最后派部将斋萨（另有一说是安费扬古）率40余人前往一探真相。

裴松派走了使者，回过头来对尼堪外兰说："我已经让努尔哈赤撤军了，鹅尔浑城还是你的，收拾收拾东西回家去吧。"

尼堪外兰将信将疑，但也不敢多说什么，只得战战兢兢地走出了抚顺城门。

刚刚走出城门，他便看到虎视眈眈的斋萨正横刀立马，其身后的40多个军士也都杀气腾腾，心中大呼不好，转身想要往回跑，发现城门紧闭，已是上天无路入地无门。

正当尼堪外兰无计可施之时，斋萨提刀赶到，只一刀便结果了尼堪外兰的性命，带着尼堪外兰的尸体凯旋。随即努尔哈赤在赫图阿拉城中将尼堪外兰的尸体剖腹挖心，祭奠祖父和父亲。

这一年是明万历十四年（1586年），距离闪击图伦之战已经过去了三年。

大仇得雪，努尔哈赤却没有停下战车。他起兵的目的本来就不是为了报仇。

在以后的日子里，努尔哈赤由近及远，恩威并行，"顺者以德服，逆者以兵临"，将分散在建州的异己势力一个个削平。

明万历十五年（1587年）八月，努尔哈赤派额亦都率军攻取哲陈部巴尔达城，随之亲领大军攻占哲陈部洞城（今黑龙江省黑河北白碴子南，一说在辽宁省浑河流域，根据努尔哈赤的出兵顺序来看，后一种更为可信），灭哲陈部。

次年，"苏完部主索尔果率本部军民来归……又董鄂部主……亦率本部军民来归……是时上招徕各路，归附益众"，实力进一步壮大。

同年九月，努尔哈赤率兵攻克完颜城（今吉林省通化市及其西南地区），灭完颜部。

明万历十九年（1591年）正月至明万历二十一年（1593年），努尔哈赤兼并了长白部的纳殷部、珠舍里部、鸭绿江部。

至此，努尔哈赤统辖区域西起抚顺，东至鸭绿江，北接开原（今辽宁省开原市老城镇），南连清河（今辽宁省本溪市清河城），建州女真实现了统一，努尔哈赤完成了他统一大业的第一步。下一步，他的铁骑将要踏上另一片黑土——海西女真的部落。

不过，努尔哈赤最初是打着为祖父、父亲报仇的旗号而起兵，如今尼堪外兰已死，与远方的海西女真又没有什么血海深仇，贸然出兵只会引来明廷的反对，甚至是引火烧身。

就在努尔哈赤为出兵理由烦恼的时候，让人始料未及的是，海西女真率先点燃了战火。

因美女而灭的九部联盟

明万历四十四年（1616年），蒙古草原。喀尔喀部首领莽古尔岱的宠妾、刚嫁来一年多的叶赫部"大龄女青年"（史称"叶赫老女"）——东哥病逝，时年34岁。这本是历史长河中微不足道的一滴水，却因为一段征战、一个人，而映射出一片历史洪波。

这段征战,就是女真族的统一战;这个人,就是努尔哈赤。

统一女真各部,这是努尔哈赤扩张的关键一步。统一女真的标志就是踏平海西女真的最大部落——叶赫,而东哥则是叶赫部落的前首领布斋的女儿、新首领布杨古的妹妹——全名叶赫那拉·布喜娅玛拉。历史的洪流将她推到时代的浪尖上,流溢出古希腊美女海伦般的炫目光华。

努尔哈赤与美女东哥之间没有荡气回肠的英雄气短,没有缠绵悱恻的儿女情长,有的只是一片金戈铁马的喊杀声和诡谲反复的政治手段,两个没有交叉点的人共同导演了一段波澜壮阔的历史,引领着女真族走向统一。

自明万历十一年(1583年),努尔哈赤凭借着祖、父留下的十三副遗甲起兵以来,直至万历十九年(1591年)一统建州女真各部,历时9年时间,"环满洲而居者,皆为削平,国势日胜"。接下来,阻挡他统一脚步的就是海西女真和野人女真。

海西女真别称扈伦四部,包括叶赫部(今吉林四平)、哈达部(今辽宁清河流域)、辉发部(今吉林桦甸)、乌拉部(今吉林伊通县)四部。这是一块难啃的硬骨头,尤以叶赫女真部为最。

努尔哈赤所属的爱新觉罗氏族与叶赫那拉氏族之间的矛盾由来已久。据说早在元末明初时,叶赫那拉氏族与爱新觉罗氏族之间便发生过一场战争。当时,爱新觉罗家族的头领为了使叶赫那拉氏臣服,指着大地说:"我们是大地上最尊贵的金子(爱新觉罗是金子的意思)!"叶赫那拉的首领听了一阵大笑,指着天上的太阳说道:"金子算什么,我们姓它(叶赫那拉就是太阳的意思)。"在那场战争中,叶赫那拉氏最后打败了爱新觉罗氏,成为当时女真族最大的部落。

历史的发展难以预见。叶赫那拉氏族和爱新觉罗氏族总是在敌人与朋友之间徘徊,是敌人的时候,难免要兵戎相见;是朋友的时候,便歃血为盟。是战是和,都视当时的情况和利益而定。这次亦不例外。不过,这次笑到最后的是主角努尔哈赤,叶赫那

蒙古族贵族生活图

拉氏的东哥只是他扫平海西女真的一件工具、一个借口而已。

明万历十九年（1591年），努尔哈赤迎来了海西女真叶赫部的两位使者宜儿当阿、摆斯汉，跟他们一起来的，还有一封书信：

> 乌拉、哈达、叶赫、辉发、满洲总一国也，岂有五王之理？尔国人众，我国人寡，可将额勒敏、札库木二处，择一让我。
>
> ——《清太祖武皇帝实录》

字句中挑衅之意跃然纸上。

努尔哈赤帐下诸将读罢，无不义愤填膺、怒火中烧，狼一样的目光扫得原本趾高气扬的宜儿当阿、摆斯汉两人双股战栗。

而努尔哈赤，却仿若无事人一般，只是淡淡地说道："我乃满洲，尔乃扈伦，尔国虽大，我不得取；我国虽大，尔亦不得取。况国非牲畜可比，焉有分给之理？尔等皆执政之臣，不能极力谏主，奈何忝颜来相告耶？"

没过几天，宜儿当阿、摆斯汉又来到赫图阿拉城，这次与他们同来的还有哈达、辉发两部的使者。三部落公然联合起来，再次挑战努尔哈赤的耐心与勇气。

仗着三大部落做靠山，宜儿当阿、摆斯汉再次趾高气扬起来，此次带来的措辞更带有浓浓的火药味：努尔哈赤不答应割地的话，那么，努尔哈赤将要为建州承担被海西大军血洗的后果。

听罢此言，努尔哈赤大怒，拔剑斩案，势如雷霆，怒喝道：

"尔主弟兄，何常与人交马接刃，碎烂甲胄，经此一战耶？昔孟革卜卤、戴部叔侄自相扰乱，如二童争骨满洲儿童每掷骨为戏故云云，尔等乘乱袭取，何故视我如彼之易也，尔地四周果有边垣之阻耶？吾即昼不能往，夜亦能至彼处，尔其奈我何，徒张大言胡为乎？昔我父被大明误杀，与我敕书三十道，马三十匹，送还尸首，坐受左都督敕书，续封龙虎将军大敕一道，每年给银八百两，蟒段十五匹，汝父亦被大明所杀，其尸骸汝得收取否？"

随即努尔哈赤修书一封，将这番强硬的措辞写上，命使者将之交到海西女真部落首领的手中。

努尔哈赤的态度让东哥的父亲、海西四部首领、叶赫部头人布斋十分恐慌。他向努尔哈赤讨要领土，实际上是在试探这个人是否会与明朝一样，是自己在海西女真的统治的又一大威胁。如今换来的是努尔哈赤的强硬，他也心知努尔哈赤绝不只是口头上说说而已。因此，先下手为强才是解除隐患的关键所在。

布斋更清楚的是，别说单凭自己的叶赫部，就算是整个海西四部，也不是努尔哈赤的对手，因此，他需要更强有力的支持。他的女儿东哥，便又一次成为牺牲品。

东哥是名扬塞外的美女，据说任何语言都难以形容她的美。她也因此成为叶赫部最具杀伤力的政治武器，而且屡试不爽。

东哥短短的一生中换了7个未婚夫，除去11岁时为父亲夺得海西四部（叶赫、乌拉、哈达和辉发）头把交椅"牺牲"一次外，此后6次许婚都与努尔哈赤有着直接或间接的关系。

为了巩固联盟、组建九部联军攻击努尔哈赤，布斋答应了海西女真乌拉部首领为其弟布占泰聘娶东哥的请求，征得了乌拉部的支援。于是，一场在统一海西女真中起到关键性作用的大战爆发了。

明万历二十一年（1593年）九月，扈伦四部加上长白山的朱舍哩、讷殷两部，以及蒙古科尔沁、锡伯、瓜尔佳三部，组成多达3万兵力的九部联军，兵分三路向建州发起进攻。

面对来势汹汹的九部联军，努尔哈赤并未慌张。虽然以他的兵力来说，对抗3万大军实则以卵击石，但努尔哈赤深知，海西气势虽猛，但有一个致命的弱点，"打蛇打七寸"，只要将海西九部联军的七寸掐在手中，那么，纵是3万大军，也不过是小菜一碟。

九部联军在浑河北岸扎下大营，紧接着便向扎喀关（今辽宁新宾境内）、古勒山（今辽宁新宾县上夹乡古楼村西北）一带推进。

敌报传来，时近五更。得讯的努尔哈赤毫无惊恐之色。"'人言叶赫国不日兵来，今果然也。我兵夜出，恐城中人惊，待天明出兵，传谕诸将。'言毕复寝。衮代皇后（萨济富察氏·衮代，皇太极之母）推醒太祖曰：'今九国兵马来攻，何故盹睡，是昏昧耶？抑畏惧耶？'太祖曰：'畏敌者必不安枕，我不畏彼，故熟睡耳。前闻夜黑兵三路侵我，来期未的，我心不安，今日已到，我心始定。我若有欺骗处，天必罪我，我当畏之。我承天命，各守国土，彼不乐我安分，反无故纠台九部之兵，欺害无辜之人，天岂祐之？'言讫复睡。"

努尔哈赤临阵之际仍可酣然入梦，实则是成竹在胸。3万大军虽来势凶猛，但终究是乌合之众。临时集合起来的联军各自为政，缺少统一的战前部属与作战计划，散沙一堆而已。建州兵虽少，但优势在于一心，只要并力出击，不愁不胜。

是故，古勒山一役，努尔哈赤以少胜多，歼敌4000多人，获战马3000匹。布斋战死沙场；东哥的第二任未婚夫乌拉部布占泰，尚未来得及成婚，便做了努尔哈赤的阶下囚。

此役过后，海西女真和建州女真的实力发生了根本性的改变。它打破了女真九部军事联盟，改变了建州女真和海西女真的力量对比，标志着女真力量的核心从海西转为建州。此战之后，努尔哈赤"军威大震，远迩慑服"。

九部联军虽破，但海西女真仍在。不荡平海西女真，统一大业就无从说起。努尔哈赤需要一个理由，需要一个让铁骑踏上海西女真领地的理由。

不爱红颜恋江山

那时雄心勃勃的努尔哈赤,乘着这如日方升的气象,想统一满洲,奠定国基,当命工匠兴起土木,建筑一所堂子,作为祭神的场所;工匠等忙碌未了,忽掘起一块大碑,上有六个大字,忙报知努尔哈赤。努尔哈赤不见犹可,见了碑文,暗觉惊诧异常。他却佯为镇定,仔细摩挲了一回,突然向工人道:"这妖言不足信,快与我击断此碑!"确枭雄主口吻。看官!你道这碑文是如何说?乃是"灭建州者叶赫"六字。"

蔡东藩运用小说家的手法,形象地概括了清朝的始与终:努尔哈赤正是因为灭掉了叶赫部,方才统一整个女真部落、奠定建立清王朝之基础;若干年后,又是叶赫氏,将大清帝国埋葬。蔡东藩这样写,只是为了增加演义效果而制造出来的噱头而已。不过巧合的是,清之兴,源于一个女人,一个姓叶赫那拉的女人——东哥;清之亡,也跟一个姓叶赫那拉的女人有关——慈禧。正是因为东哥,努尔哈赤的铁骑才踏上了海西女真的沃土。

努尔哈赤在古勒山大破海西九部联军,布斋战死,布占泰被俘,海西女真一时对努尔哈赤闻风丧胆。布斋之子布杨古害怕努尔哈赤为九部联军大举进攻一事而复仇,连忙提出将妹妹东哥(此时仅13岁)嫁给努尔哈赤为妻的条件,请求"联姻盟好"。努尔哈赤允诺,取代布占泰成为东哥第三任未婚夫,这也是两人人生距离最近的一刻。

努尔哈赤的允诺,并非贪恋东哥的美色,他早已经认识到东哥不过是一个可怜的政治工具,既然是工具,就要充分发挥她的作用,更何况这个工具不仅对叶赫部有利,也对努尔哈赤的统一大业有利。叶赫部是海西女真的首领,与它为敌相当于同时向海西四部宣战,这对于刚刚崛起的努尔哈赤来说是极不明智的举动。因此,不如顺水推舟,一方面缓和与海西四部的关系,另一方面则趁机摆平野人女真,壮大自己的势力。基于以上考虑,他释放了布占泰并与之联姻。

但东哥誓死不嫁杀父仇人努尔哈赤,叶赫悔婚,并以杀死努尔哈赤为条件向各部征婚。

美女的拒绝并没有让努尔哈赤恼羞成怒,他像一只老谋深算的苍鹰,冷静地观察着各部情况,寻觅攻击的时机。

机会终于等到了。几年后,哈达部发生内讧,叶赫贝勒金台吉趁机率兵将哈达部劫掠一空。哈达部向努尔哈赤求援,请求努尔哈赤出兵。这个消息很快就传到了叶赫。大敌当前,叶赫惊恐之下,又将东哥(芳龄17)推了出来,对哈达首领说如果哈达倒戈击杀努尔哈赤,就将东哥嫁给他。极具诱惑力的东哥不负众望,成功让哈达倒戈。努尔哈赤以此为借口,发兵讨伐哈达部,随即灭之。刚荣升为东哥第四任未婚夫的哈达首领赔了夫人又折兵，还搭上一条小命。

不久，辉发部亦发生内乱，拜音达弑叔自立，众多族人投靠叶赫。拜音达两次请求努尔哈赤出兵向叶赫索要逃众。叶赫仍以东哥（已25岁）为诱饵，将第五任未婚夫的"爵位"赐予拜音达，后者立刻神魂颠倒，当即撕毁盟约，向努尔哈赤宣战。努尔哈赤找到口实，挥师直捣辉发部，灭辉发，杀掉了刚订了婚约的拜音达。

海西四部仅存乌拉与叶赫两部，而且乌拉部布占泰与努尔哈赤又有联姻，叶赫感到孤立无援、恐慌至极，使出最后的撒手锏——东哥（此时已31岁），表示要东哥与布占泰重续前缘。痴情的布占泰受宠若惊，马上囚禁建州之妻，并以子女及17寨主之子为质，投向叶赫，唯恐叶赫反悔。色迷心窍的布占泰以为终于得到了东哥的旧船票，浑不知握住的是地狱的邀请函。努尔哈赤举兵荡平乌拉部，叶赫以布占泰失国无用，撕掉婚约。身兼第三任和第六任未婚夫两职的布占泰就这样被罢免，眼巴巴地看着近在眼前的美人，郁郁而终。

直到33岁，叶赫那拉氏"大龄女青年"东哥终于找到自己的"真命天子"，蒙古喀尔喀部首领莽古尔岱——当然也是政治婚姻，叶赫部为了联合蒙古部族制衡努尔哈赤——结束了长达21年的单身待嫁生活。可惜，红颜薄命，次年就魂断漠北。

任何一个王朝的开国都是一部武力征服的血腥历史，任何一个王朝都是建立在森森白骨之上的。女真的统一过程亦是如此。不同的是，因为有了"叶赫老女"征婚的闹剧，整个过程充满了戏剧性。

东哥"找婆家"的过程，也是努尔哈赤逐步扩张的过程，在这个充满血腥、欺诈、背叛的过程中，看似东哥是叶赫部的最大政治王牌，其实她也是努尔哈赤的"战争工具"，她就像努尔哈赤的前锋，为努尔哈赤敲开进攻的门。她的绣球抛向哪儿，努尔哈赤的兵戈就指向哪儿，战争就蔓延到哪儿。

与那些被东哥摄了魂魄的英豪不同，努尔哈赤对于这个"战争工具"有着清醒的认识，对她的掌控亦是收放自如，一切以取天下为重。因此，被东哥拒婚，他没有像刘备一样"怒而兴兵"，当东哥最终嫁给莽古尔岱时更没有听从手下的怂恿出兵抢亲。他冷静地说："我当事人都不急，你们急什么？"当时明朝为了制约努尔哈赤，开始与叶赫结盟，况且东哥的第七任未婚夫是蒙古部族首领，若出面干涉，肯定会影响两家的关系。这个男人的目光不会在一个政治工具上停留，他眼中看到的，只有天下。他要等待更佳的进攻时机。

4年后，风华绝代、迷倒万千女真青年的"叶赫老女"东哥芳魂归天，蒙古与叶赫的盟姻名存实亡。此时，努尔哈赤才摆出"将已聘之女另许他人"的借口，倾全国之师啃掉叶赫这根"硬骨头"。叶赫的做法"犹抱薪救火，薪不尽，火不灭"，并最终引火烧身。

当东哥绚丽的嫁衣终于湮没在炎炎烈焰中时，她的生命结束了，但以她的名义而起的战争并没有随她离去，依然弥漫在叶赫、建州和明朝的上空。

翅膀硬了单飞时

大明辽东都督佥事李成梁面对着诏书，摇头叹息。香案之外站着的传旨太监满肚子的不耐烦，但面对眼前的这位封疆大吏、一方霸主也不敢表现出来，仍然赔着笑，悄声重复着："请李大人接旨。"

李成梁长叹一声，接过了圣旨，但他始终怀疑自己的耳朵是不是听错了，又展开来细读了一遍。事实证明，他并没有听错。

对于这道圣旨，李成梁早有心理准备，只是没想到会来得如此突然。犹记得明万历十七年（1589年），巡按御史胡克俭在朝堂之上参了他一本，说他"先后欺罔状，语多侵政府"。这个时候的万历皇上已经不再视朝，朝政大权掌握在内阁首辅申时行手中。申时行是个老好人，任上不求有功，但求无过，他也心知有李成梁镇守的辽东无论内部有多么乱，总不会给明边的稳定带来太大的威胁。因此，胡克俭的弹劾被他压了下来。

李成梁得知此事后，心里十分忐忑。他也知道自己在辽东的这些年俨然一方霸主，军事、政治、经济大权独揽一身，遭到了上面很多人的嫉恨，因此，他觉得很有必要入朝解释清楚。明万历十八年（1590年）春，李成梁亲赴京师，入朝述职。一番辩解，倒也打动了万历的心，但仍没有稳定住自己的仕途。

此时申时行已经卸任，继任为内阁首辅的是王家屏，时人称之为王阁老。王阁老可不像申时行那样是个善和稀泥的老好人，而是一个张居正似的人物，虽然他在政治上并不精通，但把敢于顶撞皇上这点学了个十成，而且他恪尽职守，秉公执法，支持言官直谏。当李成梁以为已经风平浪静之时，仍有大量的弹劾堆到了内阁的案头。

明万历十九年（1591年）的大明帝国，已经是开始腐朽的树，官僚腐败至极，财政危机非常严重，军备弛懈，士气积弱，战争频繁，天灾不断，正是由强盛转入衰亡的时刻。作为首辅的王家屏不可能视而不见，虽然他没有扭转乾坤的能力，但有只手补天的勇气。是年，御史张鹤鸣再上书弹劾李成梁，恰恰触动了王家屏的忧虑之处——他不能容忍一个独立于朝廷之外的人。于是，李成梁也就自然而然地被罢免了大明辽东都督佥事之职，调回京师。

明廷将李成梁从辽东调回京师，却没有一个如李成梁一般的人物来镇守边疆，辽东总兵换了一个又一个，均无法达到有效治理辽东之目的。而对于努尔哈赤的雄心壮志来说，此时的大明王朝，不过是抚顺城中的一只病猫罢了。

如此一来，统一海西女真之后的努尔哈赤也不必再想方设法找什么借口去对野人女真宣战，他可以明目张胆地出兵将野人女真纳入自家的版图中了。

明朝初期，"野人"一词被用来指代女真人。到了明代中期，也就是建州女真和海西女真正式形成之时，"野人"又成为除这两支女真人外的其他女真人的代称。其含义很明显，就是因为这部分女真人的社会经济和文化相对来说比较落后。近年来又有学者认为，是因为这部分女真人居住在比较偏远的地方，对明朝廷很少进贡而得名。

野人女真有很多分支，最为主要的两支是东海女真和黑龙江女真。东海女真居住在松花江和乌苏里江流域，以及乌苏里江以东的滨海地区，包括窝集部（黑龙江宁安市）、瓦尔喀部（吉林延吉以北）、库尔哈部（黑龙江中游、牡丹江下游一带）。黑龙江女真则主要居住在黑龙江流域，包括萨哈连部（今黑龙江省牡丹江地区）、虎尔哈部（今黑龙江省黑河市对岸）、使犬部（今黑龙江下游地区）、使鹿部（今库页岛 - 乌第河一带）、索伦部（今黑龙江嫩江市以西广大地区）等。

虽然野人女真分布广泛，但在经济、军事、政治上均处于尚未开化的状态，再加上群龙无首，最适宜为实力雄厚的努尔哈赤分别击破。

明万历二十六年（1598年）正月，努尔哈赤的长子褚英、幼弟巴雅喇与部将费英东等人率领一千兵马，直取东海女真瓦尔喀部安褚拉库路（今松花江上游二道江一带），20 余座屯寨及其所属的女真人民，皆纳入努尔哈赤囊中。

9 年后，被乌拉部占领 4 年之久的东海女真瓦尔喀部蜚优城部众见努尔哈赤日渐强盛，断然抛弃了旧主子，投靠建州。以此为契机，努尔哈赤打响了乌碣岩（今朝鲜钟城境内）大战，大获全胜。紧接着，努尔哈赤名侍卫扈尔汉率兵 1000 人，前去进攻窝集部所属的溥野路（今吉林珲春市东北），俘获 2000 余人和大量牲畜。从此，努尔哈赤"威行迤东诸部"，乌拉部再"不敢窥望其去留，兵锋所指，莫敢谁何"，东海诸部望风归附。

乌拉部臣服后，努尔哈赤又相继降服了东海女真的那木都鲁、瑞芬、宁古塔、尼马察四卫之首领。万历三十九年（1611 年）七月，努尔哈赤第七子阿巴泰协同将领费英东、安费扬古带领几千兵马，征讨乌尔古宸、木伦两部，俘获上千人。随即又将扎库塔城并入版图。

4 年之后，努尔哈赤仅用了 2000 人马，便将窝集部的厄黑枯棱城（今乌苏里江以东滨海地区赫塔赫河地方）攻占，城中万余士兵成为俘虏，500 户百姓归降。

至此，努尔哈赤基本实现了对东海女真的征服，并取代明朝政府，获得了对此地的实际管辖权。

次年七月，达尔汉、扈尔汉、安费扬古等在努尔哈赤的命令下率兵两千，向位于黑龙江中游的黑龙江女真萨哈连部发起了进攻，于兀尔简河"刳舟二百，水陆并进，取河南河北诸寨三十六处"。

等到了明万历四十五年（1617 年），努尔哈赤大军再度北上，进逼黑龙江下游和库页岛及附近岛屿，黑龙江女真诸部相继臣服。

自 1598 年正月至 1617 年，努尔哈赤的建州铁蹄用了近 20 年的时间踏平了野人女真的领土；自 1583 年至 1617 年，努尔哈赤用了 30 余年的时间，将建州女真、海西女真以及野人女真的大部统一到了自己的麾下，"自东海至辽边，北自蒙古嫩江，南至朝鲜鸭绿江，同一言语者俱征服。是年诸部始合为一"。基本上结束了女真社会的长期分裂、割据、动乱的局面，推动了女真社会的发展和满族共同体的形成，也使得辽东地区摆脱了明朝廷的统治，成为一个独立于明王朝而存在的统一的政权。

努尔哈赤此时已经羽翼丰满，下一步，他的长矛将要指向腐朽的大明帝国，擎起敲响朱氏王朝丧钟的巨杵。

第二章
后金崛起，真的不忽悠

日渐衰落的明朝已经无力约束辽东的出水蛟龙。一统辽东之后的努尔哈赤以"七大恨"告天，掀起以取代明廷、入主中原为目的的刀光剑影。萨尔浒，沈辽广宁，努尔哈赤和他的后金军以摧枯拉朽之势让明军万劫不复。直到袁崇焕横空出世，后金势不可当的铁骑方才为之一滞。

上马征战忙，下马改革新

方从哲手里拿着辽东巡抚李维翰五百里加急送来的呈文，长吁短叹。朝野里派别林立，党争激烈，而作为一国之君的万历皇帝又从不视朝。朝政混乱、官僚腐朽、百姓疾苦、边患危机……所有的事都压在了他这个内阁首辅的身上。如今，辽东再告危急，他又能怎么办？

"如果李成梁还健在就好了。"方从哲暗暗地想。

可惜的是，明万历四十三年（1615年），93岁高龄的李成梁撒手归西，留给大明王朝的是一个处处隐患的辽东。

明万历三十四年（1606年），李成梁再次被朝廷起用镇守辽东，他这一次的走马上任，更多的是采用如开市等怀柔政策来缓解辽东的局势，也确实取得了一定的成效。但这样做的后果就是，让辽东守军成为封建将领的私军，"成梁诸战功率藉健儿。其后健儿李平胡、李宁、李兴、秦得倚、孙守廉辈皆富贵，拥专城，暮气难振"。这种状态怎么能镇守住辽东？更何况，辽东守军将要面对的是一个统一的满洲。

辽东的局势点燃了朝中的燃眉之火，群臣纷纷谏言为辽东地区拨发军饷。本来辽东地区还是很富庶的，但守将中饱私囊，致使守军纷纷逃亡，已无力应对辽东局势。方从哲上书称："今缺饷至于数月，诸军饥不得食，寒不得衣……宜速发内帑数十万，先尽该镇，次及九边，用以抒燃眉之忧。"

然而，直到明万历四十四年（1616年）十月，万历皇帝才从太后的手里拿了30万两白银充当辽东军饷，不够的，让户部和兵部商议想办法筹措。当时大明王朝之腐朽，可见一斑。

区区30万两，而且又拖了大半年之久，对于辽东守军又有何意义？辽东边患由来已久，明朝诸臣之所以此时才想起为军士讨要军饷，实质上是那里发生了一件大事：努尔哈赤建立了大金政权。

> 丙辰年（万历四十四年）……正月初一日，申日，国中诸贝勒、大臣及众人会议曰："我国中从无立汗，其苦殊深，天乃生汗以安国人也！汗既天生，以恩抚贫困之国人，眷养贤达者，即应称上尊号。"议定后，八旗诸贝勒、大臣率众成四面四角，立于八处，有八大臣持书自八旗出跪于前，八旗诸贝勒、大臣率众跪于后。立于汗右侧之阿敦侍卫立于汗左侧之巴克什额尔德尼，各自出迎，接八大臣贵呈之书，放置于汗前御案。巴克什额尔德尼立于汗前方，宣书咏诵"天任抚育列国英明汗"。宣罢后诸贝勒、大臣起，继之，各处之人皆起。于是，汗离座出衙门，叩天三次，叩毕回位后，八旗诸贝勒、大臣依次庆贺元旦，各向汗三叩首。
> ——《满文老档》

上文中的"汗"即是努尔哈赤。这段努尔哈赤建立后金政权的史事在《满文老档》中记载得较为详细。在《清太祖武皇帝实录》中，进一步补充道："颂为列国沾英明皇帝，建元天命。"国号大金。由是，大金政权正式建立，为了与宋朝时期的完颜氏的金国政权相区分，后世将之称为"后金"，都城定于努尔哈赤起家时的大本营赫图阿拉。

后金政权的建立，意味着辽东地区从此彻底摆脱了明王朝的统治，正式与朱明王朝分庭抗礼，迈出了改朝换代的重要一步。

自万历十一年（1583年）起兵至万历四十四年（1671年）建国，再到万历四十五年（1672年）完成满洲的统一，34年的时间里，满洲部落从一盘散沙凝聚成了一块铁板。散沙凝聚成铁板需要经过锻造，努尔哈赤在用金戈铁马打造后金政权的同时，也通过运用各种改革、创新手段，将女真人真正地统一起来。其中，为后世之人所称道，并且影响了整个中国200多年历史的，便是创建八旗制度与发明满族文字。

"淑勒昆都仑汗（即努尔哈赤）把聚集的众多国人，都平均划一，三百丁编为一牛录。一牛录设厄真一人。牛录厄真以下设代子二人、章京四人和村领催四人。四名章京分领三百男丁，编成塔旦。"这是《满文老档》太祖卷第一函第四册记载的关于八旗制度的雏形——女真传统牛录制。后来，努尔哈赤在此基础上，将牛录组编为四个"固山"，即"旗"，创建了后金耕战合一的社会组织：黄、白、红、蓝四旗。后来又增设镶黄、镶白、镶红、镶蓝四旗，合为八旗，正式建立了八旗制度。

与此前少数民族建立的政权辽、金、元不同，这些少数民族在入主中原后直接接纳了汉族制度的模式，虽然各有不同，但骨子里却是一模一样的，他们直接从氏族部落制度跃至封建制度。而努尔哈赤创立的八旗是"满洲八旗"，通过八旗这个纽带，他把原来分散的女真人统一编制起来，形成一个整体。

八旗制度反映了女真社会经济结构的发展和变化。当时农业已经成为女真的主要生产部门，铁农具和牛耕的普遍使用、工商业的发展、商品交易的频繁，使得满洲民殷国富。八旗兵丁为各部平民，八旗拥有耕地、牲畜或蓄奴数人，负担兵役力役。

八旗中最具特征的是兵民合一制度，平时耕猎为民，战则披甲为兵，每个八旗平民都有出征厮杀的义务。各个时期敛丁披甲的比例不一，有时一牛录出五十甲，有时一牛录一百甲，有时一牛录一百五十甲，大体上是三丁抽一。这样，就建立起一支拥有精兵数万的军队——八旗劲旅。八旗军队纪律严格、组织严密，当时传言女真人不能满万，满万则天下无敌。努尔哈赤八旗军队开始有六万人，后来发展到十万人，更是天下无敌了。在这支军队面前，无论是形同朽木的明军，还是李自成的农民军，都不堪一击，这是后金、清能够不断取得胜利，最终定鼎北京、入主中原的一个重要原因。

这种以兵民结合、军政结合、耕猎结合的制度，具有军事、行政和生产三方面的职能。一方面满足了向外扩张的需要；一方面便于对民众进行统领；另一方面兼顾生产，为战争备足良好的物质与经济基础，恰恰适合了不断扩张的后金政权的战争需要。

努尔哈赤的绝对专权始终以诸贝勒大臣会议为辅助，这既是女真氏族社会民主制的残余，也是努尔哈赤在频繁征战中集思广益而后决策所必需。原则上，八旗的每个旗主互不统属，看似独立，因此有所谓的"八王共治"之说。实际上，这些都是努尔哈赤为各旗主画的一个满足他们参政需求的大饼而已。作为后金国汗，努尔哈赤和此后继位的皇太极一直都是八旗的家长和最高统帅，始终将大权握在手中。因为他们清楚，自己对八旗的绝对控制，才是实行专权统治的重要前提。

所以，在握有后金实权的诸贝勒大臣会议中，议政大权始终集中在努尔哈赤家族手中，并日益向最高权力者聚拢。比如后金建立前的与努尔哈赤有着生死之交的"五大臣"，其后四位年长子侄组成的"四大贝勒"，努尔哈赤家族将后金大权牢牢地握在自己的手中。

八旗制度提高了满族人的战斗力，成就了八旗劲旅的功绩，而将这些功绩记载并流传下去则有赖于努尔哈赤的另一项伟创：创制满文。

经过几个世纪的颠沛，女真文已残缺不全，发布政令要么用蒙古文、要么用汉语"代言"，使得政令传达诸多不便，努尔哈赤便决定创制满文，并于万历二十七年（1599年）命额尔德尼和噶盖两位大臣用蒙古文字与女真语音拼成满文，作为满族统一的文字。有了文字，满族历史才能得以记载，人文社会的资料才能记录下来。此外，满文后来还成为中西文化交流的一个重要桥梁，是满族历史上一个划时代事件，是中华文化史上一件大事，也是东北亚文明史上一件大事。

统一女真部落、统一东北地区、制定满族文字、创建八旗制度、促进满族形成、建立后金政权……努尔哈赤用了34年的时间完成了崛起，完成了向朱明王朝宣战的准备。

七恨告天，师出有名

天命三年（1618年）正月十六日清晨，晨曦欲吐，红日未升，一轮圆月仍悬于西天。

有青黄二色气，直贯月中。此光约宽二尺，月之上约长三丈，月之下约丈余。帝（指努尔哈赤）见之谓诸王臣曰："汝等勿疑，吾意已决，今岁必征大明国。"

——《清太祖武皇帝实录》

由于《清太祖武皇帝实录》相对于后世康雍乾年间所修订的《清太祖高皇帝实录》更早，所以一向被史学界尊为最具权威性的对努尔哈赤生平的记述。不过从前文这一段文字来看，却颇有些传奇色彩。当然，这很好解释：日月同辉并不是罕见的现象，在某些特定的大气环境下，日月同辉确实可能会导致月中"青黄二色气"的自然景观，这不过是太阳光的折射罢了。而努尔哈赤正可借题发挥，表述自己征讨朱明王朝的决心，且以天命之由来堵住反对者的嘴。

努尔哈赤觊觎大明江山由来已久。早在其祖、父为辽军"误杀"之后，便心怀复仇之意，不过其时能力有限，也无法公开与明王朝决裂，只能在辽东地区祭起战旗，一步步地统一辽东，壮大实力。如今，整个满洲已经纳入爱新觉罗氏的麾下，而朱明王朝那边却已是夕阳落日，还有什么理由继续向明王朝纳贡称臣呢？

"朕与大明国成衅，有七大恼恨，此外小忿难枚举矣。今欲征大明。"这是努尔哈赤在天命三年（1618年）二月提出来的，也就是后人所称的"七大恨"。他要讨伐大明。

是年四月十三日，努尔哈赤正式以"七大恨"告天：

吾父祖于大明禁边，寸土不扰，一草不折，秋毫未犯，彼无故生事于边外，杀吾父祖，此其一也。

虽有祖父之仇，尚欲修和好，曾立石碑盟曰：大明与满洲皆勿越禁边，敢有越者，见之即杀，若见而不杀，殃及于不杀之人。如此盟言，大明背之，反令兵出边卫夜黑，此其二也。

自清河之南，江岸之北，大明人每年窃出边，入吾地侵夺，我以盟言杀其出边之人，彼负前盟，责以擅杀，拘我往谒都堂使者纲孤里、方吉纳二人，逼令吾献十人于边上杀之，此其三也。

遣兵出边为夜黑（即叶赫）防御，致使我已聘之女转嫁蒙古，此其四也。

将吾世守禁边之钗哈即柴河、山七拉即三岔、法纳哈即抚安三堡耕种田谷，不容收获，遣兵逐之，此其五也。

边外夜黑，是获罪于天之国，乃偏听其言，遣人责备，书种种不善之语辱我，此其六也。

哈达助夜黑侵我二次，吾返兵征之，哈达遂声我有，此天与之也。大明又助哈达，逼令返国，后夜黑将吾所释之哈达掳掠数次。夫天下之国互相征伐，合天心者胜而存，逆天意者败而亡。死于锋刃者使更生，既得之人畜令每返，此理果有之乎？天降大国之君，宜为天下共主，岂独吾一身之主？先因糊笼部华言诸部会兵侵我，我始兴兵，因合天意，天遂厌糊笼而佑我也。大明助天罪之夜黑，如逆天然，以是为非，以非为是，妄为剖断，此其七也。凌辱至极，实难容忍，故以此七恨兴兵。

与任何一场"师出有名"的战争一样，每位征讨者都是搜罗罪状、寻找借口的高手。"七大恨"中，除去"杀吾父祖"的血海深仇外，努尔哈赤又把"叶赫老女"这个过时的政治工具搬了出来，将"我已聘之女转嫁蒙古"列为七大恨之一。

努尔哈赤之所以选择这个时间向明朝宣战，是因为此时的辽东内外形势都对其有利。

明军方面的抗倭援朝战争刚刚结束不久，无论是人力、物力还是财力都有极大的损耗；多次与叶赫部落作战的辽东守军是抗倭援朝战争中的主力部队，战争结束后的实力更是锐减。

外部军事实力已经如此堪忧，朝廷内部却腐败到了骨子里：封建官僚把军队粮饷纳入私囊，使得军队的装备陈旧不堪、军需严重匮乏，吃不饱肚子的士兵只能纷纷逃离军队，号称十万大军的辽东守军，实际人数不过三四万而已。就是这些人，军队长官也无心对其进行操练，军营之中本应终日不歇的金鼓之声，在辽东大营却几乎不闻，就算是有偶尔的训练，士卒们也打不起精神来，致使军队毫无士气可言。自李成梁卸任之后，辽军的军械从未被修缮过，刀枪剑戟，锈迹斑斑。遇到女真部落的挑衅，大多数情况下都选择了退缩让避，不敢正面迎击。这样的军队哪有战斗力可言？

在军力部署上，仅三四万人的军队，还分散在北起开原、南至鸭绿江口，以及辽东、辽西的120多处据点中，这就给对手留下了各个击破的余地。

当时除了后金政权和明王朝之外，还存在着一个第三方势力，那就是蒙古部族。此时，喀尔喀蒙古部落已经跟后金有了联姻的关系，科尔沁蒙古部落也已跟后金政权结盟，位于漠南的察哈尔部希望借明朝的力量统一漠南蒙古而跟明王朝保持着紧密的联系；同时，明王朝也企图把察哈尔部当作遏制后金发展的屏障。这样，蒙古方面就剩下察哈尔部是努尔哈赤的一个威胁。

还有一方力量不可轻视，那就是与中国只有一江之隔的朝

永陵，大清皇帝爱新觉罗氏的祖陵，位于今辽宁抚顺。

鲜。明代之时，日本正值战国时期，日本丰臣秀吉大举侵略朝鲜，作为朝鲜宗主国的明朝出兵援助，双方形成了军事同盟关系。此时倭寇之乱未解，朝鲜仍需要来自明军方面的支援，因此对于后金政权，朝鲜方面也相应地采用了敌对政策。努尔哈赤曾一度想要与朝鲜结盟，但朝鲜国王光海君怕得罪明朝，只得暗中与后金来往。努尔哈赤对此却很不满意，以为"交则交，不交则已，何必暗里行走"，断然打消了与朝鲜结盟的念头，不过饱受侵略之苦的朝鲜也没有足够的军事实力成为后金的威胁，不足为患。

天时、地利、人和，天赐之良机岂可被蓄意已久的努尔哈赤所错过？后金与大明之间的战争一触即发，一场改天换地的大战即将打响。

后金与明朝的正面交锋

范文程是清朝历史上的开国宰辅、文臣领袖。据相关书籍记载，努尔哈赤"七大恨告天"之后的第二天，范文程毛遂自荐，受到清太祖的赏识。范文程被诸多历史学家称为中国历史十大谋士之一，其曾祖父乃明嘉靖年间的兵部尚书范鏓，后因得罪权臣严嵩而离任，后被贬为平民，直至隆庆年间才复官；其后，范文程的祖、父都没有达到其曾祖父的高度，到了范文程这代，虽学富五车，却无法攀上政府的高枝。是故，便与其兄长一同投奔了后金政权。

此时的努尔哈赤已经下定决心向明朝开战，他的第一个目标便是抚顺城。自李成梁镇守辽东以后，抚顺城便是女真人同大明王朝进行粮食、牲畜等货物贸易的地方，无论是对后金政权还是对大明王朝来说，都极具战略意义。但抚顺城在李成梁的多年经营下极为坚固，易守难攻，是雄踞在后金军面前的一只拦路虎。

面对固若金汤的城池，努尔哈赤并没有与之硬碰硬，而是先用5000兵马佯攻马根单（今辽宁省抚顺市境内），将明军的注意力予以分散；随后主力部队的1.5万人对抚顺发动了突然袭击。

但抚顺城毕竟不是不堪一击的纸老虎，努尔哈赤也不想让自己的首战胜利以重大伤亡作为代价。正在这时，范文程毛遂自荐地站了出来，称自己有办法劝降抚顺守将李永芳。他挥笔写下一封书信，差使者送入抚顺城内。

明发兵疆外卫叶赫，我乃以师至。汝一游击耳，战亦岂能胜？今谕汝降者：汝降，则我即日深入；汝不降，是误我深入期也。汝多才智，识时务，我国方求才，稍足备任使，犹将举而用之，与为婚媾；况如汝者有不加以宠荣与我一等大臣同列者乎？汝若欲战，我矢岂能识汝？既不能胜，死复何益？且汝出城降，我兵不复入，汝士卒皆安堵。若我师入城，男妇老弱必且惊溃，亦大不利于汝民矣。勿谓我恫喝，不可信也。汝思区区一城且不能下，安用兴师？失此弗图，悔无及已。降不降，汝熟计之。毋不忍一时之愤，违我言而偾事也！

——《清史稿·李永芳传》

收到范文程的劝降书的李永芳踟蹰了半天，一时拿不定是战是降。而努尔哈赤那边却没有坐等。后金先遣队假扮成商人混进了城中，诱使城内的商人和军民出城交易，趁城门大开之时，八旗主力突然攻入城内。李永芳别无选择，宣布向后金投降。抚顺城被顺利地攻克。

同日，佯攻马根单的兵马也化虚为实，连克东州（今辽宁省抚顺县东州村）、马根单等城寨。

四月二十一日，明辽东总兵张承胤在辽东巡抚李国翰的命令下急率万人大军分三路追击后金军，结果在努尔哈赤之子代善和皇太极的围攻之下大败而归，50多员将领阵亡。

努尔哈赤起兵以来第一次与明朝正面交锋的告捷，极大地鼓舞了后金军的士气。后金乘胜追击，仅用了3个多月的时间，便攻下花豹冲堡（今辽宁省铁岭崔阵堡区花豹冲村）、抚安堡（今辽宁铁岭东南）、三岔、鸦鹘关（今辽宁省抚顺市东南）、清河（今辽宁省本溪市清河城）等地。

九月二十五日，后金军攻克会安堡（今辽宁省抚顺市会元乡），大肆屠杀，抚顺关的300屯民惨死在屠刀之下，努尔哈赤留下了一个活口，将他的双耳割掉，修书一封，要他送往朝廷，信中说道："若以我为逆理，可约定战期，出边，或十日，或半月，攻城搠战。若以我为合理，可纳金帛，以了此事。尔大国乃行窃盗，袭杀吾农夫一百，吾杀汝农夫一千，且汝国能于城内业农乎？"

这封信同抚顺、清河等500多个据点相继沦陷的消息一并传到京师之后，明帝国朝野震惊。久已不视朝的万历皇帝惊呼"辽左覆军陨将，虏势益张，边事危急"。当下便采纳山海关主事邹之易等人的建议，出兵讨伐努尔哈赤。

军力荒芜多年的辽东守军自然无法承担起反击的重任，万历皇帝开始紧急起用旧将：兵部左侍郎杨镐任反击后金的最高统帅——辽东经略；右金都御史周永春为辽东巡抚；原山海关总兵杜松为出关总兵官；已经告老还乡的原四川总兵刘铤也重新应调，披挂上阵。

征讨后金，明军共出动了包括8.8万辽东各路兵马和1.3万朝鲜援兵在内的11万大军；朝廷拨款100万两白银作为军饷，同时加收被称之为"辽饷"的田赋200多万两（此举使得明万历四十七年（1674年）徒增赋税520万两，也为后来明末农民起义的爆发埋下了祸根）。另外，还从山西和陕西借调了300门大型火炮运往辽东前线。做足了紧急而又充分的战争准备。

在兵力部署上，明军也做了充分的准备，据《清太祖武皇帝实录》记载：

大明令总兵杜松榆林人、王宣保定总兵榆林人、赵梦麟陕西人、刘铤江西人、李如柏辽东总兵铁岭人、马林宣府人、贺世贤榆林人、副将麻岩大同人、监军广宁分巡道张铨大名府人、海盖道康应乾河南人、辽阳分守道阎鸣泰保定人、开原道潘宗颜宣府人，文武臣等统兵二十万，期灭满洲，诸臣承命起兵至辽阳。经略杨镐以二十万兵号四十七万（实际上只有11万），遣满洲人一名，系取抚顺时叛投者，于二十四日赍书至，言大兵征取满洲，领兵将帅及监军文臣齐至，三月十五日乘月明之时，分路前进。

后大兵果会于沈阳，分为四路，约三月初一日齐出边境，合兵攻取满洲都城，约定，遂起大兵进发。乃分左侧中路：总兵杜松、王宣、赵梦麟、监军道张铨，领兵六万，顺浑河出抚顺关。右侧中路：总兵李如柏、贺世贤、监军道阎鸣泰，领兵六万，往清河出鸦鹘关。左侧北路：总兵马林、副将麻岩、监军道潘宗颜，领兵四万，往开原合叶赫兵，出三岔口。右侧南路：总兵刘铤、监军道康应乾，领兵四万，合朝鲜兵，出宽奠口。

明军分兵四路，向后金进发。

明军来势汹汹，努尔哈赤又岂会坐以待毙？这场大战早已在他的预料之中。在范文程的运筹帷幄下，后金军已经布下了天罗地网，静待明军到来。

凭你几路来，我只一路去

努尔哈赤在"七大恨告天"的前一天，即后金天命三年四月十二日颁布了旨在训练士卒、克敌制胜的作战方针。史书记载如下：

凡安居太平，贵于守正。用兵则以不劳己、不顿兵，智巧谋略为贵焉。若我众敌寡，我兵潜伏幽邃之地，毋令敌见，少遣兵诱之，诱之而来，是中吾计也；诱而不来，即详察其城堡远近，远则尽力追击，近则直薄其城，使壅集于门而掩击之。倘敌众我寡，匆遽近前，宜预退以待大军。俟大军既集，然后求敌所在，审机宜，决进退，此遇敌野战之法也。至于城郭，当视其地之可拔，则进攻之，否则勿攻。倘攻之不克而退，反损名矣！夫不劳兵力而克敌者，乃足称为智巧谋略之良将也。若劳兵力，虽胜何益？盖制敌行师之道，自居于不可胜，以待敌之可胜，斯善之善者也。

这是他一生战争策略的总结。自努尔哈赤起兵以来，其所历经的大大小小的战役，无不是在遵循此作战方针而行之。面对着即将到来的明朝大军——一个前所未有的强大对手，努尔哈赤依然遵循这种军事思想。

明军共集结11万大军兵分四路向赫图阿拉进逼，意欲会师于后金都城；而努尔哈赤手中总共只有4.5万人马，虽然在准备与大明军队正面交锋时便已经把军备准备充分，但相对于可以随时调拨全国武装力量的明政府来说，还有着天壤之别。与之硬碰硬，无异于以卵击石。

面对这种不利局面，努尔哈赤并不担心。范文程在了解了整个局势之后，提出一条"管他几路来，我只一路去"的作战方针，后金无须忌惮明军的强大实力，因为明军的内部矛盾，正好为后金提供了各个击破的条件。

明军方面战略部署完毕之后，原计划于明万历四十七年（1619年）二月二十一日兵出辽东，然而天公不作美，自十六日起普降大雪。内阁首辅方从哲却无视天气状况，一再敦促杨镐出兵。

方从哲担心，一旦战况被拖延，那么庞大的军费开支势必会给本已千疮百孔的明廷经济雪上加霜，只有速战速决才是正道。在这些朝中大员眼里，一个小小的后金不足畏惧，"数路齐捣，旬日毕事耳"，根本无须大费周章。而久经战场的杨镐清楚地知道天气因素会给作战带来什么样的不利影响，尤其是深入对手所控制的范围中去；再加上粮草迟迟未送到，更是无法出兵。

明军方面文武双方各执一词，却没有想到正是因此而把出兵时间泄露给了努尔哈赤。努尔哈赤又让治下的汉族人充当间谍，深入明军腹地，把杨镐的作战意图、进军路线、兵力部署等方面侦察得清清楚楚。如此一来，战斗未开，明军就已失胜算，陷入被动局面。

再加上明军四路大军的将领之间早有罅隙，作为最高统帅的杨镐也无力约束，兼之明军战线铺开足有六百里之广，相互之间信息沟通不便，这对于分路配合作战来说是最为不利的。这一点，正是范文程提出"凭尔几路来，我只一路去"的信心。

努尔哈赤毫不犹豫地认可了这个作战方针，他称："明使我先见南路有兵者，诱我兵而南也，其由抚顺所西来者，必大兵也，急宜拒战，破此则他路兵不足患矣。"

明军西南路军由李成梁之子李如柏率领，努尔哈赤仅用500人便抵挡住了来自西南方向的佯攻；西路军则有杜松率队，4.5万（另一说为3万）遇到努尔哈赤的主力部队，顷刻间便灰飞烟灭，杜松中箭身亡。

西路军覆灭后，努尔哈赤率主力北上，在萨尔浒山（今辽宁抚顺东）直接面对马林的北路军，又形成了一场单方面的屠杀，马林侥幸逃脱。

而此时的东南路军统帅刘綎尚不知道其他两路军均已战败，仍旧按原计划继续北上，恰恰陷入了后金军的包围圈。激战之后，刘綎命丧辽东。

李如柏军被后金五百兵马阻拦在虎栏关（鸦鹘关东）之后，始终按兵不动。杨镐得知杜、马两路相继惨败，急命李如柏、刘綎军后撤，而刘綎尚未接到命令便已全军覆没，李如柏只得匆忙回撤。得知李部撤退的消息之后，努尔哈赤仅用了20名哨骑便将李如柏军搅得大乱，明军自相践踏，伤亡惨重。

此次大战自三月二日正式打响，三月五日宣告结束。不到5天的时间里，明军方面4万多名士卒战死，刘綎、杜松等300多名文武官吏魂归西天，马、骡等牲畜损失近3万匹；而后金军，仅付出了2000多人伤亡的代价。

萨尔浒之战对于作战双方来说都有着极其深远的影响。

明军方面，杜松与刘綎战死沙场，仅仅过了3个月，侥幸从萨尔浒战场上逃生的马林也同样死在了与后金军交战的开原之战中，四位明军主将已去其三，仅剩下李如柏因为始终没有与后金军正面交锋而留得一条性命。然而战火没有烧掉李如柏，朝中政局却让他魂归西天。

萨尔浒之战结束后不久，监察官便对李如柏提出纠劾。原因是李如柏的父亲李成梁曾经把年幼的努尔哈赤收归帐中，厚待于他，甚至还有收其为义子的传言。所以努尔哈赤跟李如柏"有香火情"，否则"何以三路之兵俱败？何以如柏独全"？

萨尔浒大战的遗物——明代铁炮

奏折之中已明显地显露出对李如柏通敌的怀疑态度。不过当时的万历皇帝对此不置可否，此事暂且风平浪静。然而过了一年半之后，辽东地区的局势更加紧张，这件事又被某些别有用心之人重提，重压之下，李如柏为表心意，自尽明志。四大军事将领的相继离世，对于本已风雨飘摇的明朝武装力量来说，无异于雪上加霜。

作为萨尔浒之战明军方面的最高统帅，辽东经略杨镐自然难辞其咎。杨镐在兵败之后引咎辞职，当时的朝廷还算是网开一面，让他"姑令策励供职，极力整顿以图再举"。然而没过多久，辽东的开原和铁岭又相继沦陷，杨镐最终被定罪入狱，崇祯二年（1629年）病死狱中。

兵败萨尔浒的消息传到京师之后，北京城的米价顿时暴涨。人们认为后金军即将打进山海关，进而围困北京城，从而开始纷纷囤积大米，以备不急之需，这就使明朝的财政雪上加霜。

从根本原因上来看，火器、兵力占优的明军之所以败在了一个以游牧为生的政权手中，实质上是因为其官僚机构之腐败已经到了一个无可挽回的地步。这种腐败早已有之，只不过是萨尔浒之战将之彻底地暴露出来罢了。

萨尔浒之战对交战双方来说都极为关键。此战之后，明朝的实力大减，再也无力阻止后金政权的进一步发展，被迫由主动进攻转入被动防御。而明朝的对手——努尔哈赤的后金政权，则因此而实力倍增，随之而来的，是政治野心的大幅度膨胀。下一步，努尔哈赤的目光投向了另一处战略要地——辽阳。

迁都辽阳，紧逼大明

萨尔浒之战后，京师上下一片悲戚，却始终没有拿出一个有效的策略来应对眼前的局势。万历皇帝朱翊钧依旧抱着"我死之后，哪管洪水滔天"的念头在紫禁城中醉生梦死。朝野内外则在党争之中争权夺势，内阁首辅方从哲生性懦弱，无力扭转颓势，只能听之任之，做些小修小补的工作。两个月的时间，就在大明王朝的一片混乱中过去。

不过朝廷中也不乏有识之士。明万历四十七年（1619年）六月间，一封上书让熊廷弼走上了历史的舞台。

熊廷弼自明万历三十六年（1608年）起任辽东巡按，在白山黑水十余年的时间里，对辽东地区的局势可谓是了如指掌。在明与后金之间攻守局势发生逆转，杨镐入狱之

后,被朝廷任命为辽东经略。熊廷弼上疏朝廷:

> 辽左,京师肩背;河东,辽镇腹心;开原又河东根本。欲保辽东则开原必不可弃。敌未破开原时,北关、朝鲜犹足为腹背患。今已破开原,北关不敢不服,遣一介使,朝鲜不敢不从。既无腹背忧,必合东西之势以交攻,然则辽、沈何可守也?乞速遣将士,备刍粮,修器械,毋窘臣用,毋缓臣朝,毋中格以沮臣气,毋旁挠以掣臣肘,毋独遗臣以艰危,以致误臣、误辽,兼误国也。

此疏一上,正愁无计可施的朝廷欣然应允,当即赐予尚方宝剑,予熊廷弼以先斩后奏之权,全权负责辽东事务。

而这份重权,对熊廷弼来说,未免来得太晚了一些——后金已经把军事重镇开原纳入囊中。

赢得萨尔浒之战的胜利后,努尔哈赤按军功将战利品分发与诸贝勒,进一步刺激了女真贵族对明战争的野心。稍加修整、补充兵力完毕,后金天命四年(1619年)六月十日,后金军便对开原发起了进攻。

开原西接蒙古,东邻建州,北靠叶赫,实乃要冲之地,兵家必争之所。然而明政府所委任的开原守将却是努尔哈赤的手下败将马林。后金军仅用了6天的时间,便攻占开原城,让守将马林及其属下步了杜松、刘𫓩的后尘。

也正是因为这场战役,对杨镐还抱有一丝希望的明朝彻底断了念想,将之论罪下狱,让熊廷弼顶了上来。熊廷弼带着尚方宝剑来到辽东,驻扎沈阳,可迎接他的,却是已经占领了铁岭、打通通往沈阳道路的后金军。

七月二十五日,努尔哈赤统兵五六万人,围攻沈阳北部的重镇铁岭。为避免与明军援军正面交锋,努尔哈赤许下重金,换来了铁岭守将丁碧的开门归降,兵锋直指沈阳。而此时,熊廷弼刚刚抱着朝廷的尚方宝剑在沈阳上任。

熊廷弼上任后,斩逃兵、修城堡、加强防务、招集散兵、整肃军令、操练士卒,一系列措施进行得倒也井井有条,辽东的形势渐渐有所好转。努尔哈赤那边也因为需要休养生息一段时间,而没有立即对沈阳展开军事行动。

就在辽东地区的局势渐渐向有利于明朝方面发展转变的时候,朝廷内部腐朽,让熊廷弼不幸沦为了党争的牺牲品。

明万历四十八年(1620年)七月二十一日,万历皇帝朱翊钧终于结束了他荒诞的一生,然而明朝内部的混乱形势并没有随着朱翊钧的龙驭上宾而消失,反倒是愈加恶化。泰昌皇帝明光宗朱常洛、天启皇帝明熹宗朱由校先后袭位,朝纲不稳,朝政大权被旷世阉佞魏忠贤窃取,自此形成了阉党与东林党两大派别,党争日趋激烈。为了壮大自己的实力,魏忠贤一度想要拉拢熊廷弼。谁知熊廷弼刚直不阿,断然拒绝曲意奉承阉党,魏忠贤大怒,给熊廷弼加上了"军马不训练,将领不部署,人心不亲附,刑威有时穷,工作无时止"的莫须有罪名。朝廷最后撤去了熊廷弼辽东经略的职务,由右佥都御史、辽东巡抚袁应泰接任。

袁应泰的长项在于后勤工作，治水理财都堪称大家，但指挥作战非其所长。熊廷弼在任时严肃军纪，而袁应泰却认为应该宽仁爱民，改变了熊廷弼所制定的许多军纪。适逢塞外天灾，蒙古部落纷纷逃往塞内，袁应泰动了妇人之仁，下令招降，将蒙古部落的难民安置在疗养和沈阳之内，每月发与口粮。殊不知，此举让大批间谍混入两大要塞，埋下了巨大的隐患。熊廷弼辛辛苦苦打造的防御体系全被袁应泰破坏殆尽。

明朝内部的动荡给了努尔哈赤以发动进攻的良机。后金开始储备粮草，置备车营，打造钩梯，准备对明朝发动新一轮的进攻。

从明天启元年（1621年）二月二十一日起，至三月二十一日傍晚，短短一个月间，沈阳、辽阳相继沦陷。见大势已去，袁应泰在最后时刻于辽阳城东北角正元楼上自焚。京师北方的最后一块屏障就此灰飞烟灭。

拿下沈阳、辽阳之后，努尔哈赤当即下了迁都辽阳的决定。

辽阳城地处辽东半岛中部，是一座拥有2000多年历史的军事重镇。南方群山将之环绕，太河诸水域自城中贯穿而过，依山贯水，乃天然之要塞、兵家必争之地。秦汉以来，历代王朝均在此处设立郡制予以管辖；到了辽金两代王朝，更曾将国都设立于此；到了元朝，设置辽阳行中书省，明朝时期则在这里设立了辽东都指挥使司。

辽阳所处的地理环境占据了很大的优势，再加上历代王朝的倾力打造，使得此处人丁兴旺，贸易兴盛，成为在明朝统治时期辽东地区的政治、经济、文化中心。熊廷弼驻扎在辽阳的时候，在城边挖了数层城壕，各种火器沿壕边而列，四面城墙分兵把守。

同时，辽阳还是明朝与朝鲜接壤的要冲地带。一旦为后金军所占据，就可以形成挟朝鲜，与明朝分庭抗礼之局面。

因此努尔哈赤在攻占辽阳之后大喜过望，连称"天既眷我，授以辽阳"。

喜悦之后，是努尔哈赤对迁都辽阳问题的考虑。他特意为此召集了贝勒诸臣会议，征求他们的意见："辽阳乃天赐我者，可迁居于此耶，抑仍还本国耶？"诸王臣俱以还国对。帝曰："若我兵还，辽阳必复固守，凡城堡之民，逃散于山谷者，俱遗之矣。弃所得之疆土而还国，必复烦征讨。且此处乃大明、朝鲜、蒙古三国之中，要地也，可居天与之地。"诸王臣对曰："此言诚然。"

可以看出，女真的贵族们最初并不愿意放弃旧都赫图阿拉，因为他们习惯于旧有的游牧习俗，作战对他们来说，不过是一种掠夺财富的手段罢了。但是，当努尔哈赤将自己的意图阐述明白之后，王公贝勒们方才认识到迁都的好处，点头应允。

明天启元年（1621年）四月初，即辽阳城被攻克之后不久，后金自赫图阿拉迁都至辽阳。从此之后，京师丧失了北方最后一块屏障，完全暴露在努尔哈赤的铁骑面前，明王朝的安全受到了严重的威胁。迁都辽阳，后金的政权中心进一步逼近明王朝，成为一支可以动摇明朝统治的强大力量。

恩威并济，化敌为友

沈辽之战的结局让明朝廷一片哗然。本以为铜墙铁壁般的沈辽二城能抵挡住女真人的疯狂攻势，但没料到袁应泰的心慈手软让熊廷弼的一番辛苦尽皆付诸东流。辽东巡抚王化贞上奏称："辽沈既陷，河（辽河）西汹汹，一无可恃。"一针见血地指出了沈辽之败对明王朝的不利影响。

虽说刚刚继位不久的天启皇帝朱由校"好亲斧锯椎凿髹漆之事，积岁不倦"，但也不会将明廷视作敝屣。袁应泰兵败自焚后，朝中阁臣刘一燝高呼："使廷弼在辽，当不至此。"朱由校深以为然，下诏重新启用熊廷弼为经略辽东，再赐尚方宝剑，副总兵以下可先斩后奏。

熊廷弼离京赴任之日，天启帝朱由校于城外设宴送行，京中所有要员奉命陪宴，又赐一品官服，极尽宠信之能事。可见明廷在熊廷弼身上寄予了厚望。

熊廷弼复职之后，经过一番调查，掌握了一系列关于后金军缺少水师、后方不稳、兵力不足、不善于攻坚战的情况，于天启元年（1621年）六月，有针对性地向朝廷提出："广宁（今辽宁北镇）用马步列垒河上，以形势格之，缀敌全力；天津、登、莱各置舟师，乘虚而入南卫，动摇其人心，敌必内顾，而辽阳可复。于是登、莱议设巡抚如天津，以陶朗先为之；而山海特设经略，节制三方，一事权。"

八月，他又再次建言："三方建置，须联络朝鲜。请亟发敕使往劳彼国君臣，俾尽发八道之师，连营江上，助我声势。又发书悯恤辽人之避难彼国者，招集团练，别为一军，与朝鲜军合势。而我使臣即权驻义州，控制联络，俾与登、莱声息相通，于事有济。更宜发银六万两，分犒朝鲜及辽人，而臣给与空名札付百道，俾承制拜除。其东山矿徒能结聚千人者，即署都司；五百人者，署守备。将一呼立应，而一二万劲兵可立致也。"

朱由检大喜，当即应允，同时命王化贞为广宁巡抚，辅佐熊廷弼。

明朝这边在战败后重启旧将，再造新的防御体系，意图东山再起；努尔哈赤的后金政权自然也不会坐以待毙，自迁都辽阳之后，便开始了下一步的作战准备。

由于辽阳是明、朝鲜和蒙古部落的接壤之地，所以迁都辽阳后，为孤立明朝，努尔哈赤对朝鲜和蒙古部落采取了恩威并用的策略。

刚一攻下辽阳，努尔哈赤就致书朝鲜国王："满洲国汗致书于朝鲜国王，如仍助大明则已，不然有辽人济江而窜者，可尽反之。今辽东官民已削发归降，其降官俱复原职，汝若纳我已附之辽民而不还，异日勿我怨矣。"同时，致书蒙古部落喀尔喀五部贝勒，表达了欲与蒙古喀尔喀五部结盟的意愿。七月，努尔哈赤再致朝鲜国王书，此次的语气却没有那番友好，而是充满了威胁之语。一直依附于明朝的朝鲜与蒙古部落，对刚占领辽阳的后金政权抱有敌意。努尔哈赤在书信中晓之以理，诉之以害，动之以情，缓和了朝鲜和蒙古部落对后金的敌对态度。

朝鲜和蒙古部落通过萨尔浒之战、辽沈大战也认识到后金之强大对自身的威慑力，所以对后金采取了积极的友好态度：

朝鲜王派郑判事官等向努尔哈赤进贡银、锦绸、纸、高丽夏布等。努尔哈赤对朝鲜使者则优礼有加，命武尔古岱额驸、抚西额驸、石岛里额驸三个女婿，以及巴笃礼总兵官、额尔德尼巴克什等大臣迎接郑判事官。

这一时期努尔哈赤在与蒙古部落和朝鲜往来过程中虽然没有形成反明的统一战线，但至少是达到了使朝鲜和蒙古部落不与之为敌的目的。

十一月，努尔哈赤的努力收到了成效："蒙古喀尔喀部内古里布什台吉、蟒古儿台吉，率民六百四十五户并牲畜叛来。帝升殿，二台吉拜见毕，设大宴，各赐貂裘三领，猞狸狲裘二领，虎裘二领，貉裘二领，狐裘一领，厢边貂裘五领，厢边獭裘二领，厢边青鼠裘三领，蟒衣九件，蟒缎六匹，绸缎三十五匹，布五百匹，金十两，银五百两，雕鞍一副，鲨鱼皮鞍七副，金撒袋一副，又撒袋八副，弓矢俱全，盔甲十副，奴仆牛马房田，凡应用之物皆备。以聪古兔公主妻古里布什，赐名青着里革兔，拨满洲一牛禄三百人，并蒙古一牛禄，共二牛禄，升为总兵。其蟒古儿，以宗弟吉白里杜吉胡女妻之，亦升为总兵。"

得到如此强援，努尔哈赤便可以用主要精力对付明朝了。

外患的解决并不能保证国家政权的稳定，要想从根本上统治好一个国家，内政问题尤为主要，其中，律法是一个关键点。天命六年（1621年）四月，努尔哈赤借鉴明朝的律法规定，下诏将明朝所制定施行的《大明律》删减简化，用以约束后金。此举不仅在对辽沈地区的统治有利，对后金社会在某种程度上的进步也起到了促进作用。与此同时，努尔哈赤又效仿明朝办起官学，希望以此提高女真人的文化素质，这对满族社会的发展来说，明显有深刻的意义。

同年七月，努尔哈赤开始了"计丁授田"的改革措施。"计丁授田"是努尔哈赤以明朝的辽东军屯制度为基础，再与后金自有的牛录屯田相结合而制定的。该措施把海州、辽阳一带总共三十万日（一日合五亩）的土地分配给女真人和汉族人耕种。每个男性给六日田，并规定，其中的五日用来种粮，剩下的那一日用来种棉花，很明显就是在准备战略物资。纳赋的方法是每三个人耕官田一日，以所收获的农作物充当税收；每二十个人中抽取一人当兵，再抽取一人服役。从土地所有制、生产关系和分配形式来看，"计丁授田"已经出现封建经济体系的某些特征，这也意味着后金政权的奴隶制开始转变为封建制度。

向封建制度的转型改变不了一个很重要的问题，那就是在辽东地区女真人和汉族人之间的矛盾。迁都之后，女真族与汉族之间的矛盾更加尖锐，汉族人民的反抗斗争也变得更加激烈起来。这个问题不解决，对于后金政权来说是个巨大的隐患。因此，努尔哈赤刚刚迁都辽阳，便采取了对汉族人以安抚为主、镇压为辅的策略。仅在一年之中，有史可查的重大安抚措施多达8项。这些政策对巩固后金政权、笼络汉族官民、瓦解明朝在辽东地区的统治有着重大意义。

八月，努尔哈赤从军事角度考虑，决定在辽阳城太子河边修筑一座辽阳新城。他认为，辽阳旧城经过战火已经颓废不堪，并且列强环伺其四周，势必要重兵把守。如此一来，大后方的安全就无法保证。如果建一个稍小一些、坚壁清野的新城，可以集中兵力把守，无须再担忧后方的安全。没有了后顾之忧，便可以放心大胆地对明朝动兵。

建成之后的新城"在太子河东离辽阳城八里。周围六十里零十步，高三丈五尺东西广二百二十丈南北裹二百六十二丈五尺。城门八：东门二，一曰抚近，一曰内治；西门二，一曰怀远，一曰外攘；南门二，一曰德胜，一曰天；北门二，一曰福胜，一曰地载。号曰东京"。

从辽阳新城建设的地理位置、城郭规模中可以看出，努尔哈赤要一改过去那种打突击战的传统战略。在他的计划中，他需要为后金大军继续前进、夺取明朝江山建立一块稳固的后方基地。

广宁之战尽取辽西

天启五年（1625年）八月二十五日五更，熊廷弼高昂着头跪在京师西市的刑场上，胸前挂着一个执袋。刑部主事、监斩官张时雍问其袋中所装何物，熊曰："《辨冤疏》也。"张曰："君未读《李斯传》乎？因安得上书？"熊曰："未读《李斯传》耳。此赵高语也。"张时雍无言以对，下令行刑。一代名将熊廷弼冤死法场，传首九边（九边指的是明朝在北方边境设立的九个军镇，初设辽东、宣府、大同、延绥四镇，继设宁夏、甘肃、蓟州三镇，又设山西、固原两镇，是为九边）。

熊廷弼为什么没有战死沙场，而是死在了明朝廷的法场？究其原因，是辽东地区又出现了问题。

努尔哈赤攻取沈阳、辽阳之后，下一个目标便是广宁。

如果说辽阳是辽东的政治、经济、文化、商业中心，那么辽东的军事中心则在广宁。辽东总兵府便设在这里，而辽阳仅仅是副总兵府。因此，广宁是明朝在东北地区最高的军事机关驻地，是控制蒙古弹压女真的军事重镇。沈辽丧失之后，明朝仅剩此地可以用来与后金相抗。可以说，如果明朝失去了广宁，那么就等于彻底失去了在辽东、辽西地区的控制权。

更为不利的是，虽然颇有外交能力的王化贞替明朝暂时缓解了来自蒙古部落的压力，但广宁一旦失守，那蒙古部落有很大的可能会与后金政权完全联合起来，要知道，当时的喀尔喀部已经表现出了与努尔哈赤结盟的意思，这对明朝来说是个极为不利的消息。因此，无论是对明朝来说，还是对后金而言，广宁都是一个极为重要的阵地。

当时驻守广宁的辽东经略熊廷弼和辽东巡抚王化贞之间却毫无默契可言。王化贞的目标是攻，声称要"一举荡平辽东"。他上任巡抚之后不久，便派干将毛文龙率200人走海路到达镇江（今辽宁丹东）沿海岛屿，开辟敌后战场。

明朝时期的镇江，是中朝边境、鸭绿江边一个举足轻重的军事要塞，是与朝鲜取得直接联系的一个要冲之地。可以说，谁占据了这块土地，谁就能得到来自朝鲜半岛上的支援。1621年七月二十五日，毛文龙通过侦查得知，此时属于后金政权的镇江城兵力空虚，几乎是一座不设防的要塞，便与生员王一宁计划突袭。

毛文龙事先收买了后金驻扎镇江的中军陈良策，让他当明军的内应，自己则亲自率领220余人夜袭镇江城。此役，镇江游击佟养真及其子佟松年等60多人束手就擒，镇江城再属明廷。一时之间，全辽震动，镇江城周边的宽甸、汤站、险山等城堡守军相继向毛文龙归降，"数百里之内，望风归附"，"归顺之民，绳绳而来"。

此役在史学界被称为镇江大捷。镇江的收复对一直坚持抵抗后金的辽东汉民是个巨大的鼓舞。随之响应的还有汤站（今凤城市南30公里汤山公社所在地的汤山城子）、险山（今辽宁省丹东市凤城市东南大堡公社土城子大队所在地）、宽甸（今辽宁省宽甸县）等地，一时之间，反抗后金政权的星星之火燃遍了辽南各地。

镇江大捷，让王化贞志得意满，他以为在自己出兵辽东之时，便可与辽东后方的毛文龙前后夹击，打后金一个措手不及。为了确保对后金作战的胜利，他又计划秘密策反已经降了努尔哈赤的李永芳，希望以里应外合之势让后金防不胜防。再加上经过王化贞的一番努力，察哈尔蒙古等部答应出兵40万以协助明军的军事行动，更是锦上添花。

可以说，王化贞的这番部属是周密而详细的，所以他也就信心百倍地上书朝廷，称："愿请兵六万，一举荡平，臣不敢贪天功，但厚赉从征将士，辽民免赋十年，海内得免加派，臣愿足矣。即有不称，亦必杀伤相当，敌不复振，保不为河西忧。而臣将归老林泉，臣愿足矣。"

接着他又承诺道："仲秋之月可高枕而听捷音。"

然而长时间与后金打交道的熊廷弼却深知努尔哈赤的厉害。他依然坚持"三方建置"的既定方针，以积极防御为主，调动各方面大军，对后金政权实行三面合围，继而攻之，必会大获全胜。一旦此措施得以施行，那么努尔哈赤肯定不敢对广宁动兵，否则的话，他将受到来自海上的威胁。

然而朝廷却没有采纳熊廷弼的建议。首先，王化贞为朝廷画的这张大饼看起来是那么的可口，而熊廷弼的计划却无疑是慢工出细活，时间成本上让收复失地心切的朝廷难以承受，更不用说已经处于崩溃边缘的经济成本了。

其次，王化贞原是东林党人，善于结交政要，在朝中人缘颇好，现在又在极力巴结魏忠贤，有投靠阉党的倾向。而天启初年，正是这两个派别在左右政局。熊廷弼则是楚党之人，在天启初年早已没有多少政治地位可言，再加上此人生性暴躁，即使经历过一次罢官风波，也没改掉秉性，与朝中官员势如水火，也就没有够硬的后台做朝内支撑，自然无法让自己的策略付诸实践。

王化贞的"急"和熊廷弼的"稳"形成了尖锐的矛盾。将帅不合历来是兵家之大忌，而这一点，也正被休养生息十个月之久的努尔哈赤敏锐地觉察到了。

1622年正月十八，正是北国千里冰封的时候。努尔哈赤利用辽河水结冰、人马易渡的时机，率八九万大军向广宁发起了进攻。

此时王化贞的周密部属完全破灭：后金后方的镇江已经得而复失，毛文龙逃往朝鲜，腹背夹攻的可能性化为乌有；察哈尔部答应的40万大军仅仅来了1万，以多压少的希望破灭（此时的明军仅有10万人）；对李永芳的策反不仅没有成功，反而让自己的爱将、抵挡后金铁骑的先锋孙得功被李永芳策反，里应外合的愿望没有实现，自己却被从内部突破了。

如此一来，明军惨败，王化贞弃城而逃，与闻讯自山海关率兵赶来的熊廷弼在大凌河（今辽宁凌海市）相遇。王化贞放声大哭，而熊廷弼却挖苦道："六万众，一举荡平竟何如？"王化贞无言以对。

见大势已去，熊廷弼也无起死回生之能，只得掩护自广宁逃出来的军民退回山海关。

王化贞弃广宁而逃，被策反的孙得功占据广宁城，出城三里跪迎努尔哈赤。一时之间，努尔哈赤还以为明军有诈，因为广宁城到手得太容易了。

努尔哈赤将辽阳城的大福晋阿巴亥、众妃子以及众贝勒的福晋们等一干家眷接到广宁，统兵大臣等出城叩见。红毡一路铺到了衙门之外。巳时，"大福晋率众福晋叩见汗，曰：'汗蒙天眷，乃得广宁城。'众贝勒之妻在殿外三叩首而退。嗣后，以迎福晋之礼设大筵宴之。"攻克广宁的欢庆气氛因这些女人的到来而达到了高潮。

紧接着，后金军又连取被明军所弃的义州（今辽宁义县）等40多座城堡。辽西之地尽入努尔哈赤之手。

由于广宁战败，王化贞被论罪入狱，熊廷弼被革职还乡。然而熊廷弼认为自己在广宁之败中并不存在过错，故上书请罪，希望以此来让小皇帝重新任用自己，并采纳自己所提出的攻取辽东之建议。但他没想到的是，这正给了一向与熊廷弼不和的阉党以口实。他们以熊廷弼援救来迟为由，并罗织罪名，将熊廷弼与王化贞同罪下狱。

在魏忠贤的指使下，御史梁梦环弹劾熊廷弼贪污饷银17万，御史刘徽则称说熊廷弼家资百万。但直到抄家之后才发现，熊家的全部家底也不足17万。无奈之下，抄查者连熊廷弼的姻亲家一并抄了，但也没能凑齐百万之数。最后，"江夏知县王尔玉责廷弼子貂裘珍玩，不获，将挞之。其长子兆珪自到死，兆珪母称冤。尔玉去其两婢衣，挞之四十。远近莫不嗟愤"。熊廷弼最终在王化贞之前被处死。崇祯二年（1629年），崇祯帝朱由检为其沉冤昭雪。

广宁之战，让努尔哈赤尽得辽西之地；熊廷弼冤死，又让努尔哈赤去除了心腹之患。后金政权的兵锋直指大明王朝的最后一处屏障——山海关，但此时的努尔哈赤却停住了前进的脚步。

半路杀出个程咬金

明天启二年（1622年），山海关，一人，一马，单骑驰骋。

京师兵部此时却乱作了一团——兵部职方主事失踪了，兵部里外、京师城内找了个遍也没找到这位主事的人影，连他的家人也不知道他去了哪里。

这件事对一个帝国来说其实算不上什么，一个兵部职方主事不过是六品官，在兵部属于末等，按理说掀不起太大的波澜。但这位却非同小可，他乃是天启皇帝亲自破格从福建邵武（今福建省邵武市）知县提拔起来的京官。此人便是努尔哈赤一生之中最强大的对手——袁崇焕。

袁崇焕刚上任邵武知县不久，便在天启二年入京，接受朝廷的考核。他一边在尽着知县的责任，一边惦记着辽东的局势。"为闽中县令，分校闱中，日呼一老兵习辽事者，与之谈兵，绝不阅卷"。入京述职之际，他便借着地利之便，视察边塞，深入了解局势。

此时的辽东局势对大明王朝来说绝不容乐观，熊廷弼入狱之后，继任辽东经略的王在晋分析说："东事离披，一坏于清（河）、抚（顺），再坏于开（原）、铁（岭），三坏于辽（阳）、沈（阳），四坏于广宁。初坏为危局，再坏为败局，三坏为残局，至于四坏——捐弃全辽，则无局之可布矣！逐步退缩之于山海，此后再无一步可退。"

而自努尔哈赤向明朝开战以来，驻守辽东的总兵以上将领总共阵亡或被处决一共有14位之多。一时之间，辽东成了京官的禁地，谁也不敢接过这个烫手的山芋。

"时广宁失守，王化贞与熊廷弼逃归，画山海关为守。京师各官，言及辽事，皆缩朒不敢任。崇焕独攘臂请行。"

正是袁崇焕这个"攘臂请行"的举动，让朝中有识之士对其青眼有加。广宁失陷后的第四天，御史侯恂便上奏朝廷："见在朝觐邵武县知县袁崇焕，英风伟略，不妨破格留用。"曾经因为广宁失守而抓住内阁首辅叶向高"衣袂而泣"的天启帝欣然允诺，授袁崇焕为兵部职方司主事，旋升为山东按察司佥事、山海监军。紧接着，袁主事便独自一人赶往山海关前线。

袁崇焕一人独骑返回京师后，将所视察的情况上报与朝廷，并称："予我军马钱谷，我一人足守此！"

袁崇焕的这句话让天启帝及朝中群臣大加赞赏，相对于王在晋的治辽策略来说，袁崇焕的话更易被朝廷所接受。王在晋被迫就任辽东经略时，提出的是"拒后金抚蒙古，堵隘守关"之策，也就是说要用大量的金钱去贿赂蒙古部族，希望借其力以抵抗后金。堵隘则是要在山海关外再建一道关城，称为重关，用来保护山海关。

王在晋的这个策略虽然在当时被朝廷采纳了，但压根行不通。首先，朝廷的财力已经无法支付如此庞大的费用；其次，蒙古部族对明朝阳奉阴违，时战时和，根本无法做奢望；最后，修筑重关固然起到了防御的作用，但也意味着彻底放弃了关外，这并不是明朝廷想要的结果，而只是王在晋想要自己驻守的山海关更安全些罢了。

王在晋的建议提出后，朝中是非莫定，争论不休。兵部尚书兼东阁大学士孙承宗亲赴山海关考察，回京之后，当即劝谏皇上革去王在晋辽东经略之职。

天启帝虽然采纳了孙承宗的建议，但对辽东经略职位的空缺却毫无办法。这是一块烫手的山芋：熊廷弼之后的兵部尚书张鹤鸣诈病辞职，谢经邦拒绝受命，王在晋也是在群臣的举荐以及天启帝的威胁之下被逼上梁山，朝中实在是无人敢赴山海关。好在孙承宗毛遂自荐，天启帝欣然应允。

孙承宗上任后，便重用袁崇焕，构筑宁锦防线。

袁崇焕提出的守备方略和承诺，亦让天启帝大加赞赏，再升其为山东按察司佥事、山海关监军。

袁崇焕上任之前，特意来到关押熊廷弼的监牢中，"廷弼问：'操何策以往？'曰：'主守而后战。'廷弼跃然喜"。

"主守而后战"，正是袁崇焕所做的抗金策略。其后，他在《辽事治标治本疏》中又做了进一步的阐述："彼之远来，利速战，能战之兵，又利得战。臣只一味死守，令至无得而与我战，便自困之，唯困之乃得而与图之……盖日计不足，月计有余；月计不足，岁计有余。战则不足，守则有余；夺既有余，战无不足。不必侈言恢复，而辽无不复；不必急言平敌，而敌无不平，即以下手之日为结局之日可也。"

袁崇焕的认识和孙承宗的主张不谋而合，孙承宗在就任之后，提出要守住山海关，应当先守住关外，这就要求要在山海关的前沿——宁远（今辽宁兴城）固守。孙、袁二人意见一致，山海关三军得命，很快便修建起一座新的宁远城，成为关外的又一大重镇。

这样，一条以宁远、锦州为核心的"宁锦防线"，在孙、袁二人的努力下初步建立起来。加上努尔哈赤在攻破广宁之后，因为兵力不足的原因而没有驻守辽西地区，就连广宁城也毁弃，整个辽西的局势开始稳定。逃难的百姓陆续重返故园，一度荒芜的辽西又重新恢复了生机。

孙、袁二人在山海关处大兴防御设施，让努尔哈赤不敢轻举妄动，同时，努尔哈赤所施行的一系列政策的副作用开始显现出来，后金政权的统治出现了危机。

宁远古城遗址。明朝以宁远与锦州为核心建立的宁锦防线坚不可破，成了后金的噩梦。

努尔哈赤迁都辽阳之后所做的"计丁受田"改革,从表面上看是奴隶社会向封建社会的一种转变,但其中有一个重要的部分就是圈地。

"(天命六年七月)十四日,一行将前往分田,故先期告谕各村曰:在海州地方取田十万日,在辽东地方取田二十万日,共取田三十万日,给我驻扎此地之兵马。"这道命令的初衷是用来安置从浑河上游、苏子河流域迁至辽东的满族八旗贵族、勋臣、兵丁及家属,但这就需要占用原来居住在辽东地区和海州等地区汉族百姓的30万日的土地。

从本质上来说,"计丁授田"的目的在于保持女真八旗的在政治、经济、军事上的优势,同时,将被占领地区的土地赐予八旗所有,也是为了激励女真人的战斗热情,维持战斗力,作为胜利者、统治者的后金政权,有理由在自己的土地上继续实行奴隶制的生产方式。只有被八旗圈完剩下的土地,才会给原来居住于此的汉族百姓重新分配。

土地是有限的。满足了八旗对土地的占有,就无法让世代居住在这里的汉族百姓拥有足够的土地,汉族人从努尔哈赤手中得到的,只不过是八旗剩下的残羹冷炙。

在赋税方面,努尔哈赤所实施的每三丁种官田一日的劳役地租,每二十丁一丁当兵、一丁应役的耕战合一的做法,对他本人来说是一个从奴隶制统治理念到封建制统治理念的一个飞跃,但本质上却只能说是一个还没有完全摆脱农奴制度的封建社会初级阶段。这对于被占领区的、已经经历了千余年封建制度的汉族人来说,是无法包容的历史倒退,汉人的反抗也就成为大势所趋。逃亡、偷袭、暴动、暗杀、投毒……为了自身的利益,汉人用各种手段反抗后金的统治。

面对反抗,努尔哈赤别无良策。作为女真人的可汗,他必须要首先照顾到八旗贵族的利益,而这样一来,又无法兼顾汉人的利益。努尔哈赤找不出一个折中的办法来消除这个社会转型时期的阵痛,他只有采用粗暴而又简单的手段。1622年三月,努尔哈赤下达了一道"光棍盗贼尚无畏惧"的旨意,命令从此以后,绝对不允许女真和汉族人有任何私下接触,更不能成为朋友;并且规定,女真人出门的时候,"务以十人结队而行。如此则光棍盗贼不敢起杀人之念矣。若结伙不足十人,而九人同行,见者即拿之,罚银九钱,八人者罚银八钱,七人者罚银七钱,一人者罚银五钱"。

同年六月十五日,努尔哈赤再次下令:"凡诸申(指女真人)汉族人开设店肆之人,务将肆主姓名刻于石上或木上,立于肆前。若不书明肆主之姓名,则罪之。无店肆携物售卖之人,概行禁止。该无店肆携物售卖之人,以为不被查获,而多用药鸩人也。尤应晓谕我诸申妇孺,凡购食之人,务记肆主姓名。若不记取,而中毒身死,虽有猜疑,更向谁言?"

努尔哈赤所采取的这些措施,进一步激化了女真人与汉族人之间的矛盾,汉人的反抗不仅没有如努尔哈赤之所愿而有所收敛,反而更加激烈起来。努尔哈赤必须拥有更多的土地,才能够解决这个问题。他再一次把目光投向了山海关。

努尔哈赤没有想到的是,他迎来的,将是自己一生之中唯一的一场败仗,也是一生中的最后一役。

努尔哈赤的最后一战

1626年八月,太子河,华丽的龙舟里,努尔哈赤躺在厚厚的毡毯上,眼望窗外的湛蓝天空,身上的毒疽隐隐作痛。"难道这就是天命?"壮志未酬的他心中无限遗憾,虽然完成了女真的统一,却无法见到攻破京师的那一刻,而这,恰恰是他起兵反明时的愿景。

为了这个愿景的实现,努尔哈赤穷尽了毕生的精力:谋建州,平海西,统野人,建立起属于自己的政权,打造出一支可以与明廷相对抗的尖锐长矛;战萨尔浒,迁都辽阳,尽取辽西,确立起自己在东北边陲的绝对统治权。为了进一步对大明王朝采取行动,他甚至不惜放弃辛辛苦苦建立起来的新都辽阳,迁都沈阳。

迁都沈阳,是努尔哈赤在一统辽东之后做出的又一大举措。"沈阳四通八达之处,西征大明从都儿鼻渡辽河,路直且近,北征蒙古三日可至,南征朝鲜自清河路可进",这在战略角度上要比辽阳更为有利。

同时,"沈阳浑河通苏苏河,于苏苏河源头处伐木顺流而下,材木不可胜用,出游打猎山近兽多,且河中之利亦可兼收矣",从经济利益方面来看,也是辽阳所无法比拟的。让努尔哈赤下定迁都决心的,更出于当时辽东、辽西的局势。

广宁之战后,后金的战线拉得过长,领地内矛盾纠纷不断,努尔哈赤无力维系后院的稳定,被迫做出了毁弃广宁、弃守辽西的决定。这就给了明廷以喘息之机。待到孙承受、袁崇焕固守宁远,后金政权感到了前所未有的压力,"公(孙承受)渐东,奴(努尔哈赤)惧,遂弃宫室而北徙于沈阳……自筑宫于瓮城,屡不就……"努尔哈赤弃守广宁的弊端显露出来。

另外,迁都辽阳之后,女真人和汉族人之间的矛盾进一步尖锐,努尔哈赤所采取的镇压手段只会激化矛盾。辽阳城已经是鸡犬不宁之地,丧失了一国之都的意义,努尔哈赤唯有再行迁都。

孙承宗毛遂自荐督师辽东的那一年,山海关马世龙等人频繁出巡被努尔哈赤攻取又弃守的广宁、三岔河一带地区。驻守在辽南的毛文龙,没有了山海关的后顾之忧,也活跃起来,对靠近三岔河一带的牛庄(今辽宁省牛庄镇)、跃州(今营口北牛庄附近)等为后金政权所据各城不断骚扰。此外,麻羊岛守备张盘夜袭金州(今辽宁省大连市金州区),让女真人终日惶恐;复州(今辽宁省瓦房店市西北复州)的后金总兵刘爱塔偷偷地向登莱(今山东省登州和莱州)地区运送军备物资,并且希望把复州当成明军的内应,一旦明军向后金展开进攻,便与其里应外合等。毫无疑问,这些对后金政权的稳定都构成了极大的威胁。

除了来自明军方面的压力外,后金政权还面临着塞外蒙古各部的觊觎。这些不利之局逼迫努尔哈赤必须对他的战略防御问题进行重新考虑。因此,为了在战略上取得主动,他选择将后金的首府迁往沈阳,并将沈阳改称为盛京。

虽然迁都盛京,但后金政权的稳定问题仍然无法解决,汉族与女真贵族之间的矛盾也不会因为迁都而化为乌有。努尔哈赤能做的,只能迎着孙承宗和袁崇焕打造出来的铜墙铁壁进一步扩张领土。

恰在这时,明廷的党争给了他一个天赐良机。

孙承宗所经略的辽东,"在关四年,前后修复大城九、堡四十五,练兵十一万,立车营十二、水营五、火营二、前锋后劲营八,造甲胄、器械、弓矢、炮石、渠答、卤楯之具合数百万,拓地四百里,开屯五千顷,岁入十五万(石)",逼得努尔哈赤不敢南侵;但他却没有抵挡住来自朝廷的攻击。

此时的明廷朝政大权已经完全旁落在了"九千岁"魏忠贤的手里,天启帝朱由校只知道在后宫当他的木匠,对朝政大事基本上是不闻不问,这更让阉党有恃无恐,大力排除异己。不幸的是,孙承宗正是阉党眼中的异己之一。

孙承宗经略辽东之后,一时间功高权重,誉满朝野。势力猖獗的魏忠贤及其党羽自然不会错过这个值得利用的人,魏忠贤动用了各种手段去拉拢这位封疆大吏。而孙承受对阉党深恶痛绝,对魏忠贤抛来的橄榄枝视而不见,这就让一向专横跋扈的魏阉对他怀恨在心。

明天启四年(1624年)十一月,孙承宗到蓟、昌西巡。此时恰临近十一月十四日,正值天启帝的生日,孙承宗便上书朝廷,希望入朝为皇帝庆贺万寿节,并打算借此机会当面向皇上汇报机宜。

把握朝政大权的魏忠贤在皇帝之前先得知了此消息,生怕孙承宗拥兵入京,做出对自己不利的事情来。于是"绕御床哭。帝亦为心动,令内阁拟旨。次辅顾秉谦奋笔曰:'无旨离信地,非祖宗法,违者不宥。'夜启禁门召兵部尚书入,令三道飞骑止之。(魏忠贤)又矫旨谕九门守阉,承宗若至齐化门,反接以入。承宗抵通州,闻命而返。忠贤遣人侦之,一襆被置舆中,后车鹿善继而已,意少解"。

紧接着,魏忠贤和他的阉党党羽称孙承宗是"拥兵向阙,叛逆显然",意图借此事来扳倒孙承宗,但天启帝不是不理朝政的万历帝,心中还有点分寸,对魏忠贤的攻讦没予以理会。

次年,太监刘应坤在魏忠贤的委派下前往山海关犒军,带去帑金10万两,然而孙承宗一点也没给魏忠贤面子,鄙视之意溢于言表。

同年八月,马世龙轻信自后金逃归的"降虏生员"(其实是后金方面的间谍)刘伯镪的话,派兵渡柳河,袭取耀州,结果掉进了努尔哈赤早已设好的圈套,惨败而归。

柳河之败正给了阉党挤垮孙承宗的口实,以马世龙损失670匹马、大量甲胄等军用物资为借口,向马世龙发起了围攻,其根本的目的还是要弄倒孙承宗。弹劾奏折雪片一样飞向天启帝的御案。阉党的无耻手段让孙承宗大为恼怒,连上两疏称病辞官。天启帝拗不过孙承宗,只得应允。

孙承宗罢官,辽东经略一职再度出现空缺,魏忠贤趁此机会将自己的同党高第推上了辽东经略的位置。胆怯无能、对军事又一窍不通的高第抵达山海关后,将孙承宗所做的军事防御部署全部推翻,将锦州、右屯、大凌河、宁前诸城守军,连同器械、枪炮、弹药、粮料等后勤物资一并移到关内,绵延四百里的关外土地尽皆放弃。

沈阳故宫,始建于1625年,是清朝入关前清太祖努尔哈赤、清太宗皇太极创建的皇宫,又称盛京皇宫,清朝入主中原后改为陪都宫殿和皇帝东巡行宫。

高第的胡乱部署让朝野上下响起一片反对之声,袁崇焕更是怒不可遏,他在给高第的谒言中说:"兵法有进无退,锦、右一带,既安设兵将,藏卸粮料,部署厅官,安有不守而撤之?万万无是理。脱一动移,示敌以弱,非但东奴,即西虏亦轻中国。前柳河之失,皆缘若辈贪功,自为送死。乃因此而撤城堡、动居民,锦、右摇动,宁、前震惊,关门失障,非本道之所敢任者矣。"

然而袁崇焕仅仅是一个监军,无力改变身为兵部尚书、手持尚方宝剑的高第的决策,更何况高第背后还有把持朝政的阉党撑腰。袁崇焕只能眼睁睁地看着高第将锦州、右屯、大凌河及松山、杏山、塔山守具的屯兵屯民尽皆驱赶入关,10余万石粮谷被抛弃。这次不战而退,闹得军心不振,民怨沸腾,刚刚振奋起来的士气又再次陷入低谷之中。

得不到上司支持、朝中又没有后台的袁崇焕不甘心就此放弃辛辛苦苦打造出的防线,决意死守宁远。在关外城堡撤防、兵民入关的不利情势下,袁崇焕率领1万余名官兵孤守宁远,抵御后金。

明廷因为内斗而产生的自我消耗给努尔哈赤创造了再侵朱明的良机。明天启六年(1626年)正月十四日,努尔哈赤率领10万八旗大军西渡辽河,直取孤城宁远。

一方面是10万士气高昂的八旗大军,一方面是1万多被朝廷弃之不顾的明朝军队;一位是积蓄了数年力量、一生未逢一败的后金国主努尔哈赤,一位是孤立无援、从未参加过战争的山海关监军袁崇焕。双方就在这样的悬殊中,于正月二十三日拉开了战幕。

然而让努尔哈赤没有想到的是,历时四天的大战,竟然以自己的惨败而告终。

宁远一役,是后金与明王朝自交战以来的第一次惨败,对八旗军队的锐气是一个十分严重的挫败,自萨尔浒之战以来对明朝的连续攻势就此中断。对努尔哈赤来说,更是一个沉重的打击,"帝自二十五岁征伐以来,战无不胜,攻无不克,唯宁远一城不下,遂大怀愤恨而回"。

上述记载只是说出了努尔哈赤心中的愤恨,却没有指出此役对努尔哈赤的更大影响。这个影响,成了一个千古之谜。

第三章
皇太极：聪明的"伐木人"

努尔哈赤神秘辞世，后金内部迷雾重重。皇太极脱颖而出，女真政权再起波澜。改革、汉化、剔除隐患，"伐木人"皇太极一步步打造着属于自己的时代，一步步进逼中原。但在明将袁崇焕精心打造的宁锦防线面前，皇太极依然铩羽而归，留下了又一段惆怅。

谁杀了努尔哈赤

1626年，盛京，天命汗努尔哈赤的葬礼。一位喇嘛、一位突如其来的吊唁者，引起后金国的一片混乱。这是奉袁崇焕之命的使者——谁也没有想到这个至天命汗于死地的仇人竟然派人来至灵前。是惺惺相惜还是另有他图？即使是努尔哈赤的继任者、在政治智商上更胜努尔哈赤一筹的皇太极，也看不出这个冤家的真实想法。

袁崇焕并没有与后金握手言和的打算，更不会与努尔哈赤有英雄相惜之意。之所以派使者前来吊唁，实际上还是要来探察一番努尔哈赤的死讯是真是假，因为这关系到明军下一步的军事行动。

努尔哈赤确实是死了。

努尔哈赤的死因究竟是什么？史学界众说纷纭。大致分为两种：一是正史的记载——即《清史稿》和《清太祖武皇帝实录》中所说的因病于1626年八月十一日驾崩于福陵隆恩门叆鸡堡（今沈阳市于洪区翟家乡大挨金堡村）；另一种说法则是丧命于宁远之战时明军的红衣大炮下。

七月二十三日，帝不豫，诣清河温泉沐养。（八月）十三日（应当是八月初七，原文如此）大渐，欲还京，遂乘舟顺太子河而下，遣人请后迎之，于浑河相遇。至叆鸡堡，离沈阳四十里，八月十一日庚戌未时崩，在位十一年，寿六十八。

——《清太祖武皇帝实录》

上述并没有明确指出努尔哈赤是患何病而死，在赵尔巽的《清史稿》中，也大同小异："秋七月，上不豫，幸清河汤泉。八月丙午，上大渐，乘舟回。庚戌，至爱鸡堡，上崩，入宫发丧。在位十一年，年六十有八。"同样没有指出努尔哈赤的死因，只是说"不豫",颇有种神秘莫测的味道。结合后世对几位清朝帝王的临终记载来看,更使得努尔哈赤之死变得扑朔迷离。

正史上的记载总会有"为尊者讳"的顾虑,纂史者碍于身份又不能信口开河,大多数情况下只能三缄其口。因此便可从中看出,努尔哈赤之死,绝不仅仅是因病而死那么简单。因此便产生了另一种说法,即努尔哈赤死于袁崇焕之手。

宁远大战时,手中只有一万余人、一座孤城的袁崇焕之所以能够击溃十万大军的后金军,除了用在战前所做的八条动员令来鼓舞士气外,更重要的是他所使用的11门红衣大炮(本为红夷大炮,是从葡萄牙采购而来,因清朝以少数民族入主中原,忌讳"夷"字,故称红衣大炮)等火器给了毫无精神准备的后金军以沉重的打击。

袁崇焕所使用的红衣大炮为英国制造的早期加农炮,炮身长、管壁厚、射程远、威力大,特别是击杀密集骑兵具有强大火力,是当时世界上最先进的火炮,也是后金军最大的克星。

据史料记载,"帝即令军中备攻具,于二十四日以战车覆城下进攻。时天寒地冻,凿城破坏而不堕。军士奋力攻打,宁远道袁崇焕、总兵满桂、参将祖大寿婴城固守,枪炮药罐雷石齐下,死战不退,满洲兵不能进,少却。次日复攻之,又不能克,乃收兵。二日攻城共折游击二员,备御二员,兵五百",可谓是伤亡惨重。

威力如此巨大的红衣大炮,让后金军付出了惨重的代价。那么,亲临城下督战的后金军统帅努尔哈赤,在此役中受没受到来自红衣大炮的威胁呢?这个问题在明朝的史籍中语焉不详,后金以及后来的清代官方资料里更是只字未提,而野史中却给出了一个答案:"炮过处,打死北骑无算;并及黄龙幕,伤一裨王。北骑谓出兵不利,以皮革裹尸,号哭奔去。"

红衣大炮打死后金兵不计其数,还击中了"黄龙幕",伤一"裨王"。后金军出师不利,只得用皮革裹着尸体,伴随着一路号哭匆匆撤退。

无独有偶,在《明熹宗实录》中同样记载了类似的事件:明兵部尚书王永光在汇报宁远之战的战况时奏称,明军前后伤敌数千,内有头目数人,"酋子"一人。高第则奏报,后金军队攻城时,明朝军队曾炮毙一个"大头目",后金军用红布将这个人包裹起来抬走了,一边走一边放声大哭。

一个人的死能够让一支十万人的军队悲痛撤退的,还会有谁?恐怕只有努尔哈赤。

然而,在宁远之战后,史料记载,努尔哈赤还曾于"夏四月丙子,征喀尔喀五部,为其背盟也,杀其贝勒囊奴克,进略西拉木轮,获其牲畜"。如果说努尔哈赤死于明军的炮火之下,那么这个人又是谁?或者说,这几处来自明朝方面的记载,又有多少可信度?

如果说努尔哈赤真的死在了明军的炮火之下,那么,他不可能死而复生,在数月后又去攻打蒙古部族。其次,击毙努尔哈赤,对于明朝方面来说是一个重大胜利,无论是袁崇焕,还是朝廷上下、文武百官都将对此事书以浓墨重笔,以激励军民的士气。但是,无论是袁崇焕本人报告宁远大捷的奏折,还是朝廷表彰袁崇焕的圣旨,抑或朝臣祝贺袁崇焕宁远大捷的奏疏,对努尔哈赤被击毙之事都是只字不提。

因此,可以得出这样的一个结论,即使那个"酋子""大头目"确实是努尔哈赤,他也没有当场死去。

朝鲜人李星龄记载,在与后金作战之时,朝鲜曾派了一支军队配合明军抵抗后金军的进攻。随军的朝鲜翻译官韩瑗在一次偶然的机会中遇到袁崇焕,并博得了袁崇焕的好感。宁远之战,袁崇焕也将他带在身边。可以说,韩瑗目睹了宁远之战的全过程。

据韩瑗事后回忆:宁远告捷以后,袁崇焕派了一名喇嘛携带礼物到后金营寨中向努尔哈赤"表示歉意":"老将(指努尔哈赤)横行天下久矣,今日见败于小子(指袁崇焕),岂其数耶!"努尔哈赤"先已重伤",这时备好礼物和名马,对袁崇焕的礼物表示"回谢",请求约定再战的日期。结果未等再战,努尔哈赤便"因懑恚而毙"。

由此可见,宁远城下的炮伤是导致努尔哈赤去世的最重要原因。

1626年八月十一日,努尔哈赤走完了他的不平凡人生。他留给爱新觉罗家族和后金政权的,是一个足以与明廷相对抗的根基。努尔哈赤入主中原、跃马京师的宏图大愿,将留给他的子孙后代去实现。

"伐木工"夺皇位

明万历四十年(1612年)十月初二,海西女真乌拉部,努尔哈赤的铁骑已经在此与乌拉兵对峙了三天。

这三天里,努尔哈赤四处放火焚烧乌拉部的粮草,企图将乌拉部困死在城中。乌拉兵白天出城与努尔哈赤部对垒,晚上则龟缩于城内坚守不出。城坚墙固,且有乌拉河(松花江上游,今乌拉街处)为天堑,努尔哈赤部一时对乌拉部无可奈何。

此时,年仅20岁的努尔哈赤第八子皇太极与其五哥莽古尔泰按捺不住年轻人的血气方刚,双双请战,要求率兵渡河,对乌拉部发起猛攻。努尔哈赤干脆地拒绝了他们的请战:"欲伐大木,岂能骤折?必以斧斤伐之,渐至微细,然后能折。相等之国,欲一举取之,岂能尽灭乎?且将所属城郭,尽削平之,独存其都城。如此,则无仆何以为主?无民何以为君?"

努尔哈赤的"伐木"理论对皇太极的一生都产生了重要的影响:稳步前行,步步为营。这种伐木理论给他带来的第一个好处就是让他在16位兄弟中脱颖而出,登上了后金政权的宝座。

努尔哈赤一生共纳娶16个妻妾(《清史稿》中记载为14个,两位从殉的庶妃未被列入其中),生下16个儿子,其中有能力继承汗位的有:长子褚英、次子代善、五子莽古尔泰、八子皇太极、十四子多尔衮。另外，他的弟弟舒尔哈齐的两个儿子——阿敏和济尔哈朗也是人中之杰，颇有才干。由谁来继承汗位，努尔哈赤一直没有定论。直到其临终时，也"为国事、子孙，早有明训，临终遂不言及"。

然而鄂尔泰所记载的这个"明训"，其实指的是1626年六月二十四日努尔哈赤对八旗贵族的一次训话，也可看作是遗嘱的交代，关于身后之事，他只是说道："尔八固山（四大王四小王）继我之后，亦如是严法度，以效信赏必罚，使我不与国事，得坐观尔等作为，以舒其怀可也。"

可见，努尔哈赤并没有明确指出谁是汗位的继承人。

并不是努尔哈赤不去计划自己的身后事，而是实在不知道让谁来挑起后金这个重任才好。后金建国前，他曾想令长子褚英接班，后以忤逆罪将其囚于狱中，并处死；又有意让次子代善嗣位，但无果而终。1621年正月十二日，努尔哈赤与代善、皇太极等儿子对天焚香发誓，让子孙互相辅佐，勿开杀戒；二月又令代善、阿敏、莽古尔泰、皇太极四大贝勒，"按月分直"，此举也表现出一种信号——汗位的继承人，将在这四大贝勒中选出。

努尔哈赤的弟弟、阿敏的父亲舒尔哈齐在早年时曾想挑战努尔哈赤的权力，后被圈禁至死。阿敏期间也犯过大错，虽然因为军功卓绝而幸免一死，但汗位却是与他无关了。

三贝勒莽古尔泰为衮代所生，衮代原是努尔哈赤堂兄威准之妻，威准战死后，改嫁给努尔哈赤。1620年三月，衮代获罪，在《清史稿》中只有一句含糊不清的话："天命五年，妃得罪，死。"什么罪？不知道；怎么死的？也不知道。不过后来皇太极曾透露过：衮代被她的亲生儿子莽古尔泰亲手杀死。莽古尔泰弑母之事虽然赢得了努尔哈赤的信任，但名声毕竟不好，威望在兄弟和一干八旗贵族中急剧下降，可以说已经不再具备竞争汗位的实力。

除去已经退出汗位竞争的阿敏和莽古尔泰，在另外的两大贝勒中，最有继承汗位希望的要算是大贝勒代善。代善自小追随在努尔哈赤身边，与努尔哈赤一同四方征战，逐渐成长为努尔哈赤帐下的一员猛将。在攻打海西女真的战斗中，代善立下大功，一举成名，紧接着又在对乌拉部和叶赫部的征战中立下无数战功。1616年，备受努尔哈赤青睐的代善被封为贝勒，位居四大贝勒之首，他光辉的军旅生涯便由此展开。当努尔哈赤完成辽东的统一，开始对明朝施以进攻之时，代善以独当一面的统帅身份参加了几乎所有的战役。那场决定历史命运的萨尔浒之战，也留下了代善的足迹。

然而，代善却没能获得继承汗位的荣耀。

1620年三月，努尔哈赤的小福晋德因泽向努尔哈赤告发代善与继母大福晋关系非同一般："大福晋曾二次备办饭食，送与大贝勒，大贝勒受而食之。又一次送饭食与四贝勒，四贝勒受而未食。且大福晋一日二三次差人至大贝勒家，如此往来，谅有同谋也！福晋自身深夜出院亦已二三次之多。"

努尔哈赤听到这话之后，连忙派四大臣向代善和皇太极求证此事，调查的结果确实如此。

"对此汗曰：'我曾言待我死后，将我诸幼子及大福晋交由大阿哥抚养……故大福晋倾心于大贝勒，平白无故，一日遣人来往二三次矣！'每当诸贝勒大臣于汗屋聚筵会议时，大福晋即以金珠妆身献媚于大贝勒。诸贝勒大臣已知觉，皆欲报汗责之，又因惧怕大贝勒、大福晋，而弗敢上达。汗闻此言，不欲加罪于大贝勒，乃以大福晋穷藏绸缎、蟒缎、金银财物甚多为词，定其罪。"

虽然代善被努尔哈赤所谅解，但对他的名声却是一个严重的打击，这毕竟是个难以启齿的丑闻。

不过此事疑点颇多：大福晋给代善送饭，代善吃了；给皇太极送饭，皇太极"受而不食"，一个身在深宫中的小福晋又如何知晓？可以推测出，此事的背后是皇太极在指使：既废了大福晋，让小福晋获得与努尔哈赤同桌吃饭的荣耀，又让代善声名狼藉，除掉登基路上最大的一个障碍。

四大贝勒已去其三，但皇太极还不能说自己已经汗位在握，他还有一个不可忽视的对手——多尔衮。

多尔衮生性聪明，颇得努尔哈赤的喜爱，更重要的一点是，多尔衮的母亲阿巴亥是一个不可忽视的力量。这个女人胸怀大志、足智多谋，她所生的十二子阿济格、十四子多尔衮和十五子多铎三个儿子在努尔哈赤的八贝勒中占据着强势，是一心要继承汗位的皇太极最大的拦路虎。对皇太极来说最可怕的，是努尔哈赤并没有留下由谁来继承汗位的遗言，而努尔哈赤死前四天里，身边只有阿巴亥奉命服侍。那几天，努尔哈赤针对汗位的问题究竟说了些什么，只有阿巴亥才知道，也正是如此，无论阿巴亥说什么，都具有很高的可信度。如果皇太极不将阿巴亥铲除，她就可以

清福陵正红门
福陵位于辽宁省沈阳市，是清太祖努尔哈赤与孝慈高皇后叶赫那拉氏的陵墓。

假托遗命，代努尔哈赤任用封、赏、贬、谏等大权，如此一来，还有他皇太极什么事。

阿巴亥再精明，也不会想到丧夫之日就是自己死亡之期。在皇太极等诸贝勒胁迫下，她于努尔哈赤死后次日为汗夫生殉。"……诸王以帝遗言告后，后支吾不从。诸王曰（略），于是，后于十二日辛亥辰时自尽，寿三十七。乃与帝同柩。"

在清代官书中，阿巴亥的入葬过程，仅有此寥寥几笔。

女真人对生殉有着严格的要求。被生殉的人，第一点必须是死者的妾室，正室在非自愿的情况下不得生殉；第二点要求生殉者没有未成年的幼子。对于阿巴亥来说，多尔衮和多铎尚属幼子，不符合生殉的条件，而且自己大妃的地位身份又在后宫中最为尊贵，生殉之事无论如何也轮不到她的头上。

可事情毕竟发生了，不能生殉的条件恰恰成为皇太极处死阿巴亥的理由：多尔衮、多铎兄弟二人尚未成人，更遑论战功，却与那些功名显赫的兄长们拥有同样多的属民及权力；而且，阿巴亥身为大妃，无论继承汗位的人是谁，都存在着受她牵制而且可能会随时被取代的危险。因此，皇太极等人便伪造太祖遗诏，逼迫阿巴亥生殉，除去一大隐患。

努尔哈赤死后后金皇宫中的政权之争就这样结束了。皇太极运用努尔哈赤的"伐木"理论，一步步地战胜了那些与之争权夺位的兄弟，登上了后金政权最高的宝座。在这场仅付出一条性命的宫斗中，皇太极的政治智商显露无遗。

如果说努尔哈赤的特点是"开创"与"坚韧"，那么皇太极的特点则是"文治"与"谋略"。下一步，皇太极将挥起利斧，砍向内政与明朝。

先稳住了再说

努尔哈赤的葬礼上，袁崇焕所派使者的到来，引起了后金政权的一片哗然。任谁都会知道，这个冤家带来的绝不是悼念与眼泪，而是嘲讽和鄙视。更出乎所有人预料的是，就在大小贝勒们恨不得生食其肉时，后金新君皇太极对杀父仇人则坦然待之，并提出与明议和修好的建议。

皇太极害怕了？他究竟在做什么？

皇太极做出这个决定并非怯敌，而是综合考虑各种政治军事因素的结果。

首先，从努尔哈赤与袁崇焕宁远城楼的一战中，皇太极看到了大明王朝虽然内部已经腐如朽木，但外围仍有道坚固的"长城"需要突破，袁崇焕就是其一。即使能够突破，两强相争，损耗也极大。而此时，左右两边又有明朝的附国朝鲜和虎视眈眈的蒙古部族，与明直接以硬撼硬并非明智之举。

其次，努尔哈赤后期，特别是进入辽河平原以后，实行的那些政策，使得民族矛盾十分尖锐，有组织的武装暴动此起彼伏。面对辽东汉人的反抗，努尔哈赤继续执行高压政策，结果矛盾进一步激化，人口逃亡、丁壮锐减、田地荒芜、民不聊生、

皇太极朝服像

盗寇横行，使得后金的经济大打折扣。所以，必须争取一段休养生息、调整治理的时间。

最后，则是皇太极谋取大明江山的战略问题。皇太极认为明朝已然是一棵败坏腐朽的大树，与其强力伐之，不如待其内部朽蚀，则唾手可得。这从他后期提出的"取燕京如伐大树，须先从两旁斫削，则大树自扑，朕今不取关外四城，岂能即克山海（关）？今明国精兵已尽，国势已衰，我兵力日强，若四围纵略，从此燕京可得矣"的理念就可看出，对于取明朝，他早已成竹在胸。

"伐木人"皇太极利用争取到的宝贵时间，开始他层层递进的"伐大树"行动。

皇太极即汗位后，不满足于守成，不满足于发一隅。他看到了满族人的强大力量，也看到了明王朝的腐朽，深知自己正逢入主中原、为后世子孙开创基业的绝好时机。不过他也明白，要做到独霸天下，仅凭此时的后金绝无可能——不论是内部还是外部，都存在着深重的危机。为了改变这种内外交困的现实，使后金政权得到巩固和发展，睿智的皇太极终于下决心走改革创新之路。

为了纠正努尔哈赤后期时的统治弊端，稳定后金统治，加强对汉族人的管理，皇太极认为"治国之要，莫先安民"，于是他继位后颁布的第一道上谕，就是对努尔哈赤在辽沈地区实行的制度、政策改弦更张。

针对汉族人大量逃亡，他规定无论汉官汉民从前有欲潜逃者，还是与明廷往来者，即使被告发，也概不论处，唯以后不得再犯；针对汉族人的不满情绪，他规定凡审拟罪犯，差徭公役满汉勿致异同。满汉贵族、官员及其下人，不许擅自掠取庄民的牲畜，也不准勒索汉官财物，违者责罚；针对粮食不足，他规定停止修筑城郭边墙，以恤民力，专勤田亩，专心务农，发展生产。

这些措施中最重要的是对汉族的管理。皇太极把从前每十三丁编为一庄、依满族官位品级配给为奴的编制革除，重新规定：按品极每备御给壮丁八人、牛二头以备役使，其余人分屯别居，不与满族人杂处，编为民户，用汉官得理。天聪五年（1631年），皇太极颁布《离主条例》，其中规定：凡奴隶主犯有私行采猎、擅杀人命、隐匿战利品、奸污属下妇女、冒功滥荐、压制申诉等罪，许奴仆告发，准其离主。这一条例，限制了满族贵族的某些特权，有利于奴仆改变自己的身份和地位。经过几年努力，农业有了较大的发展，粮食基本上能够自给，社会矛盾得到缓和。这些措施在实际贯彻过程中并没有全部得到应有的落实,汉族人的处境有所改善,但逃民问题未能根本解决。

通过对旧制度旧政策的变更和改革,后金社会秩序略有好转。崇德元年(1636年),皇太极建国号为"清",改年号为"崇德"。是年,他依据汉官的建议,实行开科考试、荐举人才、设置都置院,写服饰、明尊卑,等等。汉官熟悉明朝典章制度,洞悉明廷的弊端,皇太极充分发挥他们的作用,并赏赐汉官奴仆、马匹。调动了汉官的积极性,汉官竭力施展才华以报答皇太极。

清太宗皇太极所用的腰刀,为钢质刀身,木质刀柄,全长94厘米。

对于先进的汉族文化,皇太极也表现出孜孜以求的浓厚兴趣。他继位不久便设立文馆(内三院前身),把文臣分为两班,一班记注本朝政事,以究其得失;一班则专事翻译汉文典籍,以吸取和借鉴汉族统治政权的经验,将《刑部备要》《要素》《三略》,以及《孟子》《三国志》《资治通鉴》等译成了满族文。同时,皇太极对其本民族长期存在的"婚娶则不择族类,父死子妻其母"等陋俗也严令禁止。

皇太极的建国方略,是在强调"满汉一体"和治国在于安民的方针下制定的。皇太极大胆地使用汉族、蒙古族文臣武将,适时地解放奴隶,实行满、汉、蒙共同治国治军,并注重吸收汉族的先进文化,对满族政权的汉化起到了促进作用。

但有一点可惜的是,皇太极对这些改革措施的监督不力,致使一些好的改革措施没能得到落实。

在皇太极大力加强中央集权,推行汉化政策的过程中,范文程成为皇太极身边不可缺少的人物。他虽不在议政大臣之列,但几乎能参与所有重要机密,对内对外方针政策的制定,国家机构的建立和完善,各级官员的任命,范文程都有广泛的影响和权力。皇太极晚年随着权力的集中,性格越来越暴躁,许多亲王、大臣动不动就被削爵,或被罢官,而对范文程却始终宠信不衰。每次召见,"必漏下数十刻始出;或未及食息,复召入"。每当议论大事,必问:"范章京(文程)知否?"即使范文程有病告假,对一些事情的处理也"待范章京病愈裁决"。

皇太极将范文程视若心腹,但对自己的兄弟却没那么慈悲。他深知,自己的皇位得来地不那么光明正大,手足觊觎之心不可不防。这不仅仅关系到皇位易主,更与政权的稳定息息相关。皇太极深知,在强敌环伺的环境下,唯有把大权握于自己的手中,方能实现先帝未竟的遗愿。

权力要实实在在地握在自己手里

天命十一年（1626年）九月一日，盛京。天命汗努尔哈赤已经驾崩19天了。

此日，三大贝勒代善、阿敏、莽古尔泰，以及众贝勒、文武大臣聚会于朝，在皇太极的率领下焚香告天。三叩九拜大礼行毕，皇太极正式登基称汗，改第二年为天聪元年，被称为天聪汗。

次日，皇太极又率诸贝勒大臣对天地祝誓，祈求皇天后土"垂祐"，国祚炽昌。皇太极发誓说："皇天后土，即佑我皇考，肇立丕基，恢复大业；今皇考龙驭上宾，我诸兄诸弟侄，以家国人民为重，推我为君。唯当敬绍皇考之业，钦承皇考之心，我若不敬兄长，不爱弟侄，不行正道，明知非义之事而为之，或因弟侄等微有过愆，遽削夺皇考所与户口，天地鉴谴！若敬兄长，爱弟侄，行正道，天地眷佑！"接着，代善、阿敏和莽古尔泰率领众贝勒面对天地诸神，对新汗皇太极盟誓告曰："我等兄弟子侄，询谋异同，奉上嗣登大位，宗社借凭，臣民倚赖。如有心怀嫉妒，将不利于上者，当身被显戮。我代善、阿敏、莽古尔泰三人，若不教养其子弟，或加诬害，必自遭凶孽。若我三人好侍子弟，而子弟不听父兄之训，有违道者，天地谴责！如能守盟誓，尽忠良，天地眷佑！我阿巴泰、德格勒、济尔哈朗、阿济格、多尔衮、多铎、杜度（褚英长子）、岳托（代善长子）、硕托（代善第三子）、豪格（皇太极长子）等，若背父兄之训，而贰矢忠荩，天地谴责！若一尽为国，不怀偏邪，天地眷佑焉！"

盟誓完毕，皇太极率众贝勒向代善、阿敏、莽古尔泰敬重地拜了三拜，以示"不以臣礼待之"。

然而，皇太极与其众兄弟的盟誓也仅仅停留在了口头上。后金政权内部仍有人对汗位存觊觎之心，图谋不轨。这些人大多地位较高、手握兵权，甚至是八旗中掌有一旗的旗主，若听之任之，不仅会动摇皇太极的地位，也会威胁到后金政权的稳定。因此，皇太极决定加强自己的权力，削弱八旗贝勒的势力。

努尔哈赤生前规定实行八和硕贝勒共理国政的制度。他曾经训谕八个和硕贝勒说："继我而为君者，毋令强势之人为之，此等人一为国君，恐依强恃势，获罪于天也。且一人之识见，能及众人之智虑耶？尔八人可为八固山之主。如是同心谋国，可无失矣。八固山尔等中有才德能受谏者，可继我之位。若不纳谏，不遵道，可更择有德者立之。倘易位之时，如不心悦诚服，而有难色者，似此不善之人，难任彼意也！"

从此可以看出，努尔哈赤对于后金政权统治的构想是以八旗旗主合议为政体。按规定，四大贝勒按月轮值，共同管理国家机务。朝贺时，遵循礼仪，汗王皇太极须与三大贝勒代善、阿敏、莽古尔泰都坐北面南，共同接受朝拜。

为了改变这种不利局面，将大权握在自己的手中，皇太极逐步对努尔哈赤定下的规章制度进行改革，改变"狃于积习"的情况，同时接受大明封建王朝的影响，仿照明制使后金政权日益巩固和完善,并进一步封建化,以适应将来夺取中原后统治全国的需要。

天聪三年(1629年)正月,皇太极以"一切机务,辄烦诸兄经理,多有不便"为由,改为三大贝勒以下诸贝勒代理值月理政。这样,代善等三大贝勒不再值月,他们的权力被皇太极委婉地削弱了。

为了进一步削弱三大贝勒的权势,皇太极又增设了"八大臣""十六大臣",他们有的与诸贝勒坐在一起共议国事,有的直接参与佐理国政,有的专门负责出兵驻防。

这些手段和措施,使君权得到了加强,但没有改变八旗并立的局面。此际,汉官胡贡明上奏说:"有人必八家分养之,土地必八家分据之,即一人尺土,贝勒不容于上,上亦不容于贝勒,事事掣肘,上虽有一汗之名,实与正黄旗一贝勒无异也若不改此局面,纵借强兵,入山海关,中原,臣谓不数年间,必将错乱不一,而不能料理也。"

皇太极接到胡贡明的奏疏,看过之后深以为然。君主与旗主分权的矛盾,确实是后金进一步发展中亟需解决的问题。时过不久,又有人说,八旗并立,彼此积怨与日俱增。君王不要兄弟是倚,他们行将害上。汉官也纷纷上书,主张皇太极君权独揽。

对如何加强君权,解决好与八旗旗主的矛盾,皇太极时时权谋在心。不久,他根据汉官的建议,仿照明制,设立六部。

天聪五年(1631年),皇太极仿照明朝的管理制度设立六部,以贝勒管部事。

后金六部,分吏、户、礼、兵、刑、工,一如明制,每部皆用一贝勒主管。六部各设贝勒一人,"管某部事"。在这些贝勒之下,还设有承政、参政、启心郎、办事、笔帖式等官。承政各设满、蒙、汉一人。承政之下,皆设参政(尚书侍郎)八人,只有工部设满族人八名,蒙汉各两名。办事、笔帖式,看事务繁简,各酌量补授。

皇太极直接面谕六部大臣,要他们奉公守法,按照自己的意旨办事,"以副朕意"。汉官说:"今六部已立,规模次第可观,伏乞上毅然独断。"皇太极立即采纳,于六部中添启心郎之职。启心郎的设置,有助于君权的加强。其职责是:见管部事的贝勒有不善行为,劝阻莫行,启迪他们勤于国事,忠于大汗。

六部的设置加强了君权,巩固了后金统治,为日后进取中原、夺取明朝政权做了

八旗大纛
八旗大纛是八旗军队的八面军旗。1601年努尔哈赤创建黄、白、红、蓝四旗军队,每旗军队各以本旗色布绣一云龙为本旗旗徽。1615年,增建镶四旗,旗帜均镶边。

准备。它使后金"某一宗我国行得,某一宗我国行不得,参汉酌金,渐就中国之制,日后得了蛮子(指汉明王朝)地方,不至于手忙脚乱"。同时,它的设置,又使后金政权在封建化过程中前进了一大步。

六部设立以后,皇太极的权威仍没有完全凌驾于诸贝勒之上,一些权势很大的贝勒仍旧视君权于不顾,甚至有所挑衅。为了进一步加强君权,巩固后金统治,皇太极又开始进行旨在削除异己、摧毁三大贝勒的改革。

生死冤家袁崇焕

五载离家别路悠,送君寒浸宝刀头。
欲知肺腑同生死,何用安危问去留。
杖策必因图雪耻,横戈原不为封侯。
故园亲侣如相问,愧我边疆尚未收。

——明·袁崇焕《边中送别》

豪迈中带着一份苍凉,热血里浸着一份彷徨。明天启六年(1626年)九月的袁崇焕的心情始终如此。虽然他已决意将一腔热血乃至生命都用来换取辽东失地的收复,但朝中的局势却总是成为掣肘的桎梏。

此际的明廷,朝政大权已经完全把握在了以魏忠贤为首的阉党手中,长期以来与阉党集团相抗争的东林党人,在此时也沦为了朝政的配角,仅能在阉党的高压之下,发出一些微弱的声音。为了自己收复辽东的大业,一向洁身自好、刚直不阿的袁崇焕也不得不向阉党妥协:

辽东巡抚袁崇焕疏称:厂臣魏忠贤功在社稷,海内之共见共闻,无容职赘□其身任辽事,誓恢复,枭灭逆虏,任用刘应乾、陶文、纪用等,而关内外御敌之伏甲军器马匹悬帘等项,俱以家资置办,日逐解来,又助军需。臣方一意巡缉,严警诸营将吏,不敢贪懦营私,不敢馈遗隐串,改虚为实,化贾为真,易怯为勇,以有今日。泚古内臣谁有出其右者!通□之世赏宜也。镇臣刘应坤等以第侧贵臣而枕戈祯甲,士典素与同甘苦躭备粮刍不烦近费,且犯露蒙霜,出入于贼巢虏穴,吞胡壮胆,指日誓天,真国家之干盾爪牙,荫赏世及宜也。奉圣旨:据奏厂臣魏忠贤身任边事,誓□恢,捐资佐军,以致诸营将吏廉勇自饬,允稔元功,镇臣刘应坤等出入贼巢,为国干盾,亦朕所素鉴者……俱应叙录,以达忠勤。袁崇焕宁前钜义,著有成劳,升荫示酬,原系彝典,不准辞。

——《明熹宗都察院实录》

这份写给魏忠贤的信很长,但意思却无外乎在向魏阉表忠心,字里行间透露出来的是一片曲意奉承:一面在陈述自己戍边有多么辛苦,一面又表示此番忠心日月可鉴,更有对魏忠贤在朝中的"辛苦"施以赞扬之辞。袁崇焕深知,如果不得到这个权倾一时的大太监的支持,那么自己在边疆的军事行动势必会受到掣肘,袁崇焕只能继续"愧我边疆尚未收"的遗憾。

然而这份妥协并没有换来魏忠贤的投桃报李,出于自身的利益,阉党集团依旧保持着对袁崇焕的警戒之心。

宁远大捷的消息传到京师后,满朝之兴奋溢于言表,就连痴迷于木匠活的天启帝都感慨地说道:"此七八年来所绝无,深足为封疆吐气!"

论功行赏,袁崇焕毫无争议地居功第一,时任兵部尚书的王永光上表为袁崇焕请功曰:"辽左发难,各城望风奔溃,八年来贼始一挫,乃知中国有人矣!盖缘道臣袁崇焕平日之恩威有以慑之维之也!不然,何宁远独

袁崇焕像

无夺门之叛民、内应之奸细乎?本官智勇兼全,宜优其职级,一切关外事权,悉以委之。"

天启帝欣然应允。天启六年(1626年)三月七日,"复设辽东巡抚,袁崇焕为之。叙功,加袁崇焕兵部右侍郎,荫千户。袁崇焕三疏辞之,不许"。

由于努尔哈赤在宁远战场失利,后金军又分兵攻打觉华岛(今辽宁省兴城市菊花岛),据《国榷》记载,此役,岛上参将金冠等7000水兵英勇殉难,7000商民被屠杀。后金焚毁觉华岛粮料8万石,船2000只。左都御史崔呈秀上书弹劾辽东经略高第、总兵杨麟,杨麟因不发援军而被削职,高第则称病辞职还乡。由王之臣代替高第督师辽东。

然而袁崇焕和王之臣在对总兵官满桂的任用上出现了分歧,导致经抚不和,袁王二人由此产生罅隙。虽然这一不快最终以袁崇焕的妥协而告终,但还是埋下了祸根。

努尔哈赤葬礼上,袁崇焕派一名喇嘛前去吊唁,皇太极趁机与袁崇焕言和。考虑到当时的局势,袁崇焕奏报朝廷,主张用假议和的方式来为明军的休养生息争取时间。但王之臣坚决反对,奏称:

年来奴酋求和于西虏(蒙古),而西虏不从;屈服于朝鲜,而朝鲜不受。一旦议和,彼必离心,是益敌以自孤也!近日,都官过通令处,虏鞭其背云:"汝汉人全无脑子……喇嘛替他吊孝求和,反倒教别人与他为仇,我等不如也投顺罢了。"

——《两朝从信录》

王之臣先是把努尔哈赤向蒙古部族和朝鲜求和遭拒的情况说了一遍,着重指出袁崇焕用假议和的方式来争取时间是天大的错误,甚至骂袁崇焕没有脑子。这份奏折让袁王二人的矛盾进一步激化。

好在这时御史智铤上书称"督抚意见各异,恐误边事",天启帝才下定决心,于

天启七年（1627年）正月召回王之臣，将"关内关外之事尽付袁崇焕便宜行事"。但这一议和行为却埋下了隐患，成为袁崇焕敌对方的攻讦借口，日后袁崇焕在惨遭崇祯皇帝凌迟之时，此事也成了一个罪名。

袁崇焕获得主持山海关内外事宜的全权之后，继续沿用宁远大捷时所采用的以守代攻、渐次收复失地的政策，大力修建锦州、中左所（今辽宁省葫芦岛市连山区塔山乡）和大凌河堡（今辽宁省锦县）三处城池，打造出关外一条以宁远、锦州为重点的宁锦防线。

正当袁崇焕开始打造宁锦防线之时，皇太极也开始东征朝鲜。

天启七年（1627年）正月初八，皇太极一面遣使与袁崇焕议和，一面派阿敏出兵东征朝鲜。结果，因为驻守朝鲜的明将毛文龙谎报军情，导致偷袭盛京的明军遭受严重的损失。

同年五月，皇太极从朝鲜班师回到盛京。获悉袁崇焕再造宁锦防线的消息之后，当即决定出兵宁锦，防止袁崇焕所打造的宁锦防线成为山海关前不可逾越的障碍，并将袁崇焕的计划打破，伺机再侵京师。而且，明军刚刚在偷袭盛京时受到重创，皇太极认为，此恰是明军士气低落之时，当可一战。

初六，刚刚回京不久的皇太极就以"明人于锦州、大凌河、小凌河筑城屯田"，没有和谈诚意为借口，亲率5万余后金军兵出盛京，分兵三路，直扑锦州城。

三路大军先后攻占大小凌河、右屯卫等城堡，于锦州城下会师。十二日中午时分，对锦州城发起总攻。

虽然守卫锦州城的明军只有3万余人，但守将总兵官赵率教等人依循宁远之战时的战略，使用红衣大炮等火器对后金军进行还击，任皇太极使用任何诱敌出城的手段，也坚守不出，避免与后金军的白刃战。

皇太极见锦州城久攻不下，且使己方伤亡惨重，只得放弃锦州，转攻宁远。结果宁远守将乃袁崇焕、祖大寿等一干名将，且满桂自山海关领兵1万驰援，皇太极再次尝到了失败的滋味。

二十九日，皇太极再次回师重攻锦州。然而时值酷暑，士卒非战斗减员严重，再告无功。

六月初五，皇太极终于承认作战失败，撤回盛京。

初六，袁崇焕上书朝廷：

仰仗天威，退敌解围，恭纾圣虑事：准总兵官赵率教飞报前事，切照五月十一日，锦州四面被围，大战三次三捷；小战二十五日，无日不战，且克。初四日，敌复益兵攻城，内用西洋巨石炮、火炮、火弹与矢石，损伤城外士卒无算。随至是夜五鼓，撤兵东行。尚在小凌河扎营，留精兵收后。太府纪与职等，发精兵防哨外。是役也，若非仗皇上天威，司礼监庙谟，令内镇纪与职，率同前锋总兵左辅、副总兵朱梅等，扼守锦州要地，安可以出奇制胜！今果解围挫锋，实内镇纪苦心鏖战，阁部秘筹，督抚、部、道数年鼓舞将士,安能保守六年弃遗之瑕城,一月乌合之兵众,获此奇捷也。为此理合飞报等因到臣。臣看得敌来此一番,乘东江方胜之威,已机上视我宁与锦。孰知皇上中兴之伟烈,师出以律,厂臣帷幄嘉谟,诸臣人人敢死。大小数十战,解围而去。诚数十年未有之武功也!

——《锦州报捷疏》

在报捷书中,袁崇焕详细地讲述了宁锦之战的过程,同时一再强调此役之胜的原因在于皇上天威,三军用命,甚至捎带着恭维了魏忠贤一番。

宁锦之战,后金军攻城,明辽军坚守,25天的激战,宁远与锦州以全胜而结局。这对于已是强弩之末的明朝来说,无异于打了一针强心剂。

但这一战的失败,对于皇太极来说却是一个沉重的打击。他没有想到,自己嗣位之后对明廷的第一战,竟与其父的最后一战殊途同归。此战之后,形成了明与后金在辽西战场上的对峙之局,后金军再难西进。留给皇太极的,是更为严峻的内外形势。

欲擒故纵除隐患

明崇祯二年(1629年)十二月十七日,皇太极亲率八旗和蒙古部联军十余万兵入关,直扑北京城。结果在永定门外遭到了大同总兵满桂的重创,只得大肆掠夺一番后班师,返回关外,于天聪四年(1630年)三月初二,抵达盛京。

但是,放弃关外、偏安辽东岂是皇太极的心愿?一次挫折算不了什么,壮大自己的实力,伺机而动才是王道。于是,他派阿敏、阿巴泰、济尔哈朗等人率领5000八旗军驻守在关内的滦州、迁安、永平、遵化四座军事重镇。

此时的明廷再度起用孙承宗任辽东经略一职。在孙、袁二人的部属下,明军开始由战略防御转变为集中优势兵力收复辽东失地。首先要收复的,当属永平四镇。

率先迎来明军攻势的是滦州。然而作为此地的最高军事长官,阿敏却对滦州的被动无动于衷,拒不发援。滦州为明军所收复。

这时候的阿敏犯了一个更大的错误。他将降金的汉将、并由皇太极钦定的永平巡抚白养粹处死,在永平城中大开杀戒,屠戮无数,紧接着趁着夜色弃城出关,逃亡关外。

身在盛京的皇太极对阿敏在永平城里的作为毫不知情。得知永平四镇被明军所攻打的战报之后,忙派贝勒杜度星夜率兵驰援永平,同时让杜度带去一张敕令,告诫阿敏要对城中官民加以善抚,不得胡作非为。为了保住永平四镇,他甚至已经做好了亲征的准备。

然而阿敏弃城出逃的行径彻底将皇太极的战略计划打乱,屠城的暴行也对皇太极的权威造成了严重的不利影响。永平保卫战之前,皇太极刚颁布一项厚待俘虏的上谕,结果阿敏就将之糟践得体无完肤,不但投降的汉族人心寒如冰霜,就连皇太极费尽心思在关内布下的"棋子"也被轻易葬送。这怎能不让皇太极怒火中烧？

阿敏辗转逃回盛京，盛怒之下的皇太极拒绝放他入城。六月初七，皇太极召集诸贝勒大臣，议定阿敏之罪。议毕，命岳托当众宣布，历数其十六大罪状，遂命夺其人口、财物给其弟济尔哈朗，只留庄园八所，将阿敏"送高墙禁锢，永不叙用"。

永平四城的失守，其实只不过是皇太极欲除掉阿敏这个隐患的导火线。

当年努尔哈赤尸骨未寒之时，阿敏便向皇太极提出了一个拥立他为嗣位之人的条件："我与诸贝勒议立尔为主，尔继位后，使我出居外藩可也。"分裂之心昭然若揭。皇太极称："若令其出居外藩则两红、两白、正蓝等旗亦宜出居于外藩，朕统率何人，何以为主乎。"尽管阿敏在支持皇太极继承汗位的过程中起过积极作用，但实质上是不赞同的，并放言"谁畏谁，谁奈谁何"。先汗病死，对于后金是何等危急时刻，而阿敏的三位福晋却"盛装列坐"。

出征朝鲜时，岳托等劝阿敏班师，阿敏却说羡慕明朝皇帝及朝鲜王宫，一定要到王京去看看，还有"屯种以居"的话语。皇太极发现阿敏"颇怀异志"，却隐忍不发。这一招正是帝王常用的手段，要令对方欲加张狂，以便处之有道。

天聪三年（1629年）十月，皇太极统兵扰明，阿敏留守沈阳。次年春，岳托、豪格率军先还。阿敏出迎，居中而坐，令留守诸臣坐于两侧，"俨如国君"。

次年，阿敏受命驻守永平后，对皇太极委任的城中汉族降官、招徕的乡民极为反感，任意杀害。又擅自在明军将至之时弃城逃回沈阳。

皇太极先拿堂兄开刀，采取故意放纵的策略，不动声色地除掉三大贝勒之一，又使其余诸人无法反对，高明之至。削夺二贝勒之举自然引起了另外两大贝勒的警惕，尤其三贝勒莽古尔泰，对皇太极的做法大为不满。

莽古尔泰性格鲁莽、暴躁，因为心有怨言，自然在行为举止上表现出来。这正是皇太极所希望的。

天聪五年（1631年），皇太极统军进行了大凌河之役。一天，皇太极到岳托营巡视。莽古尔泰与岳托一同上奏说："昨日之战，我旗中将领受伤者较多，我旗下的士兵，有的跟着阿山出哨去了，有在达尔汉额附的营中当差者，能不能让我把他们收回来？"

皇太极故意用怒气的语调说："我听说你所率领的部队，凡是被差遣到外面去的，都是违反军令的。"

莽古尔泰不服气，道："我的部队那里曾违反了军令？"

皇太极回答说："果然，是别人的诬告；我回去后亲自追究诬告者的责任。"

莽古尔泰一时按捺不住，愤怒地说："大汗你应当公正处事，为什么非要与我为难？我考虑到大汗的颜面，无论什么命令都完全服从，你们不肯放过我，难道还想要置我于死地不成？"并伸手将佩刀拔出刀鞘五寸许，用眼斜睨着皇太极。

当时莽古尔泰的弟弟德格勒也在场。德格勒劝阻他，不听；挥拳殴打他，仍怒骂不止。事情发生后的第二天，莽古尔泰以"饮酒过度狂态失言"为由，向皇太极叩头请罪。众贝勒大臣议论说，莽古尔泰拔刀露刃，"欲犯上，大不敬"。皇太极遂降其秩（降和硕贝勒秩同诸贝勒），罚银万两及马匹甲胄若干。

同年十二月，礼部参政李伯龙奏定朝仪说，诸贝勒皆言莽古尔泰不当与皇太极并坐。皇太极说："从前跟诸位平起平坐，今天却不是这样，要是让外人知道，会怀疑我怠慢了各位兄长。"

代善主动说："我们既然已经拥立大汗为君，再与大汗平起平坐，恐怕会遭到国人的议论，说我们已经奉大汗为君，还与大汗平起平坐，于礼不合。如果仍像以前那样，必定会受到上天的惩罚。所以自今以后，大汗在南面中间坐，我与莽古尔泰在侧面陪坐，蒙古诸贝勒等人，就坐在我和莽古尔泰的下面。"

这种座位的变易，不只是表示朝仪的形式，也是后金内部渐趋统一的明证。

次年，三贝勒莽古尔泰在忧郁中死去，又一大势力被皇太极轻易削除了。

削除阿敏、莽古尔泰十分容易，二人一个有不臣之心，一个性如烈火，容易做出授皇太极以口实的事，而削除大贝勒代善就比较困难了。代善素无异心，且性格平和，并曾力主拥立皇太极，想将他削除，必须找到理由。而代善此时已是权力仅次于皇太极的人物，若不削除他，皇太极之前的努力等同于徒劳。

天聪九年（1635年）十月，大贝勒代善盛情款待了三贝勒莽古尔泰的妹妹哈达公主莽古济格格。皇太极对莽古济格格成见本来就很深，见代善宴请她大为震怒，声称"正红旗的诸贝勒轻视我"。不久，皇太极历数代善不遵旨令、悖乱多端等罪，但这些罪名不足以作为削除代善的借口，因此皇太极声言"别举一强有力者为君"，从此朝门不出。众贝勒大臣闻讯人人惶恐，到朝门外跪请皇太极出朝听政，还哀告说："大小纲纪，俱听睿裁。"从此，大贝勒代善几乎被削夺了大贝勒的名号，其子贝勒岳托、萨哈廉也因此受到牵连，俱同时获罪任罚。

十一月，莽古济的家仆冷僧机忽然到刑部自首，告发正蓝旗主莽古尔泰、德格勒生前曾与莽古济、索诺木（原蒙古敖汉部长，归附后金后，取莽古济公主为妻）屯布禄、爱巴礼等跪焚誓词，结党为乱，图谋不轨，于是构成惊动一时的大案。在抄莽古尔泰的家时，果然查获"所造木牌印十六枚，视其文，皆曰：'金国皇帝之印'"。皇太极于是严厉镇压参与其事者。莽古济及其夫索诺木以"谋危社稷""逆迹彰著"的罪名被处死。屯布禄、爱巴礼及其兄弟子侄俱磔于市。莽古尔泰有两个儿子被杀，其余六子同德格勒之子皆废为庶人。正蓝旗附入皇太极旗，被吞并。皇太极长子豪格由两黄旗分出，专门主管重新编制的正蓝旗。

天聪末年（1636年），皇太极实际上已经控制了两黄、两蓝、两白六族，势力还渗入到镶红旗，结束了"八和硕贝勒共理朝政"的局面，开始"制令统于所尊"。后金的朝政大权完全掌握在了他的手中。

醉翁之意不在酒

天聪五年（1631年）六月，皇太极为实现清军入关、一统中原的愿望，走出了入关战略的重要一步——亲率大军攻大陵河城。大陵河城是战略要地锦州的门户，祖大寿率 1.6 万余人守城。

皇太极率兵围城三月，祖大寿弹尽粮绝，为了城中 1.6 万将士与 3 万百姓的安危，祖大寿投降了。皇太极对祖大寿极为礼遇，不顾他人的劝阻接受了祖大寿的智取锦州之计。就像皇太极所说："朕以诚待他，他必不负朕。即使他负朕，朕在所不惜，要的就是心悦诚服。"

然而，令皇太极始料未及的是，祖大寿失信了。回到锦州城的祖大寿，彻底地断绝了与皇太极的联系，甚至他已经顾不得在清军中为人质的儿子祖可法以及部将 30 余部将的性命。面对祖大寿"我绝对不做失信之人"的誓言，皇太极却表现出了空前的宽容和耐性，依然厚待祖大寿的儿子和部将。

历史总是在不经意间显示出其戏剧性的一面。10 年之后，清军进攻战略要地锦州城，守卫锦州的依然是祖大寿。因为锦州城是山海关最后的屏障，攻下锦州，就好比是一把利剑直抵明朝的咽喉。要如何才能攻下锦州呢？皇太极从满族贵族的特殊利益和满族本身的具体情况出发，决定屯兵义县，将其作为攻取锦州的前沿阵地和后勤基地。面对"塞上之兵，莫劲于祖大寿之兵"的形势，皇太极悉心采取了《三国志》曹丕的话："坐而降之，其功大于动兵革也。"明朝降将张存礼也为皇太极献上了一计：将明军内部的蒙古族士兵作为争取对象，里应外合就可轻而易举地夺取锦州城。

皇太极的对手依然是祖大寿，采取的方法依然是围城。这次围困让祖大寿又想起 10 年前的大陵河之围。与大陵河城一样，锦州城也陷入了孤立无援、弹尽粮绝的境地，而城内还有部分有意归降清军的蒙古族将领，可谓内忧外患。崇德七年（1642年）农历二月十八日，洪承畴在松山被俘。松山失陷，祖大寿等待明朝援军的希望破灭，又受到已经投降清军的两个兄弟祖大成和祖大乐的劝导，无奈之下于是年三月八日再次投降清军。这一次皇太极依然对祖大寿礼待有加，祖大寿被皇太极的诚心所感动，真正地投降了清军。如果说第一次投降是祖大寿无奈之下的背叛，那么第二次就算得上是真心归降了。

面对祖大寿第一次投降、背叛，为何皇太极还要再次招降祖大寿呢？

皇太极深知祖大寿在军事上的价值，祖大寿抗清 20 多年，有多少满族人都是在"取祖大寿项上首级，夺南朝花花江山"的梦想中长大的，可以说祖大寿是一代满族人在军事上的精神目标。而且对皇太极的雄图大业来说，锦州之后的下一战略目标就是重镇宁远。宁远总兵、辽东提督吴三桂统率了关外明军，成为清军的最大阻力。祖大寿是吴三桂的舅舅，可想而知，祖大寿在对吴三桂的战役中具有举足轻重的作用。皇太极招降祖大寿的真正目的其实是为了吴三桂。

武攻朝鲜，拉拢蒙古部，建大清

天聪八年（1634年）九月，多尔衮在征伐蒙古察哈尔部林丹汗残部的时候临之以威、施之以谋，未费一兵一卒，便让林丹汗余部不战而降。

这个功绩说小不小，但说大也不算太大，因为与多尔衮所立下的另一份功劳相比，区区的军功都不值得一提。那份大功便是：多尔衮自林丹汗部手中得到了中华帝国失踪200多年的"传国玉玺"。

"传国玉玺"，乃是由春秋时期著名的和氏璧制成。秦朝时，咸阳玉工王孙寿奉秦始皇命将和氏璧精研细磨，雕琢成方圆四寸、上纽交五龙的玉玺，李斯篆书"受命于天，既寿永昌"八字，用来作为"皇权神授、正统合法"的信物。之后的历代帝王都将此玺为视为帝王信物，奉为镇国之宝，得到它就象征着该帝王"受命于天"，失去它则意味着"气数已尽"。

传国玉玺在中国历史上几经出没，到了元末之时，元顺帝携玉玺逃往大漠，朱元璋派大将徐达深入漠北，穷追猛打远遁之残元势力，其主要目的便是索取传国玉玺，然而最终还是无功而返。传国玉玺从此不知所终。

如今，"传国玉玺"被多尔衮自蒙古部取得，并将之献给皇太极，此功可称为不世。皇太极在下定决心征讨蒙古部族之前，是决不会想到这个惊喜的。

在努尔哈赤时代，朝鲜和蒙古部族只是后金与大明王朝之间的两枚棋子而已，并没有得到多大的重视。但皇太极却不这么想。为实现征服明朝、定鼎中原的远大抱负，他改变了努尔哈赤对朝鲜和蒙古部族不重视的态度和做法，积极采取各种措施扫除征明后顾之忧及削弱明朝外围势力。朝鲜是后金东部邻国，也是大明的属国，即使在后金大举进攻明朝，明军节节败退之际，依然在为明廷摇旗呐喊。明将毛文龙之所以敢于对后金的后方进行骚扰，就是因为朝鲜的鼎力相助。想要压制明朝，朝鲜是一个必须争取到手的对象。为此，皇太极两次对朝鲜用兵，迫使朝鲜国王与后金订立君臣之盟，向后金称臣纳贡，并将朝鲜太子李造及皇子李警当作人质，强行带回盛京软禁。

后金的西面是漠南蒙古。漠南蒙古的

多尔衮像

领地位于明领地与后金领土之间，具有极其重要的战略意义。皇太极曾经说过，"我满洲与尔蒙古，原系一国"，他这话的用意很明显，就是拉拢蒙古部，以蒙古部为同盟，共同对明廷动兵。

漠南蒙古分散成若干部落，有强有弱，各自为政，如一盘散沙。对后金所抱的态度也或友或敌，不尽相同。针对这种情况，皇太极采用分而治之的"慑之以兵，怀之以德"的政策，例如，采取通婚、馈赠的笼络方式对与后金交好的科尔沁部、喀尔喀部建立起同盟关系，而采取武力对与后金为敌的察哈尔林丹汗部进行征服。皇太极采取的这个策略与对朝鲜所采取的策略殊途同归，取得了重大的成功。

一系列大刀阔斧的改革与军事行动之后，皇太极终于使后金政权趋于稳定。恰在此际，多尔衮献上"传国玉玺"。皇太极以为"天赐至宝，此一统万年之瑞气也"，改元崇德，改国号清。天聪八年（1634年）冬，皇太极祭告汗父努尔哈赤，文曰：

> 甲戌年十月二十七日，嗣位孝子皇太极，敢昭告于皇考之灵曰：臣受命以来，管八旗之子孙，合志同谋，夙夜忧勤，唯恐不能仰承先志，于兹八年。幸蒙天地之鉴，臣等一德同心，着顾默佑，仗皇考积德之威灵，臣等与诸国习之以兵，怀之以德，四境敌国，归附甚众。谨取数年行师奏凯之事，上慰神灵：朝鲜稽首纳贡，喀尔喀五部举国来归，招降阿鲁诸部落，以及科尔沁、土默特部落，无不臣服。察哈尔兄弟先归附者半，察哈尔汗携其余众避我西奔，未至汤古特部落，殂于西喇卫古尔部落之打草滩地方，其执政大臣，各率所属来归。今为敌者，唯有明国，天下之事业，俱已就绪。凡此皇考之素志，后人踵而行之也。伏冀神灵始终默佑，以廓疆域，以成大业，唯在明鉴。不胜感怆，谨上告。
>
> ——《清太宗实录》

一篇祭文，皇太极将数年来所取得的成就向努尔哈赤总结了一番：收朝鲜，招降蒙古部分部落，不仅稳固了努尔哈赤打下来的江山，更获得了一批强有力的外援，削弱了明朝的军事实力。皇太极也在祭文中承认，努尔哈赤取明朝而代之的梦想尚未得到实现，此时仍是后金最大的对手。不过他又信心百倍地向九泉之下的努尔哈赤许诺，虽然明朝一时尚无法被纳入囊中，但只是时间问题。

其实，皇太极的这篇祭文并不是写给努尔哈赤的，而是在说给天下人听，尤其是说给后金贵族们听的。皇太极以努尔哈赤第八子的身份继承汗位，来自兄弟的压力可想而知，他必须要用功绩来证明自己的继位不是个错误。虽然暂且没有实现努尔哈赤终生的梦想——取明朝而代之，但也迈出了相当重要的一步。同时，他也在为自己上尊号、正式称帝做一个舆论上的准备。

天聪十年（1636年）四月，诸贝勒大臣以远人归服、国势日隆为理由，请求为皇太极上尊号，皇太极未允。后来萨哈廉让诸贝勒检讨过去，表示今后忠诚效力，皇太极答应可以考虑。

然后皇太极又以"早正尊号"征询汉官儒臣的意见，鲍承先、宁完我、范文程、罗绣锦等都表示赞成。萨哈廉又召集诸贝勒各书誓词，向皇太极效忠。"外藩"诸贝勒闻讯也请求上尊号，皇太极同意了。上尊号的准备活动至天聪十年（1636年）三月末大体就绪。

四月五日，满族诸贝勒、固山额真，蒙古八固山额真，六部大臣，孔有德、耿仲明、尚可喜，外藩蒙古贝勒及满蒙汉文武官员齐集。大贝勒代善及内外诸贝勒、文武群臣共上表，分别以满、汉、蒙三种文字书写。多尔衮捧满字表、巴达礼捧蒙字表、孔有德捧汉字表各一道，率诸贝勒大臣文武各官赴宫门跪下，皇太极在内楼，御前侍卫传达，皇太极命满、蒙、汉三儒臣捧表入，诸贝勒大臣行三跪九叩头礼，左右列班候旨。三儒臣捧表至御前跪读，文曰：

诸贝勒大臣文武各官，及外藩诸贝勒，恭维皇上承天眷佑，应运而兴。当天下混乱之时，修德礼天，逆者威之以兵，顺者抚之以德，宽温之誉，施及万方。征服朝鲜，统一蒙古，更获玉玺，内外化成，上合天意，下协舆情。以是臣等仰天心，敬上尊号，一切仪物，俱已完备伏赐愈尤，勿虚众望！

——《清太宗实录》

表中简单地回顾了皇太极的功绩，并且指出该功绩足以让皇太极顺应天命，加皇帝之尊号。而且一再强调，加皇帝尊号其实是天意使然，不可推辞。这个理由让皇太极正好顺水推舟，表示同意，并发誓倍加乾惕，忧国勤政。

消息由儒臣传出，众臣皆踊跃欢欣，叩头而出。四月十一日，皇太极正式祭告天地，受"宽温仁圣皇帝"尊号，建国号大清，实际是把后金改为大清，改元崇德，即天聪十年为崇德元年。祭告天地完毕，在坛前树鹄较射。

皇太极雄心勃勃，欲取明而代之。然而明廷方面，虽然有心抗敌，却已无力回天。末代皇帝崇祯空有一腔热血，却输给了自己的狭隘心肠。即使有女将秦良玉、名将袁崇焕，依然改变不了大厦将倾的颓势。

兼容性强的管理系统

行使封建专制主义的各项政治权利，清朝统治者加强的皇权还需要有一个庞大而尽量严密的官僚机构作为支柱，才能保证自己的意志得到有效而畅通的传达、贯彻。明朝在中央废除宰相一职，改用内阁，设六部，形成皇帝独揽皇权的局面。清朝建立后，在此基础上，从中央到地方进行了大刀阔斧的改革。

三省六部制自隋初正式确立以来，一直得以沿袭，到了明朝为了加强皇权，中书省被废，六部开始成为主管全国最高行政机构，并且直接听命于皇帝。清朝取代明朝后，在中央行政管理方面，机关设置依旧袭用明朝制度，设吏、户、礼、兵、刑、工六部。

按照清朝的规定，每个部门自上而下设置尚书、侍郎、郎中、员外郎、主事等官职。其中尚书分别由一满一汉两人担任，侍郎由两满两汉四人担任，而且如果尚书和侍郎之间发生矛盾，都可以单独奏请皇帝裁决。这种规定是出于平衡满汉关系的考虑，但事实上，很长时间内，各部实权均由满族官员掌控。所以时人曾评论说："大学士备位，不问政事，虽各兼部务，亦见夺于满尚书。间有建白，无关大政。故冯溥、李霨、宋德宜及熙（王熙）仅以文学备顾问，暇则结纳名士，竞尚诗文。"

另外，由于六部直接对皇帝负责，所以六部长官无论满汉，均没有向地方官直接发布命令的权利，遇事只能奏请皇帝才能颁发诏谕。

除了六部之外，清朝设置了都察院这样的监察机关，监督六部等官职履行职责。它设置左都御史和左副都御史掌管相关职务，上任御史实际上是地方总督和巡抚的兼职。后来雍正帝又将六科并与其中，与十五道监察御史（清末为二十二道）合称"科道"，负责监察京城内外官员的职责，必要时奏请弹劾。至此，唐时开始的"台""谏"并存的局面合而为一，实则是适应于专制皇权加强的一种需要和表现。

为了充分发挥科道官员的监察、监督作用，充当及时向皇帝通达信息的耳目，1690年左都御史被康熙任命为议政大臣，参与议政。康熙说："自皇子诸王及内外大臣官员，有所为贪虐不法，并交相比附，倾轧党援，理应纠举之事，务必大破情面，据实指参。"可见皇帝是鼓励御史说话、弹劾权贵不法的行为的。但是伴随着专制制度的不断加强甚至走向极端，议政大臣不可能拥有真正独立的监察权，而且皇权越是加强，监察权越是名不副实，御史们往往因为惧怕侵犯皇帝和权贵，而选择适时沉默，不敢妄加评论。到了乾隆五年（1740年）时，"科道为朝廷耳目之官……乃数年中条奏虽多。非猥琐陋见，即剿袭陈言，求其见诸施行，能收实效者何事乎？近日即科道官敷奏者亦属寥寥，即间有条奏，多无可采"。

宗人府是当时专门负责管理皇族事务的机关，为了显示皇族的重要，宗人府居于政府机关的首位，地位高于内阁、六部。宗人府的最高长官是宗令，由亲王、郡王充当，其下设有左右宗正、左右宗人等官，皆由满族贵族担任。他们主要的职责是掌管皇族属籍，纂修"玉牒"。议叙或议处皇族官员，审理皇族内部的诉讼案件。

在所有的中央政府机构中，理藩院是其中较为特殊的一个，有着与汉族区的行政系统相区别的行政体系。理藩院中设置尚书一人、左右侍郎各一人，全部由满族人或蒙古族人担任，其下设有旗籍、王会、典属、柔远、徕远、理刑六个清吏司，掌管当时的蒙古、回部等内外藩及诸番部，负责制定辖管区域内官员的爵禄，并举行定期朝会，佐证刑罚。在总理各国事务衙门创设以前，理藩院兼管对俄交涉，其下设立招待俄使和俄商的俄罗斯馆。自设立以来，理藩院在加强和巩固我国多民族国家的统一方面做了大量工作，成绩超过历代王朝。

除了上面这些中央各部衙门，清朝还设置了专门掌管宫廷事务、照料皇帝生活的内务府，由总管大臣任其中的首职。内务府职权广泛、机构庞大、属官众多。下设广贮、都虞、掌仪、会计、营造、庆丰、慎刑七个司，上驷、武备、奉宸三个院，另外，

"造办处"和"敬事房"分别负责宫内各种手工业供应和太监的管理。内务府职官达3000余人，将近六部总人数的两倍，这是以皇权为核心的专制主义政治特点在组织上的突出反映。

清朝地方政权机关分为省、道、府、县四级，层层统属，直至基层。

地方最高一级的行政组织是省，省级官员是总督和巡抚。总督为从一品官，一般管辖数省，巡抚为正二品官，只管辖一省。在明朝时，督抚都是临时派遣的，清朝成为封疆大吏固定人选，代表皇帝掌控一省或多省的军政大权。

由于督抚统领一方，权力颇高，所以清朝前期和中期，总督、巡抚多由满族人和汉军旗人担任。到太平天国运动以后，任督抚的汉族人才多起来。为了使总督和巡抚相互牵制互相监督，有的地区往往总督巡抚并存，事权不一，相当混乱。

在明朝，三司为地方的辅佐长官，包括都指挥、布政使和按察使，后来卫所制被废除，裁撤都指挥，剩下的布、按两司也成了督抚的附庸。到了清朝，布政使（藩司）和按察使（臬司）成为督抚的辅助官员。前者为从二品官，后者为正二品官，分别管理本省的民政财政和司法刑狱，合称两司。

省下为道。按照明朝的规定道是监察分区，而非行政区。道员本身也是因事派遣的差使，并无品级。清乾隆时开始专设守道和巡道，官居正四品。守道主要管理固定的辖区内的钱谷政务，而巡道则负责巡访某一区域的刑狱案件。自改为实官后，道员多加兵备衔，目的是限制境内都司以下武职官员的发展。除此之外，还有特设的道员负责专门事务，如督粮道、盐法道、河道、海关道等。

府是道下承上启下的机构。由官居四品的知府"掌总领属县，宣布条教，兴利除害，决讼检奸。三岁察属吏贤否，职事修废，剌举上达。地方要政督、抚允乃行"。其下的固定行政单位包括厅和州。厅、州又分为直隶厅、直隶州、散厅、散州。直隶厅和直隶州是府一级的单位，散厅、散州则类似县一级的单位。另外，厅下设同知，州下设知州。

在此之下又有县一级的机构。其领事者为知县，是正七品官。下属官吏包括县丞、屯簿、典史、巡检等官，他们在知县的带领下共同管理本县的各种事物。由于这类官员和人民接触最为直接，所以当时的知县又称为"亲民之官"。

基层组织是里社制与保甲制，它们并不是正式的行政单位，它的官员多由地方富户和地主充当，不由朝廷派遣专门人员赴任。清代，里社与保甲并用，前期重里社，后期重保甲。

在城市和乡村的编制方面，清朝统治者在全国普遍推行里社制。110户为一里，这110户中，有10户人丁兴旺的户主会被选为里长，其余百户分为10甲，每隔五年审查一次。里长、坊厢长的主要职责是调查田粮丁数，编制赋役册，作为课税的根据，为了确保里社制的内部稳固，里长和坊厢长的人选要常常更换。

里社的作用着重于征税，雍正赋税制度改革后，摊丁入亩，人丁编审失去了意义，里社制渐废弛；但里社依旧作为官府的辅助机构颁发"易知由尹"、征收地丁，供应徭役、差役。

　　保甲制度兴起于清初，按照它的规定，百姓以 10 户为一牌，10 牌为一甲，10 甲为一保；牌设牌头，甲设甲长，保设保正。当时，朝廷地方会给每户人家一张纸牌，让百姓们在上面写清姓名、男丁人数、外出人员所在地、进驻人员来往地等相关信息。而且对于面相可疑者，当地官吏可就地盘问。每个月末，保正还要对整个保的情况向上级做明确的汇报。由此来看保甲的作用重点在于弄清人口的流动情况，监视百姓活动，维持社会治安，防止百姓抗争。

　　到了雍正帝年间，民间零散的起义反抗活动日益增多，为了有力地镇压起义，清政府更是加紧推行保甲制度，说"弭盗之法，莫良于保甲"，全国广大的农村大都行保甲，责成甲长、保正严加管束，在偏远的少数民族地区保甲之法同样盛行。

第四章
轮番上场唱主角

1644年，一年天崩地裂，一岁日月新天。短短的三百六十天，三个朝代在其中更迭，三位帝王在这年坐上龙椅；两位君王称帝，两顶皇冠落地。1644年，上演了历史的轮回。当崇祯帝自缢煤山的那一刻，当吴三桂冲冠一怒的那一时，历史的命运，就已经注定。

君王有罪无人问

京师，万岁山，东方未明。

在大顺兵因搜索而掀起的一片嘈杂声中，崇祯皇帝朱由检带着一身的血迹，在内府太监王承恩的搀扶下踉跄着脚步，来到了寿皇亭（今景山公园三间房）旁。

眼望山下的大顺兵如蝼蚁一般蜂拥而上，崇祯心知大限已到，也不做他想，在王承恩的帮助下最后一次整理好衣服，然后摘下皇冠，披散开头发遮住脸，仰天长叹。手握亭梁上垂下的三尺白绫，突然有了一种解脱的感觉……

王承恩跪望"以发覆面，白袷蓝袍白细裤，一足跣，一足有绫袜"自缢于亭上的崇祯皇帝，大放悲声，旋即，亦在崇祯的对面自缢。

这一天，是崇祯十七年，永昌元年，顺治元年，1644年3月19日。

巍巍万岁山，密密接烟树；
中有望帝魂，悲啼不知处。

——《燕都杂咏》

崇祯皇帝自缢之处，至今尚无定论，是故有樊彬"悲啼不知处"之说。流传最广泛的说法就是其自缢于煤山，亦即万岁山的民间俗称，也就是今天的景山。之所以被民间称为煤山，是因为景山下边堆过煤；又因为传说该山压住了元朝的龙脉，而俗称镇山。综合各种史料，虽其中略有差异，但大致上也可以认为是在此处了。

最大的疑问是，崇祯皇帝朱由检所自缢的那棵树是什么树。流传最广的说法是槐树，而据正史显示，崇祯皇帝是自缢于寿皇亭中而非树上。《明实录·崇祯实录》卷十七记载："（崇祯）登万岁山之寿皇亭。俄而上崩……"《明史·流贼传》云："以帛自缢于山亭，帝遂崩。"《明史纪事本末》卷七十九亦说："逐仍回南宫，登万岁山之寿皇亭自经。"另有几部野史也如此记载。但在赵士锦的《甲申纪事》中记载："得先帝遗弓于煤山松树下，与内监王承恩对面缢焉。"《明孝北略》卷二十云："崇祯……自尽于亭下海棠树下。"《三垣笔记》则曰："遂同承恩对缢煤山古树下。"松树、海棠树、古树……总之是没提到槐树。事实上，崇祯皇帝应该是自缢于寿皇亭中而非树上。据《明史》记载，李自成的大顺军是在崇祯自尽之后的第三天才发现他的尸体。若是自缢于树上，那么多的士兵都搜不到，不符合常理。只有崇祯自缢于一个隐蔽之所，才有可能让李自成在三天之后方找到他。

实际上，自缢于槐树一说出自清军入关之后。崇祯自缢之后，多尔衮是以剿灭逆贼李自成的名义而入主紫禁城的。为了进一步巩固群众基础，笼络民心，于是，对崇祯皇帝的死表示惋惜，特意在景山上找了棵槐树，并将之称为"罪槐"，树身加以铁索，并立碑供民间悼念。虽然这棵槐树几经战乱，数度毁于战火，但人们总是在原址处再植新株，而这棵"罪槐"也一直背负着沉重的罪名，直至今天。

"罪槐"前曾书有一副对联，联曰："君王有罪无人问，古槐无过受锁枷。"

此联可谓是恰如其分地指出了令明王朝灭亡的罪魁祸首是谁，正是崇祯皇帝、明思宗朱由检。诚然，自明万历十五年（1584年）之后，大明之灭亡已成定局，只不过是时间的问题，但崇祯帝继位后的所作所为，却加速了本已风雨飘摇的明王朝的倒下。

明朝崇祯帝继位后，诛灭客、魏，一时颇有重振朝纲、挽救危亡之势。但是，魏忠贤失败后，阉党仍企图操纵朝政，长期延续的党争并没有消除。加之崇祯专擅自用，对文臣多有猜疑，对武将任意杀戮，屡斩败将，大臣们为保住脑袋多求避祸，少有谏言。统治集团长期动荡，上下官员贪贿风行，军兵日益虚溃。

朱由检惯用的伎俩就是用小动作掩人耳目，他发脾气时，像一头挣脱了锁链的疯狗，人性和理性全失。一个城市沦陷，就把守城的将领杀掉。

他对饥饿的武装群众也恨入骨髓。有人向他提及饥馑和官员乡绅贪暴，他就发怒，发怒的原因是他无法解决，所以他不愿听到。不过他却相信小动作可以帮助他，确信仅虚心假意地表演一下就能掩盖天下人的耳目，所以他不断地宣布"避殿""减膳""撤乐"，不断地声言流寇也是他最亲爱的赤子，不断地下令政府官员自我检讨。有一次还把宰相们请到金銮殿上，向他们作揖行礼，说："谢谢各位帮助我治理国家。"然而不久就大发雷霆，把他谢过的"各位"杀掉了。

朱由检的急躁性格，使他好大喜功，并且认为重刑是促使他部下创造奇迹的动力。但有才干的部下又使他如芒刺在背，他只能用宦官型的恭谨无能之辈，只有在这种人面前，他才心情愉快。朱由检常叹息他无缘得到岳飞那样的将领，其实，恰恰相反，他已得到了一位"岳飞"，那就是袁崇焕，结果却用冤狱酷刑对待他。

即使他在死之前都不忘记用小伎俩掩人耳目，他在自缢之前留下这样一份遗书：

"朕凉德藐躬，上干天咎，然皆诸臣误朕。朕死无面目见祖宗，自去冠冕，以发覆面。认贼分裂，无伤百姓一人！"

意思是说：虽然由于我品德不好，上天才用亡国惩罚，但也是群臣误我。我死无面目见祖宗于地下,所以我脱去了龙袍皇冠,用头发挡住脸。任凭逆贼割裂我的尸体,请不要迁怒于百姓,不要妄杀一个无辜。

这份遗书可能是后人伪造的,也可能是真的,它充分显示了朱由检用小动作掩人耳目的伎俩。他把失败的责任一股脑儿推到别人身上,自己责备自己品德不足,并不是真心地承认错误,而只是用以烘托群臣的罪恶。问题是,群臣中没有一个人出于民选,全部由朱由检任用,不知道他为什么专挑选一些"误他"的人当他的政府官员?朱由检要求"逆贼"不要伤害人民,他也知道"逆贼"不会听他的,这种廉价的文章,不过企图留下他非常慈悲的印象罢了。

崇祯死了,大明王朝不复存在;三尺白绫,画上汉民族最后一个封建王朝在中原统治的句号。朱由检为他的刚愎自用买单,却用整个帝国来为他陪葬。

与此相反的是李自成的大顺政权。自李自成起兵以来,始终打的是"高筑墙、广积粮、缓称王"和"迎闯王、不纳粮"的口号,为其赢得了广大备受乱世折磨之痛的农民的拥护,这也是其能迅速打出一片江山的原因之一。然而,农民起义军始终存在着它的局限性。李自成在紫禁城仅仅坐了42天的龙椅,便带着无限的惆怅离开了紫禁城。而导致这一切发生的,是大明王朝最后的一支精锐部队的将领——吴三桂。

戛然而止的吴陈姻缘

吴三桂降清后,文人对之讽刺不绝,其中最著名的莫过于明末清初时期的大诗人吴梅村写的一首《圆圆曲》。诗中有这样一句:"恸哭六军俱缟素,冲冠一怒为红颜!"谁能想象,男女之间的爱情纠葛竟会给本已波谲云诡的大明王朝增添如此重大的变数与冲击?刀光剑影、风雨飘摇,任何一种看似偶然的事件都可能影响和改变一个王朝的走向与发展,甚至决定这个王朝的去留。当我们以一种平和的心态回望这段发生在380多年前的历史,除了扼腕叹息外,更多的是一种发自内心深处的惆怅与无奈。而吴三桂也偶然地成为拨动历史琴弦的人,弹奏了一曲大明王朝的挽歌……

吴三桂的父亲吴襄是明天启二年(1622年)的武进士。在明末那段动荡的岁月里,吴襄原本平静顺利的生活也被后金对关外的不断侵扰打碎了。身为武进士,自然不能眼睁睁看着敌寇进

陈圆圆像

攻，吴襄便在辽西一带办起了团练，抵抗后金的入侵，居然颇有成效。因此被明廷授予辽东团练总兵一职，吴襄战功卓著，声名赫赫，享有"辽右巨擘"的美称。因此与明廷的一些抗金名将交情莫逆。吴襄把自己的妹妹嫁给了袁崇焕的部下名将祖大寿，而自己又娶了祖大寿的妹妹。吴三桂就是在这样的家庭中出生长大，算得上将门虎子，从小眼所见耳所闻都是军事征战，天长日久，耳濡目染，吴三桂自然也不甘落于人后，自幼习文练武，"终日无惰容"。在父亲和舅舅的关照和提携之下，吴三桂16岁时就中了武举人，并以战功和恩荫受封都指挥之职，可谓少年得志，升迁迅速。

崇祯二年（1629年）十月，皇太极亲率10万大军绕道蒙古，由喜峰口攻陷遵化，直逼京师。不久，在朝廷的命令下，祖大寿率兵回救京师，不料在建昌和后金军突然遭遇。吴襄彼时正率领五百骑兵出城侦察，不料被后金军团团包围，形势非常危急。

吴三桂得此消息，连忙向舅舅祖大寿请求出兵，为父亲解围。祖大寿用兵慎重，他担心这可能是皇太极的围城打援之计，因此不敢轻易出兵，只是告诉吴三桂："吾以封疆重任，焉敢妄动！万一失利，咎将安任？"

吴三桂知不可强求，大哭而去。他又救父心切，于是不顾舅舅祖大寿的阻拦，亲率数十家骑出城奋不顾身地杀入敌阵，和后金军展开肉搏战，成功地救出了父亲吴襄。吴三桂此举可以称得上无愧于"忠孝"二字。能在千军万马中成功救父，这份勇气和魄力不仅让明朝的官员们看得目瞪口呆，就连皇太极也对吴三桂赞不绝口。自此，吴三桂单枪匹马舍身救父的事迹传遍了大江南北，有"勇冠三军、孝闻九边"的美誉。

崇祯四年（1631年），皇太极展开大凌河之战，率军猛攻祖大寿镇守的大凌河城。祖大寿兵力居于劣势，不得不困守城中。在明廷的督促下，明将孙承宗组织人马出关来到锦州，与后金军展开战斗。吴襄在增援大凌河的战斗中因逃跑而导致明军全军覆灭，迫使孤立无援的祖大寿投降后金，孙承宗也受牵连而遭罢官，吴襄下狱。但吴三桂仍然被朝廷留在军中供职，崇祯皇帝擢拔他为辽东总兵官，镇守山海关。

吴三桂的部队继承了关宁铁骑的优良传统，训练有素，战斗力强，堪称是明末唯一可以依赖的部队；而吴三桂本人作战也极其英勇，"每逢大敌，身先士卒，绞杀虏级独多"。在随后发生的松山、杏山等战役中，吴三桂所率兵马都"胆勇倍奋，士气益鼓"，"凡三战，松山、杏山皆捷"。

崇祯十二年（1639年）七月，吴三桂因功升任宁远总兵，开始替明朝守护关东大门。边城宁远，乃山海关外之重镇，是抵御后金军入关的重要防线。吴三桂到任后，训练士兵，重修武备，在很短的时间内就训练出能骑善射的精兵4万余人。他又挑选敢死之士，将他们训练成自己的亲军。

吴三桂的宁远精兵，在关外的战场上抵御住了后金军的多次猛攻，他们以勇敢善战而威震敌营，成为一支后金军不可小觑的明朝军事力量。同年九月，后金军大举南下，进攻宁远以西至山海关的中后所、中前所、前屯卫三座重镇。在短短一个月的时间内，后金军势如破竹，连攻两营，吓得明朝守将或弃城而逃，或不战而降，致使明朝的天威荡然无存。

此时，驻守宁远城的宁远总兵吴三桂，断然拒绝了早先投降后金的舅舅祖大寿和老师洪承畴的劝降，决心坚守，誓死不降，甘与宁远共存亡。于是他就在距山海关四百里以外的孤城宁远抵抗如狼似虎的后金军队。

此时的大明王朝处于风雨飘摇之中，随时都有倒塌的危险。有人说，明朝的灭亡和一个女人有着莫大的关系，红颜祸水，她自难辞其咎。多少年来，她都背负着误国误君的骂名，她就是色艺双绝、名震江南的陈圆圆。

陈圆圆出身贫苦，原姓邢，名沅。母亲在她很小的时候就去世了，为了过活，父亲便把她送给了她的姨妈。姨妈对陈圆圆很好，视如己出，于是，她便改姓陈。陈圆圆从小就接受了良好的私塾教育，加之自身的聪明、勤奋，很快就学会了读书、写字，而且陈圆圆从小就受到了戏迷姨夫的影响，耳濡目染，练就了一副好嗓子和柔美的身段。

后来姨妈家也因为经营不善而家道中落，正是因为这个原因，年仅10岁的陈圆圆被迫卖身沦为歌伎，被送到了一个戏班学习唱戏。不久，18岁的陈圆圆就凭借她姣好的容貌和唱功一举成为苏州城中大红大紫的歌姬，以至于她一出场，观众就为其声色所惊艳，直教人失魂落魄。

吴三桂与陈圆圆的相遇不得不提到一个人，这个人就是崇祯皇帝的岳父，当朝国丈田弘遇。田弘遇一生最值得骄傲的事就是生了个好闺女。崇祯皇帝十分喜欢田贵妃，可以称得上是集三千宠爱于一身。女儿受到皇帝的宠幸，身为国丈的田弘遇自然也跟着沾光，赐官拜爵，享尽荣华富贵。但好景不长，田贵妃罹患重症，崇祯命御医不惜一切代价抢救。得知女儿病重的消息，田弘遇坐卧难安，他倒不是担心女儿的病情，而是担心好不容易到手的荣华富贵就此化为泡影。毕竟人走茶凉，没有了女儿的受宠，自己的前途也就堪忧了。思前想后，田弘遇想出了一个计策，在人间天堂的苏州替皇帝再选几个美女，以防女儿不测时，可以有人在皇帝面前替他美言几句。

打定主意后，田弘遇便借口安置先人遗骨向皇上请假，返回苏州老家。苏州的老百姓一听说有人来选秀，但凡家有漂亮姑娘的人家就开始行动起来，找媒婆替自家姑娘说媒。色艺俱佳、且声名远播的江南第一美女陈圆圆自然是难逃田弘遇的法眼，他用尽各种手段逼迫陈圆圆就范。不知如何是好的陈圆圆急忙去找冒辟疆商量对策，但是冒辟疆竟然闭门不见，想到自己深爱之人就在关键时候犹如缩头乌龟，不敢挺身而出，怅惘、悔恨之余，陈圆圆也只能日夜以泪洗面。最终，心灰意冷的陈圆圆不得不跟随田弘遇北上进京。

此时的大明王朝可谓是内忧外患。内有李自成的起义军风起云涌，外有皇太极的后金八旗铁骑步步紧逼。焦头烂额的崇祯皇帝根本就没有心情也没有时间去宠幸美女，他要处理的军国大事足以压得他喘不过气来。所以作为献礼的陈圆圆自然也被崇祯皇帝退了回来，暂住于田弘遇的府中，成了田弘遇的歌姬。

崇祯十六年（1644年）年初，李自成攻下了洛阳，明廷震惊。一时间人心惶惶，个个自危。明朝的权贵富贾们更是万分惶恐，担心农民起义军攻占北京后，自家的性命难保。而此时的田贵妃已经香消玉殒，崇祯皇帝对他的岳父田弘遇也是爱答不理。受到崇祯冷遇的田弘遇又开始在心中盘算起来，寻找下一个可以依附的目标，为自己的退路而精心谋划着。很快，他就将目标锁定在手握重兵、替天子守国门的宁远总兵吴三桂的身上。此时的吴三桂可谓是皇帝所倚重的对象，肩负着支撑和守护明朝国祚的重任。

这年秋天，陈圆圆和吴三桂在田弘遇的精心安排下邂逅了。一天，田弘遇设酒席邀请吴三桂到府中赴宴，不知是计的吴三桂欣然前往。酒过三巡之后，田弘遇唤出了陈圆圆，叫她歌舞助兴。醉眼迷离的吴三桂看到了国色天香的陈圆圆后竟然呆若木鸡，连手中的酒杯也跌落到地上，目瞪口呆地望着眼前的佳丽。吴三桂彻底为陈圆圆的美貌所倾倒，高兴地邀请陈圆圆陪侍左右。不料此时城中的警报竟突然鸣响，于是田弘遇便故作惊慌，借机对吴三桂说："倘若以后敌军攻入城中，我等该如何是好？"不加思索的吴三桂脱口而出："你把这个美女送给我吧，我一定保证你们全家的安全。"这句话正中田弘遇的下怀。

吴三桂和陈圆圆在一起看似是各取所需的政治联姻，然而他们的感情却非常好。在明朝太监王永章所写的《甲申日记》一书中曾有关于两人感情的记载：吴三桂离开北京后，给父亲吴襄写了若干封信，每封书信上都提到了陈圆圆。第一封书信中说："告知陈妾，儿身甚强，嘱伊奈心。"第二封书信中说："陈妾安否，甚为念！"第三封书信是在得知父亲吴襄让陈圆圆骑马赶赴山海关后所写，吴三桂对此事表示出强烈的忧虑："如此轻年小女，岂可放令出门？父亲何以失算至此？"吴三桂竟然因为担心陈圆圆的安危而责怪父亲，可见其对陈圆圆用情之深。

然而边事重大，身负朝廷重任的吴三桂不得不与心爱的陈圆圆告别，率领亲兵日夜兼程赶回边关，防止虎视中原的后金军乘虚而入。然而，他还是晚了一步。

草根皇帝不靠谱

山海关前，满目素白。

5万明军将士尽着白盔白甲，举白旗扬白幡，整齐而肃穆地面向西南方。队列前，吴三桂摆起香案，焚香致祭，伏地恸哭。霎时间，悲声大作，5万将士整齐划一地跪地，为六百里外的崇祯帝致哀。只是此时，距离崇祯自缢已经过去了20多天。

鼎湖当日弃人间，破敌收京下玉关；
恸哭六军俱缟素，冲冠一怒为红颜。

吴梅村（即吴伟业，字骏公，号梅村，后人常以号称之）一首《圆圆曲》，让后人记住了这位"冲冠一怒为红颜""英雄无奈是多情"的吴三桂，也记住了这位引清入关、镇压农民起义军的"奸贼"。

世人传说，吴三桂在北京城破之后便有向李自成屈膝投降的打算。在给他困于北京城中的父亲的一封信里，吴三桂写道："接二十日谕，知已破城。欲保家口，只得降顺。达变通权，方是大丈夫。"这就是说，吴三桂得知北京城被李自成攻破之后，并没有考虑去为崇祯皇帝报仇，再造大明王朝，而是为了保全一家老小的性命，已经打算向李自成屈膝投降了。然而当他得知爱妾陈圆圆被李自成所掳之后，"拔剑砍

山海关镇炮
镇炮铸于明朝崇祯年间，是山海关防御工事中的重要武器。山海关在明末由吴三桂镇守，是关乎明朝命运的重要关口。

案曰：'果有事，吾从若耶！'"也不再顾老少性命，又修书一封给其父："儿以父荫，待罪戎行，以为李贼猖狂，不久即当扑灭，不意我国无人，望风而靡，侧闻圣主晏驾，不胜眦裂，但喜吾父奋拳一击，痛不欲生，不则刎颈以殉国，何乃隐忍偷生，训以非义，既无孝宽御寇之才，复愧平原骂贼之勇。父既不能为忠臣，儿安能为孝子乎？"

信中说得冠冕堂皇，但与上一封家书相比，态度是一百八十度大转弯，全然忘了几日前的寻求归顺之语。

然而，《圆圆传》虽然写得有鼻子有眼，但终究是小说家言。吴三桂虽是一位武将，却不是一介武夫，作为夹在李自成和多尔衮之间的第三方力量，他手里握有明王朝最后一支精锐部队，无论倾向哪一方都有可能决定历史的走向。这是吴三桂心知肚明的，也正是李自成和多尔衮竞相争取他的原因。在如此重大问题面前，吴三桂怎么可能为一个女人去决定自己所选择的方向？

吴三桂之所以会在最后关头选择降清而非降顺，与陈圆圆无关，而是因为李自成的关系。

李自成的大顺军进入北京、逼死崇祯之后，入主紫禁城。按理说，"建国"肇始，他应当犒赏将士，大封功臣，然而多年来的征战让其囊中羞涩，唯有就地取"财"。对崇祯之吝啬，李自成也略有耳闻，本以为能在皇宫中所得甚丰，然而把整座紫禁城翻了个底朝天，也只在大内府库中搜到黄金17万两，白银13万两。顿时大感失望，也大感愁闷：手中无钱，宫内无财，这当如何是好？

天无绝人之路。刘宗敏、李过等人想出了个好主意：既然是宫里就应该有财宝，之所以不翼而飞，那一定是被宫中之人所窃取了。下一步应该做的就是追赃。

李自成深以为然，下令"追赃"。第一个将"赃款"上交大顺军的是大太监曹化淳，此人一出手便是白银5万两，着实让李自成兴奋了一下。但区区5万两白银对大顺政权来说只是杯水车薪，要想填满这个财政漏洞，还得需要更多的人来自愿献财。

三月二十日,刚被封为宰相的牛金星发布文告:

"仰明朝文武百官,俱于次旦入朝。先具脚色手本,青衣小帽,赴府报名,愿回籍者,听其自便。愿服官者,量才擢用。抗违不出者,罪大辟。藏匿之家,一去连坐……"

李自成先差人赴五府六部,并各衙门,令长班俱将本官报名,因此无一人得脱。

次日一大早,文武百官便在宫门口等着,就算是挨打受辱、忍饥熬饿也是敢怒而不敢言,老老实实地坐在地上等着李自成接见。好容易等到承天门打开,李自成却没等手拿百官花名册的牛金星点完名,便和刘宗敏起身离去。没过多大一会儿,便传来命令:"把明朝的这些犯官全都绑起来送到刘宗敏将军的府邸,听候发落。"

然而,刘宗敏对文武百官根本不审不问,只是放下话来:"根据官职大小向朝廷捐献银子,一品官一万两白银的底线,其余的各按品级捐献。头脚交够银子,后脚就放人;要是藏着银子不交,那就大刑伺候。"

一时间,北京城成了前明官员的地狱,四九城里满是狂舞的棍杖,更兼之刘宗敏等人为了敛财无所不用其极,炮烙挖眼、挑筋割肠,种种残酷的刑罚全被用到了这些一直养尊处优的前明京官身上。北京城内前明官员的悲号之声延绵数日,不绝于耳。更有那最早投降的明朝国戚、襄城伯李国桢,大学士魏藻德等一干人被酷刑致死。在前明翰林院这个清水衙门供职的翰林、科臣等清贫书生,实在没有油水可榨,大多数都被酷刑致死。

这仅仅是对为官者的窃掠,富户豪门、平民百姓也逃脱不了被掠夺的命运:"初,诸贼攻城时约,内藏归闯贼(李自成),勋戚财归诸帅,文官财归牛(金星)、宋(献策),富户归小盗。"有此约定,那么这些人还有什么可忌讳的。富人倾家荡产,平头百姓的柴米油盐也被大顺军队抢掠一空。城内饿殍遍地。

李自成到底在北京城搜刮了多少银两?据史料记载:"所掠输共七千万。大约勋戚、宦寺十之三,百官、商贾十之二。先帝减膳撤悬,布衣蔬食,铜锡器具尽归军输,城破之日,内帑无数万金。贼淫掠既富,扬言皆得之大内,识者恨之。"

7000万两白银!崇祯在全国加饷摊派10多年,也不过从民间征得2000万两白银,最终导致了天怒人怨;而李自成短短40来天便在京师榨银7000万两,无怪乎"识者恨之",其最终的结局已然注定。

李自成入主紫禁城,靠的是群众基础。同时,他也有一定的政治头脑,身边既有像牛金星、李岩这样的智囊,又有如刘宗敏、李过这

大顺通宝、永昌通宝
李自成在西安称帝,建国号曰"大顺",建元曰"永昌",改六部为政府,设局铸造钱币名曰"永昌通宝"。

样的二流将领，而且李自成的为人还算不错，由于清军的连续攻击，大大削减了明军的兵力，当他进攻北京时，守城宦官又大开城门，兵不血刃即进入北京，可谓占据天时和人和。

然而，入主紫禁城之后的李自成，却彻底抛弃了昔日"闯王来了不纳粮"的诺言，纵容一干"新贵"用各种手段大肆敛财。上梁不正下梁歪，大顺之兵也竞相在民间搜刮积财，准备还乡。横征暴敛的手段，用钱买命的"政策"，大顺军士兵的放任自流、烧杀抢掠，让北京城变成了人间地狱。所掠夺的7000万两白银，全部熔铸成巨大的中间有孔窍的方板状银板，以便于运输，从中便可以看出，李自成压根没有常驻北京的念头。

得民心者得天下。李自成之成，在于拥有深厚的群众基础，饱受明末苛捐杂税之苦的农民在李自成那充满诱惑性的宣传口号面前纷纷响应，势如洪水；李自成之败，则是因丧失了民心，更重要的是，完全丧失了地主阶级的信任——这也是影响吴三桂开关迎清兵的一个因素，失败已在所难免。

而清军，恰恰在等待着这样的一个机会。

左手借兵剿匪，右手开门揖清

尽管手中握着沉甸甸的山海关，但吴三桂此时却不知道自己应该将山海关交给谁，唯一可以肯定的是李自成绝不再有机会了。吴三桂斩杀了李自成派来的使者，宣告与李自成彻底决裂。吴三桂写下了一封给父亲的诀别书："不肖男三桂泣血百拜，上父亲大人膝，父亲一生素以忠义自居，如今虽大势已去，也当拼尽全力，不成则应以身殉国难。儿子定为父亲报仇，即使不成功而成仁，我父子二人不也能留下忠孝之名乎？父亲为何忍辱偷生，做此不义之举。既然父亲不能做忠臣，三桂又安能为孝子？自今日起，儿与父断绝关系。父不早图，流寇即使把父亲置于刀斧油锅之上来要挟三桂，我也决不回头。"

吴三桂选择与大顺政权彻底决裂，是李自成始料未及的。这在大顺朝中也引起一场轩然大波。李自成手下也分成了两派。一派主张立即予以征讨，另一派则主张暂时放置。

由于李自成手下大将刘宗敏、李过等人沉醉于追缴赃银、拷掠明朝旧臣，因而对于此时率军追剿吴三桂不感兴趣，加之李岩、牛金星、宋献策等文臣基于策略的考虑，以"新得京师，人心震迭，吴军素能战，不可轻视"为由，认为现在不宜出兵。他们认为应该暂时维持现状，仍以招降为主。

李自成力排众议，宣布御驾亲征。于是，李自成率兵10万，号称20万东出京师。在宣告与大顺政权彻底决裂后，吴三桂已经没有可能再回头，一场生死决战无法避免。然而战斗还未开始，吴三桂已经预料到无可挽回的结局。李自成的军队有10万之众，而吴三桂的军队却连他的一半都没有。以区区三四万兵马却要与关内李自成的10万大

李自成雕像

军相抗衡，吴三桂深知自己没有半分胜算。此时的吴三桂想到了关外的清军，但这样的念头，又深深地刺痛了吴三桂高傲自负的内心，更让他难以接受的是舅舅祖大寿竟然还写来了亲笔信，替满族人劝降。随信而来的还有皇太极的敕书。多年来他都以高傲的姿态拒绝清朝的招降，然而如今能同李自成大军相抗衡的力量唯有清军。面对绝境，吴三桂渴望竭力奋争。他要对命运反戈一击，试图冲出命运为他设计的险恶陷阱。此时摆在他面前的只有一条道路。

而就在此前，当吴三桂放弃宁远城撤入关内之时，大清帝国便得知了这一消息。摄政王多尔衮清醒地意识到他建立千秋伟业、青史留名的机会来了。而几乎就在李自成攻陷北京的同时，身为清廷重臣的范文程便察觉到了明朝大厦将倾的异样，随即奏请清廷挥师南下，入主中原。

1644年的农历四月初四，清廷急召在盖州汤泉养病的范文程入盛京参与决策。范文程指出了李自成肆意刑讯拷问明朝大臣、强行向在京官僚商人追赃、贪图子女玉帛等恶行，并断言清军"可一战破也"，并以"我国上下同心，兵甲选练，声罪以临之，鲜其士夫，拯其黎庶，兵以义动，何功不成"为由，极力劝说多尔衮率军入关，而且他还建议清军改变以往屠杀、掠夺明朝百姓的弊政，称："古未有嗜杀而得天下者……若将统一华夏，非义安百姓不可。"

而多尔衮素有入主中原的野心，于是当机立断，下令连日召集兵马，除少数兵马留镇盛京外，其余十多万八旗精锐尽出，涌向中原。史载："男丁七十以下，十岁以上，无不从军。"清军原本打算从西协和中协入关，然而大军行至翁后时，他却接到了吴三桂的请兵信。

四月十二日，吴三桂亲自写请兵信给昔日不共戴天的敌人多尔衮。不但许诺给予清朝金银、布匹等物，而且还承诺"将裂地以酬"。

三日后，吴三桂致书多尔衮：

我朝李闯作乱，攻陷京师，先帝惨遭不幸，祖庙化为灰烬。三桂受国厚恩，据守边地，意欲为君父复仇，怎奈地小兵少，不得不泣血而求助。我国与北朝（指清朝）通好二百余年，今无故而遭国难，北朝应亦念之，而且乱臣贼子当也北朝所不能容之。夫除暴安良者大顺也，拯危扶颠者大义也，救民水火者大仁也，取威定霸者大功也。索闻大王乃盖世英雄，值此摧枯拉朽之会，诚为时不再得，乞念亡国孤臣忠义之言，速印立选精兵，直入中原，三桂自率所部，以合兵而抵都门，灭流寇之宫闱，而示大义于中国。则我国之报于北朝者,岂惟财帛?行将裂地以酬,决不食言!

此信中,吴三桂并没有提出降清之事,而仅仅是恳求多尔衮出兵剿灭李自成的起义军。他此时自居的身份为"亡国孤臣",要的是再建明朝。换句话说,他仅仅是要借助清的军事实力,来实现复明之愿罢了。

此时的多尔衮不再以吴三桂所言的"岂唯财帛?行将裂地以酬"为满足,他的志向是入主中原。多尔衮趁此大肆要挟,强迫吴三桂率部投降,拱手让出大明锦绣江山。

吴三桂已别无选择。

李自成大兵已经抵达山海关,多尔衮按兵不动,等待吴三桂给一个降清的肯定答复。如果吴三桂单以自己的力量去与李自成对抗,势必难以为敌。此际再降李自成,早无可能。唯有依多尔衮所示,亲往清营,剃发跪拜,方能让自己的身家性命不至于毁于一旦。

万般无奈之下,吴三桂只得将自己从忠君报国的道德外壳下剥离出来,于四月二十二日投降了清朝。次日,清军也随即入关,但入关后的清军依然是按兵不动。多尔衮命令吴三桂率领关宁铁骑作为先锋,与李自成的大军进行激战。大战一触即发,军令如山。无可奈何的吴三桂只得率部首先冲向李自成的大军。战争持续到中午时分,孤军奋战的关宁军已陷入大顺军的重重包围之中,正当吴三桂感到绝望之时,清军终于从右翼杀出,将已鏖战多时、筋疲力尽的大顺军杀得溃败不堪,毫无思想准备的大顺军在惊呼中兵败如山倒。"一时之间,战场空虚,积尸相枕,弥满大野。"

这一突如其来的变故迫使李自成带着残部狼狈地逃离了山海关,当山海关大战以大逆转的结局结束时,受命作为前锋的关宁铁军几乎损失殆尽,吴三桂最终没能如愿保住这支自己苦心经营多年的军队。

弥漫在山海关的硝烟还未散尽,多尔衮以顺治皇帝名义下令晋封吴三桂为平西王,跟随吴三桂多年的关宁将士在山海关大战中几乎全军覆没,多尔衮划拨精兵一万归吴三桂指挥。他能做的只有接受清朝的封赏和任命,接受剃发易服的命运。此时的吴三桂孑然一身,再也没有了退路。

四月二十三日,在溃逃回京师的路上,李自成杀死了吴襄,3天后,吴家30余人在北京被满门抄斩,吴襄的首级被高悬在北京城楼上。之后,李自成军便放弃北京,满载搜刮来的财物向西北方向而逃。

"闯王"李自成的功败垂成让千万人扼腕叹息,同时,也对其速败的原因进行思索。

有的人认为李自成是败于骄傲自满、腐化堕落。攻占北京城后,流寇出身的李自成以为大业已成,是时候高枕无忧了,于是贪图享乐,荒淫腐化,最后招致失败。

有的人认为李自成失败的原因在于军纪涣散,战斗力严重下降,遇到清的八旗铁骑时,不堪一击,兵败如山倒。

有的人认为李自成败于"马上得天下,不能马上治天下"。李自成拥有大批的能征善战的将士,但缺乏一支完成统治治理工作的文官队伍。在攻下大片领土后,治理人才奇缺的弊端就逐渐显现出来，致使李自成后来损失惨重。

有的人认为战略上的巨大失误导致了李自成的失败，李自成战略的巨大失误表现在没有把清朝这个一直想入主中原的强大集团包括在战略形势判断里，正因为如此，李自成才采取了直取北京的战略。如果没有清朝的干预，以李自成的实力，是可以勉强对付张献忠集团、南明集团和吴三桂集团的，可是一旦加上清政府集团的实力，李自成自然难以抵挡，失败近在眼前。

以上说法似乎有各自的合理性，但并不代表就是历史的真相。李自成雄师百万究竟惨败于何，仍然是一个历史之谜。

这边，吴三桂抱着杀父夺妻之恨，马不停蹄地一路追杀至山西绛州。忽然京师有人来报，说是已在京城寻获了陈圆圆，吴三桂喜不自胜，立刻停兵绛州，速派人前去接陈夫人来绛州相会。

陈圆圆来到绛州时，吴三桂命手下的人在大营前搭起了五彩楼牌，旗旗箫鼓整整排列了三十里地，吴三桂身着戎装，亲自出迎。

亲人的血淹没了吴三桂最后一丝犹豫，陈圆圆的失而复得也让他无所牵挂，命运摧毁了他全部的理想，他做不了忠臣，孝子也没有当成。失去了军队和家族的吴三桂已经一无所有，从多尔衮手中接过平西王的封号，他自己十分清楚，他只能成为清朝借以扫除农民军的棋子。现在，他只能屈服于不可改变的现实，继续为大清王朝效力，这也是他再也无法逃脱的宿命。

后世之人对于吴三桂的评价褒贬不一，甚至是大相径庭。大部分人认为，他作为汉族人，却与满族人勾结，导致大顺政权及南明政权等汉族人政权的覆亡，加上他曾经杀死南明永历帝及皇族、大臣等，便视其为奸贼。

而另一些人则认为，吴三桂引清军入关的初衷只是为了借清军的力量消灭李自成率领的农民军，或者使他们两败俱伤。他当时并没有投降之意，只是后来的局势发展使得他不得已而归降了清廷，实则是身不由己。还有些人认为，在那个波谲云诡的动荡时代，吴三桂不过是忠于他和他家族的利益而已。

吴三桂开门揖清，满族人入主北京。努尔哈赤父子的努力终于收到了回报，但，努尔哈赤与皇太极，谁也没有等到这一天。

没有定论的皇太极之死

正当大清国运如日中天，入关夺取中原指日可待，天下唾手可得之时，皇太极的身体却一天不如一天。崇祯十六年（1643年）八月初九，皇太极和往常一样来到崇政殿，处理日常的国政，并无任何的异样，身体也没有表现出任何的不适。他端坐在崇政殿的书案前，聚精会神地批阅各地呈上的奏章，发出一道道递送边关的文书，为他入主中原的霸业而操劳着。当日亥时许（即九至十点钟左右），在毫无征兆的情况下死神却骤然降临在了他的身上，年仅52岁的皇太极就这样带着些许的不甘和遗憾悄然地离开了人世。他走得太突然，而使后世之人慨叹不已。皇太极死后葬于沈阳昭陵，庙号太宗，谥号：应天兴国弘德彰武宽温仁圣睿孝敬敏昭定隆道显功文皇帝。

清昭陵，位于沈阳市北郊，是清太宗皇太极与皇后博尔济吉特氏合葬的陵墓，关雎宫宸妃也安葬于其中。

关于皇太极之死，后世有着不同的猜测。官方史书也记载不一，民间更是流传着多种版本，绘声绘色，有如亲见。《清帝外记》记："崇德八年八月，上御崇政殿，回宫，是夜无疾坐南榻而崩。"据《清史稿》所载："（崇德八年八月）庚午，上御崇政殿。是夕，亥时，无疾崩，年五十有二，在位十七年。"而《清实录》也有类似的记载："（崇德八年）八月庚午，是夜亥刻，上无疾，端坐而崩。"《盛京通志·神功圣德碑文》中却对死因讳莫如深，没有任何的记载，只是简单地说其"崩"，原文载："（皇太极）以崇德八年八月庚午崩，圣寿五十有二，在位十有七年。"而《沈馆录》更是说皇太极是暴死的，即突然死亡，至于是何原因，则并无说明，原文记："八月二十六日状启：本月初九日夜半后，皇帝暴死。"而在民间，皇太极之死更是被传得神乎其神，经过小说家和茶馆酒肆中说书人的加工、渲染，便有了皇太极死于多尔衮之手的说法。还有人说是多尔衮和庄妃合谋将皇太极毒死。

而官方史料对皇太极的死因更是讳莫如深，一口咬定其是无疾而终，显然也是站不住脚的。可以被认为是为了稳定军心、巩固统治、避免众兄弟觊觎皇位而互相征伐的权宜之计。

崇德五年（1640年）开始，在清朝的官方密档中便屡次出现"圣躬违和"或"圣躬不豫"的字样。表明皇太极身体并非康健，而似乎有种慢性病，且经常复发。

同年七月二十七日，皇太极率领大军进攻锦州，攻城不久皇太极就病倒了。据《清太宗实录》载："圣躬违和。"这次病来得很突然也很急，身边侍从急忙传唤御医。御医建议皇太极去安山温泉疗养。不久，皇太极就动身出发了。《清史稿》载："崇德五年七月，上幸安山温泉。"

第二年八月，皇太极率军围困锦州已近一年光景，双方处于胶着状态。为挽救辽东危局，明廷遣洪承畴率领精锐13万来援。皇太极得知明援兵已到，便调集各路人马，亲率大军从盛京赶来救援，亲自前往前线坐镇指挥。原本定于农历八月十一日出发，不巧的是就在大军开拔之际，他鼻出血，血流不止，不得不将出发的日期一拖再拖。

史载"上行急,鼻衄不止,承以碗"。

八月十四日,前线吃紧,各路报急文书齐集京师,但此时,皇太极的病情并未好转,出血仍未缓解。面对此情,皇太极决定抱病出征,遂大军集结即刻出发,一路急行军,赶往锦州支援。在松山大败明军,生俘洪承畴。《清太宗实录》记载:"是役也,计斩杀敌众五万三千七百八十三,获马七千四百四十匹、骆驼六十六、甲胄九千三百四十六副。明兵自杏山,南至塔山,赴海死者甚众,所弃马匹、甲胄以数万计。海中浮尸漂荡,多如雁鹜。"此役为后来清朝灭明征服天下奠定了基础。

战事刚有缓和,便从盛京城传来了宸妃病危的消息。宸妃海兰珠是皇太极最宠爱的女人。当他惊闻宸妃病危的消息后,立即兼程赶回盛京,当他进入宸妃所居的关雎宫时,宸妃已经驾返瑶池了,终年33岁。

为表示对爱妃的悼念,皇太极为宸妃举行了隆重的丧礼,赐谥号为敏惠恭和元妃。皇太极对宸妃的真情笃意,在历朝皇帝中都是少见的。海兰珠去世后,他悲恸欲绝,寝食俱废,乃至昏死过去,吓得满朝文武全都乱了手脚。

数月之后,他仍然沉湎于悲痛中而不能自拔,后经诸大臣力劝才有所好转。他惭愧地说:"天之生朕,原为抚世安民,今乃过于悲悼,不能自持。天地祖宗知朕太过,以此示警。朕从今当擅自排遣也。"随即,他接受了大臣们的建议,出城狩猎,用以排解心中的忧伤。

但偏偏老天爷和他开了个玩笑。就在回宫途中,他恰好从宸妃墓路过,不禁触景生情,使略微释怀的他又一次陷入悲痛之中。

宸妃的去世,极大地摧残了皇太极的身心,从此,他的身体状况便经常出现问题,走上了下坡路。皇太极似乎对自己的身体状况有所预感,曾独自感伤地说:"山峻则崩,木高则折,年富则衰,此乃天特贻朕以忧也。"

崇德七年(1642年)十月二十日,皇太极旧病复发,且似乎更显严重。据《清史稿》载:"圣躬违和,肆大赦。凡重辟及械系人犯,俱令集大清门前,悉予宽释。"可见这次皇太极的病来得更急更猛,以至于他甚至采用了大赦的方式,来祈求上苍的眷佑。7日后,汉官都察院参政祖可法、张存仁等官员上疏建议:皇上不必事必躬亲,可让各旗、六部诸大臣处理一些日常事务,至军国大事再向皇太极奏闻,以减轻政事活动,得以静心休养。《清史稿》中是这样记载的:

皇上天纵神武,德被遐方,以仁心爱万民,以仁政治宇内,凡养民恤民,无不周挚,虽当大业创兴,实万世之圣主,当代之明君也。臣闻有道者,天赐纯瑕;福履者,景运灵长。今皇上道德醇备,福寿兼隆,虽偶尔不豫,辄获康吉,天之眷皇躬也昭昭矣,举国臣民不胜欢忭。伏愿皇上保护圣躬,上答天心,下慰人望。近见政事给予繁,动劳睿虑,各旗、六部诸大臣虚设何裨?凡心劳则气动,更愿皇上清心定志,一切细务,付部臣分理,至军国大事方可奏闻。况大业垂成,外国来归,正圣心慰悦之时,亦可稍辍忧劳。且时当食足兵强，皇上宜暂出游猎，以适上心。臣等谬任言官，惟以圣躬为重，伏望息虑养神，幸甚！

明显感到力不从心的皇太极在阅读完奏疏后立即朱笔御批：

所奏良是。朕之亲理代办处机，非好劳也，因部臣不能分理，是用躬自裁断。今后诸务可令和硕郑亲王，和硕睿亲王，和硕肃亲王，多罗武英郡王合议完结。

这段话足以说明皇太极确实病得不轻。此外，从这段话中可以看出，皇太极在对待国事上，皆"躬自裁断"，"好劳"，以致身心健康受到了极大的影响。同时，我们还能看到这是清朝前期的一次重大体制变革。通过这次变革，皇太极基本交出了处理日常行政事务的大权。换句话说，从此以后除"军国大事方可奏闻"外，其他的一切琐碎之事，便全部交由三个亲王和一个郡王全权处理。这次变革看似恢复了天命年间四大贝勒轮流执政的旧制，实则却有着天壤之别。这次放权是建立在皇权巩固、中央官僚体制日臻完善的基础之上。因此，他用不着再担心有人胆敢向他至高无上的权威提出挑战。

同年十二月，皇太极接受了祖可法、张存仁的主张，率众前往叶赫狩猎。当大队人马抵达一个叫开库尔的地方时，皇太极又"圣躬违和"。随同前往的诸王、贝勒、大臣都请求停止行猎返回盛京，但皇太极认为此行没有达到预期的目的，不肯空手而归。

就在大臣们左右为难的时候，皇太极年仅5岁的九皇子福临射中了一只狍。皇太极不禁想起了自己当年曾一箭射穿两只黄羊时的场景，心中大喜。在称赞了福临后，方才与众人起驾回宫。

崇德八年（1643年）开始，"圣躬违和"的次数越来越频繁，这说明皇太极的病连续发作。正月初一，这一天是每年一次的新年大典。但正是在这样隆重的节日当天，皇太极又因"圣躬违和"而免去群臣的新春朝贺礼，后又命令和硕亲王以下、副都统以上的大臣们前往堂子，代替自己向上天和历代祖先行礼祈祷。

同年三月十七日，皇太极再次因"圣躬违和"而宣布大赦天下："死罪以下皆赦之。"四月初一，因皇帝"圣躬违和"而连续两天向盛京城及境内各地的寺庙祷告，施白金。此后一段时间，皇太极的病情似乎得到了缓解，他的身体状况也相对平稳，以至于官方正史中才有了"无疾而终"的说法。

无论皇太极的死因如何，他的猝死带给清朝的是又一个重大难题。同努尔哈赤一样，皇太极在临终前没有确定由谁来继承皇位。清宫，围绕着皇位又掀起了一场腥风血雨。

皇太极枕边的政治家

明朝末年，朝政败坏。关外的清经努尔哈赤、皇太极两代君王的统治，已是欣欣向荣。羸弱的明朝给了他们虎视中原的大好时机。

崇德六年（1641）七月，皇太极抱病亲征，指挥了具有决定意义的松锦大战，打败了明蓟辽总督洪承畴率领的13万军队。洪承畴战败被俘，锦州守将祖大寿被迫投降。锦州沦陷，使明朝经营了20多年的宁锦防线全部崩溃，大大加深了北京的危机。皇太极曾形象地说："取北京如伐大树，先从两侧砍，则大树自倒。现在，明精兵已尽，我再四周纵掠，北京一定可得。"

洪承畴为明末一代名将，以知兵善战而闻名，极得崇祯皇帝信任。松山之战失利后，崇祯帝以为洪承畴已为国捐躯，亲自下令设祭坛，为他举行祭悼仪式。

皇太极久有入主中原的宏图，久知洪承畴之能，他遣谋士说客，千方百计劝洪承畴降清，可是被囚禁在三官庙的洪承畴却拒绝投降。他辱骂劝说归顺的使者，声称愿做断头将军，要求早死。他穿上污血斑斑的明朝服装，朝着北京的方向跪倒，向崇祯皇帝告别，并断然绝食，三天滴水不进。皇太极曾派谋士范文程等人多次劝降，但洪承畴毫无降意。皇太极甚至许下诺言：有谁能劝降洪承畴者，可得重赏或高官厚禄。百官跃跃欲试，但均无功而返。

皇太极见劝说无效，仍不死心，就千方百计寻找洪承畴的弱点，以便加以利用。很快，洪承畴的仆人金升为皇太极收买，他献计说："我主人赋性沉毅，爵禄不能动其心，刀斧不能动其志，唯有见到美女，或可动其心志。"皇太极采纳金升建议，立即选派几个美女前去侍候，但几天下来，仍不见明显效果。皇太极一筹莫展。

皇太极怀着颇为失望的心情，走进永福宫，不免感叹。这时，他身边的妃子关切地问道："近日松锦大捷，威震华夏，何以战胜而长吁短叹呢？"

"你说呢？"皇太极没好气道。

妃子想了想说："国主虎威，降蒙古、平朝鲜，大胜明朝于松山，长城以外都已为我所有，莫非以未能并吞中原而不乐？"

"你倒是聪慧，猜到我的心意了。"皇太极称赞道，"要想进军中原与明争天下，非要有熟知中原内情的人相助不可。洪承畴正是这种人才，我有心劝降洪承畴，无奈他誓死不降。他的仆人金升说他喜欢女色，我让几个美女去侍候他，都碰壁而回。我真想不出其他好计策了。"

妃子听皇太极说出因由，沉思许久，对皇太极说："洪承畴若肯归顺，夺取中原的大门就打开了。皇上，可不可以叫范文程来一趟？"皇上立即派人去叫。

不一会儿，范文程来到永福宫。妃子详细地询问了洪承畴的家世、经历、爱好、脾气之后，胸有成竹地对皇太极道："我有一计。"皇太极兴奋地说道："有什么好的计策，只管说出来！"

于是，妃子低声说出她的计策。皇太极不禁陷入沉思，最后点头同意。

第二天，妃子打扮成一个俊秀的汉族姑娘，端着一壶人参汤来到了洪承畴的房间。开始洪承畴面壁而坐，对她不予理睬。

妃子不急不恼，亲切而温柔地道："将军即使绝食，难道不能先喝口水再就义吗？"

洪承畴端详着她那光彩照人的面孔和婀娜多姿的身条，妃子身上散发的青春气息刺激着他，一股求生的愿望油然而生，他不由得接过人参汤喝了起来。妃子又连日劝慰，百般奉迎，以柔克刚，天天进奉美味佳肴，洪承畴渐渐地心回意转，吃喝照常，最后选择了投降。

洪承畴的投降，等于给清朝一把打开中原大门的钥匙，从此，清军南下，势如破竹，而大明王朝，则处在李自成农民起义和清军不断侵扰的内忧外患之中，很快就土崩瓦解了。这个劝降的妃子，无疑为此立下了大功，她就是孝庄太后——布木布泰。

1613年3月28日，布木布泰出生在蒙古科尔沁部落的一个贝勒家里。

在布木布泰的童年，由于其父宰桑是蒙古一个较大部落的首领，权力极大，因此她在优越的环境中无忧无虑地生活。为了培养自己心爱的幼女，宰桑特意聘请一些文人学士来教她读书，布木布泰也用心学习，自幼就显示出超人的天分和聪明伶俐的性格。

这个时期，正是努尔哈赤领导的后金政权与明朝争夺地盘最激烈的时候，努尔哈赤在斗争中充分施展了自己的政治抱负和军事才能，很快地控制了东北和蒙古部族的大部分地区。为了更好地笼络蒙古族贵族，他鼓励后金贵族与蒙古族贵族联姻，从而结成政治联盟。他亲自为四子皇太极挑选了宰桑的妹妹——哲哲为妻。皇太极和哲哲福晋婚后十多年，仍然无子，哲哲为了本民族在宫廷中的地位和利益，也为了使自己的生活不感到寂寞，在征得科尔沁蒙古王公同意后，便和皇太极提起，让自己的侄女布木布泰进宫侍奉他。那时，在满族和蒙古族中，对不同辈分之间通婚的约束并不严格，因此，皇太极一听哲哲此言，立刻同意。

原来，在此之前他曾见过布木布泰。那是天命十年（1625）二月，皇太极在都纳，练兵闲暇时，在他的大舅子宰桑家饮宴，见宰桑之女布木布泰艳丽无比，不禁为之动心，当即大为赞赏，早有聘纳之意。当时皇太极34岁，而她只有13岁。布木布泰楚楚可人，一双机灵的眼睛无所畏惧，妩媚诱人。举行婚礼的那天，宰桑遣子吴克善送女。皇太极出迎，遇于沈阳城北岗，筵宴如礼。将要到辽阳京城，努尔哈赤率诸贝勒及后妃等出迎10里，大宴以礼成婚。皇太极得此美女，爱宠专房。又见她谈吐不凡，智慧超群，更加器重。

崇德元年（1636年），皇太极称帝，建国号大清，布木布泰被封为庄妃。崇德三年（1638）正月，庄妃喜得贵子，取名福临，他是皇太极的第九子。福临生得眉清目秀，十分聪明，深受皇太极的宠爱。

母凭子贵，庄妃也因此而更受皇太极的宠爱。当她施计劝降洪承畴之后，地位更超过了排在她之上的正宫皇后哲哲、麟趾宫贵妃和衍庆宫淑妃等人。庄妃并没有因宠恃骄,她凭借自己的天分和超乎一般女人的杰出的政治头脑,积极地帮助皇太极处理政事,并且只是提出建议,从不染指朝政。这不仅为壮志在胸的皇太极分担了许多压力,而且皇太极对庄妃更加信任、宠爱有加了。

激烈的皇位之争

庄妃还没来得及充分享受皇太极给予她的恩宠,威胁到她地位的不幸发生了。崇德八年(1643)十一月,在自己的事业即将取得全面胜利的时候,清太宗皇太极突患病暴亡。与皇太极相伴 18 个春秋的庄妃悲痛欲绝,一再提出要效法前代皇后,为皇太极殉葬。但诸王、贝勒尊重她的处世为人,都很拥戴她。他们竭力劝阻,理由是太宗子孙幼小,需要母亲的照看。在众人的劝慰下,庄妃才平静下来,全力以赴地去完成皇太极未竟的事业。

庄妃真的心甘情愿去殉情吗?前代大福晋阿巴亥之所以为努尔哈赤殉情,实际出自朝廷内部争夺嗣位的阴谋,她也是被逼无奈,才有此举的。因为这件事,努尔哈赤一生的英名,被涂抹上黑色的一笔。庄妃不会不知道个中原因,如果她也效仿阿巴亥之举,后人会怎么评价皇太极呢?难免会将两者混为一谈。如果庄妃真的爱皇太极,便不会做出让他声名受累的愚蠢行为。她这是在演一出戏给那些王公大臣们看。一是为了提高自己的声望,二是为了让自己的儿子爱新觉罗·福临能够借自己之誉,登上皇帝之位。

皇太极死得突然,由于他生前未能指定皇位继承人,按旧制应由八王共举贤者。宗室贵族,人人觊觎。于是,满族贵族内部围绕帝位继承问题,展开了一场激烈的斗争。

皇太极有 11 个儿子,肃亲王豪格为长子,当时 34 岁,为皇太极继妃所生。豪格早在太祖、太宗时期就曾领兵南征北战,颇有战功,实力很强。其他皇子当时年龄都还小,最大的也不过十六七岁,他们既没有战功,也没有地位,毫无竞争力;另外,多尔衮和其弟多铎,因战功卓著,被封为睿亲王和豫亲王,其兄阿济格被封为英亲王,都极具竞争力。努尔哈赤死时,多尔衮因为年幼,

册封庄妃册文　清
庄妃于 1625 年嫁与清皇太极。1636 年,清太宗皇太极册封后宫时将其封为西宫。此图是册封永福宫庄妃的册文。

母亲被逼殉葬，皇位为皇太极所得。现在皇太极死了，他正当盛年，如以兄终弟及的方式继承大统，从情理上是可以说得通的。资历最老的大贝勒代善，因年老体弱，已没有继位之想，可他也有相当的实力。他在观望，谁继位对自己更有利，自己好坐当渔翁。可以说，当时最有能力继承皇位的，就是豪格和多尔衮了。

双方实力如何呢？皇太极曾亲自统率的正黄、镶黄两旗拥立豪格，豪格本人又统正蓝旗，在满洲八旗中，他已拥有三旗的力量，索尼、鳌拜等大臣也支持他。多尔衮拥有的力量是两白旗，他还得到了多铎、阿济格的支持。双方势均力敌，为继承皇位各不相让，和不可得，拼则两伤。庄妃悲痛之余，已感到剑拔弩张之势，听到磨刀霍霍之声。她想，难道太祖、太宗创立的大清基业，就在这自相残杀中毁掉吗？

庄妃知道会有这场斗争，但没想到会来得这样快、这样猛，她不能再等待了！在清宁宫的权力还没有完全丧失之前，她要运用这个权力，为自己的命运搏斗。她想到了福临，看来，自己的命运要靠儿子来改变。她冷静地分析形势，筹划计策。

经过几个昼夜仔细认真地思索，庄妃终于想了一个折中方案：她要把福临推上皇位。推出福临，可以使双方白热化的矛盾降温；再说福临的背后，有忠于皇太极、忠于后妃的两黄旗，还有科尔沁的支持。庄妃的性格、才智、勇敢促使她去进行一次冒险。

这个冒险是以生命为赌注，如果福临在争位之中失败，势必会为成功之人所残杀，庄妃自己，也会落得个悲惨的结局。这个冒险又是值得的，自己身为先皇最宠爱的妃子，又协助其处理政事，势必会引来一些人的不满，不能成为太后，只作为先帝遗孀，无权无势、无位无名，正给了这些居心叵测之人以可乘之机，性命难免不保。两相权衡，莫不如铤而走险、险中求生！幸运的是，这个以母子性命为代价的赌局，庄妃笑到了最后。

庄妃决定之后，立即找皇后商量。她要靠皇后这棵大树庇护，向皇后分析了目前的形势。皇后听完庄妃的话以后，深感害怕：不管豪格还是多尔衮谁继位，都要发生一场血战，结果都是不堪设想的。于是，她决定支持庄妃，让福临继位，以保住清宁宫的特权，避免互相残杀。然后，皇后和庄妃一起劝说豪格支持这个方案。豪格虽然明白这个道理，却总觉得委屈。

豪格回到家中后，对侍候在身边的爱妻心灰意冷地道："我德小福薄，不堪继位。让皇九子继位还可以，如果让多尔衮继位，我决不允许。"

几乎与此同时，急不可耐的多尔衮在三官司庙召大臣索尼询问册立之事。索尼道："先帝有皇子在，必立其一。其他的我不知道。"

"必立其一？"除豪格外，还会是哪个皇子呢？多尔衮在沉思。

代善德高望重，又有实力，争取他的支持很重要。说通豪格后，庄妃和皇后立即召大贝勒代善入宫，争取代善的支持。代善害怕豪格与多尔衮反目为仇，自相残杀。可当皇后提出要立福临时，他沉默了。他想，如果立福临，庄妃不就听政了吗？大清

[摄政王谕旨]

国说什么也不能掌握在一个女流手中！庄妃似乎看透了他的心思，诚恳地对代善道："大贝勒素以国事为重，请放心，福临继位后，我退居后宫，深居简出，决不参政。"代善终于默认了。

抓住这个时机，庄妃决定面见多尔衮。当她来到睿亲王府时，多尔衮吃了一惊，庄妃微微一笑，开门见山地道："我来睿亲王府，是和你商议嗣君事宜的。论功劳地位，你是有资格登大位的。但先帝有子，头一个豪格就不会甘心。先帝其他年长的儿子，以及代善一支，都会反对你。到那时，国中岂不就大乱了吗？"

"先皇在日，就有立我的说法，我整整等了17年。"多尔衮无不愤慨地说。

庄妃为了平息多尔衮的火气，语气非常缓和，道理却十分中肯。她缓缓地说："王爷要以国家为重。大清基业初定，宏图尚未成功，我怕兄弟反目，有愧两代先王。清宁宫决意不会拥立肃亲王豪格。他虽然是太宗皇帝的长子，为人忠厚直爽，但只知其武，不知其文。今后大清要叩关而入，问鼎中原，这副担子他挑不起来。"多尔衮听到后宫不再拥立豪格，松了一口气。

"我有一个主意，特来和王爷商量。"庄妃接着说。

多尔衮说："皇嫂说出来听听。"

庄妃见时机已到，忙道："我儿福临，年方六岁，可以让他继承皇位，以王爷为摄政王，全权负责军国大事。这样安排，诸王贝勒不好公开反对，而王爷又能控制实权。国家不会发生内乱，王爷大权在握，也实同皇帝。不知王爷意下如何？"

多尔衮见庄妃说得合乎情理，言语中不仅表现出对自己的关怀，更分配了自己的权力。他终于决定服从皇嫂的意见，不再争当皇帝，并表示全力协助其侄福临登上皇位。

经过五天五夜紧张激烈地明争暗斗，八月十四日，诸王贝勒大臣会议召开，讨论嗣君问题。会议由大贝勒代善主持，他年长德高，理所当然。大臣索尼首先讲话，强调必须立皇子。代善则进一步说明，应当立豪格。而豪格的讲话中则有些谦让，他说自己"德小福薄，非所堪当"，中间退出会场。

这时，阿济格、多铎趁机提出让多尔衮继位。对此，两黄旗大臣坚持反对，甚至佩剑向前，表示若不立帝子，宁愿跟从皇太极死于地下。而两白旗大臣又坚决反对立豪格。双方剑拔弩张，弄不好会导致流血冲突。在这千钧一发之际，多尔衮提议拥立皇太极的第九子、6岁的福临为帝，由他和济尔哈朗（努尔哈赤之弟）共同辅政，等福临长大后归政。这一折中方案，立即得到会议主持者代善的支持，很快被会议通过成为决议。这是一个解决择君危机的折中方案，照顾了各方面的利益，维护了满族贵族的团结，以求入主中原。多尔衮与豪格的主动退让，在一定程度上反映了对这种共同利益的认识。豪格对代善徒劳的荐己无礼地退出会场，反映了他直爽、粗鲁的武将性格。多尔衮首倡福临，表明了他的精明和主动。

崇德八年（1643年）八月二十六日，福临在沈阳继承帝位，第二年改元顺治，是为清世祖，尊哲哲皇后和生母庄妃为皇太后。

一场即将剑拔弩张、血流成河的争位之战，就这样被庄妃无形中消灭于千钧一发之中。并且，她为儿子夺得了万人之上的荣耀，为自己赢得了太后之位，更在不久之后，为中国的历史，抹上了浓重的一笔。

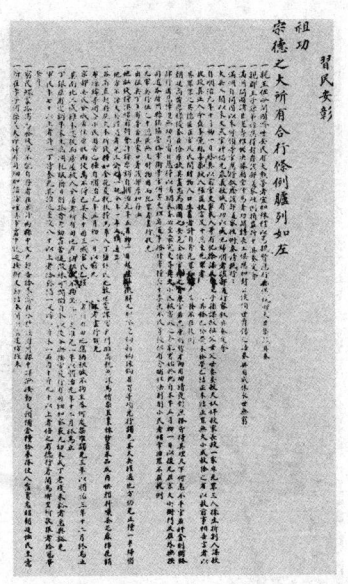
顺治帝登极诏书
现藏于台湾省。

当不了皇帝就掌控皇帝

多尔衮在争夺帝位失败后，便一心一意地辅佐幼帝顺治。在他的政治生涯中，最浓墨重彩的一笔便是实现了努尔哈赤与皇太极两代帝王的终生志愿：入主山海关。

顺治元年（1644年）四月，李自成攻占北京城的军报便传到了盛京。多尔衮急召智囊范文程等人商议决策。四月初九，摄政睿亲王多尔衮领大将军印，统率14万大军直奔山海关，南下中原。

经过数日激战，多尔衮取得山海关大捷后，在山海关东威元堡诱降前往乞师的明总兵吴三桂，合兵大败李自成大顺军。其后，多尔衮便以吴三桂部为先导，率领八旗铁骑挥师南下，向明朝的首都北京进发。一路上几乎没有遭到明朝军队有力抵抗的八旗军此时更是势如破竹，长驱直入。所到之处望风归降，奉表称臣。明朝官吏本应"食君之禄，分君之忧"，可真到了山河破碎的时候，便暴露出人性最丑陋的一面——树倒猢狲散。

五月初二，多尔衮率领清军从朝阳门进北京城，占领京师。随后，欣喜若狂的多尔衮便急切地进入紫禁城，临武英殿御政。他御政过程中的一件大事，就是定都问题。摄政睿亲王多尔衮随即向顺治皇帝建议迁都北京，但英郡王阿济格以"初得辽东，不行杀戮，故清人多为辽民所杀。今宜乘此兵威，大肆屠戮，留置诸王，以镇燕都。而大兵则或还守沈阳，或退保山海，可无后患"为由，表示反对。然而，多尔衮却以太宗皇太极的临终遗言（史载太宗遗言为"先皇帝尝言，若得北京，当即徙都，以图进

顺治帝朝服像

取")应对其胞兄,随即又以"况今人心未定,不可弃而东还"为由,说服众人。年仅7岁的"傀儡"皇帝顺治,自然采纳多尔衮的意见,迁都北京。

父祖两代经过28年奋争而未能实现迁都燕京的夙愿,却在子孙福临统治时期得以实现,不能不视为摄政王多尔衮的辅弼之功。顺治皇帝在多尔衮的辅佐下,"入关定鼎,奄有区夏"。

迁都后,在摄政睿亲王多尔衮的主持下,清廷制定了"先攻农民军,后灭南明政权,联合汉族投降势力,以汉治汉"的方略。六月,多尔衮分遣部将连攻山东、河南、山西、天津等省,以保卫京畿地区。

多尔衮又修书一封规劝南明兵部尚书、大学士史可法投降清朝,削藩称臣。十月,顺治皇帝为表彰多尔衮忠君体国、匡扶社稷、专心王事之功而亲封他为"叔父摄政王"。随后,清廷命阿济格为靖远大将军、多铎为定国大将军,合击大顺军于陕西。

顺治二年(1645年)三月,多尔衮命令多铎分兵三路南下江淮。四月,豫亲王多铎率大军攻占扬州,史可法拒绝投降被杀,清兵对城内人民持续进行了十天的大屠杀,史称"扬州十日"。五月,多尔衮因指挥清军占领南京,俘虏弘光帝朱由崧,被晋封为"皇叔父摄政王"。六月,清廷强制推行六大弊政之一的"剃发令",激起了江南各地民众的激烈反抗,多尔衮派兵镇压。闰六月,清廷又命明朝降将兵部尚书洪承畴经略江南及粤、赣、闽、湖广、云贵等地,旋即以攻抚之策相继平定江南。

次年十一月,豪格率军在四川西充的凤凰山射杀了大西农民军的首领张献忠。至此,风起云涌的明末农民大起义被剿杀。

摆在多尔衮面前的还有一件亟待解决的重大难题,即怎样管理这一幅员辽阔、人口众多的泱泱大国。原来的清政权土地面积狭小,人口不多。入关后,满族人的数量和汉族人相比根本不值一提。显然,原来的大清政权机构无法有效地管理这个庞大的帝国。

这件事并没有难住这位能干的摄政王,他一边指挥大军平定天下,一边草拟清政府的各项典制规章,建立健全各个机构。他采取了模仿明朝旧例的办法,仍然用汉族人管理汉族人。

顺治元年(1644年)五月初三,进京第二天,多尔衮即公告天下,仍然使用原来各衙门的明朝旧官员。初六，他又下命令满族官员和明朝旧官一起办理公务，同心协力。六月初二，由于冯铨、洪承畴的建议，多尔衮照搬明朝旧有体制，由内三院行使内阁职权，但明代时内阁高于六部，到了多尔衮时期内阁职权已大大不如从前。同时，多尔衮还允许按照明律审查案件，问罪定刑。九月，编成《大清律》，基本上是照搬《大明律》而来。

顺治三年（1646年），吏科给事中向玉轩对没有汉族人尚书十分不满，多尔衮听说后很气愤，处分了向玉轩。顺治五年（1648年）七月，多尔衮下令六部必须各设一个汉族人为尚书，这算是满汉复职制，其目的是收买汉族人之心。

清朝的地方官制与明朝相差无几，此时的总督、巡抚等多是从东北随清入关的汉族人。

多尔衮在效仿明朝体制时始终牢记清祖的传统和满族利益，并不是生搬硬套、全盘接受。议政王大臣会议显然是八大贝勒议政的残余，这时仍然是雄踞于各种机构之上。另外，不管多尔衮如何提倡"满汉一家"，他在处理国务中还是以"尊满"为首要原则。

多尔衮的策略非常成功，许多汉族官员和满族贵族一样尽心尽力地为他效力，奋战沙场，为有清一代的繁荣兴盛奠定了扎实的基础。

顺治四年（1647年）七月，济尔哈朗被罢辅政之职，自此直到多尔衮去世的顺治七年（1650年）十二月初，大清国政都由"皇叔父摄政王"多尔衮一人独揽，乾纲独断。

多尔衮既不断提高自己的势力，又连续肃清政乱，打击异己势力。

肃亲王豪格和多尔衮原有旧仇，但慑于多尔衮翻云覆雨一手遮天的权势，他也是有怒不敢发、有言不敢出。虽然豪格为清入关屡建军功，但仍未能逃出多尔衮的魔爪。顺治五年（1648年）三月，多尔衮找碴儿将豪格囚禁起来。没多久，便传出豪格死去的消息，死因不明。不长时间以后，漂亮的肃亲王妃便被多尔衮娶到府中。

郑亲王济尔哈朗是多尔衮压制的另一对象。济尔哈朗虽手中没有权力，但权势越来越重的多尔衮却并不感到满足。多尔衮认为济尔哈朗只是表面上臣服，不可信任，因而不断地给这位老资格的王爷出难题。顺治四年（1647年），济尔哈朗的辅政之位也被多尔衮罢免了。顺治五年（1648年），多尔衮借济尔哈朗的几个侄子一起告发叔叔的罪状的机会将济尔哈朗贬为多罗郡王。后来济尔哈朗虽然又被恢复了亲王爵位，但地位已远不如昔，直到多尔衮死后他才得以翻身。

豪格和济尔哈朗这两位亲王，一个是反对派领袖，一个是中间派代表。他们的遭遇都如此悲惨，就更不用说其他人的遭遇了。没有人敢对多尔衮不言听计从！当然，多尔衮也很留心从八旗贵族中精挑一批年轻人，对他们宠幸有加，形成自己的势力集团，以加强统治。

这样，多尔衮紧握朝政大权，小皇帝福临不过是个傀儡。顺治七年（1650年）十一月，多尔衮出猎古北口外，行猎时坠马跌伤，医治不及时，病情急转直下。十二月初九，多尔衮病卒于喀喇城，时年39岁。灵柩运回北京，顺治皇帝追尊他为"懋德修远广业定功安民立政诚敬义皇帝"，庙号成宗，多尔衮的葬礼依照皇帝的规格举行。

次年正月，多尔衮的贴身侍卫苏克萨哈向顺治皇帝递上一封检举信，揭发多尔衮生前曾与党羽密谋，企图率两白旗移师驻扎永平，阴谋篡夺。此时，年仅13岁的顺治皇帝终于摆脱了皇父摄政王多尔衮的控制而第一次亲理国政。7年的傀儡生涯，他韬光养晦，时刻砥砺自己，最终玉汝于成，磨炼出了过人的胆识和才干。他也利用这一契机，迅速召集王爷、大臣密议，公布郑亲王济尔哈朗等的奏折，抖数多尔衮的罪状，主要是"显有悖逆之心"。少年天子福临向诸位王爷宣告说："多尔衮谋逆都是事实。"

不久，顺治就宣布了多尔衮的十大罪状，并下诏追论多尔衮生前"谋逆罪"。抄其家产，罢其封爵，撤其庙享，诛其党羽。当时在北京传教的意大利教士卫匡国在《鞑靼战纪》中曾这样记载说："顺治帝福临命令毁掉阿玛王（多尔衮）华丽的陵墓，他们把尸体挖出来，用棍子打，又用鞭子抽，最后砍掉脑袋，暴尸示众，他的雄伟壮丽的陵墓化为尘土。"

第二卷
跃马中原,扶摇直上

　　崇祯自缢,闯王功败,吴三桂冲冠一怒,清军兵不血刃地越过山海关,入主紫禁城。努尔哈赤、皇太极的梦想终于在漫长的61年之后,在6岁的顺治皇帝、在努尔哈赤第十四子摄政王多尔衮的手里变成了现实,清朝取代明王朝,成为中华大地的新主人。灭南明,平三藩,收台湾,战沙俄……清军延续着后金时代的铁血维护帝国的统一;改满制,集皇权,兴水利,重民生……清初帝王如履薄冰地延续着封建时代最后的辉煌。

第一章
说清朝不如唱清朝

大明王朝气数竭尽,清朝统治已是板上钉钉的事实,经历过朝代更替的纷乱后,九州大地重获平静,然而曾经的种种对于从生活中提取艺术的文人墨客来说,就像心中刻痕一般挥之不去。经历过、感受过,所以他们对于现实的认识往往更加深刻。于是,他们纷纷把现实写入文字,进而为人们呈现了一个不一样的清初王朝。

自产自销办戏班

李渔,字谪凡,号笠翁,是我国明末清初著名的文学家、戏曲家。

李渔出生在浙江兰溪夏李村。下李村由于人多地少,村民生活十分艰辛,有几乎三分之二的村民"流寓于外"。在江苏如皋古城,就有不少从夏李村走出来的村民,他们擅长经营药材,把生意做得有声有色,李渔的伯父李如椿就是其中的一员。他在如皋城的药铺开得非常红火,本人甚至有"冠带医生"的美称。李渔出生后不久,为了帮助兄弟照顾生意,他的父亲李如松携全家迁到了如皋城。

李渔从小就表现出了极强的语言天赋,对"四书五经"更是过目不忘。为了警示自己年华可贵,他每年都会在自家后院的梧桐树上刻一首诗。

"小时种梧桐,桐本细如艾。针尖刻小诗,字瘦皮不坏。刹那三五年,桐大字亦大。桐字已如许,人长亦奚怪。好将感叹词,刻向前诗外。新字日相催,旧字不相待。顾此新旧痕,而为悠忽戒。"这是他 15 岁时留在梧桐树上的诗篇。

李渔年幼时,为了让他有好的学习环境,他的母亲学习孟母三迁择邻而居,把李堡镇的一座"老鹳楼"作为李渔读书、学习的地方。李渔把自己的青少年时光埋进了书山学海之中,奋力研读。天有不测风云,当他终于学有所成的时候,父亲却忽然因病撒手人寰,失去支柱的一家人顿时陷入了困境。

这一年,李渔 19 岁。为了维持生计,他扶柩归乡,又回到夏李村。也是在这一年,他迎娶了妻子徐氏。为了出人头地,告慰父亲的在天之灵,崇祯八年(1635 年),25 岁的李渔在金华参加了童子试。没想到初战告捷,他竟一举成为声名远扬的五经童子。初试的成功让李渔信心倍增,初尝成功喜悦的他读书更加刻苦。

崇祯十二年(1639 年),29 岁的他胸有成竹地走进了杭州乡试的考场,却万万没有料到，等待他的不是功成名就，而是残酷的名落孙山。

"才亦犹人命不遭，词场还我旧时豪。携琴野外投知己，走马街前让俊髦。酒少更宜赊痛饮，愤多姑缓读《离骚》。姓名千古刘蕡在，比拟登科似觉高。"这是他寄给落榜朋友的一封信中的一段。乡试的失败对他来说是一次沉重的打击，落榜后，他满腹牢骚。

崇祯十五年（1642年）的乡试，是明王朝举行的最后一次乡试。跃跃欲试的李渔本要再赴杭州，夺取功名，可动荡的时局却让他的杭州之行充满了阻力。他没能成功到达杭州，自然也就无缘这场乡试。求取功名的梦想再一次破灭。

很快，清军的铁骑就踏破了江南的宁静，明王朝一时间风雨飘摇。国难像悬在头顶的一把刀，刺破了李渔继续追求功名的梦想。对双亲充满内疚的他一时心灰意冷，不知道未来应该如何是好。

这年清明节，他在母亲墓前写下了这样一首字字含泪带血的诗："三迁有教亲何愧，一命无荣子不才。人泪桃花都是血，纸钱心事共成灰。"无常的世事让他百感交集。

不久，在新任婺州司马许檄彩的盛情邀请之下，李渔到婺州做了许檄彩的幕客。清顺治三年（1646年），清兵到达金华，"婺城攻陷西南角，三日人头如雨落"。李渔被迫离开金华，又一次回到了家乡。

清军攻陷金华之后不久，清政府就颁布了"留头不留发，留发不留头"的剃头令。李渔对清廷要求百姓剃头这一行为非常不满。可是，为了"留头"，他还是剃了头发。之后，心怀不满的他奋笔疾书道："髡尽狂奴发，来耕墓上田。屋留兵燹后，身活战场边。几处烽烟熄，谁家骨肉全？借人聊慰己，且过太平年。"

伊园是李渔的乐园。伊园的美丽不输杭州的西湖，园内廊、轩、亭、桥等园林诸景皆亭亭玉立，唯一的缺憾只是没有可以展示歌舞的楼台。李渔写下了许多诗篇来吟咏伊园，例如《伊园十便》《伊园十二宜》等。此时，功名不遂的他已经深感行迈之艰，字里行间流露出归隐之意，他似乎已经决定了要把自己的后半生交给伊园，甚至以王维自比，"此身不作王摩诘，身后还须葬辋川"。

几年之后，李渔流亡到杭州。风景如画的杭州虽胜似天堂，可初来乍到的李渔还是遇到了很多困难。在这个人生地不熟的地方，虽然有朋友们的帮助，李渔一家的日子还是过得捉襟见肘，举步维艰。尴尬的处境并没有打倒李渔，他在偌大的杭州城中苦苦寻找着谋生之道。

这一时期，他的足迹遍布杭州的大街小巷、戏馆书铺，通过不断地接触和观察，李渔终于发现了适合他的生存之道。他注意到在杭州，无论是豪绅还是乡邻，都非常喜欢戏剧和小说。擅长戏剧和小说创作的自己如果以"卖赋"为生，一定可以成功解决一家人的生计问题，并且让这个家在偌大的杭州站稳脚跟。选择了这条路之后，李渔便开始了被当时的人称为"贱业"的"卖赋"生涯。

当时，通俗文学作品被视为末技，为正统文人所不齿。可由于语言通俗易懂，情节贴近民生，形式新奇精巧，符合普通百姓的审美情趣，李渔的作品非常畅销。他的作品通常是一经问世，马上就被抢购一空。创作力非常旺盛的他在短短数年间就有8部作品问世。其中《怜香伴》《风筝误》《意中缘》《玉搔头》等6部是传奇，《无声戏》和《十二楼》是短篇小说集。

李渔的作品一意求新，他既不愿意重复他人，也不愿意复制自己。他的作品所写的尽是"前人未见之事"，故事新奇，情节巧妙，语言妙趣横生。后人甚至称他的《无声戏》和《十二楼》是清代白话短篇小说中的翘楚，是继"三言""两拍"之后为数不多的优秀小说作品。

清康熙五年（1666年），56岁的李渔应朋友之邀，从北京出发，游历陕西、甘肃，正是这次游历改变了他的晚年生活。在这次游历中，他遇到了乔、王两个颇具艺术天赋的女子，她们的到来让李渔创办家班的梦想得以实现。李渔亲自出马，担任李氏家班的教习和导演，指导演员演出自己创作或改编的戏曲。他不辞劳苦，以芥子园为根据地，带领李氏家班在全国各地巡回演出，"全国九州，历其六七"。由于精彩的剧情和乔、王二姬的出色演出，李氏家班红遍大江南北。

这一时期，李渔戏曲创作达到了巅峰。李氏家班在为李渔带来巨大财富的同时，也大大推动了昆曲的发展。可世事无常，正当李氏家班如日中天、蜚声四海的时候，乔、王二姬相继离世。这对于李渔和李氏家班来说，无疑是一场灭顶之灾，没有了乔、王二姬，李氏家班很快就没落瓦解了。

清康熙九年（1670年），李渔又回到了兰溪故里，看着昔日熟悉的故乡如今早已物是人非，内心感慨万千的李渔提笔写下了《二十年不返故乡重归志感》："不到故乡久，归来乔木删。故人多白冢，后辈也苍颜。俗以贫归朴，农由荒得闲。喜听惟涧水，仍是旧潺湲。"

清康熙十六年（1677年），为了方便儿子参加科举考试，67岁的李渔又携全家迁回杭州。他在杭州营建了"层园"。由于长期奔波劳累，清康熙十九年（1680年）正月初三的凌晨，李渔在杭州去世。自此，一个视戏剧为生命的戏剧家的一生画上了句号。

舞台上的皇室爱情

清代初期，戏曲创作发展到一个高峰，许多剧作家都不约而同地想借助自己的作品影射和探索前代灭亡的教训，洪昇创作的剧本《长生殿》便是其中之一。

洪昇（1645~1704年）是清代的戏剧家和诗人，字昉思，号稗畦，又号稗村、南屏樵者，钱塘（今浙江杭州市）人。出生于世宦之家的洪昇曾师从于陆繁弨、毛先舒、朱之京等人，接受过正统的儒家教育，深受先生们遗民思想的熏染。他自幼学习勤奋，15岁便因聪颖过人而闻名于当地，20岁时所创作的诗文词曲已广受人们称赞。

清康熙三年（1664年）七月，他与舅父之女黄兰次结婚。4年后，洪昇到北京国子监学习，想以此求取功名。不过很长一段时间内他没有找到任何入仕的机会，无奈之下只得失望而归。回到杭州以后，他为生计疲于奔命。本来生活已经不尽人意，因为他人挑拨离间，他又与父母发生争执，最后为父母所不容，被迫离家别居，穷困潦倒，几度断粮。

清康熙十二年（1673年）冬，洪昇再度入京谋生。在客居京城的日子里，洪昇生活依旧十分拮据。所幸的是进京两年后，他的诗集《啸月楼集》编成，受到当地名流，如李天馥和王士禛等人的赏识，并得到了他们的悉心栽培，从此诗名大起。

虽然洪昇以卖文为生，但傲岸的性格却依然如故，"交游宴集，每白眼踞坐，指古摘今"，对现实颇为不满。徐嘉炎在《长歌行送洪昇思南归》中说他"好古每称癖，逢人不讳狂"。尤侗称："洪子既归，放浪西湖之上，吴、越好事闻而慕之，重合伶伦，酾钱请观焉。洪子狂态复发，解衣箕踞，纵饮如故。"其刚烈性格可见一斑。

清康熙十八年（1679年）冬，洪昇的父亲遭人诬陷，被发配边疆，母亲也被责令同行。消息传来，他"徒跣号泣，白于王公大人。昼夜并行，钱塘去京师三千余里，间从泰岱江河，旬日余即抵家侍其亲北，会逢恩赦免。昉思洪昇驰走焦苦，面目黧黑，骨柴嗌嗄"，全不想当年自己曾经被父母斥逐，流落异地。

经过这一场变故后，洪昇父母失去了基本的生活保障，本已拮据的洪升只好负担起赡养父母的责任，"多年遥负米，辛苦踏京尘"。他多次返乡探望父母，屡屡奔波。也正是在这个时候，他开始注意民间疾苦，创作出《京东杂感》及《衢州杂感十首》等诗，表达对人民历遭兵灾及水灾的同情。他还写了一首名为《长安》的诗，痛斥统治集团内部倾轧的现象，对社会现实有了较深的认识。

《长生殿》是洪昇耗费十年心血，经过三次大改得以完成的。这部剧作于清康熙二十七年（1688年）问世，引起社会轰动。该剧取材自唐代诗人白居易的长诗《长恨歌》，借鉴了元代剧作家白朴的《梧桐雨》，用心描绘了一段交织着权利、欲望和尔虞我诈的凄美爱情。

剧中的唐玄宗宠幸贵妃杨玉环，为博红颜一笑，更不惜耗费大量人力物力从海南岛把新鲜荔枝赶运回京。后来唐玄宗私召其妹妹虢国夫人，引起杨玉环嫉妒、不快，两人心生矛盾，却最终和好如初，并于七夕之夜在长生殿对着牛郎织女星许下誓言，互相允诺永不分离。自此以后，唐玄宗更加终日沉迷于与杨玉环游乐，不理政事。

安禄山趁机造反，迫使唐玄宗最后惊惶逃出长安。出逃后的唐明皇在马嵬坡上遭遇军士哗变，被强烈要求处死罪魁国相杨国忠和贵妃杨玉环。无奈之下，唐玄宗忍痛命高力士用马缰将杨玉环勒死。其后郭子仪带兵击溃安禄山，唐玄宗得以返回长安。回宫以后，玄宗日夜思念杨玉环，终日对着杨玉环的雕像痛哭，又派方士去海外寻找蓬莱仙山，最终感动了天上织女，使两人得以在月宫团聚。

清康熙二十八年（1689年）八月上旬，洪昇招来戏班在家中演出《长生殿》，城中名人纷纷前来观看，反响了得。不过当时正值孝懿皇后的丧期，加之彼时朝廷中南北党争正烈，而洪昇与南党中重要人物高士奇关系密切，且《长生殿》所写兴亡之恨，在明清易代之际，实乃敏感题目。

基于以上种种原因，再经一个名叫黄六鸿的北党的恶意告状，洪昇被劾下狱，出狱后离京返乡。时人有"可怜一夜《长生殿》，断送功名到白头"的诗句感慨洪昇此番遭遇。

晚年的洪昇回到钱塘，生活不改穷困潦倒。清康熙四十三年（1704年），江宁织造曹寅汇集南北名流为盛会，洪昇应邀参加，独坐上座，他的作品《长生殿》也得以上演，历经三天三夜，演出才结束。此后洪昇从江宁返回杭州，行经乌镇，他在酒后登舟，一时失足，堕水身亡，时年59岁。

有心无力过笔瘾

孔尚任（1648~1718年），字聘之，又字季重，号东塘，别号岸堂，自称云亭山人。山东曲阜人，是清初的诗人、戏曲作家，与《长生殿》作者洪昇并称为"南洪北孔"。

他所创作的《桃花扇》是清代传奇的代表作，是一部"借离合之情，写兴亡之感"的历史剧，以复社名士侯方域和秦淮名妓李香君的爱情故事为线索，广泛而深刻地反映了南明弘光王朝从建立到亡国的短暂过程，并描绘出明清易代时的广阔社会生活画卷。这部作品以巨大的艺术感染力，吸引了众多的读者和观众。剧本脱稿以后，王公显贵争相阅读传抄，各大昆曲班社亦是竞相演出，几乎轰动了整个京城，成为继《长生殿》后又一部古典戏曲的杰作。

孔尚任出仕之前，曾从其族兄孔方训处听说过关于李香君血溅诗扇、杨龙友点染成桃花的故事，当时就已萌生了写一部反映南明灭亡的传奇剧本的想法，只因"见闻本广，有乖信史"，未敢贸然动笔，"仅画其轮廓，实未饰其藻采也"。清康熙二十五年（1686年），他奉命随工部传郎孙在丰督修疏浚黄河海口的工程，在淮扬一代生活了三年。在那里他结识了一批明朝文士遗老，在凭吊南明历史遗迹时搜集了不少历史资料，积累了丰富的创作素材。

1684年康熙南巡北归，特至曲阜祭孔，37岁的孔尚任有幸在御前讲经，颇得康熙的赏识，被破格授为国子博士，赴京就任。于是他抱着儒家的政治理想，开始了仕宦生活，还特地写了一篇《出山异数记》，表示他对清朝的感激涕零。但仅仅过了一年，他便在出差淮阳疏浚黄河海口时，接触到黑暗的社会现实，逐渐认识到吏治的腐败。

清康熙二十九年（1690年）奉调回京后，孔尚任虽继任国子监博士等官，却主要以读书和搜藏古物来填补闲散的生活，以戏曲、诗歌的创作来抒发抑郁的胸怀。清康熙三十八年（1699年）六月，在经过十几年酝酿和准备之后，52岁的孔尚任终于在几经修改后完成了《桃花扇》的创作。

就在完成创作的第二年，孔尚任被免职，根据"命薄忍遭文字憎，缄口金人受诽谤"等诗句推测，他此番遭遇恐怕与《桃花扇》一剧脱不了干系，因为在《桃花扇·小

引》中,他就曾明确地表达了自己欲以生花妙笔来写亡国悲痛的创作意图:

"《桃花扇》一剧,皆南朝新事,父老犹有存者,场上歌舞,局外指点,知三百年之基业,隳于何人?败于何事?消于何年?歇于何也?不独令观者感慨涕零,亦可惩创人心,为末世之一救矣。"在《桃花扇·凡例》中他说:"朝政得失,文人聚散,皆确考时地,全无假借。至于儿女钟情,宾客解嘲,虽稍有点染,亦非乌有子虚之比。"可见,孔尚任对待创作,采取的是证实求信的原则。

因此,剧中描写的历史背景,即福王朱由崧被拥立的情况,到建立后朱由崧的昏庸荒佚,马士英、阮大铖结党营私、倒行逆施,江北四镇跋扈不驯、互相倾轧,左良玉以就粮为名挥兵东进,最后史可法孤掌难鸣、无力回天,小王朝迅速覆灭等情形,基本上是实人实事,有根有据。正如剧中老赞礼所说:"当年真如戏,今日戏如真。"

不过在最后,孔尚任却离开了证实的原则,用心良苦地虚构了《入道》一出,让张瑶星道士喝斥了在国破家亡之后重聚的男女主人公:"呵呸!两个痴虫,你看国在哪里?家在哪里?君在哪里?父在哪里?偏是这点花月清根,割它不断么!"侯方域和李香君听了冷汗淋漓、如梦忽醒,双双入道。

在这里,孔尚任其实是在借张道士之口,说出了自己对南明兴亡的基本观点,对晚明崇尚情欲的思潮进行了反拨、修正。值得庆幸的是,他没有因此回归到以君臣之义为首要的封建伦理中,而是把国家放在了人伦之最上,以国家为君、臣、民赖以立身的根本。这同黄宗羲在《明夷待访录》中所发表的关于君、臣与天下万民之关系的意见,殊途同归。这个由张瑶星说出的"皮之不存,毛将焉附"的道理,其意义也就超越了明清易代的兴亡之悲。

《桃花扇》一剧形象地刻画出明朝灭亡前统治阶层腐化堕落的状态,中国各代王朝的灭亡实际和明代是如出一辙的。所谓"以史为鉴,可以知兴亡",剧本在脱稿后立即引起了广泛关注,康熙皇帝还曾专门派内侍向孔尚任索要剧本,当看到其中描述南明皇帝耽于声色的情节时,往往皱眉顿足道:"弘光弘光,虽欲不亡,其可得乎!"

而在艺术成就上,《桃花扇》成功地塑造了几个社会下层人物的形象,尤其是妓女李香君和艺人柳敬亭、苏昆生。他们虽然身份卑微,但自身品格却十分高尚,如一介女流李香君孤身处在昏君、权奸的淫威下,誓不屈节,敢于怒斥权奸害民误国。柳敬亭任侠好义,奋勇投辕下书,使手握重兵又性情暴戾的左良玉折服。

在《桃花扇》稍前演忠奸斗争的戏曲中出现过市井细民的正面形象,但多是忠于主人的义仆,都还是处在配角的位置上。不过《桃花扇》中的李香君、柳敬亭等,都是关心国事、明辨是非、有着独立人格的人物,使清流文人相形见绌,更不要说处在被批判地位的昏君、奸臣。

孔尚任这样处理笔下的人物,自是有现实的依据,反映了晚明都会中部分妓女的风雅化以至附庸政治的现象,这种现象在诗歌、传记、笔记中都曾有所反映。不过此剧贵贱颠倒的对比,不只是表明孔尚任突破了封建的等级贵贱观念,其中更是包含了他对现有等级的质疑。在他看来尊贵者并不尊贵,卑贱者并不卑贱。而这一切,都是当时许多旨在存史、寄托兴亡之悲的稗史所不具备的。

《桃花扇》创作的成功还表现在人物形象的独特性、不重复性上，显示出孔尚任对历史的尊重，如实写出了人物的基本面貌。例如，同是写武将，江北四镇都恃武逞强，而其行事、结局却各不相同：高杰无能，二刘投降，黄得功争位内讧，却死不降北兵；左良玉对崇祯皇帝无限忠心，但骄矜跋扈，缺少谋略，轻率挥兵东下；侯方域风流倜傥，有几分纨绔气，却关心国事。

这其中也反映出孔尚任对人物性格的刻画较其他传奇作家有着更自觉的意识，意图将人物写活。如同是写权奸，马士英得势后横行霸道，而阮大铖则奸诈狡猾，都描写得生动淋漓，从而在剧中营造出生动的场面和气氛。而他所塑造的杨龙友尤有特色，他周旋于两种力量之间，虽然出面为阮大铖疏通复社文人，带人抓走李香君的假母，但在马士英和阮大铖要逮捕侯方域时，又向侯方域通风报信。他趋从、奉迎马士英和阮大铖，但在李香君骂筵中又巧言救护李香君，诚如《桃花扇·媚座》批语所说："作好作恶者，皆龙友也。"杨龙友多才多艺，八面玲珑，表现出一副政治掮客的圆滑嘴脸，以及老于世故的复杂性格。

总的说来，孔尚任是非分明、爱憎分明，对统治阶级内部的政治腐败、奸佞专权和将领骄悍都做了无情地揭露和鞭挞；而对矢志报国而无力挽狂澜的史可法则寄予了深切同情和大力称颂。被罢官后的孔尚任不久后隐居乡里，并于清康熙五十七年（1718年）在曲阜石门家中与世长辞，时年71岁。他的作品还有和顾采合著的《小忽雷》及诗文集《湖海集》《岸堂文集》《长留集》等，均传世。他的作品，都以其鲜明的时代特色、进步的思想倾向和扣人心弦的艺术力量引起了人们强烈的感情共鸣。

青年真才子，晚年老名士

《西堂杂俎》里收录着一篇名为《怎当他临去秋波那一转》的游戏八股文，文字点落轻盈、语调诙谐，思想却不失深邃，并被当时的名士王士祯评点为："近见江左黄九烟周星作'怎当他临去秋波那一转'制义七篇，亦极游戏致。"

这篇文章借着诙谐的文风、深刻的寓意，很快风靡天下，甚至还有幸传到了清宫康熙皇帝的手中，让康熙喜不自胜。这篇文章的作者不是别人，恰恰是在清初文学史上留下不小成绩的戏剧家、诗人尤侗。

尤侗，字展成，一字同人，早年自号三中子，又号悔庵，晚号西堂老人、鹤栖老人、良斋、梅花道人等。明万历四十六年（1618年）出生于苏州府长洲（今江苏苏州市），顺治曾誉之为"真才子"，康熙则盛赞其为"老名士"。

尤侗自小生活在书香门第，其祖上也是代代书香，自称"簪缨不绝"。但到了尤侗的父亲这一代，鲜有在仕途上做出大成绩的，也正因为此，尤侗得以受到良好的家庭教育。天生聪颖的尤侗5岁时便能够熟读四书五经，随着阅读的深入，他对《史记》

《离骚》等著作渐渐有了自己的见解，小小年纪便已经闻名乡里，世人称其为"神童"。

顺治三年（1646年），尤侗高中副榜贡生，其"真才子"之名遂由此得来，只可惜尤侗此后的考试之路并不顺畅，先后六次进入考场，场场名落孙山，直到顺治九年（1652年），朝廷感念其学识渊博，遂授之永平（今河北卢龙）推官。此前学途不顺，尤侗丝毫没有动摇，此时做了推官，更是信心满满，甚至还在衙署的门柱上信笔写下一副楹联，联中道："推论官评，有公是，有公非，务在扬清激浊；析理刑法，无失入，无失出，期于扶弱锄强。"

尤侗为官之后，还坚持其士人的风骨，公正不阿、不畏权贵。顺治十三年（1656年）春，有一名"旗丁"因经常做一些鱼肉乡里的事情，于是，尤侗引用大清律典将其杖责。虽然大快人心，却让尤侗深受弹劾之苦，刑部以"擅责投充"为罪名，差点将之革职，后来又改为了二级调用。

尤侗何等风骨，自然难以忍受，不等降级调用，愤然辞官归隐乡里，拜见父母，悲喜交加，并自号"晦庵"。此时，报国无门、满怀忧愤的尤侗只能将全部身心都投入到戏曲的创作上。

尤侗凭借一腔幽怨和物事人情的明锐感知，创作了许多脍炙人口、流芳百世的剧本，仅在顺治十三年（1656年）至清康熙七年（1668年）间，尤侗就创作了《桃花源》《黑白卫》《吊琵琶》《读离骚》《清平调》五种杂剧和传奇《钧天乐》，一时之间名声大噪。

清康熙十八年（1679年），皇帝诏令，尤侗成功入选博学鸿词科，以二等十二名的成绩做了翰林院编修，曾参与编修《明史》。恰如潘耒《尤侍讲艮斋传》中所说"受知两朝，恩礼始终"，尤侗还主导撰写编修了《艺文志》5卷和列传300余篇。

虽然尤侗自己一生没有中进士，却在培养后代上尽心尽力，清康熙二十一年（1682年），尤侗长子尤珍高中进士，也算是了了尤侗的"科名"夙愿，加上《明史》编撰的完成和年岁日高，尤侗便有了退隐之心，正如他自己写的，"知足不辱，知止不殆。吾年逾六十，子幸成名，可以休矣"。

此前，尤侗一直在史局为官做事，多年经营，终于取得了撰述第一的成就，皇帝感念其劳苦功高，准许他告老还乡，清康熙二十二年（1683年），尤侗回到苏州亦园归隐。归隐后，他以"西堂"为自己的书斋立名，而他则自称为"西堂老人"，此后，尤侗便过上了采菊东篱下、悠然见南山的闲适日子，而且还怀着志得意满的心情。

他的儿子在做进士后经常往尤侗处寄一些钱财，为了让尤侗的生活更加宽裕，还为他在苏州城滚绣坊建了面积约十亩的园林，亲自定下了十处景点的名称：葑溪秋月、绮陌黄花、水亭菡萏、西山夕照、寒村积雪、平畴禾黍、南园春晓、草阁凉风、层城烟火、沧浪古道。

归隐18年后，康熙帝南巡，年近八旬的尤侗亲自在道边迎接。同年三月十八日，尤侗作《万寿词》为康熙帝祝寿，"上嘉焉，赐御书'鹤栖堂'匾额"。

清康熙四十二年（1703年），康熙再度南巡，将尤侗擢升为侍讲。第二年六月，尤侗寿终正寝，于光福官山姚姊坞安葬。时至今日，尤侗的文章影响依在，除了他早期的《怎当他临去秋波那一转》之外，《读离骚》乐府和《平蜀赋》也一度流传于世。当然，也有一些人意识到，虽然尤侗所撰《西堂杂俎》盛行于世，但铭赞、应俗、辞赋、游戏之作等，大多数的格调都不甚高远。尤侗也深有自知之明，遂自序，"雕虫之技，悔已难追；鸡肋之余，弃复可惜"，故其诗文合集名"杂俎"而不名"文集"。又由于《西堂杂俎》在乾隆时被称为"有乖体例，语多悖逆"，所以其集在《四库全书》中没有收录。

真正让尤侗名留青史的还要归功于其撰述的评文论学专著《艮斋倦稿》，尤侗认为，唐宋在诗歌上应该处于平等的地位，"取唐之美者与宋之恶者，则元白必笑苏黄之拙；取宋之美者与唐之恶者，则李杜不如杨陆之工"，"平而论之，二代之诗美恶不相掩也"。尤侗自己也写诗，而且崇尚"性情自在"，对此，许多人都给出了较高的评价。如沈德潜在《清诗别裁集》中论述道："四十至六十时诗，开阖动荡，轩昂顿挫，实从盛唐诸公中出也。"尤侗的诗歌，长处在于格调多姿多彩，笔调酣畅淋漓，数量繁多。然而这样一来，也让他的诗流于表面，粗浅浮华。尤侗著作浩繁的诗几乎都收入了《西堂全集》61卷和《余集》共135卷中；"著书之多，同时毛奇龄外，甚罕其匹"。在晚年时期，尤侗还写就了《鹤栖堂集》诗、文各3卷。

就诗歌的内容来说，由于在致仕之前尤侗一直隐于乡间，对民间疾苦和社会的黑暗有所了解，在其早年和中年时期，所作的诗自然也反映了这些事情，如《散米谣》《杀蝗》《煮粥行》《出关行》《忧盗行》《苦雨行》《纪赈》《老农》《民谣》等，思想境界较高。

第二章
有的不仅是好戏,还有问题

年仅24岁的顺治离奇地驾崩于养心殿,8岁的爱新觉罗·玄烨被时代推上了风口浪尖。康熙之初,在四位辅政大臣以及太皇太后的努力下,推行政治改革,倒也出现了一片欣欣向荣的景象。但四大臣之中的鳌拜野心勃勃,苏克萨哈为人排挤,鄂必隆唯鳌拜是瞻,索尼明哲保身,康熙帝即使在亲政之后,仍然受着臣子的摆布。

顺治之死,裂裳还是寿纱

> 丁巳,夜,子刻,上崩于养心殿。
> ——《清世祖实录》

对于顺治帝的死亡,记录这位清朝第一位入关皇帝的《清世祖实录》一书中,仅仅用这11个字就把他的离世概括完毕,出乎寻常的简短。为什么关乎生死的大事,而且对象还是一代君主,《清世祖实录》却以寥寥数字就敷衍了事了呢?

顺治十八年(1661年)正月初六,人们还沉浸在新年的喜悦中时,孝庄太后却在经历她这一生中最难熬的一个春节,因为她年仅24岁的儿子顺治即将永远地离开她、离开那个龙椅、离开这个世界。顺治帝的突然死亡也给世人留下了诸多谜团。

帝王,在中国封建社会的历史长河中,其地位显赫至极。他们是时代的当权者,被人怕、被人羡、被人妒、被人斥。作为权利的最高统治者,无一不是踏着别人的躯体矗立于高高在上的龙位之上的,谁又不梦想着坐于那龙椅之上。但顺治,却反其道而行之,视王位如粪土、如负担、如洪水猛兽,就算是违背了母后孝庄

顺治帝朝服像

的心意不惜背上不孝的骂名也要千方百计地试图摆脱它、摒弃它。

顺治帝虽然是清朝在入关后的第一个皇帝，但是他并没有像他的爷爷和父亲那样勤于朝务，试图成为一代名垂千古的明君，相对于历朝皇帝的贤愚仁暴、清浊荣枯，顺治帝在人们心中的印象更多的是来源他和董鄂妃的那段旷世绝恋，与其之后的看破红尘、披上袈裟的情景。董鄂妃的死也是他断却生活意念、一心出家、最后抑郁而亡的一个重要因素。

《清史稿·后妃传》记载了顺治帝一生中共有两后、十五妃，但顺治的婚姻生活却是个十足的悲剧。皇帝是权利的集合点，虽然至高无上，但为了权利的平衡也会有身不由己的时候。他先后册立两位皇后：一个孝庄皇后幕后安排、多尔衮亲自做媒的本家侄女。顺治本来就十分记恨多尔衮这个摄政王，再加上和这个女子的性格多有不和，不出几日便废掉皇后，降为侧妃，从此打入冷宫，一个女人的一生也就就此完结了。另一位也是在以政治目的为前提而精心选择的女子——博尔济吉特氏，不过，她也同样入不了顺治的眼，受到了顺治帝不少的呵斥。但这位皇后能忍辱圆通，加上有太后孝庄的呵护，才没有被废掉。能进得了后宫的女人当然都具有国色天香之貌，顺治帝之所以对她们置之不理，是因为他有所爱之人。这个幸运的女子不是别人，正是董鄂氏，即董鄂妃。

董鄂氏从入宫起就开始不断晋升。董鄂氏是在顺治十三年（1656年）被册为贤妃的，仅一个多月的时间，就被封为皇贵妃。这样的升迁速度，历史上十分罕见。不但时间之短，而且册封典礼之奢华隆重也超出了一个妃子的规格，还破天荒地颁布说大赦天下之旨意，这是中国历史上唯一一次因为一个皇贵妃而大赦天下的例子。由此可见，顺治对董鄂妃的旷世绝恋到底有多久、有多深。

关于董鄂妃的身世，民间有多种说法。

一种被普遍接受的说法就是，董鄂妃在民间时是秦淮一带大有名气的名妓，俗名董小宛。传说清军统帅洪承畴尤其爱慕董小宛。洪承畴在攻占江南时，借职务之便利，在生获了董小宛之后，就把她藏在了自己的府中，想占为己有。但苦于董小宛誓死不从，无计可施之下，把董小宛当成了自己晋级仕途的工具，进献给了顺治帝。顺治二年（1645年），董小宛成了顺治帝的宠妃，而顺治帝的生命也开始进入了另一个轨道。

董小宛在历史上是确有其人的，她名白，字青莲，生于明朝天启四年（1624年），身份也确实是秦淮名妓。崇祯十五年（1642年），历尽沧桑的董小宛终于找到了自己的归宿，嫁给了冒襄为妾，虽然不是正室，但不妨碍二人的感情升温。明末战乱中，二人更是相依为命达9年之久。后董小宛因劳累过度，于顺治八年（1651年）病死，时年28岁。

可以看出，这董小宛确实和顺治帝一点关系也没有，所以，董鄂妃即董小宛之说实属捕风捉影，不能成立。

关于董鄂妃身世的说法，有来于《清史稿·后妃传》的记载，这也是最具说服力的一种。董鄂妃是朝中重臣鄂硕的女儿，像很多其他大臣的女儿一样，成人后也被选到宫中，在1656年的夏天，18岁的董家女儿入宫侍奉顺治帝。虽然故事的开头有些大同小异，但是，这个董鄂妃却不是一般的人物，也许她天生就与顺治帝有一种特殊的缘分吧，在入宫同年就被册为"贤妃"，没过几天之后再晋为"皇贵妃"。这种说法似乎更与历史的真相吻合。

可叹天妒红颜，这高高在上的董鄂妃虽然集千万宠爱于一身，却在22岁便香消玉殒，才与顺治厮守三年，便在二人的爱情正浓烈时撒手而去，留给顺治帝的只有那数不尽的思恋。董鄂妃的离世真的是生生地断了顺治帝在俗世中的所有念想。

为悼念爱妃的离世，顺治帝给了最大规模的祭奠活动：辍朝五日，并在朝廷资金极为短缺的情况下，在景山修建水陆道场，大办丧事，举国轰动。

据《清世祖实录》记载，董鄂妃去世的当天，顺治帝不但自己痛彻心扉，而且还让满朝上下都要表现出悲痛之意，更是强行要求满朝官员以及公主、王妃们，全部聚集到景运门哭灵，不表现悲痛者立即处决。并且，顺治帝自己也为董鄂妃穿了12天的丧服，并强制要求朝廷官员和命妇们为董鄂妃穿戴丧服满27天。为了让爱妃在地下仍然能过上"舒适的生活"，还残忍地将宫中太监与宫女30人赐死，去下面伺候董鄂妃。

顺治帝悲恸欲绝，用这种超常的丧礼并不能表达对爱妃的哀悼。随之而来的是万念俱灰的精神状态和看破红尘、弃江山社稷如敝屣、执意要出家为僧的执念。

顺治在董鄂妃离世之后就时常出现剃度出家的念头，并且时常出现幻觉或梦境。有记载统计，他曾在仅仅两个月的时间里，就先后38次到访高僧馆舍，谈禅论经，与僧人彻夜交谈，完全沉迷于佛学。繁忙的政事也没能分散顺治对佛家的向往，终于不顾孝庄的劝阻决定放弃皇位而净发出家。臣子甚至僧人都劝解顺治，国不能一日无主，皇子们年纪尚小，根本不能担起这么大的担子。可是，顺治最后还是剃了头发。这一下孝庄着急了，火速叫人把度化顺治的僧人——溪森的师父玉林琇召回京城。玉林琇看到自己的徒弟居然把功夫下到了皇帝的身上，恼火于弟子的胆大包天，决定从根本入手，处死这个蛊惑顺治无心于朝政、疏于江山社稷的徒弟，顺治看到"师父"要受到牵连，无奈只好让步，头发虽然剃了，也只能先暂时做个光头皇帝，溪森这才得免一死。

虽然顺治最终没有出家成功，却并没有彻底断了佛缘，依然常和僧人谈心，排解烦闷。

由于顺治的死太过突然，而且根据他对佛家的虔诚度，所以有人猜测，顺治并没有死，而是真的出家了。康熙执政后还亲自到寺院看望过自己的老父，金庸的小说《鹿鼎记》也是这么描述的，但是也只是猜测罢了。

顺治虽然在位时间很短，但是在满汉融合方面还是做了一些贡献的，对待百姓也和善可亲，所以，百姓并不希望这样的一个温和的皇帝就这样谢幕，对于他的死更是难以相信，于是，对此做出了各种猜测。但是，顺治是真的在24岁时死了，并且是由于天花这个不治之症。顺治病危时,翰林院清孝陵掌院学士王熙起草《遗诏》。《王熙自定年谱》记载了这件事情:"朕患痘,势将不起。尔可详听朕言,速撰诏书。"

顺治驾崩后,有一件事或许能够让他欣慰一些,那就是终于由溪森和尚亲自主持了顺治帝的葬礼。并且在景山寿王殿将顺治的遗体进行了火化。后来,溪森的门人编辑他的语录《敕赐圆照溪森禅师语录》就记载了这件事。所以,顺治帝确实是死了,而不是出家了。

康熙登基另有推手

中国历史从秦始皇开始,就从来没有在皇位继承的问题上被外国人干涉过。但当历史的脚步前行到清朝的顺治十八年(1661年)时,该由谁当皇帝,这件原本该是中国人自己拿主意的事,却被一个德国人硬生生地横插了一竿子。

这个德国人的插手居然改变了中国历史,让本来排不上号的三阿哥玄烨成为下一任帝王,这才有了长达61年的康熙王朝,有了"康乾盛世"。这个德国人历经明清两朝的更替,先后侍奉过崇祯、顺治、康熙三位帝王,他就是传教士汤若望。

汤若望之所以能影响到玄烨的继位,主要得益于他杰出的口才。

汤若望与皇室的渊源可以说是一个传奇。明朝末年,西方国家走上了全球殖民扩张的道路,扩张之前,他们先派传教士到国外去探路,打探情况,汤若望就是在这样的背景下进入中国的。

康熙朝服像

说起这位传教士,就不得不提他的出身背景。1592年,汤若望出生于德国科隆的一个贵族家庭,他从小就接受良好的教育,而且成绩优异,后来被保送到罗马的日耳曼学院研修神学,从而成为上帝的使者,做了一名专业的传教士。

1619年,汤若望在法国神甫金尼阁的带领下到达澳门,3年后进入广东,一年后,又转到了北京。他所掌握的西方科学知识,深得明朝户部尚书张问达的赏识,被聘任为政府专员。汤若望就这样进入仕途,他与当地百姓结下不错的人缘,凭着自己带来的西洋玩意儿,让人们对他产生了好奇、喜爱之心。

汤若望十分敬业,他编写了科学文

论，译著历书，推步天文，翻译德国的矿冶书籍，给明朝带来丰富的新知识。同时，汤若望还不忘宣传他的基督教教义，只是汤若望还没有说服崇祯信奉基督教，崇祯就被逼死在煤山上了。

明亡清始，汤若望换了个主子接着宣扬基督教教义，与崇祯不同的是，顺治皇帝对汤若望宣讲的知识颇感兴趣。

为了支持基督教的传播，顺治皇帝拨款又拨地，在宣武门外建造了一处天主堂，即北京南堂。不但顺治对汤若望尊崇有加，就连当时的老祖宗孝庄太后也将汤若望视为座上宾，这个外国人就这样获得了皇宫的高度信任。

顺治十年（1653年），汤若望被顺治皇帝赐予"通玄教师"封号，顺治十四年（1657年），顺治皇帝又为汤若望御撰《天主堂碑记》一文，赐了"通玄佳境"的堂额。顺治十一年三月十八日（1654年5月4日）康熙出生。在康熙出生前后几年，"玄"字在顺治皇帝的心目中十分重要，给汤若望的赐物里两次带有"玄"字，自己的儿子名字里也带有"玄"字。"玄"这个字的意思包含汤若望所讲授的天文、历法、机械等在内的一整套学说。

后来，皇帝病重，继承人成了关键问题。康熙作为顺治皇帝的三皇子不可能成为继承人。虽然大皇子已死，但还有二皇子福全。按照长幼排序，无论如何也轮不上他。但此时汤若望说出来一个谁也无法反驳的理由——玄烨出过天花，对这种可怕的疾病有了终身免疫力，再也不会出了，而福全还没出过，难保以后不会出。

顺治皇帝经过几番斟酌，最终听从了汤若望的意见，册封玄烨为皇太子。可以说，这是汤若望对清朝政府长远发展的一次大贡献。

降臣杀主，斩草除根

巨耳隆准，无须，瞻视顾盼，尊严若神。延陵将军美风姿，善骑射，躯干不甚伟硕而勇力绝人。沈鸷多谋，颇以风流自赏。

——《圆圆传》

300多年前，有人用这样的文字来记载吴三桂。从字面上看，这无疑是一个充满激情、才华、能量的男人。之后，用来形容吴三桂的文字就远远不止这些了，取而代之的是另外几个更能让世人铭记于心的标签：降臣、汉奸、忘恩负义、卖主求荣……

不得不承认吴三桂实在是一个"审时度势"的"奇才"，总能鸟瞰大局，运筹自己下一步棋的走法，并且在行动力上快速而决断，从不拖泥带水。在那硝烟弥漫的战火之中，自降了李自成背叛了大明之后，过了仅仅5天的时间就又背叛了李自成投降了大清。不但叛了、降了，而且还要对曾经誓死效忠的主子斩尽杀绝，斩草除根之势，怎一个"狠"字了得。

世人对吴三桂处死永历很是不解。怎么说曾经也是同朝故人，而且，康熙帝为了照顾吴三桂曾是前朝臣子的特殊身份，也在诏书里特别给了他台阶下，对他说："若势有不可，慎勿强，务详审斟酌而行。"

虽然明朝已亡，可是朱氏子孙一直没有放弃光复的努力，民间仍有百姓在追忆着自己之前所在的朝代，所以，明朝的残余在江南又建立了南明政权。只可惜这个势单力薄的小朝廷在危机之下也仍是改不了窝里斗的老毛病，成天忙于争权夺利，结果被清军追得整日东逃西窜。大清朝的王土之上再没有他的立足之地，不得已逃到了当时还是蛮荒之地的缅甸，才算保住了一条命。永历这个人虽然微不足道，但是他的身份却着实让康熙操了不少的心。虽然灭了鳌拜、掌了实权，这个风华正茂的皇帝却也不是十分省心，全国各地反清复明的组织就是皇位坐不踏实的主要因素之一。永历这个身份使得以反清复明为目标的各支武装有了可以奉为正朔的统帅对象。永历这个人如果彻底消失，就标志着清朝扫除了最后一个具有相当实力的朱明遗脉，从某种意义上也标志着朱明王朝的彻底灭亡。只有明朝遗脉彻底灭亡，康熙才能真正睡个安稳觉。

吴三桂这时已年过六十，大荣大辱历练过来，只想着怎么在自己这一亩三分地上安享晚年了，稳住康熙对自己不起杀心是最主要的目标了。而为了得到康熙的信任，杀了前明永历帝不能不说是个表忠心的最好时机，这也是吴三桂不远千里追到缅甸也要取永历性命的原因。

虽然这个苟延残喘的永历为了保住性命已经逃到了很远的地方，但是，他特殊的身份导致了他的最终结局是不会因为地理位置的远近而改变的。吴三桂作为降臣，虽然给新主子立下了赫赫战功，但是却并没有得到那个年轻有为的康熙的信任，只有做出更加让康熙钦佩的事情，才能保住自己的地位，而永历就成了吴三桂翻身的机会，吴三桂也下定决心要破釜沉舟去抓住这个机会。所以，吴三桂宁可顶着彻底遗臭万年的骂名也不可不杀永历。

于是吴三桂顶着巨大的压力给康熙上折子，在康熙反复表示没有必要杀掉永历的情况下，他要求入缅扫灭南明残余。最后"终于"说得康熙皇帝动了心（实则也不失为是康熙对吴三桂的一场试探）。于是，吴三桂率领大军又踏上了为清廷效命的征程。

把朱家子孙斩尽杀绝势必是木已成舟的事了。虽然期间也出现了一场由朱由榔亲笔致书吴三桂的插曲，但是仍然没有减缓永历的死亡速度。

将军本朝之勋臣，新朝之雄镇也。世膺爵秩，藩封外疆，烈皇帝之于将军可谓甚厚。讵意国遭不造，闯逆肆志，突我京师，逼死我先帝，掠杀我人民。将军缟素誓师，提兵问罪，当日之本衷原未尽泯也。奈何清兵入京，外施复仇之虚名，阴行问鼎之实计。红颜幸得故主，顿忘逆贼授首之后，而江北一带土宇，竟非本朝所有矣。南方重臣不忍我社稷颠覆，以为江南半壁，未始不可全图。讵鸾舆未暖，戎马卒至。

闽皇帝（指弘光）继位未几，而车驾又蒙尘矣。闽镇兴师，复振位号，不能全宗社于东土，或可偏处于一隅。然雄心未厌，并取隆武皇帝而灭之。当是时，朕远窜粤东，痛心疾首，几不复生，何暇复思宗社计乎？诸臣犹不忍我二祖列宗之殄祀也，强之再四，始膺大统。朕自登极以来，一战而楚失，再战而西粤亡。朕披星戴月，流离惊窜，不可胜数。幸李定国迎朕于贵州，奉朕于南（宁）、安（隆），自谓与人无患，与国无争矣。乃将军忘君父之大德，图开创之丰勋，督师入滇，犯我天阙，致滇南寸地曾不得奠然而处焉。将军之功大矣！将军之心忍乎？不忍乎？

朕用是遗弃中国，旋渡沙河，聊借缅国以固吾圉。出险入深，既失世守之江山，复延先泽于外服，亦自幸矣。迩来将军不避艰险，亲至沙漠，提数十万之众，追茕茕羁旅之君，何视天下太隘哉！岂天覆地载之中，竟不能容朕一人哉！岂封王锡爵之后，犹必以歼朕邀功哉！第思高皇帝栉风沐雨之天下，朕不能身受片地，以为将军建功之能。将军既毁宗室，今又欲破我父子，感鸱鸮之章，能不惨然心恻耶？将军犹是中华之人，犹是世禄之裔也。即不为朕怜，独不念先帝乎？即不念先帝，独不念二祖列宗乎？即不念二祖列宗，独不念己身之祖若父乎？

不知新王何亲何厚于将军，孤客何仇何怨于将军？彼则尽忠竭力，此则除草绝根，若此者是将军自以为智，而不知适成其愚。将军于清朝自以为厚，而不知厚其所薄，万祀而下，史书记载，且谓将军为何如人也。朕今日兵单力微，卧榻边虽暂容鼾睡，父子之命悬于将军之手也明矣。若必欲得朕之首领，血溅月日，封函报命，固不敢辞。倘能转祸为福，反危就安，以南方片席，俾朕备位共主，惟将军命。是将军虽臣清朝，亦可谓不忘故主之血食，不负先帝之厚恩矣。惟冀裁择焉。

终日逃亡、没过上一天好日子的永历皇帝想凭借一封文采斐然的信来软化弃明降清的吴三桂，未免有些过于天真。读罢这封信，吴三桂只不过是神经紧了一下，而大军前进的步伐毫未减速。

缅甸各方面都是不能和大清抗衡的，连稍做抵抗都不曾有，就乖乖地给吴三桂让出来一条斩杀永历的通道来，吴三桂带着几名护卫轻松地进入了永历在缅甸的住所。没过几天，吴三桂就丝毫不恋旧情地把明朝皇室的这根独苗给杀了。

吃力不讨好

《明史》是明末宰相朱国桢在退休之后闲来无事的无聊所做。所谓富不过三代，朱家也不曾幸免，到了后期，朱国桢的子孙只能靠变卖祖上留下的东西来度日，而朱国桢闲暇所作的《明史》也被翻找出来，以区区一千两白银被卖给了庄廷鑨。对于在明史一案发生前就死去的庄廷鑨也终究没有机会得知，自己当初的附庸风雅却给自己的家人带来灭顶之灾。

庄廷鑨是一个才华横溢、胸怀大志的盲人。所谓"身残志不残"，他以《明史辑略》为蓝本，邀请了一大批志趣相投的有识之士写一部同样能流传后世的、能与《国语》媲美的史书。可惜，没有等到这部著作完成，庄廷鑨就去世了。庄廷鑨出身于富商家庭，可能也是请人著书并不会花多少钱的缘故，庄廷鑨的父亲庄允城父承子业继续出资，终于使《明史辑略》得以刊刻完成。《明史辑略》也算是一本鸿篇巨制了，它凝结了太多人的心血。

当时被邀请参与此书编撰的人很多，大家也都没觉得有什么不妥的地方，甚至以能够参与其中为荣耀。由于参编人数太多，而署名位置有限，有些人因为没能名列其中，而为此感到遗憾。但不久之后，这份遗憾便化成了幸运。

令所有人尤其是庄允城没有想到的是，这样一件耗费了自己无数家产的荣耀事情，不久之后便让他身陷囹圄，彻底成了这场惨案的男一号，被刑讯逼供、死于棍下。

《明史辑略》中到底写了些什么，让告密者吴之荣抓住了如此实实在在的把柄害死庄家一干人等？细数起来，这套史册中所著内容皆与满族皇室有关：直呼清朝皇帝先祖的名字，不加尊称；对于努尔哈赤在辽东的崛起之地由"龙兴"改称为"滋患"；对于明朝最终战败于清朝的结果，从惋惜到悲凄之情，在纸上抒发个淋漓尽致。

由这几点理由便知，清政府只是想抓住一个杀一儆百的引子，至于这个引子是谁，都是无所谓的。

被世人美誉的康熙，便因为这桩文字狱，让自己辉煌的执政生涯沾染了再也抹不去的污点。

需要说明的是，发生在清康熙二年（1663年）的明史案确实不是尚未执政的少年玄烨的所作所为，在明史案这个事件上，其实康熙也可以算得上是一个受害者。当时，鳌拜甚是猖狂，凡事都不向小皇帝请示，自己想怎样就怎样，而且与康熙亲近的人也是该杀则杀，毫不留情。康熙眼睁睁看着鳌拜在自己的地盘上兴风作浪，连自己的老师汤若望最终冤死在鳌拜手中也是爱莫能助。有的只是对自己亲征没有实权的无助感，还有就是忍受世人把责任和骂名归到自己的头上。

无论多么的无凭、无理、无据，坏人也习惯为自己所做的坏事准备一番说辞，鳌拜亦然。明史一案牵连众多，"有罪"的与无罪的，只要沾上点边的都一律或处死或充军服役，血流成河倒不至于，但是血腥程度也是触目惊心的。即使这样，鳌拜仍厚颜无耻地把自己定位到了为国分忧解难的位置，堂而皇之地为杀人行径寻求合理的说法。

满族人入关，建立了统治王朝。由于历史的变迁，虽然明朝皇室的后裔们无勇无谋、胆小怕事，一些尽忠于明朝的大臣和百姓却在拼死抵抗，搞得所向无敌的满族骑兵们焦头烂额。尤其是一些汉族知识分子，他们心思敏感细腻，对明亡之痛更是感触颇深，在心理上一时不能接受江山易主的事实，无意间就流露出对旧王朝的怀念，而这种怀念之情就借着他们的笔端流露出来或者出现在字里行间。这样，清政府掌权的贵族文化就在一定程度上遭到了汉族知识分子的不同程度地抵抗。在文化上，清朝掌权者越是想让自己的文化普遍化、主流化，越是艰难。这就使清政府的高层不可避免地处在了一种不被大众文化认同的尴尬境地，这种尴尬使得他们更加敏感，哪怕稍有反抗之意都要加以血腥镇压。

清王朝首先选择镇压汉族文化、汉族知识分子。自此，文字狱也再次被统治者所利用。但是，康熙早期的文字狱与以前朝代的文字狱在本质上有很大的不同，北宋时期的文字狱是由于体制内的不同派系相互倾轧所引发的；明朝的文字狱则是由皇帝个人的好厌所决定；而清朝发起这场文字狱的目的是强制百姓认可自身的统治地位。

作为四大辅臣中真正有着实权的鳌拜，他是"首崇满洲"的积极执行者，肯定不会任由民间不利于满族人的状况继续下去。他的出发点也是为了维护清朝的政权，所以，就打着康熙的名号执行了相当残酷的明史案。

清康熙时期，前后制造了十几起"文字狱"。其中最惨的几起，都是在鳌拜辅政时期。所以，虽然不能说鳌拜是清初"文字狱"的始作俑者，但是，鳌拜对于"文字狱"的扩展，是负有相当一部分责任的。

可以说，庄家落难是偶然的，可文字狱的兴起却是必然的。果然与必然之间的不确定因素，在这起文字狱之中便是那个因贪赃枉法、勒索百姓而被罢官的浙江归安知县吴之荣。吴之荣不但因为检举有功，官复原职，而且还分得了庄家被没收掉的一半家产。吴之荣本是旗人出身，在偶获《明史辑略》之后，便一眼看出了其中内容大大触犯了满族人的忌讳。但是，起初他也没有想要把事情发展到记入史册的程度，不过是想借此向庄家敲诈勒索些钱财。只是有时候，事情的发展并不随人的意志为转移。

庄允城一开始并没有在意吴之荣的勒索行为。吴之荣几次被庄允城忽视和受辱，恼羞成怒，便欲除之而后快。由于当地大小衙门都被朱、庄两家用钱给买通了，于是吴之荣摘取了书中的一些违逆字句向京城告发。

吴之荣告发的案子一到北京，就受到了鳌拜的高度重视。机会来了自然不会放过。于是，这一年的五月二十六日，一众被卷入明史一案的倒霉之人步伐沉重地走进了杭州弼教坊刑场，等待着被凌迟、被重辟、被处绞。即使是已经死去的庄廷鑨也没能幸免，被掘坟碎尸再死一次。曾经因为没有抢到机会参加《明史辑略》整理、润色的人如今却再也没有可惜可叹的心情了，只有无尽的庆幸。

明史案作为清朝历史上最大的一起文字狱，在中国文祸史上，乃至在整个中国历史上，都是一起骇人听闻的事件，也成为少年康熙的一个无法把握的"无可奈何"。

亦正亦邪说鳌拜

从一个无往不利的战争之神到一个八面玲珑、立场坚定的杰出政治家，再到一个被欲望冲昏了头脑，以权谋私的逆臣，鳌拜这一生像一个盛满了彩色碎片的万花筒，多彩多姿，把作为一个臣子的"忠"与"奸"都演绎得淋漓尽致。

鳌拜的一生可谓大起大落，大喜大悲。概括地来说，鳌拜早年出身将门，骑射功夫过人，是满族的巴图鲁（满族语勇士的意思。它象征了一种荣耀，也是激励清朝不断努力奋进的标志）。他跟随着爱新觉罗家族南征北战，无论是在关外与明军的生死交锋中，还是在入关定鼎中原后巩固统治的大小战斗中，都展现了一代武将的英姿勃

鳌拜早年南征北战，屡建奇功，是功臣也是忠臣；可他在康熙初年辅政时期，飞扬跋扈，把持朝政，恶迹颇多，最后败在少年康熙手中。

发之势，是功臣更也是忠臣；一世英名却晚节不保。在康熙初年辅政时期飞扬跋扈，独揽朝政，展露逆反之心，最后败在还是少年的玄烨手中，虽然凭借着赫赫战功免于刑戮，但也最终身死禁所。

鳌拜还是一心为主的忠臣时，谁都不会想到几十年之后的鳌拜会来个如此的人格大逆转。还在皇太极当政的时候，鳌拜虽然年轻，却也早早地就鞍前马后随征出战，凭借着一身武艺为皇太极立下了赫赫战功。君臣二人也在合作中建立了深厚的情谊。皇太极死后，鳌拜依然初衷不改地辅佐皇太极的儿子——顺治，并且是在面对多尔衮这样强敌的威逼利诱下。坚持了数年，终于等到多尔衮死去，少主顺治正式登台，鳌拜才又重见天日，这时已经位居忠臣行列。

对于这个看着自己长大的，并且始终左右陪伴的老臣，顺治可谓是重视至极，不仅让其管理国家大小政事，还在自己临死之时封他为辅政大臣辅佐自己的儿子康熙。

随着顺治咽下了最后一口气，鳌拜忠义之臣的形象也渐渐开始落下了帷幕。早期的一代忠臣在晚年时却死于篡位造反的罪名之下。而亲手为他钉棺就是皇太极的孙子、顺治的儿子——康熙。

如果说欲望是个无底的大坑，那么权力就是一根充满了魔法的魔杖，人的意志稍有怠泄就会被它的法力所引诱，最终掉进坑中，葬身其中。鳌拜正是在顺治死去之后不知不觉沉浸在了欲望的旋涡中慢慢被淹没的。顺治托孤的时候，鳌拜虽然名列四大辅臣之末，却在后来一步步地居于首位。

在利益与忠义的天平上，鳌拜还是倾向了利益。鳌拜后期的"奸"终将把之前大半生的"忠"给抹杀全无。

一个人从大"忠"到大"奸"，除了自身的变化之外，也离不开外界环境、条件的滋养。鳌拜一世英明的毁灭从根本上说，其他三个辅臣也有责任。索尼在当时的四位辅臣中资历最高，他本身文武兼备，是四朝元老，比鳌拜资历要深得多。但是年龄不饶人，人到老年之后，就会对责任的认知度有所减弱，再加上也确实是年老体弱，很多事情都是力不从心；另一方面，索尼之所以对鳌拜采取放任态度还由于四大辅臣中的苏克萨哈实在不能入他的眼，因为苏克萨哈本是多尔衮的手下，后归顺顺治的。所以，在鳌拜和苏克萨哈产生矛盾、激烈斗争时，索尼的这个天平就自然而然地偏向鳌拜，倒不是因为他和鳌拜有多么的情投意合，只是因为对苏克萨哈太多厌恶。

而苏克萨哈虽然身为一人之上万人之下的辅政大臣，却由于自己曾经有过变节经历，所以不但别人瞧不起他，就连他自己也多有自卑心理。两者加起来就造成了苏克萨哈在四大辅臣中是最没有地位的一个，可以说是一个摆设，对鳌拜或者索尼都没有牵制的作用。所以，尽管鳌拜与苏克萨哈有姻亲关系，但是在很多行动上，鳌拜都是在针对苏克萨哈。

四辅政大臣最后一位，遏必隆姓钮祜禄氏，有个背景很深的家庭，其父亲是后金的五大开国元勋之一的弘毅公额亦都，母亲是和硕公主。按说在如此深的家庭背景支持下，要大展拳脚不是件难事，但是，这个遏必隆却是个胆小怕事、随波逐流之辈，虽然官至辅臣之职却完全没有乃父遗风，能力非常有限，常常追随鳌拜。

正是在这种背景下，毫无牵制力量的鳌拜胆子越发大了。其他三人有的想着明哲保身、有的自愧低人一等、有的只为趋炎附势。所以，在辅政期间实行的政策基本上是鳌拜一人之见，这无疑是往鳌拜野心的小火苗上实实在在地浇了一桶汽油，形成燎原之势。这样，从1661年到1669年的四大臣辅政时期的历史，实际也就是鳌拜逐渐专权的历史。孝庄和玄烨，老的老、小的小，对于鳌拜来说不足为惧。后来的事实证明，他小看了孝庄这个年过半百的女子，更低估了玄烨这个表面上只顾吃喝玩乐的小儿。

鳌拜是一代武将，先后跟随、辅佐过三个皇帝，辅佐顺治时，皇太极余威、余恩犹存，而且顺治也是他力争而立的，所以他还能忠心耿耿。可玄烨就不一样了，辅政时鳌拜已然是三朝老臣，且掌握大权，没有与之对抗的人，所以他对年幼的康熙也就不那么看得入眼，蔑视之意渐渐公然表露。

在朝堂之上，鳌拜常常横眉怒目、张牙舞爪地当着重臣的面顶撞小皇帝，呵斥大臣更是毫不顾忌。遇到重大节日，鳌拜也身穿黄袍，只用帽结作为唯一区别。他一次又一次地挑战着康熙的忍耐力，更是无时无刻地打击着他，对他的权势构成威胁的人。

鳌拜对康熙周围的人尤其注意，稍有风吹草动就大开杀戒，视国法于不顾，在康熙身边当差的安费扬古就是死在鳌拜之手的一个冤魂。因为在康熙身边当差，所以安费扬古见到鳌拜的次数比较频繁，加上鳌拜与他父亲之间的过节，所以安费扬古对待鳌拜的态度当然不好。鳌拜怀恨在心，想方设法地寻机会对付他。

欲加之罪何患无辞，在清康熙三年（1664年），鳌拜终于以一些莫须有的罪名把仇人安费扬古送上了永远的不归路。其实鳌拜也就是随便给安费扬古找了一个罪名，连康熙的面子也不给。

儿子死得如此之冤，作为白发人送黑发人的老父费扬古当然对鳌拜痛恨不已，可是还没有找到报仇的机会，就被鳌拜给处死了。

鳌拜后期简直到了无法无天的程度，一点小事就能点燃他心中的怒火，康熙的话更是不能入耳。朝中的大臣们也都草木皆兵，因为得罪鳌拜总免不了一死，只是或早或晚的问题。苏纳海、朱昌祚、王登联三人是鳌拜寻思中的陪葬品。康熙自然也深知其中奥妙,但是因为手上没有实权,便召集辅政四大臣询问意见,希望其他辅政能站到自己的一边谋求转机。没想到索尼、遏必隆附和,苏克萨哈知道自己若反对极易惹火烧身,只是沉默不语。康熙气极了,虽然鳌拜层层施压,但仍不允许鳌拜所奏,只是批准刑部拟定的处罚,即将三人各鞭一百,没收家产。康熙为了把这三人的性命保住,不惜与鳌拜硬碰硬,没想到康熙破釜沉舟的反抗终究还是没能改变三人惨死的结局。这时,一代忠臣的影子在鳌拜身上再也寻觅不到了。

虽然由于孝庄太后联合索尼、苏克萨哈在后台运作,使康熙在14岁时终于得以亲政,但是鳌拜却不想就这样退出政治舞台,更加放肆地想要排挤甚至处死其他辅政大臣,而首当其冲的就是苏克萨哈。这时候,鳌拜拟订那些莫须有罪名的功夫已经炉火纯青,他给苏克萨哈捏造了包括心怀奸诈、久蓄异志、欺藐幼主、不愿归政等24款罪名,提出将其处凌迟、族诛等极刑。虽然苏克萨哈不该杀,康熙也对其极力保全,可是到最后还是死于鳌拜的屠刀之下。这时候的康熙已然逼近了将要爆发的临界点,鳌拜在民间为非作歹,自己为他背黑锅,朝中的忠臣又被他一个个迫害致死,大清的江山如果继续这样下去,势必会被新的崛起赶出政坛。孝庄太后也感到,这鳌拜已经到了不得不除的地步。于是,祖孙二人紧锁眉头在灯下苦苦琢磨,到底怎样才能将鳌拜一举拿下。

每个成功男人的背后都有一个女人

近三百年的清王朝历史中,有两位女性对历史进程的影响是绝对不可忽略的。一个是带给大清乃至整个中国巨大灾难的慈禧,另一个女性便是孝庄。与前者恰恰相反,孝庄几次力挽狂澜,救大清于危难之中,更是培养出了"千古一帝"——康熙。可以说,康熙在政治上的成就离不开祖母孝庄太后的悉心栽培,那风光无限的"康乾盛世"更是有孝庄的一份劳苦在其中。

可以说,没有孝庄就没有康熙的帝业。正是孝庄身上所充溢的政治家和教育家影子,塑造了康熙在政治修为的成就。康熙自从顺治手中接过了一堆烂摊子开始,除鳌拜、平三藩、统一台湾、平定北方和西北地区叛乱、与侵略中国东北大片领土的沙俄侵略者做出了顽强的斗争,逼迫沙俄侵略者退军境外……这一切功绩的背后,大都离不开孝庄明里暗中的推波助澜与紧要关头时的力挽狂澜。

正如玄烨日后所回忆:"朕自幼龄学步能言时,奉圣祖母慈训,凡饮食、动履、言语,皆有矩度。虽平居独处,亦教以'敢越轨,少不然即加督过,赖是以克有成'。"

年幼的康熙在接手了父亲顺治死后留下的大片江山后,茫然四顾,就算是天生我才,才刚刚八岁的娃儿,在豺狼虎豹的围追堵截中又能施展出什么伟业来?真的是除了自己的祖母,几乎没有一个真正可以信赖的人。

在利益诱惑之下，忠与奸的转化往往就在眨眼之间。当初信誓旦旦的四大辅臣终究也没有禁住考验，背叛的背叛、自保的自保。背离了誓言各做打算，完全不把这对祖孙放在眼里。玄烨年龄还小，对此自然难以应付，只觉得鳌拜那斗大的拳头越来越多的在自己的眼前挥舞，除了委屈、气愤、无助、恐惧之外再无其他。

但政治经验丰富的孝庄，却不露声色地密切注视事态发展并一次次给孙子出主意。鳌拜的飞扬跋扈一次次挑战着年轻气盛的玄烨，但在玄烨每次爆发前一刻，孝庄总会用安抚、坚定、睿智的话语将玄烨胸中愤怒的火焰熄灭，让这位少年天子明了一个"忍"字的深刻含义。让他明白忍不单单是委曲求全，更能成为手中的救命稻草。在力量薄弱的时候，务必遵循一个"忍"字，越是风雨飘摇的时候，越应该忍辱负重、忍气吞声，忍耐的同时笼络大臣，等到势力大了，再将乱臣贼子一网打尽。这可算是孝庄给玄烨上的第一堂课了。

孝庄太后像

孝庄不但让玄烨忍辱负重，自己也放低了身为皇太后的高贵姿态，对四大辅臣，尤其是鳌拜向来都是刚柔并施、好言好语相对。她这样做，无非是想在这幼君继位之初，稳定朝堂。

鳌拜辅政期间结党营私，专横擅权，全不把皇上、太后及其他辅政大臣放在眼里，苏克萨哈因与他抗衡，遇事力争，被诬陷致死。因圈地事件，鳌拜尤其与玄烨的老师魏承谟结怨颇深，不时地向孝庄进言要求更换帝师，想就此除掉魏承谟这个忠良。孝庄深知魏承谟的委屈，但更知道鳌拜手中权力的厉害，故而顺水推舟表示早有换师之意，只是苦于没有合适的人选。完全没有贵为皇太后一说不二的架势，就算是鳌拜想找碴，也像是一拳打在了棉花上，完全发不出力来。但在鳌拜准备置忠臣于死地的时候，孝庄又强如钢铁，毫不含糊。之前，孝庄同意解魏承谟的职其实是想留他一条生路，等鳌拜明说想杀魏承谟之时，也是力保忠臣毫不退让。鳌拜让玄烨气愤难忍，同时也让孝庄急在心头，心里不时在暗暗地盘算着，怎样才能为自己的孙儿除去这一个祸害。

孝庄就是这样，一边安抚权臣，一边安慰孙子；同时在烛光摇曳中夜不能寐，苦思让孙儿在不利局势中站住脚的灵丹妙药。为了笼络四大辅政老臣，孝庄皇后亲自登门拜访称病的索尼，还特意为他的孙女和康熙安排了大婚，将索尼的孙女封为皇后，双方结为亲家。

索尼不肯舍命为康熙办事，但是他得为自己家族的荣辱兴衰考量。直接与皇帝攀上亲戚并不是谁都有这个资格的,所以,老了却不糊涂的索尼决定拼着自己的一把老骨头,为自己的儿孙搏上一搏。

同时,被当作政治工具的女人还有遏必隆的女儿钮祜禄氏,她也被封为皇妃。这些人物的选择都是经过孝庄精心计划的。

在为孙儿择立皇后时,孝庄舍去遏必隆之女,选中赫舍里氏,旨在防范鳌拜借镶黄旗之女成为皇后之机,进一步扩大实力,同时也是针对主幼臣骄的情况,对清朝元老索尼及其家族予以荣宠的笼络措施。孝庄此举还改变了皇太极和福临时期皇后莫不出自蒙古博尔济吉特氏的惯例。这并不意味着忽视满蒙贵族联姻政策,而是从巩固皇权、安定政局的现实角度出发,全然以大局为重,表面上只是一场场普通的皇帝选妃,却也能看出孝庄虽为深居简出的女流之辈,其实更是一个拥有着战略眼光与灵活态度的女政治家。

敌众我寡的形势迫使孝庄在之后一次又一次地频出险招,险中求准地把赌注又压在了九门提督吴六一的身上。孝庄犀利的眼睛并没有被后宫厚厚的围墙阻挡,她看清了吴六一的性格之本质,并对症下药地施以仁义与信任,而非动用金钱与权力。后来吴六一果真在铲除鳌拜时不负重托,立下大功,把决定大清命运的一场戏完美地演完。

嚣张的鳌拜怎么也不会想到自己戎马一生却栽在几个布库(满族语,意指摔跤手)拳下。

玄烨对自己的祖母充满了依赖之情,凡事不论大小,都要听取一下孝庄的意见。鳌拜下台之后,孝庄放手让玄烨治理朝政,使年少的皇帝在实践中得到了充分的锻炼。

清康熙十四年(1675年),正当三藩作乱时,蒙古察哈尔部布尔尼乘机叛乱,这对根基不稳的清政府无疑是雪上加霜,严重威胁京师的安全,康熙日不安食、夜不能寐。关键时刻,孝庄皇太后坚决果断地做出决策,全力支持康熙平乱,并且拔出宫中金帛加以犒赏三军,还向康熙推荐人才说:"图海才能出众,盍任之。"康熙定然是信任不疑,即诏图海"授以将印",领兵前往,很快就平定了布尔尼叛乱,使局势转危为安。

在祖孙二人的携手努力下,清王朝从动乱走向稳定,经济从萧条走向繁荣,清王朝在康熙王朝形成第一个黄金时代,其中包含了孝庄的一份功劳和心血。

康熙执政61年,以精勤政务而著称,每日临朝听政,批阅奏章,从无间断;更

孝庄皇太后便服像

能抛弃一己私情不惜把女儿远嫁以换大清片刻清宁。他为政宽仁，心系黎民苍生；鼓励垦荒，减免税银；雄才大略，成一代盛世，这些都与孝庄太后的言传身教是分不开的。

十天还完八年受的气

  鳌拜是满族的巴图鲁，自然也精通摔跤等运动，但是这一介武夫没想到最终会败在自己最擅长的摔跤中。

  鳌拜可以说是康熙执政以来扎在心中的第一根刺，也是最难拔的一根。他的专横跋扈已经让康熙到了忍无可忍的地步，使康熙不得不冒着破釜沉舟的危险放手一搏，为自己争取一点儿生机。令康熙无须再忍的原因还有各种反对鳌拜势力的团体纷纷集到康熙周围以寻求政治保护。鳌拜整天沉迷于权势旋涡中，他根本就不会知道康熙时时刻刻都在想着如何推翻他这个辅政大臣，如何夺回原本就属于自己的权力，如何能够亲自掌握整个国家。给康熙又加了一把油的是，满族贵族中鳌拜一代已经老去、逝去，新的一代已经形成，他们对鳌拜曾经辉煌的战绩毫无印象，只是对他的专横跋扈记忆犹新，也正是新生的这一代，成了年轻皇帝的心腹和可倚重的力量。

  让康熙下定决心除去鳌拜的是自己身边的一些侍卫。

  这些整天跟在皇帝身边的侍卫，对鳌拜的惧怕甚至大过了对皇上权威的惧怕；也有侍卫对鳌拜崇拜得无以复加，甚至还有人追捧鳌拜为"圣人"。显然，怕鳌拜和奉鳌拜的两类人明显都不是无权的康熙能够依靠的。他只能另起炉灶，训练出一支值得信任、专为自己效忠的禁卫队。当然，这里少不了孝庄太后的推波助澜，他们共同密谋，挑选了一批忠实可靠的年少有力、善扑营，又不能为鳌拜所收买的禁卫队。这一时期，索尼已经归顺康熙，并让自己的儿子索额图亲自统领这些精挑细选出来的少年们，每天在宫中练习摔跤，伴随着抓蝈蝈、捉迷藏。康熙以玩乐的行径麻痹了鳌拜一天又一天，一直到自己有足够的实力能够对付鳌拜为止。

  这群少年侍卫练习时就算是碰见了鳌拜也并不回避，越是防范敌人就越能引起敌人的疑心。玩闹中带着无比认真地专心练习。鳌拜并没有想到这场游戏其实是为他而准备的，有兴致的时候，身为满族第一"巴图鲁"的他还会亲自示范，帮着康熙给自己的坟墓挖坑掘土。鳌拜以为康熙年幼无知、天性好玩，心里不免更加得意，希望康熙再放纵一些。

  自以为高枕无忧的鳌拜美滋滋地享用着万人之上的待遇，康熙逐渐地准备好了一切。

  1669年6月14日，对于康熙和鳌拜来说都是一个命运就此转变的大日子。索尼的儿子索额图在擒鳌拜时起到了关键性作用。康熙与索额图等设下计谋，其实，他们设计的计谋很简单，就是趁鳌拜不警惕之时用摔跤这个游戏将他拿下。事后看来，康熙赢就赢在了鳌拜对他的轻视上。这擒拿的过程确实也十分顺利。

布库图

已经无法无天、目中无人的鳌拜接到传他入宫的圣谕,还像往常一样单身入宫。只是没有想到,再从宫中出来,将要面对的情景便是天上地下的差别了。康熙隐忍到现在,终于有机会能出口恶气,不成功便成仁,事到如今,再没有后路可言了。康熙把自己和祖母的身家性命全部压在一群年纪轻轻的布库身上,是有些冒险,但是风险越大、暴风雨过后的回报就越丰厚。如果把鳌拜制服就能掌握实权从而施展抱负,此赌注值得一下。

鳌拜虽然武艺高强,但是毕竟舒服日子过久了,在武功修为上难免有所疏忽,再有也确实是上了年纪的人了,加之布库们年轻气盛、有股子不怕死的劲头,人数更是占了天大的优势,不能不说这是一个也是唯一一个能够转败为胜的好机会。

朝堂之上,愤怒一并涌出心头,康熙大声痛斥鳌拜,细数其过去的种种罪状。鳌拜早已看惯了软弱可欺的康熙,不曾料到其还有这样凌厉的一面,心中不由一怔,心知不妙。但他毕竟在朝中专横跋扈久了,打心里就没看重这个年轻的皇上,很快又恢复了镇静,和康熙对峙起来。

令鳌拜意想不到的是,如今的康熙已经完全与往日不同,把自己平时的罪状通通细数一遍:违背先帝嘱托、结党私营、肆意妄为、残害忠良、欺君罔上、罪大恶极……鳌拜到了这时才发觉自己可能掉进了圈套,恐怕是劫难逃,于是心一横,攥紧拳头,向康熙扑去。事先埋伏在暗中的布库群起而攻之,鳌拜根本不能近皇帝的身。鳌拜当年冲锋陷阵,横扫千军,如入无人之境,哪里会把这几个布库放在心上。岂知这些少年早已经练得武功精湛,又早有准备,一拥而上,将鳌拜掀翻在地。

心中的这根刺终于拔掉了,眼前这个巨大的胜利并没有把康熙冲昏。鳌拜党羽众多,康熙现在羽翼未丰,虽说把鳌拜活捉却也不能掉以轻心。把鳌拜收押在狱之后,康熙以迅雷不及掩耳之势逮捕了所有鳌拜的私党,将这个盘根错节的网一并歼灭。

这天翻地覆的变化在朝野上下掀起了轩然大波,大臣们震惊于威风凛凛的鳌拜就这样栽在了一个16岁的孩子手中,又不禁为康熙的隐忍和果断行事作风感到意外。旗帜通通转向康熙,并遵照圣旨审问鳌拜,罗列了三十几条罪状,将鳌拜革职立斩,没收家产,鳌拜的党羽遏必隆等人或绞或斩,大快人心。

鳌拜与康熙再次相见于朝堂之上时,已是今非昔比。鳌拜心知在劫难逃,事到如今只希望能保住一条性命。为了免于死刑,在群臣与康熙面前脱下了衣服,鳌拜把他当年随皇太极南征北战的累累伤痕给康熙看。那是战功的标记，也是殊荣的象征，现在更是自己免于死刑的唯一筹码，他抓住了康熙心中柔软的部分。

经过了人员大洗牌的朝廷公布了处理结果：

鳌拜系勋旧大臣，受国家厚恩，奉先帝遗诏，辅佐政务，理应尽忠职守、精忠报国，不想鳌拜结党专权，紊乱朝政，欺君罔上，肆意妄为，任人唯亲，嫉贤妒能，种种证据确凿，不胜枚举。本当依议政诸王意见处以极刑，念其为国家效力多年，不忍加诛，从宽免死，革职拘禁。遏必隆知其奸恶，却明哲保身，有负先帝委任，念其没有参与结党，免其重罪，削去职衔。其余党羽宽宥免死，从轻治罪。朝廷内外满汉文武官员依附鳌拜者，都免其查处。今后当洗心革面，痛改前非，务必遵循国家法度，勤勤勉勉，尽职尽责。

8岁继位，康熙忍辱负重了8年，16岁抓准时机，雷霆万丈、气魄逼人，多年的恩怨仅用了10天时间就全面处理妥当。考虑到自己的根基不稳，对鳌拜的同党表现出了较高的容人之量，法外施仁，区别对待，从轻发落，颇得人心。此案的处理，表明年轻的康熙在政治上已经趋于成熟。

康熙掌握朝廷大权后，宣布永远停止圈地，平反苏克萨哈冤案，甄别官吏，奖励百官上书言事，由此开始了清朝历史上崭新的一页。

皇帝不发话没人敢行动

作为中国封建社会最后一个历史长久的王朝，清朝从没有放松过对可能威胁皇帝权力的弊端的防范。为此，清朝的各代统治者，尤其是前期统治者，都采取了种种预防措施。如顺治皇帝为了避免太监聚集自己的人脉体系威胁朝政，特意规定太监由内务府衙门进行严格管理，对外出的太监各级官吏都有权利进行监督。对干政、结纳官员、擅奏外事的太监要处以凌迟之刑。顺治皇帝还命人打造铁牌，录此条规于其上，警示后代遵守。

又如从清朝初年开始，朝廷就在各地的府学、县学内设立卧碑，严格控制朋党问题，顺治皇帝曾经下诏于天下，说"士习不端，结社订盟，把持衙门，关说公事，相煽成风，深为可恶，著严行禁止"。同时寻找各种机会，大肆镇压江南地主阶级知识分子，结果，明朝以来结社分党的风气得到控制。在这个问题上，顺治以后的几个皇帝也都做出过类似的举措，例如康熙曾表示，"人臣分立门户，私植党羽，始而蠹国害政，终必祸及身家"，雍正还为此写了一篇《朋党论》，告诫百官。

为了确保实权不旁落，清朝前中期的皇帝大都精明干练，勤于朝政，而且对朝政大小事务多求躬亲处理。例如康熙说，"今天下大小事务，无论巨细朕心躬自断制"。雍正的细心负责，甚至招致一些官员的抱怨，雍正帝听后破口大骂，说他们是"无知小人"，并认为他们是想蒙蔽上听才害怕皇帝英明。此后他对此事更是变本加厉的限制，"设缇骑，四出侦伺凡闾阎，细故无不上达"，还增设特务机构由自己亲自掌握。到了乾隆年间，乾隆本人依旧延续了先帝事必躬亲的做法，"亲阅本章，折中酌定"其他任何大臣都不得干预。

纵观皇权加强的发展脉络，各个朝代所采取的措施各有差异，而清朝又换了一种方式维护它。

首先，在与反对势力的各种斗争中，清朝统治者加强并发展了专制皇权。在清军入关以前和入关初期，爱新觉罗皇室内部为了争权夺利，曾发生过一幕又一幕的残杀悲剧。在当时，战胜内部诸王旗主的反对势力，是有效地打击农民军和南明王朝的前提，也是平定"三藩"叛乱、巩固全国统治的先决条件。康熙以后，清朝统治者多管齐下，大力削弱诸王旗主的势力，削减满族亲贵势力集团和议政王大臣会议的决断权利，使它们形同虚设。另外，为了进一步加强皇权，削弱诸王旗主的努力从来没有因为皇帝更替而停止过。

其次，清朝专制皇权的加强与清朝中枢机构的演变有着密切的联系。清初，议政王大臣会议是最高的中枢机构。"国初定制，设议政王大臣数员，皆以满臣充之。凡军国重务不由阁臣票发者皆交议政大臣，每朝期坐中左门外会议，如坐朝仪"。这种政治体制，会导致国家权力被少数王公贵族掌控，不利于权利的集中，也符合清朝加强专制统治的需要。后来，议政制度逐渐被内阁制度取而代之，王公旗主势力也伴随着制度的更替受到削弱而趋于衰落。

内阁制度也是专制政治的产物，是废除了宰相以后为辅助皇帝处理政务而设立。然而自1658年设立以来，内阁制度却因为统治集团内部的斗争而时设时废，影响皇权稳固。

清康熙十六年（1677年），为了集权的需要，康熙选调翰林等官入乾清宫南书房当值，称作"南书房行走"，人数不定。南书房中各位大臣的职责，除了伴随皇帝吟诗作画外，最主要的职责是遵循皇帝的意思拟写谕旨，颁布行政命令。所以他们这个团体实则是皇帝处理政务时的秘密辅助班子。按照当时的规定，出入南书房的官员都是皇帝的亲信，"非崇班贵僧，上所亲信者不得入"。当然为了调和统治阶级内部的矛盾，康熙皇帝还有意挑选一些像张英、高士奇这样的汉族地主知识分子进入南书房，显示自己的明君风范，也以此作为一种笼络人心的手段。

雍正年间，在与准噶尔部作战时，雍正为了处理紧急的西北军务，"始设军需房于隆宗门内"，挑选内阁中谨慎可靠的中书办理机密事务，以后改为军机房，又改为军机处。1729年，任命怡亲王允祥和大学士蒋廷锡、张廷玉办理机务。次年添设军机章京，满汉各8人，轮流担任皇帝指派的工作。自此以后，南书房就不再参与机密事务，又成了专司文词书画等事的清静之地。

作为封建专制主义中央集权高度发展的产物，军机处的特点是地位显赫，政务繁杂，"军国大计，罔不总揽"。而且处理迅速且机密，防范严密，绝对地听命于皇帝，没有丝毫独立行动和决策的余地。军机大臣在某种程度上只算是一个兼职，由皇帝从亲王、大学士、尚书、侍郎中指定特兼。他们的主要职责是按照皇帝意志起草谕旨，在皇帝召见过程中，没有特旨召见，其他一干人等包括侍奉左右的太监宫女，一律不得入内。

总的来说，通过中央机关的调整，清朝皇帝一步步掌握了整个中枢统治网的核心。作为上天意志的体现者，专制皇帝要求天地万物臣服于自己，绝不容许任何人和自己对立。从整个历史的角度来看，皇权的加强，关系到整个王朝的沉浮兴衰，是维护自身阶级统治的必然趋势，经济的发展、疆域的辽阔、民族关系的复杂无一不需要有一个强有力的皇权中心。

学习好的有官当

由于官僚机构膨胀，清朝形成了庞大的官僚网络。清代官书上记载说，当时全国官吏的总数是3万多人，数目远远大于宋、明两代。

作为专制主义中央集权制度的重要支柱之一，封建的官僚机构和封建军队一样都是清代王朝用来剥削与压迫人民的工具。

在当时，清人大约可以通过6种途径进入仕途。即特简、会推、荫袭、荐举、捐官和科举。

特简，是指由皇帝直接任命升任做官，这样的官员不受任何法律条例的限制。据《清会典·宗人府·宗令宗正宗人职掌》中记载，宗人府中的宗令一职常从亲王或者郡王中特简而来。

大臣之间互相推举任用的为官方式，则称为会推。清代陈康祺的《郎潜纪闻》中就曾提到过会推福建按察使的相关事宜，当时皇帝遴选天下贤德而爱民的官员，希望通过这种方式能起到不拘一格降人才的效果。

荫袭是一个家族内部的官员任用制度，按照当时的规定，凡事有功的官员，或是因公殉职的官员，他们的子弟可以在自己死后，通过荫袭得到其长父辈的官职。

荐举制度是和以上三者并行的第四种入世方式。在朝为官的人遇到有才之士，都可以通过这种方式将他们推荐给自己的上司或者皇帝。而且在众多的方式中荐举是皇帝较为提倡的一种。例如史书记载，清康熙二十三年（1684年）时"命廷臣察举廉洁官"，雍正四年（1726年）"诏诸行省举贤能吏"，乾隆时多次下令命廷臣密举贤能。

荐举有一定的条件限制和规则："九卿荐举，毋得保举同乡及现任本省官吏"。所荐举之人，在荐举成功后，做出不俗成绩的，他将连同荐主一起受到朝廷的奖赏。反之，隐瞒被荐者真实信息或者曾经罪行的人，被荐人上任后无政绩的，荐主会受到连坐处分，这就是所谓"得人者优加进贤之赏，舛谬者严行连坐之罚"。

清朝还实行捐官制度（又称捐纳），起初捐官只是偶尔用于士子"纳粟人监"的过程中，而且捐纳并不能获得实际的官职。后来，被革职的官员可以通过捐纳粮换取官复原职的机会。真正意义上的捐官制度实际上是在清康熙十三年（1674年）兴起的。当时正值"三藩"之乱，朝廷为了补给军费，便以"搂集异途人才，补科目所不及"为借口，实行捐纳制度招募军费，结果三年内收入白银达二百余万两，捐纳的知县达五百余人。后来，为了防止捐官制度的泛滥和捐官上任者滥用职权，康熙规定：捐纳官员以三年为任职期限，三年后，政绩考核称职者可以升职或者调职；相反不称职的人，则会遭到参奏罢免。

这项规定的初衷虽然是好的，但是在实际上操作中却很难得到彻底的贯彻执行。平定"三藩"叛乱后，捐官制度一度废止，但是后来清朝又遭逢西安饥荒、修永定河及青海用兵等棘手问题，捐官热潮再次卷土重来。雍正时，除道府不准捐纳，以下各官几乎皆可靠捐纳获得，而且捐纳范围从文职扩大到武职。到乾隆时文官最高可捐至道府郎中，而武官则可捐至游击，就连科举考试的贡生、监生也可以用钱财捐纳。

捐纳制度的实行，为清朝政府找到了一条增加财政收入、弥补经费不足的捷径，同时也为地主、商人、学者进入仕途提供了方法。但是随着捐官制度的无法有效遏制，清朝官僚机构不断恶性膨胀，导致官吏素质日益低下，越来越多的贪污腐化现象时常涌现。所以，清代政治腐败的弊政与此不无关联。有人说"捐一州县所赞无多，有力者子弟相沿。争为垄断，无力者称贷而至，易于取偿。官不安于末秩士不安于读书，庆志纷然，群趋于利，欲其自爱，其可得耶"，"捐途多而吏治益坏"。

最后，科举才是众多入仕方式中的正途。从隋文帝开始，中国古代的封建政府大都沿用科举制度，并以此作为选拔官吏的重要途径。在明朝时，科举分乡试、会试和殿试，能否考中完全取决于考生八股文写作的优劣。清朝沿袭明制并稍做改善，继续推行科举制度，以此作为培养和选任官吏的主要渠道。

清人参加科举考试，依次要参加童试、乡试、会试和殿试。参加童试的人，称为童生或者儒生，目的是通过此种考试获得秀才资格，继续参加其他的正式科举考试。

三年举行一次的乡试考点设在各省省城。具有秀才资格的人方能参加乡试，考中后的秀才可荣升为举人，举人又有解元、亚元之别。

会试会被安排在乡试后的第二年春天举行，考场一般设在礼部，故又称会试为礼闱，或春闱。参加会试的举人高中后被称为贡士。

殿试是科举考试的最后阶段。此次考试由当朝皇帝主试，主考策问。通过殿试的贡士统称为进士。进士根据三甲录取的名额又分第一甲进士及第、第二甲进士出身和三甲同进士出身。为现代人熟知的状元、榜眼和探花，实际上是第一甲的前三名，合称为三鼎甲，可直接进入翰林院供职。

而二三甲的进士可以在此报考翰林院庶吉士的职位，当时称为"馆选"，考中者可进入翰林院读书，为以后做高官做准备。不中者朝廷则会量才另授其他官职。

在科举考试方面，清代沿袭明制，以八股程式为考试的主要内容。考官会从四书五经中拟出试题，并要考生严格按照相关的思想要求、段落格式作答，不得进行多余的阐释发挥。因此，八股取士实则是统治者禁锢知识分子思想的一种手段。

康熙年间，为了招揽人才，缓和汉族士大夫的敌对情绪，扩大统治基础，考试科目增加特科，如博学鸿词科、经学特科等，多是在康熙、乾隆南巡时特别设置召试。1678年开"博学鸿词科"，考生先由内外大臣荐举，不分已仕未仕只要有些声望的一律录取，历史上这次被取用的50人中有名士朱彝尊、汤斌、潘耒、毛奇龄、尤侗等人，都被授以翰林院官职，后来有人称这次特科为"得人极盛"。

广泛推行科举制度不仅为清朝选拔了众多维护本朝统治的人才，也在一定程度上扩大了清朝政权的统治基础。

清朝官吏的任用方式有以下几种：

署职：初次任官两年或三年后，考核称职者会被朝廷再次授以实权。

兼职：即一官兼任多个职位，比如大学士例兼尚书，总督兼兵部尚书、右都御中。

护理：一人同时集一个较低的官职和较高的官职于一身的称为护理。

加衔：在自己原本官职的基础上被追加品级稍高的官衔，如以道员加布政他衔。

额外任用：皇帝特殊的优遇，如康熙年间，徐元梦因翻译成绩优异，皇帝特别授额外内阁侍读学士的职位。

革职留任：一个官员虽然被革职了，但依然留任处理原来职位的主要事务。

在这方面，清政府对汉族官员和满族官员是区别对待的。所以有时会为了维护满族官员的特权，而在官员的民族上做出限制。由此可见，清政府既需要借助汉族官吏的才力进行统治，又害怕他们结成势力集团与满族亲贵对抗，因此在任用汉族人的同时又加以防范，在任用制度之外建立"回避制度"和"连坐制度"。

按照"回避制度"条例规定，汉族官吏不能在故乡所在省份任职，而且在与此省周边的五百里以内，也要回避；选补外任官员如果和他的上司有宗族亲戚关系的人，按理当回避，目的是避免汉官利用乡土亲族关系，结成势力集团占据一方，犯上作乱。

所谓的"连坐制度"是指高级官吏荐举低级官吏，如果被荐者有罪，荐主也要受处分的一种规定。在具体的施行过程中，只要其中一人出现问题，不管上下级官员有荐举关系与否，都要负连带责任。

清朝初期，政府对官吏的资格限制比较严格，按照当时的规定，充任官吏的人必须家族清白，没有犯罪前科，而且八旗以下的人、汉族人的家奴和随从均没有机会进入仕途，有些官职如詹事府、翰林院、吏部、礼部各司郎，还对谋职者的科举成绩有严格的有求，只有科甲正途出身的人才能担任以上职位，而且这些职位是不可能通过保举或捐纳等手段和途径获得的。

在整个的官僚体制中，考核制度是其中的重要环节。一般情况下，地方官的考核成为"大计"，每三年举行一次。京官的考核叫"京察"，主要根据他的政绩情况，决定其去留和劝惩。具体的考核方法，分为三个步骤。

首先，地方总督、巡抚和三品以上的京官要亲自述职，陈述为政期间的相关得失，考核方法是地方总督巡抚、京官三品以上自陈政事得失。其次，由吏部、都察院根据他们的陈述做考核。最后，考核结果为一等的官员，官品加一级，地方官员考核不合格的将受革职处分，而且还不会有官复原职的机会。在这个过程中，如果有代替考核、徇私者都会根据当时的保举连坐法规受到相应的惩处。可是，整个考核流程，无论京察还是大计在实践中大都流于形式。

第三章
平三藩，统台湾，定边疆

引清入关，吴三桂背叛了明王朝，也背叛了李自成。身为大清王朝的平西王，吴三桂再次举起了反旗。昔日的功臣成为今朝的逆贼，云南、广东、福建，三藩纷纷起兵反清，不为复明，只为称帝。刚刚亲政不久的康熙，该如何面对？明朝最后的残党远避台湾，宝岛之上的小朝廷依然打着朱明的旗号。国土不复，江山不全，一代大帝康熙当做何抉择？

吴三桂，你别太得意

清初，为了充分利用汉族降将的力量，同时也是为了稳定人心，先后封了四位汉族人藩王。他们不是别人，正是最早归顺大清的定南王孔有德、靖南王耿仲明、平南王尚可喜以及对清朝入关起了关键作用的平西王吴三桂。耿仲明死后，其子耿继茂承袭了爵位；孔有德死后无子，爵位被解除。从这以后，清朝令吴三桂镇守云南、尚可喜镇守广东、耿继茂镇守福建，耿继茂死后，其子耿精忠继位，"三藩"正式确立。

吴三桂、尚可喜、耿继茂本是背叛明朝之人，但是却由于清朝初时的特殊情况而摇身一变成了清廷所不能不重视的开国功臣，并且封为镇守边疆的藩王。虽然天下之大莫非王土，但是也确实存在着皇帝所看不到的地方。天高皇帝远，独踞一方的三藩军力日渐强盛，势力、权力增大的同时，他们的个人野心也越发膨胀。到康熙帝继位时，三藩已经成了朝廷的祸患，本是穷山僻岭的三藩个个富甲天下。

尚可喜在广东凿山开矿、煮海贩盐，对朝廷不交一文税金，所有的收入都中饱私囊。他还利

尚可喜像

用地理位置垄断清政府的对外贸易，大肆走私，从中牟取暴利。耿精忠袭爵后，比起这些老一辈的手段也并不逊色，不但在福建这块肥土上横征暴敛、勒索银米，还将各地的奇珍异宝肆意搜刮到自己门下。

吴三桂就更不用说了，他在云南公然圈占公田，私自大兴土木，还对一些名贵的土特产实行专行专卖政策。而且还自己制造起了钱币，流通各省，取名为"西钱"，反大清之心可谓路人皆知。当时人称吴三桂"庄佃众多，铺税千万两，仓库里金银布帛堆积如山，厩圈中骡马牛羊畜之如林"，富可敌国，无与伦比。

然而就算是这样，三藩仍然每年都理直气壮地向囊中羞涩的康熙要大把银子，美其名曰保卫边疆的军用必要开支。国家的财政收入，绝大部分用于三藩开支，仅云南一省每年就不下数百万两饷银，即使倾尽国库也难以供应。

不仅如此，连朝廷才能有的驻防地上的人事任用权，三藩也贪得无厌地操控于手中，只要是他们提名的官员，连地方总督、巡抚都不得干预。虽然没有得到朝廷的正式授权，但是三藩行使的大半权利已经不由得别人"说三道四"了。

纵是这样也不满足。吴三桂上书康熙，白纸黑墨地要求朝廷让云南、贵州的官员都听任吴三桂的差遣，意思就是想要自己手中的王权仅次于皇帝，其他官员都要听他的指令。当时的康熙还没有足以震慑住三藩的实力，不敢得罪他，只好答应。即使康熙已经如此退让，吴三桂还是进一步要求自己的管辖之内不受朝廷吏部的安排，由吴三桂自行来任命官员，一时号称"西选"。

康熙并不是不知道三藩的所作所为，眼看着三藩势力的扩展逐渐无法控制，清廷采取笼络策略，下嫁公主，试图以此安抚、稳定三藩几年，直到康熙有铲平他们的实力为止。吴三桂之子吴应熊娶了顺治帝之妹和硕公主。尚氏的两个儿子之隆、之孝，耿氏的两个儿子昭忠、聚忠，也都各为额驸。就这样，三藩的人成了半个朝廷的人，信息来源更加广泛、可靠，反倒是方便了三藩恶势力的蔓延。

清朝设立三藩本就是为了安宁边疆，免除朝廷的后顾之忧。然而在三藩手中的权力逐渐增加之后，对权力的欲望也逐渐膨胀起来，逐渐走上了与中央集权政府相对立的道路，成为分裂割据中央集权的军阀势力。由于初入中原，政权不稳，清政府对三藩的行径虽明知，却有心无力，只能着意安抚，致使三藩逐渐独立于朝廷，甚至想取代朝廷。

面对三藩强大的武装力量和雄厚的经济实力，朝廷实在是束手无策。政局不稳、国库空空，面对此情此景，清政府最怕的其实就是打仗。军事开支实在是个无底洞！国势刚刚稳定，如若再陷入战争的话，很可能会步前朝的后尘。因此，面对三藩的一次次挑衅，康熙也只能采取睁一只眼闭一只眼的策略。

其实，清政府面对这样的窘境也不是没有想过对策，不但想过，而且还实实在在地出台过一系列的政策。"更名田"就是其中之一。

在双方僵持不下之时，吴三桂的旗帜又忽而转向大明王朝，在反清复明的口号已经慢慢消淡的情况下，他又举起了这个旗帜。显然，吴三桂已经下定决心想要脱离大清的控制。这时候康熙就是再顾及国家的整体局势也要破茧成蝶，不能再继续忍气吞声了。

何况，三藩问题也确实已经成为清王朝对全国实行有效统治的一大毒瘤，其解决办法已经在康熙帝的脑海中日渐成熟，并把它与治河、漕运视为并重的"三大事"。康熙清醒地意识到，吴三桂绝非宋朝功臣可比，乃是唐代藩镇之流。他密切注视着局势的发展，准备寻找适当的时机除去三藩。

狐狸尾巴终于露出来了

吴应熊，吴三桂的儿子。清王朝的皇室当初为了笼络三藩，不惜把格格们许配给了三藩的子孙们，吴应熊也是其中之一。许之与他的正是康熙的亲姑姑和硕公主，也可以看出吴三桂确实得到了清政府的"厚待"。吴应熊虽然已经是驸马身份，其本质上却是清政府牵制吴三桂的重要筹码。康熙以为只要有吴三桂的儿子在京城，就不怕他再一次叛变造反。可惜的是，他再一次错估了吴三桂。

随着康熙与三藩之间的关系越来越复杂，吴应熊也自知脑袋会随时不保。但是他的去留问题已经不是自己能够控制的了，作为牵制吴三桂的唯一筹码，康熙是不会轻而易举地放走他的。

被封为平西王的吴三桂俨然已是一方霸主。无皇帝之名却有皇帝之实，刚刚亲政不久的康熙皇帝年纪尚幼，对他无可奈何，只得一忍再忍。

双方都在酝酿、积聚、等待，一直到康熙真正掌握了朝中大权。三藩对清政府百般刁难，康熙再也无法容忍那些手握重兵的藩镇势力，决心拿镇守广东的平南王开刀，探探吴三桂的口风。而吴三桂并非粗枝大叶的一介武夫，在康熙削藩的同时也在极力保住兵权，掌握军队，以图自固，完全把吴应熊置于脑后，权利面前亲情也变得微不足道。

一方是权欲无限膨胀，一方是有意识地歼灭重镇羽翼，两股强大的力量相互碰撞，冲突势不可免。不言自明，朝廷与吴三桂等人各怀心事。想来吴三桂也是一个成大事的"大丈夫"，亲生儿子的性命不顾不说，还积极发挥儿子在京城的能量为自己服务，让吴应熊四处用金钱收买人心，好为吴三桂服务，这无疑在加速吴应熊的死期。

不过吴应熊毕竟是吴三桂的亲儿子，吴三桂不能不对儿子的处境有所考虑，所以特意把自己的亲信胡心水放到吴应熊的身边，让他代为照料一切事。这样，胡心水便成了吴应熊额驸府的大管家，府中日常事务都由他来悉心照理。

吴应熊也唯父命是从，明知自己在父亲眼中的角色，可还是一心一意地为父亲买情报、传消息。虽然康熙有所防备，但无奈吴氏"众人拾柴火焰高"；导致吴三桂的情报机构异常灵敏，甚至对朝中的一举一动了如指掌。

此时的吴三桂早已不是满族人的功臣，也不想继续做一名回头是岸的清臣，他想

吴三桂颁发的兵部票　清

自己能够也有一个皇帝的头衔,彻底改变自己浮萍一样的命运。吴三桂知道康熙年纪虽小,但不是个好惹的人物,当年铲除鳌拜的情形还记忆犹新,自己的所作所为势必会让康熙把矛头指向自己。等到康熙羽翼丰满之后对付自己,还不如在他成熟之前就先下手为强,于是,吴三桂亲率大军反了。

清康熙七年(1668年),吴三桂明目张胆地反叛清廷,而作为人质的吴应熊当然不能幸免。虽然吴应熊的妻子、康熙的亲姑姑在孝庄与康熙面前哭诉求情,也没能免吴应熊一死。吴应熊死后,康熙皇帝经常下诏慰藉公主,谓其"为叛寇所累"。

作为大清的大功臣,吴三桂在云南称王称霸,虽不是皇帝却胜似皇帝。吃、穿、住、行、用都是好的不说,荣耀的光环也是加了一圈又一圈。面对如此强大的财势与权势,却不知足,吴三桂在康熙最为困难的时候,仍不知体恤地向小皇帝提出百般要求,以此来挑战康熙的忍耐极限。而康熙作为一位较有作为的皇帝,清除了鳌拜集团后,在这一时期除了没有统一台湾外,反清力量已剿灭殆尽,云南的动荡局势也已平静下来。这样,拥有强大武装力量的三藩的存在就成了清廷的心腹大患。以至于康熙少时,就认为"三藩势焰日炽,不可不撤","以三藩及河务、漕运为三大事,夙夜廑念,曾书之宫中柱上"为警戒。但是,虽早有撤藩之意,但康熙又虑及"三藩俱握兵柄",不敢贸然采取行动。所以说,吴三桂的悲剧命运还是源于自己给康熙送去机会。

早知今日何必当初

吴三桂留在京城的儿子吴应熊被康熙处死,是"三藩之乱"的转折点。双方的底牌已经亮开,再无其他顾虑。在吴三桂首先出兵之后,清康熙十五年(1676年)冬,康熙迅速调动全国的军事力量向吴三桂扑来。清军声势浩大,吴三桂也不甘示弱,双方陷入了对峙阶段。

自清康熙十二年(1673年)十一月至清康熙十五年(1676年)四月,战乱不断扩大,吴三桂出兵凶猛,而康熙自然也是不甘示弱。两军在斗争中各有得失,但是,令吴三桂没有想到的是,自己的盟友会出卖自己转而投向康熙,使他在战事开始时的优势逐渐消失。

康熙的一生是由一个又一个挑战与考验所构成的。这些考验是他的祖父、叔祖父和父亲留下的，已经积累了30年的历史包袱，各个都沉重万分。"三藩"问题是随着鳌拜的落幕接踵而来的。康熙帝在处理这一系列的问题上表现出一位杰出政治家所应具备的素质。

康熙帝与吴三桂的争斗进行了8年之久，在大半个中国进行了一场大的是与非、成与败的博弈。一方是20岁未经征战的康熙帝，另一方是62岁身经百战的吴三桂。但是战争过程中，两人所表现出来的勇气和智慧却与他们的年龄和阅历完全成反比。康熙所表现出的坚定、镇定、淡定是吴三桂所不能比的。

康熙帝与吴三桂博弈的结局早已注定。吴三桂在此时走到了生命的终点。

1678年，虽然吴三桂自觉气数已尽，马上就要被清军攻破，但是，折腾了一辈子总还是想要把自己那个最初的梦圆上。于是66岁的吴三桂等不及最终完成他的王图霸业，在衡州称帝。但这一冲喜的举动却未能改变叛军的困境。吴三桂只享受了几天，就在连连失利的战势下郁郁而终了。

吴三桂死了，他所带领的军队便是群龙无首了，清军趁机发动进攻，余众纷纷出降，三藩之乱终告平定。

吴三桂的两次叛变给他带来的后果确实大不相同的。第一次背叛崇祯，换来了大清的礼遇和善待。如果没有他后来的再次叛变，后人对他的评价也不至于如此不堪。大明朝昏庸至极，被清朝所取代是历史前进的必然结果；第二次背叛康熙，却是吴三桂的一大败笔。清朝当时正处于蒸蒸日上的繁荣阶段，这时反清纯是反社会发展的。而且各种条件集合起来也并没有给吴三桂带来多少胜算，反而处处都是败笔。

吴三桂与康熙对峙之时，已经是一个老人了，垂垂老矣，无论是精力还是计谋上都不是康熙的对手；还有，这时候人们已经普遍接受了清政府的统治，吴三桂的反叛本身就是一个逆社会发展之举，必然得不到广大人民群众的支持。所以，他的失败是必然的。而康熙自身的实力的确是不容小觑的，康熙身上的品德和智慧是吴三桂最终败北的另一个重要原因。

三藩反清之初，清政府连连失利，康熙在危局中表现出的镇定自若着实让人刮目相看。首先将吴三桂的罪状公布于众，得到民众舆论上的支持。接着又不顾姑姑的哭诉处死了自己的姑父、吴三桂的儿子吴应熊，在士气上打击了敌人，激励了清军。

吴军与清军之间的较量不分伯仲之时，康熙为了稳定惊恐的军心，镇定自若每日游山玩水，给士兵们吃了一颗定心丸，他的坚定决心和平静心态，对于稳定大局和安定人心，起了很大作用。在战略上也展示了他惊人的谋略，虽然吴三桂打出的是"反清复明"的旗帜，但是康熙没有因此而孤立汉族兵将，反而大力重用，这更加鼓舞了军队的士气。再加上康熙肯听取他人意见不一意孤行，这更使胜利的脚步如虎添翼。

为康熙增加胜利筹码的还有"正义"这个词，显然，吴三桂在这点上是丝毫不占优势的。

在吴三桂称帝之前，也许还有其两次叛变的理由，乱世，本来就是一个容易让人迷失的背景，似乎所有的故事都能找出原因。情势所迫、杀亲之仇都是吴三桂洗清罪名的筹码,但是,吴三桂所有的"无奈"却在他称帝之后无所遁形,权力的欲望与野心也都昭然若揭,公之于世。所以,吴三桂与康熙之间的三藩之战,首先丧失了正义的筹码。

吴三桂反清,当然也得不到汉族人的支持,因为他在云南虐杀明永历帝。所谓得民心者得天下,吴三桂在民心上就先失了一招。

三藩之中,本身也不是同心一致,吴、耿、尚三人各怀鬼胎,内讧不断,彼此不能合作。和康熙打了几年,形势变得对"三藩"越来越不利,这时候其他两藩的天平就开始倾斜了,毕竟康熙主要对付的还是吴三桂,福建耿氏首先降清;紧接着,尚氏也投降朝廷。吴三桂孤军奋战又能有胜算几何?

清康熙二十年(1681年)十月二十八日,清军进入云南昆明。吴三桂虽然已经死去,但是也被掘坟析骸,刨棺戮尸。吴三桂的子孙也被斩尽杀绝。捷书传到北京,康熙帝作《滇平》诗纪念:

洱海昆池道路难,捷书夜半到长安。
未衿干羽三苗格,咋喜征输六诏宽。
天末远收金马隘,军中新解铁衣寒。
回思几载焦劳意,此日方同万国欢。

三藩平定,并不意味着康熙帝自此之后便可高枕无忧。在东南的海中,还有一处本应属于大清的领土孤悬海外。寸土不收,康熙帝就寝食难安。

郑成功治理台湾有一套

有一个故事在民间广为流传:有一天,郑成功带领将士去访问高山族一个部落时,从欢迎的人群里走出4个人,他们各自端着一个盘子,里面分别放着金、银、野草和泥土,献给郑成功。郑成功看了看面前4个盘子里的物品,略加思索后笑着对高山族同胞说:"我到台湾来是为了驱逐荷兰侵略者,收复国土,不是为了要金银的。"说完后,他只收下了野草和泥土,却将盛有金、银的盘子还给高山族代表。这个消息很快传遍全岛,使高山族同胞深受感动。

唯台湾所祀之王爷,自都邑以至郊鄙,山陬海澨,庙宇巍峨,水旱必告,岁时必祷……是果何神,而令台人崇祀至于此极耶?顾吾闻之故老,延平郡王入台后,辟土田,与教养,存明朔……精忠大义,震曜古今。及亡,民间建庙以祀,而时已归清,语多避忌,故闪烁其词,而以"王爷"称。

——《台湾通史·宗教志》

郑成功在台湾确实有着极高的地位,台湾人认为郑成功是开拓台湾的第一人,对他怀有深深的敬意,而郑成功又因为为大明王朝保留了最后一块根据地,被赐姓朱,又获封延平郡王。因此台湾人将他视作全台湾的守护神,四时八节,香火不绝,并称他为"延平王""延平郡王""郑延平""开台始祖""开山圣王""开台尊王""国姓爷""国姓公"等。在台湾,几乎家家户户都供奉着郑成功的神像。

明代以前,台湾还是一块未经开发的处女地。主要人口是数万少数民族,实行刀耕火种的原始经济。荷兰人占据台湾时期,仅将台湾作为殖民地,掠夺当地的丰富资源,对台湾的经济发展毫不注意。当郑成功收复台湾后,对台湾进行大规模改造和开发。

郑成功首先统计核查了台湾已开垦的田地,编审田籍;并仿效大陆的政治制度,在台南市建立承天府、在嘉义建立天兴县、

郑成功观骏图

高雄建立万年县,并挑选官员全权负责行政管理和经济开发。这一措施,为台湾的发展奠定了坚实的政治基础;台湾地区由于人口稀少,缺乏农业劳动力,郑成功又推行了屯田制度,组织所属官军组成三十多个农垦区,开垦大量荒地;除此之外,他又大力鼓励东南沿海地区的无地少地农民移民台湾,极大充实了台湾的劳动力。而这些人口聚居区在日后也形成了台湾早期城市的雏形,有力地推动了台湾经济的发展。此外,郑成功还大力弘扬传统文化,在台湾推行儒家教育,传播大一统的思想。

郑成功一直希望能够以台湾为基地,最终实现他反清复明的凌云壮志。为了这一目的,也为了抵御当时已经将触角伸向东南沿海的西方列强,他大力推进军事建设,建设碉堡据点,操练水师,增强海防能力。郑成功在台湾的军事建设,有效地保持着对西方列强的军事优势,使他们在很长一段时间内都不敢觊觎中国东南沿海。从这一点上说,郑成功功莫大焉!

台湾作为一个多民族地区,自古以来就生活着包括众多支系的高山族人民。郑成功在开发台湾的过程中,并没有像传统封建王朝一样将其视为不开化的蛮夷,而是对其平等相待,一视同仁。他多次率领文武百官访问高山族各部落,并且对欢迎他们的高山族人民设宴款待,赠送大量礼物;不仅如此,郑成功还派专人向高山族传授先进的农业技术,帮助他们提高生活水平,并经常和高山族头人来往,交流甚为紧密。在郑成功的努力下,台湾的经济、社会发展也甚为迅速。

遗憾的是,由于长年的风霜劳累,戎马倥偬,又加上台湾气候湿热,瘴气众多,

郑成功收复台湾仅仅半年后，就英年早逝，享年仅38岁。虽然他的儿子郑经和孙子郑克塽没有他那样的雄才大略，但也能够扎扎实实地继承郑成功推行的各项政策，并加以优化和发展。在郑氏祖孙三代的苦心经营下，台湾不再是孤悬海外的不毛之地，而是地肥水甜五谷香的宝岛。多年以后，当清代中期出现沉重的人口压力时，台湾更吸引着大量农民前往耕作繁衍。据统计，到清末时，台湾已有210万人口，再加上它得天独厚的地理位置和气候优势，台湾已经成为重要的经济区。

揭开陈近南的真实面纱

"为人不识陈近南，便称英雄也枉然。"金庸在其《鹿鼎记》中绘声绘色地描写了这位天地会的总舵主、堪称一代英豪的陈近南。

《鹿鼎记》中的陈近南，是历史上确实存在过的一号人物。当然，他不是韦小宝的师父，至于"天地会"总舵主这一身份，也只是民间传说。真实的陈近南，乃是有"台湾卧龙"之称的陈永华。

陈永华，字复甫。他的父亲陈鼎乃是明天启七年（1627年）的举人。李自成攻破京师、崇祯帝自缢煤山之后，陈鼎不愿为清朝官，选择了回到家乡同安务农。

后来，郑成功攻克同安（今福建省厦门市同安区）。素闻陈鼎之名的郑成功当即拜陈鼎为教谕，陈永华被补为博士弟子员。

不久之后，同安再次沦陷于清军之手，不愿做亡国奴的陈鼎自缢于明伦堂。

同安城破，陈永华出逃。他终于明白儒生的一杆笔究竟比不上大刀长矛，一个人的奋死相争终不及天下响应。于是下定决心放弃儒生事业，以天下事为己任。

此时的郑成功已经占据厦门，意图以厦门为基地，再造明朝山河。

再造山河，人力资源颇为重要。郑成功揽才的命令一下，永历朝的兵部侍郎王忠孝便将陈永华推荐给他。

陈永华为人沉稳，不善言辞。不过要是谈论议论时局形势，便变得慷慨激昂，侃侃而谈中切中要害；处理事务颇有定力，果断有识，不为他人所动，而一切疑难，都会在他手中迎刃而解。郑成功与他相见恨晚，并坐谈论时事，终日毫无倦意。郑成功兴奋地赞赏陈永华："复甫，真乃当今卧龙也。"不久之后便授其参军一职，以宾礼相待，待到退守台湾之后，陈永华的女儿又嫁与了郑成功之孙郑克塽为妻，两家结为姻亲。

跟随郑成功之后的陈永华颇领知遇之恩，对郑成功的复明大业鼎力支持，尽心辅佐。

郑成功不甘心只保厦门，他的目标是复明，是再拥朱氏帝王重掌中华江山。因此，他便产生了北伐之意。

但军中众将对此纷纷表示反对，认为按目前的实力对比来说，北伐无异于以卵击石，不能毕全功。当今之势，还是应韬光养晦，积蓄实力，避免与清军的正面交锋。

诸将纷纷否定郑成功的北伐之念,唯有陈永华据理力争,赞同北伐。他认为,此际的清朝刚刚入主中原,立足未稳;兼之国内反清之势高涨,正可利用。一旦假以时日,清军羽翼已丰,国内局势渐趋安稳,再行北伐,必定困难重重,胜负难料。

郑成功闻言大喜,决意北伐。命陈永华辅佐世子郑经留守厦门,自率大军北伐。临行之时,郑成功告诫郑经:"陈先生乃当今名士,留下他辅佐你,当待之以老师。"

然而郑成功所发动的两次北伐虽取得了一定的功绩(曾一举攻克军事重镇镇江),但在攻取南京之时,中了清军南京守将的缓兵之计,被城内的清军联合援兵杀得大败,损失了大半兵力,多员猛将也战死沙场。郑成功又悔又恨,无奈之下,班师撤回闽南。

北伐失败,郑成功开始考虑另辟蹊径,经过对局势的分析,决意在台湾再建根据地。郑成功收复台湾后,陈永华被任命为咨议参军。

在郑成功兵发台湾的同一年,被关押在牢狱之中的郑芝龙及郑家14口被清朝统治者统统处死。郑芝龙更被凌迟残杀。降清的黄梧又向清廷建议"掘郑氏祖坟以泄天下之愤"恶毒计策。清廷根据他的建议,毁郑氏祖坟,将掘得的骸骨肆意侮辱。消息传至台湾,郑成功悲痛欲绝。

1662年,郑成功离世。

郑成功辞世,世子郑经继承王位,对自己的亲家陈永华更为倚重,每逢军国大事必向他请教,而陈永华也尽心尽力地辅佐郑经。郑成功去世的第二年,陈永华被晋升为勇卫,并加监军御史之职。

在台湾,陈永华设屯田,兴教育,制定一系列行之有效的政策,有力地促进了台湾的发展。

1681年,陈永华病逝。清翰林学士李光地听说陈永华病逝,向皇帝上疏祝贺说:"台湾长久以来没有被统一,主要是由于陈永华经营有方。今上天讨厌战乱,让他殒命,从此统一台湾将指日可待。"由此可见陈永华在台湾的重要地位。果不其然,没过三年,清政府统一台湾。

敬酒不吃吃罚酒

郑成功英年早逝,与清王朝折冲樽俎的重任落在了他的儿子郑经肩上。与乃父不同,郑经虽然也打着反清复明的旗号,但却完全没有郑成功那样的宏图壮志。面对清朝咄咄逼人的态势,郑经居然提出"以外国之礼见待,各不相犯"的条件,此时的郑氏王朝已经完全违背了郑成功的遗愿。

康熙作为一名雄才大略的君主,自然不会允许郑经如此胆大妄为。不过,清军大多出身北方,策马奔腾纵横驰骋是其所长,而登船渡海则一无所知,想要训练一支具有战斗力的水师,在短期之内几乎是不可能完成的。因此,康熙最初希望能够通过和谈的方式将郑经招降。

清康熙二年（1663年），刚刚继位的康熙遣使赴台湾与郑经谈判。郑经知道清王朝新君继位，又是一个小娃娃，难免生出轻视之心。他趁势提出了以下的要求：将台湾视为同朝鲜一样的属国对待，台湾军民不剃发、更改服饰。显然这是清朝官员绝对无法容忍的，最终谈判破裂。

自此之后，康熙忙于平定三藩之乱，之后又经过了一段漫长的休养生息的时间。其间，康熙实行坚壁清野的海禁政策，尽量断绝台湾和内地的联系。这一招确实收到了奇效，台湾虽然在郑氏王朝时期取得了长足的发展，但并不足以支持庞大的军事开支，逐渐应接不暇。康熙趁机派兵攻克了厦门、金门二岛，郑经只得下令放弃所有大陆沿海岛屿，全军退守台湾。

深谙软硬兼施之道的康熙这时又举起了招降的旗帜。派福建总兵孔无章前往台湾说降郑经，并许诺可以册封其为"八闽王"，并管辖沿海诸岛。谁料早已放弃反清复明的郑经自恃海峡天险，第二次拒绝了康熙的提议。

清康熙二十一年（1682年），福建总督姚启盛再次遣使赴台和谈，这一次郑经着实感到了来自清朝的压力。确实区区一岛是无法抵挡倾大陆之力的进攻的，郑经决定奉大清为正朔，接受大清的爵位，但他仍然拒绝剃发和更改服饰。消息传到京城，康熙深为震怒，在他看来，只有剃发易服，才标志着台湾真正臣属于清朝，否则它就真的和朝鲜、安南等属国毫无二致，这是一心一统中华的康熙绝对不能接受的。于是，第三次和谈再次破裂，至此康熙已经下定决心，要武力统一台湾了。

连番几次的和谈失败让康熙意识到，光有文事不足以让郑经屈服，还需要拥有强有力的武备。因此康熙开始大规模兴建水师，建造规模和强度都足以进行渡海作战的大型战船。而当时清廷，这方面的人才却极其稀少。幸亏施琅，清廷才有可能建设一支强大的水师。

施琅曾经是郑成功的得力助手，但由于性格上的冲突，二人嫌隙渐生。施琅由于屡次得罪郑成功，不得已从厦门逃到南安，希望郑成功的二叔郑芝豹为二人化解纠纷。郑成功却以为施琅是负罪逃窜，因此便派人追杀。谁知杀手未能成功刺杀施琅，又担心回去无法向郑成功交差，便谎报军情，说施琅已和清军勾结，因此无法下手。郑成功听闻此言大怒，竟然没有详加调查，就武断地认为施琅已然谋反，便下令将施琅的父亲和兄弟杀害。施琅得此噩耗，也对郑成

施琅因平台有功，被康熙皇帝敕封为"靖海侯"。靖海侯府位于福建省晋江市龙湖镇衙口，现为施琅纪念馆。

功切齿痛恨,遂投降了清朝。

施琅降清之后,被任命为福建水师提督,又被封为靖海将军。施琅一心想早日攻克台湾,为父兄报仇。从康熙初年起,他就不断上奏,请求武力解决台湾问题,但当时朝廷正集中力量解决"三藩之乱",并没有余力顾及台湾。直到清康熙二十年(1681年),"三藩之乱"最终平定,而郑经也恰巧于这一年去世,其子为争夺王位展开了血腥的斗争,台湾政局动荡不已,虽然最终由郑克塽继任,但已是元气大伤。施琅此时虽然已经从水师提督任上被撤职,但却再次上疏,强烈要求"当乘其(指台湾郑氏政权)民心未固、军情尚虚"时,"进攻澎湖,直捣台湾"。

施琅的奏折,和朝中一些官员的大力推荐密不可分。先是福建总督姚启圣向康熙力荐"才略优长,谙练军事"的施琅,后来康熙的宠臣、大学士李光地在康熙向其征求对福建水师提督人选的建议时,又两次推荐施琅。他认为施琅"海上路熟,海上事他亦知得详细,海贼甚畏之",而且"海上世仇,其心可保。又熟悉海上情形,其人还有谋略,为海上所畏"。有这两位重臣的推举,康熙又亲自接见了施琅,听取了他对平台方略的看法和意见。施琅侃侃而谈,康熙深为满意,当即同意了施琅的计划,并重新授予施琅福建水师提督之职,加太子少保。赴福建操练水师,伺机进攻。

经过两年的训练,大清水师已初具规模。清康熙二十二年六月十四日(1683年7月8日),施琅亲率500余艘大小战船,共2万余名水兵,乘北风劲吹之际,从东山岛出发,进逼台湾门户澎湖列岛。郑氏王朝惊闻这一消息,连忙派出舰队迎敌,但却不是训练有素的施琅的对手。澎湖一役,施琅大获全胜,夺取澎湖列岛。此时台湾岛已是门户大开,彻底暴露在清军的战力之下。

施琅深谙康熙"以战逼和"的策略,因此他攻下澎湖后并不急于进攻,而是一方面安抚澎湖百姓,另一方面又向郑氏王朝抛出了和谈的橄榄枝。郑克塽年纪尚小,国事由大将刘国轩掌握,自知大势已去的刘国轩见施琅如此,自然也乐得答应。于是郑克塽遣使送降表至施琅军前,郑氏王朝宣告灭亡。

康熙帝长舒一口气。然而伴随一个王朝新生而来的,总会让一国之君为之无暇寝食。当东南之事已了,康熙不得不再把目光投向东北那片大清龙兴之地。

纯属正当防卫

1632年,沙俄扩张至西伯利亚东部的勒拿河流域后,建立亚库次克城,作为南下侵略中国的主要基地。从这以后,辽东地区就承受其连续不断的骚扰和掠夺,由于沙俄人口稀少,所以还大量掠夺中国人口,制造民族纠纷,从中渔利。

17世纪的俄国是一个封建农奴制国家。为谋求商业资本的积累,掠夺更多的生产原料,便开始积极向东侵略扩张。

沙俄的发展史与蒙古各部有密切的关系。在13世纪的时候,蒙古部族征服了沙俄各国，并且建立了钦察汗国，而莫斯科大公却在这个时期坐收了渔翁之利，通过贿赂蒙古部族统治者接手了沙俄的政权，并将全沙俄东正教牧首迁到莫斯科，这就形成了沙俄的最初原型。莫斯科公国的文化、地位与实力在之后发展中逐渐超过了周围各个古沙俄国家，并且毫不手软地击败了最初被他们贿赂过的蒙古部族军队，获得了真正的自治权，自此，沙俄民族的第一个中央集权国家才算正式建立。莫斯科也成了罗斯各公国中文化最先进、人口最多、军事实力最强大的国家。此后，莫斯科便走上了征服、同化周围民族的道路。此后的400年间，莫斯科公国先后消灭了周围的一些国家，而且把这些国家的人民都融合到了沙俄族中。

在沙俄的历史上有一个和康熙大帝同样举足轻重的人物，那就是彼得大帝，也正是在彼得大帝时期，初具了今天沙俄的欧洲版图雏形，庞大的沙俄帝国建立。

康熙王朝时期，沙俄对外扩张的速度和程度已经越加猖狂，收买噶尔丹部落不说，还一路侵犯到中国的黑龙江地带，并占据了一些关键地区，在当地建立防御城堡，例如尼布楚、捷连宾斯克、色楞格斯克、乌丁斯克等，这些城堡对此后俄国的军事、外交、经济活动，以及与中国的通商交往起到了纽带桥梁作用。

沙俄之所以盯着中国辽东地区不放，除扩充领土的目的之外，还觊觎当地丰富的资源。由于辽东地区地处偏远，离中央集权所在地比较远，当地政府的兵力也不是十分强大，所以沙俄掠夺起来就更加方便。

然而，辽东之地虽然偏远，但却是大清王朝不可失去的领土。努尔哈赤为之付出毕生心血的大清龙兴之地，又岂可让他人的铁蹄肆虐？

黑龙江、乌苏里江流域自古以来就是中国领土。秦汉以后各朝均在此设官统辖。清朝建立之后，继续对这一地区行使管辖权，加强统治。分别在今辽宁的沈阳，黑龙江的宁安、爱辉等地区设立将军，而且还把当地居民编为八旗。还在沿江的重要地区建立了船厂，设置仓屯，陆上开辟台站驿道，以发展水陆交通运输，进一步加强中央与地方的政治、经济和文化联系。

早在明崇祯十六年（1643年），沙俄派兵132人沿勒拿河下行南侵，越过了外兴安岭，侵入中国领土开始四处抢掠，并灭绝人性地杀食达斡尔族人，被黑龙江地区人民称为"吃人恶魔"。

冬天过去，江水解冻后，沙俄匪徒又越过黑龙江闯入中国东北部。这一次，沙俄匪徒遭到当地各族人民的激烈抗击。

对沙俄军的侵略行径，康熙帝多次遣使进行交涉、警告。但是这对于掠夺成性的沙俄来说并不能起到什么作用。康熙帝认识到，只有使用武力才能驱逐沙俄侵略军。于是，康熙不得不在辽东地区，特别是黑龙江流域，对沙俄侵略做出种种抵抗措施。

其一，在瑷珲（今称爱辉）筑城永戍，号召民众一同进行屯垦。加强那里的经济实力，可以有能力抵抗侵略者。同时加紧造船，疏通和其他地区联系的道路，以便在战争开始后，能够保证军粮由松花江、黑龙江及时运抵前线。

其二，加强侦察和封锁，不能让侵略者想来就来想走就走。康熙派百余名清军，侦察雅克萨的地形、敌情；又派当地达斡尔族头人随时监视敌情变化；令车臣汗断绝与沙俄军贸易，以封锁侵略者。

做完了充分的准备之后，清康熙二十二年（1683年）九月，清军派人勒令雅克萨等地的沙俄侵略军迅速撤离，俄军头目不理睬，反而又派人窜至瑷珲抢掠。得到康熙指令驻留辽东的萨布素将俄军狠狠地击败，并将黑龙江下游沙俄侵略军建立的据点全部焚毁，使雅克萨成为一座孤城。

令人欣慰的是，经过中国军民的多次打击，侵入黑龙江流域的俄国侵略军一度被肃清，安稳了数年。不过，后来沙俄侵略势力又到雅克萨筑城盘踞。清政府又对其进行多次警告，但都无济于事。

沙俄的不死之心使康熙终于清楚地认识到，若非"创以兵威，则罔知惩畏"，于是决意征剿。但是清军在黑龙江一带没有驻兵，从宁古塔出兵反击，每次都因粮储不足而停止，而沙俄侵略军虽为数不多，但由于有充足的军备物资，再加上尼布楚人与之贸易，如果战争一旦打响，势必会严重影响到我国居民的正常生活和紧急发展，造成边民不安的局面。

针对这种情况，康熙采取恩威并用、剿抚兼施的方略，一边发兵对沙俄的侵略进行遏制，一边在黑龙江地区屯兵永戍，建立城寨，与之建立长期的对垒。

在康熙做准备的时候，劝阻警告活动一直没有间断，康熙也暗下决心，如果侵略军仍执迷不悟，则将其一举消灭，以除后患。

因为黑龙江至外兴安岭地区距东北腹地遥隔数千里，同沙俄这样的入侵者斗争，单靠当地人民的部落武装是无法制止其侵略的，为了保障反击作战的胜利，并在反击胜利后建立一条较完整的边界防守线，就要做足准备以便适应长期的边防斗争。

康熙二十四年（1685年）正月二十三日，为了彻底消除沙俄侵略，康熙命都统彭春赴瑷珲，负责收复雅克萨。清军约3000人在彭春统率下，怀揣着赶走敌人的强烈欲望从瑷珲出发，分水陆两路向雅克萨开进。当即向侵略军头目托尔布津发布通牒。当时侵略者拥兵450人，炮3门，鸟枪300支，面对清政府的强大武装采取拒不从命的态度。战斗之势一发而不可收，清军主动出击，分水陆两路列营攻击。侵略军伤亡甚重，不能支撑，无奈之下向清军投降，还派遣使节与清军将领商量要求在保留武装的条件下撤离雅克萨。经彭春同意后，俄军撤至尼布楚。清军赶走侵略军后，毁雅克萨城，即行回师，留下部分兵力驻守瑷珲，另外派人在瑷珲、墨尔根等地屯田，加强黑龙江一带防务，以防敌人卷土重来。

令康熙没有想到的是，沙俄侵略军在被迫撤离雅克萨之后，贼心不死，继续拼凑兵力，图谋再犯。同年秋，莫斯科派兵600人增援尼布楚。当获知清军撤走时，侵略军头目托尔津率大批沙俄侵略军再次窜到雅克萨。俄军这一背信弃义的行为引起清政府的极大愤慨。次年初，康熙接到奏报，即下令反击。

清军2000多人进抵雅克萨城下，将城围困起来，勒令沙俄侵略军投降。托尔布津不理。但是,这次他却为自己的"不理"而付出了惨痛的代价——托尔布津中弹身亡,但是沙俄军队依然负隅顽抗。

冬季将至,清军考虑到沙俄侵略者死守雅克萨,没有物资来源必定需要等待援兵,于是进行了更加严密的围困,以彻底切断守敌外援。侵略军被围困近一年,战死病死很多,826名侵略军,最后只剩66人。这次,沙皇一看情势不妙,急忙向清请求撤围,遣使议定边界。清政府再次答应他们的请求,准许侵略军残部撤往尼布楚。至此,雅克萨反击战结束。

1689年,中俄双方于尼布楚正式谈判。当时沙俄国内出现权力斗争,清朝的情况也不容乐观,当时西北地区准噶尔部噶尔丹谋反,割据叛乱势力十分猖獗,并且有意勾结沙俄,为了大局,康熙不得不在与沙俄的谈判上做出重大让步。两国最后达成和议,签订中俄《尼布楚条约》,俄军撤出雅克萨,毁掉雅克萨城,划定中俄边界。

同年,沙俄全权代表陆军大将费耀多罗和清王朝全权代表领侍卫内大臣索额图、佟国纲在尼布楚签订了边界条约,条约的内容最主要的当属边境划分问题,关于地界划分的内容,即从黑龙江支流格尔必齐河到外兴安岭直到海,岭南属于中国,岭北属于沙俄。西以额尔古纳河为界,南属中国,北属俄国,额尔古纳河南岸之黑里勒克河口诸房舍,应悉迁移于北岸;雅克萨地方属于中国,拆毁雅克萨城,俄人迁回俄境。

《尼布楚条约》在中国的历史上有着重要的意义,是大清帝国和沙俄帝国之间签订的第一份边界条约,也是中国和西方国家签订的第一份正式条约。

清政府此举遏制了几十年来沙俄的侵略势头,使中国东北边境在长达一个半世纪的时间里基本得到安定。

尼布楚城

关键时候还得自己出马

大清的天下是在马上得来的,八旗入关后,为了统治全国,保证能够从东北这个"根本之地"随时征召到拥有战斗力的八旗武装,保持满族"国语骑射"的风气,清朝的皇帝,尤其是刚刚入关后的几位皇帝都十分重视祖宗传下来的骑射本领和骁勇善战精神。皇族为了使旗人子弟不丢弃这种传统,规定文武官员,特别是武职官员,只准骑马不许乘轿。

可以说,康熙就是一位出色的马上皇帝,而他的一身骑射本领也曾在多个战役中派上用场。

康熙帝刚与沙皇俄国签订了《尼布楚条约》,安定了中国北部与东北部的边疆后,又遇到西部蒙古族部落的首领噶尔丹反叛的挑战。早在之前,噶尔丹就有逆反之心,可是那时候,大清国力虚弱,加之其他地区的叛乱使之分身乏术,康熙为了争取与他的交好,不惜将自己最心爱的女儿嫁给了他,就为了使大清能够有一丝喘息之机,争取时间增强国力。

明末清初,噶尔丹击败蒙古族的其他部落,在草原上称王称霸,取得准噶尔部落的大权后,受到沙皇俄国的教唆,就开始向外扩张、掠夺,嚣张的气焰连中原土地也全然不放在眼里。对于蒙古其他部落的求助,康熙一面安抚,一面劝阻噶尔丹,要求他立即退兵,并将所侵占的其他部落的物品如数归还。噶尔丹野心极大,坚持要打到北京,便策动大军向东杀来。

康熙决定严厉惩罚噶尔丹,亲率大军西征。毕竟关系到大清的边疆安宁,如若噶尔丹和沙俄联盟,势必会引起更大的动乱。初次与噶尔丹交锋,清军吃了败仗,毕竟千里迢迢挥军举进,一路来人劳马顿。噶尔丹因此更加轻视清军,向清军发动猛烈攻势,一直打到离北京只有七百里的乌兰布通。康熙当然不能让他打进北京城,决定在乌兰布通给噶尔丹一个迎头痛击。在与噶尔丹的乌兰布通战役中,康熙充分运用了猛烈的火炮攻势,在策略上又经过了精心的策划,结果把噶尔丹的军队打得丢盔卸甲、血肉横飞、狼狈逃窜,再没有开始时的"意气风发"。

噶尔丹逃跑之时,还不忘使出了诈降求和之计,不过也被康熙看穿,后者毫不犹豫地下令火速追击。噶尔丹看到这次的军事挑衅功亏一篑,带着他的残兵败将逃回了老家。由于军事上受到重创,不得已按捺住再次出征的想法,在漠北招兵买马,重整旗鼓,企图卷土重来。

康熙本来也不是好战之人,决定不计前嫌,派使者去请他到噶尔丹讲和。没想到噶尔丹不但拒绝南来,还将使者杀害了。为了能在接下来的战斗打败康熙,还特意向沙俄借了枪弹,因为上次可真是被清军的火炮吓坏了。康熙见此情景决定第二次亲征噶尔丹,他率大军十万,兵分三路,从各个方向袭击噶尔丹。三路中最主要的一路由康熙亲自统帅,亲征路上更是困难重重,吃不饱穿不暖,但康熙坚持和士兵们同进退、共甘苦。虽然在异地作战,却因为康熙的亲力亲为愈加激发起将士们克服困难的高昂士气。

噶尔丹的军队见到清军有如此之强大的气势,虽然有沙俄的鸟枪却也不敢肆意妄为。听说康熙亲自挂帅,更是还没有开打,就有了叛逃之人,军中士气一落千丈。清军杀敌数千人,但最终噶尔丹还是带着几十名骑兵跑掉了。

第二年春天,康熙再次带着大军出征,围剿噶尔丹残余部队。噶尔丹走投无路,服毒自杀了。

康熙与噶尔丹的战争打了八年,康熙大帝亲自带兵终于平息了蒙古草原上的骚乱,维护了中国版图的统一。

第四章
打好民生牌

文治武功,文治在前,武功在后,唯有让百姓安居乐业,才有一个真正的和谐社会。以民为本,几千年的经验教训始终是历代杰出帝王的准则。禁圈地、兴水利、促农耕、巡江南……康熙帝运用各种手段加强民生,开启了康乾盛世的序幕。

土地问题事小,打击政敌事大

中国的封建社会是一个以农为本的社会,土地就是百姓的命根子,但王宫贵族却以占有土地和剥夺农民土地为乐趣,并从土地上大肆谋利。清朝这种现象非常普遍,"圈地现象"非常严重,其中,权臣鳌拜就是"圈地大户"。

"圈地运动"其实在很早的时候就已经风靡一时。1206 年,成吉思汗统一了蒙古各部族,并且开始了由草原向外扩张的征程,征讨面积几乎占了大半个亚洲,马蹄所到之处皆为其领土。成吉思汗为了犒赏随他南征北战的将士们,也是给他们攻略地的积极性,便做出规定,凡是统兵将领攻略的新城池土地,全部都归该将领所有。这种制度就是中国历史上最早出现的"圈地运动"。

满族贵族执政初期,不但与汉族人矛盾重重,就是满族人内部也是派系众多。多尔衮为了收买人心,让顺治帝颁诏,规定:近京各州县汉族人无主荒地全部予以圈占。

此诏书正合八旗贵族之意,一边对多尔衮的政策各个拍手叫好,一边马不停蹄地进行土地圈占。虽然诏书有明文规定只允许圈占没有主人的荒地,但是在执行时,功高显赫的贵族们并没有严格遵守诏书所言,只要看中,就不顾百姓的利益而肆意抢夺。举国上下很快就形成了不良之风,土地成了王公贵族相互炫耀攀比的新资本,甚至成了权利的象征,谁圈占的土地多,就象征着谁的权利大。

顺治年纪尚小,手中也没有实权,虽然对多尔衮的所作所为大为不满,也不敢出面反对。而多尔衮更是没有制止不良之风的意思,甚至他自己都监守自盗,是圈占土地的高手。后来升级为辅政大臣的鳌拜本身就是圈地者。康熙继位后,圈地现象还是没有得到很好的限制,直至鳌拜下台,康熙真正执政后,才废除了圈地的规定,把土地逐渐地还给了人们。

清初圈地运动盛行有客观因素,也有个人方面的主观因素,有的人妄想用圈地运动抵达成自己的政治目的,多尔衮是一个,鳌拜也是其中一个。

鳌拜为了打击苏克萨哈,时常找借口寻事于他,这其中的借口之一就是土地。鳌拜明目张胆地想要圈占苏克萨哈的土地,苏克萨哈为了维护本旗的利益,采取坚决抵制的对策,和鳌拜也正式地结下了梁子。不过最后苏克萨哈还是没有赢过鳌拜的强硬,冤死了。即使有康熙亲自出面维护苏克萨哈,也没能保住其性命,可见,对于鳌拜来说,土地问题事小,打击政敌事大。

圈地不仅为鳌拜带来了财富还为他的争权道路扫除了障碍。康熙眼睁睁地看着鳌拜利用圈地运动横征暴敛,痛心疾首。一心想等到亲政之后扭转这一局势,好保住大清来之不易的江山。1667年,康熙年满14岁了,在7月举行了声势浩大的亲政大典。按规定,只要康熙亲政,四大辅政就要交出大权。但是,占尽了便宜的鳌拜并不想归政于皇帝,依旧把持着朝政,从而使他与皇帝之间的矛盾进一步激化,也使圈地运动所带来的恶劣影响进一步地扩大了。

此事之后,鳌拜的擅权终于彻底激怒了康熙帝,使康熙帝及孝庄文太后下定除掉鳌拜的决心。随着鳌拜伏诛,八旗圈地之事,最终落下了帷幕,康熙帝终于可以将精力放到民生上面去了。

发展生产、搞水利两手抓

历代两朝衔接之际,都必有战乱的过程,明末清初之时的两族之战更是异常激烈,使中国的社会经济遭到严重破坏,满、汉族人民的生活都十分困苦。康熙在位期间,平定三藩、统一台湾、抗击沙俄、征讨噶尔丹及安定西藏,虽说都取得了最终的胜利,为康熙的政绩增添大量的亮点,但是这一系列的战争也消耗了大量的人力、财力、物力,给康熙增添了不少的烦恼。特别是康熙初年,旧的战争创伤还没有愈合,新的打击又接踵而至,河水泛滥犹如雪上加霜,清政府中掌权的贵族们都忙着争权夺利、明哲保身,对于民间的疾苦早已麻木不仁,万顷良田长满荒草、亿万子民流离失所,民不聊生的严重程度超过了当时社会的承受能力。

不但如此,在康熙执政前期,每年入不敷出,国库空虚。在这种形势下,纵然康熙有"唯愿天下安宁,百姓安居乐业,共享太平之福"的美好愿望,但短期内根本就不可能实现。

康熙面临着如此巨大而又艰难的课题,划分出轻、重、缓、急。在解决了鳌拜之后,他立即开始着手于解决民众的吃饭问题。虽然康熙年纪尚轻,但在读古博今中懂得却确实不少,在总结了历代王朝治乱兴旺经验教训的基础上,形成了自己独特的重农思想。政局慢慢稳定了之后,更是专心治理农业问题。

为了发展农业生产,康熙首先把清廷官员从百姓手中抢来的土地如数归还,给百姓吃了一颗定心丸,老百姓也在这个年轻的皇上身上看到了安居乐业的希望。

康熙是一代明君，也是一个敢于改革推行的革命家，他接下来出台了一系列的推行垦荒屯田、兴修水利的改革政策。

其实早在顺治继位时，就实行了垦荒政策，但土地大多被王公大臣瓜分干净，百姓根本无荒可垦。多尔衮死后，顺治试图改变这种情况，但是在努力了20多年之久却依然无效。康熙初年的时候由于有鳌拜作乱，农业生产萧条凋敝的现象依然存在。所以鼓励开垦，扩大农业经济发展，已经迫在眉睫。

把土地还给农民之后，康熙皇帝大力用免除赋税的条件鼓励开垦，农民们对于政府的优惠政策感到惊喜异常。事实上，政府放宽税收政策能提高垦荒者的积极性，有利于农业生产的发展，同时也有利于以后向这些新垦土地征收赋税。

最重要的也是最得人心的措施是，对开垦后的地田，康熙允许归开垦者所有，并在法律上加以保护，保障垦荒者的经济利益。这对于没有土地的人民或者只有少量土地的人民来说无疑是一个巨大的诱惑，只要开垦，就是自家的。而且，自愿进行垦荒的农民还会得到朝廷政策的扶持：不但可以免除税收，还会将耕牛、种子借与农民使用或种植。毫无疑问，这项措施对于提高农民的生产积极性、促进当时的经济发展起到了重大的作用。

在促进垦荒方面，从顺治以后的历朝都有着大同小异的详细规定：有的给予实物，有的折变现金，按亩计算、论人支给等方式不一而足。可以说，无论规定是怎样的，只要能够确实可靠地得到执行，对进行垦荒的农民来说，总是有利无害。此外，清政府通过一系列政策把整饬吏治与奖励垦荒结合起来，使上层建筑能为发展经济服务。而开垦不但成为农民的事，王公大臣、地方官吏也被带动到其中。

一系列的措施终于增加了耕地面积，使农业生产得到较快的恢复发展。到康熙末年，全国耕田面积比顺治年间增加了174万余顷，超过了明代万历年间的耕田面积。

封建社会时期的农业发展，有地耕、有人种是一回事，但天时必须配合。一场洪涝灾害或者久旱不雨都会让农民的辛苦劳作功亏一篑。所以，预防、整治自然灾害就成了康熙的又一课题。他多次申述"民生以食为天，必盖藏素裕而后水旱无虞"，所以，康熙一直对兴修水利十分关注。他晚年时曾说："朕于河务留心最切，经历最深，往年屡次阅河时，精力尚强，亲乘小舟，不避水险，各处周览。"

黄河是中华民族的发源地，被亲切地称为"母亲河"，但是这位"母亲"也有暴戾的一面。雨水多发季节常有洪涝

黄河筑堤图　清

滔滔的黄河水所到之处都会卷走大量泥沙,然后冲入下游平原,下游的人民苦不堪言,只能靠人工筑堤来阻止、延缓洪水的冲刷。不但黄河两岸的人民深受其害,无情的洪水也阻断了南北漕粮的交通要道,这可是关系到京师百万官兵及家口性命的要道。因此,怎样治理黄河、确保运输,便成为历代王朝治河的重要课题。康熙在位期间,也花了很大的力气来治理黄河,兴修水利,由此可以看出,治理河道在康熙的执政生涯中有着重要地位。

康熙不但是改革家还是一名"科研工作者"。治理水患方面完全从理论的角度来寻求解决方案。他还特意学习了关于水利、气象等科学自然知识,力图使其治河方案建立于科学的基础上。

康熙亲自设计并指挥兴修工程,并且在一次次的实践中积累了广泛的经验,还上升到了一定的理论层次,认识到上游治理彻底,下流自然通畅。想要黄河下游安宁无事,还需在上游下足功夫。带着这一治河思想,康熙对治河做了具体部署,多次亲临施工现场,对负责治理河道的官员细心地进行讲解。终于在具体实施的时候得到了出乎意料的成果,既治理了河运,又保护了百姓利益。

康熙自己也曾总结过治河成功的经验,一是皇帝要重视,首先将治河当作国家头等大事来抓,所谓己所不欲勿施于人,自己都不愿意做的事,手下办事的臣子们又怎能费心尽力。康熙曾经就亲自巡视检阅,做详细的调查研究,对治河情况做到了心中有数,并能分清轻重缓急,还要相应地投入大量的人力、物力、财力;二是要善于用人,选拔称职的河道总督。只依靠皇帝自己的力量是无济于事的。一个人的精力是有限的,事必躬亲并不是一个皇帝应该采取的明智之举。

康熙治理黄河,变水害为水利,不但保障了国计民生,而且对各地经济的发展也起了重要的推动作用。在封建社会中,具有如此求实精神、科学态度的帝王是实属罕见的。康熙时,对于为患最大的黄河开始了大规模整治工程,甚至在军情紧急之时也不曾终止。

康熙发展农业生产的一系列政策,不但通过禁止圈地等来改革生产关系,而且通过垦荒屯田、发展水利等措施来促进农业生产的发展。

六下江南,一举三得

雍正皇帝曾经给其皇父做出了一个准确的评价:"(康熙)一生,经文纬武,寰宇一统,虽为守成,实同开创。"康熙能在百废待兴之时开创出一片基业,开启康乾盛世的序幕,实与开创建国无异。

为了在顺治身后留下的一片狼藉中建立起一个足矣令世人所臣服的王朝,康熙帝采取了前文提到过的各种手段与措施,甚至亲自六下江南,开启清代帝王巡游江南的序幕。

李自成领导的农民大起义导致了朱明王朝的最后覆亡。清军入关,康熙继位之后,大清的天下基本已定,历史揭开了新的一页。由于两个朝代的变更时间离康熙成长时期较近,所以,很多有关前代失国的典故轶事,不但在民间广泛流传,就是在宫中,也有不少年老的太监宫女对此津津乐道。康熙从他们的只言片语中也能了解到历代的兴亡得失,常常以历代灭亡的教训为戒并总结了一些经验,跟大臣们分享。

康熙常年深居宫廷之中,但知道防民之口甚于防川的道理,对民间百姓的疾苦和对朝廷的要求十分重视,更是懂得百姓生活质量好坏的情况不是单靠自己一个人就能够全然了解的,所以,对各个地方的百姓官特别关注,要求各级官员凡遇事都须迅速奏报,不能总想着报喜不报忧来博得皇帝的好感,如果发现有谎报之事必定严加惩罚。坚决杜绝臣子们只顾着邀功而蒙蔽欺骗中央政府的情况。

为了更加彻底地了解民愿、了解民情,康熙甚至还经常出京巡视,亲自查看官员们是不是在据以实报。在政治愈发稳定之后,他就时常走出皇宫进行频繁巡行活动,其中最著名的就是他的六次南巡。康熙南巡的目的是多元的,有治国,有治水,有考察,有巡视,有省耕,当然也有游览。

康熙帝从 31 岁到 54 岁之间,六下江南,累计共 520 天,这在清朝皇帝中,甚至是在中国整个封建社会所有的帝王中也是首屈一指。他是第一位跨过海河、黄河、淮河、长江、钱塘江五条大江河的皇帝,开创了清帝南巡的先例。康熙帝的南巡,巡的又是什么呢?不外乎这几点:

康熙南巡的主要目的,是治理黄河。

康熙深知黄、淮两河关系运道民生,最为紧要,所以将它视为南巡任务中的重中之重,早在平定三藩之前,他就把治河列为国家三大事之一。南巡考察河务并不是做做样子给百姓看的,而是切实做一些实事,康熙亲临工地,视察河务,了解、研究河

康熙帝南巡图·出京　清

势汹涌之原因。根据实际情况，不惜花费重金命令河臣加固运河堤岸，以抗御黄河水流的冲击和侵蚀。皇帝如此重视，大臣们当然也不容疏忽，每每都把黄河的治理提到首要。康熙之时，河道尽管仍时有溃决，但水患已经大大地受到了控制。

南巡中，康熙还不忘团结江南汉族士大夫。清朝初期，清政府处于推行武装统一的非常时期，对于汉族士大夫此起彼伏的反抗斗争，主要采取的是高压政策。康熙执政后，国内情势趋于好转，鉴于形势的变化，逐步改变了清朝初期的高压政策，反而采取亲汉民政策。康熙每次南巡都谒孔庙、拜禹陵、祭明太祖陵，以迎合汉民族的心理。康熙的这些做法不是向汉族低头示弱，而是想通过这些活动，使汉族士大夫的反抗情绪，进而依附于清朝，扩大了清统治阶级的社会基础。

康熙南巡时，在整顿吏治的同时，还重视了解民情，注意为各地兴利除弊。百姓的话才是真实的话。康熙见到生活艰难的百姓，无不嘘寒问暖、散金相助。他的这一举动使百姓欢悦，不胜感激。

民众之所以没有对康熙的南巡产生反感，大部分原因是因为他每次出巡都不讲究排场，更不会给百姓造成麻烦。他不但自己以身作则，还多次告诫臣子，南巡是为了更好治理江山社稷而不是游山玩水，因而严禁地方官吏布置供帐，科派扰民。对那些在康熙南巡过程中妄想通过逢迎而加官晋职的官员，康熙更不会口下留情，严加训斥。

当然，这些记载中，难免一些赞美夸大之词，但康熙所做到的，在历代皇帝中已经实属难能可贵了。

康熙一朝，是号称"康乾盛世"的起始，这应与康熙勤勉于政务，经常巡行四方、体察民情是分不开的。

避暑不过是个幌子

自秦始皇修建长城以来，古代许多朝代都会修补或建造长城来防御敌人，长城不再是简单的高墙，更是人们，特别是掌控政权的君主心中的精神堡垒。这种长城情结已深深植入人心。但对于康熙来说，他心中的防线却不是长城，所以面对因年久失修而破败的长城，他并没有一味地仿效古人修长城，而是理性地思考更为深入的问题。

康熙在寻找一座真正的长城，一座能保卫大清的精神长城，最后他得到了答案——避暑山庄就是他所建筑起来的"长城"。

避暑山庄是我国现存最大的皇家园林，位于河北省承德市。它占地面积564平方米，比颐和园大了足足一倍。最初发起构建这座宏伟美丽的皇家园林的就是康熙。

避暑山庄始建于清康熙四十二年（1703年），建成于乾隆五十五年（1790年）。历时80多年。虽名为避暑山庄，却不仅仅是皇上们每逢盛夏之时的避暑之地，它在政治上的意义大过它字面上的意思，是中国清朝皇帝为了实现安抚、团结中国边疆少数民族，巩固国家统一的政治目的而修建的一座夏宫。

在多数人眼里，尤其是炎炎烈日照耀之时，首先会想到的便是承德的避暑山庄。这个建于清代的避暑胜地，于我们而言是大名鼎鼎的旅游景区，可对于清王朝的康熙，却潜藏着独到的军事智慧和深刻的军事战略意义。

整个山庄的地形涵盖高峰、湖沼、平原地带，相对等差180米，外形上很像中国地形的缩影，所以，修建避暑山庄本身就蕴含了一份浓重的政治色彩，旷世哲人黑格尔敏锐地注意到了避暑山庄这座园林与众不同之处，特别是从周围那些规格高贵的寺庙，看出了这位"千古一帝"的用心。可见，康熙并不是随随便便就挑了一个地界就开始修建的。

避暑山庄融汇了中国南北风景建筑风格的精华，在外形上看似是一座普通的行宫，其实在当时，却凝聚了康熙皇帝无限的心血，它对于康熙有着非凡的意义。如果秦始皇的安全感来自万里长城的话，那么，避暑山庄就是康熙心中保卫大清的"长城"，避暑山庄寄托着他的殷切希望，可以说是康熙的精神家园。

康熙8岁继位，16岁铲除鳌拜集团。20岁开始力排众议，甚至包括自己非常尊重的祖母来向吴三桂宣战，经过8年时间平定了三藩，此后的胜利记录更是数不胜数。可以说他一生丰功伟绩，征战无数。得到胜利喜悦的同时，也知道战争本身的辛苦，战争可以成就英雄，同样也能摧毁一片本来完好的河山。所以，康熙深感江山的来之不易，得到江山之后，如何保卫江山长盛不衰，就自然成为他最为关心和担忧的问题。

平定三藩后，噶尔丹以及沙俄又相继出现骚乱，噶尔丹甚至攻打到了离北京不远的乌兰布通，这使康熙震惊之余担忧不已，便设想在北方各少数民族心中筑起一道坚不可摧的万里防线，而这防线究竟是什么？康熙就此问题一直在苦苦思考。

康熙皇帝在北巡途中，偶然发现承德这片地方地势良好，气候宜人，风景优美，关键是承德还直达清王朝的发祥地——北方，是内外接壤的一个好地方。

康熙虽然出生于京城，但是在他心中仍然惦念着他真正的家乡。也许偌大的故宫并没有给康熙一个家的概念。要看真正的大清，非承德不可。与北京紫禁城相比，避暑山庄没有复杂的政治宫殿，没有一层层看不到边际让人头晕的城墙，有的只是秀丽的风景，只是被还原了的大清江山。康熙在这里可以得到真正的放松，于是，此处理所当然地成了清朝塞外的政治中心。

避暑山庄初具规模之后，就成了清政府联络蒙古各部及巩固北部边防的链接地。在修建避暑山庄之前，康熙就于1681年率领骑兵在北京以北建立了"木兰围场"，每年秋季都要到那里进行大规模"围猎"，"围猎"也被视为清政府难得一遇的盛会。王公大臣、各级官兵都要去，以"娴习骑射"为口号，以避暑山庄作为这场庞大规模的盛会的行宫。表面看来，康熙的狩猎无非是一个皇帝的休闲活动，再深究也只不过是皇子们和文武百官练习骑射、交流心得的平台。其实则不然，康熙作为"千古一帝"自然不会仅仅因为游玩，这打猎名为打猎，实则是一场声势浩大的军事演习。

入关之前，勇猛无敌的八旗兵在平定南方叛乱中，出乎意料所表现出来的军纪涣散、技能低下,已经引起康熙皇帝的警惕。深知或许是平静日子过惯了,八旗兵都忘了祖宗留下的看家本领了。所以,康熙从1677年开始北巡,1681年建立"木兰围场"。从此以后,康熙皇帝差不多每年都要到"木兰围场"行围打猎,以重塑八旗兵的军容军貌。

从古至今,中国的历代王朝均以武力开国,即如唐太宗李世民所说过的"马上打天下"。因此在开国之初,历朝士兵皆龙威虎猛,骁勇善战。但到了"不能马上治天下"之时,便会斗志丧失,羸弱不堪。

大清的建立亦是如此。当年努尔哈赤十三副铠甲起兵一统辽东,皇太极用兵一世终得大明江山,都是凭借着英勇善战的八旗兵之武力。到了康熙年间,康熙不愿看到生活在太平盛世中的士兵丧失满族人应有的那份战斗力,便将打猎这一原本是娱乐的活动变成了保持满族贵族勇猛、剽悍作风和对士兵进行训练的良机。事实上,康熙也得到了其所希望得到的结果。

让康熙对于围猎带来的效果满意的,还有清政府与蒙古各部落的关系在此活动中的升温。清兵入关前,八旗军与蒙古骑兵一直是结盟作战的好兄弟,然而当顺治入关进京称帝后,按礼节蒙古各部落首领须进京跪拜皇帝,这对于昔日与八旗军以兄弟相称的蒙古部落而言,心理上难免很不畅快。为了能够减轻蒙古各部的心理落差,将以往平起平坐的关系延续下去,康熙时常在避暑山庄万树园附近举行野宴,款待包括蒙古族在内的少数民族的王公贵族,觥筹交错间,满族人与其他少数民族的关系进一步亲密。清王朝的这些举动,不但联络了友情,还起到了炫耀清王朝的武力,威慑他族的作用,加强了少数民族对中央的向心力,民族关系得到了很好的发展。

在青山绿水之间,在休闲娱乐之间,皇恩的浩荡,臣子的衷心诠释得淋漓尽致。最复杂的政治目的和最残酷的军事斗争被消解得了无点痕,只剩下君臣之间浓浓的情感和归依者的感激涕零。

可以看出,清代康熙、乾隆皇帝修建避暑山庄,除了供自身避暑消夏以外,还有着不可忽视的军事目的。避暑山庄不仅是集中国传统文化之大成的旷世园林,更是大清帝国坚不可摧的心脏。

山区里做官,土房里断案

处于上升期的清前期,于成龙以"天下第一廉吏"的身份名垂青史,着实不易,这里既有康熙大力提携之功,也有于成龙洁身自好之力。《清史稿》记载说,于成龙"以文吏而善武略,屡著奇功",在康熙、官员和百姓之间运筹平衡,为个人数十年清誉铸颂词,为大清三百年基业洗铅华。

于成龙,字北溟,号于山,他于明万历四十五年(1617年)出生在山西永宁州(今方山县)。生性成熟稳重的于成龙,和乡里其他孩子的活泼好动大相径庭,十余岁之时，不苟言笑。于成龙读书，并非死读书，也并非单纯为了博取功名，而是取其精华去其糟粕，将儒家经典中有益于磨砺个性的圣人言语引为己用，同窗深以为异。

时值天下大乱，群雄并起，盗贼猖獗，为了防备外患，乡里决定修筑堡垒。恰好于成龙家的祖坟就在要塞之上，他当机立断，为保前人平安，亲自在祖坟上动土开工，修筑堡垒。崇祯十二年（1639年），于成龙参加乡试，中了副榜贡生，有了进入仕途的机会，然而也是造化使然，这时候于成龙似乎预见了大明命不长久，加之父亲年迈，遂放弃了做官的机会。直到顺治十八年（1661年），于成龙才重新考取功名，出仕为官。

出仕之后的于成龙被派遣到广西柳州府罗城县做了县令。当时的广西柳州民风彪悍，自然环境恶劣，距离于成龙所在的山西永宁州有万里之遥。即将赴任之时，家人颇为担心，害怕他会此去难回，于成龙虽然对此也有一些隐忧，但却不以为意地说道："边地皆吾民土，惟国家所使。人生仕宦，岂择难易哉？且罗城可遂无官耶？义不辞险也！此行绝不以温饱为念，所自信者，'天理良心'四字而已。"就这样，于成龙带着雇来的三个仆役来到了罗城，一到任才发现，现实比他想象的更为残酷，偌大的罗城，竟然连个县衙也没有。

于是，于成龙和仆从一起，用湿土砌成一个土台充当几案，用树枝编成一个简易的门，用石块搭成了一个简单的房子，但凡路过者，都被于成龙召进来，询问其疾苦困顿之处。后来，于成龙又穿着草鞋，在群山峻岭之间行走，刮风下雨从不间断，深入农村嘘寒问暖，为民纾困。

在于成龙的号召下，数千流民被召集起来，开荒垦地，农民纷纷开始重农务本，得到教化。后来，于成龙又兴建学校，广修民宅，建构城墙，如此，罗城生产得到了恢复和发展，于成龙也广得人心。

然而此时罗城县依然面对着两大难题，一是当地山民经常出入山林，劫掠人畜；二是当地一些大户常常私自处置奴仆，滥用私刑，藐视官员，蔑视法律。于成龙遂采取"治乱世，用重典"的方法，在罗城县建立了保甲制度，同时让乡民在一起练兵，抱着为民而死甚于瘴疠而死的决心，声势浩荡地将矛头指向了"柳城西乡贼"。终于，西乡"渠魁俯首乞恩讲和，抢掳男女中只尽行退还"。此外，于成龙还采用了刚柔并用的斗争策略，让那些桀骜不驯的地方大户"皆奉法唯谨"。

如此一来，仅仅三年时间，罗城在于成龙的治理下焕然一新，这让广西布政使金光祖为之赞叹，并将罗城列为全省治理的楷模。与此同时，当初随从于成龙前来为官的仆役死的死、逃的逃，最后只剩下他一个人在县衙管事。乡民见于成龙疾苦，时不时地给他送些吃食、家用，于成龙何等清廉，自然不肯接受。

康熙三年（1664年）春，广西布政使金光祖升为广西巡抚，专门召见于成龙，向他询问治理意见。于成龙认为，要达成广西大治，需要从五个方面出发：第一，澄清地方吏治；第二，推行"抚"字催科；第三，"弭盗"与"慎刑"；第四，减轻百姓负担，除灾耗、疏盐行、清杂派；第五，改善民族关系。这些建议既合乎统治者的需要，也符合民众的利益，得到金光祖的赞许。

清康熙六年（1667年），于成龙被两广总督芦光祖举荐为广西省唯一"卓异"，同时还得到了金光祖的举荐，升迁为四川合州（今四川合川区）知州。罗城之艰难实属罕见，四川也并非古往今来一直为人称道的天府之国。于成龙到达合州时，当地人口不足两百，而且人人难足温饱。加之当地官吏对这一地区施行严酷的压榨政策，合州百姓生活极度困顿。

更让于成龙气愤地是，他刚到任不久，上级就直接给他下达了索贿帖，要求合州进献鲜鱼。他在愤怒之下写信抗议道："民脂民膏竭矣，无怜而问者。顾乃欲鱼吾民，吾安所得鱼乎？"上级见信，惭愧不已，主动撤销了对那里的盘剥政策，百姓负担有所减轻。

见到合州到处是荒芜的土地，于成龙大力发展生产，最终使得这一地区"新集者既知田业可恃为己有而无复征发仓卒之忧，远近悦赴，旬日之间户以千计"。两年时间不到，合州人口骤增，荒芜的田地种满了粮食，上级来考察政绩，甚为满意，遂于清康熙八年（1669年）擢升于成龙为湖广黄州府（今湖北黄州区）同知。

在湖北的8年时间里，从同知升到知府，于成龙主要做了两件大事。首先，是治盗省讼。于成龙断案如神，很快便得到了湖广巡抚张朝珍的器重，再次被举"卓异"。其次，则是两次平定"东山之乱"。当时，于成龙被调主持武昌府政务，并将擢武昌知府。恰逢三藩之乱爆发，不久又调任黄州知府，与当地的暴乱分子展开激战，于成龙身先士卒的魄力、将生死置之度外的气度，使战斗获得全胜，暴乱首领何士荣被当场擒获。在短短20天之内，便安定了黄州，得到了湖广总督蔡毓荣的高度褒奖。

之后，于成龙升湖广下江陆道道员，驻地湖北新州（今新春县）。虽然地位在提高，但是于成龙却丝毫不改自己艰苦的生活作风，甚至在灾荒之年还吃糠咽菜，将粮食节省下来救助灾民，百姓感念道："要得清廉分数足，唯学于公食糠粥。"

清康熙十七年（1678年），于成龙升福建按察使，离开湖北之时，身无他物，唯独一捆行囊，两袖清风。第二年夏天，因为在福建的清正，于成龙第三次举"卓异"，升任省布政使。自此得到康熙的赏识和破格招用。清康熙十九年（1680年），康熙帝"特简"于成龙为畿辅直隶巡抚，后来于成龙奉命进京，康熙当面褒扬他"今时清官第一"，并"制诗一章"，表赐白银、御马以"嘉其廉能"。成了康熙帝红人的于成龙，一路平步青云，最终做了总制两江总督。

这个官职实质上是"治官之官"，于成龙鲜明地指出，"国家之安危由于人心之得失，而人心之得失在于用人行政，识其顺逆之情"。"以一夫不获曰予之喜，以一吏不法曰予之咎，为保邦致政之本"。此后，于成龙所到之处，"官吏望风改操"。康熙帝盛赞于成龙"宽严并济，人所难学"。

世间事多是祸福相倚，于成龙一面飞黄腾达、备受部分人的尊崇，另一面则受到异心之人的诬陷诽谤。后者让于成龙郁愤交加，痛心不已，并于清康熙二十三年（1684年）逝世，终年67岁，死后谥"清端"，康熙帝遂亲自为他撰写碑文，赠太子太保。

靳辅治河，百姓丰衣足食

明朝末年天灾人祸不断发生，而明末政府吏治腐败，剥削压迫有增无减，又逢陕西干旱，百姓生活困难，阶级矛盾一触即发。随后，农民起义在陕北爆发，直至清顺治年间才基本结束。这场起义给当时的统治者以致命的一击，并给清朝统治者以深刻的启示。

为了加强清朝的经济力量，巩固封建统治政权，清政府自建立以来推行了一系列有利于农业生产和发展的措施，包括兴修水利、黜免田赋、奖励垦荒、更名田、永禁圈地、修改逃人法以及改革赋役制度等。

在兴修水利方面，河道治理是重中之重。

自古，黄河沿岸一直是农业发展的重灾区，由于黄河挟带大量泥沙经由河南、江苏进入大海，加上河道长期失修，泥沙堵塞，堤防不稳固，一遇雨季便常常泛滥决堤，殃及沿岸百姓的生产和生命财产，河道治理也因此成为清朝皇帝心头的一块石头。

康熙就曾经将三藩、河务、漕运三件事写于纸上，悬于宫廷梁柱上，以此提醒自己和文武百官重视治河。但是在平定"三藩"以前，清王朝还顾不上治理黄河。直到1677年，平定三藩的胜局在握，康熙才任命靳辅为河督，开始大力治理黄河。

靳辅，原来曾担任过安徽巡抚，在职期间十分注意农田水利的修建，并躬亲进行勘查，积极听取劳动人民的意见和经验，进行因地制宜的兴建。在治理黄河时，他同样坚持这种行为方式，"无论绅士兵民以及工匠夫役人等，凡有一言可行者"，"莫不虚心采择，以期得当"。在此期间，还不拘一格地任用无名无权的水利方面的人才陈潢作为自己的助理，协同自己共同治河。

靳辅和陈潢治河主要分两个阶段进行。从1677年至1683年是第一阶段。此阶段重点是堵塞决口，使黄河归复原来的河道。由于黄河水势凶猛，根本不容人靠近，所以历年来人们都束手无策。而陈潢改变以前施工的老方法，通过开引河、筑减水坝，使决口的水势放缓，然后堵住决口。几年工夫下来，高家堰与黄河其他决口完全被堵塞，黄、淮各归其道。

从1683年至1688年是治河的第二个阶段。此时施工位置向上游移动，以筑堤为主。在此阶段，靳辅、陈潢沿河筑堤7989丈，修筑月形堤坝330丈，对保护堤岸、防水冲刷起到了重要作用。另外，为了保证漕船在河中的运营安全，靳辅、陈潢在黄河北岸开挖中河道，使漕船避开了黄河100多里的险要地带，提高了运输效率，也保证了沿岸农作物产品的通常运输。

经过靳辅和陈潢十余年的治理，黄河沿岸的旱涝防治、通航状况成效显著。长期被洪涝淹没的苏北大片土地变成了万亩良田。康熙于1707年第六次南巡，视察河道治理情况时也由衷地肯定了靳辅和陈潢的治河功绩。

河道的治理为农业生产的发展提供了前提和基础，而农业技术方面的发展和进步，则为清朝农业的恢复和发展提供了直接的帮助和指导。

清朝皇帝继承历代以农立国的方针，注意依照前人在农业技术方面的经验和成就，一方面对前代书籍进行整理编纂，另一方面也有农村有识之士注意在实际应用中对亲身经验进行书面总结。这样，农业生产技术在清代获得了长足的发展。

1708年，康熙命令汪灏等人在《群芳谱》的基础上进行删订扩充，编成《广群芳谱》100卷。《群芳谱》本是明代一本介绍植物栽培的书籍，全书不超过30卷。而百卷本的《广群芳谱》俨然成为一部介绍五谷、桑麻、瓜果、蔬菜的植物学百科全书。书中对每种植物的形态、特征和栽培方法做了详细的记载和介绍。

1742年，乾隆皇帝授权鄂尔泰等人，命其收集整理手头所有旧文献中关于农业的材料，编纂成清朝第一部大型官修综合性农书——《授时通考》。此书共78卷，分别从天时、土宜、谷种、功作、劝课、蓄聚、蚕桑、农余等8个方面来论述农事上的相关事宜。

这两部著作，都是钦定编纂，并以御制之名颁布发行，后来收入《四库全书》中，对清代农业发展产生很大的影响。

清代，一些生活在农村的知识分子亲身参与并留心观察研究农业的生产过程，以个人名义写就了很多十分有价值的农学著述。清初张履祥所著的《补农书》、陈淏子的《花镜》是其中的代表。

张履祥的《补农书》系统地记载了江南地区在明末清初时农家经营和农业生产技术的具体情况。在提到农作物的栽培制度时，书中强调深耕通晒、施足基肥、培育壮秧，合理密植。在后期看护中，对作物除草、中耕、追肥、烤田和防虫也做了详细的规定，在收割、收藏等方面也做了方法性的提点和规定，正所谓"凡田家纤悉之务，无不习其事而能言其理"。

清初农学家陈淏子所著《花镜》一书，详细地介绍了300多种花木果树的品种和栽培方法，是我国现存最早的一部园艺著作。陈淏子在书中强调"人力可以回天"，并对植物嫁接作用和原理做了具有建设意义的探讨。

稍晚一些的杨岫，本是雍乾时代的一个乡村教师，因长期参加农业生产，农事经验丰富，遂著《知本提纲》，研究耕稼、园圃、蚕桑、树艺、畜牧，并详细地记载了相关的农业生产技术。他的另一本书《豳风广义》，辑录种桑养蚕、抽丝织锦方面的相关经验和事宜。因时因地制宜的农事法则贯穿其中。

经过清朝前期恢复发展，到了到康熙年间，全国耕地面积已经将近8亿亩，全国的实际人口数量不低于八九千万，而在明朝时，这两个数字最多不超过7亿亩和6000万。这些数字和涨幅都充分证明了当时农业生产力的发展水平。随着农业生产力的进一步发展，农副产品的进一步丰富，农产品的商品化倾向日益明显，其中以棉花的商品化最为典型。

在我国古代，百姓一般以麻织品作为衣料来保暖御寒。但是和麻纺织品相比，棉花和棉纺织品更便宜，质地更柔软，保暖性也更强，所以自宋元以来，棉花逐渐代替了麻纺。到了明清时代，棉花的需求量仍在不断增长，棉花的种植也在清代愈加盛行。

随着商品经济的发展和社会分工的扩展，原来仅仅局限于自织自用的家庭手工业逐渐成为一个专门的行业。

在当时一些重要的产棉区，很多农民以种棉为生，而不再单纯地依靠田地出产的粮食维持生计。乾隆初年，河南巡抚尹会一曾说"棉花产自豫省而商贩贩于江南"。可见当时的棉花产量不仅大，而且大多以之为商品生产，南北之间互通有无。

除了专门种植棉花的棉农外，负责各地棉花运输贩卖的小商贩、大商人也应运而生。专门从事棉花买卖的商人或者商贩，会携带一定数额的金钱，到产棉区"坐庄"收购。然后再将收购来的棉花贩运他处，在此周转中获利。而商人、商贩手中的金钱到了棉农手中，就成了他们换购粮食、日常用品的收入来源。有金钱基础和地理优势的地方，还开设"洋行铺户"贱价收购棉花，贩运至国外。

农产品的商品化除了在种植棉花方面有体现外，在植桑养蚕、抽丝织绸、烟草种植、烟叶加工等方面已经形成机制。这种现象更是农业生产发展到较高程度的一种外现。

手工业的恢复和发展

我国古代的手工业在技术和工艺水平上都曾名列世界前茅，它们历史悠久、种类繁多，而且产品精良。但是由于明末清初的长期战乱，许多手工业的重要城镇不断遭受烧杀抢掠，很多精良的手工业部门在明代发展受到严重破坏。

例如，江西的景德镇自明朝中叶以来，官窑民窑十分发达，是当时久负盛名的制瓷业中心，也是当时与广东佛山、湖北汉口、河南朱仙镇并称中国四大名镇之一。但是在明末清初，由于战争的破坏，景德镇的大片窑区几乎成为一片废墟。再如山西的潞安，它的织绸工业本来十分繁盛，但是在明末清初，原来三千余张的织机缩小至二三百张，加上官府假借朝廷之名疯狂地向当地机户勒索贡绸，"各机户焚烧绸机，辞行碎碑，痛哭逃奔"。类似的还有以"蜀锦"著称的四川成都，经过战乱，"锦坊尽毁，花样无存"。其他的像南京、苏州、杭州以及广州佛山这样的手工业城市同样受到不同程度的破坏。

到了康熙中期以后，封建社会秩序相对稳定，经济恢复发展顺利，人民的生活也有了一定的保障，所以因战争受损的手工业各部门也较明朝有了明显的进步和发展，这主要表现在以下几个方面：

第一，与明朝的手工业相比，清代的手工业的分工更加细密。

手工业原来粗放的经营模式，在清代被日益细化，专业部门的数量增多，一个产品的完成不再由一人一场全部完成，而是被分为许多专门行业或连续工序来制作。如矿冶业分为采掘、冶炼、铸造等专业部门。棉织业分为轧花、纺纱、织布及染、踹等多个部门。在制瓷的手工业领域,不但要根据不同的瓷器种类分窑烧制,每一种瓷器还要由不同的工人负责专门的程序来一道道程序的完成。根据分工的不同,工人大致可以分为:陶泥工、拉坯工(俗称坯工)、印坯工(俗称拍模工)、旋坯(俗称利坯挖坯)工、画坯工、春灰工、合渤工、上渤工、抬坯工、装坯工、满掇工、烧窑工(烧窑工又分有事溜火者、事紧火者、事沟火者)、开窑工。如此细密繁多的分工,不仅增加了瓷器的出窑数量,还在很大程度上提高了产品质量,"工益举而制日精,一岁之成,恒数万器"。

第二,清代工业的恢复和发展也表现在生产工具的进步和生产技术的革新上。

各个行业的很多专业工具名目繁多,而且很多更新换代的机器工具的构造相当复杂精密。杭州的丝织业,概观工人们所用的工具"有杼、有轴、有滕、有榎、有楼、有鹿卢、有蹑、有综;佐之者有构、有梭、有篗、有维车"。

织布机也有了改进与革新。过去既耗时又费力的"腰机",早在清代前期就被部分地区淘汰,更先进的织机被越来越多人所使用。而且还出现了专门制作纺织机的铺户,其中,青浦县黄渡徐氏所产之布机,虽然价格稍微贵一点,但是他家的布机既坚固精致又十分好用颇受当地和外地织户的欢迎。民间流传着"金泽锭子谢家车"的谚语,意思是说金泽的锭子和谢氏纺车,是这个行业中最信得过的产品。

在生产技术的革新方面,江西景德镇的制瓷技术远比明代的改进很多。瓷器的质量和产量也有所提高。在采掘业,很多矿主开始有意识地聘请一些有地质学知识和经验的劳工,并增设了一些技术员的岗位。

第三,清代手工业的机器和工人的数量要远远超过明代的所有量,工场的规模也要比明代的大很多。

苏州东城的人家,在乾隆年间几乎是家家学纺织,以纺织为生为业的人更是成千上万。道光年间,南京的纺织行业,仅缎机就有3万多架。在以丝织业著称的苏杭地区,数以万计的青年男女在从事丝织业方面的工作,城市间的作坊比比皆是、鳞次栉比。

与丝织业相比规模更大的手工业的运行需要巨额的资本,庞大昂贵而复杂的生产设备,具体生产过程中还需要雇佣大量的手工业工人从事繁重的劳动。如广东的一家铁厂,一个炼铁炉就需要200多个人来管理,发掘铁矿的人手往往超过300人,再加上一些烧炭、运输、托运、管理方面的工人,整个铁厂大概超过1000人,此外还有为运输配备众多的牲畜和船只。又如上海的沙船业同样有不小的规模。因为濒临出海口,上海一般是船商云集、众船停泊之地。船商大多是来自崇明、通州、海门、南汇、宝山、上海本地的富人,他们资金雄厚,产业庞大,手中的船只总数可达四五十艘,而且每造一艘船的花费没有少于七八千两的。停泊在这里的船,大的容量可达到官斛三千石,容量少的也不会少于五六百石。

第四,清时手工业的发展还表现在生产的产品既增加了花色式样,还发明了很多新的品种。如在当时以出产丝织品闻名的南京,仅供皇亲国戚享用的绸类就有四五种,缎类更是依照花色、质地分为八九个品种。

第五，手工业在清代的恢复、发展，还表现在产品市场的扩大上。

很多地方的产品销路遍及全国，有些产品甚至远销国外。如南京的绸缎的销售网络向北可到达京师，向东可至辽沈，西北至晋绛，向南超过五岭、湖湘、豫章、七闽等地，众多商人在这里购货，然后销售到全国各地。而且当地产的绸缎还深受外国人的喜欢，日本、南洋和欧洲等地都是这些产品的国外销售市场。

经历了明末清初的战乱，清朝的最初统治者采取多种措施恢复发展经济，多次减免赋税，到乾隆时期，社会经济呈现繁荣景象。手工业的恢复发展就是其中的一隅。生产技术的变革，生产工具的革新，以及生产规模的扩大和产品的增多，无一不是经济繁荣的表现。其中最值得人们注意的是，在昌隆繁盛的清朝统治背后，新的生产方式或者说将与之对立的生产方式已经在慢慢地萌芽了。

农民也要做点小生意

17世纪末到18世纪初，西方的很多国家先后掀起了轰轰烈烈的资产阶级革命，相对先进的资本主义制度取代腐朽落后的封建制度，并以迅猛的速度建立自己的资本主义政治、经济体系。然而正当西方蓬勃发展的时候，中国的封建专制主义中央集权制度正在向顶峰发展，而它的经济却受制于各种封建关系的束缚，手工业和商业的发展相当缓慢，大大落后于西欧国家。

虽然清代手工业的发展比明代更进步而且其中的资本主义的萌芽也有新的增长。但是相比于强大的封建经济而言，这个萌芽的增长就显得微乎其微了。

当时的农民受到地主阶级的残酷剥削，被牢牢地固定在土地上。加之自给自足的自然经济结构，使得农业和手工业不可能完全分离。而在此基础上建立起的上层建筑，不论是国策方针的出台、官僚机构的设置，还是统治阶级的意识形态，都从维护封建统治、加强封建经济的角度出发，抑制新的经济因素的生长和壮大。

尽管在鸦片战争爆发以前，清朝的封建经济和政治一直都在经受着来自内部矛盾的冲击和外部矛盾的考验，但是，中国的资本主义萌芽始终没有找到摆脱甚至取代庞大的封建经济的机会。

历史的车轮总是滚滚向前的，萌芽状态的资本主义生产关系虽然一直遭受着严重的阻挠和压制，终归还存在着、生长着，并不断冲击着封建主义日渐腐朽的躯壳。

封建经济发展到一定程度必然要产生资本主义因素，这是时代发展的普遍性。而不同行业中资本主义萌芽的发展态势，发展形势以及它所遇到的阻力大小，会因为各个行业内外条件的不同而呈现不同面貌，这是不同行业发展的特殊性。纺织是当时最为发达的手工业部门之一，在资本主义萌芽发展方面具有典型意义。我们将以棉纺织业为例来说明中国资本主义萌芽的具体发展历程。

在世界经济史上，棉纺织业是所有行业中资本主义发展得最早也最快的一个。中国数亿人的衣服需要棉纺织业提供，所以其有着当时其他国家少有的广大市场，而且这个行业在生产工具更新过程中比较简便，所需的运转资金也不多，按理说这个行业在中国发展当是如鱼得水般地顺利快速，但实际情况却恰恰相反。

中国的棉纺织业长期以来都以农村家庭副业的角色而存在，多是农闲时农民才会"以织助耕"，而且生产出来的成品除了一部分用来给家人做些衣物外，其余的都会用来代交赋税，所以即便从事手工业生产，也不会和市场买卖挂钩。这样棉纺织业就和农业牢固地结合在了一起，明显地表现出自给自足的特色。

在这种经济结构中，棉纺织业会长期地停留在家庭副业和小手工作坊的阶段，不可能发展壮大、获得稳定的产业利润。伴随着清朝整体生产力水平的提高和商业的发展，市场需不断增长，商业资本日渐活跃，棉纺织业的资本主义萌芽首先在流通领域打开缺口，出现了一批专门负责购买棉花、联系小生产者及远方市场的包买商。包买商凭借手中的大量资金在生产者和消费者之间买进卖出，为赚取商业利润而积极活动，渐渐地在棉花的供应和棉布的收购之间形成垄断，从而在经济上使小生产者受自己控制，并把纺织工创造的财富逐一纳入自己的囊中。

就纺织工来说，表面上仍然在按照原来的生产方式在进行劳作，而事实上已经成为包买商的雇佣工人，专门为他们工作，并受他们的剥削和统治。随着垄断棉花供应和棉花收购情况的增多和日益普遍，原来边织边耕的农民变成了单纯的雇佣工人和无产者。

在上海附近，"天未明，棉花上市，花行各以竹竿挑灯招之，日收花灯"，这是当时商人大量收购棉花的真实写照。除此之外，在闽粤一带的产棉区，类似的情况也相当普遍。然而商人大多唯利是图，为了获得最高的利润，甚至不惜囤积棉花，抬高棉价，造成织工因缺乏原料而无法正常劳作。曾经有人记载过山西屯棉的情况，他说"富商六七人，故以高价尽买积（棉花），以专其利，每驼非六七十千不售。夫有六七八人之专利，致使一邑停机住纺，衣着无物"。

商人对棉花的垄断发展的下一步就是给纺织工人提供一定量的棉花或棉纱，让他们定期完成相应的成品，然后到时来换取纱布产品。这是一种以商业资本来支配手工业生产的劳作生产模式，也是资本主义萌芽的一种表现。

这种情况在明代就已显现。当时的松江是重要的产棉区，在这个地方，不仅乡村家家纺纱织布，在城市里的很多百姓也是以此为业，所谓"里媪晨抱纱入市，易木棉以归，明旦复抱纱以出，无顷刻间歇"，可见当时的繁忙景象。到了清代，这种情况更加普遍，而且规模也更加庞大，操作也更专业和系统化了。在棉纺织业繁荣的浙江南浔镇和广州等地，棉商多以价格极其低廉的棉花从棉农和纺织工手中换购棉纱和棉布，然后再由棉商以高价卖出。

商人通过这种换购方式，将织工与原料市场和成品销售市场的联系完全切断，迫使纺织工完全依赖屈从于商业资本的操控。这就意味着在商业资本的运作下，包买商把原材料直接分配给小手工业者生产，使他们为获得劳动报酬而工作，而手工业者则由原来的半工半农成为在自己家中为包买商工作的雇佣工人，于是资本主义的家庭劳动形成了，资本主义生产关系在发展的道路上也向前跨出了一大步。

在丝织业发展更加集中、更加专业化的江南地区，除了停留在"家杼轴而户纂组"阶段的家庭手工业之外，还出现了由机户开办的手工工场。起初，清政府对民间手工工场采取了很多的限制措施，还明文规定"机户不得逾百张"，而且还对每个机户收取很高的税款，"张纳税当五十金"。后来在商品经济不断发展的情势下，一个叫曹寅的江宁织造分析其中利弊，然后向皇上奏请，免除了机户们的额税，民间的织机数量随即大大增加，到道光年间，就已经有了拥有五六百张织机的机户。

这些机户其实就是某种程度上的资本家，在他们的指挥下，规模庞大的手工工场雇佣数目惊人的工人为自己工作、进行生产，至于工人们的报酬则以计件算钱，并根据所织成品的质量好坏上下浮动。除了这些有固定工厂的机户外，也有人为了节省厂房方面的资金而选择"散放丝经给予机户，按绸匹比工资"。

由此可见江南一带的丝织业已经出现了少数带有资本主义性质的手工工场。

工场手工业作为一种新的生产模式产生于自然经济的基础之上，虽然总体发展缓慢和弱小，但是仍然起着分解、冲击封建经济和政治的作用。随着它的进一步发展扩大，封建主义与它之间的矛盾冲突也日渐激化。

话虽如此，清代的工场手工业其实远没有强大到可以与封建主义相抗衡的程度。加上机户自身浓厚的封建性，使他们与封建官府有着千丝万缕的联系，必要的时候他们需要借助官府的庇护和帮助，镇压工人反抗以维持自己剥削的权利。这里呈现了极为复杂、极为矛盾的经济关系和阶级关系。

封建官府和行会，他们对机户的生产和经商往往严加限制。明代的"领织制"在清代得到沿用，规定官方需要的丝织品，必须由官府提供资金、官府结算。实则是机户接受官府的加工定制，根本就不可能有完全的独立经营权。加上当时的高额商税，政府与这些机户的矛盾便十分明显而复杂。

综合这两点，可以看出，在清朝虽然出现了较为先进的生产方式和生产力，但是新事物的发展总是受到来自旧的政治体制和生产模式的阻碍，导致资本主义萌芽的缓慢发展。

北"京"南"扬"，平分秋色

到康、雍、乾时期，随着社会分工不断扩大和细化，商品经济不断繁荣发展，一些城市的手工业和商业也日益发展起来，从而带动了城镇本身的发展，在北方以北京为代表，在南方以扬州为代表。除此之外，苏州、杭州、江宁、佛山、广州、汉口等城市的发展也已经具备了工商业城市规模。

北京

金、元、明三代都曾将都城设在北京，加上作为清朝都城的200多年，北京作为都城的时间总共加起来达800年之久，不愧是一座历史悠久的古城。

北京凭借自己的政治优势，大力发展经济和交通，在清朝前期就经初步形成了四通八达的全国交通网络，水陆兼备，交通十分便利，这就进一步为北京商业的进一步发展和文化交流提供了有利的条件。所以当时的北京不仅是全国的政治、文化中心，也是我国北方商业贸易中转枢纽。

清代的很多大贾富商，在拥有了成千上万的资本后，大都在宣武、正阳、崇文三门之外设立商铺经营经工商业。到乾隆年间，正阳门外的大栅栏一带，已经形成了一片热闹繁华的商业区。这里店铺林立，小商摊贩如蜂攒蚁聚，酒楼茶肆更是鳞次栉比。所以当时北京最繁华的地区不在达官显贵聚集的内城，而是在宣武、正阳、崇文三门之外。

北京的工商业，几乎全部掌握在与帮会有关的大商人手里。这些商人为了最大限额地获取利润，纷纷不约而同地设立商人会馆，为同行商人聚会、囤积货物、订立行规、统一度量衡提供方便。随着工商业不断发展，各式各样的工商业会馆如雨后春笋般地不断出现。

会馆的无限制设立，不仅影响市场的运行状况，还产生其他一些负面影响，比如史书曾记载乾隆年间"各省争建会馆，甚至大县亦建一馆"，致使三门之外的地价、房价直线攀升。

由于北京的国都地位、政治地位、商业优势和地理气候优势，吸引了很多中上层人士前来定居。上自皇亲国戚，下至官商富贾、地主富户，无不在这里过着衣食无忧、奢侈豪华的生活。当然这种上流生活是建立在盘剥之上的。

为了满足剥削阶级的享受生活的需要，北京的工商业渐渐走上了畸形发展的道路。这主要表现在以下几个方面：

第一，北京的商业远比手工业发达。

第二，北京最发达的手工业，主要集中在高级奢侈品的生产上，如珐琅、玉器、雕漆、毛织品的制作工业。

第三，和普通百姓日常生活息息相关的手工业产品几乎全部仰仗外地输入。北京当地很少生产。如北京的土布主要靠山东和河北高阳等地供应，纸张由安徽、福建、江西等省提供，而烟叶则来自关东和河北易县等地。

所以，从经济层面上来说，北京的繁荣和重要不仅因为它是国都所在，更重要的是它是当时的一个庞大的消费城市。

扬州

自隋唐以来，扬州就是一个因盐业而著称的南方大都市。清初的时候，由于扬州人民竭力抗清，清政府又采取武力镇压，所以大批的扬州市民命丧黄泉，昔日繁华的江淮名城也变得千疮百孔，处处是断壁残垣。到了17世纪末18世纪初，清朝的统治逐渐稳固，政治也算清明，加之政府对扬州政策的改变，扬州盐业和其他商业，才逐渐有所恢复，然后进入了迅速发展的阶段。

扬州地处长江以北、淮河以南，东临大海，西濒运河，方圆数百里，河流纵横，湖泊众多，水陆交通之方便无以复加，所以，扬州是清王朝南漕北运的船只的必经之地。

除此之外，扬州极具渔盐之利，是我国中部各省食盐的供应基地。乾隆年间，两淮一带的煮盐作坊不计其数，而当时靠贩盐为业的商人获利最多。所以当时的扬州城"四方豪商大贾鳞集璨至，侨寄户居者不下数十万"。

清朝政府十分重视盐的管理，由官府掌握盐的买卖运输，还专门设立了掌管盐务的官员。扬州作为"官盐"的主要供应地，它的盐多运销长江中上游各省。所以大凡盐商多与盐官有往来，而扬州的盐商与清政府的关系最为密切。如清朝前期，一个名叫徐乾学的刑部尚书就曾把十万两银子托付给当时的大盐商项景元从事盐业的投机贸易活动。再如，扬州另一个大盐商安麓饰，就是仰仗给清朝大学士明珠做家仆的父亲发迹的。而且清朝很多需要银两补贴的时候，不乏大盐商出钱资助的情况。例如，1786年盐商江广达就捐了二百万两银子资助清政府镇压林爽文起义。嘉庆年间，清政府在镇压白莲教起义时遭遇军饷匮乏的窘境，正当他们一筹莫展的时候，扬州盐商鲍漱芳积极向清政府"输饷"。事后，清政府就赐封给他一个盐运使的头衔作为回报奖赏。另外，在清政府治河经费不足时，还是盐商们在"集众输银"，最后以三百万两的数目解决了经费不足的问题。

这些捐助不仅显示了官府和商人、盐商之间的密切关系，同时也显示了盐商们的财力之雄厚。到了雍正、乾隆年间，扬州盐商已经成了囤积居奇、获利最大的商人之一。这些声势显赫、财力雄厚的盐商们平时"衣服屋宇穷极华靡，金钱珠宝视为泥沙"。有一次，众多盐商为了方便乾隆南巡居住，耗资二十万两银子修建临江行宫。然而这些财富银两无一不是通过残酷的剥削手段获得的。

综合水路运输的发达和盐业的获利丰厚，扬州的商业活动十分繁盛。乾隆南巡到达扬州时，看到车水马龙的商业景观，动笔写下了"广陵风物久繁华"和"广陵繁华今倍昔"的诗句。

类似的还有"岭南一大都会""四方之估走如鹜"的广东佛山，"金山珠海，天子南库"的广州，"城郭宽广，居民稠密""风帆浪泊"的杭州，"机业之兴，百货萃焉"的南京……

除了这些大城市外，还有一些小城市在向中等城市迈进。如江苏镇江、江西景德镇、湖南郴州、山东济宁、河北宣化、福建厦门等地，也都是商品经济发达的城市。在商业经济发展的推动下，它们各自的人口规模、城市规模已经具备了中等城市的规模。

第五章
九子夺嫡花样多

胤禔、胤礽、胤祉、胤禛、胤禩、胤禟、胤䄉、胤祥、胤禵,康熙帝成人且受到册封的 20 个儿子之中,有 9 人在觊觎已经被父皇坐了一个甲子的皇位。有单干,有朋党,有高调,有隐忍,九王在钩心斗角、阴谋阳谋中策划着自己登基之路。

被两立两废的太子

康熙一生中共有 35 子 20 女,可谓壮观。中国封建社会几千年的历史中,皇位都是采取世袭制的传统。拥有众多儿子的康熙是不会有无人继承家业的烦恼的,反而选谁做下一代接班人倒成了这千古一帝心中的难题,所以,太子位几立几废。康熙一直在斟酌考量,最后还是没有设计出一个完美的结局。

清朝前期奉行"有德者即登大位",而不是嫡长子继承制。但"有德"这个评价标准在现实中不好操作,正因为如此,各皇子才为争夺皇位而打得头破血流、不可开交。

在康熙王朝中,太子位的争夺始终是赚人眼球的巨大噱头,众多皇子中,二皇子胤礽的两起两落也是最为精彩的。年仅一岁就荣登太子位,这是何等幸运?但随着时间的延长,这种幸运慢慢转化成了一种尴尬,毕竟当了 40 多年的太子还真是前无古人、后无来者。随着其他皇子的羽翼越来越丰满,胤礽的耐心也终将溃灭,渐渐对自己不利的形势促使他一次又一次地铤而走险。不过他可能不太了解自己父亲的实力,伴随着反抗的是康熙愈加决然的镇压。最终,胤礽成为历史上第一个也是唯一一个被两立两废的太子。

事实上,在胤礽之前还有一个哥哥,即皇长子胤禔,但他的母亲只是一般的嫔妃。皇次子胤礽的母亲是皇后且年纪轻轻又死了,康熙与胤礽之母感情非常好,为了让她安心地离去,康熙满足了她最后的愿望,决定立其子胤礽为皇太子。

康熙为什么要立这个根本就没有才能的皇子为太子?其实也是他的一种策略。康熙本身熟读历史,知道自封建王朝的开始,便有无数人死伤于皇位之争上,为了避免这种血缘相残的情况在自己身上发生,所以,胤礽的太子之位一坐就坐了 40 多年,不但可以避免继位引起的纷争,还可以保护自己真正看中的继承人不成为被攻击的靶子。

其实，最初，康熙也真的是十分喜爱这个小太子的。因为康熙深爱着胤礽的母亲，而这个红颜薄命的女人又早早离去，致使多情的康熙将对爱妃的怀念之情统统转移到了这个孩子的身上，胤礽自幼即被视为父皇的掌上明珠。康熙皇帝将胤礽留在自己的身边，一起在宫中生活，他亲自照看这个幼小的孩子，看着他一天天成长。

之所以特别爱这个幼年丧母的孩子，也与康熙自己早年的经历有关。康熙幼年时就失去了父母，虽然有祖母悉心照料，但是也十分渴望父母的爱怜。因此，他对胤礽充满爱怜，倍加体贴、照顾，亲自教他读书。胤礽经父、师指点，确实显露出几分不可多得的灵气。他文通满汉，武熟骑射，加上仪表堂堂，着实惹人喜爱。康熙特意在畅春园之西为胤礽修了一座小园林，赏他居住，连出巡时也命他随侍左右。

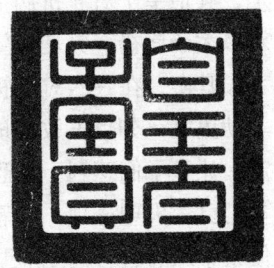

皇太子宝印及印文　清

太子胤礽在皇室中有着很深的背景，他的外祖父噶布喇是领侍卫内大臣，外叔公索额图是大学士、当朝宰相，领侍卫内大臣。可见为他撑腰的都是朝中举足轻重的大人物，而他如果能顺利登基也可以为周围的亲人在危机四伏的朝廷建起坚固保护网，所以，这些人不遗余力地给胤礽出谋划策，在他的周围形成了一股政治势力，这就是太子党。

正所谓宫廷深似海。皇帝始终不是普通百姓人家的父亲。伴君如伴虎不仅是给臣子的忠告，同时也是给皇子们的警言。随着胤礽长大懂事之后，这对亲密的父子之间也渐渐地产生了一些矛盾。随着康熙初年国内外的混乱形势逐渐改善，到了康熙王朝中期已经初露"康乾盛世"的景象，困苦艰难的时期已经过去，朝廷的国库也日渐充盈，国内外边疆都显出一片祥和之状。安逸的生活使身为统治阶级的贵族子弟滋生了一股享乐奢侈之风，身为太子的胤礽同样在温室中滋养出不愿奋进的骄气和惰性。因为在同辈兄弟中，他所处的地位优越，于是更加放纵任性，从而忽略了身边潜伏着的忧患。他不曾想过其实自己始终处在一个巨大的透明舞台上，一举一动都展示在众人的眼中、供人审阅，更是忽略了康熙那一双犀利而又挑剔的眼睛。

康熙与胤礽之间首次出现裂痕是在康熙亲征噶尔丹之时。当初为了安抚噶尔丹，康熙不惜把自己最心爱的女儿远嫁他乡，不想还是没有压制住噶尔丹的野心。不得已，康熙亲征，讨伐自己的女儿和女婿。战争加上心痛，康熙十分想念亲人，于是特召胤礽至行宫安慰。康熙是一个敏感之人，洞悉他人的情绪更是细致入微，胤礽面对父亲时所表现出来的无动于衷，使康熙大为伤心，更是对这个太子产生了失望之情。从此，父子之间原本亲密的关系蒙上了一层阴影。

接下来的日子，几次关键时刻，胤礽的表现都使康熙失望透顶。康熙虽然生在皇室，但对亲情却是最重视的，他最不愿意看到的也是自己的儿子互相残杀来争夺皇位。可胤礽最缺乏的就是身为皇太子所应该表现出来的兄友弟恭，对自己的兄弟姐妹，就算是一副伪善的面孔他都懒得去装。

有一次，康熙出巡塞外时带上了最喜爱的小儿子胤祄。因为气候恶劣外加年纪尚小，胤祄途中暴病，康熙用尽各种手段，也没能挽留住他死去的脚步。老来丧子是任何人都无法忍受的事，即使像康熙这样儿子众多的父亲，也是不忍心看着自己的儿子死去的。

胤祄死后，康熙再无游玩之心，白发人送黑发人使他痛苦万分，但更让他伤心的是，其他皇子对胤祄病情的漠不关心。由此，康熙对自己的儿子们十分失望，特别是对皇太子胤礽，更是失望至极。

其实，在康熙对胤礽审视的同时，胤礽自己也在心中打着小算盘，对父亲的一举一动更是一刻也不放松地观察揣摩。在胤祄病死后，康熙对皇子们大发雷霆，喜怒不定，让皇子们感到十分恐慌。皇太子胤礽挨了骂，更为惶恐不安。他心中感觉康熙对自己已经失望透顶，眼看着储君之位摇摆不定，心情更为紧张，便派出自己的亲信去侦察康熙的起居，他自己也曾在夜间偷偷到康熙帐前窥视动静，不巧的是消息走漏了。康熙的儿子太多，皇位只有一个，其他皇子巴不得太子出错，一旦抓到胤礽的把柄是不可能轻易放过的，有人便把胤礽偷窥之事密告给了康熙。康熙知道后大为震怒，随后便召集了所有的随从大臣和武将，并将太子和其他皇子全部召来。康熙当着儿子、大臣们的面，痛骂无情无义的太子，决定对胤礽新账旧账一起算，细数起胤礽平时的种种过失。

客观地说，胤礽也确实不是一块当皇帝的好料。这位皇太子由于背景强硬，身为储君具有特殊的权力，便不自制地养成了过分骄纵和暴戾的性情，平时对臣民稍有不满便任意殴打，就连他的侍从都狗仗人势地肆意敲诈勒索、仗势欺人，从而激起公愤。

胤礽的种种恶劣行径终于让康熙忍无可忍，狠下心来下令，废除了胤礽的太子之位，将其囚禁在上驷院侧，由皇长子胤禔看守，还将废皇太子胤礽之事宣示天下。

如果此事的发展就到此为止的话，胤礽也许就再没有什么翻身机会了。可是，多方利益的相互牵制下引一处而动全身，何况太子的位置又是各种利益与欲望的衔接点。废太子的高潮还没有退下，皇三子胤祉就将大皇子胤禔当场揭发，声称皇太子之所以行为举止古怪异常，完全是因为大皇子在暗中用巫术操纵造成的，大皇子才是奸诈阴险的小人，并且提出上门搜索罪证的要求。康熙震惊之余连忙派人搜查，果真发现了"魇胜"，确信胤礽为魔术致狂。

康熙帝气愤万分、心痛无比，自己的儿子竟然为了太子之位如此无所不用其极地相互算计，甚至想取自己兄弟的性命。相比较胤礽的昏庸无术，胤禔的小人招数更让康熙痛彻心扉。如此乱臣贼子再不能让他留在宫中祸害他人，于是，康熙将胤禔幽禁在府第高墙之内严加看守起来，使其彻底失去了竞争皇位的权利。

不管胤礽的奇怪之举到底是不是巫术所为，但确实为他带来了置之死地而后生的转机。康熙帝认为胤礽是被魔附体至狂，立即召见胤礽，问及以前的所作所为，胤礽顺水推舟地表示全然不知。康熙帝也觉得这个太子废得为时过早，在群臣又纷纷建议复立皇太子的情势中，便顺其自然地复立胤礽为皇太子，立太子福晋石氏为太子妃。就这样，刚刚萌起的太子之争又被胤礽的复立而扼杀在了萌芽之中。

可惜的是胤礽并不理解康熙的良苦用心，虽然被放出来了，但依然不明事理、骄奢狂暴，被废的余惊未平，更加意识到自己的太子位并不是牢不可摧。那些被迫散去的太子党重新聚结起来，更加卖力地为其出谋划策。

当时，康熙已经六十有余，四爷党和八爷党更是虎视眈眈。胤礽自恃手中的砝码有限，对权利的渴望已经完全蒙蔽了他的心，甚至不顾及亲情，打起了逼宫的主意。胤礽的一举一动早已在康熙的密切监视之中，经历过大风大浪的康熙帝怎么会制服不了一个纨绔子弟的反叛之举？对于胤礽的不知悔改，康熙已经感到彻底的失望，于是将太子党分别谴责、缉捕、幽禁、绞杀。胤礽也不得不再次品尝被废的滋味，被禁锢在咸安宫内。

胤礽并不甘心，用尽了方法试图与外界联系，但康熙帝对他已经十分戒备，所以并未成功。康熙以后也再不提立太子之事，直到驾崩，储君之位还空着。

康熙死后，四阿哥胤禛继位，两立两废的皇太子胤礽被迁至祁县郑家庄，并以众兵看守。雍正二年（1724年）十二月，胤礽病死于住所，时年51岁。

如意算盘也有不如意的时候

康熙一生有很多丰功伟绩，但他有一个最大的失败，就是没有做好皇位继承的工作，致使他的很多儿子遭遇不幸。

在康熙的儿子当中，有两位皇子有着与众不同之处。表面上看，他们是完全想开了，置自己于皇权争夺之外，但实际上却也想分得一杯羹，他们就是大皇子胤禔和三皇子胤祉。

大阿哥爱新觉罗·胤禔其实并不是康熙的第一个儿子，他前面还有四个哥哥，因为前四子幼年夭折，故胤禔为皇长子。虽说是皇长子，但是在皇位的继承上并没有任何的优势，清朝皇族并不是像汉族人那样规定长子继位，也许胤禔也曾自叹过生不逢时，不但生不逢时，母妃的娘家还没有深厚的实力背景，这在讲究关系背景的清廷，在争夺皇上的斗争中是很少有机会胜出的。所以，和很多皇子一样，胤禔的生命中大部分时间也是在期待、等待、失望、绝望中度过的。虽贵为皇长子，胤禔却没有因此而得到康熙格外的赏识。胤禔表面上遵从父命，似乎对皇位并没有过多的非分之想，但内心里对太子的地位却十分觊觎。

康熙本身是人中翘楚，胤禔自然也是比较聪明能干的，再加上仪表堂堂是个美男子，所以，早期的时候康熙是非常喜欢这个儿子的。由于他是大皇子，年纪比其他皇子大，所以最先开始为康熙办理朝中政事。边疆发生战乱时，胤禔更是亲自随军出征，每次都立下战功，为康熙分了不少忧，也得到了康熙的器重。但是随着其他皇子的羽翼逐渐丰满起来之后，胤禔的风采便随之被掩盖。四皇子的铁血手段、八皇子的长袖善舞、十三皇子和十四皇子在军事上的过人天赋，再加上还有一个背景不容小觑的皇太子，胤禔的优势就变得不足为奇了。

胤禔虽然不被康熙视为继承人，但并不妨碍他一心想夺嫡继大统，所以他努力地使自己在众皇子之中脱颖而出。在皇位之争中，二阿哥胤礽尤其是其他皇子的眼中钉、肉中刺，在胤禔看来自然也不例外。皇子们超越了兄弟亲情这层关系，时刻注视着太子胤礽的一切动向，就等着抓他的小辫子。

从清康熙二十九年（1690年）开始，直至清康熙四十七年（1708年），这近20年来皇帝和太子之间发生的一系列事件以及随之引起的关系变化，胤禔都看在眼里、记在心上，认为对他谋取皇储之位创造了有利的条件与时机。

眼看着康熙逐渐老去，而太子之位又总是波荡起伏，胤禔着急起来。由于他迷信巫术，便想以魔术咒死皇太子胤礽，以便取而代之。此等招数其实荒谬至极，但太子却也真的整日精神涣散，尽做出些匪夷所思的举动，最后阴错阳差地如胤禔所愿，在康熙塞外行围时被废。胤禔一时间少了一个强有力的竞争对手，而且康熙还亲自授权由他来监视胤礽，这令胤禔十分得意，甚至到了得意忘形的程度。胤禔以为，康熙已经恨胤礽入骨，但是为了社会舆论又不能杀他，所以自以为是地想要为父皇除掉废太子，还大言不惭地说，"为祖宗江山、为康熙，即使背上这个杀害兄弟的骂名也无怨无悔"，无耻之心昭然若揭。

由此可以看出，胤禔还是不了解康熙的性格，所谓虎毒不食子，何况是人呢？此举让康熙非常失望与反感。让胤禔的如意算盘彻底落空的是皇三子胤祉，胤祉将胤禔使用魔术废皇太子之事告发，彻底让胤禔在皇位争夺中出局。

康熙对胤禔不顾亲情的所作所为极为气愤，称他为"乱臣贼子"，下令彻底剥夺他的一切职位，并将其囚禁起来。胤禔就没有他二弟那般幸运了，被关押之后还能阴错阳差地转危为机放出来，他这一押就押了26年，直至雍正十二年（1734年）十一月初一日死去，终年63岁。

有人欢喜有人愁。大阿哥彻底出位，三阿哥胤祉算是出了不小的力。

胤祉出生于清康熙十六年（1677年）。与胤禔的母亲一样，胤祉的母亲地位也不高。在这点上，老大和老三似乎有着同样的命运。

康熙有那么多儿子，有一点是非常令他欣慰的，就是各个都十分聪颖好学，或文或武都练就了一身的真本事。胤祉亦然，尤其在文学、书法上更是多次得到康熙的称赞。也许在胤祉心中，康熙似乎有意传位于自己，所以一直以来走的都是保守路线——与世无争、温文尔雅。但是，对于胤祉的优秀之处，康熙似乎也有自己的一番定论：学业优秀未必就能做皇帝，就像会读书未必能做官一样，这其中的关键还是取决于个人的性格，毕竟要想很好地统治一个国家，仅仅凭借着琴棋书画是远远不够的。

胤祉就真的想靠着琴棋书画过一辈子了吗？事实并非如此。

太子落马之后，因为大阿哥胤禔向康熙进言说由他来将废太子胤礽处死，惹得病中的康熙暴跳如雷，胤祉觉得表现的机会来了，便及时地向康熙告发了胤禔使用巫术谋害太子胤礽的事情，一举结束了胤禔的政治生涯。而胤祉决定在这个时候出马，也是考虑到康熙病重，如果大阿哥胤禔和老二胤礽都被圈禁，他自己便成了家中长子，群龙无首的时候，长子的地位还是有那么一点优势的。

只是没有想到的是，如意算盘也有不如意的时候。在第二年，也就是清康熙四十八年（1709年），出乎所有人的预料，康熙决定复立胤礽为太子，显然没有其他皇子什么事，胤祉也没能如愿以偿。他自视文化素质高，满腹经纶、出口成章，但从后来的事态发展看来，康熙自始至终都似乎不看好他在政治上的前途。在康熙的眼里，胤祉虽然聪明，但似乎缺乏一种政治家的魄力，学术上做得好的人，却并不适合搞政治。

聪明反被聪明误的皇八子

康熙是中国历史上执政最久的皇帝，所以，皇子们的较量也是最持久的。

康熙帝第八子，雍正帝异母弟，人称"八贤王"的胤禩，在这场激烈的帝位争夺中可谓是一个主要角色，但归根结底也是一个悲剧人物。

胤禩的母亲出身卑微，没有资格亲自抚养皇子，所以胤禩是在大阿哥胤禔的母亲惠妃身边长大的，因此，他与惠妃感情甚亲。没有强硬的家族背景就意味着要比别人付出更多的努力。胤禩深谙此道，所以从小便忍辱负重、加倍地学习文武知识，希望以此引起康熙的注意。

康熙本就是一个宽宏大量、心性随和的皇帝，自然也愿意看到自己的儿子能像自己一样待人为宽。所以，在容忍之量上，胤禩深得康熙喜爱。于是，在受到康熙封赏的皇子中，胤禩往往都是最小的一个皇子。虽然年纪甚小，但是和哥哥们同样得到了父皇的重视，对于从小就颇受冷遇的胤禩来说绝对是一个好机会。

胤禩是何等聪明之人，且甚晓世故，深知既然母亲那边没有能够依赖之人，就一切靠自己了。他潜心研究康熙的脾气秉性，以父亲的行为准则为准则。加之本来就没有身为阿哥的骄纵之气，又与朝中大臣处好关系，可谓是有求必应，深得众意。不仅在众兄弟中与皇九子、皇十子、皇十四子交情非比寻常，与众多王公朝臣亦相交甚欢，朝廷之中一旦有什么风吹草动，这些王公大臣往往会第一时间去八王府打探消息，可见他们对胤禩的逢迎之情、追随之意。就算是同为竞争对手的大皇子，在自知自己没有希望的前提下，都会把手中的一票投给这个八弟，可见，胤禩在为人处世上是何等高明。

康熙8岁登基，亲政以来经历无数坎坷，一步步走来，把所有的问题都解决掉之后，没想到临到老了，还要为自己的儿子们操心。更没想到儿子们之间的皇位之争比以往的战争都更为激烈，也更为撕心裂肺。康熙一天天老去，他的皇子们也蠢蠢欲动起来。

康熙以为废黜了皇太子之后，诸皇子之间的矛盾可以缓和，但是恰恰相反，诸皇子争夺储位的斗争反而愈加激烈。在这个时候以皇八子为核心的八阿哥党积极钻研，精心谋划，想取得皇太子的地位。胤禩的精明之处在于借他人之口诉心中之事，从来不会直接地表达自己想如何做，他会引导对他亦步亦趋的追随者在康熙面前说尽自己的好话。确实如此，自己说十句也抵不上别人说一句。所以，他更加地极力拉拢朝中重臣，渐渐地就形成了"八爷党"。

身为皇帝，最忌讳的就是在自己的身边发生党派之争。眼看太子党被废除，可以安宁一时，没想到又出了个八爷党，甚至比太子党还要嚣张，招数更是花样百出。王公大臣纷纷举荐不说，还安排算命之人从中妖言惑众、蛊惑人心，说八阿哥有帝王之相，在朝中引起轩然大波。胤禩虽然聪明，但是其实并没有彻底了解康熙的心意，康熙是老了，但是还没有糊涂。

清康熙四十七年（1708年），太子胤礽被废的时候，胤禩被康熙授权全权处理、审讯有关涉嫌之人。之所以追究到底，是因为康熙一方面是想打击朋党之人，另一方面也是因为要找个倒霉蛋来为自己的二儿子背黑锅。儿子终究是儿子，做父母的始终不忍心自己的儿子丢掉性命的。所以，努力给胤礽找一条退路。可见，事到如此康熙还是非常顾及自己的儿子的。所以，要狠整太子党羽，迁怒于他们没有能好好地辅助太子，使得太子被废。

可胤禩，平时学康熙学得还不够透彻，仁义道德也只是表面而已。哥哥们相继落马，胤禩平时的仁慈荡然无存，心狠手辣的一面完全暴露了出来。看到当了几十年的太子终于下马了，而这次主审人还是自己，千载难逢的机会到手，下定决心要让这个昔日的太子彻底没有翻身之机。办起案来手下是毫不留情。他虽有一颗七窍玲珑心，却真正低估了康熙对自己儿子的爱。太子是再也没有翻身之机了，可他自己多年的仁义形象也在康熙的心中彻底崩塌。

眼看康熙的身体愈见衰弱，时间不等人，胤禩决定主动出击来进一步塑造康熙最为看中的宽容、仁义的形象。胤禩私下聘用了张明德这个相士，让他大肆吹捧胤禩，说胤禩"白气贯顶"，乃明君之相，没想到康熙得知后大发雷霆。

聪明反被聪明误，胤禩的本意是想利用朝野舆论给康熙以压力，从而迫使其顺从众意，立自己为太子。殊不知此举已是形同对抗，大大地触动了康熙的龙须，招致康熙的强烈抵触。

这招不成又出下招，胤禩虽然与十四皇子胤祯交好，但是一旦涉及皇位就完全不念兄弟之情了。在康熙的寿辰之时，暗中调包换掉了胤祯送给康熙的礼物，变礼物为一只死鹰，让康熙大为光火。从这就可以彻底看出胤禩是何等虚伪。

康熙何等圣明，早已看透了胤禩的心思，对这位"仁义"的皇儿已经彻底失望。康熙临终前对他的儿子们做了一个简短的总结，给胤禩的评价就是：处处学朕，又处处学不像。

清康熙六十一年（1722年）十一月初三，康熙终于寿终正寝，病逝于畅春园。做了一辈子八贤王的胤禩到最后也没有如愿登上皇位。虽心有不甘，但还是败给了胤禛。

十四变四，谁才是正统

清康熙四十七年（1708年），当了33年皇太子的胤礽被康熙皇帝废掉了。消息一出，朝野轰动，文武哗然；而宫闱之内，更是暗流涌动，诸位皇子忽然意识到，看似安如泰山的东宫之位，原来并不是坚不可摧，自己也有染指的可能性。随后的14年间，各位皇子八仙过海各显神通，清宫内上演了一场被后世的历史学家称为"九子夺嫡"的大戏。

时间一晃，到了清康熙六十一年（1722年）年底。当康熙爷在畅春园驾崩的消息传出时，人们惊愕地发现，最终登上大清王朝第五任皇帝宝座的，居然是之前一直相当低调的皇四子胤禛——也就是为后世所熟知的雍正皇帝。

事实上，由于这一历史事实即使在当时也无人见证，因此无论是居庙堂之高的皇亲国戚、王公大臣，还是处江湖之远的平头百姓、荒野村夫，对事情的真相都无从得知；再加上牵涉到政治利益，最终生发出形形色色关于雍正篡位的说法来。在这些传说中，雍正是踩着他的亲弟弟——皇十四子胤祯的肩，通过篡改诏书的手段达到其目的的。

清康熙五十七年（1718年）十二月的一天，皇城附近军乐震耳，锣鼓喧天，紫禁城内呈现出一片庄严肃穆。一支威风凛凛、全副武装的大清精兵肃立在太和殿前，队伍前有人高举着正黄旗纛，上写"抚远大将军王"六个斗大的字，随后是一众旗帜，清道旗、飞虎旗、飞龙旗、飞凤旗；再后面是全副执事，金瓜、金斧、金天镫、金兵拳。在队伍的正中间，是一员罩袍束带、顶盔贯甲、手提马鞭、腰悬宝剑的大将，在马上端坐，昂然而行，好不威风！在他的后面，是随他出征的王公大臣，均全副戎装，不苟言笑，鱼贯而行。而朝中各亲王郡王、贝勒贝子、国公乃至二品以上大臣，均盛装朝服，站立队伍两侧，敛手肃立。

这位大将军是谁？正是康熙皇帝敕封的抚远大将军，皇十四子胤祯。这一年，他只有30岁。

说起来，胤祯和皇四子胤禛都是德妃乌雅氏所出，乃是一母同胞的嫡亲兄弟。不过，由于胤禛从小被佟贵妃收养，而兄弟两人年纪也相差十岁，更兼胤禛自小禀性淡薄，因此兄弟两人反而

抚远大将军西征图
康熙末年，皇十四子胤祯受命代父出征。

不甚相得。胤祯倒是同八哥胤禩关系不错。在康熙末年的夺嫡斗争中，八阿哥一度是入主东宫的热门人选，围绕着他自然就形成了一个包括皇亲国戚和朝中大臣的所谓"八爷党"，而胤祯，自然也是这个党羽中的一员。

和胞兄胤禛相反，胤祯自小脾气火暴，是个直性子人，颇讲义气。康熙四十七年（1708年），胤禩由于谋夺太子之位被康熙厉声斥责，20岁的热血青年胤祯挺身而出，抗命为之辩解。康熙勃然大怒，险些挥剑要斩了这个儿子。而自此之后，父子关系一直平淡，似乎康熙并没有想要重用这个儿子。

不过朝堂之上的事情瞬息万变，自从八阿哥失势之后，"八爷党"迅速将重心转向了胤祯，试图通过他东山再起，谋取康熙的欢心，进而重登大宝。在八阿哥的造势下，朝野舆论逐渐转向了胤祯，胤祯也顺应时势，收起暴脾气，摆出礼贤下士、敬老尊贤的姿态。于是当时的清议对胤祯颇多好感之词。这些言语或多或少传到康熙的耳朵里。于是，胤祯的机会来了。

康熙末年，策妄阿拉布坦在西北地区屡屡兴兵作乱，清廷久战不克。康熙决定派遣皇子统兵出征，打算一举克敌。在康熙的子嗣中，习武出色、能担当此大任者有二人，十三阿哥胤祥与十四阿哥胤祯。无奈当时胤祥早已被康熙高墙圈禁起来，于是这项任务就顺理成章地落在了胤祯身上。

从史料中对此事的记载中，可以看出康熙对于此事极其重视，因而给予了胤祯超乎规格的待遇。胤祯在太和殿亲自接受敕封和大将军印，策马扬鞭西征。这就是前文提到的威武雄壮的一幕。

经过4个多月的行军，胤祯率军到达西宁。在当地服从清廷号令的蒙古各部的配合之下，胤祯兵分两路，分别由青海和川滇两路进入西藏。战事进行得非常顺利。到这一年的八月，策妄阿拉布坦的叛乱告一段落，胤祯的威名也传及西北各地。

应该说，康熙能够让胤祯率兵打这一场震动全国的战役，也说明了此时胤祯在他心目中的地位甚高。胤祯一抵达西宁，康熙便降旨给青海蒙古部首领，夸奖胤祯"确系良将……有带兵才能"，并叮嘱蒙古各部要听从胤祯的调遣。为了庆祝这场战役的胜利，康熙甚至起草御制碑文，勒石纪念。凡此种种，都说明康熙对胤祯的信任和欣赏。

其实胤祯也意识到了，历史在他面前展现了一个千载难逢的机会。他知道这次出征立功，是自己获得康熙青睐，争取荣登大宝的最佳时机。

清康熙六十年（1721年）十一月，胤祯返回北京，向康熙帝面禀军情。他在北京待了将近半年的时间，于第二年的三月又返回军前。他恐怕没有想到，这是他最后一次见到他的父皇。仅仅半年以后，康熙就驾崩了，而他远离北京，只能眼睁睁看着雍正登上皇位。

清代的野史对所谓的雍正改诏一事，有多种说法。有一种说法是康熙帝遗诏原文为"朕十四皇子，即继承大统"。而胤禛事先知道了遗诏的内容和存放地址，便暗中进入畅春园，将"十"字改为"第"字，进而弑父，从而登上皇位。为了避免此类事情再行发生，雍正继位后下令，"以后凡宫中文牍，遇数目字，饬必大写，亦其挈矩之一端也"。

另一种说法则提到了隆科多与雍正勾结的内情。据说康熙的遗诏原文为"传位十四子"，并将这一遗诏交由隆科多保管，隆科多将"十"字改为"于"字，并隐匿了康熙病重时召胤禛来京的圣旨，于是雍正顺利继位。

还有一种说法提到，由于胤禛的名字繁体为"禛"，与胤禵的"禵"发音相同，字形也极其类似，因此雍正则在宗人府保存的玉牒上动了手脚，很轻易地把胤禵的名字改成了自己的名字，于是取而代之做了皇上。

其实，这三种说法细加推敲，便可知都有问题，并不足以作为雍正改诏的铁证。

第一种说法的来源是清末反清志士的反清著作，其来源就甚为可疑，而且要将"十"字改为"第"字，又看不出涂改的痕迹，很难想到世上有人能做到这一点，故而不予讨论。

第二种说法是流传最广的一种，但其内情也非常可疑。理由有三：首先，按照当时官方的正式称呼，应称为"皇某子某某"；所以，"传位于四子"的正式写法应该是"传位于皇四子"——想要在诏书中加一个字，这恐怕是不可能的；其次，"于"的繁体字写法为"於"，在如此重要的文件中，没有道理使用日常的通俗文字，因此，改"十"为"於"就近乎不可能了；再次，就算真的有人手眼通天可以将汉字改过，但清代统治者是满族，按例诏书要同时以满汉两种文字书写，满文的字符和文法与汉语不同，因此这改正起来便绝非可能之事了。

第三种说法似乎有一定的道理，但其实也有破绽。玉牒上胤禵的名字确实有涂改的痕迹，但这恐怕并不是雍正暗地为之。其实在雍正继位后便发下谕旨，要求其他皇子将名字中的"胤"改为"允"，而胤禵也被改名为"允禵"。这是因为在封建社会，有所谓避讳的讲究，即皇帝的姓名所用的字，不可以被他人使用，甚至是相近的字音字形也不行。因此胤禵的改名确有其事，但却无法作为改诏的确实证据。

当然，还有一种说法，就是康熙遗诏干脆就是雍正自己编造的，全文从头到尾根本就没一句真话。那道现在放在故宫博物院的《康熙遗诏》中有一句话"皇四子胤禛，人品贵重，深肖朕躬，必能克承大统，著继朕登基，即皇帝位"，就是雍正事后加在遗诏上的。这一点，现在确实还无法加以证实或者证伪，只能留待历史学家的继续研究了。

总之，雍正皇帝继位了，但这个消息对远在西宁的胤禵来说，不啻劈开八块顶门骨，浇下一盆雪水来。

雍正也深知手握重兵的允禵（雍正继位后，为避讳，胤禵改名允禵，）对他仍然构成威胁，因此刚刚继位，就立即下旨一道："西路军务，大将军职任重大，但于皇考大事若不来京，恐于心不安，速行文大将军王驰驿来京。"

虽说将在外君命有所不受，但被父亲猝死的噩耗打击的允禵，稀里糊涂地被召回北京。然而一转眼，允禵立刻被削除了兵权，被勒令留在康熙的墓地守灵。

雍正元年（1723年）五月，雍正下旨一道，把允禵好一通骂，接着轻描淡写地将他"进为郡王"。雍正三年（1725年），又被降为贝子。到了雍正四年（1726年），被禁锢在康熙陵寝，一并被监禁的还有他的儿子。从此，允禵在那里度过了10年的孤独岁月。直到乾隆继位，快50岁的允禵才被释放。20年之后，他离开了人世，死后被谥为恂勤郡王。

关于雍正登基之谜，还有一种说法。传说，康熙帝看上的不是自己的四皇子，而是四皇子的四阿哥——爱新觉罗·弘历。

据说康熙在为立嗣问题大伤脑筋之时，武英殿修书总裁方苞曾给康熙出了个主意：看皇孙，有一个好皇孙，可保大清三代盛世。康熙便想起了弘历。而雍正，也便"父因子贵"，顺理成章地登上了皇位。

第六章
雍正：承上启下的过渡者

九王夺嫡，雍亲王胤禛棋高一着，继位大宝，随之而来的，是后世的褒贬不一，争论纷纭。他刻薄：逼死生母，打击兄弟，屠戮功臣……在血泊中建立起自己的政权；他神秘：弑杀父皇，篡位登基，诡异离世……他在谜团里创造出自己的时代。

父皇驾崩永远有说头

康熙六十一年（1722年）十一月十三日晚，69岁的康熙皇帝在畅春园龙驭宾天。

十一月戊子，上不豫，还驻畅春园。甲午，上大渐，日加戌，上崩，年六十九，即夕移入大内发丧。

——《清圣祖实录》

然而，这几句看似平淡的话背后，却隐藏着一桩波谲云诡的历史疑案。自康熙四十七年（1708年）起，皇太子初次被废，继而九子夺嫡，宫廷之中暗流涌动。最终，号称"天下第一闲人"的四阿哥雍亲王胤禛脱颖而出，几乎是出乎所有人的意料登上大宝。自此之后，关于雍正帝皇位来路不正的说法层出不穷，而围绕着这一中心论点，又生发出无数雍正为达成目的不择手段的议论。甚至连康熙之死也因此未能盖棺论定，反而引出了关于雍正是否弑父夺位的争论。

这种争论的产生要从康熙的病情说起。

康熙大帝一生奔波劳碌，从8岁懵懵懂懂被推上皇位开始，诛鳌拜，平三藩，统台湾于南海，退沙俄于东北，一生文韬武略。到了五十而知天命的年纪，康熙帝本以为四海粗平，

康熙帝老年像

霸业初定，于是六下江南，享享清福。谁料祸起于萧墙之内，不争气的太子胤礽废而复立，立而复废，从此储位虚悬，引发九子夺嫡，宫廷之内刀光剑影，血雨腥风。儒家有修齐治平之说，可叹康熙大帝，空有治国平天下的雄才大略，却短于齐家，不得已与诸皇子斗智斗勇，难免心情郁闷，元气大丧，疾病缠身。

这一点在《清圣祖实录》有明确的记载。康熙四十七年（1708年）冬天之后，他的健康状况就每况愈下了。具体症状有心悸、眩晕、腿脚水肿、"手颤头摇"，另外似乎还有中风偏瘫的迹象：右手也不听使唤了。

康熙变成这个样子，完全可以理解，他深深地担心自己那些为了皇位争得头破血流、杀红了眼睛的儿子，更担心他们会把方兴未艾的大清王朝搞得一塌糊涂。他曾经不无悲哀地说："日后朕躬考终，必至将朕置乾清宫内，尔等束甲相争耳！"

此后的十几年中，康熙一直忍受着各种慢性疾病的折磨，拖着病体夙兴夜寐地处理政务军务。到康熙六十一年（1722年）冬，康熙帝在南苑行猎时，出现了大风降温天气。俗话说得好，来时风火去时病。年届古稀的康熙帝受寒病倒，出现了疑似肺炎的症状。病情来势凶猛，康熙帝迅即返回畅春园静养，经过两天的调理，病情似乎有所好转。然而就在一天之后，即康熙六十一年十一月十三日，康熙帝猝然离世。

那么在康熙皇帝生命最后几天的紧要关头，未来的雍正皇帝，当时的雍亲王四阿哥胤禛在做什么？

根据史料记载，在这期间，康熙皇帝命他做了一件似乎意义极为重大的事情：赴天坛代行祀天大典。

古人云："国之大事，惟祀与戎。"从代行祀天大典一事中，似乎可一窥康熙皇帝对这个四儿子是颇为信任的；然而，当时仍然有另一位负责"戎"的大将军王十四阿哥胤禵在西宁出兵走马与罗卜藏丹增斗得不亦乐乎。因此似乎也不能简单断定康熙皇帝圣心已然默定。

值得注意的是，康熙皇帝在驾崩的当天，在病榻上曾经三次召见雍亲王入宫问安。据《清圣祖仁皇帝实录》记载："皇四子胤禛闻召驰至。巳刻，趋进寝宫。上告以病势日臻之故。是日，皇四子胤禛三次觐见问安。"

从这段记载看来，这一天康熙帝的病情似乎趋于稳定，健康状况一度好转，而雍亲王也颇为尽孝，看上去似乎其乐融融，父慈子孝，风平浪静。

但是傍晚时分，皇宫内苑传来凄厉的呼号之声，人们来来往往且神色惊惶，似有不安之状。士兵们严加戒备，举止慌乱，如临大敌。

当时在中国传教，任职于清廷的意大利传教士马国贤在其回忆录中留下了如下的文字：

1722年12月20日，在我们居住的国舅别墅中吃过晚餐，我正与安吉洛神甫聊天。突然，仿佛是从畅春园内，传来阵阵嘈杂声音，低沉混乱，不同寻常。基于对国情民风的了解，我立即锁上房门，告诉同伴：出现这种情况，或是皇帝死了，否则便是京城发生了叛乱。为了摸清叛乱的原因，我登上住所墙头，惊讶地看到，无数骑兵在往四面八方狂奔，相互之间并不说话。观察一段时间后，我终于听到步行的人们说，康熙皇帝死了。我随后被告知，当御医们宣布无法救治时，他指定第四子雍正作为继承人。雍正立即实施统治，人们无不服从。这位新帝首先关心的事情之一，是给他死去的父亲穿衣。当夜，他骑马而行，兄弟、孩子及戚属们跟随着，在无数佩戴出鞘利剑的士兵护卫下，将其父亲的尸体运回紫禁城。

这并不是正常的情况，然而，无论是当时还是以后的官方文件中都没有提到此种异状。

其实从现代医学的角度来看，康熙皇帝的直接死因，应该是长期的心脑血管疾病在肺炎的刺激下突然发作。对于一个风烛残年的老人来说，此类并发症无疑是致命的。但是，受到当时的医疗水平所限，康熙皇帝的猝死，显得极其神秘，难免会议论纷纷，再加上畅春园周边不寻常的景象，雍正用不正当手段弑父夺权的传闻自然不胫而走。

在雍正七年（1729年）的曾静谋反案中，曾静曾经招供说，他听说"圣祖皇帝畅春园病重，皇上进一碗人参汤，圣祖就驾崩了"。

当时，民间对这一事件众说纷纭，曾静的说法仅是其中的一种而已，另外有一种流行的说法则是这样的：

胤禛……遂以一人入畅春园侍疾，而尽屏诸昆季，不许入内。时玄烨已昏迷矣。有顷，忽清醒，见胤禛一人在侧，询之。知被卖，乃大怒，投枕击之，不中，胤禛即跪而谢罪。未几，遂宣言玄烨死矣。胤禛袭位，改元雍正。以后凡宫中文牍，遇数目字，饬必大写，亦其挈矩之一端也。

这种说法见于晚清时革命党人的著作中，彼时反清兴汉之思潮甚浓，因此这故事只能是聊一聊，不能过于当真。而有趣的是，在这个故事的有些版本中，康熙砸向雍亲王的并不是枕头，而是手上的玉佛珠；而雍亲王则将计就计，将玉佛珠说成是康熙传位于自己的明证。

总之，雍正弑父的说法越传越烈。尽管雍正对这一指控矢口否认，但他继位以后的种种行为却让人疑窦丛生，简直是在用实际行动向世人证明他弑父的合理性。

雍正在继位后曾经多次在不同场合提到先帝爷对自己的慈爱之情和培育之恩，甚至不无自豪地声称自己是康熙最看好的儿子，在他的描述中，他和康熙之间父慈子孝，关系至为亲密。然而，在实际行动中他却似乎处心积虑地要处处避开康熙曾经工作生活过的地方。无论是远离康熙所住的畅春园而另起圆明园，还是驾崩后葬于清西陵，都是如此。笃信佛教的雍正是一个相信怪力乱神的人，因此，他的这些举动似乎可以有一种解释，就是他自感对不起康熙皇帝。

另外，雍正在继位之后对亲信和亲戚的处理，难免让人有兔死狗烹之感。年羹尧和隆科多都是其股肱之臣，在野史和民间传说中，亦是帮助雍正在皇位争夺中胜出的重要人物，然而均被雍正罢职削官，甚至处死；而雍正的冷酷无情也是出了名的。康熙驾崩后留下的十几个成年皇子在雍正治下动辄得罪，特别是曾经参与皇位争夺的几位阿哥更是不得好死，这甚至涉及了雍正的亲弟弟和子息。更有甚者，民间甚至流传着雍正其母被其所逼撞柱而死的传闻。

总之，康熙就这么驾崩了，雍正在重重迷雾中走来，登上了大清帝国的皇位。

生母使绊子，难倒雍正帝

雍正元年（1723年）五月二十三日，雍正皇帝的生母，康熙皇帝的德妃乌雅氏薨，死后被追封为孝恭仁皇后。彼时距康熙皇帝驾崩仅仅半年，而官方正史对德妃的去世却语焉不详。根据有关记录，德妃于五月二十二日发病，次日即告不治。这近似于猝死的情况未免使人心生疑窦。长期以来，民间就流传着德妃是被雍正皇帝所逼，撞柱而死的传闻。《大义觉迷录》中便记载了两种说法：一种是说"皇上将允禵调回囚禁，太后要见允禵，皇上大怒。太后见允禵而不可得，于铁柱上撞死"。另一种则称"皇上令九贝子（允禟）往西宁去见活佛。太后说：'何苦如此用心！'皇上不理，跑出来。太后怒甚，就撞死了。九贝子之母亲，亦即自缢而亡"。以上两种说法虽然不足为信，但是，雍正与生母的关系比较微妙却有史可证。

《清史稿》记载，"孝恭仁皇后乌雅氏，护军参领威武女。后事圣祖"。清代官方记载，乌雅氏为正黄旗人。雍正在下诏封赏外戚爵位时，称德妃乌雅氏的曾祖额布根乃是"本朝旧族，创业名家"，早在努尔哈赤时就被"抚育禁庭，视同子侄"，俨然一副皇室元勋的模样。

其实情况并非如此。根据《八旗通志》的记载，额布根的长子——也就是德妃乌雅氏的祖父额参曾任膳房总管，这一职务其实仅是包衣奴才的首领；此外，《八旗通志》又载乌雅氏之弟博起曾管理镶蓝旗包衣佐领，似可证明乌雅氏一族出身亦非正黄旗，而是镶蓝旗。因此，德妃的祖上乃是镶蓝旗的包衣奴才出身。

雍正隐瞒这一事实有其政治意义。前面已经说过，八阿哥胤禩生母良妃卫氏是辛者库出身，这一事实屡屡被康熙以及其政敌用来作为贬低胤禩的手段。那么作为皇位之争的胜利者，雍正必然要回避这一事实，抬高外戚家的地位，进而凸显自己与其他皇子的不同之处。当然，也许雍正还考虑到了这样做对于讨好德妃乌雅氏亦不无益处。

其实，在康熙一朝，德妃却并没有因为其相对低微的身份而失宠于康熙，反而一再受封，并为康熙生育三子三女。

最初，乌雅氏仅是一名普通的宫女。被康熙帝临幸后，于康熙十七年（1678年）

生下了皇四子胤禛。因此次年受封为德嫔。再过一年，又生下了皇六子胤祚。因此又于次年被封为德妃。

胤祚——这个名字并不简单。"祚"有皇位之意，康熙将这个字赐予皇六子，简直是在向世人宣告这个孩子不同一般的身份，足见康熙对这个孩子的喜爱和重视。所谓爱屋及乌，德妃自然也深受宠幸，仅仅三年，由宫女而升为妃。可惜的是，胤祚在6岁时夭折了。

不过，这并没有让德妃的地位有所动摇。相反，此后德妃又为康熙生育了一子三女，其中成人的有一子一女。皇九女被封为和硕温宪公主，另外一子，就是赫赫有名的皇十四子胤禵。

据说，德妃乌雅氏外貌端庄，雍容华贵，而天性又淡泊名利，为人做事相当低调。在勾心斗角的后宫中，这一点应该颇得康熙的赞赏，而且还能保护自己及子女免遭伤害。

不过胤禛与德妃的关系却谈不上亲密。因为胤禛是德妃的第一个孩子，在其出生之时，乌雅氏仅仅是一名普通的宫女，因此没有亲自抚养皇子的权利。因此，康熙将胤禛交由皇贵妃佟佳氏抚养。佟佳氏一生仅仅生育过一女，还夭折了。因此将满腔的心血都寄托在了胤禛的身上。虽然在胤禛十一岁时佟佳氏病逝，但胤禛对佟佳氏的养育之恩是极其感念的。直到他登基成为雍正皇帝之后，仍然在谕旨中极力颂扬佟佳氏，并且给予佟佳氏的弟弟——也就是自己的舅舅隆科多以高官厚禄。抛开隆科多在雍正夺取皇位中可能起到了重要作用这一点不论，雍正对佟佳氏一门的深厚感情还是显而易见的。

胤禛与佟佳氏的关系如此深厚，与德妃的关系却并不怎么好。由于胤禛自小不在德妃身边长大，而且德妃随后又生育了二子三女，几乎没有时间和精力来关照胤禛这个早已被寄养出去的孩子。康熙十七年（1678年），德妃生下了胤禛。即使在寻常百姓人家，小儿子也总是受到父母更多的宠溺，更何况皇家？加之被寄予厚望的皇六子胤祚又已经夭亡。因此不难想象，德妃对于胤禵这个小儿子显然要比胤禛亲近得多。对于母亲的厚此薄彼，雍正自然看得出来。

在康熙末年的夺嫡风波中，胤禛和胤禵居然站到了对立面，胤禵在明处，胤禛则在暗处。德妃乌雅氏对此的态度无处可寻，但是如果说她希望胤禵继位大约也无可厚非。

随着康熙的驾崩，帝位之争尘埃落定。最终胜出的居然是此前默默无闻的胤禛，而不是刚刚在西北前线立下赫赫战功的胤禵。对于乌雅氏来讲，这可能并不好受。尽管无论哪个儿子继位，自己都跑不掉一个皇太后，但这大概并不能减轻心中的失望。特别是康熙死得有些蹊跷，宫闱之中流言顿生，关于胤禛是如何夺取皇位的说法满天飞。这种情况下，乌雅氏心疼胤禵，对胤禛采取了不合作乃至抵制的态度也是可以理解的。于是，在康熙驾崩之后，胤禛和乌雅氏之间，发生了一系列的冲突。

首先，乌雅氏对康熙之死表现得极其痛苦，整日泪流满面，水米不进，宣称要以

雍正朝服像

身殉葬康熙皇帝，这等于是给了新继位的雍正皇帝一个下马威。假如乌雅氏只是普通妃子，和雍正全无关系还罢了，作为亲生儿子的雍正，如果让生母就这么死了，无疑是将自己陷入不孝的境地，从而给了政敌一个攻讦自己的口实。于是，雍正只好苦苦相劝，甚至表示如果德妃死了，自己也不打算活了。在这种情形之下，乌雅氏只好作罢，勉强同意了雍正的请求。

可是，乌雅氏立刻又给雍正出了一个难题。在雍正登基典礼上，按照惯例，皇帝要给皇太后行礼。于是礼部提前一天谒见皇太后，向其通知第二天的礼节。谁知道乌雅氏居然表示这事儿无关紧要，拒绝出席典礼。这简直是以皇太后的身份公开质疑雍正的皇位了！对于自己的生母，雍正打不得又骂不得，只好几次三番地让几位重臣前去劝说，最后干脆亲自出马。最终，乌雅氏还是勉强答应了。这才算把这个难题解决。

紧接着乌雅氏又坚决拒绝翰林院为皇太后拟定的尊号，并且也不肯从自己居住的永和宫搬到皇太后居住的宁寿宫。这一次，乌雅氏表现得十分强硬，无论是王公大臣上奏，还是雍正亲自请求，乌雅氏都不予理睬，一概以皇帝新丧、无暇他顾为由推脱。

此外，乌雅氏甚至对雍正的帝位提出了质疑。她公然表示自己做梦都没想过雍正能当上皇帝。这无疑是对雍正取得皇位的合法性提出了疑问。

面对生母种种不合情理的表现，雍正一定是满腹牢骚，但却不能对她发泄。雍正显然明白，如果对待皇太后稍有失礼之处，立即会被满怀怨愤的诸皇子抓住把柄，因此他只能逆来顺受。他把满腔怒火都发泄在了胤禛身上，这恐怕是乌雅氏没想到的。也许乌雅氏这么做，是想给胤禛出口气，没想到她的妇人之仁，反而让胤禛更加被动。

胤禛很快被削除了兵权，并被软禁在遵化看守康熙的陵寝。这无疑对乌雅氏又是一个新的打击。丈夫新丧，幼子又遭如此对待。乌雅氏终于承受不了这样的现实，她一病不起。

根据史料记载，雍正元年（1723年）五月二十二日乌雅氏发病，次日丑时崩，终年64岁。在乌雅氏患病期间，雍正帝亲至永和宫，衣不解带，昼夜侍奉，还曾宣召已改名为允禵的十四阿哥进京探望。

乌雅氏死后，雍正将她的梓宫先移至宁寿宫，三日之后才移至寿皇殿。乾隆、嘉庆间又多次给她加上尊号，称为：孝恭宣惠温肃定裕慈纯钦穆赞天承圣仁皇后。

作诗要小心，说话要留神

浙江海宁袁花的查氏家族是赫赫有名的名门望族。查氏原籍婺源，元代迁居浙江海宁。明清两代，查姓科举极盛，几乎每代都有大量子弟金榜题名，名儒显宦层出不穷，可谓是书香门第，世代簪缨。难怪康熙皇帝称之为"唐宋以来巨族，江南有数人家"。

然而就是这样一个巨族，在雍正初年却因为一桩文字狱几乎家破人亡。当事人被戮尸枭首，妻离子散，亲族子弟被大量株连，甚至波及整个浙江。这就是著名的"查嗣庭科场试题案"。

案件的当事人并非是布衣腐儒，而是当朝大员，内阁学士兼礼部左侍郎查嗣庭，案发时任江西正主考官；而获罪原因也不是诗文之类，而是科举考试的题目。凡此两种，已经说明了这一案件的不同寻常之处。

查嗣庭是浙江海宁查氏家族的第十二世子弟，他这一支兄弟三人，老大查嗣琏，官居内廷供奉总裁，武英殿书局总裁；老二查嗣瑮，官居翰林院侍讲，外放过一任广东正主考；查嗣庭是老三，曾经做过湖广副主考，山西正主考，后来升任内阁学士兼礼部左侍郎，加经筵讲官。说起来这三兄弟真的是非常了得。首先他们都是进士出身，都曾任翰林院编修之职；其次，都是书法大家，又有诗名，因此颇为士人推崇。

可能是更受宠爱的缘故，一般家庭中最小的孩子都比较特别一些。查嗣庭的两个哥哥年纪相近，只差两岁，而他则足足比二哥小了10岁。因此和两个禀性低调、忠厚老实的哥哥比起来，他要表现得更加张扬一些。

凡是名士，不可避免都有些只知有己不知有人的骄傲劲儿，这一点在查嗣庭身上表现得甚为明显。他总是喜欢在字里行间对现实冷嘲热讽，发表自己的意见和建议。他在日记里记载了颇多康、雍二朝的时事，语含酸辣，颇多讥刺之词。清史大家孟森曾经提到这样一件事情：雍正曾经挥毫录程颢诗一首赐给某臣子，而查嗣庭居然为此赋诗一首记在其日记上，诗云："天子挥毫不值钱，紫纶新诏赐绫笺；《千家诗》句从头写，云淡风轻近禾天。"说天子的墨宝"不值钱"，恐怕也只有为人生性疏狂、言语尖刻的查嗣庭说得出这种话。

此外，查嗣庭还和朝中的王公大臣过从甚密。他的仕宦之路一直都得到满汉显贵的提携和拔擢。他最初任内阁学士兼礼部侍郎衔，得到了时任吏部尚书隆科多的荐举；而随后升任礼部左侍郎加经筵讲官，又是经左都御史蔡珽的保奏荐举。查嗣庭还与皇子有所交通联系。他曾做一诗，名为《代皇子寿某》："柳色花香正满枝，宫廷长日爱追随。韶华最是三春好，为近龙楼献寿时。"清史大家邓之诚认为，尽管不知道"皇子"与"某"具体所指何人，但是这一首诗足以看出查嗣庭与内廷的密切关系。这是颇为"八爷党"所苦，对大臣私下结党深恶痛绝的雍正绝对不能接受的。查嗣庭的升迁之路也决定了他的下场：一旦保举人获罪，他必然也在劫难逃。

雍正四年（1726年），朝中几位曾经与雍正作对的皇子已然死的死，囚的囚；隆科多则死在牢中；而蔡珽则刚刚被雍正皇帝先后免去左都御史、都统、吏部尚书的职务，专任兵部尚书，随即被降为奉天府尹。查嗣庭的地位其实已经是岌岌可危了。

这一年秋天，查嗣庭出任江西乡试正主考，按照科举制度的规定，乡试分为三场，因此有共有三道题目，所有命题均由正主考拟定，范围则为四书五经中的语句。据此，查嗣庭出了三道题目：首题选自《论语》，为"君子不以言举人，不以人废言"；次题两道，分别选自《易经》和《诗经》，为"正大而天地之情可见矣"和"百室盈止，妇子宁止"；第三道选自《孟子》，为"介然用之而成路，为间不用，则茅塞之矣"。这几道题目看起来并无不妥之处，而且考试时检查严格，也并无舞弊徇私。

乡试顺利结束之后，查嗣庭回到北京。当晚家人为他接风洗尘，少不得觥筹交错，查嗣庭便多喝了两杯。谁知道，正在查嗣庭准备就寝之际，查府门外响起了急促的脚步声和呼喝声，一队全副武装的兵卒砸开了查府大门。队伍一拥而入，当中簇拥着一名面无表情的天使官。天使官当庭而立，展开手中的圣旨高声朗读——原来雍正皇帝下旨，称有人告发查嗣庭平素有对朝廷不敬的言语，因此查抄查府，并将查嗣庭全家13口统统逮捕。

这里的"有人告发"在正史中并未留下记载，因此就给了时人充分想象的空间。野史中有不少关于查嗣庭究竟因何获罪的说法。有一种说法称，原来查嗣庭书法极好，但很少挥毫，因此供不应求。琉璃厂的奸商便重金贿赂查府的下人，偷出查嗣庭日常所写的草稿等，销路极好。有一次，一位满族显贵想求得查嗣庭的墨宝，便也如此这般一番。也是命中注定，这一次下人偷出来的，正是查嗣庭的日记。这位显贵大吃一惊，便向雍正举报了查嗣庭。

另一种说法更加离奇：查嗣庭曾经将其姐夫家中的一名乳母娶回家中做妾，后来这名乳母生了一个孩子。偏偏这孩子没有继承查家的优良血统，不学无术，而以喝酒赌博为乐，因此少不得问查嗣庭要钱。天长日久，查嗣庭心生厌烦，便拒绝了这个不肖子的要求。这孩子便决定报复查嗣庭，其实他什么都不懂，只是看到查嗣庭每天都写日记，便觉得这东西值钱，便偷偷拿走打算要挟查嗣庭。可是这本日记落到了一个八旗佐领的手中，这名佐领便向查嗣庭勒索一万两银子，查嗣庭并不知情，因此拒绝了他的勒索。恼羞成怒的佐领最终向雍正帝举报了查嗣庭。

查嗣庭被捕三天以后，雍正皇帝下旨，宣布了查嗣庭的罪状。在这道谕旨中，雍正对江西乡试的几道题目大加批判。原来，在此事之前被处理的浙江士人汪景祺曾著《历代年号论》一书，认为"正"字乃是由"一"和"止"字构成，含义不吉，因此历代年号凡带"正"字的都很糟糕。这毫无疑问让雍正极其不满。而倒霉的查嗣庭这次所出的次题中又是"正大而天地之情可见矣"，"百室盈止，妇子宁止"。按照雍正的逻辑，这是绕着弯儿骂自己，查嗣庭和汪景祺是一丘之貉。再加上查嗣庭的日记中那些零敲碎打、边边角角的胡言乱语，于是查嗣庭的罪行就这么确定了。

雍正将查嗣庭"革职拿问，交三法司严审"。随即又命浙江地方官搜查其海宁老家,并将其所有家人一律逮捕,押送北京。从浙江地方官员查抄查府的记录可知,从查府查抄出了大量的书籍、诗文稿,以及信件等物,其中违禁物品并不多,只有一部分关于晚明和宋末史事的书籍。可是雍正查看之后,却称其中有关于科举作弊的违禁物品,于是更加坐实了查嗣庭的罪状。并且,雍正因此迁怒于浙江士子,在1726年下令停止其参加科举考试。这一禁令直到1729年才告解除。

查嗣庭颇有些不自由毋宁死的耿直劲儿。他眼见雍正这种穷追猛打的势头,自知绝无生还之理,索性自寻短见一了百了,也免得零零碎碎受苦,牵连家人。1727年三月,查嗣庭在监狱中偷偷服毒自尽了。谁知查嗣庭的死,反而让雍正更加火冒三丈。雍正认为,既然查嗣庭有罪在身,就应该老老实实交代罪过,等待朝廷发落。即使是死,也应该由朝廷明正典刑,而不是自杀身亡。

所以,查嗣庭的死给查氏族人带来了更大的灾难。首先查嗣庭死了也不得安生,被戮尸枭首;查嗣庭几个成年的儿子或瘐死狱中,或被判斩监候;未成年的子女被处流放,罚为奴婢,所有财产被罚没充公。消息传到海宁,查嗣庭的继室史氏和儿媳浦氏相约自杀。

查嗣庭的两个哥哥及其家人也未能幸免于难:二哥查嗣瑮亦被流放,以76岁的年纪被发配到关西,最终客死异乡;而大哥查嗣琏由于年事已高,在群臣的求情下总算被释放回乡,他的几个儿子也因其未被追究。尽管如此,他们仍然在监狱中度过了几个月受尽煎熬的生活。经此一案,查嗣琏改名为慎行,改字为悔余。没过多久就郁郁离世。

长期以来,民间盛传,查嗣庭之所以获罪,是由于查嗣庭所出的题目,正是《大学》中的"维民所止"一句。而雍正认为,"维"和"止"正好是"雍正"去头,因此查嗣庭乃是犯下了十恶不赦的谋反大罪。这乃是齐东野语,并非事实真相。但是,查嗣庭一案,乃是有清一代的统治者对江南儒林一贯提防和压制政策的表现之一。江南士人,经此一案,从此更加俯首帖耳,不敢对朝局妄加议论。

此地无银三百两

雍正六年(1728年)秋,西安城。一顶八抬绿呢大轿正晃晃悠悠地向总督衙门行进,轿上坐的非是旁人,正是大清王朝三等公爵、参赞军机大臣、陕甘总督岳钟琪。

岳钟琪的轿子眼看就要进入总督衙门了。这时候,斜刺里忽然窜出一个儒生打扮的中年汉子,手捧一封书信高声喊喝,说有重要书信要递交岳公爷钧鉴,并有机密要事言谈。一时间,护卫兵丁乱作一团,各拉刀剑,将这人团团围住。岳钟琪毕竟是指挥千军万马的大将,倒显得颇为镇定。一摆手叫众兵丁散开,吩咐下人将书信拿来,只见信封上大书"南海无主游民夏靓张倬"几个字。岳钟琪眉头一皱,命人将这献书之人暂且安置在签押房严密看管,随后携书信头也不回地快步走进了衙门。

信封上署名的这两位是谁呢?其实,这只是两个化名,真名应该是曾静和张熙。

这曾静是郴州永兴人，是个屡试不第的钝秀才。明清两代，这种人的出路无非是小吏、讼师、教书先生，曾静选择了最后一种，设馆授徒。张熙便是他的得意弟子之一。

吕留良，浙江崇德人，生于明崇祯二年（1629年），少年时代正好目睹了明亡清兴的历史进程，从此以明末遗少自居，曾经散尽家财谋求反清复明。但令人大惑不解的是，他还参加了顺治十七年（1660年）的科举考试，并中了秀才，在时人看来，这也算是变节之举；不过后来多次考试始终未能中举，大概是受了刺激，决心隐逸不仕，在家设馆授徒，闭门著述，居然在学术界颇有名气，被尊称为"东海夫子"。到了晚年，浙江官员几次三番推举他参加博学鸿词科，他坚决不干，后来干脆当了和尚，于1683年逝世，享年55岁。

很早，曾静就对吕留良有了仰慕之心，曾经派张熙去浙江拜访吕家，访求遗著，从吕之子处得到了吕留良的手稿。曾静反复阅读这些书稿，"始而怪，既而疑，继而信"，发现和自己的想法完全吻合，不禁对吕留良崇拜万分，简直把他当作圣人一般。天长日久，曾静难免有"纸上得来终觉浅，绝知此事要躬行"的冲动，和弟子一商量，就决定造反。

"秀才造反，三年不成。"手里没兵，如何是好呢？师徒几人便想到了"忠烈之后"岳钟琪。曾静便修书一封，信里列举雍正种种"恶行"：谋父、逼母、弑兄、屠弟、贪利、好杀、酗酒、淫色、怀疑诛忠、好谀任佞，更兼阴谋篡位。而岳钟琪是忠烈之后，理应精忠报国，继承先人遗志，云云。这信写好之后，张熙自告奋勇，变卖家产，和堂叔张勘俩人千里迢迢奔赴西安，打算以三寸不烂之舌，对岳钟琪晓之以理、动之以情。走到半道，张勘越想越不对劲儿，见空溜之大吉；只剩张熙一个人来到西安，于是就有了前文衙门投书的一幕。

可以想象，岳钟琪看完这封信的心情是多么复杂。本来自己这个陕甘总督就是如履薄冰，生怕皇帝哪天一个不高兴把自己搞掉，哪里能容得下再有这种大逆不道的帽子扣在自己脑袋上。这事儿稍微要有个含糊，脑袋准得搬家，全家都不得幸免。于是，岳钟琪当机立断，一方面飞马密奏雍正此案，一方面严刑拷打张熙，希望能顺藤摸瓜，将逆党一网打尽。

"秀才遇上兵，有理说不清。"张熙算是倒了大霉。然而此人骨头很硬，任凭严刑拷打，居然一语不发，这让岳钟琪很是头疼。岳钟琪很明白，如果此事不能尽快解决，一旦传扬开来，言官的折子一上，自己就很被动了，然而一时之间，却又无计可施。正在这个时候，他派去京城的使者回来了，还带来了雍正的上谕。岳钟琪接了上谕，眉头一皱，计上心头。

就在张熙被严刑拷打得死去活来的几天，一个月黑风高的夜里，张熙半闭着眼躺在牢房里，遍体鳞伤，动一下就火辣辣的痛。可张熙紧闭着嘴，一声不吭。

忽然漆黑的牢房里有灯火晃动，越来越近，最后直接照在脸上，似乎有人正站在自己旁边。张熙微微转了转头，睁开眼睛，赫然发现正是岳钟琪孤身一人前来探监！张熙正欲闭上眼睛来个不理不睬，耳边却听得岳钟琪涕泗横流压抑不住的悲声，絮絮叨叨地向张熙吐露了心中的秘密。

原来岳钟琪身为忠良之后，一身正气，眼看着清军入主中原，残暴不仁，早有反意。无奈雍正皇帝猜忌成性，对其严加监视。岳钟琪不敢轻举妄动，对来历不明的张熙不敢轻易相信，唯恐是雍正帝的特务，故而先严刑拷打，一则掩人耳目，一则试其真假。眼见张熙坚贞不屈，定是可以信任的忠良。岳钟琪愿与张熙结为异姓兄弟，一同起事，反清复明。

张熙闻言大喜，心想奔波劳苦也罢，受刑逼供也罢，总算行了圣人之大道，不辜负老师的一片厚望。于是便与岳钟琪焚香跪拜，结为金兰之好。紧接着，张熙是知无不言，言无不尽，把曾静、吕留良，乃至其弟子门生，故交好友一股脑交代了个干净，还说这些都是大大的忠臣，起事之时，必当一呼而百应。

迂腐的曾静教出来的张熙空有一身浩然之气，完全没有看穿岳钟琪的诡计。原来岳钟琪和师爷一合计，决定将计就计，就演了这么一出戏，轻轻松松就骗到了张熙所有的口供。谨慎的岳钟琪为了防止朝中大员说三道四，还特意请了陕西巡抚西琳暗中监视自己。

如获至宝的岳钟琪立刻向雍正禀报了案情的进展。抓几个穷酸书生，显然是易如反掌的事情。没过多久，张熙、曾静，连同吕留良的后人、门生等，统统被抓至北京。按理说，这种案子只要在当地审讯即可。然而，雍正皇帝也许是犯了小孩儿脾气，决定将人犯拘至北京，他要亲自审问。

到了这会儿，张熙和曾静都没脾气了。特别是曾静，一见事情败露，竹筒倒豆子，立刻交代了自己的心路历程，有问必答，态度诚恳，涕泪横流，一副"罪臣知错了"的模样。其实他避重就轻，将自己的失足全都推到了早就死了几十年的吕留良身上。

雍正对他的回答仍有疑问，质问他一乡村儒生，怎么能知道千里之外的宫闱秘闻？为什么把皇上写得如此不堪？这些胡说八道的十大罪是怎么回事儿？

曾静连忙叩头求饶，又把另一拨人说了出来。原来，被发配到边疆的胤禩、胤禟的下人们，心中不忿，故而在流放途中到处宣扬雍正的种种不是。

案子审理完了，雍正皇帝似乎意犹未尽，他决定将曾静谋反案的全部材料刊刻成书，命名为《大义觉迷录》，作为官方指定思想道德读物强制发行。

也许是曾静的态度让雍正皇帝满意，雍正皇帝又做出了一个让文武群臣摸不着头脑的判决——这个谋反案，吕留良才是罪魁祸首，他的著作荼毒天下，实在可恶，虽然死了，也要刨棺戮尸，其子彼时已死，也遭受了同样的待遇。吕家其他人凌迟的凌迟，斩首的斩首，流放的流放。

至于曾静和张熙，鉴于二犯认错态度较好，有立功行为，可以免除死罪。不过，他们要担负起宣扬皇上仁德的艰巨任务。雍正让他们听从湖南观风整俗使的调遣，随叫随到，周游全国，宣讲《大义觉迷录》。

乾隆登基43天后，迅速否定了雍正的做法，将曾静、张熙凌迟处死，《大义觉迷录》定为禁书，全部收缴销毁。

十三弟的忠诚

胤禛是在康熙王朝末年、社会出现停滞的形势下登上历史舞台的。复杂的社会矛盾,混乱动荡的朝廷为胤禛提供了施展抱负和才干的机会,也让他举步维艰。面对着"颇得人心"的八爷党,皇帝的位置坐得他心惊胆战,哪里还谈得上身为一国之君的舒心自在。

雍正王朝之初,由于九子夺嫡的余波尚在,再加上康熙始终以怀柔政策治国,导致雍正初年的政局十分不稳。为了扭转这种不利环境,雍正帝有条不紊地进行了多项重大改革,在短短的13年中取得了不凡的业绩,修正了康熙年间以来的弊端,形成了承上启下的基础。可以说,正是因为雍正拥有一副铁血手腕,清朝才能继往开来。

康熙对他的儿子逐一筛选,最终选择胤禛是明智之举。康熙王朝后期,八爷党和四爷党是最具竞争实力的两派。八爷党的人数众多,四爷胤禛也有自己的心腹。

在康熙的众多儿子中,被康熙称为最有侠义心肠的就属十三阿哥胤祥了。他也是和胤禛关系是最铁的兄弟。

胤祥生于1686年,在胤祥14岁的时候,其生母章佳氏去世。此后,胤祥由德妃代为照料。从这以后,胤祥就逐渐地与德妃的长子胤禛十分要好了。

雍正皇帝继位后,将胤祥视为心腹,是以他们儿时就结下的情谊为基础的。如果他们对皇太子胤礽的看法与立场相左,或在康熙朝晚年的储位之争中未曾达成默契,这一基础势必发生动摇。

少年时代即失去母爱的胤祥生性淳诚,谨度循礼,在诸兄弟中虽算不得出类拔萃,但文才武艺都不落后于人,又特别地讲义气重情义,虽然贵为皇子,却一点都不蛮横骄纵。康熙皇帝将他视为最省心的儿子,在他12岁时便命随驾前往盛京谒祭祖陵,此后巡幸江南、避暑塞外、视察河工等都曾携他同往。但是,在胤祥22岁那一年,却卷进了使康熙最为恼火的诸皇子党争漩涡中,与胤禔、胤礽同被拘禁。

以后胤礽获释复立。诸兄弟被加封爵位,但他仍没有获得宽释,十几年间默默无闻。在玄烨的前14个皇子中,除幼年早殇者外,只有胤祥一人终康熙之世没有得到过任何封爵。

在康熙皇帝去世的第二天,继承皇位的胤禛便任命胤祥为总理事务大臣,同日又将他从闲散皇子破格晋升为和硕怡亲王。当时这位新皇帝刚刚从与对手的激烈角逐中争得宝座,尚立足未稳,争夺中的失败者胤禩、胤禟、胤䄉等人心怀怨恨,虎视眈眈,形势十分严峻。受任为总理事务大臣的四人中,胤禩虽为雍正的弟弟外加重臣,但是,他做事的准则却都以和雍正对立,位列胤禛的政敌之首,可以说雍正执政时期的大半烦恼都出于自己的八弟之手。虽然雍正铁面无情,但考虑到稳定人心，再加上父亲的临终遗言不许伤害自家兄弟，所以才没有处理八爷党。政敌动不了，提拔自己的人却是无可厚非的，所以，胤祥作为与胤禛情深谊重的兄弟，被特殊提拔、安插在佐理朝政的核心位置，显然是重臣之中最受倚重的一个。他在十几年含辛茹苦、遭受冷落之后，得到四哥如此厚待自然感恩不尽，竭尽全力报答，以偿知遇之恩。

雍正初年，面临康熙后期遗留的国库空虚、钱粮匮乏的财政状况，要想稳定时局、强国富民，扭转财政亏空的局面是当务之急。胤禛把这副重担交给了胤祥。

事实证明，胤祥也确实不是只会享乐的草包皇子，在工作中展现了十足的智慧。首次清理康熙王朝时的遗留旧案，由于数量颇大，胤祥决定打破以往常规，采取规定限期和奖励勤勉相结合的办法，数十日内即将几千宗旧案都理出头绪，为雍正长了脸面。被处分的人当中也少不了牵连到八爷党的人，即使有八爷撑腰，也没能幸免，着实打击了八爷党的气焰。雍正初年，清政府新设会考府，胤祥负责审核财政出纳，办理清查亏空、收缴积欠的事务。雍正对此要求很严格，谕示胤祥：此事必须办好，不能虎头蛇尾、半途而废。胤祥深知此事至关重要，遂尽职尽责，认真办理。在不到三年的时间里稽核、驳回不符合规定的奏销项目近百起，有效地防止了营私舞弊的浪费现象。同时，又查出户部亏空银250万两，经奏请皇帝，采取令有关官员赔缴和逐年偿补的办法加以解决。对一些与造成财政亏空有直接关系的王公亲贵也毫不留情，连敦郡王胤䄉、履郡王胤裪等人都被勒令变卖家产清还亏欠。胤祥不怕被人指骂，心甘情愿地扮黑脸、做实事。有人因此责怪胤祥过于苛刻无情，然而也正是凭着这种不徇私姑息的认真态度，他才较好地贯彻了雍正皇帝旨意，使亏补欠还，整顿财政取得显著成效，令雍正的皇位日渐稳固。

治河患、兴水利，是历代皇帝都十分重视同时也十分头痛的国家大计之一。康熙非常注重水利的修建，胤祥青少年时期也曾多次随父皇巡视河工，对此并不陌生。雍正年间，水患同样泛滥成灾，损失十分严重，解决水利问题成为雍正首要解决的头等大事。在治理水利的人选上，胤祥自然当仁不让，受命总理水利营田事务，主管营田水利府和下辖的四个营田局。胤祥的首要任务便是在直隶地区修治河道，开垦水田，变水害为水利。胤祥领命后"建议兴修、疏浚河渠，筑堤置闸，区分疆亩，经画沟塍，复躬亲巡视，往返辄经旬月，栉风沐雨，寒暑靡间，务成万世永赖之利"。胤祥开拓创新，在实地勘察的基础上亲自绘制出水域图进呈御览，雍正帝颇感满意，称赞胤祥等人亲至水患地区，不畏劳苦艰辛，无论大河巨川还是小渠细流，都做出详细调查，细心筹划，大大造福了人民。

雍正几乎将难办之事都交给了心腹胤祥去办理，只有胤祥出马，雍正才放心。

从上述内容可以看出，胤祥并没有被自己的功绩冲昏头脑，也并不是冲着赏赐才为雍正全心全意地办事，其中的原因只是出于和雍正二人的兄弟情谊。也能看出胤祥其人颇为聪明，懂得身为"臣弟"怎样使君王感到满意和放心。不贪恋某些例外的恩赐，以免引起猜疑嫉妒而不利于己，这样也就能在宠极人臣之际确保平安，又能更多、更久地博得恩遇。

雍正也并没有卸磨杀驴,虽然此人多疑成性,但是对胤祥却也真正是百分之百的信任、爱戴,做到了真正的用人不疑。

胤祥最终死于肺病,但也不排除劳累过度所致。他死后,雍正悲痛万分,食不下咽、寝不安。还因为三阿哥没有表现出悲痛之意而治他的罪,可见其对胤祥的情谊是何等深!

李卫当官

李卫祖籍江南铜山,即今日的江苏徐州,生于1687年,卒于1738年。李卫有着殷实的家境,因此,得以花钱捐了监生资格,避开科举的正途走进官场。

雍正继位不久,发现各省钱粮亏欠甚多,下诏彻底清查,各省官员闻讯,恐慌不已。李卫时任浙江总督,听闻此事,主动上奏朝廷,以钦差大臣初到地方恐有诸多不便为由,希望能够让自己协助其处理清查事宜。雍正看过李卫的奏折后,同意了他的提议,批准他协助被派往浙江的钦差大臣彭维新进行清查工作。

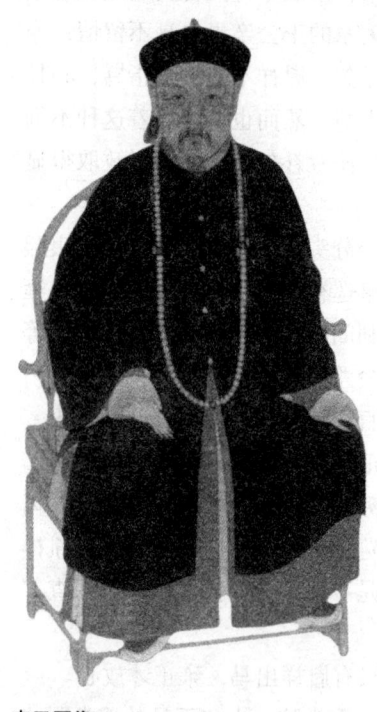

李卫画像

李卫,字又玠,江苏铜山人,文化程度不高,人为粗莽,对雍正十分忠心,累加升,由云南盐驿道、浙江巡抚、两江盐政至直隶总督,为雍正最信赖的封疆大吏。

随后,李卫以生日为由,命各州县的官员速来拜贺,趁生日筵席之时将一干人等召进密室,让各人如实上报亏欠情况,示意他自有办法化解。众人早已被钦差大臣前来清查之事吓得乱了阵脚,听李卫这样一说,全部如实交代,并登记成册交予李卫。

再说钦差大臣彭维新,时任户部尚书,为人做事认真仔细,此前已在江南各省揪出了一堆贪官污吏,气焰甚是嚣张,无人敢阻。岂料一到浙江,便被李卫所持的协助清查的批示镇住了,不得不与李卫商量如何处理清查之事。李卫谈及共同清查的过程中恐有争执,故作为难,不知如何是好。逼得彭维新提出分县清查的方案,正中李卫下怀。

李卫当下便让随从把浙江各州县的名字写于纸上,揉成纸团,与彭维新抓阄分县。彭维新岂能料到纸团已被暗中做了手脚。那些存在亏欠问题的州县,几乎尽在李卫手中,而彭维新抓到的,不过是些问题不大的州县罢了。

如此这般,彭维新再认真清查也无济于事。李卫这边,名为清查,实则督促各州县填补亏欠。待所有清查工作结束,李卫故作焦虑地问彭维新:"各地可有亏欠？"得到的当然是他早已肯定的答案："没有。"李卫佯装意外，同时开心地表示自己负责的州县也没有。

此事一经上报，雍正大喜过望，加封李卫为太子太保，大加赏赐。浙中各级官吏也因此各升一级。经此一事，李卫的手下众人对他佩服得五体投地，对这个大字不识的纨绔子弟刮目相看。

李卫为官，不乏耿直倔强的一面。对于官场中的不平事，如眼中沙粒，不除不快。不仅向雍正帝呈交弹劾奏章，更将奏章誊抄之后送至被他弹劾的官员面前，公开宣战，痛陈其恶行，直戳其痛处。那些被李卫弹劾的官员恨他恨得牙痒，却动他不得。

与李卫同朝为官的田文镜，小肚鸡肠，见不得李卫受宠，妒火中烧，暗地里在雍正面前说李卫的不是。雍正深知李卫的为人，对田文镜的挑拨不以为然。田文镜使坏不成，转而讨好李卫，欲与之结交。时逢李卫母亲去世，田文镜备下重金厚礼，派人前去吊唁。李卫不但不领情，反而当众大骂："吾母虽馁不饮小人一勺水！"并将来者赶出门外，田文镜的名帖与厚礼也被李卫愤然丢入茅厕之中。

雍正帝之刻薄，为政之严谨，在整个中国历史上都是极为罕见的。因此，李卫作为一个靠花钱买来乌纱的官员，能够在雍正朝官路亨通，实际上是他的所作所为正对了雍正帝的口味及对为官者的要求。是故，李卫方在清朝的历史上书写下自己的名字，并为后人所津津乐道。

第七章
康乾盛世不安稳

顺治首创,康熙再进,雍正承上,大清帝国的皇冠传到乾隆头上时,已经到了最为辉煌的时刻。上承祖、父之荫,下启勤政之门,乾隆王朝,焕发出了一种欣欣向荣的景象。康乾盛世,这个封建王朝最后一个盛世顶峰,于此出现。

侄子反叔叔

雍正二年(1724年),废太子胤礽在咸安宫中病逝,享年51岁。之前,他已经在此被禁锢了12年。胤礽获罪的原因为世人所熟知:他曾经是康熙皇帝的孝诚仁皇后赫舍里氏的遗腹子,一度是康熙皇帝视若掌上明珠的爱子,但他却因为"狂疾未除,大失人心"最终被康熙幽禁,倒在了康熙末年波谲云诡的宫廷斗争中。也许是过早的跌倒让他看清了政治的险恶和人心的淡薄,被幽禁以后的他不问世事,日日以抄写经书为业。在他病危之时,雍正曾亲往看望,胤礽还当着雍正的面,教导他的儿子弘皙要忠君爱国,勿作他想。

可是,弘皙却没有听从其父亲的教导,深陷于对权力的争夺中不能自拔,最终落得和父亲相同的下场。

弘皙是胤礽的长子,出生于清康熙三十三年(1694年)九月,尽管他的生母李佳氏只是胤礽的侧福晋,但由于正福晋瓜尔佳氏无嗣,因此弘皙其实是算得上是胤礽的继承人。弘皙出生时,胤礽还是东宫太子,弘皙从小就以皇太孙自居。可是,胤礽的两次被废,让弘皙几乎是失去了有朝一日君临天下的梦想。

清康熙五十一年(1712年),胤礽被康熙幽禁在咸安宫中。此时的弘皙已经18岁了,刚刚生下了长子永琛。父亲的失势似乎并没有影响到康熙帝对他的宠爱。由于弘皙习文善武,为人和善,自然受到了满汉文武百官的交口称赞,甚至民间也有"皇长孙颇贤"的说法,甚至一度有因为康熙喜爱弘皙,将会第三次复立胤礽为太子的说法。

康熙对弘皙的喜爱和保护,可以从下面一件事情中看出来:清康熙五十五年(1716年),弘皙通过太监向宫中的一名叫华色的工匠转达了一个要求:制造一条宫廷式样的珐琅火链。虽然按照康熙幽禁胤礽时的规定,弘皙已经不能使用此物,但这名工匠还是知法犯法，为其制作了一条。结果，被康熙帝发现，亲自处理此事。按理说，弘皙作为主犯，应当从重处罚，但康熙判处华色带枷杖笞后流放，养心殿管理工匠的太监也受到连带处罚，独独对弘皙只字未提。由此可以看出，对于父亲被囚，本就处于逆境中的弘皙，康熙并不希望因为这一错误，而将他置于更加不利的位置上。此外，朝鲜《李朝实录》对康熙和弘皙的关系也有这样一条记载：

> 康熙皇帝在畅春园病剧，知其不能起，召阁老马齐言曰："第四子雍亲王胤禛最贤，我死后立为嗣皇。胤禛第二子有英雄气象，必封为太子。"又曰："废太子皇长子性行不孝，依前拘囚，丰其衣食，以终其身。废太子第二子朕所钟爱，其特封为亲王。"言讫而逝。

这一说法的可靠性值得怀疑，很有可能仅仅是朝鲜使臣在中国的道听途说。然而，所谓空穴来风，未必无因。能够听到这样的传言，恰恰也证明了康熙对于弘皙的偏爱。

众所周知，在九子夺嫡中最后胜出的是皇四子胤禛。他的竞争者们在吞下失败的苦果之余，对雍正产生了更大的敌意。雍正自然也深知这一点，为了消灭在朝中盘根错节、直接与他针锋相对的"八爷党"，他必须对其他大多数阿哥采取怀柔政策，而没有与雍正有过直接利害冲突的胤礽自然也位列其中。雍正不仅亲自过问胤礽在咸安宫中的饮食起居，还一再对弘皙表示了好感。

雍正甫一继位，就册封弘皙为理郡王，又将昌平郑家庄的平西王府拨给弘皙居住——这座王府本来是康熙年间修建，计划由废太子胤礽居住，后来由于康熙驾崩而未果。胤礽死后被追封为理密亲王，雍正六年（1728年），弘皙又继承这一爵位，升为理亲王。

可是雍正没有想到，弘皙对雍正的关心并不感到温暖和开心，反而愈发地感到愤恨。也许康熙生前的宠爱让他做起了有朝一日还能登上大宝的美梦，而关于雍正继位时的种种流言蜚语也让他深信这位四叔的皇位得来不正。

不过，弘皙的抱怨和不满也只能是暗中发泄，因为他深知：公开反抗雍正，定是落得一个生不如死的下场。因此，他只能隐忍，不发一语。

雍正的暴死和乾隆的登基让一切改变了。对于小时候曾经在康熙身边读过书的乾隆而言，父亲雍正的严肃谨慎、勤于政务固然可敬，但祖父康熙的宽仁治国更是他所向往的。乾隆认为，作为统治阶层的满族相对于汉族来讲人口较少，因此要巩固统治，稳定局面，必须使整个满族团结安定。因此乾隆上台伊始，就将雍正曾经打击压制过的皇亲国戚重新翻案，撤销对他们的处罚，并且重新给予优厚的待遇。乾隆称这一举措为"亲亲睦族"。这也确实为乾隆赢得了大量官吏的支持。

这时候又出了一件和皇位国本有关的大事儿。原来，乾隆的次子永琏是孝贤纯皇后富察氏所出，深受雍正和乾隆的疼爱，据说，雍正亲自为这孩子起名叫永琏，暗含着将来入主大宝的意思。乾隆也认为这孩子"聪明贵重，器宇不凡"，又是嫡长子，因此早在清乾隆元年（1736年），根据雍正确立的秘密建储制度，就将写有永琏名字的密旨放在了正大光明匾的后面。可是天不遂人愿，1738年，年仅9岁的永琏夭折了。因此乾隆只得将密旨取出，并与庄亲王允禄、和亲王弘昼，以及几个军机大臣知会了此事，这也意味着储君虚悬，国本未定。

在这样的局面下，弘晳的野心像春天滋生的野草一样迅速生根发芽了。乾隆的宽松政策让他获得了一定程度上的自由和权利，而当他得知东宫之位尚空时，更是不安于室，纠集一干人等蠢蠢欲动。

和弘晳过从甚密的，主要有允禄、弘升、弘昌、弘晈、弘普等人。允禄是康熙的第十六子，却比弘晳还小一岁。由于他年纪较小，并未参与到九子夺嫡之中，因此雍正年间才幸得保全，被册封为庄亲王。但是这位允禄性格内向，喜爱数学和音乐，在政治上却比较迟钝。此外，弘升是康熙五子恒亲王允祺的长子，弘昌和弘晈分别是怡亲王允祥的长子和四子，弘普则是允禄的长子。按理说，允祺和允禄在康熙末年都没有染指皇位的野心，而允祥更是雍正坚定的拥护者，弘晳居然能够博取这些人的同情和好感，进而与之"结党营弘，往来诡秘"，除了说明弘晳在笼络人心上有一手之外，也说明雍正对宗室贵族的政策的确不得人心。

不过，弘晳的一举一动都没有逃脱乾隆的耳目。清乾隆四年（1739年），乾隆率先发难，他先是借口有人告发弘升"诸处夤缘，肆行无耻"，将其革职锁拿，交由宗人府审判，随即顺藤摸瓜便揪出了弘晳一干人等。其实，乾隆这时候的目标主要是允禄，弘晳的罪状并不大。在乾隆看来，弘晳虽然不忘自己曾经是废太子的嫡子，心存不臣之心，但并没有什么实质性的谋反行为，顶多是行为不检而已，因此仅将其革去王爵，软禁在郑家庄。

可是，随着审讯的深入，有一名叫安泰的巫师交代，弘晳曾经请他做法占卜，预测乾隆能活多少岁，天下是否太平，以及自己是否还能当皇帝等问题。乾隆闻听此言勃然大怒：弘晳对这些问题的关心，显见得他有勃勃野心，甚至妄图取自己而代之。于是将注意力转向对弘晳的调查，结果发现弘晳在自己的平西王府中，仿照内务府的建制，设立了类似于内务府七司的机构。乾隆认为这正是弘晳僭越无礼，另立小朝廷的铁证。情势至此急转直下，最终认定了弘晳的"首恶"地位。乾隆指出，弘晳的罪恶甚至远大于允禩、允禟等人，因此要从重处理。

弘晳和他的父亲以及几个叔叔一样，最终被削除了宗籍，并改名为四十六——这是由于他当时46岁，又被高墙圈禁在景山之内。3年之后，皇帝美梦成空的弘晳郁郁而终，享年49岁。直到清乾隆四十三年（1778年），弘晳才与允禩、允禟一道恢复原名，重新收入宗籍。

弘晳的获罪，标志着自康熙末年以来对皇位的觊觎终于告一段落。

最后的安稳民生

礼亲王昭梿所著《啸亭续录》中曾经提到一户被称为"郝善人"的地主。这位郝善人是怀柔人,家中良田万顷,因为宅心仁厚,扶危济困,怜贫惜老,才得了这么一个绰号。但他最得意的地方并不在此。有一年,乾隆一时兴起,就驾临郝家,郝善人见皇帝来了,自然是加意逢迎,努力巴结,大排筵宴招待乾隆,席上山珍海味竟有100多道,而陪驾的王公大臣、侍卫太监,乃至于差役轿夫等,一律好吃好喝招待。一天就吃了十多万两的银子。这样的气派,这样的排场,恐怕就是大内皇宫也不过如此了。

这个故事从一个侧面反映了乾隆时期社会经济的发展。平民百姓的生活水平逐渐提高,生活质量日益上升,是与乾隆治理下的社会经济的发展密不可分的。

在传统社会当中,农业始终是经济的重中之重。乾隆坚持了从康熙以来的以农业为立国之本的政策,推行了多项有利于恢复和发展农业生产的措施。首先,乾隆大力鼓励对荒地的开垦,对新开田地按最低税率征税,如果土地贫瘠,还可以免税。其次,为了保护开荒者的利益,又发布了一系列法令,要求地方官如实上报田地亩数,禁止虚报。此外还严禁夺田换佃;对于不适合发展农业作物的地区,还鼓励农民种植经济作物,促进副业的生产。

不仅如此,乾隆还在前代垦荒政策的基础上,进一步加强了对边疆地区的开发。经过康熙、雍正两代的大力垦荒,到乾隆时期,荒地已较为稀少,只剩了一些未开垦的零星小块。在垦荒这件事上,乾隆制定了比以往更宽松的政策,并加大了鼓励力度。他规定:"凡边省、内地零星土地可以开垦者,悉听本地民、夷垦种,免其生科,并严禁豪强首告争夺。"对于边疆荒地,乾隆则用当地驻兵开垦,"凡驻军在2500人的地方,都要以3/5的人力用来垦荒"。后来,战争平息,各地驻兵减少,不足屯种,乾隆就下令可以召集"流人",分给他们田地耕种。另外还分给商人每户30亩承垦新地,免税6年。乾隆甚至开放了前朝封禁的东北地区,将关外闲散旗人迁移过去进行垦荒种地。

乾隆制定的这些政策鼓励了官员和农民的积极性,各地官员纷纷身体力行,推动农业经济的发展,而农民也加快了对耕地的开垦。在长期的实践中,农业生产工具和农业耕作技术都有了长足的发展和进步,北方很多地区都实现了三年四熟或二年三熟。此外,农民广泛引进和推广新作物品种,提高了农产品的产量。耕地面积更是显著增长,1724年全国可耕面积683万余顷,1766年扩大到741万余顷。

到清代中期,江南地区已经成为全国的财税大户。乾隆对维护这一地区的安全和社会的稳定,也做了大量的工作,其中最重要的就是返修江浙海塘工程,在海边修建新的鱼鳞石塘。所谓鱼鳞石塘,指的是以条石修筑的堤坝。这种堤坝在修建时,先将条石纵横交错，自下而上垒叠整齐，再在条石上凿出榫卯眼儿，用铁锔和铁榫勾搭连环锁死，之后用油灰、糯米浆浇灌合缝处，最后还要在塘底打桩。由于条石层次分明如同鱼鳞，所以称为"鱼鳞石塘"。这种堤坝建成以后，浑然一体、牢不可破，可以有效地防止潮水对地势较低的沿海地区造成灾害。

早在1736年，海宁一带就修筑了近六千丈的鱼鳞石塘。后来，乾隆委派治水专家，河道总督嵇曾筠接手此事，他将年深日久、已不牢固的土塘拆除，在海宁南门外又修建五百余丈鱼鳞石塘。1780年，乾隆更是借南巡之机亲临海宁，并下令将当地所有可建鱼鳞石塘之处尽行修建。仅这一工程就花费白银数百万两。在乾隆的大力督促下，不仅浙江地区，江苏地区也修建了大规模的鱼鳞石塘。到乾隆末年，江浙的鱼鳞石塘已经互相贯通，北起江苏宝山，南至浙江仁和。鱼鳞石塘蜿蜒数百里，与长城、大运河并称为我国古代三大土木工程。

此外，乾隆还建立并完善了关于海塘工程的各项规章制度，如安排官兵管理和巡逻，配备仓储物资随时供应维修，这些措施对于维护海塘的正常运作起到了至关重要的作用，进而保证了东南沿海地区的和平安定与社会繁荣。

在农业快速发展所获得的成就的支持之下，乾隆年间的手工业与商业也获得了长足的进步。手工业的发展促进了经济作物种植规模的扩大。华北平原，特别是河北地区，普遍种植棉花，"冀、赵、真定诸州属，农之艺棉者，十之八九"。长三角地区和珠三角地区则广泛种植桑树，当地人获利颇丰。至于山区则大量种植茶树，吸引了不少客商。新开发的台湾地区，每年的蔗糖产量达到1亿斤之巨。经济作物的种植，使粮食运输贸易也逐渐兴起，长三角一带和福建地区到乾隆时期都要仰仗外地粮食的供给。

手工业的发展还使得商品的种类增多，生产规模提高，销售市场扩大。苏州的织工开发出了新的丝绸式样，并且"专其业者，不啻万家"，其产品不仅畅销于国内，而且还出口到日本、东南亚、甚至欧洲各国；而南京的棉布年销量，仅仅10年之内就涨了3倍，达到100万匹之巨。采矿业在乾隆时期也有了新的发展。乾隆八年（1743年），乾隆决定开放矿禁，"各省凡有可采之山厂，俱经该地方官查明保题，先后开采，以济民用"，这也使清代的手工业有了新的发展。

乾隆不仅想办法为黎民百姓创收，还效仿康熙帝多次减免钱粮征收，还曾于1756年、1770年、1777年、1778年、1790年数次普免全国钱粮。其减免的规模、次数和数量都超过了前朝。乾隆时期还曾用7年时间将全国漕粮普免一遍，后又两次普免天下漕粮，普免金额达1000万两白银。

尽管如此，由于生产的发展和社会经济的全面繁荣，清政府的岁入逐渐提高，由原本每年的三四千万两，一度达到1777年的8100余万两，到乾隆末年，也能保持稳定在六七千万两的水平上。

此外，为防备灾荒歉收，乾隆朝还通过官储、民储、商储的途径，实行大规模储粮，总数达到1亿石。在灾荒之年，这些储粮能够起到保证民生的作用，体现了乾隆作为一代帝王的长远眼光，也使乾隆时期国库充盈、国力强盛，所以才有能力支付乾隆六下江南的奢华之需。

乾隆勤于政务，努力发展经济的举措不仅让自己，也让全国人民享受到了社会经济发展带来的好处。

据野史记载，江苏吴县的席氏和浙江嘉兴县的陶氏是姻亲。陶氏去席家拜访，从下船的地方到宅邸两里多的路都张灯结彩，搭设灯棚。到家之后天天大排筵宴，还有吹拉弹唱助兴。席氏不无得意地问陶氏，你看我这宅邸没什么缺点了吧。陶氏淡淡地说，都还好啦，不过你的客厅地砖太大，书房窗外的池塘也没有荷花。席氏听了微微一笑。两个时辰之后，席氏邀请陶氏再去看客厅和书房，只见客厅的地砖全部换成了小块的，而池塘里也种满了荷花。其富庶奢靡程度真是令人咋舌。

不过，乾隆时期繁荣的社会经济也造成人口的激增。乾隆六年（1741年），全国人口约为1.5亿人，仅仅50年之后，人口数量翻了一倍达到3亿，这导致了自然与社会压力的激增，社会的不安定因素逐渐增加。人口增长带来的压力日益明显。乾隆帝就曾经说过"承平日久，生齿日繁，盖藏自不能如前充裕"，还说"生之者寡，食之者众，朕甚忧之"。此外，人口增长还导致物价的上涨。在物价上涨的冲击下，国家收入的另外一项重要来源——炼铜、漕运和盐业的成本也提升很快，难以为继，纷纷破产，形成了"人口增加——土地减少——物价上涨——工业破产"这样一个恶性循环的怪圈。在康乾盛世美好阳光的背后，即将来临的是道咸衰世的乌云。

准噶尔部终于消停了

厄鲁特蒙古又称为卫拉特蒙古，其实就是在明代引发"土木之变"的瓦剌部。这一支蒙古起源很早，在成吉思汗时期就是一支重要的力量，并与黄金家族世代通婚，因此势力很大，在也先统治时期甚至统一了蒙古全部。后来漠南蒙古的达延汗兴起，击溃厄鲁特蒙古，后者只得逐渐西迁至中亚地区，因此又被称为漠西蒙古。

厄鲁特蒙古主要包括四个部落：准噶尔（又称绰罗斯）、和硕特、杜尔伯特、土尔扈特，此外还有一些小的部落。1623年，以准噶尔部首领哈拉忽剌为首的四部联盟击败了漠南蒙古在漠西的统治势力，控制了天山以北和杭爱山以西的地区，而准噶尔部也因为在这次战争中的主导地位，超过和硕特部，一跃而成为厄鲁特蒙古中最为强大的部落。之后，准噶尔部在哈拉忽剌之子巴图尔晖台吉的领导下，将和硕特部赶到青海西藏一带，土尔扈特部则远迁至伏尔加河下游，杜尔伯特部被压缩在额尔齐斯河一隅，准噶尔部独霸北疆。

1670年，准噶尔部内乱，巴图尔晖台吉之子僧格身亡，其弟噶尔丹从拉萨赶回伊犁镇压了叛乱者，继承台吉之位。在噶尔丹的统治之下，准噶尔部的势力范围大

乾隆朝服像

大扩张，越过天山向南，甚至一度控制了西藏。噶尔丹更将目光瞄向了东边的喀尔喀蒙古。

准噶尔部的扩张，特别是对喀尔喀蒙古的野心引起了清廷的注意。康熙皇帝意识到准噶尔部乃是西北地区的心腹大患，必须及早铲除。于是三次亲征，先后在乌兰布通战役、昭莫多战役中打败噶尔丹。康熙三十六年（1697年），噶尔丹暴病身亡。此后20年，准噶尔部都平安无事。直到康熙末年，准噶尔部台吉策妄阿拉布坦又趁西藏内乱之际派大策凌敦多布占领拉萨，后被清军击败，退回伊犁。

雍正年间，准噶尔由噶尔丹策凌统治，他的名字和噶尔丹相近，其才能也并不逊于噶尔丹。清雍正九年（1731年），清军征讨准噶尔，反被噶尔丹策凌诱敌深入，在和通泊大败清军，史称和通泊之战。这一时期，双方互有胜负，清军始终无法攻克准噶尔部。无可奈何的清廷只得同意与噶尔丹策凌议和，达成表面的和平。议和条约在乾隆初年方告达成。此后10年，双方基本上相安无事。

清乾隆十年（1745年），噶尔丹策凌去世。他的次子策妄多尔济那木扎勒以嫡子的身份继位，称为阿占汗。作为一个只有13岁的少年，他除了吃喝玩乐昼夜宣淫，就是残害生灵荼毒百姓，而前朝老臣大多去世，一时间居然无人能够管束他。对策妄多尔济那木扎勒失望的王公贵族们逐渐团结在其同母姐姐鄂兰巴雅尔的身边，因此准噶尔得以维持。可是，策妄多尔济那木扎勒对于姐姐维系部落的苦心却全不领情，反而对权力旁落于姐姐之手表示出极大的不满。清乾隆十四年（1749年），已经成人的策妄多尔济那木扎勒借口鄂兰巴雅尔自立为女皇，将其囚禁在阿克苏城，与鄂兰巴雅尔关系密切的王公大臣大多被杀。

策妄多尔济那木扎勒的恐怖政策不仅没有让他的地位更加稳固，反而让他很快就从汗位上跌了下来：鄂兰巴雅尔的丈夫萨因伯勒克见到妻子落得如此下场，公开起兵拥立噶尔丹策凌的长子达尔扎。由于策妄多尔济那木扎勒早已众叛亲离，萨因伯勒克没费什么力气就攻下了伊犁。策妄多尔济那木扎勒被刺瞎双眼，囚禁在阿克苏。

由于达尔扎的母亲只是个婢女，因此他的血统不够高贵。这对于极其重视血统的厄鲁特蒙古来说是不可接受的。一些贵族便策划推翻达尔扎而另立噶尔丹策凌的小儿子策旺达什。由于事机不密，得知这一阴谋的达尔扎先下手为强，将策旺达什监禁处死，而策旺达什的拥护者仓皇逃窜，这其中有大策凌敦多布的孙子达瓦齐和策妄阿拉布坦的外孙阿睦尔撒纳。

虽说将门无虎子，但达瓦齐和阿睦尔撒纳的表现却截然相反。面对达尔扎重兵追捕，阿睦尔撒纳先是暗杀了自己的哥哥和岳父，接着又以1500名精兵抄山路奇袭伊犁，在内应的合作下，达尔扎被杀。达瓦齐登上了汗位。阿睦尔撒纳并不是不想做汗，但他的问题和达尔扎一样：没有资格。因此他只能把达瓦齐推上前台。达瓦齐根本就没有做可汗的能力，他上台的第一件事居然是清洗达尔扎的大臣。其中包括德高望重的杜尔伯特部的达什诺延。达什诺延的死让杜尔伯特部举起了反旗，被称为"三策凌"的杜尔伯特部首领策凌、策凌乌巴什、策凌蒙克带领整个部落的1万余人投奔了清廷。这让准噶尔部的势力大为削弱。

达瓦齐的麻烦并未结束，早先他为了酬谢阿睦尔撒纳的"功劳"，赐予他塔尔巴哈台牧地，但阿睦尔撒纳的胃口却并不如此。清乾隆十八年（1753年），他公开要求和达瓦齐平分准噶尔部。达瓦齐自然不会答应他的要求，于是准噶尔部再次陷入了内战中。达瓦齐尽管无能，但他的兵力还是比阿睦尔撒纳要强得多。阿睦尔撒纳向哈萨克人借兵未遂，于是他决定投奔清朝。清乾隆十九年（1754年），阿睦尔撒纳率2万余人向清军投降，他请求乾隆进攻准噶尔，消灭达瓦齐。

乾隆皇帝等待了10多年的机会终于来了。如果说三策凌投靠之时，第一次金川战争刚刚结束，清廷的财政状况尚不允许出兵准噶尔；而阿睦尔撒纳的投靠则无疑让乾隆坚定了攻取准噶尔的想法。清乾隆二十年（1755年），清5万大军兵分两路，分别由乌里雅苏台和巴里坤出兵，直逼伊犁。将阿睦尔撒纳赶走的达瓦齐此时却沉溺在酒池肉林中，准噶尔各部见他如此模样，纷纷不战而降，倒戈投向清军。达瓦齐只得放弃伊犁，退守格登山。在阿睦尔撒纳的紧逼之下，达瓦齐溃不成军，仓皇逃走，后被擒，献清军。不过达瓦齐似乎运气一直都不错。他被押送到北京之后，最终获得了乾隆的特赦，还被加封为亲王，抬入旗籍，居住在北京，也算衣食无忧。

不过乾隆也许高兴得早了些，因为准噶尔部并未完全平定。阿睦尔撒纳原本并不是真的忠诚于清朝，他的目的只是借兵，既然达瓦齐已经束手就擒，他便希望能够登上准噶尔部的汗位，再次一统厄鲁特。可是，清廷怎么会同意将好不容易拿下的领土原封不动地送回去呢？在这种情况下，阿睦尔撒纳利用他通过推翻达瓦齐在准噶尔部建立起来的声望，自立为汗，又反叛了清廷，刚刚平定下来的天山北麓再一次陷入了战火。

不过阿睦尔撒纳的可汗并没有当多久，尽管在战争初期由于准噶尔各部台吉纷纷响应他的号召归顺于他，但当清军援军再次攻来时，准噶尔军内部却闹起了内讧；此外，天花也在准噶尔军中大规模爆发。面对着清军名将兆惠率领的数万大军，准噶尔部溃不成军。至此，清朝政府才真正控制了天山北部，而与之缠斗了百余年的准噶尔部也成了一个历史名词。

平定大小金川叛乱

从北京到成都的驿道，要穿过高耸入云的秦岭，南来北往的行人客商经过此处，往往放慢脚步，战战兢兢。然而这一天，从北京方向却来了一支不同寻常的马队，他们全然不顾难于上青天的蜀道，兀自策马狂奔。惊愕的行人依稀看到在马队中间一个二十来岁的青年，此人全副戎装、雄姿英发，却是面沉似水，不苟言笑。其余的骑士簇拥着此人，飞快地从三三两两的行人身边擦过，直奔成都方向。马蹄溅起的泥土，在身后留下一片尘烟。

这是清乾隆十三年（1748 年）的冬天，这支马队是乾隆皇帝派往金川前线的增援部队，而那个青年，就是新任保和殿大学士兼户部尚书，受命经略金川军务、新任军机大臣傅恒。

大金川和小金川是川西北地区的两条河流，二者在丹巴地区汇合而成大渡河。这一地区处于青藏高原的东南角，是由川入藏的咽喉要地。然而此地地理复杂，气候多变，外人很难常住，因此明代以羁縻绥靖的政策治理此地，将当地原住民的首领飓拉土司封为金川寺演化禅师；清初依明代旧例，但康熙末年青海罗卜藏丹津叛乱，清廷在西北地区大兴刀兵，金川土司也派兵随清军征讨有功，于是又在清雍正元年（1723 年），授予促浸土司为大金川安抚司，飓拉土司则被称为小金川。于是，这一地区出现了两个土司并立的局面。

清乾隆七年（1742 年），大金川土司色勒奔去世，其弟莎勒奔继承土司之位，将侄女阿扣嫁给了小金川土司泽旺；泽旺生性惧内，阿扣又不安于室，与泽旺的弟弟良尔吉勾搭成奸，架空了泽旺。见此良机，莎勒奔趁机于清乾隆十年（1745 年）占领了小金川，此后又大肆扩张领地，侵扰四邻土司，给当地造成了混乱局面。

清廷并不是不知道大金川的动静，但乾隆却认为这是他"以番治番"的成功，只要"宣谕训诲"即可，不必兴兵出战。直到清乾隆十二年（1747 年），莎勒奔兵临打箭炉，击败当地清军，乾隆皇帝才意识到大事不妙，命令川陕总督大学士庆复亲赴四川前线督战，四川巡抚纪山统兵出击。谁知道清军甫一出师便吃了个败仗。

消息传到北京，大为不满的乾隆帝只好将庆复召回，改派云贵总督张广泗前去应战。张广泗是一员战功卓著的老将，雍正年间就在云贵两地带兵平定苗人叛乱。张广泗认为自己经验丰富，因此不免有轻敌之心，打算速战速决。战争初期的情况似乎确实如张广泗所料，清军不仅收复了莎勒奔之前攻占的地盘，而且连小金川也一并拿下。泽旺又重新当上了他的小金川土司，并且派兵随同清军助战。志得意满的张广泗调集军队，开始正面进攻大金川。

张广泗的噩梦从这时才开始。原来，莎勒奔在大金川的东岸设置了两处主要据点，一处为勒乌围，一处为刮耳崖，分别由莎勒奔和其侄子郎卡父子镇守。这两座据点修建得极其坚固，以石头砌成，足有数十米高，墙壁上还有用于射击的小孔，真可谓一夫当关，万夫莫开。此外，莎勒奔又以这两处据点为依托，凡进入大金川的隘口险要之处，都设置了大量的碉堡严阵以待。张广泗原本打算兵分两路，分头进击，但是在层出不穷的石碉面前，清军只能正面强攻，损失惨重。鏖战一个多月仍然没有进展。

在张广泗气急败坏手足无措的时候，莎勒奔却在产生见好就收的想法。他知道打持久战的话，大金川绝对不是清廷的对手，因此他遣人前去张广泗军营和谈。刚愎自用的张广泗此时却拟定了新的作战计划，因此断然拒绝了莎勒奔的提议。然而这时，当地土目恩错却降而复叛，阻断清兵粮道，又攻灭清军一部。莎勒奔趁势反攻，将清军各个击破。张广泗进攻大金川的计划破产了。

这一局面让乾隆有了换将的打算。兵部尚书班第建议启用岳钟琪为提督，统率全军。岳钟琪本就是四川人，又历任四川提督、川陕总督等职，雍正年间的西北战事他又参与其中，和大小金川的土司都很熟悉。这本来是个正确之至的决定，然而由于岳钟琪与张广泗素有嫌隙，最终乾隆只是任命岳钟琪领提督衔赴军中。为了调和二者的矛盾，乾隆又指派领班军机大臣、果毅公讷亲为经略，赴金川总率全军。

乾隆这种掺沙子和稀泥的办法在政治上可能会颇有建树，但在军事上却起不了什么用。讷亲是满族勋贵，康熙朝四大顾命大臣之一遏必隆的孙子。此人为官不可不谓清正廉洁，然而做得了好官并不一定做得了好将军。讷亲是名门之后，少年得志，因此为人处世未免高傲；此外又是文官出身，从未带兵放马，对于军事可谓一无所知。凡此两点，便注定了讷亲在金川的悲剧。

果然，讷亲在前线表现得一无是处。他先是丝毫不与张广泗商议军情，虚骄自大，罔顾现实，严令全军在三天之内攻下刮耳崖，否则军法从事，结果清军惨败。之后讷亲又提出在大金川建筑碉堡，和莎勒奔对峙。这办法看似以守为攻，其实愚蠢得很，且不提战略形势，就是长期驻军的军费开支也是清廷支撑不起的。这一方案自然又被否决了。从此讷亲不再插手军务，所有事情任凭张广泗处置。更糟的是，他又和张广泗闹起了分歧，两个人均向乾隆上奏，批驳对方的军事计划，揭发彼此的不是。

清乾隆十三年（1748年）八月，乾隆接到了讷亲和张广泗战败的奏报：3000余人的部队，居然被数十敌兵击败。乾隆的心情不难想象。偏巧此时岳钟琪又参奏张广泗用兵失误，所托非人。乾隆决定杀一儆百，他将张广泗和讷亲革职拿问，张广泗判处斩立决，讷亲则被绑缚军前，用其祖遏必隆的刀将其斩首，以正军纪。

清军围攻金川两年多，军费达到两千万两，数万军兵却对莎勒奔的数千守兵无可奈何，换来的只是文武重臣的死。乾隆皇帝又命傅恒署理川陕总督，统帅军务，傅恒接旨后急速抵达四川前线。

傅恒虽然是满族勋贵之后，又贵为国舅，但他却是乾隆朝不可多得的将才。

他抵达前线后，首先清理了混在清军中莎勒奔的奸细，接着拟定了新的作战方略，绕过碉堡，直扑敌人老巢。这一方案可以说一改张广泗军事指挥的弊端。莎勒奔这边已经被连续数年的征战搞得精疲力竭，正在想方设法向乾隆纳表请降。此时乾隆的心情已经从愤怒中恢复，对于金川战事他有了新的想法。考虑到连年用兵导致国库亏空，粮价飞涨，他决定接受莎勒奔的求和，因而命令傅恒尽快坐下来和谈。

傅恒少年得志，本打算借助金川一战一举成名，然而乾隆的兜头一盆冷水却让他颇为沮丧。无奈的傅恒只好想办法找莎勒奔的茬儿：他要求莎勒奔和郎卡二人亲缚并赴清军大营请降，莎勒奔担心其中有诈，本不欲接受这个条件，好在内有岳钟琪的大力斡旋，外有乾隆的谕旨催逼，傅恒只得同意了莎勒奔的投降。

清乾隆十四年（1749年）二月，各怀心事的莎勒奔和傅恒终于坐在了一起。莎勒奔表示，从此以后听从清廷的安排，不再肆意扩张，退还先前所侵占的土地，并上交枪炮武器。在一个象征性地受降仪式之后，傅恒带着莎勒奔进贡的一尊古佛班师回朝。第一次金川战争至此结束了。

清乾隆二十五年（1760年）以后，莎勒奔的侄子郎卡联合小金川与绰斯甲布攻打周围土司，于清乾隆三十六年（1771年）引发了第二次金川战争。在这场战争中，阿桂、丰伸额、明亮等人不计一切代价，终于攻占了大金川，并将土司制度摧毁。

战后，清廷在金川地区大力推行屯兵制度，在当地驻军扎营，又在大金川置阿尔古厅，在小金川置美诺厅，清乾隆四十八年（1783年）又合并为懋功厅，大小金川成为流官管辖下的地区。

土尔扈特部归国

清乾隆三十六年（1771年）七月，一支军队出现在伊犁河流域的地平线上，向东方缓缓行进。其实，说是军队，倒不如说是难民更恰当些。因为这支队伍里几乎看不到青壮年男子，大多都是老弱病残。他们衣衫褴褛，面有饥色，大多数人只能依靠着手中的拐杖，在草原上深一脚浅一脚地前进，根本谈不上战斗力可言。

这支队伍并非乌合之众，乃是曾经叱咤天山南北的厄鲁特蒙古四部之一的土尔扈特部。百余年前，内外蒙古都曾留下了他们逐水草而居的身影和金戈铁马的痕迹。然而此时，在他们疲惫的身躯上却完全看不出草原帝国昔日的雄风。

土尔扈特部是厄鲁特蒙古的一支。1623年，厄鲁特蒙古四部联合击败了漠南蒙古在杭爱山以西建立的阿拉坦汗王朝后，准噶尔部首领野心勃勃，想要一统厄鲁特蒙古四部。土尔扈特部当时游牧在准噶尔部北边的塔尔巴哈台一带，由于不断受到准噶尔部的侵扰，不胜其烦的土尔扈特部首领和鄂尔勒克动了迁移的念头。

对于世代逐水草而居的游牧民族，迁移这一行动本身并不是什么太大的问题。可是，迁往哪里却是一个颇费思量的问题。1618年，和鄂尔勒克派人去寻找能够安居乐业的草场。1625年，其中一个人带回来一个好消息：在离此很远的西方，有一条大河叫作伏尔加河，在伏尔加河的下游，有一片水草肥美的草场。那里原本是诺盖人的地盘，但诺盖人已经南下，迁到了亚速海甚至是希瓦草原一带。因此现在那里人烟稀少，可以称得上是无主的地盘。这个消息对于被牵连进准噶尔部内讧，为了战争与杀戮而烦恼的和鄂尔勒克来说，恰似一针强心剂。他痛下决心，要带着土尔扈特部离开天山草原，前往未知的西方。

在经过长达3年的准备之后，1628年，绝大多数土尔扈特人在和鄂尔勒克的带领下离开了塔尔巴哈台，随行的还有部分和硕特、杜尔伯特和辉特等几个部落的人，共有5万户19万人。之所以说是"绝大多数"，是因为还有一小部分土尔扈特人仍然留在了天山草原。不要小看他们的存在，在很多年以后，土尔扈特人的东归正是他们的后代促成的。

土尔扈特人的西行之路并不顺利，这样一支庞大的队伍，要进行如此长距离的迁徙，对于其他民族来讲，既是诱惑，也是威胁。土尔扈特人一路击退了鞑靼人、诺盖人等大大小小游牧民族的袭击和堵截。他们足足在路上走了两年，1630年，在无数次浴血奋战之后，和鄂尔勒克和他的子民们终于到达了他们心目中的天堂。

安定下来的土尔扈特人很快在当地建立了自己的政权，控制了伏尔加河中下游一带的广大地区，史称土尔扈特汗国。然而，俄国人的威胁很快就随之而来。推行扩张政策的罗曼诺夫王朝对土尔扈特汗国虎视眈眈。为了吞并伏尔加河中下游的广袤土地，俄国人决定对土尔扈特汗国实行限制通商和游牧的政策。不甘受辱的和鄂尔勒克以强硬的态度回击俄国人的挑衅，他一再将牙帐向北迁徙，做出了战争的姿态。1645年，和鄂尔勒克主动进攻阿斯特拉罕城，然而在装备精良而又早有准备的俄军面前，土尔扈特人大败。和鄂尔勒克也在俄军的炮击中丧生。

继位的书库尔岱青不得不先后与沙俄进行了5次谈判，并最终表示臣服于沙皇。他与其子朋楚克先后在位的25年中，韬光养晦，积极发展生产，扩充军队，清理其他势力，最终使伏尔加河中下游的所有厄鲁特蒙古族人都统一于土尔扈特部。这两位汗的治理有方，终于使汗国在阿玉奇时期达到了鼎盛。

阿玉奇汗统治土尔扈特汗国长达54年。在这长达半个多世纪的岁月中，阿玉奇汗首先将汗国内不忠于自己的势力一一击溃，然后又对周边的汗国发动了进攻，大大扩张了土尔扈特汗国的领土。汗国的强大使沙俄重新调整了对其的关系，不得不在表面上把它作为同盟国而非藩属国来对待。

阿玉奇对抗沙俄的最大倚仗，是故土的厄鲁特蒙古其他三部，以及远在东方的清廷。其实，尽管土尔扈特人西迁，但他们与厄鲁特蒙古的联系始终非常紧密，早在1640年，和鄂尔勒克就同书库尔岱青一同返回天山草原，与厄鲁特蒙古和喀尔喀蒙古的各部首领共同制定了《蒙古—厄鲁特法典》。清朝入关以后，书库尔岱青又数次不远万里遣使纳贡，和清廷保持着一定的联系。阿玉奇继承并发扬了这一传统。他实行联姻政策,将妹妹嫁给了和硕特部首领鄂齐尔图车臣汗,两个女儿则分别嫁给了准噶尔部的策妄阿拉布坦和喀尔喀部首领墨尔根汗额列克。对清朝则数次遣使纳贡。阿玉奇的积极态度得到了清廷的积极回应。1714年,清廷派员出使土尔扈特汗国,可以说是清廷和土尔扈特汗国关系史上的标志性事件。

1698年,阿玉奇的侄子阿喇布珠尔经准噶尔赴西藏做佛事,但之后准噶尔部和土尔扈特部关系紧张,因此到1703年时,阿喇布珠尔已经不能从原路返回。处于困境中的阿喇布珠尔只好绕道嘉峪关,请求清廷安置,清廷将他们安排在色尔腾一带。1709年,为了感谢清廷的帮助,阿玉奇派出使臣萨穆坦等人绕道西伯利亚,于1712年抵达北京朝贡。来而不往非礼也,康熙决定也派出使团回访土尔扈特汗国。这支由太子侍读殷扎纳、内阁侍读图理琛、理藩院郎中纳颜等人组成的使团在路上跋涉整整2年,于1714年抵达土尔扈特汗国。阿玉奇举行了隆重的欢迎仪式,并以藩属国自居。而清廷代表团也转达了康熙的问候,双方还讨论了如何共同打击准噶尔部。可以想到,有了清廷的支持,阿玉奇汗在面对沙俄的时候自然多了几分底气。

然而,在一代豪杰阿玉奇逝世后,土尔扈特汗国迅速衰落了。1724年,阿玉奇死后,围绕其汗位的继承,各派别之间展开了激烈的斗争,在17年时间中换了四任可汗。沙俄通过扶持土尔扈特内部的亲俄派,趁机大大加强了对汗国内部的控制。在敦罗卜剌什担任可汗之后,他甚至不得不将儿子送到俄国做人质。

1761年,敦罗卜剌什去世,由年仅19岁的儿子渥巴锡接替汗位。此时沙俄的沙皇是著名的叶卡捷琳娜二世,在其统治下,沙俄加强了对土尔扈特汗国的控制,不仅频频向土尔扈特人征兵,还妄图改组汗国的政治机构。沙俄人的步步紧逼让土尔扈特人濒临了亡国灭种的边缘。

正当渥巴锡不知如何是好时,一个名叫舍楞的土尔扈特人出现在了他的面前。舍楞是和鄂尔勒克叔父的后代,是当年没有西迁而留在天山草原的土尔扈特一支,后来从属了准噶尔部。1757年,最后一个准噶尔汗阿睦尔撒纳灭亡后,他逃到了渥巴锡的身边。

舍楞告诉渥巴锡,曾经不可一世的准噶尔部已经被清廷攻灭了,现在的天山草原已经没有人烟,为什么不回到曾经的家园去呢?

在舍楞的劝说下,渥巴锡决定返回天山,以摆脱沙俄的压迫。从1767年开始,渥巴锡组成了一个秘密的六人机构,开始全面准备再一次的迁移。经过4年的准备,1771年1月3日,渥巴锡迅速集结了33000户共17万余人,向东方迁移。

土尔扈特人的这次迁移注定要比他们前一次的迁徙艰难困苦得多。缺粮、缺水,遭受到严寒的袭击;而沙俄方面不仅派出哥萨克骑兵在后面紧紧追赶,还要求哈萨克人在前方堵截。哈萨克人同土尔扈特人可谓是世仇。从土尔扈特人踏入哈萨克大草原的那一刻起,就不断地遭到袭击。土尔扈特人顽强作战,浴血厮杀,终于在战胜了天灾、人祸之后,进入了准噶尔人的地界。此时的土尔扈特部,仅剩下66000余人。无数的土尔扈特勇士,用生命打通了这条漫长的东归路。

返回天山草原的渥巴锡和所有的土尔扈特贵族前往热河觐见乾隆帝,受到了隆重而热情的招待。乾隆拨给他们大量物资,助其重建部落。不过,出于对这个强悍民族的担忧,土尔扈特部被清廷分而治之,安插在天山以北各处。

第八章
风光背后有隐患

这是一个政绩卓异的皇帝,一个博学好诗的皇帝,一个爱玩奢华的皇帝。在乾隆这个时代,国势昌运达到顶峰,而顶峰之后不可再高只得渐行衰落。盛世非一日之功,危机不可瞬间覆国,乾隆有幸在繁华和隐患并存的时代安度帝王生涯。

乾隆身世之谜

雍正十三年(1735年)八月二十三日,58岁的雍正皇帝暴毙,25岁的皇四子宝亲王弘历继承了皇位,改元乾隆。和他那位为人低调谨慎、勤于政务的父亲不同,乾隆为人张扬,以风流倜傥自诩,他的六下江南、十全武功,都留下了许多奇闻趣事,成为后世戏说的题材。

说来有趣,正如雍正的死给后人留下了无尽的谜团一样,关于乾隆的身世也是扑朔迷离,众说纷纭。乾隆的父亲、母亲,甚至他的出生地都是一个未能确定的谜。

传说,雍亲王胤禛和大学士陈世倌素来交好,双方时常来往。康熙五十年(1711年)八月十三日,陈世倌的夫人生下一个男孩子,陈世倌自然喜不自胜。正在这时,雍亲王府来人,说雍亲王听说陈中堂喜得麟儿,想要抱进府中去看看。陈世倌不疑有他,便把孩子让来人抱走了。可是,当孩子从雍亲王府被送回来的时候,陈世倌却大惊失色,原来送回来的小婴儿居然变成了个女孩子!大惊之余,陈世倌立刻就明白了是雍亲王的调包计,可是他并不笨,略一想想就知道此事只能打落门牙往肚里咽,让它烂在肚子里,否则整个海

采芝图轴 清 郎世宁

图中一青年身穿汉族衣,右手持如意,左手扶一只梅花鹿;另一个少年,亦着便装,右肩扛一小锄,左手提一花篮。从两人的面貌看,好像画的都是爱新觉罗·弘历,一是青年时,一是少年时。出自郎世宁之手。这幅图是弘历即皇帝位之前所画的,即作于雍正时。

宁陈氏家族都会有性命之忧，于是只好默默接受了这个事实。数年以后，这个陈家的男孩子长大成人，继承了皇位，他就是乾隆皇帝。

清末民初的作家许啸天在《清宫秘史》也提到了这个说法。

据说乾隆长大之后，由于乳母失言，知道了自己的身世，这才决定六下江南，其实是借故去海宁探望亲生父母。由于陈世倌夫妇早已去世，乾隆便以为本朝元老扫墓为名，到陈氏夫妇的墓前，为了不让闲杂人等看到，用黄幔把自己遮起来，悄悄地跪拜了父母。

清末天嘏所著书中对这个故事的描述更加离奇。据说这个调包计乃是雍亲王的侧福晋为了争宠而设的，就连雍正本人也不知道内情。后来乾隆知道自己不是满族人，便经常在宫中穿汉族人服饰，还问左右的亲信自己像不像汉族人，有一名满族老臣告诫他这样有失身份，乾隆才罢休。

乾隆是海宁陈家的子弟这个说法，并不仅仅是小说家的杜撰。早在清代中期，这个说法就开始流传，并且传得神乎其神。考虑到海宁陈家在清代历史上的显赫地位，这个说法就不奇怪了。

据浙江海宁陈氏族谱记载，海宁陈氏原本不姓陈而姓高，是渤海人氏，其后人入赘海宁陈姓人家为婿，因此便改为渤海陈氏。这一支从明代中期开始，以科甲发迹，每代都有人金榜高中，成为著名的书香门第。到清代，海宁陈氏更是世代簪缨不绝，最著名的当为陈之遴、陈元龙、陈世倌三代人均官至正一品大学士之职，而官至六部尚书、侍郎者也有11人之多；时人号称"一门三阁老，六部五尚书"。康熙更是亲赐海宁陈氏十六字排字辈分：永世克孝，敬明其德，宜尔子孙，以匡王国。

尽管如此，这个说法也有不少疑点。雍正虽然长子和次子早夭，子息比较艰难，但并不至于要到去抱别人家小孩的地步。乾隆出生时，雍正只有34岁，身强力壮，并且第三子弘时已经8岁，还有一个妃子正在怀孕临产，他没有道理冒着风险去移花接木。而孟森在《海宁陈家》中也有考证，乾隆前两次下江南，并没有去过海宁。所以，尽管海宁陈氏与皇族关系密切，但因此就说乾隆是海宁陈氏之后，未免也过于牵强。

乾隆的父亲是谁这个问题只有一个备选答案，而乾隆的母亲是谁则更加复杂。

清末学者王闿运说，乾隆的母亲是雍亲王府中的普通奴婢。据说，她原本是承德人，家庭穷苦，很小就跟随父母摆摊做小生意。后来在选秀女时入宫，又被分配到雍亲王府。有一次，雍亲王生病了，此女衣不解带，日夜服侍，后来雍亲王病愈，她受到宠幸，怀孕生下了乾隆。

另一位清末学者冒鹤亭的说法与王闿运的说法类似，但更加传奇。据说有一年雍正去木兰围场打猎，射中了一只梅花鹿。雍正喝完鹿血以后，全身燥热，不能自已，正好身边有一名服侍他的宫女，便一把拉来成其好事，不料这宫女却因此而怀孕。后来事情被康熙得知，非常不悦，但木已成舟，只得命人将这名宫女带到草棚中生下一子，就是后来的乾隆。

著名学者胡适在日记中也提到过一种说法，称乾隆的母亲是南方人，外号"傻大姐",后来随家人搬到热河居住。胡适称这一说法是听曾任北洋政府国务总理的熊希龄所言,而熊希龄又是听宫中太监传说而知。

尽管这些说法各异,但对乾隆的生母地位低贱的看法却完全相同,从史料中读到的情况似乎也与这些野史的记载相吻合。根据正史和清代皇室玉牒的记录,乾隆的生母是后来被尊称为孝圣宪皇后的钮祜禄氏。这位钮祜禄氏,根据《清世宗实录》的记载,曾经在雍正元年(1723年)胤禛登基之后,被皇太后乌雅氏封为熹妃。可是《在雍正朝汉文谕旨汇编》中,同样是记载此事,皇太后所封的熹妃却变成了"格格钱氏"。这不能不叫人生疑。钮祜禄氏和格格钱氏是一个人吗?或者,这背后有什么不为人所知的隐情?

其实不仅后人众说纷纭,早在乾隆年间,时人对乾隆的生母是谁已经有了疑问。萧奭在《永宪录》中记载雍正初年的这次册封时,曾经提到一种说法,认为齐妃李氏才是后来的崇庆皇太后,而不是钮祜禄氏。不同史料之间的矛盾,显示出清廷在对待乾隆生母问题上的遮遮掩掩,闪烁其词。

一直以来,乾隆都强调自己出生在雍和宫。前文已经说过,雍和宫就是原来的雍亲王府,由于出了雍正和乾隆两代皇帝,被认为是"龙潜之邸",因此乾隆继位后,每年春节都会回到此处焚香祷告。从清乾隆四十三年(1778年)到乾隆五十四年(1789年),乾隆来到这里都会写诗,有意无意地表明雍和宫是自己的出生地,可谓煞费苦心。根据乾隆的说法,他是清康熙五十年(1711年)正月初七生于雍和宫,然而这一说法,却与清代玉牒上的记录完全不同。根据玉牒的记载,乾隆生于八月十三。这样一来,乾隆关于出生地的说法也变得很可疑了。

确实,在当时就有关于乾隆出生地的不同说法,认为他其实是出生于承德避暑山庄。持这一看法的人中,竟然有乾隆的儿子嘉庆。

嘉庆继位之后,乾隆曾经两次以太上皇的身份驻跸避暑山庄过寿,嘉庆均写诗恭贺之。在诗的注释中,他很明确地说乾隆就是出生在避暑山庄。

假如乾隆真的出生于避暑山庄,那么他就极有可能只是一名平凡宫女的儿子。

全面革新有鱼漏网

雍正苛刻的施政风格,刻薄寡恩的为人让整个雍正一朝都生活在紧张的政治气氛中。

乾隆与雍正并不相同,他自小受到康熙皇帝的影响。虽然康熙逝世时他只有11岁,但已经"仁政"心有戚戚焉,雍正那种"以禔急为念,以刻薄为务"的做事原则他并不完全赞同。

年轻的宝亲王弘历曾经写过一篇《宽则得众论》,流露了他从康熙那里继承下来的"尚宽"的思想。"宽则得众"语出《论语》,弘历借这句话发挥道:"诚能宽以待物，包荒纳垢，宥人细过，成己大德，则人亦感其恩而心悦诚服矣……宽为仁之用……治天下之道，必以仁为本。"很明显，乾隆的这篇文章，正是对雍正施政风格的回应。

也正因为如此，在乾隆登基以后，他的施政是从全面变更雍正朝的政策开始的。

雍正为政，最为人诟病的两项政策就是对钱粮亏空积欠的追缴和士绅一体当差纳粮：雍正上台伊始，立刻要求吏部全面清理钱粮亏空积欠，并责成各地官员限期追补缴纳。这一政策让上至皇亲国戚，下至知府县令，无不战战兢兢，人心惶惶。大量官员被革职、抄家、流放、杀头，一时间衙门里响彻板子声和算盘声，雍正也落下一个"抄家皇帝"的"美称"；此外，雍正还严禁士绅将税粮差役转嫁到平民百姓身上，这也激起了士大夫阶层的强烈不满。

乾隆上台以后，一如雍正的雷厉风行——不过他的做法却和雍正恰恰相反。乾隆下令将雍正十二年（1734年）之前的亏空积欠钱粮全部豁免，对于有关官员"名下应追各项银两，俱著豁免"，已经获罪者"概行宽释"；至于士绅一体当差纳粮，也立即颁发上谕宣布"一切杂色徭役，则绅衿例应优免"。此举一出，可以说彻底改变了雍正朝时期的基本国策，朝野气氛立刻为之一变。

在豁免亏欠钱粮的同时，乾隆还借着给总理事务王大臣下谕的机会，表达了自己的施政原则。他说："治天下之道，贵得其中。故宽则纠之以猛，猛则济之以宽。而记称一张一弛，文武之道。凡以求协乎中，非可以矫枉过正也……朕仰承圣训，深用警惕。兹当御极之初，时时以皇考之心为心，即以皇考之政为政。惟思刚柔相济，不竞不绌，以臻平康正直之治。"虽然这道谕旨中通篇充斥着对"中"的论述，但考虑到雍正朝时期"尚猛"的政策，不难想到，乾隆是要在"中"的幌子之下，来纠正雍正时期遗留下来的历史问题了。

除了豁免亏空积欠钱粮以外，乾隆还对雍正年间被打击迫害的皇室成员进行了安抚。众所周知，在康熙末年的皇位争夺中，以皇八子胤禩为首的八爷党一度对雍正造成了极大的威胁。雍正继位以后，胤禩、胤禟、胤䄉、胤䘵等人都被雍正以各种理由和借口处理；并未与雍正发生直接冲突的胤祉也获罪被囚，甚至雍正的皇三子弘时也被卷入这场风波。雍正对骨肉兄弟的心狠手辣、刻薄无情，不能不说让满族勋贵产生了疑虑和抵制之情，这对于以满族为统治核心的清政权并不是一件好事。

乾隆继位以后，为了重新团结满族勋贵，实行了"亲亲睦族"的政策。乾隆继位仅两个月，就颁发上谕，要求文武百官公开讨论是否应将胤禩、胤禟的子孙重新收入玉牒中。在上谕中，乾隆的语气极其微妙："当初办理此事，乃诸王大臣再三固请，实非我皇考本意。其作如何办理之处，著诸王大臣、满汉大臣、翰詹科道各抒己见，确议具奏。"早已明白乾隆心意的文武大臣又怎么会违逆皇帝的心意？乾隆迅速做出了将二人的子孙收入玉牒，并授予象征着宗室子弟身份的红带子。这样一来，既没有彻底推翻雍正对这二人的惩罚，又重新获得了一定程度的权力和地位。

随即，乾隆又发下上谕，释放了在囚禁中的胤䄉和胤䘵。在上谕中，乾隆非常得体地处理了他与雍正在政策上的分歧。他指出胤䄉、胤䘵"狂肆乖张，不知大义，罪戾种种，皆获罪皇祖之人。我皇考悉皆宽免。因恐其在外生事，复罹重谴，不得已加以拘禁，乃委屈保全之大恩也。今朕继位，念及其收禁已经数年，定知感皇考曲全之恩，悔已身从前之过，意欲酌量宽宥，予以自新……著总理事务王大臣、宗人府、九卿会议具奏。"皇上既然已经拍板，廷议不过是走走形式罢了。胤䄉、胤䄉很快被释放。

乾隆二年（1737年），已经逝世的胤祉也被恢复王爵，并赐谥号。此后，尽管乾隆初年还出现了"弘晳逆案"这样的风波，但是到乾隆四十三年（1778年），胤禩、胤禟、弘晳……所有这些在雍正看来是大逆不道的人，都被恢复原名，并收入玉牒。

对于雍正年间获罪的文武百官，乾隆也一概加以赦免，或者干脆平反昭雪。雍正九年（1731年），清军在与准噶尔部的和通泊之战中大败，暴怒的雍正将清军主将傅尔丹、岳钟琪下狱定为死罪。乾隆二年（1737年），两人被赦免出狱，后来岳钟琪更是被重新重用，在金川战争中立下大功。此外，雍正在处理年羹尧、隆科多两案中株连了不少地方基层官员，并因此大兴文字狱，乾隆继位后也将受牵连的文武官员纷纷起复录用，并将查嗣庭、汪景祺等人被流放的子孙后代赦免放回原籍。乾隆的这些举措，稳定了政治局势，对巩固他的统治颇有助益。

不仅如此，对于雍正的佞佛崇道之举，乾隆也毫不犹豫加以变更。雍正不仅笃信佛教，而且对道教也颇感兴趣。著名的文觉禅师常年伴随雍正左右，据说他曾参与了雍正多起重要的决议，势力很大；而道士张太虚、王定乾等人在圆明园为雍正炼制金丹，也深受宠信。乾隆甫一继位，便颁发上谕，严厉斥责张太虚、王定乾等人，将其驱逐出宫并没收所有雍正所赐御制物品；而文觉禅师则被乾隆勒令徒步返回原籍，交由地方官严密监视居住。

应该说，乾隆继位后对雍正政策的调整还是有一定意义的，但是这并不代表乾隆盲目仁政。他曾经多次表示宽以治国并不是要纵容吏治败坏，他主张"宽猛相济"，事实上，他对于吏治的重视并不次于雍正时期，特别是乾隆初中期更是如此。

乾隆对于吏治有自己的一套看法：他大力推行官员年轻化政策，对于继位时朝中存在的以张廷玉和鄂尔泰两员老臣为首的朋党派系不时打击，并亲自提拔了一批没有派系之争、忠心做事的年轻官员。乾隆十分注重对官员的考察，通过"京察""大计"等考核方式量化考核官员，甚至原本不需要考核的地方高层官员，如藩台和臬台等也一视同仁，并通过密折的方式随时了解官员的动态。此外，乾隆提高了官员的待遇，给官员增加俸禄和养廉银。对于贪官污吏，乾隆则严厉打击，坚决查处。

在乾隆处理的贪官中，不乏朝廷大员甚至皇亲国戚，例如陕甘总督勒尔谨、闽浙总督陈辉祖、山东巡抚国泰等高级官员，甚至皇贵妃高佳氏之弟、两淮盐政高恒也未能幸免；当皇后富察氏之弟、大学士傅恒为高恒求情时，乾隆则反问道："皇贵妃的兄弟如果赦免了，皇后的兄弟如果犯法，又该怎么办呢？"一句话堵住了傅恒的嘴。

大排场游玩，大手笔摆宴

> 抽秘无须更骋妍，惟将实事纪耆筵。
> 追思侍陛髫垂日，讶至当轩手赐年。
> 君酢臣酬九重会，天恩国庆万春延。
> 祖孙两举千叟宴，史策饶他莫并肩。

这是 1785 年召开千叟宴时，乾隆当场御制的诗作，题为《圣制千叟宴恭依皇祖原韵乙巳》。其志得意满之情，跃然纸上。"祖孙两举千叟宴"一句，透露出他大摆"千叟宴"的举动是从祖父康熙帝那里学来的。在祖孙两代的千叟宴之间的，则是被后人称道的"康乾盛世"。

也许是因为乾隆幼年时曾经在畅春园随康熙读书，康熙的雄才伟略、文治武功给他留下了深刻的印象，因此终其一生都处处向康熙帝学习。平心而论，康熙乾隆这祖孙俩在很多地方确实都非常相似：两人都勤政不倦，励精图治，加强了中央集权，而且又博学多闻，多才多艺。在他们的治下，清政权的领土主权得到了捍卫，经济文化事业蒸蒸日上。

然而，与康熙相比，乾隆在作风方面则远远不及。康熙朝虽然政权日渐稳定，国阜民丰，但康熙并不因此而大手大脚，反而务实节俭，厉行撙节。他一向反对宫中的无度开销，曾经说道："户部帑金，非用师赈饥，未敢妄费，谓此皆小民脂膏故也。所有巡狩行宫，不施彩绘，每处所费，不过一二万金。较之河工岁费三百余万，尚不及百分之一。"而乾隆由于其秉性高调，好大喜功，因此行事铺张，特别是乾隆中期以后更是如此，其奢侈程度，令人惊叹。

康熙曾经六次南巡，但他南巡的主要目的是为了解决"黄淮冲决为患"的问题，每次南巡，他都会亲临治河工地，看望百姓，并对工程给予指导。在皇帝的直接支持下，治河工程历时数十年，终于取得了显著效果，有效遏止了黄河水患，并疏导了运河，促进了当地经济的发展，人民生活得以稳定。乾隆思慕圣祖南巡的盛事，声称要了解江南军事、政治、河务、海防情形及百姓疾苦，同时想感受一下皇祖康熙南巡时百姓夹道欢迎的盛况，也同皇太后进行了六次南巡。然而，乾隆冠冕堂皇之语的背后还藏着另一个私人的目的：就是要与皇太后一起饱览大好河山。范文澜就说过："（乾隆）六次南巡均在苏杭之间，'为问民风'显然不足以为'自娱'作辩解。他所体察的民情也只是'有秋无弊病'一类的谀词。"

其实，乾隆继位不久时，就想巡游江南美景，但遭到了大臣的阻挠。直到乾隆十六年（1751 年），国力强盛，他的江南之游才终于成行。出发前，乾隆帝曾说："朕巡行江浙、问俗省方，光沛恩膏，聿诏庆典。"意思是，我到江浙地区巡行，要对百姓多施恩典，让大家共享太平盛世。但是，在此一年前，各省就在为皇帝巡行大做准备，修路、建行宫，还在繁华街市搭建了许多牌楼、彩棚、点景、香亭等，并每隔二三十里设尖营，供皇帝临时歇脚。乾隆巡行队伍的船只多达上千艘，所到之处旌旗蔽空，仅拉纤之人就有三千六百之众。一次，皇帝一行来到运河南岸，发现岸上立着一个硕大的仙桃，待船临近，这仙桃忽然烟火四溅，迸裂开来，桃中竟是几百人正在演寿山福海的新戏。当巡行队伍在路上行走时，地方官员为避免灰尘扬起，都会安排人"泼水清尘"，还在各桥头村口等地派兵驻守，务必保护圣上安全。

在江苏，两淮盐商为博皇帝欢心，竟在江南种植梅花万株，以供观赏。乾隆游览大虹园时，认为一处景观与北海中的琼岛春阴非常相似，只是遗憾没有塔。大盐商江春得此消息，立即召集工人在一夜之间建造了一座同样的塔。这些"忠心之举"自然也有回报，乾隆就曾诏令"两淮纲盐食盐于定额外，每引赏加十斤，不在原定成本之内，俾得永远沾受实惠"。还给各盐商在本身职衔的基础上又多加了顶戴一顶，以示嘉奖。自此，盐商自耀富有，官员互竞豪华之风愈演愈烈，所耗钱财无数。乾隆曾指出苏杭二府有浮华之风，但他的首次南巡仅国库耗银就达五十多万两，再加上地方捐助摊派，其数远大于此。后来的5次南巡又一次更胜一次，助长了奢靡之风。各地官员也借迎驾之机，勒索百姓，加重了人民负担。

为享受众人拥戴之情，乾隆允许百姓沿途观瞻，并规定，官员对此不得禁止。他每到一处，官员都要穿戴整齐前来接驾，百姓则在道路两旁焚香跪拜。乾隆听到百姓山呼万岁，就会龙颜大悦，然后下令减免这个地方的赋税，并赏赐官员"凡有罚俸降级之案，俱准其开复。无此等参罚案件者，各加一级"。在这种政策的鼓励下，各地官员更是积极为皇帝的到来营造太平盛世的之景。

乾隆南巡时采取的各项措施，客观上起到了笼络人心、亲近百姓的作用，但是他南巡期间的费用是康熙时候的10倍还多，虽展示了盛世之繁华，但也给清朝的衰落埋下了伏笔。乾隆帝为粉饰的升平而陶醉，而自炫，直到晚年退位后才多少有所醒悟："惟六次南巡，劳民伤财，作无益，害有益。"

除去南巡耗费，乾隆时期的宫廷生活也挥霍成风。乾隆大兴土木，修建、改建、扩建皇家园林，不免劳民伤财。特别是每逢崇庆皇太后的寿诞，乾隆为了取悦母亲，体现其孝心，更是铺张浪费。以清乾隆十六年（1751年）的皇太后六十寿辰为例，乾隆特意重修清漪园，并亲率满朝文武、王公大臣、京官外官，甚至外藩属国为其母祝寿。据《清史稿》记载，皇太后收到的寿礼琳琅满目，从御制诗文、书画，到如意、佛像、冠服、簪饰、金玉、犀象、玛瑙、水晶、玻璃、珐琅、彝鼎、艺器、书画、绮绣、币帛、花果，甚至是外国贡品，无奇不有。

此外，乾隆还命北京城张灯结彩，搭设楼阁，又组织社火庙会，载歌载舞。北京的街道上，白天花团锦簇，夜晚火树银花，令人目迷五色；而戏班子、秧歌队则鼓乐喧天，载歌载舞。整个活动持续数日，营造出一种普天同庆的气氛来。不仅如此，地方官员也纷纷迎合乾隆，不惜花费重金，制造各种人工景物不远千里运到北京助兴。广东进翡翠亭、湖北进黄鹤楼、浙江进镜湖，都大量使用极为稀罕珍贵的宝物搭成。

如此穷尽巧思，兴师动众，只为博皇太后和乾隆一笑。

寿诞前一天，乾隆亲自乘马作为前导，恭迎皇太后从圆明园返回紫禁城行礼。自西直门到西华门，一路都是接驾的满朝文武官员及其家属，以及想要一睹天颜的士农工商、黎民百姓，这些人黑压压跪地叩头，万岁之声此起彼伏，如山呼海啸一般。场面之盛大铺张，就连皇太后都深感浪费。然而，一贯宣扬自己孝顺的乾隆却变本加厉。据《清史稿》的记载，皇太后"二十六年七十寿，三十六年八十寿，庆典以次加隆"。如此极尽奢侈的庆典，不知道要花费多少银两。

1777年，虔信佛教的崇庆皇太后逝世后，乾隆皇帝为了存贮皇太后掉落的头发以寄托哀思，不惜花费三千两黄金，打造了一座金发塔。塔的设计式样由乾隆亲自决定，并由福隆安、和珅等督办。这座塔通高147厘米，上下分为6层，重107.5公斤，造型精美，工艺超群，通体还装饰了大量的绿松石、珊瑚等珍贵珠宝。可谓奢侈至极。

乾隆处心积虑，处处学习康熙。然而受到性格所限，往往学得过头，因而不免落得个奢侈浪费的恶名。乾隆的做法并不能够掩盖"烛泪落时民泪落，歌声高处怨声高"的残酷现实，他的奢侈无度，已然为清朝笼上衰落的阴影。

史上最高产的诗人

中国是诗歌的国度。古往今来，人才辈出，佳句名篇举不胜举。那么谁是中国历史上写诗最多的人呢？正是乾隆皇帝。据《四库全书简明目录》记载，乾隆在《四库全书》成书之际，已写诗39340首；另据郑鹤声著《中国文献学概要》载，乾隆御制诗至十余万首。

乾隆幼年时，曾经跟随康熙在畅春园读书，因此从小便养成了较好的学习习惯。雍正对弘历、弘昼等人的教育也非常重视。由于朱轼在康熙年间表现出了过人的才华，在大臣中具有良好的威信，再加上他认真和正直的品质，得到了雍正的信任，因此被任命为太子太保。作为帝师的朱轼对弘历的影响很大。朱轼为人为官作风一贯严谨，所以对皇子的要求也十分严格，有时候雍正都觉得有些过头了。一天，雍正对朱轼说："教也为王，不教也为王。"意思是告诉朱轼，你没必要对皇子管得那么严格，不管你教育得严格不严格，他将来都是要称王的。但是朱轼没有顺势而下，相反，他严肃地告诉雍正："教则为尧舜，不教则为桀纣。"

正是由于有了较为完备的教育制度，又有朱轼这位认真严厉的帝师教导，乾隆从小就非常全面地接受了汉族传统文化的熏陶。他熟读《诗》《书》《易》《春秋》，研究宋儒性理诸书，并旁通八家之文，诗词歌赋、书法绘画，均有所涉猎，文化修养方面具有一定的造诣。

和祖父、父亲相比，乾隆对汉族传统文化的精通可以说达到了一个很高的程度。有这样的知识储备，再加上对诗词的喜爱，作诗简直成了乾隆日常生活中的一部分，每天茶余饭后都要作诗数首。

乾隆不仅诗作数量巨大，其涉猎题材也相当广泛，国家大事、宫廷生活，乃至花鸟鱼虫、禽兽畜生都能入诗。

乾隆爱写诗，自然也就爱评诗论诗，不仅对文武百官的诗歌发表自己的评论，甚至以诗歌为标准任意臧否官员。清代著名的诗人、评论家沈德潜，曾经做过内阁学士、礼部侍郎。由于其有诗名，因此乾隆经常召他入宫，唱和诗词，深受宠信。沈德潜的妻子逝世，他因为公务缠身不便请假，只能暗自写诗悼亡，不料这诗被乾隆看到，便给沈德潜放假，还写诗为他送行。

相比起来，另外一位礼部侍郎的运气就差得多。清代笔记《郎潜纪闻》记载，乾隆有一次翻看礼部侍郎世臣的诗稿，看到"霜侵鬓朽叹途穷"一句，满心不悦，认为世臣无病呻吟；看到"秋色招人懒上朝"一句，更加不满，批评郎世臣作为朝廷命官，应该勤于公务，怎么能写这种疏懒的句子。就因为这些诗句，郎世臣莫名其妙地丢了官职。

也有研究者对乾隆诗作的数量提出了质疑：由于乾隆活了88岁，也就是32120天，那么他平均每天要写3~4首诗，这对于日理万机、公务缠身的乾隆来讲几乎是不可能的事情。因此，他的部分诗作很可能是由大臣代笔的。

乾隆的诗有没有大臣代笔没有确切的证据，但他的诗经过了词臣们的润色则是确有其事。前面说的沈德潜，就曾经替乾隆修改审订过12本诗作。这本来没什么，问题在于沈德潜后来自编诗集，把自己帮乾隆润色后的诗也收入其中，乾隆得知后大怒，借故其诗中有悖逆之语，将已死的沈德潜刨棺戮尸。

民间流传着许多乾隆在大臣的帮助下作诗的故事。

据说有一年冬天，乾隆皇帝御驾南巡，到西湖游玩时恰巧碰到下雪，雪借风势，漫天飞舞。乾隆见此美景，诗兴大发，便吟道："一片一片又一片"，群臣自然忙不迭满口恭维。乾隆龙心大悦，又吟道："两片三片四五片"。群臣一愣，但还是继续附和叫好。谁知乾隆又吟一句："六片七片八九片"，这下群臣全呆住了，这怎么能叫诗啊？分明就是小孩儿数数儿。乾隆一时语塞，脑袋上也见了汗，总不能再来一句"十片十一十二片"吧？正在这尴尬的时候，沈德潜凑到乾隆身边，悄悄地说："飞入梅花都不见"。乾隆大喜，连忙又大声念了出来。

那么，乾隆的诗到底有多少文学价值呢？平心而论，乾隆博览群书，知识储备极多，但他往往为了炫耀自己的知识，而使用一些生僻的典故，使其诗歌艰涩难懂，让人不知所云。此外，他过于讲究诗词格律，有时候为了音律协调，不惜堆砌文字，读来言之无物。再加上乾隆以聪明敏捷自居，从不认真琢磨，仔细修改，因此不免粗糙。更要命的是，由于乾隆贵为天子，从来没有大臣敢于直面批评，而是罔顾事实，曲意逢迎，乾隆光顾着在赞扬声中高兴自满，自然不可能静下心来磨炼自己的写作技巧。

这就是为什么乾隆十万诗词，居然没有一首能够流传后世、脍炙人口的原因。

编书还是毁书

　　乾隆朝的纂修《四库全书》，是许多人颂为一代之盛业的，但他们却不但搞乱了古书的格式，还修改了古人的文章；不但藏之内廷，还颁之文风较盛之处，使天下士子阅读，永不会觉得我们中国的作者里面，也曾经有过很有些骨气的人。

——鲁迅

　　清人纂修《四库全书》而古书亡矣！

——吴晗

　　嘉惠学林，功在千秋。

——季羡林

　　学者们对于《四库全书》的评价如此的两极分化，这恐怕是中国出版史上任何一部丛书都难以望其项背的。那么，《四库全书》到底是一部怎样的丛书？它究竟是如何让这些名震海内外的学者给出彼此不同，甚至针锋相对的意见的呢？

　　中国历史上官修图书的历史源远流长，而这其中又以类书为最多。类书是古代一种工具书的名称，其体例是根据内容或字、韵分门别类编排，将有关的资料辑录出来以供搜索、引用。类书中最有名的，应当是明代的《永乐大典》。但《永乐大典》是手抄本，尽管在嘉靖年间又重新录制副本，但年深日久，战乱频仍，到清朝时已经残缺不全。清康熙四十年（1701年），福建人陈梦雷在皇三子诚亲王胤祉的资助下，利用"协一堂"藏书和家藏图书共1.5万余卷，经过五六年的艰苦工作，初编《古今图书集成》1万卷。后来，陈梦雷因胤祉获罪，蒋廷锡接手主编，于清雍正六年（1728年）付梓。全书约1.6亿字，成为中国最大的类书。

　　这两部类书的编成，与皇帝的亲自过问是分不开的。以《古今图书集成》为例，康熙和雍正两朝皇帝对此书的编纂都表示了极大程度的关心。康熙赐予陈梦雷住宅，还亲赴其书斋探望；而雍正则钦点蒋廷锡接手主编，并最终命名为《钦定古今图书集成》。这使得此书成为彰显康熙雍正两朝文治的最好注脚。

　　对于志向远大、一心想要超越前代所有皇帝的乾隆来讲，不仅在武功上要有所建树，文治自然也要做到前无古人。因此官修一部规模超过历朝历代的书籍，就被他提上了日程表。然而乾隆对类书的意见却很大，他认为类书将一本完整的书籍分割开来，使人无法完整地了解此书的全貌，不免有断章取义之嫌。因此他决定以丛书的形式，将所有的图书都收于其中。由于中国古代书籍分类法将书籍按照经、史、子、集分为四类，因此定名为《四库全书》。

　　清乾隆三十七年（1772年），《四库全书》的编纂工作开始。根据乾隆的设想，《四库全书》的底本来源应包括这样几个方面：《永乐大典》中的辑佚本；内廷武英殿等处的藏书与清代以来官方编纂的书籍；还有就是社会上流通的书籍以及从地方上收集到的图书，包括地方官员征集的和个人主动进献的。

前几种图书都不难获得，可是，如何让在文字狱阴影笼罩下的黎民百姓自觉自愿地把家藏书籍交上来呢？乾隆为此真是煞费一番苦心。一开始，由于担心以文字获罪，民间献书者寥寥无几，甚至各省官员也草草塞责了事。鉴于这一情况，乾隆只得又下诏，保证献书者和负责征集图书的官员都不会因为书中可能的"忌讳"或"妄诞"之语而获罪，而且，所献之书也只是借用抄录，用毕立即归还。不仅如此，乾隆还向献书者许以各种奖励，激励其献书的积极性。

清乾隆三十九年（1774年）五月，乾隆宣布根据献书数量的多寡，分别赐予献书者《古今图书集成》《佩文韵府》等书籍，此外乾隆还会在进献的书籍中择珍稀版本亲笔题咏，留下御笔。而此种书籍则要优先抄录，并尽快返还持有人。对于仍然不配合献书的官员和百姓，乾隆则以谕旨威胁之，声称"若此次传谕之后，复有隐讳留存，则是有心藏匿伪妄之书，日后别经发觉，其罪转不能逭，承办之督抚亦难辞咎"。在这样的软硬兼施之下，地方官员自然不敢怠慢，加意寻求书籍；而藏书家、读书人，乃至平头百姓也都纷纷将家藏的图书献出。

在准备了足够数量的图书之后，接下来就是整理、编纂、抄写等一系列的活儿了。俗话说，家有千口，主事一人。《四库全书》如此庞大的规模、如此浩繁的卷帙，要由谁来担任总纂官呢？乾隆的目光投向了纪昀。

纪昀就是为人所熟知的风流才子纪晓岚，在民间传说中，他被塑造得英俊潇洒、博学多才、正直不阿，作为乾隆的股肱大臣，与和珅展开了坚决的斗争。但历史上，纪昀却长得并不好看，不仅近视，而且口吃，而乾隆偏偏又比较喜欢相貌端正的人，因此纪昀对于乾隆来讲仅仅是以文学见长的词臣。

清乾隆三十三年（1768年），纪昀卷入盐政亏空案，被流放至乌鲁木齐，但两年后就被召回，担任翰林院编修，这可以说是为担任《四库全书》的总纂官预先做的热身准备。清乾隆三十八年（1773年），乾隆成立四库全书馆，纪昀的座师刘统勋推举其为总纂官，乾隆顺势批准。尽管按照四库全书馆的编制，最高负责人为十几名正副总裁官，但他们都是乾隆的皇子或是心腹重臣，事务繁多，徒具虚名。因此这一重担可以说是压在了三名总纂官，特别是作为首席总纂官的纪昀身上。

纪昀组织了360余名编纂官，对底本图书进行甄别比对，将其分为应刻、应抄、应存三种，其中前两种要全文抄入《四库全书》，而后者只存书目。若有不同版本，则要进行比对，选择质量最好者作为底本，然后还要对底本进行初步的点校和修改，并交给总纂官审阅，合格后交由乾隆御览。通过这些程序的书籍，即可被抄录入《四库全书》。抄录者最初由官员保举，后来则从不第秀才中挑选字迹工整者录用。这些人需要每日抄写千字，工作5年，共计180万字。工作完成后，根据质量和数量分别授予不同的官职；但若有字体不工整者，记过并罚多写万字。据统计，先后共有3800余人被录用，平均每天都有600人参与抄写工作。最后，抄录好的《四库全书》还要在总校官的安排之下，经过分校官和复校官的校对，再经总裁官抽查，才能最终装订成书。

经过10年的编纂,《四库全书》终于陆续编订完成。以纪昀为首的四库全书馆群臣们为此付出了大量的心血。由于乾隆生性好大喜功,动辄对《四库全书》的编纂指手画脚,如此大的工程全靠人力完成,难免会有疏漏,此外,再加上乾隆对文字的挑剔,纪昀等人不免被屡屡申斥甚至得咎。总纂官之一的陆锡熊在奉命去沈阳校对的路上病逝,总校官陆费墀也因为被乾隆申斥郁郁而终,死后甚至还被抄没家产。纪昀由于受到乾隆的恩宠,幸免于难。

编订好的《四库全书》共抄写了7部,乾隆仿效著名藏书楼天一阁的形制,建造了七处楼阁以存放《四库全书》。它们是故宫文渊阁、圆明园文源阁、沈阳故宫文溯阁、承德避暑山庄文津阁、镇江金山文宗阁、扬州文汇阁、杭州西湖行宫文澜阁。如今存世的仅有文渊阁本、文溯阁本和文津阁本,另有文澜阁本部分存世。

平心而论,在《四库全书》的修订过程中,重新发现并整理了不少孤本和善本,此外还保存了从《永乐大典》中辑佚的将近400种书籍。此外,《四库全书》开启了"乾嘉学派"重考据的学风,对国学的继承和发扬有重大的影响。但是,乾隆利用编纂《四库全书》,大兴文字狱,篡改传统文化,实行愚民统治的用心也是显而易见的。尽管他曾经表示不会利用民间献书大兴文字狱,但这根本就是一句空话。著名的"王锡侯字贯"案只是数十起文字狱中较为人所知的一件。此外,在编纂《四库全书》的过程中,大量被乾隆视为"违逆"的书籍都被焚毁,据统计竟有3000种之多;而幸存下来被录入四库全书的书籍,也按照乾隆的意愿被修改得面目全非。

"纪大烟袋"不简单

根据历史记载,自纪晓岚上推七世,纪氏家族多读书人。祖先纪坤,虽然科举不顺,却很有诗名,著有诗集《花王阁剩稿》。纪晓岚的曾祖父纪钰,有幸进入太学,才学受到过皇帝褒奖。而纪晓岚的祖父纪天申做过县丞,其父纪容舒,清康熙五十二年(1713年)恩科举人,历任户部、刑部属官,外放云南姚安知府,为政有贤声,而且写文章很有一套,尤其擅长考据之学,著有《唐韵考》《杜律疏》《玉台新咏考异》等书,死前还留下了"贫莫断书香"的遗训。

纪晓岚就出生在这样一个书香门第,为纪容舒次子。清雍正二年(1724年)六月十五日午时,纪天申饭后到书房一边翻书一边休息,不久就睡着了。梦中,他看到一只猴子从窗户钻进来,对什么都不感兴趣,却到书橱翻阅书本,翻完一本扔一本,不久几橱书就被它翻了个遍。忽然,它发现纪天申的手上还拿着一卷书,就蹿上来抢夺。纪天申一惊便醒来了,手中的书也掉在了地上。恰在这时,一名仆人来报,儿子纪容舒刚刚得了一位少爷。这个刚降生的男孩,便是纪天申的第五个孙子纪晓岚。

据说,纪晓岚小时候精力充沛,睡眠很少,喜欢玩耍,也喜欢听大人们讲故事。

爷爷纪天申很宠爱他，常常给他讲各种有趣的故事，逗他开心。也许，正是这些故事开启了纪晓岚智慧的一生。

儿时的纪晓岚就显现出了超越同龄人的智慧。一次，他和几个孩子在街上玩球。刚好遇到官轿经过，顽皮的小孩子不小心将球掷进了轿内。正当一群小儿面面相觑，不知如何是好之时，纪晓岚自告奋勇，独自一人壮着胆子上前讨球。

轿子里的官员，见是个孩童，便存心想戏弄一下他，于是出了一个上联，说如果他对得出下联就把球还给他，否则就不还了。他的上联是："童子六七人，惟汝狡。"纪晓岚略一寻思，便道："太守二千石，独公……"话未说完，却忽然沉默了。官员很好奇，催他讲完，谁知纪晓岚却说："你要是还我球，就是独公廉，要是不还的话，就是独公贪。"官员先是一愣，接着哈哈大笑，把球还给了他，暗自惊奇于这个孩子的聪慧，料他日后必大有作为。

这个官员所料不错，清乾隆十二年（1747年），纪晓岚应顺天府乡试，以第一名解元夺魁。喜讯传来时，合家欢腾，纪晓岚本人反而异常平静，亲自置办厚礼酬谢老师。乾隆甲戌殿试以后，纪晓岚以文学出众，被授为翰林院庶吉士。清乾隆二十八年（1763年）仲春，纪晓岚又被任命为福建省提督学政，而此时他刚过不惑之年。

纪晓岚是名副其实的才子，而且是具备领导才能的才子。他一生的成就主要体现在两件事上，即主持科举和领导编修。"浮沉宦海同鸥鸟，生死书丛似蠹鱼"，着实是他一生的真实写照。

过人的眼力是纪晓岚成功主持科举的重要因素。传说，在纪晓岚以福建督学之职担任会试考官时，乾隆曾冒充考生参加考试，由于做事隐秘，三场下来竟无人发现。后来，纪晓岚在阅卷时，发现一篇文章笔力非凡，就向乾隆推荐了这个考生。乾隆一看考卷，发现正是自己所答，不禁暗赞纪晓岚的眼光。但为了掩饰此事，他拒绝了纪晓岚的推荐，纪晓岚几次上书，都不予答复。乾隆一朝，纪晓岚共担任过8次主考官，为朝廷选出了众多优秀的治国之才，不能不说他是清朝的一大功臣。

主持编修是一项浩大而烦琐的工作，常人难以胜任，纪晓岚在这方面可谓劳苦功高。尤其是1763年开始的《四库全书》的编纂工作，其规模之庞大，可以称得上是"前无古人，后无来者"。这项浩大的工程，不仅是纪晓岚毕生的主要成就，也是乾隆皇帝的成就之一，更是整个中国文化史上不可磨灭的一大功绩。

主持编修的工作也许枯燥无味，但纪晓岚本身却是一个趣味十足的文人，利用闲暇之余，自著了文言短篇志怪小说《阅微草堂笔记》，可惜这部小说原稿已遗失，虽然作者凭记忆重新写过，但仍不免有很多疏漏。鲁迅在《中国小说史略》中曾说："惟纪昀本长文笔，多见秘书，又襟怀夷旷，故凡测鬼神之情状，发人间之幽微，托狐鬼以抒己见者，隽思妙语，时足解颐；间杂考辨，亦有灼见。叙述复雍容淡雅，天趣盎然，故后来无人能夺其席，固非仅借位高望重以传者矣。"鲁迅对这部小说给予如此高的评价，足见纪晓岚的文笔之妙和才华之盛。

纪晓岚不仅文名远播，也极富政治才能，只可惜他文名太盛，政治上的成就反而被文才掩盖了。

纪家祖上曾经遭遇过动乱，家业受到过沉重打击，直至纪晓岚的父亲这一代才开始复兴。纪晓岚从小耳濡目染社会的重重矛盾，所以他为官之后特别注重疏导民情，主张因势利导，避免矛盾过分激化导致社会动乱。如他自己所说："教民之道，因其势而行之易，拂其势而行之难。"

1792年，京城附近遭遇大涝，饥民激增，盗贼蜂起，一时间京城拥进了大批求食的饥民，积压已久的社会矛盾大有一触即发之势。纪晓岚得知后，立即上表陈情，剖析利害，劝导朝廷截留南漕万石官粮以赈灾。这个措施来得及时有效，饥民得到粮食后很快离开京城，一场危机化解于无形之中。纪晓岚的这一善政，解救了千千万万的饥民，使他们摆脱了死亡的阴影，也免去了一场有损国势的动乱，稳定了民心。

其实，正如每个由盛转衰的王朝一样，当时的清王朝也存在很多尖锐的社会矛盾，只不过大多数人都被所谓的"盛世"光景所迷惑，不去相信也不愿相信它们的存在而已。而纪晓岚的过人之处就在于，他能够敏锐而深刻地洞察到这些矛盾，并且想方设法地去疏导、缓解，这实在是为政之人的一种可贵品质。

1805年，纪晓岚逝世，享年82岁，谥"文达"。嘉庆皇帝御赐碑文"敏而好学可为文，授之以政无不达"，用以褒奖他才政双绝的一生。

谁说刘墉是罗锅

历史往往会歪曲一些事实，这并非历史本身的歪曲，而是读历史的人依照自己的经历和心得在主观上形成的歪曲。比如说，在嘉庆时期，刘墉被称为"刘驼子"，读者便会刻意的想象，这个刘墉相貌平庸，是个驼子。不仅如此，还可能是个矮子。

然而，历史的真相并非如此，自隋唐科举制创立，取士通常有"身、言、书、判"四大标准，只有仪表端庄了，才能不辱没官府威严，刘墉正甲出生，自然不会是一个驼子、矮子。1958年，刘墉墓被挖开，就其尸骨而言，就有一米九左右。这样的身高，加上长年累月的读书做官，自然会略显背驼。而当嘉庆皇帝称其为驼子之时，刘墉已经是八十岁上下的老人了，由此，所有的疑惑豁然开朗。

刘墉，清康熙五十八年（1719年）出生于山东省高密县逢戈庄（原属诸城），字崇如，号石庵，另有香岩、穆庵、溟华、青原、东武、日观峰道人等字号，为清代名重一时的书画家、政治家，祖籍江苏徐州丰县。

刘墉所在的刘氏家族，在诸城是典型的名门望族，家族中很多人通过科举考试出仕做官。自曾祖父刘必显始至刘墉，刘家先后有七进士、二十四举人，官至知县以上者比比皆是。刘氏家族的祖先刘通是明末秀才；在顺治年间，刘墉的曾祖父刘必显进士及第，官至员外郎；在康熙朝时，刘墉的祖父刘棨官至四川布政使，为官清正严明；而刘墉的父亲刘统勋更是做了东阁大学士兼军机大臣，连乾隆皇帝也盛赞道："遇事既神敏，秉性复刚劲，得古大臣风，终身不失正。"

如此，刘墉得以接受到良好的教育、博览群书、学识渊博，然而，他的仕途却并非一帆风顺。清乾隆十六年（1751年），刘墉已然33岁，靠着父亲的关系，刘墉以恩荫举人身份参加了会试和殿试。此次参试，刘墉殿试时名列第一，不过，乾隆皇帝为表明不拘一格选人才，专门提拔了出身寒素的吴姓考生居榜首。刘墉一举获得了进士出身，旋而改翰林院庶吉士。处在这个位置上，刘墉只需要在庶常馆学习深造，便可以在不久后授翰林院编修。这个官职虽然俸禄不高，却是前途无量，刘墉的仕途获得了一个好的开局。

清乾隆二十年（1755年），刘墉之父刘统勋获罪，刘墉遭到了连坐，兄弟叔长都被革职，次年，刘墉被外放做了地方官，此后20年时间，一直没有回到京师为官。清乾隆二十二年（1757年），刘统勋重新得到重用，乾隆派遣他到山西查办布政使蒋洲侵帑案，两年之后，刘统勋又到山西查办过将军保德侵帑案，声誉颇佳。刘墉的为政环境得到了极大改善，然就在这一段时间，山西阳曲县前任知县段成功亏空案发，刘墉获失察罪，差点一命呜呼，朝廷开恩，刘墉才得以幸免于难。

刘墉为官，正直干练、雷厉风行，大力改革科场积弊、官场恶习，百姓深受其惠。为此，百姓很感激他，《诸城县志》对其赞道："砥砺风节，正身率属，自为学政知府时，即谢绝馈赂，一介不取，遇事敢为，无所顾忌，所至官吏望风畏之。"刘墉做提督安徽学政和提督江苏学政之时，乾隆帝对他寄予厚望，特别赠诗"海岱高门第，瀛洲新翰林"，以资勉励。刘墉幸不辱命，在为官期间成绩突出，是故，清人在书中记载："昔日刘石庵相国视学江苏，严肃峻厉，人多畏惮。"

清乾隆三十四年（1769年），刘墉51岁，因为其父亲被皇帝倚仗为股肱之臣，刘墉遂获授江宁知府，此后"颇以清介持躬，名播海内，妇人女子无不服其品谊，至以包孝肃比之"。著名诗人袁枚也因为刘墉之功绩而称赞道："初闻领丹阳，官吏齐短胆。光风吹一年，欢风极老幼。先声将人夺，苦志将人救。抗上耸强肩，覆下纤缓袖。"四年之后，刘统勋病故，依照惯例，刘墉辞官回家守丧三年，还京之日，诏授内阁学士，南书房任职，同时兼领《四库全书》馆副总裁。次年，刘墉复任江苏学政。因为政绩卓著，很快胜迁户部右侍郎、吏部右侍郎。乾隆皇帝开始器重和赏识刘墉。

在民间获得了好名声，给乾隆也留下了好印象，刘墉此后的仕途开始顺畅起来，至清乾隆四十五年（1780年），刘墉被封为湖南巡抚，雄踞一方。《清史列传》对刘墉这一阶段的表现记述道："在任年余，盘查仓库，勘修城垣，革除坐省家人陋习，抚恤武冈等州县灾民，至筹办仓谷，开采峒硝，俱察例奏请，奉旨允行。"

两年之后，刘墉奉调入京出任左都御史，于南书房行走。然而刘墉一上任，便遇到了一件极为棘手的案子：御史钱沣参劾山东巡抚国泰索贿舞弊，以为乾隆纳贡之名义，致使许多州县财政亏空。乾隆遂派遣当时炙手可热的和珅与刘墉一起查这件案子。由于国泰身份显赫，是满洲镶白旗人，同时也是皇妃的伯父，加上和珅和国泰的关系非同一般，和珅从中作梗，刘墉查案步步艰难。钱泳《履园丛话》中记载，刘墉刚正不阿，不畏权贵，最终将案情查个水落石出，国泰被迫畏罪自杀，民间大为称颂，盛赞他是当世包公。

然而，此后的和珅对刘墉更加步步紧逼，刘墉只能选择明哲保身，"委蛇其间，惟以滑稽悦容其间"。此后，刘墉开始频频出错，以至于乾隆皇帝也略有不满，刘墉还因为泄露了自己和乾隆的谈话，而失去了本应获授的大学士一职。

清乾隆五十四年（1789年）春，刘墉为协办大学士、上书房总管，因为阴雨连天，连续七天没有入值。乾隆皇帝特下谕旨，认为刘墉为官纯属应付，于国为不忠，于父为不孝，实不宜宽恕。刘墉遭到责罚，降为侍郎，不再兼职南书房。4年之后，刘墉主持会考，但却安排不当、阅卷草率，差点就罚他俸禄十年，刘墉最终被"严行申饬"。

刘墉在地方上独当一面，到了京师却唯唯诺诺，为了暂避和珅的锋芒，刘墉选择了明哲保身、圆滑的处世方法。为人的棱角、做事的勤勉遂荡然无存，滑稽和世故的刘墉就此产生。嘉庆元年（1796年），皇帝开始选举空缺多时的大学士一职，然而资历最深的刘墉却并没有中选，反而户部尚书董诰被破格增补为大学士。

这时候，乾隆尚为太上皇，嘉庆虽然为皇帝，但核心权力依然掌握在乾隆的手中，所以原本想要重用刘墉、打击和珅的嘉庆，只能批评刘墉"向来不肯实心任事"。后来的事实证明，这不过是刘墉和嘉庆合力出演的一个以退为进之计。

果然，第二年刘墉便升任体仁阁大学士，为了让乾隆、和珅等人安心，嘉庆假意责备刘墉"行走颇懒"，又说"兹以无人，擢升此任"。

乾隆一死，和珅受到抄家灭族的惩罚，而刘墉在得到重用之后，也全力打击和珅。和珅倒台之后，刘墉的生活渐趋平静，1802年充任会典馆正总裁。次年，嘉庆皇上驾幸热河，刘墉老当益壮，留京主持朝政。

刘墉不仅是乾嘉时期的名臣，更是有清一代最著名的书法家。其书法既有钟繇、王羲之、颜真卿的中正法度，还深得魏晋小楷风骨神韵。康有为称其字初看圆润厚重，细审则骨脉分明，柔中带刚，至今《清爱堂帖》等书法珍品还流传于世。

嘉庆九年（1804年）十二月二十五日，刘墉在北京驴市胡同家中逝世，享年86岁。朝廷追赠太子太保，谥号"文清"，入祀贤良祠。嘉庆特许他叶落归根，葬在今山东高密市方市乡白家庄。

第九章
和珅：巧取豪夺，无所不用

和珅，一个封建时代腐败政治的产物，一个病态社会产生的畸形儿。一国之君的庇护，让他在封建官场上如鱼得水；一心贪婪的本性，让他巧取豪夺之术无所不用其极。九万万两白银的家私，就足矣说明了一切。

和珅的发迹之路

和珅以"贪"闻名，史书记载他贪婪成性、巧取豪夺，在20余年时间中聚敛了数以亿计的财产，富可敌国，这些都为街头巷尾所津津乐道。凡此种种都让人认为和珅是一个不学无术、专事逢迎、贪污腐败的人。其实，历史上的和珅远远不是这么简单的人物。

关于和珅则要从他的身世说起。和珅，字致斋，原名善保，钮祜禄氏。钮祜禄氏是满洲八大姓之一，特别是镶黄旗这一支，出了很多功臣勋贵。和珅并不是名门之后，他出身正红旗，祖上乃是寻常八旗子弟。

根据《清史稿》记载，和珅"少贫无籍，为文生员"。清乾隆十五年（1750年），和珅出生在一个武职家庭，父亲常保曾经担任福建副都统。和珅的童年可称不幸：3岁那年，弟弟和琳出生，但母亲却因难产死亡；9岁时父亲又因病去世。父母早亡让和珅很早就尝到了人世的艰辛，因而发奋努力，希望改变久居人下的命运。

和珅兄弟俩都曾经在咸安宫学读书。咸安宫原为康熙末年圈禁废太子胤礽之处，清雍正二年（1724年），胤礽死后就一直闲置；清雍正六年（1728年），在此处设立官学，专门招收八旗宗室子弟入内学习。到和珅入学的时候，咸安宫学已经搬到了西华门。

和珅像

和珅、和琳在这里受到了良好的教育。由于旗人有固定的钱粮，大多数八旗子弟不愁生计，自然不会对读书习字有多大兴趣。但和珅兄弟俩则不然，不仅"四书五经"等传统典籍烂熟于心，而且琴棋书画、诗词歌赋、满汉蒙藏诸种语言都有涉猎。

和珅的出众才华博得了咸安宫学内其他八旗子弟的交口称赞，使他获得了王公勋贵的青睐。清乾隆三十二年（1767年），他与大学士英廉的孙女冯氏成婚。两年后，他承袭了祖上的三等轻车都尉的爵位，并参加了顺天府的会试，虽然未能中举，但和珅并不担心自己的前途。清代旗人进入仕途并不只靠科举一途，无论是进入六部担任笔帖式，还是做皇宫侍卫，都不妨碍日后飞黄腾达。由于和珅祖上是武职，又有大学士这门亲事的背景，1772年，和珅被封为三等侍卫，随即被补入粘杆处侍卫。

粘杆处原本是伺候皇室日常生活起居琐碎事务的诸多机构之一，但雍正时则将其改造为一个情报机关和特务机构，负责监视王公大臣及可疑人员，另外也负责传递机密情报。乾隆时期这一机构虽然用处逐渐减小，但仍然与皇帝距离很近。因此和珅能够直接接触乾隆皇帝。由此开始，和珅踏上了他一帆风顺的仕途。

和珅担任三等侍卫，固然是接近皇帝的捷径，但倘若和珅与其他侍卫一样，没有任何出彩之处，乾隆又怎么能在芸芸众生中将他挑中呢？

清乾隆四十年（1775年）的一天，乾隆正在御花园中散步，十几个侍卫小心翼翼地尾随在他身后不远的地方护驾，和珅也在其中。虽然天气不错，景色也极其宜人，但乾隆的心头却有一团怒火在燃烧着。他手里捏着一份云南送来的密折，密折中向他禀报了关押在云南的缅甸要犯逃脱一事。他反复看着这份折子，为当地官员的无能和疏忽感到气恼，不禁停下脚步，重重地将密折匣子摔在地上。

"昏聩！"乾隆恶狠狠地丢出一句话。十几个侍卫见乾隆脸色不佳，不知道发生了什么事，吓得连忙伏地连连叩头。乾隆定了定神，心中的怒火稍稍平静了一些。他缓缓地自言自语道："虎兕出于匣，龟玉毁于椟中，是谁之过欤？"

话音刚落，从侍卫中传出一个从容平静的声音："是典守者不能辞其责耳。"这句话在周围侍卫的寂静中显得格外清晰，正是和珅在人群中发话。

乾隆一愣，暗想这个侍卫不俗，居然猜得到自己的心思。于是便继续问道："底下的侍卫居然也知道《论语》吗？你起来说话，我考考你，你说说《季氏将伐颛臾》怎么讲？"

和珅不慌不忙，恭恭敬敬磕了个头，起来又打了个千儿，动作潇洒利落。他在咸安宫学苦修多年，此时真有"学成文武艺，货卖帝王家"的感觉，于是不疾不徐向乾隆讲述了一遍。

乾隆看到和珅眉清目秀，一表人才，虽然是个武夫，却大有恂恂儒雅之风，不由得心里大为喜欢。待和珅对答完毕，乾隆又问了和珅的姓名、籍贯、出身情况，从此记住了这个与众不同的侍卫。

这件事情过去不久，一天，乾隆移驾圆明园，坐在水榭中读《孟子》。乾隆读得非常用心，不知不觉天色渐暗，朱熹的夹注渐渐看不清了。于是乾隆就命护驾在侧的和珅掌灯来看。不料和珅躬身为礼，向乾隆问道："皇上看的可是《孟子》？不知皇上看到哪一句了？"乾隆一愣，不知和珅用意何在，便告诉了他。谁知话音未落，和珅便将这一句的夹注背了出来，流畅纯熟已极。乾隆大喜，又背一句正文，和珅立刻又将夹注背出。就这样你来我往，交谈良久。乾隆颇为满意，连连夸奖和珅："不料尔竟然如此敏捷！"

《清史稿》中用"骎骎向用"四个字来形容和珅此时的升迁速度。乾隆四十年（1775年）闰十月，和珅被调为乾清门侍卫；十一月，升为御前侍卫，授满洲正蓝旗副都统；乾隆四十一年（1776年）正月，授户部右侍郎；三月，在军机处上行走；四月，授内务府总管大臣；十一月，任国史馆副总裁，赏一品朝冠；十二月，总管内务府上三旗事务，赐紫禁城内骑马。短短一年多的时间，和珅以迅雷不及掩耳之势，由一名普通的侍卫摇身一变，成为掌管国家大事的重臣，其升迁速度实在是令人叹为观止。

和珅的快速升迁让很多人惊异不已，一个问题也就随之而来。乾隆为什么如此看重和珅呢？据说，雍正年间，弘历还是宝亲王的时候，有一次进宫办事，遇到雍正的妃子马佳氏，二人情投意合。但是此事却被乾隆的生母、雍正帝的孝圣宪皇后发觉了。皇后认为是马佳氏勾引弘历，盛怒之下，赐马佳氏自尽于月华门。乾隆虽然伤心欲绝，但迫于母命，无可奈何，只得与马佳氏约定来世再见，并咬破手指，滴血在马佳氏额头为记。巧的是，和珅额头上正有这样一块红记，因此乾隆认定他就是马佳氏的后身，于是自然对他万般宠爱。

不过此并不可信。平心而论，乾隆对和珅的任用并不是没有道理的。由于旗人较汉族人来讲有很多优惠政策，衣食无忧，前程不愁，因此曾经是马背民族的八旗子弟逐渐腐化，每日无所事事，吃喝玩乐，既不能文，也不能武。对于清朝入关以后的历代皇帝来说，满族人的逐渐衰退一直是让他们感到头疼的问题。从康熙、雍正到乾隆，"整顿旗务"一直都是皇帝想做而做不到的事情。而汉族人借助深厚文化的优势，逐渐取得了优势地位，尽管清政府的制度规定了满族官员与汉族官员的比例，但事实上到乾隆时期，汉员的数量和质量都偏高，特别是军机处更是如此。乾隆对这一格局并不满意，然而又迫于无人可用的窘况。在这种情况下，和珅的出现自然让乾隆喜出望外。家境贫寒、勤奋刻苦、深通文化，所有这些都足以使和珅成为满族人中的旗帜性人物，因此乾隆对和珅加意的拔擢，其中不仅是为了扶持满族人，平衡满汉势力，也希望能够树立一个道德楷模与榜样。

另外，乾隆的性格比较刚愎自用，比较好大喜功，而和珅出现在乾隆面前时，乾隆已经65岁了。作为一个老年人，乾隆性格中的这些不良习性都会变本加厉，他需要所有的人都为他服务，以自己之是非为是非，以自己之好恶为好恶。和珅恰恰准确地把握住了乾隆的这一心理，因此对乾隆着意奉承。据史书记载，乾隆年纪大了，难免咳嗽吐痰会多一些，每当这个时候，和珅就亲自捧着痰盂侍奉，即使是担任要职之后也是如此。这也难怪乾隆会对他格外溺爱了。

是贪官，也是理财高手

即使是和其他乾隆倚重的大臣相比较，和珅的"圣眷"还是更胜一筹。有一件事情颇能说明乾隆对和珅的偏爱。据《清史稿》记载，乾隆四十六年（1781年），甘肃回部苏四十三叛乱，乾隆命和珅为钦差大臣，与阿桂一同前往督师。由于阿桂染病，和珅便先行抵达甘肃。和珅到达甘肃时，名将海兰察等人其实已经打了好几个胜仗，叛军败局已定。但和珅却自以为是，想要建功立业，便自作主张，命海兰察等人兵分四路进军，结果输了一仗，总兵图钦保阵亡。这本来是和珅指挥无方，可数日后当阿桂到来时，和珅却把责任推到几名将领头上，说他们轻慢自己，不听调遣。不明就里的阿桂当即表示："这些人该杀！"第二天，阿桂亲自安排作战计划时，几位将领都非常配合，心知和珅有错的阿桂便对和珅说："没人不听调遣啊，那你说杀谁好啊？"

和珅自觉受到羞辱，从此对阿桂以及几位将领恨之入骨，屡屡参奏他们。乾隆得知此事后，也只是象征性地下谕旨批评了和珅几句，并把他调回北京。回京之后，根本不会打仗的和珅却代理了兵部尚书。由于阿桂和和珅同在军机处当差，难免抬头不见低头见，为了照顾和珅的情绪，乾隆便总是让阿桂在外带兵打仗或处理具体政务。这样一来，原本是首席军机大臣的阿桂被架空，和珅反而掌握了军机处的实际权力。

和珅不会打仗，并不代表他一无是处。相反，和珅具有很强的办事能力，在外交、司法特别是经济领域颇有政治手段。由于他精通满汉蒙藏四种语言，因此很多外交文书都需要由他撰写。乾隆曾经这样称赞和珅：臣工中通晓西番字者殊难其人，唯和珅承旨书谕，俱能办理秋如，勤劳书旨，见称能事。"足见和珅虽然不会带兵打仗，但其作用和功劳仍然不小。

和珅发迹初期，曾经很好地处理过一件棘手的案子。1780年，云南粮储道海宁赴京参奏云贵总督李侍尧贪污受贿，乾隆将查办此事的责任交给了时任户部侍郎的和珅。李侍尧是乾隆朝的老臣，历任两广、湖广、云贵三总督，地位很高，而且又颇具才干，《清史稿》称其"短小精敏，过目成诵。见属僚，数语即辨其才否"。因此乾隆对他也是相当信赖。和珅明白，要查处这样一个聪明人实属不易，如果没有真凭实据，就贸然定案，很有可能引火烧身。因此他并没有急着直接审讯李侍尧，而是迂回攻击，将李侍尧的管家抓了起来，对其刑讯拷问。结果此人受刑不过，将李侍尧历年贪污受贿的罪行一一吐露。

和珅得了这份口供，立刻召集云南全省官员，将李侍尧的罪状拿出给他们看，并软硬兼施，告诉他们如迅速与李侍尧划清界限，交代其罪状，就可以既往不咎，否则一并惩处。受到威胁利诱的官员纷纷倒戈，向和珅提供了大量李侍尧的不法情事。这时，和珅才提审李侍尧，在大量证据面前，李侍尧的聪明才智无处施展，只得供认不讳，将所收受地方官员的贿赂一一招认。和珅回到京城，又趁热打铁，向乾隆汇报了云南吏治废弛、地方银库亏空的恶劣状况，提出了自己关于云南盐务、钱法、边疆政策的意见和建议。和珅在审理这一案件中所表现出来的机敏和才干自然让乾隆龙颜大悦，随即提升他为户部尚书、议政大臣。

其实，和珅真正的本领，在于他理财的能力。乾隆四十一年（1776年），和珅出任内务府大臣，内务府负责皇室以及上三旗的日常生活开支，花销极大，因此总是入不敷出，往往调拨户部库银以为接济。和珅上任不久，内务府不仅填平了之前的亏空，甚至还略有盈余。清乾隆四十三年（1778年），和珅又兼领了崇文门税务监督。崇文门税关是北京城税收的重要来源，按照惯例只有旗人才能担任这一职务，由此可见该职务的重要性。在和珅的管理下，崇文门税关的收入猛增，陡然一跃而成为全国30余所税关的翘楚。后来和珅又担任户部侍郎、尚书，户部银库、内务府广储司银库和紫禁城银库都由他直接管理，乾隆朝几乎所有的财政部门都归由和珅把持。而和珅也确实不辜负乾隆的信任，为乾隆的文治武功提供了坚实的经济支持。

康熙末年，由于吏治败坏，国库一度亏空得甚为厉害；雍正继位后，严厉清理国库亏空，到乾隆继位初年，国库中有数千万两白银，经济形势相当好。但乾隆好大喜功，重视享受，花费了大量白银，而吏治的逐渐松弛，官员的贪污腐败，使国库重新陷入亏空状态。乾隆为此事发愁，但却一直苦于没有理财能手管理此事。和珅的出现无疑使得乾隆大喜过望。和珅确实有着极其高超的理财天赋，他总是能出乎乾隆的意料，创造出各种进项。

和珅最为人所非议的财政制度就是"议罪银"的创立。乾隆四十五年（1780年），和珅向乾隆皇帝建议，今后各地官员若触犯大清律例，可以通过缴纳银两的方式抵消罪过，其数额根据罪行轻重多寡不等。这笔银两并不缴入户部银库，而是进入内务府银库。换句话说，和珅利用这一制度，为乾隆造了一个小金库。乾隆对这一意见自然拍手叫好，批准实行。

议罪银制度出台之后，各地官员纷纷以缴纳议罪银的方式抵消罪行。据史料记载，各地官员缴纳的议罪银均数以万计，甚至数以十万计。这些额外的收入让内务府挣得盆满钵满，乾隆也是喜笑颜开。因为这笔经费基本全用在了他的六下江南之行上，沿途修建的30座行宫，居然没有动用户部银库一分银子；乾隆八十岁时举办的万寿大典所花费的开支也来自议罪银。到后来，甚至户部银库每年的亏空还要议罪银来弥补。

可是羊毛出在羊身上，由于议罪银制度的创立，官员们有了充足的理由和借口变本加厉地剥削老百姓。贪赃枉法之徒得以继续把持权力为所欲为，吏治进一步败坏。这一政策的后果是相当严重的。

和珅不仅会为乾隆理财，他对自己产业也极其重视。他的财富观念甚至于可以说是超前的。在传统社会中，有钱人大多买房置地，将货币转化为不动产；而和珅却能够敏锐地认识到货币经济的威力，因此他更喜欢真金白银。和珅并没有将这些钱埋藏起来，而是将其投资于各种各样的手工业和商业领域。

和珅以喜欢开当铺著名，他在北京城内开了12家当铺，其中有不少都是行业中的佼佼者。他还开办各种各样的手工业商店，例如石灰窑、酒店、杠房、柜箱铺、鞍毡铺、粮食店、瓷器铺、药铺、古玩铺、弓箭铺、印铺、帐局等。此外，他还从事物流产业，据说他曾经购买八十辆大马车以运送货物。当时刚刚起

和珅府花园湖心亭旧址

步的煤矿业，由于成本高，风险大，一般人根本不敢尝试，而和珅却投入巨资在门头沟和香山开办两处煤矿。即使是不动产，和珅也不会让其闲置。据称，和珅在北京有房屋35处用于出租，每年可以收取近2000两白银。总之，和珅的投资，涵盖了商业、医药、物流、采矿、房地产、金融等绝大多数当时的行业，可以说，只要能够挣钱的地方，就能看到和珅的身影。

和珅甚至对家中亲戚朋友也锱铢必较，分毫必争。他的姥爷向他借2000两银子，他居然要求对方用相等价值的地契抵押，以防对方无力偿还；他的舅舅向他借钱，他甚至向对方收取一分利息，从中牟取大量利润。《啸亭杂录》记载，但凡是家中有银钱出入，和珅都不辞辛苦亲自称量金银、计算数目。和珅对金钱的热爱，由此可见一斑。

挡他财路者死

据说，大臣孙士毅出使越南返回北京，进宫去向乾隆交旨，途中碰到了和珅。和珅看到孙士毅手中拿着一件东西，便问是何物，孙士毅回答是一只鼻烟壶。这只鼻烟壶是用鸟蛋大小的明珠雕成，极其精致。和珅把玩良久，便向孙士毅讨要。可是这件宝贝是越南国送给乾隆的贡品，孙士毅无奈只得回绝。和珅微微一笑，并未多说什么。数日以后，孙士毅又巧遇和珅，谁知和珅一见孙士毅就叫他过来，说自己也弄到一件珍珠鼻烟壶，请孙士毅赏玩。孙士毅一看，这不就是自己进贡给皇上那件吗？他一肚子疑问，又不好随便问。后来才辗转得知，和珅进出宫禁，并无阻拦，见到自己喜欢的东西，直接拿走即可，甚至不需要告诉乾隆。

和珅早在发迹初期，就有过因徇私舞弊和受贿而被惩处的记录，但也只是降级留任的轻微处分，而且往往过了不久，反而更委以重任或者升官。这样就使得和珅愈发地肆无忌惮起来。他以给乾隆理财的为名，在给内务府银库捞钱的同时，也在给自己谋取大量好处。他长期掌握的崇文门税关，不仅通过这一差事对士农工商巧取豪夺，

而且绞尽脑汁搜刮金银财宝,后来甚至算计到了乾隆的头上。外省或者外国进贡乾隆的礼品,首先要送给和珅过目,和珅先挑,剩下的才交给乾隆。

和珅不仅贪污腐败,而且还利用手中的权力培植党羽、扶植亲信,编织自己的势力网:乾隆朝重臣傅恒的幼子福长安,就被和珅拉拢成为自己的死党;苏凌阿、伊江阿等和珅的亲信,都在其安排下被委以封疆大吏的重任。和珅的弟弟和琳,一方面颇有才干,另一方面也受到和珅的照顾,由一个小小的笔帖式出兵放马,开府建牙,做到四川总督,指挥千军万马。一时间,和珅、和琳两兄弟一文一武,俨然掌握军政大权,时人为之侧目。难怪清代才子袁枚有诗云:"擎天兼捧日,兄弟各平分。"

与和珅作对的人,则受到他的百般刁难和打击:阿桂贵为领班军机大臣,由于与和珅不睦,总是受到和珅的干扰。大学士松筠由于与和珅作对,被流放。为了独揽权力,他尽量防止乾隆和朝臣接触。例如他规定凡是给皇上的奏章,都要誊录一份副本在军机处记档;御史的位置只能由60岁以上的老臣子补缺。

和珅似乎并没有意识到,他的作威作福,引起了越来越多人的不满,其中就包括嘉亲王永琰的师傅、大学士朱珪。而嘉庆元年(1796年),乾隆退位,将皇位传给永琰,朱珪自然得势。在这种情况下,和珅本应韬光养晦,然而和珅却凭借太上皇乾隆的余威,仍然与朱珪作对,甚至在乾隆面前进嘉庆的谗言。

据《清史稿》记载,嘉庆登基典礼时,朱珪曾经写了一道奏折,祝贺新帝登基。和珅便趁机挑唆朱珪对太上皇不敬。过了不久,乾隆打算将朱珪升为大学士,调入军机处。嘉庆得知这一情况,也写了一首诗祝贺朱珪升迁。和珅又对乾隆说,新皇帝此举是收买人心。乾隆被和珅说动,颇为不满,尽管董诰正容直谏,乾隆还是借故取消了对朱珪的任命,并将他降为安徽巡抚。

嘉庆对和珅仗着乾隆的势力对自己不以为礼的态度自然是深恶痛绝,但他深知和珅势力庞大,关系网错综复杂,又有乾隆的支持,此时的自己并不是他的对手。于是索性装聋作哑,对和珅的举动一概不闻不问。

其实进入嘉庆年间,和珅的好运就似乎已经到头了。嘉庆元年(1796年),和珅的幼子夭折;同年,和琳在作战期间身染瘴气,不治身亡;嘉庆二年(1797年),和珅的孙子夭折;又过了一年,和珅的妻子冯氏也去世了。种种不幸似乎预示着和珅的悲剧即将来临。

果然,嘉庆四年(1799年),乾隆皇帝以89岁高龄去世,和珅和福长安进宫守灵。嘉庆皇帝抓住这个机会,急召朱珪进京,解除和珅与福长安的职务,切断了他们与外界的联系。与此同时,嘉庆废除了和珅在军机处订立的规定,重新控制了军机处。墙倒众人推,见和珅大势已去的官员们纷纷上奏折弹劾和珅。嘉庆随即将和珅与福长安交由刑部议罪,并抄没和珅财产。最终,在乾隆皇帝驾崩仅仅十余天后,49岁的和珅被嘉庆皇帝赐以白绫自尽。和珅在自尽之前,曾留绝命诗一首:

五十年来梦幻真,今朝撒手谢红尘。

他日水泛含龙日，认取香烟是后身。

曾经繁华枉成空，今日死到临头竟是如此让他措手不及、感慨无限。和珅的倒台和他的发迹一样迅速。

心口不一，退而不让

乾隆皇帝在位的时间仅比他的祖父康熙少一年，是中国历史上在位时间最长的皇帝之一。他12岁时就得康熙亲授书客，与祖父朝夕相伴，对祖父的感情极深，也非常尊敬。因此，1735年，时年25岁的弘历在继位时据说曾焚香立誓，表示自己如果能得上天保佑，在位六十年，一定立即传位给太子，不敢比肩、更不敢超过祖父康熙在位61年的时间。

继位的乾隆曾两次密定皇储，但所密定的皇储均早夭。清乾隆三十八年（1773年），乾隆第三次密定皇储，立时年14岁的皇十五子永琰为太子。清乾隆六十年（1795年）九月，85岁的乾隆皇帝将满朝王公、百官召集到勤政殿，开启密缄，正式册立永琰为皇太子，宣布第二年改元嘉庆。

清嘉庆元年（1796年）正月初一，乾隆皇帝在太子永琰陪侍下来到奉先殿堂，举行隆重的授受大典，并命人祭告太庙。随后，乾隆驾临太和殿，将御用印玺授予永琰。永琰自此正式继位，是为清仁宗，也就是通常所说的嘉庆皇帝。

天无二日，国无二主。嘉庆继位后，乾隆帝宣布退位为太上皇帝。虽然退了位，但是他仍用"朕"为自称，谕旨称为"敕旨"。按理说，"太上皇"是不应该过多干预政事的，但是乾隆帝规定，"寻常事件"由嘉庆自行处理，一旦有军国要事和涉及官员任免的事宜，则仍由他亲自指导，甚至是亲自进行处理；凡是新授府道以上官员，叩谢完皇上之后，还要前往太上皇那里磕头谢恩。此外，乾隆每天还对嘉庆进行"训谕"。《朝鲜正宗实录》就记载，乾隆曾对宠臣和珅说："朕虽然归政，大事还是我办。"和珅拟写政令奏请嘉庆批复，嘉庆也说："惟皇爷处分，朕何敢与焉。"由此可见，乾隆虽然号称归政于嘉庆，实则仍然掌握大权，嘉庆当时不过是个牵线木偶。

嘉庆帝朝服像

太上皇之宝 清

本来嘉庆继位改元后，全国上下、紫禁城内外，都应该统一使用嘉庆纪元，可宫廷中还是用乾隆年号。嘉庆帝继位后，钱币应该改铸"嘉庆通宝"。可乾隆龙驭上殡之前的那几年，乾隆、嘉庆两个年号的通宝各铸一半，同时流通。

据相关史料记载，退位后的乾隆帝本应住在宁寿宫，把养心殿腾出来给新皇帝住，但他拒绝从象征着国家最高权力的养心殿中迁出，把嘉庆赶到毓庆宫去住，赐名"继德堂"。

每逢早朝，太上皇乾隆仍然端坐于御座之上接受百官朝贺，皇帝嘉庆则在一旁陪侍。《清史稿》记载："（嘉庆）初逢训政，恭谨无违。"

乾隆虽然禅位，但仍把持大权，并且权力欲极重。嘉庆继位后，为了表示对儿子的祝贺和信任，乾隆本来打算召嘉庆的老师——时任广东巡抚的朱珪回京任大学士。朱珪为官素有清誉，当年在朝中就经常与恃宠弄权的和珅发生冲突。和珅认为朱珪一旦回京，将对自己构成极大的威胁。因此，他想方设法获得了嘉庆为朱珪而作的贺诗，声称嘉庆正迫不及待地培植自己的势力。乾隆深以为然，大为恼火，当即问身旁的军机大臣董诰如何处理。董诰是忠正之人，当即表示：嘉庆帝作的诗无非是向老师表示祝贺，这是学生的本分，并无不当。乾隆这才不予追究，但却搁置了对朱珪的升迁。可见，乾隆皇帝对于身边臣子的信任已然超过嘉庆皇帝，嘉庆帝的一言一行都在太上皇的控制之内。

康乾盛世末期，清王朝已经开始国库空虚、朝政腐败、贪贿成风，急需一位雷厉风行的皇帝来解决矛盾、化解危机。而永琰的性格却是四平八稳，能守成而不能开拓创新的君主。在25年的执政生涯中，嘉庆一件一件地解决了乾隆盛世留下的危机，却又使清王朝一步一步地陷入更深的危机。

和珅跌倒，嘉庆吃饱

绣衣成巷接公衙，弯弯曲曲路不差。
莫笑此间街道窄，有门到达相公家。

此诗意为，和珅每天入朝之时，文武百官夹道迎送，简直就形成了一个用人墙搭起来的胡同。和珅的位高权重，可见一斑。

和珅正式崛起于1776年，也就是乾隆四十一年，此后专权长达20多年。在此期间他外担封疆大吏、领兵大员，内掌吏部、户部、兵部，对刑部、工部、礼部等部门也颇具影响力，真正是权倾朝野，不可一世。在此期间，他疯狂搜刮民脂民膏，胆大妄为，已经到了无法无天的地步。

到乾隆驾崩之前，和珅身兼数个要职，影响着六部，堪称是百官之首，二人（乾隆和嘉庆）之下万人之上。在清王朝历史上，作为一个大臣，和珅曾经拥有的地位空前绝后，绝无仅有。

尤其值得一提的是，就像祖父雍正一样，作为帝王中节俭皇帝之一的嘉庆，最恨贪污。他认为朝廷许多矛盾的根源就在于官吏的贪腐。嘉庆所接手的是一个财政赤字严重的烂摊子，而和珅却肥得流油。

和珅不仅位高权重，而且贪婪成性。身具这两大为帝王所忌惮之特点的和珅自然是嘉庆要清洗的首要对象。

嘉庆对于除掉和珅是蓄谋已久的，因此，乾隆一驾崩，锄奸行动就立即展开。和珅虽然预感到大事不妙，但对嘉庆的计划却一无所知。他对乾隆的心思揣摩得不可谓不透彻，但对新皇帝嘉庆就知之甚少了。他根本不知道，在嘉庆的安排下，被他视为眼中钉肉中刺的朱珪已经悄悄到了京城，在靠紫禁城较近的东华门的一套小院藏身，指点和协助嘉庆的锄奸行动。

早在乾隆驾崩之时，嘉庆即令和珅守灵，把和珅软禁在乾隆的灵堂上。这样就切断了和珅同外面的所有联系，即使一生兵权在握，此时也无法调兵。很快，嘉庆就开始处置和珅了。他首先颁布了一道上谕：将南方白莲教战事责任归咎于和珅。紧接着，一个叫王念孙的人向朝廷上了奏章，列举和珅的种种罪状。嘉庆借机就免了和珅大学士等重要职务，并把他软禁。在议定对和珅的处置时，直隶总督胡季堂首先表态说，和珅是罪大恶极，应当处置。他一带头，各地官员也纷纷表态，嘉庆就此得到舆论的支持。

得到臣子们的支持后，嘉庆命人查抄了和府，查获金银财物、房产、产业无数，总价值约 9 亿两白银，相当于乾隆年间两年半的税收，其中不乏各地进贡给皇上却被和珅私自扣取的贡品。嘉庆勃然大怒，当即宣布了和珅二十大罪状，谴责和珅辜负了先皇的信任，愧对先皇的恩宠。因此，在大丧期间处置这位先皇的宠臣也就成了安慰先皇在天之灵的理所当然的事了。正月十八，在京文武大臣奏请嘉庆帝将和珅立即正法，处以凌迟之刑。对和珅，嘉庆是非杀不可，但也还是要故作姿态，表示一下自己对先皇的尊敬、对大臣的恩典，也要顾及朝廷的脸面。因此，在让和珅多活了几个月后，嘉庆宣布：和珅虽然犯下种种罪行，但念其在先帝驾前多少有那么一点功劳，而且又是朝廷大员、新晋的公爵，朕不忍心让他遭受凌迟之苦，就赐他自尽吧！和珅的同党福长安一直以来阿附和珅，此时也被削夺了爵位，判了斩监候，也就是死缓。嘉庆特别命人将福长安押到和珅所在的牢房，跪在那儿看着和珅自尽。

在朱珪的指点下，嘉庆对和珅的处置显示出了极高明的政治手腕。和珅为官多年，党羽众多，阿附者甚众，对和派如果连根拔起，不免让朝局动荡、政务瘫痪。因此，嘉庆虽然迅速处死了和珅，却没有将事态扩大，也没有株连九族。和珅的弟弟早已经死了；和珅的儿子丰绅殷德因为是额驸，也没有被杀。乾隆朝重臣傅恒的儿子福长安本是和珅的死党，虽然判了斩监候，但最终还是没有杀，还予以任用。和珅府里养了一个先生，也是和珅的同党，常为和珅出谋划策，最终也只给了一个处分了事。其他经和珅推荐而得以任用的官员，没有因和珅倒台而被株连，仍任原职。因此，虽然权势极大的和珅被除掉了，当时的清廷就仿佛只是下了一场短促的骤雨。

作为封建时代中国历史上数一数二的巨贪，和珅为官一生搜括无数，最终却为他人做嫁衣裳，解决了正发愁国库空虚的嘉庆帝的燃眉之急，还搭上了自己的一条性命。正所谓"和珅跌倒，嘉庆吃饱"。

第十章
有心无力的嘉庆

乾隆后期,由于封建社会的末路,致使大清早非盛世之模样。虽说康乾盛世的余音仍在,但留给嘉庆帝的,却是一个无从下手的乱摊子。嘉庆本身无甚大才能,他所能做的,只有尽力维护统治。而他的继任者,则将大清帝国带入了万劫不复的深渊。

被逼无奈的起义

内外朝臣尽紫袍,何人肯与朕分劳。
玉杯饮尽千家血,银烛烧残百姓膏。
天泪落时人泪落,歌声高处哭声高。
平时慢说君恩重,辜负君恩是尔曹。

这首诗包含了嘉庆皇帝的一种仁爱思想,他不仅看到了黎民之苦、苍生之苦,更看到了清王朝官僚阶级的贪污腐败,但是这些是不够的。他接手的大清江山,在光鲜的外表下,危机四伏。诛和珅、惩贪官,并不能完全扼杀腐败社会现象下的阶级矛盾,换句话说,阶级矛盾靠武力镇压只是治标,但不能治本。皇帝之所以仁爱,是因为他要维护爱新觉罗氏的王朝霸业,从统治者维护自身统治的角度讲,白莲教被视为乱党,镇压乱党、肃清敌对力量是统治阶级维护根基的必然举措。然而,从被镇压的一方讲,所以揭竿起义则也是由于统治阶级的腐败。

白莲教起义时打出的口号是"官逼民反"。中国的老百姓其实是最容易满足的,造反这种杀头之罪若不是被逼上绝路谁也没有胆量去做。统治阶级的昏庸腐败导致民不聊生,被逼无奈之下,他们才走上了揭竿起义之路。

事实上,乾隆时期清朝达到了前所未有的极盛。前期时,乾隆勤于政事,能谋有断,在其"宽严相济"的政策下,举国臣工俯首帖耳,勤于职守,经济也呈全面繁荣。繁荣的经济导致了人口的急剧增长,而人口增长带来的压力也日益明显。乾隆帝曾经说过"承平日久,生齿日繁,盖藏自不能如前充裕",还说"生之者寡,食之者众,朕甚忧之"。为缓解压力,乾隆时期继续开荒垦地,但这远远不能满足新增人口对土地的需求。很多农民都失去了土地,沦为佃农,也使更多的人背井离乡、四处漂泊乞讨，社会的不安定因素随之增加了。

达到了"极盛"后，乾隆皇帝志得意满。他的执政方针从前期的"勤奋进取"变成了后期的"保盈持泰"，对官员们也"多从宽厚""不为已甚"。他还在全国许多地方大兴土木，修筑无数的离宫别苑、寺院庙宇，耗费了大量人力财力。乾隆一生六下江南，每次南巡都大肆铺张浪费，绅商供奉，耗财劳民。

君主的作风为臣子树立了"榜样"。乾隆年间，官员手中掌握的经济、人口、社会资源也都比康熙、雍正时大为增长。专制权力成了滋生腐败的温床。到乾隆朝中后期，大清王朝的政治腐败已经呈现集团化、公开化、规则化。官僚们对腐败已经不以为耻、反以为常。每遇生辰节日，各级官吏都要借机大肆收受甚至搜要贡品。

受官场风气影响，居于社会中层的地主、富商，奢侈腐化也普遍成风。譬如怀柔有一个姓郝的地主。乾隆帝出巡在他家驻跸时，郝氏为乾隆及随行官员、侍从准备的吃喝每日就耗费十余万；京师有个姓祝的米商，富敌王侯，家有房屋千余间，府内的园亭10天都赏不尽。地主们的钱财不是天上掉下来的。随着当时社会经济的恢复和发展，地主阶级加紧了土地兼并，通过圈占、强买和高利贷等各种手段巧取豪夺，吞占了大量土地，仅朝廷和皇室所控制的"官田""皇庄"总面积就已达8000余万亩，占全国总耕地面积时1/7还多，以至于许多地方富者良田万顷，贫者却无立锥之地。

富者益富，贫者日贫。在这种情况下，白莲教成为这些挣扎在生死线上的穷苦农民、流民和失业的手工业者的最后希望。在白莲教领导者的鼓动下，他们先是哄抢豪绅富户，进而开始攻城略地，星星之火渐成燎原之势。

白莲教的起义让清政府感到了严重的威胁。从1793年开始，清王朝对白莲教教徒进行了残酷的屠杀。后有官吏、豪强的层层盘剥，前有清王朝的无情杀戮，朝廷完全不给活路的做法不仅没有吓倒本来就已绝望的起义者，反而激发了他们对清廷的仇恨和反抗情绪。从此开始，几十年间，白莲教起义几乎没有停止过。

无力回天

经过康熙、雍正、乾隆初期的励精图治之后，清王朝进入了鼎盛时期，中央集权发展到巅峰。到了乾隆末期以后，在盛世面纱的掩盖下，土地高度集中、民生困顿、财政困难、吏治败坏、军备废弛，盛世之谓徒有虚名。尽管白莲教已被重创，减少了活动，但东南沿海的海盗、广东等地的天地会、京畿地区的天理教等势力却变得活跃起来，西方列强也蠢蠢欲动。

嘉庆皇帝接手的大清国，已是开始走下坡路的大清国，远不能与所谓的"康乾盛世"时期相提并论。

腐败问题是矛盾之一，尽管嘉庆杀了和珅，撤换了6个总督，发起惩贪高潮，但其后各地贪官依然没有收敛，贪污日甚一日。

在康乾时期，府库充盈，贪腐问题造成的危害还可以掩盖。但因为乾隆不断用兵，大量消耗了国库；同时，乾隆极重享乐，六次南巡挥霍无度，各种典礼也是铺张浪费；为了博取美名，乾隆又五次免除全国赋税……种种原因造成国库出多入少，严重影响了政府的正常运转。为了维持运转，各地许多官府四处借债，欠了债，官府自己生不出钱来，只能加倍转嫁到老百姓头上，通过各种名目的苛捐杂税来敛财偿还。这就加重了人民的负担。

军队是保证统治稳定和国家主权的暴力机构。军队不能打仗，对内不能镇压起义、造反，对外不能维护主权。因此，国家强大与否，军力是重要指标之一。清朝早期，八旗军战斗力很强，是建州女真入主中原的重要支持力量。但入关后，优越的生活腐化了八旗官兵，再加上军官贪财、士兵疏于训练，战斗力严重退化，军人的荣誉感丧失殆尽。

嘉庆在位时，内务府曾经有一个叫陈德的厨子，在内务府工作5年后被辞退。陈德的妻子当时已经去世，家中有两个未成年的儿子，一个15，一个14，此外还有一个瘫痪在床的岳母。没了工作的陈德自觉生活没有了希望，想自寻短见，又觉得默默自杀无人知道，总是枉死。因此，1803年，也就是嘉庆八年闰二月二十日那天，陈德混进宫中。等嘉庆经过时，他手持身藏的小刀冲向嘉庆。当时嘉庆身边有百余名侍卫，居然只有6人上前护卫，其余都袖手旁观。幸亏嘉庆的姐夫——七额驸拉旺多尔济出手将陈德拿下，虚惊一场。从中可以看出，嘉庆时的军队问题已经十分严重。

对于清王朝的这种现状，嘉庆帝也十分清楚。在他的《遇变罪己诏》中，他称：

……我大清国一百七十年以来，定鼎燕京，列祖列宗，深仁厚泽，爱民如子，圣德仁心，奚能缕述？朕虽未能仰绍爱民之实政，亦无害民之虐事，突遭此变，实不可解。总缘德凉衅积，惟自责耳。然变起一时，祸积有日，当今大弊，在"因循怠玩"四字，实中外之所同，朕虽再三告诫，舌敝唇焦，奈诸臣未能领会，悠忽为政，以致酿成汉唐宋明未有之事。较之明季挺击一案，何啻倍蓰？言念及此，不忍再言。予惟返躬修省，改过正心，上答天慈，下释民怨……

这是嘉庆对执政以来所遇之事的总结，的确是由心而发，其态度之诚恳，让人们不得不对这位"平庸"的皇帝的内心世界有了更深的了解。

嘉庆亲政后，可谓是危机连连。1818年，在经历一系列的问题之后，嘉庆皇帝准备东巡。

在清朝，所谓的东巡指的是皇帝出巡清王朝的发祥地：盛京、吉林、黑龙江等地这些地方。那里，有爱新觉罗氏先祖们的陵寝，有大清帝国龙兴的根基。因此，清代数位皇帝对东巡一事都表现出特别的重视，自清军入关后，在200多年的时间里，康熙、乾隆、嘉庆、道光四帝共计10次亲赴东北，祭祖谒陵，以表示自己不忘祖先、不丢根本。

皇帝出巡，地动山摇，就算再节俭，所耗费的钱粮也是惊人的。生性节俭的嘉庆历来禁止铺张浪费，甚少出巡，唯独东巡执意要去。

此次东巡，嘉庆是顶着巨大阻力上路的。当时，大臣们普遍认为，在财政困难的当下，像东巡这样并非必须举行的典礼，应该能缓则缓、能罢则罢。但嘉庆皇帝心意已决，甚至不惜惩治阻谏的大臣。终于到了祖陵，嘉庆皇帝说：

> 子孙若稍存偷安耽逸之心，竟阙此典，则为大不孝，非大清国之福，天、祖必降灾于其身，百官士庶，若妄言阻止，则为大不忠，非大清国之人，必应遵圣训立置诸法，断不可恕，况乱臣贼子，岂可容乎？

在这次东巡过程中，嘉庆多次强调，大清江山来之不易，各位臣工、八旗子弟应该继承祖先艰苦奋斗的优良传统。他试图通过自己的强调来引导大清王朝实行"守成"和"法祖"的发展方针。

这一段时期，嘉庆的政治手腕可圈可点，颇有雍正的风范。成熟稳重的嘉庆已经意识到清朝面临着一场严重的危机，如果置之不理，大清基业很可能就在他的手中断送。因此，他采取了一些果断手段，希望解决问题。然而，时代在发展，社会在进步，延续了2300多年的中国封建社会此时已经落后于时代。嘉庆的努力在时代的前进步伐面前无异于螳臂当车。所以，嘉庆虽然在亲政初期颇有作为，但随着问题的不断出现，也渐渐无可奈何了。

死不瞑目

1820年，即嘉庆二十五年七月，年过花甲的嘉庆皇帝率领着大队人马第16次到承德避暑山庄避暑。按原定计划，嘉庆要在避暑山庄度过整个夏天，一直住到中秋后，到木兰围场举行秋狝大典后，再从避暑山庄返京。

抵达避暑山庄当天，嘉庆到永佑寺中祭拜了康熙、雍正和乾隆，然后回到烟波致爽殿，又处理了两件并不算紧急的公务，就休息了。

第二天，七月二十五日，嘉庆感到呼吸急促，胸口疼痛，说话很吃力，急忙传太医诊治。太医诊脉之后，认为嘉庆只是轻微的中暑，嘉庆自己也觉得并无大碍，因此没有重视。没想到到了中午，嘉庆的病情加重，呼吸更加困难，处于半昏迷状态。太医对此束手无策。到了傍晚，承德一带降下暴雨，天空乌云密布，电闪雷鸣。一个突如其来的霹雳使嘉庆受到惊吓，病情再次加重。没多大一会儿，嘉庆皇帝就驾崩了，终年61岁，在位25年，驾崩后被葬于昌陵，庙号为仁宗睿皇帝。

嘉庆一生没有得过大病的记录。鉴于康熙、乾隆的高寿，以及自己身体状况良好，嘉庆深信自己也是长寿之人，活个八九十岁是大有希望的。因此，在批评大臣操办嘉庆六十寿辰庆典太过破费的上谕中，嘉庆还表示他的七十、八十、九十寿辰都要从简办理。由此可见，嘉庆对自己的寿命是很乐观的。谁都没有想到身体好好的嘉庆居然暴病而亡。有人根据官方记载推测，怀疑嘉庆是在年高体胖的情况下过度忧虑疲劳，外加天气炎热，猝发心脑血管疾病而终的。

嘉庆皇帝自继位之后,在勤政上有雍正遗风。他曾踌躇满志,想要扭转乾坤,振兴大清。但他的才能和清王朝当时的状况使他空有理想而无法实现。在位25年,嘉庆始终没有盼来复兴的局面,自己却被长期的劳累、伤神、苦恼、忧郁和烦躁带到了生命的尽头。

嘉庆作为一代帝王,虽然没有完成大清中兴的伟业,修复帝国的千疮百孔,但从个人品行上,也算得上是一位明君。

嘉庆在位期间,每日早起,洗漱之后,他都会严格恪守祖训,恭敬地端坐在书案前阅读一卷先朝《实录》。他每日里于早膳后召见大臣议政,每天披览奏折甚至废寝忘食,从不懈怠。

因为时局艰难,嘉庆非常注重节俭,对奢侈浪费深恶痛绝。在嘉庆51岁寿辰的时候,御史景德曾奏请按照乾隆朝的做法在京城请戏班演戏10天以为庆贺,并请求以后嘉庆每年过生日都循此例。嘉庆为此勃然大怒,指责景德是要让朝廷行铺张浪费之事,于民生有害,立即将景德革职。嘉庆两次东巡,不带一妃一嫔,不准兴建行宫,一路都是住在毡帐中。

在用人上,嘉庆尤为注重品德,最厌恶贪污败德的人。这固然让贪污腐败之风多少受到了一点限制,但嘉庆朝政坛上也没有出现杰出的人才。

嘉庆于那个重要时期登台执政,也就肩负了振兴大清的使命。在25年的执政生涯中,他一直殚精竭虑地去努力,却终究未能如愿地扭转局面。嘉庆驾崩前,曾给继位之君留下叮嘱:一定要根治腐败、鸦片、水患。

嘉庆带着不甘与希望撒手人寰。在他之后,清王朝何去何从?

弹弓打出皇位

1813年,发生了一场震惊朝野的林清之乱。自乾隆中后期起,阶级矛盾越来越尖锐,尽管乾嘉年间的白莲教大起义已被扑灭,但没有全部被肃清,他们继续变换着名目在北方活动,寻找时机反击。打着反清复明旗号的天理教就是其中的一支。他们在京城活动十分活跃,主要目标就是伺机攻打紫禁城。活动的首领之一名为林清,经推算,确定嘉庆十八年(1813年)九月十五为起事吉日。当时恰逢嘉庆皇帝去了承德,京城人心浮动,防守空虚。林清自感机不可失,便如期举事。

到了九月十五中午,近百名天理教徒分别突袭紫禁城的东华门和西华门。他们之前就买通了几个信奉天理教的太监做内应,得以顺利混入紫禁城中。因为不慎,这些起义军在东华门暴露了身份,而从西华门而入的另外50多人则在前来接应的小太监的引领下顺利闯进宫门。由于路上耽搁了时间,等他们冲到隆

林清像

宗门时，清宫守门侍卫已经闻讯关闭了大门。

此时，恰好皇子旻宁正在上书房读书。时年32岁的旻宁是嘉庆次子，原本陪着嘉庆一同去了承德，后来提前回京，正赶上这场事变。当时，宫内人心惶惶，后妃们吓得哭成一团，太监们四处逃窜，侍卫们不知所措，闻讯赶来的王公大臣也不知如何是好。在此紧要关头，旻宁挺身而出，命令各门戒严，并派人调集援军，自己站在养心殿前观察局势。

隆宗门紧闭，天理教徒分出一拨人撞门，又派五六人爬上养心殿对面御膳房的房顶，准备跳进去杀人开门。旻宁瞧见后，当即举枪射击，一名教徒中弹坠墙而亡。当时都是火药枪，放完一枪需要重新装填。旻宁乍逢大事，心中也十分紧张，一时找不到弹丸，索性扯掉胸前的金扣子，装进枪膛再次射击，将另一名在屋顶上手持白旗的天理教小头目打落。其他教徒见状连忙退了回去。此时，增援的禁军也赶来了，射出羽箭，将教徒全部杀死。旻宁见危机稍缓，立即命禁军继续搜杀其余天理教徒，自己则到储秀宫安慰母后，同时命令西长街布置警戒，以防再出剧变。

嘉庆接到奏报后，对旻宁临变之时处变不惊的处置大加赞扬，夸赞自己的二儿子有胆有识，忠孝兼备，当即加封旻宁为智亲王，加俸银一万二千两，所用的火铳也被赐名为"威烈"。旻宁立了大功，却不张扬，表示自己当时心里也很害怕，有许多处置也不太恰当，请父皇恕罪。旻宁的这番表现让嘉庆更加满意。

嘉庆二十四年（1819年）正月，嘉庆皇帝让旻宁代表他到太庙祭祖，这一举动使朝廷上下更有充分理由认定旻宁从嘉庆皇帝手里接过政权应该是势在必得。

旻宁自小文武双全。深得皇祖父和皇父喜爱。嘉庆皇帝共有四子，长子已夭折，旻宁排行第二，顺理成章被视为长子了。并且，经过紫禁城平定天理教事件，立下大功，被封为智亲王，在三个兄弟中，爵位也是最高的。从这几个方面也能看出，旻宁继承大统是顺理成章的。

次年七月二十五日，嘉庆皇帝驾崩。事出突然，群臣毫无准备。国不可一日无君，嘉庆暴亡，必须马上议定新君。

嘉庆因为是猝死，没有机会留下立储遗诏。选谁来继承皇位，关系到不同政治集团的利益，是一个重大问题。按照惯例，应该是长子继位。嘉庆的长子两岁时即暴病身亡，皇族宗室因此建议由二皇子旻宁来继位。孝和睿皇太后虽非旻宁生母，但非常赞成这个建议。

孝和睿太后支持旻宁继承皇位的理由中，都提到了旻宁在紫禁城事件中的功劳，可见，此次事件不但使嘉庆皇帝对旻宁大为赞赏，也同样令群臣和后宫对旻宁刮目相看。这在他继承皇位的过程中起着至关重要的作用。

有宗室的支持，又有太后的懿旨，而且后来军机大臣托津、戴均元称在承德避暑山庄找到了嘉庆帝的立储遗诏，遗诏称立皇次子旻宁继承皇位。这样一来，旻宁板上钉钉，成为清朝的新一任皇帝，年号道光。

鸦片贸易

（乾隆）五十八年，英国王雅治遣使臣马戛尔尼等来朝贡，表请派人入京，及通事浙江宁波、珠山、天津、广东等地，并求减关税，不许。

——《清史稿》

清乾隆五十八年（1793年），在中西交流史上发生了一件具有划时代意义的大事——英国使臣马戛尔尼使华。当时，欧洲强国英国希望和东方强国中国正式建立外交关系，以求彼此开放贸易。为此，英国派出了庞大的使团，随员700多名，乘坐5艘战舰，满载英国工业革命以来最先进的连发手枪、大炮、世界地图、纺纱机、蒸汽机等，漂洋过海来到中国。英国人平时给国王行礼也就是鞠躬，哪懂得天朝规矩。马戛尔尼坚持不给乾隆下跪，乾隆虽然接见了英国使节，但拒绝了英国使团的全部请求。

马戛尔尼的日记中写道：

中华帝国只是一艘破烂不堪的旧船，只是幸运地有了几位谨慎的船长才使它在近150年期间没有沉没。它那巨大的躯壳使周围的邻国见了害怕。假如来了个无能之辈掌舵，那船上的纪律与安全就都完了。

清嘉庆二十一年（1816年），不死心的英国再次派人出使中国，希望强强联合，开放贸易。然而，嘉庆坚决要求使团行叩拜礼，英国正使阿美士德则坚持只能行脱帽鞠躬礼。仅仅因为一个参见礼节问题，英国主动的两次拜访都无功而返。

和平手段没有效果，使节们又看透了大清虚有其表的现实，这就使英国确立了日后武力叩关的方针。

由明至清的300多年来，中国一直奉行闭关锁国的政策，一方面禁止大陆人民出海离境与海外各国进行贸易往来；另一方面又严格限制和管理海外各国洋人来华贸易和活动。这种锁国的政策，使中国统治者养成了骄傲自大的虚荣心，不能正视其他国家的先进技术和产品。

清朝继承并发展了明朝的闭关锁国政策。清朝初年，为了打击郑成功等沿海抗清力量，沿袭明朝海禁政策，规定"片板不许下水，粒货不许越疆"，禁止商民出海。自康熙统一台湾后，郑氏给沿海地区带来的隐患不复存在，"海禁"一度放宽，出现了松江、泉州、广州、宁波等对外开放的港口。然而到了乾隆年间，西方世界的殖民浪潮正是最烈的时候，他们对于中国这个神秘而又富庶的东方古国自然垂涎三尺。而处于世界大变革中的清政府想到的不是顺应潮流，而是采用了鸵鸟政策，用闭关锁国的方式将自己与外界隔离开来。漫长的海岸线上，只留下广州一处开放口岸，对于涉外贸易更是严加限制。随着西方殖民主义的深入发展，清政府在乾隆之后，始终采取了这一政策，以求一片宁静的"桃花源"。

18世纪中叶，英国率先完成了资产阶级革命。以英国东印度公司为首的西方商人，一直希望打开中国市场。虽然康熙朝开放了广州、厦门、宁波等通商口岸，但完全满足不了英国商人贸易的需求。这和英国人心中所想的自由贸易相差甚远。一些英国商人不堪清朝官吏勒索，要求变更贸易路线，另开通商口岸。乾隆认为这是洋人居心叵测，断然拒绝。

实际上，中国与西方直接开展的正常贸易，到鸦片战争之前一直都是顺差。仅乾隆在位时的1781年至1790年短短9年，在中国输往英国茶叶一项就为中国赚取了9600万元；而同一时期英国输入中国的所有工业品，价值仅及茶价的1/6。19世纪初，每年从英国流入中国的白银在100万元至400万元之间。

但是，贸易逆差是英国难以容忍的，而清朝的贸易态度又使英国商人不能满足，这就使得英国政府和英国商人一致希望扩大中国市场，为此他们开始贩卖鸦片。

英国使团成员巴罗在书中对乾隆晚年中国社会上鸦片的流行程度做了这样的描述：

上流社会的人在家里沉溺于抽鸦片。尽管当局采取了一切措施禁止进口，还是有相当数量的这种毒品被走私进入这个国家……广州道台在他最近颁布的一份公告中指出了吸食鸦片的种种害处……可是，这位广州道台每天都从容不迫地吸食他的一份鸦片。

乾隆初年，英国商人第一次向中国输入鸦片。东印度公司员工偷偷把印度的鸦片运到广州，尝到了甜头。每箱鸦片在印度的购价不过250印币，运到中国后，售价高达1600印币，翻了有6倍多。

鸦片税收成为英属印度政府的一项重要财源。为增加产量，东印度公司不断地开辟新的鸦片产区，研究怎样使鸦片更能符合中国人的需求，以求扩大鸦片的输出量。英国人认为鸦片有害，必须严格限制它的国内消耗，但并不限制用鸦片进行对外贸易，反而积极鼓励外销。许多英国鸦片贩子在中国发了横财。据最大的英国鸦片贩子查顿说，在最好的年头，鸦片的利润高达每箱1000银元。

清乾隆四十五年（1780年），乾隆皇帝重申雍正年间的禁令，禁止烟具的输入和贩卖。但当时中国对于鸦片的危害认识并不深刻，因此，这道禁令成了一纸空文。清朝海关官吏很高兴英国商人的贿赂，为其放行。根据英国人自己的记载，鸦片虽然被禁止贩卖，但只要花一点钱给主管官员行贿，被朝廷禁止的鸦片买卖就成了合法的，可以公开进行。

19世纪最初的20年中，英国输入中国的鸦片每年约4000箱，到了1839年就扩大了10倍，利润达到每年4000万银元。鸦片贸易在英国的对华贸易总值中占到1/2以上。

鸦片贸易造成中国大量的现银外流，吸食地区也从"海滨近地"扩大到十数省，银荒已从沿海省份蔓延到全国各地。到鸦片战争前夕，中国每年白银外流至少1000万两，接近清政府每年总收入的1/4。白银大量外流使得银价上涨，百姓负担加重，各省拖欠赋税日益增多，清政府陷入了财政危机。而且，因为吸食鸦片，成千上万的中国人身体和精神都深受毒害，中国的社会经济和国家财政遭受重大的破坏和损失。

第三卷
夕阳残照——在残败家园被辱的岁月

珠江口的一声炮响，轰开了紧闭的国门；远远落后于时代的清王朝，被拖入了资本主义世界掀起的惊涛骇浪之中，任西方列强鱼肉。反抗、妥协，再反抗、再妥协……晚清政府就在这样的怪圈中走向末路。穷则思变，残败的家园出现"睁眼看世界"的呼声：洋务运动、戊戌变法、清末新政……有识之士做着种种努力，试图改变民族命运。然而封建社会已经走到了穷途末路，再多的努力也只能换来一时的苟延残喘。当辛亥革命的枪声响起，清王朝与它所代表的那个封建时代，带着无限的苍凉，告别了历史舞台。

第一章
落魄挨打奈何天

1840年,中国海上传来的一声炮响,轰开了紧闭的国门。大清王朝和四万万国民,在毫无准备的情况下,被席卷进了半封建半殖民地的深渊,也正是从那声炮响开始,中国进入了长达一个世纪的黑暗岁月。

鸦片贩子的克星

1840年的鸦片战争掀开了中国近代史的序幕,而提起这场以"鸦片"为名的战争,不免让人联想起民族英雄林则徐此前开展的种种禁烟运动。林则徐,字少穆,1785年生于福建侯官(今福州),为唐朝莆田望族九牧林后裔,父亲林宾日以教书为生。嘉庆三年(1798年),林则徐中秀才,就读于鳌峰书院。嘉庆九年(1804年)中举,任厦门海防同知书记,后入福建巡抚张师诚幕府。嘉庆十六年(1811年)中进士,被选为翰林院庶吉士,授编修。在京期间,他曾与南方出身的清流派小京官陶澍、黄爵滋、龚自珍等人结成文学团体"宣南诗社",经常议论时局,讨论治世的学问,为其日后的先进思想、开阔眼界打下基础。嘉庆二十五年(1820年),任江南道监察御史转浙江杭嘉湖道,为当地修筑海塘,兴修水利,发展农业,屡树政绩。

清道光十七年(1837年)正月,林则徐升任湖广总督,以"修防兼重"的措施解决了当地夏季的河灾问题,使"江汉数千里长堤,安澜普庆,并支河里堤,亦无一处漫口",贡献斐然。

清初,以英国为首的西方殖民国家为了扭转贸易逆差,回流白银,对中国采取倾销鸦片的恶毒手段,以此敲开中国的大门。鸦片大量流入中国,为殖民者带来大笔财富,却给中国带来了巨大的灾难。一方面,鸦片的大量输入严重冲击了中国的封建经济体制,使中国在对外贸易关系中开始处于逆差的地位。大量白银外流,使得清政府国库空虚,财政拮据,百业萧条;另一方面,成千上万的中国人因吸食鸦片上瘾,身心备受摧残,家破人亡,民不聊生,而鸦片贩子大量行贿也加剧了清政府的吏治腐败。种种情况使人们要求禁烟的呼声越来越强烈。

清道光十八年(1838年)六月,鸿胪寺卿黄爵滋等人上奏,痛陈鸦片祸害,揭发官吏包庇鸦片烟贩,主张坚决遏制鸦片的输入,并且加重对吸食者的惩治以禁绝鸦片。

据此，道光帝令各地督抚各抒己见，林则徐对黄爵滋的禁烟主张坚决支持，又提出六条具体的禁烟方案，并率先在湖广地区实施，收效甚好。在此后的两个月内，林则徐三次主动上奏，重申严禁鸦片的重要性："若犹泄泄视之，是使数十年后中原几无可以御敌之兵，且无可以充饷之银。"他的建议坚定了道光帝禁烟的决心，道光皇帝曾先后八次召见林则徐，具体听取了林则徐关于禁烟的方略。清道光十八年（1838年）十一月，林则徐被授为钦差大臣，赴广东主持禁烟，并节制广东水师，查办海口，收效显著。

1839年3月10日，林则徐到达广州，成千上万的人挤在珠江两岸以示欢迎。3月18日，新官到任的林则徐就发布了两个谕贴，命外国鸦片商贩限期缴烟，并具结保证今后永不夹带鸦片。3月19日，他会同两广总督邓廷桢等传讯十三行洋商，要求其履行谕贴，但遭到英国驻华商务监督义律及外商的拒绝。林则徐义正词严道："若鸦片一日不绝，本大臣一日不回，誓与此事相始终，断无中止之理。"此后，林则徐下令禁止外国人离开广州，又采取包围商馆及查拿英国鸦片贩子等行动，终于挫败狡诈的义律和鸦片贩子，成功收缴英国趸船上的全部鸦片近2万箱，约237万斤。

林则徐的收烟之举引起了外国人的愤怒，他们认为清政府想从此对鸦片实行专卖，垄断鸦片市场。不过出乎他们意料的是，在收缴鸦片以后，林则徐报告道光皇帝，要求验明数量，然后进行焚毁。

清道光十九年四月二十二日（1839年6月3日），林则徐在虎门海滩开始当众销烟，他让士兵在海滩上挖了两个十五丈见方的池子，灌入卤水，然后把鸦片切成小块投入卤水中，浸泡半小时后再投入生石灰，石灰遇水立即滚沸，冒出滚滚浓烟，整整花了23天的时间，收缴的鸦片才被全部销毁干净。

在查禁鸦片的这段时间里，林则徐曾经书写过这样一副对联："海纳百川有容乃大；壁立千仞无欲则刚。"这副对联既表现了他对自己广开言路、杜绝私欲的要求，同时也反映出他对于西学的一种接纳态度。这是因为在广州禁烟的过程中，林则徐意识到英国殖民者绝不会善罢甘休，很可能将以武力侵略中国。因此，他进行了一系列"师敌之长技以制敌"的军事变革实践。

一方面，林则徐亲自主持并组织翻译外国书报，将外国人对中国的评论译成《华事夷言》，成为当时中国官吏的重要"参考消息"；为了解外国的军事、政治、经济情况，将英商主办的《广州周报》译成《澳门新闻报》；为了解西方的地理、历史、政治，组织翻译英国人慕瑞所著的《世界地理大全》，编为《四洲志》；他还组织翻译瑞士法学家瓦特尔的《国际法》

林则徐画像

等著作。通过分析外国的政治、法律、军事、经济、文化等方面的情况，他更加深刻体会到只有向西方国家学习才能抵御外国的侵略。

另一方面，林则徐着手整顿海防，从外国秘密购入200多门新式大炮配置在海口炮台上。又搜集并组织了大炮瞄准法、战船图书等资料以改进军事技术。并且组织官兵在东校场（今广东省人民体育场一带）学习西洋武器的使用，又招募了5000多渔民编成水勇，加强水防。

1839年7月，义律以维护杀害中国村民的英国水手为由挑起九龙炮战和穿鼻洋海战。林则徐亲自前往虎门督战，取得反击的胜利。不过这只是战争的前奏，1840年6月，鸦片战争正式打响。英军先以广东、福建为目标，久攻不下遂转战浙江，定海沦陷，英军继而北上入侵大沽。得知消息的道光帝惊恐万分，急忙派使求和，因遭小人诬陷，明明抗英有功的林则徐却被皇帝归责"办理不善"，多次下旨斥责，林则徐却依然为广州抗英奔走察看，四处招纳贤勇，又坚决反对钦差大臣琦善畏敌求和。他对此时负责主持粤战的奕山建议防御之策，却终不被采纳。是年十月，林则徐被道光帝革去两广总督之职，自1839年3月到达广州起，他已经主持禁烟抗英军事斗争长达19个月。其间，他敢于学习外国先进科学技术的精神，受到人们的高度赞扬，被誉为"开眼看世界的第一人"。

林则徐离开广州后，于1841年3月受命前往浙江协办海防，贡献卓越。5月，道光帝却因为广东战败归咎前任，林则徐被革去四品卿衔，并且从重惩处，发配伊犁。林则徐忍辱负重，于清道光二十一年（1841年）启程戍途。在途经镇江之时，偶遇老朋友魏源，授之以《四洲志》及相关外国资料，并嘱咐其撰写《海国图志》一书。途经河南开封逢黄河灾起，奉旨治河，事成依然戍守伊犁。同年十一月初九，林则徐终于到达新疆，颠沛的戍途当中，他始终忧国忧民，从不唏嘘自己的坎坷运命。

到达伊犁以后，林则徐拖着自己年高体衰的身体，亲自在伊犁和新疆各地"西域遍行三万里"，对南疆八城进行了实地勘察，并由此意识到西北边防的重要性。他翻译资料，察觉出沙俄将对中国构成的威胁，于是率先提出了抗英防俄的"防塞论"国防思想，向伊犁将军布彦泰提出"屯田耕战"的政策，以兵农合一抵御沙俄的威胁。不仅如此，他还大兴水利，发明和推广坎儿井和纺车，被人们称为"林公井""林公车"。

清道光二十五年（1845年），林则徐被重新起用，调任署陕甘总督，次年转任陕西巡抚。是年九月奉召回京候补，十一月以三品顶戴署理陕甘总督。清道光二十六年（1846年）四月，授陕西巡抚，镇压刀客。清道光二十七年（1847年），升任云贵总督，先后平息、镇压西北、西南民族冲突和农民起义，整顿云南矿政。

清道光二十九年（1849年）秋，林则徐因病向朝廷辞职归籍，清道光三十年九月（1850年10月）再次被朝廷任命为钦差大臣，赴广西镇压农民起义。是年十月，林则徐抱病起程，十一月二十二日于途中潮州普宁县（今广东普宁北）行馆病逝，终年66岁。清咸丰元年（1851年），咸丰皇帝赐祭葬，谥号"文忠"，晋赠太子太傅，照总督例赐恤。林则徐逝世后，全国哀悼，福州建祠奉祀。著名思想家、史学家魏源曾为他写下这样一副挽联:"品望重当朝,犹忆追陪瞻雅范;褒荣垂史乘,徒殷景仰吊遗徽。"乃是对其一生人品与功绩的崇高评价。

微焦再现虎门销烟

林则徐任湖广总督时,鸦片已在中国大量贩卖。据估计,全国有 200 万以上的人吸食鸦片,严重影响了清政府的国防和财政收入,影响了百姓的生活,有识之士遂开始力主禁烟。林则徐也三次上书,力陈鸦片之害。他在任江苏巡抚时就开始禁烟,并取得成效。在随后的湖广总督任上,他提出了"禁烟六策",搜缴烟土、烟膏总价值 12000 余两,烟枪 1264 杆。同时,还组织下发戒毒药方、偏方,以期治病救人。他在给道光皇帝的《筹议严禁鸦片章程折》中讲了六项禁烟方案,又连续呈递《查拿大烟贩收缴烟具情形折》和《钱票无甚关碍宜重禁吃烟以杜弊源折》。

道光帝当时对林则徐的作为给予了充分肯定,并于 1838 年 11 月 27 日起连续 8 天宣见林则徐,授以林则徐钦差大臣关防之职,到广东查办海口事件,并表示自己决心禁烟。

林则徐在京期间,除了接受召见外,还访朋会友、拜师问道,广泛征求对严禁鸦片的意见。其中,得到了其挚友、时任礼部主客司主事的龚自珍的大力支持。

林则徐接旨后立即赴任,在广州进行了六七天的实地调查,还雇了四个翻译深入了解鸦片贩卖情况,然后采取相应对策。在禁烟行动中,林则徐遭遇了空前的压力。不仅英国人图谋反抗,甚至中国的十三行也极力阻挠。十三行是清政府特许经营对外贸易的十三家商行。他们在长期的内外贸易中与外国商人共同勾结,包庇鸦片走私,是外商代理人。其中有一个叫伍绍荣的人,自以为有钱能使鬼推磨,企图贿赂林则徐,遭到了林则徐厉声呵斥。林则徐严肃指出十三行参与买鸦片的罪行,要求他们自首以求宽大处理,同时传谕各国商人,要求他们将鸦片尽数缴出,保证再不贩卖,并表示自己将与鸦片贩卖斗争到底。

英国驻华商务监督义律得知消息,连忙从澳门赶到广州,企图保护英国鸦片商人,被义愤填

虎门销烟池纪念碑

膺的中国百姓围在商馆。林则徐得知后当即下令封舱、围馆，督促外商缴烟。义律等人迫不得已，交出少量鸦片。林则徐不为所动，传下命令，鸦片不缴清，义律就不能离开商馆。义律等人没有办法，只好如数缴出20283箱鸦片，签署"永不夹带鸦片"的保证。

林则徐以严密的计划方法、严肃的纪律，顺利地完成了收缴鸦片的任务，皇帝对他的作为表示了嘉奖和肯定。

在林则徐的指挥下，从1839年6月3日开始，历时23天的虎门销烟拉开序幕。当天，人们纷纷前往虎门浅滩。林则徐在广东巡抚怡良等人的陪同下登上礼台，宣布以"海水浸化法"开始销烟。海水浸化法的办法是在海边挖两个水池，池底铺石，四周钉板，以防鸦片渗漏。然后再挖一条水沟，使海水流入池中，然后把鸦片捣碎，投入池中浸泡一些时候，再撒下石灰。等到海水退潮时，打开销烟池前面的涵洞，销溶后的鸦片就随着海浪流入大海了。全部鸦片销溶后，再用清水刷洗池底，以求不留残余。

林则徐在销烟前发出告示，准许外国人到现场参观。一些外商、领事、外国记者、传教士不相信林则徐有办法不留贻害地销毁所有鸦片，特地前来观看。从6月3日到25日，除留下8箱作为样品送往京城外，200多万斤鸦片全部销毁了。

销烟同时，林则徐制定了《禁烟章程十条》，规定：吸食者要主动把烟土和烟具交官，不追究缴者姓名，也可让别人代交。同时设立官办的收缴总局和分局，收缴烟土烟具，劝说戒除毒瘾。颁布规定之后，林则徐严厉查禁，两个月内捕获毒犯1600人，收缴烟土46万两、烟枪4万杆、烟锅200多口。广东禁烟取得节节胜利，为各地起了带头作用，各地禁烟运动随即纷纷展开。

林则徐受命禁烟，是在外临强敌、内对奸臣的关头。在这一严峻情势下，他表现出大无畏的爱国主义精神，成为中国近代史上一位敢于反抗帝国主义侵略的民族英雄。史书这样评价他："虎门销烟是我国近代史上反帝斗争中的光辉一页，林则徐领导禁烟运动的胜利，是中国人民反侵略斗争史上第一个伟大胜利，这一壮举，维护了民族的尊严和利益，增长了中国人民的斗志。"

经历了这次禁烟运动，广大民众对鸦片危害性有了清醒的认识，使很多人看清了英国向中国贩卖鸦片的本质。同时虎门销烟也大大抑制了英国在中国的鸦片交易，沉重打击了英国资产阶级在中国的贸易掠夺，也唤醒了国人的爱国意识。

道光皇帝曾赞扬此举为"除中国大患之源""可称大快人心一事"。马克思也赞扬虎门销烟是中国政府1837年采取严禁措施以来的"顶点"。

虎门销烟大火虽然熄灭了，但是不屈不挠的中华民族把火种却保存了下来，一代又一代流传。

英国政府和英国鸦片商人，为了维护自己的不法利益，强迫清政府屈服，英国政府决定对中国发动蓄谋已久的侵略战争。

遮羞破布化炮灰

虎门销烟之后，英国向中国输出鸦片的贸易受阻，无事可做的英国商船都聚泊在香港九龙尖沙咀一带海面，拼命寻找一线商机。

1839年6月20日上午，一伙英国水手来到尖沙咀上的一个小渔村的小杂货铺里买酒，当即喝起来。几瓶酒不够尽兴，而小杂货铺里的酒已经都卖给了他们。店主做手势解释说，酒已经卖完了。这些英国水手认为店主故意不卖，开始闹事。

附近村民闻讯赶来，对于洋人的行为非常愤慨。英国水手却肆无忌惮，甚至还用中国话骂道："一群蠢猪！"青年农民林维喜上前指责洋人，喝醉了的英国水手不知收敛，反而动手动脚，引发了村民的更大不满。见此架势，几个英国水手立即操起杂货铺前的一根木棍，朝村民们打去，多人受伤，林维喜因离得最近，被击中后脑，当场昏倒，因救治无效而亡。几名英国水手则在村民们追打时逃走。林则徐调查清此事后，立即派人和义律交涉，命令他交出凶手。

义律是一个行事细密、善于辞令的人，闻讯后知道林则徐一定会让他交出凶手，所以在命案发生后随即展开调查。当他知道这次冲突是与英船"卡纳蒂克"号和"曼格洛尔"号的水手有关时，马上采取了在案发当地收买人心，用金钱封住死者亲属之口的措施。

通过支付金钱，义律"买"来了死者之子林伏超所签下的字据，表明其父是意外死亡，跟英国的水手没关系。其字据如下：

父亲维喜，在九龙贸易生意，于五月二十八日出外讨账而回……被夷人身挨失足跌地，撞石毙命。此安于天命，不关夷人之事。

林则徐对此当然不能容忍，坚决敦促义律尽快交出凶手。狡猾的义律开始和林则徐耍起花招。他用外交辞令答复说："查尖沙咀村民一名，被殴毙命，远职遵国主之明谕，不准交出罪犯，而按本国律例，彻底调查情由，秉公审办。如查出实在凶犯，也准备治以死罪。今现职谨报诚言：该罪犯不（没）发觉（现）。"

林则徐义正词严地驳斥道："查该国一直有定例，本国人到哪个国家贸易，即遵守哪个国家法度，该国王远在数万里之外，怎能谕令不准交出凶犯？"

8月12日，义律假模假样地在一艘英国货船上设立了"法庭"，自己充当"法官"，声称被审者就是刚被他缉拿的参与"林维喜案"的5名凶犯。经过一番所谓的"审讯"，义律当"庭"宣布，5人中的3人判处监禁6个月，各罚款20英镑，其余的2个人则判处2个月监禁，各罚款15英镑。

这样的"判决"哪里还有公平可言？林则徐被深深地激怒了。

8月15日，林则徐发布一道禁令，禁止与英国进行一切贸易，清兵进驻澳门，进一步将英人驱逐出境,所有卖与英人的食物一律停止供应,英人所雇用的中国买办、佣工全都撤回。无奈之下的英人只得撤离澳门,在货船上寄居。

告示发出后不久,林则徐再发谕帖,要求英方将交出打死林维喜的凶手交出。而义律则对中国钦差的要求拒绝回应。双方陷入了僵局。

禁令发出后,从澳门被驱逐到船上的英商和侨眷断绝了赖以生存的物资,原有的中国雇员和仆役也纷纷离去。英商和侨眷自然把怨气发泄在包庇凶手的义律身上,迫于同胞的压力,义律致信葡萄牙官员,请求予以支援。但葡萄牙不想卷进这场纷争,明确表示他们不能保证其安全。

9月5日,义律派传教士郭士立与林则徐谈判,要求他解除禁令,恢复正常贸易关系,被林则徐拒绝。下午14时,义律发出最后通牒,林则徐不予理睬。15时,在义律的授意下,英国军舰向负责封锁的中国船舰开火。对于这种挑衅中国主权的行为,林则徐勃然大怒,于次年初下令正式封港。1840年4月,英国议会正式通过发动战争的决议案,于5月调集大量英国军舰,云集珠江口,准备开战。对于英国的这种嚣张行为,林则徐毫不示弱,与5月9日晚派10艘火船主动出击,击毁11艘英船。鸦片战争自此揭开了序幕。

当林则徐开始在广东准备进行抵抗英国侵略时,是得到道光帝的认可和支持的。但在英国侵略者绕过广州、袭取定海后,道光皇帝动摇了当初的禁烟和抵抗政策,立即投降妥协。这位万圣之尊被定海的惨状吓坏了,一位曾经亲自参加了定海之战的英国军官后来回忆说:

军队登了岸,英国旗就展开,从这一分钟起,可怕的抢劫光景就呈现在眼前。暴力地闯入每一幢房子,劫掠每一只箱箧,街道上堆满了图画、椅子、桌子、用具、谷粒……一切这些都被收拾去,除了死尸以及被我们无情的大炮弄残废了的受伤者。有的丢了一只脚躺着,有的两只脚都没有,许多被可怕地割裂,被霰弹射穿。只当已经没有什么东西可拿的时候,才停止抢劫。

更惨无人道的是,英军攻陷定海后,即在城乡进行血腥劫掠与屠杀。据书中记载,

英舰进攻定海图

英军进入定海后"成群结队，或数十人，或百余人，凡各乡各衖，无不遍历，遇衣服银两，牲口食物，恣意抢夺，稍或抵拒，即被剑击枪打。数十万生灵，如坐针毡，延颈待毙"。

面对英侵略者的抢劫和屠杀，昔日繁华富庶的定海，变得满目疮痍。原来的数万只渔船，"今已一只皆不见"。

其实，在定海失陷后，当时的清朝统治集团中实际存在着两种态度：一种以穆彰阿、琦善等为代表，他们都是满族的贵族代表。在他们眼里，外国侵略者船坚炮利、武器先进，凭着清朝现有武力，根本不是西方列强的对手，不可能战胜。因此即使是做出一些必要的妥协，也要绝对避免与其发生冲突。

另一种态度则以林则徐等一批汉族官员为代表。他们懂得开眼看世界，对英军武力优越与清军武力装备废弛有着比较客观的认识，他们也不愿与英军动用武力。但他们把整个中华民族的利益放在首位，不能容忍外国侵略者践踏蹂躏中国主权，而要与之进行坚决斗争，并提出了一系列的可行方案。他们相信，只要充分利用中国的有利条件，是完全可以打败侵略者的。

这两种截然不同的态度，究竟哪一种能成为清政府的对英方针，关键取决于道光帝。

道光帝生于清王朝由盛转衰之际。无法再创盛世的他自从继位之后，内，腐败丛生、民生哀怨；外，鸦片枪炮、强权外交，纷至沓来。他一方面对于祖父乾隆皇帝之时的鼎盛之世记忆犹新，不愿意看到祖宗留下的基业在他手中继续衰败，而是希望有所作为，继续开创新纪元；另一方面，他对于世界的变化愚昧无知，对于工业革命后西方各国的飞速发展嗤之以鼻，依然沉溺于他的"天朝上国""万邦来朝"的幻梦之中，不去思索世界形势的变化，殊不知，清王朝在世界上已经落伍了。

面对这危机四伏的局面，清王朝的统治机器运转不灵、银荒兵弱的现状，加上正在进行的鸦片战争节节失利，他能做的只能是希望至少能够维持太平局面，以确保祖宗江山不要毁在他的手上。在对外态度上，他早就提出了所谓"天朝体制断不可失，外夷衅端断不可启"的原则。而他之所以大力支持林则徐禁烟，是因为鸦片输入，白银大量外流，出超变成入超，对清朝财政形成巨大危害，财政危机一步步凸显。由于军队日益废弛，极有可能导致无御敌之兵的可怕局面，这不仅有损于天朝体制，更是严重危及了清王朝的统治地位。另外，道光帝完全不了解鸦片对于英国的利害关系，他把禁绝鸦片看得比较简单，想当然地以为禁烟只会引起鸦片贩子顽抗，作为天朝上国，对付几个鸦片贩子比较容易，总不至于引起大规模的战争。

然而，道光彻彻底底地错了。鸦片战争的一声炮响，英军大举来华侵略，攻陷定海，道光帝惊恐地发现，事态的发展完全出乎自己的意料，局面变得越来越不可收拾，于是他的强硬态度开始动摇。他首先想到的就是设法消弭"边衅"，防止事态扩大。这与琦善等人的妥协主张正相吻合。

此时，道光帝对于林则徐的抵抗意见充耳不闻，反因定海失守迁怒于林则徐，并派琦善前去与英军商讨。而琦善在广东与义律的一系列妥协却被道光帝认为"片言片纸，连胜十万之师"，退敌有功。于是，道光帝将林则徐革职查办。

不得不承认，道光帝亦有他的无奈，但民族利益、国家主权是不能妥协的。他却丧权辱国，说得冠冕堂皇：

> 览奏愤懑之至，朕惟自恨自愧，何至事机一至于此，于万物可奈之中，不能不勉允所请者，成以数百万民命所关，其利害不止江浙等省，顾强为遏抑，照议办理。

然而，冠冕堂皇的语言遮盖不了辱国丧权的事实，一系列不平等条约的签订，彻底撕掉了感觉良好的大清王朝最后一块遮羞布。

《穿鼻草约》——《南京条约》的序曲

1841年1月，英国驻华商务监督兼全权大臣、海军上校义律在澳门发布了一份题为《给英国女王陛下臣民的通知》的公告，该通知声称他与清政府钦差大臣琦善达成了初步协议，协议中除了赔偿英国烟价600万元、开放广州贸易等内容外，还规定将香港岛和港口割给英国。

消息传出，立刻引起清政府朝野的震荡。道光帝异常震怒，下令逮捕琦善，押至京城治罪。

后来，马士在他的《中华帝国对外关系史》一书中将义律1841年1月在澳门发布的公告说成是英国代表义律和中国代表琦善签订的"穿鼻协定"，又称"穿鼻草约"。按照此协定的规定，中国将香港岛割让与英国。

然而事实是，鸦片战争打响之后，英军封锁珠江口，大举北上，1840年7月6日，舟山群岛的主要城市定海被侵略军攻陷。8月初，英舰直抵白河口，直逼紫禁城，京畿大震。道光帝别无良策，只想一心求和，连忙让直隶总督、大学士琦善前去对英交涉。按照道光帝的谕旨，琦善的职责，仅限于为英人在香港"泊舟寄居""代为奏恳"。道光帝并没有给琦善签订"协议"的权力，即便是他作为钦差大臣可以先斩后奏，也得等到奏报皇帝后得到皇帝的同意后才能生效。而且，如果真的有什么"协议"，琦善和义律必然会分别送呈本国政府审查批准。他们毕竟代表不了本国政府统治者的意志。这就有力地证明，义律等所说的"协议"，纯属义律等一些侵略者的一厢情愿的言辞，根本不存在所谓的《穿鼻草约》。

西方殖民者将琦善仅仅同意的"代为奏恳"说成是达成了"初步协议""明白的公开协议""已有文据在案"，这种别有用心的行径，其目的在于以谎言混淆视听，给他们强占香港岛的非法暴行披上一件合法的外衣，作为抢占香港岛的条约依据。

英国臭名昭著的鸦片贩子查尔顿说："如果我们认为我们必须占有一个岛屿，或者是侵占一个邻近广州的海港，可以占香港。香港拥有非常安全广阔的停泊港，给水充足，易于防守。"一个曾经参与了鸦片战争的名叫爱德华·拜尔秋的英国人在一篇文章中写道：

> 舰队司令24日回来后，就派我们去香港，开始进行勘测工作。我们在1841年（1月）25日，星期一，上午8时15分登陆。我们是第一批的真实占领者。我们便在领地山上三呼万岁，举杯贺女皇陛下健康。

这段文字赤裸裸地彰显了英国殖民者的侵略意图。在清政府的钦差大臣琦善和英国殖民者的代表义律谈判的过程中，义律最关心的是增开通商口岸和割让土地，以便向中国输出商品，进而把中国变成自己的殖民地。

可以说，这个根本不存在的《穿鼻草约》是鸦片战争中国开始签订一系列不平等条约、一步步沦为半殖民地半封建社会的开始。帝国主义一步步勒紧清王朝的咽喉，他们利用武力侵略，然后获得一根绳子来遏制清政府，并作为自己的合法外衣大肆侵略。外国侵略势力扩张到沿海各省，并伸向内地，方便了它们倾销商品，掠夺廉价的原料和劳动力，使中国难以抵挡资本主义经济侵略的冲击，中国两千年的封建经济一步步解体，让这帮在东方看来是蛮夷之邦的西方列强牵着鼻子一步步走向灾难的深渊。

《穿鼻草约》不是一个正式的条约协议，它是英国方面的代表义律篡改琦善的本意而捏造出来的，因此不具备法律效力。我国的历代政府也没有承认过。

《穿鼻草约》不仅渗透着英国殖民帝国的强权霸道，它更是一条屈辱的绳索，把中国这个"遍地黄金的土地"的国家勒得紧紧的，任凭帝国主义吸吮膏血，作践践踏。

到梦醒的时候了

当清政府的态度从抵抗转向妥协时，英国侵略者的野心更是疯狂无止境，而清政府却一味地满足侵略者这种无耻的贪婪。

西方列强为什么对中国如此肆虐和疯狂无耻呢？清政府又为何一再妥协退让呢？落后就会挨打！

大清曾自诩"天朝上国"，一场鸦片战争让那些美梦中的统治者惊醒。在漫长的古代社会，中国曾创造了灿若星辰的"世界第一"。可是，经过中英鸦片战争，中国一触即溃、俯首求和的现实，使中国的形象一落千丈，而西方人很快便以傲慢的神情来看待中国。

一个参加鸦片战争的英国军官在《英军在华作战记》中写道："中国是个长期愚昧而又骄傲的国家，是一个没有自我更新能力和缺乏活力的国家。"

第一次定海海战之后，清政府遂向英国侵略者妥协。然而当英国全权代表义律将《草约》送到英国后，以英国女皇为代表的英国政府对义律的行为却大为不满。作为战胜者，他们觉得应该得到更多的东西，而义律勒索到的东西太少了。因此，英国政府决定扩大战争，遂召回义律，决定扩大对华战争以攫取更大利益。

英政府改派璞鼎查为侵华全权代表，用洋枪洋炮从清政府手里夺得更大的权益。清政府统治集团以为在它做出更大让步之后，战争就会停息，恢复战前的老局面，继续安享太平。然而，英国侵略者在其野心没有得到满足之前，压根儿不打算罢休。

英军集结大批军队再次北上，由璞鼎查率领，接连攻陷鼓浪屿、厦门、定海、镇海及乍浦，清军在战争中连连失利，一败再败。定海已经是第二次被攻破，总兵葛云飞、郑国鸿、王锡朋率5000名守军英勇抵抗，与英国侵略军血战六昼夜，最后英勇牺牲。英军占领这些地方后，到处烧杀抢掠，由于侵略战争进展得十分顺利，璞鼎查竟狂妄地向英国政府建议："女王陛下可以宣布，中国的某些港口，或者某些沿海地区，将并入英国的版图。"

英军接着攻打长江的门户吴淞，江南提督陈化成率军坚守吴淞。最后陈化成与部下死守西炮台，孤军作战，直至战死。吴淞口一失，上海、宝山跟着失守。接着，英军沿江西上。英军舰队开到镇江，副都统海龄率官兵奋勇抵抗，经过激烈的巷战，直至打到最后一人，镇江失守。8月4日，英军直逼南京，清军节节败退，朝野上下人心惶惶。然而，清政府越是磕头乞降，侵略者越是气焰嚣张。

面对着定海、镇海、宁波三城的失守，道光皇帝的天朝上国梦却还没有惊醒。10月18日，道光帝任命他的另一个皇侄奕经为扬威将军，前往浙江收复失地。结果奕经大败，狼狈逃往杭州，不敢再与英军交战。

坐镇京城的道光皇帝听到战败的消息，十分惊慌，立即派耆英和伊里布赶到浙江去向英国侵略者求和。

这时，英军舰队抵达南京江面，架起大炮，宣称要开炮攻城。这时，清政府完全被侵略者的淫威所吓倒，彻底屈服了，赶紧派耆英、伊里布到南京议和。

至此，第一次鸦片战争结束。

1842年8月19日，清政府代表耆英、伊里布登上英国军舰"汗华丽"号，在英国殖民者的枪炮和旗帜下，伴随着一声声"女王万岁"，与英国全权代表璞鼎查正式签订了第一个丧权辱国的不平等条约——《南京条约》。

到此，历时两年多的鸦片战争以可耻的"城下之盟"而告结束。天朝上国的美梦彻底破碎了。

这一纸条约不仅是英国侵略者对中国人民的无耻掠夺，使清政府的财政更加困难、人民的负担加重，而且开创了侵略者对中国勒索赔款的先例。

《南京条约》的影响不仅如此，它让西方列强都闻到了中国这块肥肉的醇香。原本属于中英两国的鸦片战争，却让很多西方列强趁火打劫。美国和法国也乘人之危，相继以武力威胁清政府签订了《望厦条约》和《黄埔条约》，从中国勒索了不少好处。紧接着，葡萄牙、普鲁士、比利时、西班牙、荷兰、挪威、瑞典、丹麦等国也纷至沓来，都来"分享肉羹"，纷纷与中国签订了不平等条约。

大国首富的悲哀

17世纪末，康熙皇帝决定打开清王朝的窗户，看看外面的世界。他下令暂时放松对外贸易政策，无数来中国淘金的外国商人一股脑涌进了当时的门户城市广州。

为了促进贸易活动，1686年，广东巡抚李士桢在广州颁布了这样一项公告："凡是家事富裕的人，只要每年缴纳一定的银子，就可以作为官商，包下对外贸易。"

就是这样一个举措，让一个普通中国人的名字传遍了世界，这个人就是伍秉鉴。2001年，美国《华尔街日报》评出一千年来，世界上最富有的五十个人，伍秉鉴身列其中。李士桢的一个小小举措竟然为中国催生出这样一位世界级的大富豪，这肯定是当时的他始料未及的。

李士桢的公告颁布以后，广州有十三家实力雄厚的行商成为被招募的对象。他们就是日后被称为"广州十三行"的广州行商。这些行商与外国商人做生意，并履行替政府收缴关税的职责。由于效率高而且非常守信誉，"广州十三行"很受外国商人的欢迎。

1757年，乾隆皇帝下令关闭其他对外贸易港口，仅仅保留广州继续作为通商口岸，闭关锁国的政策又一次开始被实施。一时间，广州成为清朝联通世界的唯一窗口。这个政策对之后中国贸易的发展起到了非常严重的阻碍作用，"广州十三行"却因祸得福，成了全国唯一合法的对外贸易口岸。广州在对外贸易中的垄断地位给"广州十三行"的行商们带来了巨大的商机，这些行商一个个迅速发迹。

当时，坊间流传着这样一句话："洋船争出是官商，十字门开向二洋。五丝八丝广缎好，银钱堆满十三行。"十三行的行商们在这一时期积累了巨额的财富，他们无疑是当时世界上最富有的人。相传，1822年，广东十三行街发生了一场大火灾，当时有4000万两白银被火烧融，银水流入水沟，竟然蔓延了几里，像一条长长的银蛇，盘踞在水沟里。

伍秉鉴是十三行里最著名的一家——怡和行的主人。他祖籍福建，家里世代经商。伍家从伍秉鉴的父亲伍国莹时开始参与对外贸易。怡和行是由伍国莹一手创办的。1801年，32岁的伍秉鉴开始正式接手怡和行的生意。在他的推动下，伍家的事业迅速发展壮大，怡和行一跃成为十三行的翘楚，伍秉鉴本人也成为广东行商的领头人——总商。

伍秉鉴的经营理念非常超前。在他的管理之下，怡和行同欧洲各国的重要客户建立了密切的联系，在对外贸易中迅速崛起。除了在国内拥有的地产、房产、茶园、店铺等之外，伍秉鉴在外国也投资了许多项目，其中涉及铁路、证券交易、保险等领域。除此之外，他还是英国东印度公司最大的债权人，慷慨的伍秉鉴经常在东印度公司资金周转不灵的时候向他们伸出援手。这让他在当时的西方商界享有极高的美誉。

　　伍家所积累的财富多得令人震惊。据说，当时珠江岸边的伍家豪宅极尽奢华。据1834年伍家自己估计，他们的财产当时已经有2600万银元之多，这个数目相当于今天的50亿人民币。

　　在当时的洋人眼里，伍秉鉴不仅是个有钱人，而且是个慷慨大方的重义之人。有一次，伍秉鉴与一个来自美国波士顿的商人合伙做生意，由于经营不善，波士顿商人欠了伍秉鉴7万多银元的债务，他没有偿还这笔欠款的能力，所以一直滞留在广东，不能回国。

　　伍秉鉴知道这件事之后，叫来了这位商人，并命人拿出了借据，他对这个波士顿商人说："你是我最好的朋友，你是一个诚实的人，只不过运气不好而已。"说完之后，拿起借据，抬手便撕了个粉碎，他向波士顿商人表示，他们之间的账目已经全部结清了，并表示他想什么时候回国，随时都可以走。伍秉鉴的这个举动让他慷慨、豪爽的名声在美国流传了大半个世纪之久。

　　1839年，轰轰烈烈的禁烟运动爆发。伍家的怡和行虽向来以茶叶贸易为主，做的是正经生意。可一些受伍家担保的外国商人为了赚取巨额利益，却常常在运送的商品中夹带鸦片。无论是朝廷官府还是合作多年的外商，伍家都不能得罪。因此，伍家试图通过自己的努力来化解这场危机。为了让禁烟运动早日结束，伍秉鉴的儿子伍绍荣把外商上缴给他的一千多箱鸦片交给了钦差大臣林则徐。他们本以为禁烟运动可以就此结束，却不料林则徐早已认定这只是十三行行商与英国商人串通起来欺瞒政府的手段。

　　1839年3月23日，伍绍荣等人被缉拿。为了救出伍绍荣，伍家再次妥协，表示愿意拿出家资，报效朝廷。出乎伍家意料的是，他们这番做法丝毫没有感动林则徐。不久，朝廷革去了伍绍荣总商一职，并将他逮捕入狱。经过这一番折腾，伍秉鉴颜面尽失，受了很大打击。

　　1839年8月，禁烟运动的消息传到英国，英国国会对是否采取军事行动展开辩论，最终决定使用武力打开中国大门。10月，英国内阁决定派遣远征军赴中国作战。

　　1840年6月，英国舰队封锁珠江口，鸦片战争正式爆发。伍秉鉴清楚地知道英国发动这场战争的目的，英国不过是想打破十三行在对外贸易上的垄断地位。为了保持十三行的独特优势，战争打响之后，伍秉鉴和其他行商积极募捐，并出资修筑堡垒，制造战船、大炮。

　　行商们为这场战争贡献了巨额的财富，却依然没能扭转战局，清政府全线溃败。1841年5月，中英双方签订了《广州和约》，此次代表中国政府参加签约仪式的正是伍秉鉴的儿子伍绍荣。在《广州和约》里涉及600万元的巨额赔款，其中仅伍家一家就出了110万元。后来，《南京条约》签订，清政府再次下令300万银元的外商债务由行商来偿还，伍家又承担了其中的1/3。

　　在整个鸦片战争中，伍家一共替清政府偿还了200多万元的债务。遗憾的是，伍家的行为并没有为他们带来任何荣誉和感激。战争打响之后，十三行的行商们就被国人戴上了一顶"卖国贼"的帽子。无论做什么，他们都无法改变根植于人们脑海之中的看法。

1843年9月，心灰意冷的伍秉鉴在广州溘然长逝。《南京条约》签订之后，由于五口通商政策的实行，广东失去了在对外贸易上的独特优势，曾经富甲一方的广州十三行也开始逐渐没落。第二次鸦片战争爆发后，一场突如其来的大火降临到十三行街，历经百年风雨的广州十三行终于彻底化为灰烬。

皇帝也无奈

道光皇帝在位期间，清王朝的国家机器也已经运转了170余年，前朝五位皇帝留下的这片盛世江山，经济繁荣，人口众多。

虽说清王朝经历康乾盛世后已经由盛而衰，但是祖宗留下的基业依旧闪耀着光辉。道光帝在位时，大清王朝疆域广阔，他统治着一个面积超过1300万平方公里的大帝国，这时候，人口数量已到达了空前的4亿，占全世界总人口近1/3。

此时，大清王朝的力不从心的衰朽状态，官场因循懈怠、贪污腐化的程度也达到前所未有、闻所未闻的程度。这位39岁的皇帝从他的父亲手中接过的不仅是一片盛世，也是一个腐败到骨子里的烂摊子。

在封建社会，皇帝是九五之尊，是天子，自然是想要什么就有什么。然而，道光皇帝实际上却被那些拿着大清俸禄的效忠于朝廷的腐败集团绑架了，作为一个皇帝，他无法抽身，更是力不从心。他痛恨腐败，痛恨贪官污吏，而正是这帮贪官污吏顶着他的名字捞自己的好处。

与天子比起来，这些官员只是一些无名小辈，却从统治集团中得到最大实惠。清朝的腐败到了道光时期可谓是达到了登峰造极的地步。当时有一句话：三年清知府，十万雪花银。字面上理解，就是清朝地方官是三年一个任期，一个知府一个任期就能搜刮十万两白银甚至更多，这是多么令人难以置信，又是多么荒唐的统治集团。

贪官污吏，历朝历代皆有，道光朝有这种现象似不足为怪，但皇帝成为贪官搜刮民脂民膏、侵蚀钱粮的工具却无先例。道光这位一心想挽狂澜于既倒的皇帝，为他的臣下官员们充当着"洗钱"的机器。

道光帝登基之初就想通过改变大清前朝留下的陋规陋习来改变这种吏治腐败的现实，英和建议清查陋规，整顿吏治。他立即发布上谕：

箕敛溢取之风，日甚一日，而闾阁之盖藏，概耗于官司之朘削，民生困敝，职此之由。

清查的方针是，将所有的陋规查明，该保存的留下，该取缔的消除。道光帝实际是想承认一部分陋规，取消另一部分陋规，控制其发展。

新官上任三把火，道光帝整饬陋规是为初政之一，他也想励精图治，续写盛世，然而那帮既得利益者怎么舍得让他们搜刮到的财富变成非法的呢？由此，官吏们的贪婪却让道光无可奈何，最后只是说了一通空话：

各大吏正己率属，奖廉黜贪，如有苛取病民之事，立加黜革厘正，斯吏治澄清，民生日臻饶裕矣。

道光整顿吏治的新政流产了，预示政治不会有起色，陋规将越来越严重，吏治一发不可收拾。

道光皇帝一生力戒浮华，克勤克俭，在历史上来看也是一位算得上节俭的皇帝，他批答奏章，日理万机，召见臣工，夜以继日地操劳国事，可谓鞠躬尽瘁。然而他改变不了王朝没落的大趋势，面对吏治腐败，他深恶痛绝却又无能为力。这位勤政节俭的皇帝一生都写着衰世之主的悲怆与无奈。

一死百了

道光帝在位期间，做了不少有利国计民生的事情。然而，随着禁烟运动的失败以及鸦片战争的一声炮响，道光帝的一世英名付之东流。

道光帝，名旻宁，为清朝的第八位皇帝，他是嘉庆皇帝的嫡子。39岁继位的道光帝，在他30年时间内，见证了一个万里帝国由盛转衰的悲剧，而他本人，虽然非圣主，却也不是个昏君。如果不是恰逢三千年唯有之大变局，他或许还可以做个安乐皇帝。

然而作为鸦片战争的头号当事人，道光无可避免地成为后世最具争议的人物之一。古往今来，以弱胜强、以少胜多的战例不胜枚举，然而碰到了性格疑虑犹豫、反复无常道光，则此战最终败北。在禁烟之时，严禁与弛禁犹豫摇摆；战争爆发时，道光在主战与主和之间反复无常；用人当任时，道光则以一己好恶和宵小谗言，任贤与任奸功罪倒衡。在这场历史悲剧中，道光遂扮演了悲剧的主角。

鸦片战争胜负未分之时，林则徐便遭到了贬谪。随即，道光帝便派投降派琦善为钦差大臣去广东，与英国谈判。临行之前，道光帝定下要求：上不失国体，下不开边衅。意思是说，给英国割地赔款不行，与英国发生军事冲突也不行。按照道光的打算，是要让英国人竹篮打水一场空。

琦善无能，遂向英方让步，私下将香港划给了英国。这让道光帝大怒，在逮捕了琦善之后，遂派遣杨芳、奕山向英军进攻，结果却失败而归，绝望的道光帝只能投降，割地赔款。如此反复无常、左右摇摆的君主，如何能够让大清军士上下一心，把英军打回老家去呢？

此后，道光帝更是不思进取，不图改良，不知求富图强之道，致使西方列强步步紧逼。所以《清史稿·文宗本纪》论述道："论曰：宣宗恭俭之德，宽仁之量，守成之令辟也。远人贸易构衅兴戎，其视前代戎狄之患，盖不侔矣。当事大臣先之以操切，继之以畏葸，遂遗宵旰之忧。"鸦片战争的失败有臣属不尽责的原因，摇摆不定的道光帝也难辞其咎。

在得知林则徐这样的忠贞之士遭到贬谪后，愤懑的魏源铺纸提毫，奋笔疾书：

楼船号令水犀横，保障遥寒岛屿鲸。
仇错荆吴终畏错，闲晟赞普讵攻晟。
乐羊夜满中山夹，骑劫晨更即罢兵。
刚散六千君子卒，五羊风鹤已频惊。

开始，林则徐倒还看得开：只要道光帝励精图治，群臣上下一心，文武协力，这朗朗乾坤未尝不能扭转。然而，时局的发展大大出乎了林则徐的意料，道光皇帝竟然听信了以首席军机大臣穆彰阿为首的投降派的谗言，将林则徐和邓廷桢革职充军。

时任户部尚书的王鼎，眼见国家危难、民族危亡，毅然将生死置之度外，多次怒斥穆彰阿"妒贤"、琦善"误国"，不惜让道光帝震怒，唯望能够唤醒道光帝，让他坚持抗战。当所有希望都变成失望，失望化作绝望之时，王鼎只能以死报国，道光二十二年（1842年）四月三十日，王鼎自缢而死，并留下遗书："条约不可轻许，恶例不可轻开，穆不可任，林不可弃也。"林则徐听闻王鼎尸谏的消息，悲痛万分，遂写下《哭故相王文恪公》诗：

廿载枢机赞画深，独悲时事涕难禁。
艰屯谁是舟同济，献替其如突不黔。
卫史遗言成永憾，晋卿祈死岂初心？
黄扉闻道犹虚席，一鉴云亡未易任。

为了维持现状，维护投降派的利益，在王鼎死后，穆彰阿的亲信、军机章京陈孚恩急忙到王家骗取了遗书。在他的威胁利诱下，王鼎之子王沆被迫接受"代为改草遗疏"。最终，道光帝只知王鼎"暴病而亡"，下诏悯恤优抚，追赠太保，谥文恪。王鼎的一片忠心，只能谋日月之昭彰了。

道光晚年，痛定思痛，逐渐抛弃了投降派，对那些有功的抗敌将领，想尽办法加以优待和保护。然而，他却总是顾此失彼。不想成为千古罪人的道光帝，竟然连选储君，也是举棋不定。当时，四皇子和六皇子都有资格，四皇子是长子，而且贤孝；六皇子虽是庶出，却天资聪颖。正当道光帝准备选择六皇子之时，竟然被一个太监偷窥到了，而且还被太监传了出去。道光帝很不高兴，遂一怒之下改立了四皇子，也就是后来的咸丰帝。

自然界的时令虽是初春,大清王朝的气数已是暮秋。于是,在紫禁城中,自然形成了一股伤春悲秋的自然与人文氛围,不堪忍受巨大孤独和压力、不堪忍受耻辱又不能改变命运、想要扭转乾坤却又不知从何着手的道光帝,终于闭上了他的眼睛。

第二章
太平城的太平军

如果说，大清帝国自嘉庆年间开始走下坡路，在道光年间行至历史的拐点，那么，在咸丰的岁月里，最终开启了中华民族之殇的噩梦，其中太平天国的反抗无疑让这个孱弱的皇帝夜不能眠。

残疾君王有妙计

文宗体弱，骑术亦娴，为皇子时，从猎南苑，驰逐群兽之际，坠马伤股。经上驷院正骨医治之，故终身行路不甚便……

——《清史稿》

据史料记载，道光帝的四皇子奕𬣞，也就是后来的咸丰皇帝，登基之前，狩猎时从马上摔了下来，经过太医的精心治疗，骨病虽然好了，却落下残疾，成了跛子。

那么，这么一个身有残疾的皇子是怎样赢得道光的宠信而登上大统之位，成为天下之主的呢？

奕𬣞排行第四。道光帝有9个儿子，到清道光二十六年（1846年），大阿哥奕纬、二阿哥奕纲、三阿哥奕继都已死去，皇四子也就实居皇长子之位。道光考虑到自己年岁已大，身体又不好，立储之事成了当务之急。要知道，在皇朝政治中，确立皇储，是无可争议的头等大事。道光的儿子虽然只剩六个，但想要在其中选出一个可以延续大清后世的继任者，并非易事。

当时，五阿哥奕誴已经过继给了醇亲王绵恺为子，失去了继承大统的权利。六

咸丰帝朝服像

阿哥就是后来人称鬼子六的奕䜣。老七、老八、老九年纪尚小，无须考虑在内。所以，皇太子人选实际上只有奕䜣和奕䜣。

奕詝的母亲在他10岁时就已经去世，一直是由静贵妃，也就是奕䜣的母亲来照顾，所以奕詝视静贵妃如同生母，视奕䜣如同胞弟，奕䜣亦同。奕詝和奕䜣的关系从小就一直都很好，这就更增加了道光选择皇储的困难。

奕詝和奕䜣，这两个儿子之间到底选择哪个来继承祖宗的江山，道光帝犹豫不定。

立储不是儿戏，于是，道光帝便开始考察四阿哥和六阿哥的能力。首先，道光帝想考考这两位皇子的骑射功底。皇四子的师傅为杜受田，皇六子的师傅为卓秉恬。他们的老师都分别给自己的学生出了主意。奕䜣的箭法当然是阿哥中是最好的，他捕获的猎物自然也是最多的。道光一看很是高兴，心想奕䜣确实是很有本事。而皇四子奕詝肯定是不如自己的六弟。这就显示了杜受田的政治智慧，他教奕詝索性一箭不发，自然也就没有任何收获了。道光看到奕詝如此无能，当然很是生气。奕詝却说："父皇恕罪，儿臣以为眼前春回大地，万物萌生之际，正是禽兽生息繁衍之期，儿臣实在是不忍心杀生，恐违上天的好生之德。"

这就是"藏拙示仁"的妙计，把自己的短处藏起来，来表示自己仁爱。道光觉得奕詝很符合儒家"仁"的思想，心中便暗暗地肯定了奕詝。

据史料记载，为了最终确定自己的选择，道光帝在一次病重时，召奕詝和奕䜣二皇子入对，借以决定储位。两位皇子各请命于自己的老师。奕詝的老师杜受田对他说："阿哥如条陈时政，智识万不敌六爷。唯有一策，皇上若自言老病，将不久于此位，阿哥唯伏地流涕，以表孺慕之诚而已。"如其言，帝大悦，谓"皇四子仁孝"，储位遂定。

这便是藏拙示孝的典故，可以说，奕詝能登上皇位，与恩师杜受田的政治智慧是分不开的。"藏拙示仁"，又"藏拙示孝"，在"仁"和"孝"这两个字上表现得比较突出，所以道光就选择奕詝做了皇太子。可见，道光在选皇太子的时候，只考虑到了德而没考虑才，实际上咸丰后来在德的问题上做得也是很不够的。杜受田的政治智慧让道光帝选择了一位没有治世才能的平庸皇子继承了大统。

"四无"皇帝

许多史学家称咸丰是一个"四无"皇帝：无远见、无胆识、无才能、无作为。

道光在选择继承人的时候，错选了奕詝这位文才武略、骑马射箭都差一大截的皇子，他太平庸，毫无文华武英之姿。

咸丰是清王朝秘密立储继承皇位的最后一位皇帝，他20岁登基，在位11年，31岁病死。不可否认，碰上西方崛起、清朝衰败之际，咸丰帝也是一个历史的悲剧皇帝。

咸丰继位时，国库空虚、军伍废弛、吏治腐败、天灾不断，民众起义此起彼落，西方列强更是虎视眈眈。

1850年至1861年，在11年的皇帝生涯当中，咸丰没有过一天安生的日子。1850年至1864年爆发了太平天国农民起义，1856年至1860年又爆发了第二次鸦片战争，都是对清王朝致命的打击。

在那个动乱的年代，中国的历史由此发生了重大转折。而处于风雨飘摇的乱世时期，他却看不到历史发展的趋势，依然沉浸于天朝上国的美梦当中，沉浸于自己的万物之主的幻想当中。殊不知，当时天下大势已变，世界格局正在悄无声息地敲打着旧的体制。

咸丰对老师杜受田依赖性过大。尽管杜受田在帮助奕詝登上帝座时显示了对中国政治的深刻理解，说明他是一个政治智慧高超的人，但是他本人最大的缺陷是缺乏为官处世的实际经验。杜受田没有做过地方官，也没有处理过具体政务，未在实际操作层面的司官一级工作过。这样一位纸上谈兵的帝师辅佐咸丰，根本不可能对天下大势做出正确的判断。

咸丰皇帝又是一个无胆识的皇帝，他自幼体弱多病，素有咯血的痼疾。御医给他开出良方，说鹿血可治此病。于是，他在宫中养了100多只鹿，随用随取。鹿血也因此成了他苟延残喘、须臾不能离开的救命良药。他贪生怕死，只想享受皇帝给他带来的一切便利，而不敢面对摆在眼前的内忧外患。他沉湎于声色，继位的第二年，就下令挑选秀女入宫。他尤其宠爱其中一个名叶赫那拉·杏贞的。以后，他又几次挑选秀女，并破除祖宗规制，选汉族秀女入宫。

1861年，英法联军攻到了北京城下。列强到处烧杀抢掠，无恶不作，而咸丰却表现得惊慌失措，最后只好带着慈禧和肃顺等一班人马连夜逃离京城，赶到了承德。

咸丰皇帝是一个无作为的皇帝，他在重大事件面前无所决策，一味沉迷于酒色，荒废朝政，误国殃民。

"上帝"也疯狂

洪秀全出生于广东的一个耕读世家，自小聪颖，多被村中父老夸赞。7岁时，洪秀全进入村中书塾，熟读四书五经和各种古籍著作，表现极为出众。先生对其甚是喜爱器重，认定他定能考取功名，蟾宫折桂、光宗耀祖。待到乡试年龄一到，洪秀全和众人一样，抱着对"一举成名天下知"的热情和希冀，信心百倍地欣然应试。然而，最终的结果，却是让人无限心寒，洪秀全名落孙山，失败而归。更可怕的是，这种结果，如是者三，接连三次，他都没能获取任何功名。他倍受打击，终于承受不住，从考场回到家之后，大病一场。

1837年，洪秀全虚岁25。一日，他正在家里静养，忽然不自觉地眼前出现了幻象。

他看到一位老者降临，向他传达了一个惊人的秘密。老者表示，洪秀全的出生，是奉了上天的派遣，其目的是为了斩除世间的一切妖魔，其任务神圣、艰巨，非同小可。自此以后，洪秀全的生活起居等各方面统统发生了变化，他囿于这一幻象，久久未能恢复正常，变得沉默寡言、面色神秘、举止怪异，让身边人非常吃惊。

上述的异象，虽使洪秀全一度怪异恍惚，但并没有打消他对乡试的痴迷，他的血脉里，依然有"学而优则仕"这一最根本的信条在澎湃地流淌。1843年春天，洪秀全走出接连打击的阴影，也暂时放下对那神秘老者的疑惑，重新坐在了广州乡试的考场里。然而，这一次的不甘心和卷土重来，仍然没有完成他的梦想，还是以失败告终。

几次的乡试失败的打击，改变了洪秀全整个人生的走势。而这一切最重要的起点，就是洪秀全在广州应试时收到的《劝世良言》一书。当洪秀全读过此书之后，得到了深刻的引导和启发。他把书中的内容与自己大病时的幻觉对比，不禁豁然开朗。在书中内容的指引下，他逐渐清晰了自己对现实的认识，明确了自己下一步的行动方向，也逐渐系统了自己的理论架构。

洪秀全认为，当时的世界，已远非美好和谐，而是妖孽丛生、秩序混乱、朝政腐败、民多疾苦，急需进行一次大的颠覆和整顿。而自己则注定是这一行动的领导者，他受上帝之命，身份正统，理由正大，措施也自然坚决而彻底。他抛开孔孟之道，跟先前的正统和伦理纲常严格划清了界限，不再做一名儒生，而是改信基督教，把家里的孔子牌位换成上帝牌位，以传教、救世为己任，主张人人都是上帝的子民，没有高低贵贱之分，追求所有人的平等和幸福。

此后，洪秀全依托《劝世良言》，加上自己的思考，创建了言之有物的教义，并且建立了自己的组织。洪秀全主张："人心太坏，政治腐败，天下将有大灾大难，唯信仰上帝入教者可以免难。入教之人，无论男女尊卑一律平等，男曰兄弟，女曰姊妹。"他自称为天父之次子，受天命而下到人间，目的是替天行道。

最初，洪秀全在广州附近传教，未取得成功。1844年，洪秀全和冯云山转至广西，不久后，洪秀全又只身返回广东，1845年至1846年，写下《原道醒世训》《原道觉世训》《百正歌》等教义著述。1847年初，洪秀全在广州的基督教堂学习，要求受洗而被拒绝，其后再到广西，陆续制定了相关的规条及仪式。在各种理论和仪式的产生和完善中，围绕他的队伍不断壮大，领导核心逐渐形成，与地方政府的矛盾也日渐加深。

1849年前后，广西连年闹灾，天地会纷纷起义，洪秀全举行起义的理由变得充分，时机也变得成熟，此为其必然性。另一方面，起义的偶然性，应归功于遥远的大英帝国。英王室为巩固香港殖民地，在1843年任命了一名得力的香港警察署助理监督，此人上任后，利用当地告密者的情报，凭借无往不摧的蒸汽战舰，将海盗从香港附近的海洋赶到了内河。羸弱的大清水师对此没有丝毫应对能力，一时间"河匪""土匪"结合，"匪患"大盛。

官府无能，百姓只能自行防卫，各处纷纷出现民间武装力量——团练，由于政府刚开始时的默许甚至是嘉奖，团练数目急剧膨胀。洪秀全、杨秀清等人也借机在金田村建立"保良攻匪会"。由于各种未能处理好的事由，保良攻匪会被抄，冯云山被押入桂县大牢，17本会众名单也被官府缴获。

危难之际，杨秀清先是假装患病，耳聋口哑，后又在关键时刻"忽开金口"，代"天父"言，后萧朝贵又如法炮制，代"天兄"言。如此两度，终于震慑会众，使应对危机的措施得以施展，逐渐稳定了局面。然后，帮会低调收缩，躲避官府的锋芒，静待风头过去，将冯云山等人赎回。由此，帮会得以回到正轨，并在日后逐渐兴旺，招来了众多有才之士。

1850年7月间，洪、冯在花洲山人村部署起义，下达团营令，于金田汇集各地拜上帝会员2万人左右，众人携带钱物概交"圣库"，衣食全由"圣库"供给，按军制实行男女别营，进行军事训练，准备武装起义。11月，巡检张镛带兵进攻平南思旺，被洪秀全部全部击杀。钦差大臣李星沅抽调总兵周凤岐前往征讨，双方于29日接战，清军惨败，死亡300余，副将伊刻坦布等阵亡。

1851年1月11日，洪秀全38岁诞寿，众部齐集金田犀牛岭，举行隆重的祝寿庆典，同时宣布起义，建号太平天国。起义军称为太平军，封五军主将，向清王朝宣战，部队分列男营、女营。在吃饭问题采取供给制度，并颁布有简明军律：一遵条命；二别男行、女行；三秋毫无犯；四公心和傩，各遵头目约束；五同心合力，不得临阵退缩。1月13日，全体将士蓄发易服，头裹红巾，从金田东山大湟江口出发，开始了震撼中外的太平天国革命。

清政府方面，调派提督向荣自横州回师，专剿金田，太平军出大黄墟，击败向荣。此时，洪秀全自称太平王，焚毁大黄墟，入象州。三月间，清廷任命大学士赛尚阿为钦差大臣，前往湖南、广东一带指挥。五月，清廷调集大量兵力，取得军事上的优势。八月中旬，迫于清军压力，洪秀全等人决定自紫荆山区突围，逆濛江而上攻永安城，萧朝贵和石达开率陆路军前驱，冯云山、杨秀清率水军沿江而进。1851年9月24日，太平军先头部队抵达永安城下，晚间攻入城中，八百余名清军被歼灭，这是太平军攻克的第一座城池。

封个王来当

1851年1月11日，洪秀全在广西桂平金田村起义，起义军称太平军，建国号太平天国。3月，洪秀全在广西武宣东乡称天王。8月20日，太平军在广西平南官村一带大败由向荣率领的清军部队，取得自金田起义以来最大的一次胜利，继而乘胜北上大旺墟，后沿大同水陆两路到达永安州（今蒙山）。

1851年9月25日，太平军攻克永安城，占领了自金田起义以来取得的第一座城市。

作为州治所在，永安城是一座繁华坚固的中型城市，而从此以后它将被世人熟知，因为就在那里，洪秀全制定了一系列太平天国的基本军政制度，史称"永安建制"。

永安建制主要包括以下几方面：

分封上，论功行赏。封杨秀清为东王、萧朝贵为西王，列一等；冯云山为南王、韦昌辉为北王，列二等；石达开为翼王，列三等。西、南、北、翼四王皆受制于东王。其他所有立功的将士都得到晋封官职，封秦日纲为天官丞相，胡以晃为春官正丞相。

历法上，颁行由冯云山制定的《太平天历》。废清朝纪年，以金田起义之年为太平天国辛开元年。规定一年为三百六十六日，单月三十一日、双月三十日，分为十二个月和为期七天的礼拜。立春、清明、芒种、立秋、寒露、大雪六节气为十六日，其余十八节气皆十五日。仍以干支纪年，但将地支中"丑"改为"好""卯"改为"荣""亥"改为"开"。

军制上，借鉴于《周礼》，以五人为"伍"，设伍长；五"伍"设两司马；四个两司马编制设一卒长管辖……依次五五进位，再往上则是旅帅、师帅、军帅。一军辖五师，理论上有一万三千一百五十五人。除此还确立了官制，官级共有军师、丞相、检点、指挥、将军、总制、监军、军帅、师帅、旅帅、卒长和两司马，分12级。

礼制上，规定了一整套严格的尊卑等级和烦琐的礼仪制度。天王洪秀全称"万岁"，东王杨秀清称"九千岁"，西王萧朝贵称"八千岁"，南王冯云山称"七千岁"，北王韦昌辉称"六千岁"，翼王石达开称"五千岁"。洪天王年仅两岁的儿子洪天贵福被封为"幼主"，称"万岁"，以后的儿子则一律称为"殿下千岁"，女儿们称为"金"。军中高级将领称作"大人"；中级军官到兵头将尾的两司马，统统称为"善人"；其子女，男的被称为"公子""将子"，女儿称作"玉""雪"；女将领称为"贞人"，各级头目的妻子称作"贵"，并根据丈夫的具体职衔细分为"贵嫔""贵姒""贵姬""贵嫱"不等。

建制的内容还包括圣库制度的建立、命令将士蓄发、刊刻书籍、强调军队纪律，以及加强对起义者的教育等。总的说来，永安建制应该算是为太平天国建立政权奠定了基础。可惜的是，太平军在永安终是没能站住脚，1851年年底，由乌兰泰带领的清军攻破了永州防线要点水窦村，太平军被迫从永安突围，北上进围桂林。

自欺欺人的大同梦

1853年，太平军攻陷南京，改南京名为"天京"，定为首都。随后颁布纲领性文献《天朝田亩制度》，规定了以解决土地问题为中心，包括社会组织、军事、文化、教育诸方面的革命斗争纲领及社会改革方案。

《天朝田亩制度》的基本内容为"凡分田照人口，不论男妇，算其家口多寡，人多则分多,人寡则分寡",意思是以每亩土地的年均产量为标准,划分上、中、下三级九等,然后好田坏田相互搭配,按人口平均分配下放。凡16岁以上的人均可以获得一份数量相等的土地,不分男女。15岁以下的则减半。除此之外,还有"丰荒相通""以丰赈荒"的调剂办法。可以说,《天朝田亩制度》的颁布,充分体现了太平天国"凡天下田,天下人同耕"的思想原则。

除了土地制度,《天朝田亩制度》还对社会的构成单位做了重新规定,以25家为一个基层单位,称为"两"。每两个"两",设一官职"两司马"作主持。每5家设"伍长"一人,每家各出1人当兵为伍卒,"有警则首领统之为兵,杀敌捕贼,无事则首领督之为农"。而每个基层单位,均建有一个"国库","凡当收成时,两司马督伍长除足其25家每人所食可接新谷外,余则归国库,凡麦、豆、苎麻、布帛、鸡、犬各物及银钱亦然"。各家遇有婚丧嫁娶和生育等事,可按规定到"国库"领取相关费用;鳏寡孤独残废等丧失劳动能力的人,也由"国库"的开支抚养。农民除了耕种外,还要利用农闲时间饲养猪、鸡、蚕,从事纺织、缝衣、制作陶器、木活、打石等家庭副业和手工业生产。

在政治制度上,实行乡官制度。县一级以上,多由革命军将领担任负责人,在地方乡官则由贫苦农民担任。《天朝田亩制度》中规定,地方官吏由人民选举,"凡天下每岁一举,以补诸官之缺"。乡官如有贪污不法,人民有检举揭发、随时革退的权力。该制度中关于地方政权建立的规定,实际上大大地推进了革命的发展。

《天朝田亩制度》中还有对于妇女政策的规定。在新的规定中,妇女与男子拥有一样的权利,都有权得到土地和生活资料的分配,参与军政事务,以及一起参加拜上帝的活动。太平天国禁止缠足和买卖婚姻,极大地保护了妇女权益。甚至还设置女官,开科取士,使妇女地位显著提高,大大提高了妇女的积极性。

在婚姻上,除了废除把妇女当作商品的买卖婚姻,提倡"天下婚姻不论财"以外,太平天国还为自由结合的夫妻颁发结婚证书,称为"合挥"。在合挥之上登记有结婚人的姓名、年岁、籍贯等项目,还盖有龙凤图章。

《天朝田亩制度》集中体现了太平天国反封建的革命性质,它的创制者们希望通过这样的方案,建立一个"有田同耕,有饭同食,有衣同穿,有钱同使,无处不均匀,无人不饱暖"的理想社会,这是因为他们自身对封建剥削有着切肤之痛,然而对于资本主义,由于接触了解不多,他们的确

洪秀全塑像

并无多少预见。因此,《天朝田亩制度》同时具备了革命性和封建落后性,这个矛盾是由农民小生产者的经济地位所决定的。这也决定了太平天国领袖们所绘制的平分土地和社会经济生活的蓝图,在实际上根本不可能实现。事实上,为了适应现实的迫切需要,他们不得不采取一些较为切实可行的措施。在《天朝田亩制度》颁布后不久,杨秀清、韦昌辉、石达开等就曾根据天京粮食供应紧张的情况,向洪秀全建议在安徽、江西等地"照旧交粮纳税"。这表明太平天国最后还是承认了地主占有土地,并允许地主收租。封建的生产关系和阶级关系虽然受到冲击,但始终没有得到扭转。

在清政府统治的200年间,土地高度集中,农民破产流离,地租高昂,赋税沉重,严重恶化了农民与封建地主阶级的矛盾,使其发展到极其尖锐的程度。广大贫苦人民迫切要求推翻清王朝反动政权,渴望实现"田产均耕""均田均赋"的小康之世,消灭剥削。而《天朝田亩制度》中提倡平分土地的平均主义,在当时的历史条件下就显现了其充分的革命性,成为农民亘古未有的大喜事、盼望千年的"福音"。毫无疑问,《天朝田亩制度》的出世不但合乎农民的需要、符合当时经济发展的客观需要,更是顺乎历史要求的,它的平分方案坚决否定了封建地主所有制,也为中国萌芽中的资本主义扫清了道路,为其发育成长创造了必不可少的客观条件。

天王梦碎了

永安建制封王之时,洪秀全就曾规定西王以下皆受东王杨秀清节制。这是因为早在起义之前,杨秀清就曾和西王萧朝贵联手上演过一出"天兄天父"下凡的把戏,有了这个代"天父"传言的特殊地位,东王便得以与天王分享在宗教上的最高发言权。在太平天国前期,洪秀全讲求帝仪制和沉溺于宗教迷信,潜居深宫,疏于朝政,因此其地位虽在各王之上,在制度上却是一个虚君。所以当南王冯云山及西王萧朝贵相继战死后,军政实权就愈发集中到东王杨秀清一人的身上。

在定都天京以后,东王与其他诸王的关系日渐恶化。有一次,北王的下属犯了错误,东王因此问责北王,甚至还下令杖打北王。其后,北王的亲戚因为跟东王的亲戚发生财产争执而激怒东王,东王让北王议罪,北王被迫判其亲戚五马分尸。还有一次,翼王石达开的岳父黄玉昆因公事得罪东王,被杖刑三百,革去了爵位及降职,燕王秦日纲及另一高官陈承瑢在这次事件中亦被东王以杖刑处罚。连天王洪秀全也曾多次被假装"天父下凡"的东王以杖刑威吓,大家对权力膨胀的东王都敢怒不敢言。

1856年,太平军西征获胜,接连攻破了江北、江南大营,成功解除天京三年之围。天京得到巩固以后,杨秀清权力欲望急剧膨胀,遂起废洪自立之意。8月22日,杨秀清再次以代天父传言的方式,召洪秀全到东王府,逼洪秀全封自己为"万岁",激化了领导集团内部的矛盾。此时,北王韦昌辉请求天王诛杀东王,天王却没有采纳其建议。后东王以西线紧急为由,把北王韦昌辉和翼王石达开调往前线督师,天京只剩下了天王和东王。不久,陈承瑢向天王告密,揭露东王弑君篡位的企图,于是天王密诏北王韦昌辉、翼王石达开及燕王秦日纲,暗中商议铲除东王杨秀清。

9月1日,北王韦昌辉率三千精兵赶回天京,当夜在城外与燕王秦日纲会合,陈承瑢开城门接应,凌晨突袭东王府,杨秀清被杀,府内数千男女随从家属也被尽数灭口。其后北王以搜捕"东党"为名,诱杀在天京的东王部下各级文武及其家属5000人。东王部属余众奋起反抗,双方展开血战,历时两个月,死者共计两三万人。

十余日后,翼王石达开自武昌赶回天京,责备韦昌辉滥杀无辜的行为,引起韦昌辉对其的杀心,为躲避追杀,石达开连夜逃出天京,但韦昌辉尽杀其留京家属及王府部属。石达开逃至安庆,召集部众4万,起兵讨伐北王,同时上书天王洪秀全,要求杀北王以谢天下,否则班师回京以清君侧。此时在天京以外的太平军大多支持翼王,北王情急之下攻打天王府,洪秀全和朝中大将因此认清韦昌辉的真面目,诛韦昌辉。后来洪秀全又派兵把秦日纲和陈承瑢押回处斩。长达两个多月的天京变乱(又称杨韦事变)终告一段落。

11月,石达开率兵回天京,接管军政内务。虽然其为扭转危局尽心尽力,却遭到了天王的猜忌,重用其兄弟以牵制石达开。1857年,石达开被激率部出走天京。

在这场天京事变中,东王杨秀清、北王韦昌辉先后被杀,翼王石达开出走败亡,严重削弱了太平天国的领导和军事力量。事变以后,太平天国内人心涣散,军事形势逆转,清军陆续在各战场得胜,太平天国的控制区大为缩小。

对于这次天京内讧的真实起因,史学界众说纷纭。通说有逼封万岁说(包括无诏擅杀说)、告密说(包括陷害说)、索取伪印说(包括索取金玺)、加封万岁说(包括故意加封说)、自居万岁说五种,一般说来"逼封万岁说"是较传统的说法,而"告密说"亦广为人支持。

"告密说"的支持者认为,"逼封万岁"说依据的史料主要是各种私人笔记,其原始叙述往往错谬百出,有违情理,因此很有可能只是以讹传讹的坊间传闻或政治谣言,"告密说"则可以在外国人的记载,以及清政府和太平天国的文书中找到根据,可信度更高。

在距离天京事变不到一年的1857年1月3日,一位外国人布列治门在《华北先驱周报》上发表了一篇通讯,说"先是杨秀清有一心腹部将为其亲信,不知何放,向洪秀全告密,洪立即召其心腹盟弟北王韦昌辉回兵勤王,一以保护其自己生命,次则以诛灭谋篡位者"。又说"缘那大僭窃者(指杨秀清自1849年起即自称得上帝附体,因而成为全军的实际元首),却被阴谋所算而被杀。人皆相信彼有奸谋欲弑天王而夺其位,他却被一同盟的高级人员所卖。对天王告密。而自告奋勇愿负扫除奸党之责。"

洪秀全于昏聩闭之中忽然醒悟。立即传谕召出征安徽之北王韦昌辉及方奔丹阳之顶天侯。或并有其他首领回京"。

持"告密说"的人认为，"告密"说与"逼封万岁"说是完全对立的。因为假如杨秀清是当着洪秀全的面逼封自己为"万岁"，则篡位意图已明显公开暴露，也不再存在有何"密"可"告"了。而假若采取"告密说"，则表明杨秀清一切活动都是秘密进行，不可能有公开的"逼封万岁"。麦高文的通讯中还指出了告密者是太平天国领导人物中的第八位。从洪秀全算起，第八位应是胡以晄，不过胡早在内讧之前已经病死，排除已死的胡以晄，第八位则应是朝内官领袖佐天侯陈承瑢。

在清政府的文书中也同样可以找到"告密说"的根据。据咸丰六年（1856年）十二月二十日江北大营钦差大臣德兴阿奏报：在韦昌辉被杀后，洪秀全又于十一月初一将燕王秦日纲与佐天侯陈承瑢处死，可见这三个人与此次天京内讧有关。韦昌辉、秦日纲是袭杀杨秀清并大杀其部属二万余人的罪魁祸首，处死自毋庸置疑。然而为什么陈承瑢也被处死了呢？很有可能就是因犯"告密"不实的陷害罪而被问罪。

另外，洪秀全在《踢英国全权特使额尔金记》中曾明确指出杨秀清是遭陷害而死的。这正与"告密"说相应，因为如若"告密"者告密不实，被"告密"者自然就会遭到陷害。诏中说："爷遣东王来赎病，眼蒙耳聋口无声，受了无尽的辛战，妖损破颈跌横。爷爷预先降圣旨，师由外出苦难清，期至朝观遭陷害，爷爷圣旨总成行。"

这意味着，杨秀清在遭受陷害后不久，太平天国曾公开为之平反昭雪，定杨秀清被杀之日为东王升节扎，简称东升节。洪秀全在《天历六节并命官富作月令诏》中说："天历三重识东王，降托东王是父皇，爷前下凡空中讲，爷今圣旨降托杨。七月廿七东升节，天国代代莫相忘，谢爷降托赎病主，乃埋世人转天堂。"

惹不起，躲得起

1864年，轰轰烈烈的太平天国运动落下了帷幕。从初期的势如破竹到最后的惨淡收场，太平天国一路走来，有一个名字是后世怎么绕也绕不开的。他攻无不克，战无不胜，令清军百万雄师闻风丧胆，就连晚清重臣曾国藩都是他的手下败将。这人就是太平天国"翼王"石达开，人称"石敢当"。

石达开是太平天国最具传奇色彩的人物之一。16岁时，洪秀全、冯云山邀其共图大计；19岁时，毁家纾难，统领千军；20岁时，晋封"翼王五千岁"。他本是曾国藩的敌手，在战场上，曾国藩每遇石达开，必一败涂地。1854年，太平军在西征战场遭遇曾国藩湘军的凶狠反扑，节节败退。湘军势如破竹，直逼湖口。石达开看出湘军最大的优势在水师，他想到当湘军水师进入湖口以后，用装满沙石的大船堵住航道,将湘军水师分割成两部分,然后分别攻击。这个计谋果真取得了成功。湘军大败,水师溃不成军,曾国藩愤而投江,被部下救起。从此,西线战事步入全盛。

之后,石达开挥师江西,4个月内拿下七府四十七县。由于太平军纪律严明、爱护百姓,江西人民争相拥戴,纷纷加入石达开的队伍,队伍人数很快就由1万多人上升到10万之多。1856年,他与曾国藩率领的湘军对阵于江西樟树,结果湘军大败。这时,石达开所率领的队伍已经从四面包围了曾国藩所在的南昌城,湘军全线溃败指日可待。

这时,石达开收到了天京发生内乱的消息,奉命班师回朝。回到天京却发现东王杨秀清已经被杀,他的上万部属也惨遭株连。石达开反对株连,韦昌辉却把他反对滥杀无辜的主张曲解成对杨秀清的偏袒。为了躲避韦昌辉的加害,石达开逃出天京,而他的家人和部属惨遭株连,无一幸免。

之后,石达开在安徽举兵靖难,天王下诏诛杀韦昌辉,并召石达开回京。石达开不计私怨,深得人心。后来,当他发现天王洪秀全对他心生疑忌之后,为了防止内讧再次爆发,他于1857年5月离开天京。

石达开的这次出走既是太平天国真正走向衰落的标志,也是他与王权彻底决裂的标志。

翼王石达开仍旧与太平天国运动相联结,这是事实。但是他已经把运动与天王分开了,他忠于太平天国,却不再忠于天王。太平天国一直都是他的梦想,他渴望"无处不均匀,无人不温饱",但残酷的现实却让他意识到,太平天国的性质已悄然间发生了改变。

洪秀全在天京滥杀无辜,他的每一刀都砍在了王权的骨子里。一开始,他起用杨秀清和萧朝贵,就用巫术排挤了冯云山。萧朝贵看清了洪秀全的真面目,所以金田起义时,洪秀全又跟杨秀清合作,排挤萧朝贵。永安建制本来是五王共和,结果却变为东王一边独大。而当洪秀全跟杨秀清合作时,杨秀清表面占尽上风,但实际上洪秀全一边故意让杨秀清表现出他的野心,一边煽动韦昌辉和石达开。韦昌辉和石达开均手握重兵,而且韦昌辉与杨秀清本来就有私仇。这样,洪秀全一下指令,韦昌辉就开始对杨秀清动手。韦昌辉不知道的是,他也不过是洪秀全手中的一枚棋子。洪秀全的本意就是在杨秀清死后挑起韦昌辉跟石达开的矛盾,借机置韦昌辉于死地。洪秀全诛杀韦昌辉看似是为了平民愤,其实是为了除去走向专制的绊脚石。

洪秀全知道,石达开是性情中人,他虽手握重兵,却不愿卷入任何权力斗争之中。

曾国藩像

曾国藩建立的湘军,成为与太平军作战的主力之一,他镇压太平天国起义手段残酷,被称为"曾剃头"。由于平叛有功,他一跃成为清统治集团中的实权人物。

为了找一个杀手,他又把目光投向了北王韦昌辉。北王韦昌辉和天王洪秀全一样,对东王杨秀清的飞扬跋扈多有不满。在洪秀全的默许之下,韦昌辉很快就动手了,他发动"天京事变"诛杀了杨秀清以及他手下的上万部属。

韦昌辉在洪秀全的默许之下大肆杀戮时,并没有想到,他一心效忠的天王,此时已经悄悄通知翼王石达开,要他回来安定局面。这直接导致韦昌辉和石达开互相猜疑。石达开要求韦昌辉停止杀戮,韦昌辉却以为石达开是在偏袒杨秀清,并将手中的刺刀伸向了石达开。为了躲避韦昌辉的杀害,石达开离开了天京,但杀戮却蔓延到了他的家里。

一切都在按着洪秀全计划的方向发展,他成功离间了韦昌辉和石达开,韦昌辉的残暴杀戮也成功激怒了天国的将士。很快,石达开就举兵靖难,要求天王诛杀韦昌辉。为了"平民愤",洪秀全将刺刀伸向了韦昌辉。至此,通往专制路上的绊脚石已经只剩下一个翼王石达开了。

聪明的石达开早就看清了洪秀全的意图,也明白自己此时的处境。他知道,如果继续留在天京,他只有两个选择,一个是等着被洪秀全害死,一个是起兵取而代之。他既不想死,也不想再次内讧,所以只好离开。

离开天京之后,他转战江西、福建等地,后来又率军前往湘贵川一带。由于军心涣散,石达开的队伍渐渐陷入困境。

1863年,清军在大渡河南岸的紫打地包围了石达开的部队,2000多名起义军被诛杀。石达开被捕后,遭凌迟之刑。在行刑的过程中,他始终昂然挺立,神色怡然,至死都没有发出一声呻吟。

空想的资本主义

洪仁玕,字吉甫,号益谦,是太平天国后期重要将领。他是太平天国天王洪秀全的同高祖族弟。

洪仁玕于1843年参加拜上帝会,之后,便开始协助洪秀全在广东花县一带宣传教义。1851年,金田起义爆发的消息传来,洪仁玕立即率人从花县西上金田,打算投入到革命的浪潮之中去。可当他到达金田时,太平军已经转移到别的地方了。而且,当时清政府严厉打压太平军,洪仁玕从军的愿望没有实现。

1852年,为了躲避清军的追捕,洪仁玕逃到了香港。不久之后,因为谋生问题,他又返回了内地。1853年11月,洪仁玕再次离开内地去往香港。他在西洋牧师处一边任教,一边自学。为了投身革命,1854年春天,他打算从香港出发,取道上海去往天京,却因受到清军阻拦而失败。之后,他又重新回到香港。

这次,洪仁玕在香港一连待了4年,他在教书的同时还担任伦敦布道会道师。这期间,他开始接触西方资本主义。在认真研读了欧美许多自然科学和社会政治学著作之后，他更加深刻地认识到了清王朝的腐败本质和封建主义本身的落后性。在流亡期间，他并没有忘记自己追随革命的理想。为了日后能够辅佐洪秀全，让中国变得富强，他认真研究英美等发达国家的政治制度，探究它们富强的内在原因。这4年的积累，让洪仁玕在思想上一直保持了高度的先进性。

1859年4月，洪仁玕历尽艰险之后，终于从香港抵达天京。洪秀全见到他之后，非常高兴，不久，便封他为开朝精忠军师顶天扶朝纲干王，并开始让他着手总理朝政。从此，洪仁玕便成为天王洪秀全的重要帮手。

洪仁玕在天京总理朝政之后，开始施展他的抱负。为了使太平天国摆脱面临的重重危机，重新振兴革命，洪仁玕根据他早期在香港、上海等地所学西方文化，结合当时太平天国当时的状况，向洪秀全提出了一个政治纲领，这就是《资政新编》。《资政新编》的内容涵盖了政治、经济、法律等各个方面，是一套非常完备的学习资本主义的方案。

《资政新编》立论的主要依据是为证必须要适应形势。它所蕴含的政治法律思想是洪仁玕精神的结晶。《资政新编》既有资本主义的痕迹，又带有明显的民主与科学思想。洪仁玕认为："事有常变，理有穷通，故事有今不可行而可豫定者，为后之福；有今可行而不可永定者，为后之祸……其要在于因时制宜，审势而行。"

他的政治主张主要包括"设法"与"用人"两个方面。设法指的是制定法律制度。洪仁玕认为设法是立政的关键，"设法不当，足以害人"。在"设法"方面，他提出了许多非常有创意的主张。

为了改变社会风气，他建议以"自上化之""教导官亲自教化"等方法革除陋习，改变腐败的生活方式，主张禁止养鸟、斗蛐蛐、男子留长指甲、女子裹足等行为。他主张引进西方资本主义国家先进的科学技术，提倡兴建医院、学校、礼拜院等。

洪仁玕非常重视法律和教化之间的相互作用。他认为："昭法律，别善恶，励廉耻，表忠孝，皆借此行其教也，教行则法著，法著则知恩，于以民相劝戒，才德日生，风俗日厚。"也就是要使人们走上正轨，应该从教育感化入手。为了防止人们心生恶念，触犯法律，必须要先对他进行教育，"必先教以天条，而后齐以国"。

在刑罚上，他认为应该"恩威并济"，主张善待犯罪情节较轻的犯人。他反对凌迟、腰斩等酷刑，为了废除酷刑，他还提出了大罪当诛者用大架子吊死的主张。对于中国存在了许多年的株连，他也持反对态度，他认为，"罪人不孥，若讯实同情者及之，无则善视抚慰之，以开其自新之路。若连累及之，是迫之使反也"。

立法是《资政新编》全书的核心。洪仁玕认为，"所谓以法法之者，其事大关世道人心，如纲常伦纪，教养大典，则宜立法以为准焉……立法善而施法广，积时久而持法严，代有贤智以相维持，民自固结而不可解"。可见，立法在他心中是多么重要。他还举出实例来说明立法的重要性，他认为英国之所以成为当时最发达的国家，就是因为英国的法律制定得好；俄国之所以在近百年来越来越强，是因为他们效仿了法国的法律制度。同时，因为看到日本与美国通商，他还预言日本会学习美国的科学技术和法律制度，很快崛起。

洪仁玕认为立法非常关键，所以，立法的人"必先经磨炼，洞悉天人性情，熟谙各国风教，大小上下，源委重轻，无不了然于胸中者，然后推而出之，乃能稳惬人情也"。也就是说，立法的人必须是个有知识的人，而且要非常了解资本主义国家的情况。而他所提出的立法的基本原则则是：法律的大纲一定不能改变，细小的地方可以根据不同情况进行小的修改。

在用人方面，洪仁玕的见解也非常独到，他认为"朝廷封官设将，乃以护国卫民，除奸保良者也。倘有结盟联党之事，是下有自固之术，私有依恃之端，外为借公济私之举，内藏弱本强末之弊。为兵者行此而为将之军法难行，为臣者行此而为君之权谋下夺"。可见，他认为，在太平天国内部极不团结的情况下，只有禁止朝臣结党，加强中央政府的领导权，才能让太平天国走出困境，重新振兴。

《资政新编》是洪仁玕认真研究西方资本主义制度之后，提炼出的精神结晶。它是太平天国后期非常有建设性的纲领性文件。与太平天国的斗争纲领——《天朝田亩制度》一样，《资政新编》也超越了当时的客观实际，带有很强的空想性，所以，它最终也没有真正实行过。

回光返照，大势难返

太平天国经历了天京事变之后，元气大伤，而正是在这一阶段，崛起了两位太平军领袖，一个为李秀成，一个为陈玉成，前者被封为忠王，后者被封为英王。

李秀成，1823年出生于广西藤县大黎里新旺村，初名以文。家境贫寒，无田无地，受人鄙夷，和父母一起寻食度日，生活之艰难可想而知。成年之后，洪秀全的拜上帝教给生活毫无希望的李秀成带去了希望。就此，李秀成于清道光二十九年（1849年）加入了拜上帝教，对洪秀全及其教旨十分崇敬，并于两年之后义无反顾地加入起义的太平军。

在军营里，李秀成充分地发挥了自己的军事才能，作战勇敢，擅用计谋，从一个普通士兵迅速地成长为青年将领，成为杨秀清座下猛将之一。咸丰三年（1853年），太平天国定都天京，李秀成被擢升为右四军帅。数月之后，李秀成又升任为四监军。同年十月，石达开带着李秀成前去安庆安抚民心，李秀成"逢轻重苦难不辞""修营作寨，无不尽心"。次年春，便被提拔为二十指挥，前往庐州镇守。

随着太平天国运动的风起，清政府开始下大力气进行镇压，派出将领吉尔阿和总兵张国梁到了镇江，全力镇压太平天国，从而威胁天京。为解镇江之围，李秀成和秦日纲、陈玉成等人于咸丰六年（1856年）二月前往镇江进行救援。

陈玉成，清道光十七年（1837年）出生于广西藤县大黎里西岸村，初名丕成，天王洪秀全嘉其忠勇，改名玉成。和李秀成一样，陈玉成也是农民出身，家中上无片瓦下无立锥之地。从小便是孤儿的陈玉成，只能和叔父陈承瑢相依为命，艰难度日，后来在叔父的带领下，陈玉成于咸丰元年（1851年）参加了金田起义。

参加起义后的陈玉成做了一名童子军，积极苦练，成就了一身好枪法，很快便坐上了童子军首领的位置。此后，其骁勇善战之名鹊起，为太平军核心将领所知晓，并在参加起义两年后，当上"左四军正典圣粮"，主管军粮。

咸丰四年（1854年）六月的一场战役，让陈玉成震慑三军。当时太平军西征攻取武昌，清军负隅顽抗招致太平军久攻不下，幸得陈玉成"舍死苦战，攻城陷阵，矫捷先登"，为了能够尽早地攻取武昌，打敌人一个措手不及，陈玉成亲率五百"天兵缒城而上，以致官兵溃散，遂陷鄂省"。

就这样，年仅18岁的陈玉成立下战功，被提升为殿右三十检点（位在丞相以下），统领后十三军及水营前四军，也赢得了"三十检点回马枪"的美称。此后，陈玉成更是连战连捷，声名如日中天，两年之后，便被提拔为冬宫下丞相。

此时，李秀成的地位虽然难以企及陈玉成，但是陈玉成却早就知晓了李秀成的名声，再加上燕王秦日纲，三人都不约而同地相信，太平军有能力打败清军，解开镇江之围。然而，当秦日纲大军前往救援镇江之时，竟然遭到了清军的顽强阻截，双方僵持不下。于是，陈玉成不惜以身犯险，坐着小舟前往镇江，与当地守将吴如孝取得联系。李秀成则巧出奇兵，带三千人趁黑夜越过汤头岔河，双方大军内外夹击，将吉尔杭阿杀得大败，镇江之围就此解开。

后来，二人又在石达开等各路大军的通力协作下，一举拔除了威胁天京的清军"江南大营"。经过长达四昼夜的激烈战斗，清军统帅向荣败逃丹阳，太平军紧追不舍，上天无路入地无门的向荣只能自缢而死。

天京事变后，太平天国由盛转衰，清军遂加紧了对于太平军的攻势，在石达开的部署下，太平军稳守要隘，伺机反攻，陈玉成、李秀成、杨辅清、石镇吉等后起之秀开始走上一线，独当一面，天京变乱以来造成的被动局面逐渐得到扭转。洪秀全也开始重新建立全新的领导核心。

咸丰八年（1858年），洪秀全恢复前期五军主将制，陈玉成和李秀成分别担任了前军主将和后军主将。同年8月，陈玉成、李秀成约集太平军各地守将在安徽枞阳会合，在多方通力合作和奋力拼杀下，终于瓦解了清军合围天京的江北大营。

正当李秀成和陈玉成二人在战场上舍生忘死时，洪秀全封其族弟洪仁玕为干王。洪仁玕尚无尺寸之功就受此封号，多少让人有些不服。清军看到了机会，遂向李秀成写了一封信，劝他投降清政府。然而，这封信却最终落到了洪秀全的手中，洪秀全大惊之下，遂将李秀成的母妻押当，而且还不让李秀成返回天京。此时，李秀成依然在浦口与清军生死力战，作战骁勇，忠贞不渝。洪秀全逐渐消除了疑虑，并亲书"万古忠义"四字送给李秀成，敕封其为忠王。

不久，清军卷土重来，以江南大营为根据地，全力进攻太平军。李秀成遂奉命率精兵从浦口出发奇袭杭州。在李秀成浑然天成的指挥下，太平军很快攻克杭州，更引

天京失陷

由于天京事变破坏了太平天国内部团结，削弱了军队战斗力，加速了太平天国灭亡的进程。1864 年 7 月，天京失陷。太平天国运动历时 14 年，战火烧及 10 多个省，大大影响了后人的反清斗争。

得江南大营统帅和春前往救援。如此引蛇出洞，江南大营瓦解。此后，李秀成开始全力进攻苏州和常州地区，而湘军则趁机围攻安庆。安庆是仅次于天京的政治、军事中心，其得失对于太平天国成败举足轻重。于是，洪秀全让陈玉成所部从长江北岸进攻武昌，而李秀成的军队则从南岸进攻，清军惊恐万状。

很快，李秀成便攻下了武昌县，然而另一边的陈玉成却在集贤关等处作战失利。此前李秀成便执意不肯西征，只是碍于洪秀全的权威被迫如此，得知了这个消息后，李秀成立马带领大军撤出了湖北，双方大军会师的计划就此落空，更为严重的是，安庆的局势更加危急。洪仁玕指责其"弃而不顾，徒以苏杭繁华之地，一经挫折，必不能久远"。果然不出洪仁玕所料，尽管天京方面付出了巨大的努力，最终安庆还是陷落了。

安庆失陷后，陈玉成率部镇守庐州，"请命自守"，同时打算分兵扫北，"由汴梁直取燕京，共归一统"。然而此时，陈玉成的处境也极为不妙，一方面，洪秀全对其做了革职处分；另一方面，清军多隆阿部加紧进攻。后来，陈玉成抛弃庐州北去，到达早就暗投清政府的苗沛霖所在的寿州。

《被掳纪略》记载：苗将英王陈玉成上来。英王上去，左右叫跪。陈玉成大义凛然道："尔胜小孩，在妖朝第一误国庸臣。本总裁在天朝是开国元勋，本总裁三洗湖北，九下江南，尔见仗即跑。在白云山踏尔二十五营，全军覆灭，尔带十余匹马抱头而窜，我叫饶你一条性命。我怎配跪你？好不自重的物件！"面对敌人的威逼利诱，陈玉成不为所动："大丈夫死则死耳，何饶舌也！"同治元年（1862 年）6 月 4 日，陈玉成于河南延津就义，时年 25 岁。

另一边，李秀成在进攻上海之时，重创了英法干涉军和洋枪队，不久之后又破清营 30 余座，收复嘉兴，并在浙江慈溪一战中打死"常胜军"头子华尔。此时，局势渐渐不利于太平军。随着陈玉成的身死，太平军士气受挫，中外联合，将太平军的根据地打得越来越小。

此后，清军围困天京，李秀成多次尝试救援未果，只能向洪秀全建议："京城不能守，曾帅兵困甚严，濠深垒固，内少粮草，外救不来，让城别走。不如舍天京，尽弃苏浙两省地，御驾亲征，直趋北方，据齐、豫、秦、晋上游之势以控东南。其地为妖兵水师所不能至，洋鬼势力所不能及，然后中原可图，天下可定也。"不过，他的建议遭到了洪秀全的拒绝。

同治三年（1864年）6月1日，洪秀全久病不治而死，天京城很快陷落，李秀成也在天京城外东南的方山被清军擒获。太平天国运动就此一蹶不振。

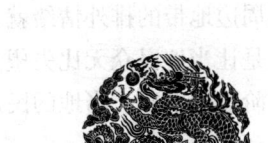

第三章
签到手软的各色条约

鸦片战争的硝烟未散,第二次鸦片战争的炮火再度来袭。《天津条约》《北京条约》《瑷珲条约》……一个个不平等条约的签订,让原本飘摇的大清变成了风中残烛。

英军轰不开的城门

《南京条约》签订以后,大喜过望的英国人以为从此打开了清帝国这个古老神秘国家的大门,举国上下欣喜若狂,但令他们没有想到的是,在合约签署后的7年之内,他们所要解决的首要问题,居然是要如何进入广州城。

自从鸦片战争以来,广州及其周边地带的排外情绪就空前高涨。特别是清政府官员在鸦片战争中无能懦弱的表现更是让当地民众无比失望。他们自发组织了团练,维护地方社会的安定团结。通过士绅阶级的串联,当地的民众对英国人的抵制和仇恨情绪达到了空前绝后的高潮。

此时清政府负责办理善后和通商事宜的是钦差大臣、两广总督耆英。他遵循清政府中庸之道的一贯政策:一方面,他不能让英国人得寸进尺,否则清政府统治的合法性就会受到民众的质疑,甚至引发叛乱;但另一方面,他又不能不对英国人表示一定程度的妥协,否则英国的军事威胁也颇为令人头疼。

在《南京条约》签订之后,耆英本想按照《南京条约》的规定和英国人的要求,将广州向外国人开放,但英国人自己却并没有表现出一定程度的克制以配合耆英开展说服当地民众的工作。1842年年底,有一个印度籍炮手和当地小贩发生争吵并将其刺死,愤怒的民众自发组织起来,打砸了英国商馆。耆英不得不出动兵力镇压了这一次暴动。因为这个缘故,1843年,耆英打算宣布开放广州城的决定遭到了当地人的激烈反对,当时的英国公使璞鼎查也不得不暂时放弃了立刻入城的打算。

1844年,德庇时接任英国公使。他是强硬派的代表,上任一年以后,便向耆英直截了当地提出进入广州城的要求,他认为清政府是在蓄意搪塞拖延。面对咄咄逼人的德庇时,耆英只好与英方于1845年下半年陆续举行了一系列会谈。英国驻广东领事马额峨是英方谈判的首席代表,在他最终以拒绝向清政府归还舟山群岛威胁时,耆英只好屈服。1846年初,耆英发布通告,宣称外国人将进入广州城。

然而出乎耆英的预料，当地百姓对这一通告表现出空前的抵制。就在官方通告发布的第二天，大街小巷就出现了大量的揭帖，声称洋人进城一步，定然格杀勿论。由于事机不密，广州知府刘浔在耆英的授意下正在与英国人商谈进城的具体日期这一秘密被泄露了出去。得知此事的当地民众在刘浔结束会谈返回衙门的时候借机发难，他们高呼"官方清道以迎洋鬼，其以吾民为鱼肉也"，并且指斥刘浔"彼将事夷，不复为大清官矣"。愤怒的民众冲进了知府衙门，烧掉了刘浔的官服，刘浔落荒而逃。

民众的怒火让耆英如坐针毡，他不得不贴出告示宣称支持民众的态度，并且声称先前的举动只是考验一下民众的爱国热忱。道光皇帝的谕旨也仍然含糊其词地表示了对当地民众态度的重视。在这种情况下，英国人只好暂时放弃了入城的要求。

可是英国人的妥协来得太晚，洋人和当地民众之间的关系已经极其恶劣。1846年7月，英国商人康普顿同当地小贩发生争执，民众包围英国商馆，被英国商人打死3人；1847年3月，6名英国人在佛山遭到村民投掷石子；1847年12月，发生了著名的黄竹歧事件：6名英国人在黄竹歧遭到了村民的袭击，全部被乱刀砍死。

此时的耆英已经心力交瘁：他要为每一次民众和英国人的冲突善后，但却没有任何一边领他的情。他对英国人的安抚在当地人看来都是姑息迁就，而他对乡民的劝告说服在英国人看来却根本起不到任何作用。1848年，力不从心的耆英最终被道光皇帝撤职，由徐广缙接任他的职务，叶名琛则接任广东巡抚。而与此同时，乔治·文翰也接替德庇时成为新的全权公使与香港总督。

和宗室子弟的耆英不同，徐广缙的士绅背景让他更容易站在群情激愤的当地百姓一方，因而他对英国人的态度就更加强硬。文翰上任伊始，就和徐广缙讨论英国人进入广州城的可能性。原来早在1847年时，英军曾经再次攻占虎门炮台，彼时的耆英和德庇时签订了《虎门协定》，双方达成共识：英国人可以在两年以后，即1849年进入广州城。如今时间将到，文翰故而拿出《虎门协定》，要求徐广缙履行条约。

在徐广缙看来，《虎门协定》并不是两国政府之间的正式外交协议，而仅仅是耆英个人的外交政策，因此它理所应当随着耆英的下台而废止。现在要怎么办，还要他自己说了算。无奈的文翰只好重新与徐广缙进行谈判。

1849年2月，双方在英方的军舰上举行谈判。据清朝一些野史的记载，英国人从一开始就安排了将徐广缙扣押作为人质，借此逼迫清政府开放广州城的阴谋，但是在当地团练的援救之下，最终没有得逞。其实事情并没有那么复杂，文翰只是邀请徐广缙进入其舱房进行私人谈话，并且在第二天赴水师衙门进行了回访。

徐广缙与他的前任最大的不同，就是首次公开支持了团练的存在。团练是当地士绅组织的民兵组织，在鸦片战争中曾经有效地抵御了英国人的进攻。但由于担心失控，清政府一直都对团练采取"不反对不支持"的态度。徐广缙则公开要求城乡居民组织团练。受此鼓舞，团练迅速壮大起来，一度达到10万之众。

远在北京的道光帝曾经一度担心要求得不到满足的英国人重启战事，像鸦片战争一样，绕开广州，把军舰开到北部沿海，直接对北京构成威胁。因此下旨要求徐广缙允许英国人入城，让他与文翰商议具体日期。有了10万团练做后盾的徐广缙坚决反对皇帝的建议，他将广州当地民众群情激愤的状况汇报给道光帝，说此时如果允许英国人进入广州，无疑会导致"内外交讧"的动乱局面。面对文翰屡次的催促和百姓要求立即拒绝的压力，徐广缙决定赌一把。他告诉文翰，皇帝已有圣旨，"决不能拂百姓以顺远人"，拒绝了英国人进城的要求。

徐广缙的赌博无疑是冒险的，矫诏属于大逆不道的罪名。幸运的是他赌对了。在叶名琛的劝说之下，道光帝改变了主意，他决定听从徐广缙的意见，并下发谕旨要求徐广缙自行处理。面对清政府的态度和十余万严阵以待的民众，文翰感到无可奈何。

1849年4月6日，是《虎门协定》中英国人入城的日子，然而这一天广州城并没有出现任何一个英国人的身影。道光皇帝对这场外交胜利给予了极高的评价，徐广缙受封一等子爵，赏双眼花翎；叶名琛受封一等男爵，赏单眼花翎，当地民众被授予"众志成城"的匾额。而当地民众也将这次胜利视作徐广缙和叶名琛领导有方的结果，为他们树碑纪念。

英国方面则为清政府的出尔反尔勃然大怒。巴麦尊随即发表了著名的"威吓的棍子"的讲话："这些半开化的政府，每八到十年就需要整整队，以使他们不要乱了套。"英国人并不甘心这样的失败，7年之后，在第二次鸦片战争中，他们终于卷土重来，占领了广州城。

中国商船，一个入侵的借口

鸦片战争之后，清政府分别同英国、法国、美国签订了不平等条约。英国人自从17世纪开始就在全球范围内殖民，对于如何软硬兼施、巧取豪夺颇有心得——对国际法一无所知的清政府怎么是英国人的对手呢？利用这一点，英国人在《五口通商附粘善后条款》——也就是通称的《虎门条约》中添加了这样一条："将来大皇帝有新恩施及各国，亦应准英人一体均沾，用示公允。"仍然沉睡在天朝上国的迷梦中的清政府并没有意识到，在朝贡话语的背后，其实是不平等的掠夺，这就是所谓的"片面最惠国待遇"；很快，美国人和法国人都利用这一条款获得了原本在《黄埔条约》和《望厦条约》中没有获得的各种权利。

美国紧随英国的脚步不甘示弱。《望厦条约》中签订了这样一条特殊的条款："合约一经议定，两国各宜遵守，不得轻有更改，至各口情形不一，所有贸易及海面各款恐不无稍有变通之处，应十二年后，两国派员公平酌办。"由于片面最惠国待遇"一体均沾"，英国、法国均自动获得了这一修约的好处。于是，第一次鸦片战争刚结束的时候，第二次鸦片战争的导火索其实就已经点燃了。

清政府并不是不知道这一潜在的危险。早在咸丰三年（1853年），接任徐广缙任两广总督的叶名琛就提醒咸丰帝，英国人可能会提出修约的要求，然而当时的清政府正深陷于太平天国战争的泥淖中，焦头烂额，根本无暇顾及。1854年，英国和美国同时更换公使。叶名琛自然明白这可能是两国要求修约的前奏，咸丰帝也嘱咐叶名琛"不动声色，加以防范，随机应变，以绝其诡诈之谋"。

叶名琛当初在广州的反入城斗争中就站在徐广缙一边，力劝道光皇帝强硬对待英国人。他和徐广缙都属于强硬派，怎么可能妥善处理洋人的要求呢？叶名琛对待英国与美国的招数只有一招：概不接见这些外国公使。无论对手如何要求谈判，叶名琛只是打发人传一句话："叶总督并未奉有谕旨办理变通事宜。"

在叶名琛那里碰了钉子的三国公使无可奈何，只得跑到上海，和两江总督和江苏巡抚见面，企图在这里找到突破口。因为两江地区的高级官员和叶名琛政治立场不同，反而和耆英比较接近，主张对洋人怀柔，因此三国公使的话对他们比较有说服力和威慑力。三国公使威胁道，如果在上海也无法解决问题，他们就自己进京谈判。

对于清政府来讲，洋人让其最为头疼的一点就是他们永远也不能按照"礼"来规范和约束自己的行为，而失礼的行为往往又带有威胁清政府统治的意味。三国公使要求自行进京的要求恰恰就属于这个范畴。果然，两江官员动摇了，江苏巡抚吉尔杭阿建议咸丰帝接受修约的要求。可是这个时候，叶名琛的奏折也到达了北京。他听说洋人北上，便主动向咸丰帝建议，不要理睬洋人的讹诈，将他们遣返回广州，并声称他自有"羁縻"的妙计。自清道光二十八年（1848年）的广州反入城斗争取得胜利以来，咸丰帝根本不相信受挫的洋人还能掀起什么波澜，因此他两相比较，还是决定相信叶名琛，驳斥了吉尔杭阿的奏折。

要求未被满足的三国公使决定履行前言。1854年八月，英国公使包令与美国公使麦莲乘坐军舰抵达天津大沽口，法国军舰由于正在修理未能同行。这一招果然让清廷大惊失色，咸丰只好派桂良赴天津阻拦，包令和麦莲趁势各自提出十八条和十一条方案，要求订立新约。可是这时候咸丰帝一见英国人和美国人没有用武力强行通过大沽口，胆子又大了起来，一口回绝了包令和麦莲，并告诉他们，大部分条件都不能接受，至于可以商量的小部分条件，也要回到广东去谈。

此时，美英两国都没有做好战争的准备，包令和麦莲只好乖乖地返回了上海和广东。

至此，英国人和法国人已经不再寄希望于通过外交手段进行修约，而美国人还没有放弃。咸丰六年（1856年），美国公使换成了巴驾，这位巴驾原来是个传教士，后来担任了外交官，算得上是个中国通。他想凭一己之力说服清廷修约。为此他讨要了一份美国总统的国书，先后同两广总督、闽浙总督、两江总督接触，想通过这些高级官员面见皇帝，但是咸丰帝对巴驾的数次要求都予以拒绝，甚至将总统的国书退给了巴驾。巴驾虽然深感恼火，但也没有更好的办法，只好返回广州。

经过两次修约风波，英美法三国公使算是统一了口径，对于清政府，除了用武力让其屈服，没有更好的办法了。

卷土重来

亚罗战争

咸丰六年（1856年）九月初十，清广东水师在广州江面上检查了一艘名为"亚罗"号的船，逮捕了船上12名涉嫌水手。这纯系中国内政，与英国毫不相干，但英驻广州领事巴夏礼闻讯后，遵照英国政府的指示，以"亚罗"号曾在香港登记，属英国船为由，要求释放全部被捕水手，被水师官员拒绝。于是，巴夏礼一面向公使包令报告，捏造水师官兵在逮捕水手时扯下了船上的英国国旗，污辱了英国的尊严；一面致函两广总督叶名琛，要求赔礼道歉，释放被捕人员，并保证今后不发生此类事件。这就是"亚罗"号事件的大致内容。

"亚罗"号是一艘划艇，咸丰四年（1854年）在中国造成。它的设计者是中国人苏亚成，该划艇综合了中西合璧的样式。后卖给居住在香港的中国人方亚明。咸丰五年（1855年）八月十七日，该船在香港殖民政府注册，取得了为期一年的执照，并雇用了一名爱尔兰人为船长，但水手全都是中国人。到"亚罗"号事件发生时，其执照已过期12天，按法理，已不再受香港政府的保护，但英国官员却对清政府隐瞒了实情。更为重要的是，"亚罗"号是一艘海盗船，也是一艘走私船，多次在海上进行抢劫、走私活动。澳门政府曾经发现这艘船的海盗活动，并想把它扣留下来，但它却侥幸逃脱了。清水师官兵正是得到了几天前在海上被劫商人的举报，才检查并扣押这条船的。被捕的12人中，有两名是臭名昭著的海盗。

按照英国的航海惯例，船舶进港停靠后，需降下国旗，等到离港时再升起。当清朝水师官兵上船搜查时，该船的船长正在另一艘船上用早餐，该船也未做任何开航前的准备。也就是说，此时船上若升起国旗，那只能是意味着水手们反叛船长，准备潜逃了。清水师官兵说搜查这艘船时并没有见到船上升有国旗，但该船船长一口咬定他在远处看见了扯下国旗的全过程。作为海盗船的船长，他的证词疑问丛生、破绽百出。

退一步来讲，即使"亚罗"号的执照尚未过期，即使"亚罗"号从事的不是走私和海盗活动，即使清水师官员扯下了英国国旗，中英之间如此微小的纠纷，通过协商也是很容易解决的。但巴夏礼、包令却一味扩大事态，乘机讹诈，用包令自己的话来说，就是"希望能在混水中摸一些鱼"。九月十二日，即事件发生的两天之后，叶名琛答应释放水手9人，并将获犯送到英领事馆，但巴夏礼百般挑剔，拒不接受。十四日，巴夏礼根据包令的训令，提出两天内释放人犯、赔礼道歉的无理要求。叶名琛拒绝。十八日，包令照会叶名琛：如果你们不尽快答应我们的条件，弥补你们的错误，那么休怪我们命令我国水师攻城，将和约中没有答应的入城、租地等事项变成事实。二十三日，巴夏礼限叶名琛24小时内承认其条件，否则攻城。叶名琛答应释放水手10人。次日，叶名琛答应释放全部水手，但因本国水师并未将船上的英国国旗扯下，所以不答应赔礼道歉一项。于是，包令即将事务移交英驻东印度及中国区舰队司令西马縻各厘手中，令其进攻广州。亚罗战争，即第二次鸦片战争开始了。

九月二十五日，西马縻各厘率英舰3艘，突然闯入珠江，越过虎门，攻占广州东郊的猎德等炮台。叶名琛此时正在观看武乡试，闻讯后说："肯定不会有事的，傍晚时他们自会离开。"叶名琛下令水师战船后撤，并不准放炮还击入侵的英国军舰，言毕继续观看骑马射箭。二十六日，英军攻占南郊凤凰冈等处炮台，叶名琛仍不动声色，继续观看武乡试。二十七日，英军占领海珠炮台、商馆等处，兵临广州城下，叶名琛这才下令中断中外贸易，企图以此制裁英国。二十九日，西马縻各厘照会叶名琛，提出入城要求，叶名琛没有给他答复。恼羞成怒的西马縻各厘下令于当日下午炮轰两广总督衙署。署内兵役逃匿一空，而叶名琛端坐二堂，毫无惧色，并发布告示：要求广州军民齐心协力、痛加剿捕，不论是谁，杀死一名英军可以得到30元赏银。三十日，英军炮轰新城城墙，到傍晚的时候，城墙就轰塌了一缺口，叶名琛仍不为所动。十月初一下午，100多名英军攻入新城。叶名琛于当日上午因去文庙烧香，听到新城被英军攻入的消息后，暂时躲避在新城的巡抚衙署。当晚，西马縻各厘因兵力不足，无法占据广州，不得不从城内撤兵。此后，英军连续炮击广州，并三次照会叶名琛，仍旧提出道歉、入城等无理要求，叶名琛在三次回复中照样加以拒绝。初九，西马縻各厘照会叶名琛，表示断绝两国友好关系，并于十三日攻毁猎德炮台，十五、十六日攻占虎门各炮台。二十日，英国公使包令前往广州，要求进城与叶名琛会见，被叶名琛一口拒绝。

与前一次战争相比，叶名琛这次的举动可以说是擅权自专。其中最重要、最突出的表现是，他不但很少向咸丰帝请示，甚至不及时报告广州所发生的重大情况。远在京城的咸丰帝，当时并不知道广州发生了什么事情，仍把注意力集中在到上海谈判修约的美国公使身上。迟至十一月十七日，也就是"亚罗"号事件发生两个多月后，咸丰帝才收到叶名琛关于"亚罗"号事件的奏折。叶名琛和当年鸦片战争时的杨芳、奕山一样，在奏折中隐瞒吃了败仗，只说是自己这一方打胜了。他谎称击退英军进攻，毙伤英军400余名，并称：调集两万多名水陆兵勇就足够堵截剿灭英军了。在此错误情报的影响下，咸丰帝自然无法做出正确的决策，他命令叶名琛：如果英国连吃败仗之后，自己知道不该惹祸而前来要求停止战事的话，你只要想方设法控制他们的行动，消除争端就行了。如果他们仍然任意胡作非为，你万万不可迁就他们，和他们议和，不要像耆英等人那样做出迁就议和的误国的下策，以致开启他们向朝廷要求权利的祸端。咸丰帝认为叶名琛熟悉英国的情况，一定有驾驭他们的办法，下令让他相机行事。当年在鸦片战争中因弹劾琦善私许香港而名噪一时的怡良，此时任两江总督，他通过上海这一窗口了解了广东战争，但因叶名琛为咸丰帝的宠臣，不敢说明实际情况，只是将广东的战况委婉地在奏折中加以说明。咸丰帝全然不信，让怡良不要被眼前的情况所迷惑。

叶名琛如此办理，一方面是因为遍及半个中国的太平天国运动浪潮，使朝廷忙得没有喘息之机，无兵无饷又无主见，地方官上奏往往不能奏效，反会获罪，隐匿实情不报或谎报军情已成为地方官的常情；另一方面是因为叶名琛自以为抓住了英军的老底,只不过是借"亚罗"号事件来进入广州城,英军的进攻只不过是道光二十七年(1847年)英军行动的重演。反对入城是叶名琛起家的根本,他绝不可能轻易让英军进入广州城。于是,他采用清道光二十九年(1849年)的老方法,以断绝通商、兴办团练来对付英国,使自己不致重蹈当年耆英在英国兵威下屈服的覆辙。他认为,包令、巴夏礼不过是虚张声势,恫吓一下而已。西马縻各厘的几艘军舰能量有限,只要清军能够坚持到底,英方必无计可施,自然会撤退。因此,尽管英方的炮弹和照会纷纷交过来,叶名琛仍不为所动。"镇静"成为他对时局的态度和对策了。

广州附近的水陆战事,虽是英军常占上风,然而英国由于兵力不足,无法长期作战,所以常处在打打停停的状态。西马縻各厘于十二月先从商馆把军队撤到南郊凤凰冈,又从凤凰冈再退出珠江。叶名琛以为其"镇静"的计策产生了作用,得意扬扬,于1857年正月上奏,说在水陆战中都打了胜仗,现在英军的情况处于不利地位。咸丰帝对此深信不疑,谕令叶名琛:如果英军首领自知理亏,对所犯的罪行表示悔恨,要求议和并不再提起进城的事的话,你只可答应他们的请求,消除兵端,但不可迁就他们,以免他们故态复萌,肆意要挟我大清国答应他们的过分要求。战场上受挫的清王朝,此时竟幻想并等待着英国的求和!朝廷的决策与广东的实际,完全南辕北辙。而咸丰帝不准"迁就"的谕旨,也使叶名琛只能硬着头皮撑到底。三月,叶名琛第三次向咸丰帝谎报胜利。此后,他干脆连报都不报了。咸丰帝在北京等得心焦,于五月下旨,令叶名琛将近况详细并全部奏报上来,以便令他放心。而在此时,100艘广东水师船和雇来的红单船在珠江上被17艘英舰打得大败,广州外围炮台纷纷被英军占领,广州城实际上已经处于内江无战船、外围无炮台、孤城困守的局面,而叶名琛的第四次奏折,仍然不据实报告。主管对外事务的钦差大臣叶名琛,正是用欺瞒蒙蔽咸丰帝的办法,成为清政府对外政策的决策人,使清王朝在完全不知情之中,再次卷入大规模的战争。

亚罗战争,是第二次鸦片战争的开始。严格来说,它还不是中英两国之间的全面战争,而只是广东清军与英军的较大规模的军事冲突。但是随着冲突的升级,全面战争也随之爆发了。

英法联军攻陷广州

"亚罗"号事件的消息传到伦敦之后,英国政府全力支持包令、巴夏礼的战争行动,并准备调遣军队,扩大战争。此时的英国首相,正是鸦片战争时期任外相的巴麦尊。他一直主张武装侵略中国,扩大英国在华利益。但是英国议会中许多人持不同的意见。咸丰七年(1857年)二月,上院一议员提出一项议案,谴责英国在华官员擅用武力,经过辩论,这项议案以110票比146票被上院否决。巴麦尊政府以36票的优势获胜。此时,下院一议员也提出了类似的议案,表决时以263票比247票得以通过。根据英国的政治制度,政府的重大决策被下院否决后,或者是政府总理辞职另组政府,或者是解散下院重新大选。巴麦尊在下院议案通过后的第二天,宣布解散下院。结果,巴麦尊一派在重新选举中获得大胜。二月底，英国政府派额尔金伯爵为办理对华交涉的高级专使，准备对华正式用兵，并与法国、美国频频联络，准备联合行动。

"亚罗"号事件发生前，法国传教士马赖非法潜入未开放的广西西林县传教，在咸丰六年（1856年）正月被当地官员处死。这就是"马神甫事件"，又称"西林教案"。事件发生后，法国驻华官员多次要求赔偿、道歉。叶名琛或者置之不理，或者给予拒绝。八月，法国政府在其驻华官员的要求下，准备向中国派遣军队，并且和英国驻法公使商量联合用兵的事情。此时，得到英国政府的请求，法国与其历来在欧洲或殖民地事务上格格不入的英国，结成同盟。咸丰七年（1857年）三月，法国政府委派葛罗为办理对华交涉的高级专使，率兵来到中国。

"亚罗"号事件发生后，正在上海交涉修约的美国驻华委员伯驾闻讯赶回香港，准备参与行动。1856年十月，美国两艘军舰由珠江驶向广东，被清军误击，美国军舰紧接着攻克了5座清军的炮台。事后，叶名琛对误击事件道歉，美军退出所占炮台。尽管伯驾等美国在华官员一再要求武力侵华，建议占领台湾、舟山等地，然而美国对外用兵权归于国会，国内又南北对立，势如水火。因此，美国政府仍坚持用"和平"的方法达到修约的目的，婉拒英国结为同盟的要求，但在修约问题上却答应同英、法一致行动。咸丰七年（1857年）三月，美国政府派列卫廉为驻华公使。

此外，还有俄国。俄国由于侵华方式和目的与英、法、美有所不同，所以俄国的侵略对中国造成的损害最大。

这样，当时世界上最强大的四个国家——英、法、美、俄联手对付清王朝，其中英、法是主凶，美、俄是帮凶。而此时的清王朝正处于国内普遍反叛的困境。太平天国、天地会和各少数民族纷纷举起义旗，关内十八行省中，已有十三省卷入战争，其余直隶、山西、甘肃、陕西、四川等省，也不时爆发一些颇有规模的聚众抗官事件。这种清朝自建立以来从未遇见的混乱局面，使清王朝陷于立国以来前所未有的危险境地。因此，尽管咸丰帝内心仍坚持对外强硬的主张，但在叶名琛一再奏报"胜利"之后，仍然害怕英国会再次报复，引起战争，谕令叶名琛尽早了结中英争端。至于停止对外贸易，历来是清王朝"驾驭外夷"的重要手段，但此时国内战争的规模，使清政府财政空前紧张，粤海关每年数百万两的关税已成为清王朝坚持战争的重要饷源。原来一直是外国人要求恢复通商，而现在却变成了清朝皇帝要求恢复通商，并在给叶名琛的谕令中多次提出。

叶名琛早已得知额尔金来华的情报，但他认为，这是因为英国政府不满意包令等人对中国的挑衅，因而另外派人来广东订约。1857年闰五月，额尔金到达香港，想要联合法、美进行交涉，但法、美新使未到；想要进攻广州，兵力又不足。此时，印度爆发了士兵起义，使得原来想要调往中国的英军不能如期前往。额尔金见此时留在香港毫无意义，便返回印度，并将已调往香港或尚在途中的英军撤回印度，用以镇压士兵起义。叶名琛却把额尔金的行动误认为是英国无能的表现，认为他的"以静制动"方略取得了很大效果。

九月，列卫廉和俄国公使普提雅廷先后抵达香港；十月，额尔金返回香港。此时，英国已基本控制了印度的局势，将兵力转移到中国。英国在香港、广州一带有军舰43艘，舰上官兵5500余人，香港还有陆军4000余人。法国在香港、澳门一带有军舰10艘。兵力已集结完毕，四国使节在商议后，于二十七日让额尔金、葛罗分别照会叶名琛，提出三项要求：第一，入城；第二，赔偿英国自"亚罗"号事件以来的损失，为马神甫事件向法国道歉、赔偿；第三，清朝派"平仪大臣"与英、法进行修约谈判。这个照会限定叶名琛十日之内答应前两项，否则"令水陆军重为力攻省垣"。这无疑是最后通牒。

但是，叶名琛却不这么认为。中英争端以来，他在香港等处派有大量探子收集情报，但他仍用陈旧的观念去分析情报。他所感兴趣的是，额尔金在印度兵败逃至海边，正好得到法国军舰相救，才逃过这一劫难，英国女王的"国书"刚刚送到香港，令"中国事宜务使好释嫌疑""毋得任仗威力，恃强行事"等此类子虚乌有之事。根据他的分析，额尔金新到任，如果将以前英方提出的要求置之不理，害怕国内的舆论对他不利，因而这次的照会不过是试一下而已。另外，印度士兵起义后，英军没有饷银来源，如果能像道光二十一年（1841年）奕山似的给予银两600万，也能解燃眉之急。于是，叶名琛得出结论，额尔金的照会是英国在无计可施之后的"求和"行动。叶名琛还据错误的情报认为，葛罗的这次照会是英国从旁怂恿的结果，不是法国自己的要求，而且在美国的大肆嘲笑后，已感到惭愧。根据以上分析，叶名琛于十月二十九日复照额尔金、葛罗，拒绝了英、法的要求。

三十日，英法联军占领广州珠江对岸的河南。十一月初九，10天期限已经到了，英、法专使通知叶名琛，他们已经把事务移交给军事当局。同一天，英、法陆海军司令也照会叶名琛等大吏，限两日内，广州清军退出九十里之外。叶名琛无视这些行动，仍拒绝接受英、法的要求。两日过去了，英法联军还没有行动。叶名琛以为英、法不过是恫吓而已，再加上叶名琛好扶乩，此时谶语都是吉祥的预告，使其增强了这种认识。广东著名行商伍崇曜，看到这种情形想要出面向英、法贿赂以求和，托人向他进言，遭到痛斥。十二日，他上了一道长达七千言的奏折，声称"英夷现已求和，计日准可通商"，表示要"乘此罪恶贯盈之际，适遇计穷力竭之余"，将英方的历次要求"一律斩断葛藤，以为一劳永逸之计"。咸丰帝接到此奏折，心中悬虑已久的中英争端，竟能得到如此圆满的解决，总算放下心来。谕令中称："叶名琛既窥破底蕴，该夷伎俩已穷，俟续有照会，大局即可粗定。"他指示叶名琛，"务将进城、赔货及更换条约各节，斩断葛藤"。

咸丰七年（1857年）十一月十三日，即叶名琛上奏的次日，英法联军以战舰20余艘、地面部队5700余人向广州发起进攻。炮弹落到总督衙署，兵士们又一次一轰而逃，而叶名琛仍然独自在府内寻拾文件，声称"只有此一阵，过去便无事"。十四日，英法联军攻入城内，广州城陷，叶名琛等大吏仍居城中，并不逃跑躲避。广东巡抚柏贵请行商伍崇曜等人出面与英法议和，伍崇曜进见叶名琛，叶名琛仍然坚持不许英国人入城会见。二十日，他还再次重复过 25 天就没事了，各士绅说和就可以了，万万不可允许英法入城之类的昏话。二十一日，英法联军搜寻广州各衙署，捕走叶名琛，送上英舰。他仍保持钦差大臣的威仪，准备与英法专使谈判，然而额尔金、葛罗根本不见他。第二年，他被送往印度，仍以"海上苏武"自居，最终囚死异域。叶名琛的所作所为，当时人们曾讥讽为："不战不和不守，不死不降不走，相臣度量，疆臣抱负，古之所无，今亦罕有。"

《天津条约》的签订

咸丰八年（1858年）正月，英、法、美三国驻上海领事向清政府递交照会，并重申他们修约的要求，并要求清政府派钦差大臣前往上海谈判。二月，英、法、美、俄四国使节到达上海，当他们得知清政府拒绝在上海谈判，并命令他们回广东谈判的消息后，决定北上，直接与清廷交涉。三月初，四国使节先后到达天津海河口外。十一日，四国使节要求清廷六日内派大员前往大沽谈判，否则将会采取必要手段。

咸丰帝此时极不愿开战，认为"现在中原未靖，又行海运，一经骚动，诸多掣肘，不得不思柔远之方，为羁縻之计"。他派直隶总督谭廷襄出面与各国谈判，并命令他尽量瓦解四国的联合，对俄表示和好，对美设法羁縻，对法进行劝导，对英严词诘问，先孤立英国，然后由俄、美出面说合。谭廷襄奉旨行事，结果处处失败。英、法两国专使或者以照会格式不对的名义，拒绝接受，或者因为谭廷襄没有"钦差全权"的头衔，不同他会晤。谭廷襄所能打交道的，只有以"伪善"面目出现的美、俄公使。6 天过去了，期限也到了，由于额尔金与英国海军司令西马縻各厘的矛盾，英军兵力尚未集结，尤其是能在海河内行驶的浅水炮艇不足，英法联军推迟了进攻。

此后的交涉中，咸丰帝对四国的要求一概拒绝，只同意可酌减关税，但又不准谭廷襄同四国决裂开战。这一决策难倒了承办官员。由于英、法专使始终拒绝会晤，谭廷襄等人只能求俄、美从中说合，而俄、美又提出了谭廷襄不敢答应、咸丰帝也不会答应的要求。谭廷襄在交涉中看出俄、美与英、法沆瀣一气，认为俄、美"外托恭顺之名，内挟要求之术"，假借说合之名，"非真能抑其强而为我说合"。于是，在此一筹莫展之际，他提出全国规模的"制敌之策"：上海、宁波、福州、厦门等通商口岸，定期闭关，停止贸易；两广总督尽快想办法收复广州，使英、法等国有所顾忌受到威慑；然后由他出面"开导"，使各国适可而止，及时撤兵。咸丰帝则认为，"此时海运在途，激之生变"，黄宗汉还没有到任，柏贵已被挟制，"若虚张声势"克复广州，被英、法等国"窥破"，只能使形势更加恶劣。因此，他仍让谭廷襄对四国的要求进行驳斥，并布置了驳斥的理由。而对于谭廷襄自以为大沽军备完整、不惜一战的思想，则警告说："切不可因兵勇足恃，先启兵端。"这样，退兵的办法，仅剩下谭廷襄的两张嘴皮子。但英、法专使又不见谭廷襄，谭廷襄即便浑身是嘴也无处说去。

四月初六，英、法专使及其海陆军司令商量后，决定以武力攻占大沽，前往天津。初八，英、法专使要求，其可以在海河内行驶船只，限清军两小时内交出大沽。大沽位于海河出海口，是京、津的门户，战略地位极为重要。该处设有炮台4座。英法联军占领广州后，咸丰帝听说英、法等国即将北上，遂下令加强该处的防守，派援军6000余人。此时大沽一带共有清军约万名，其中驻守炮台3000余名，其余驻扎炮台后路各村镇，作为增援部队。当英、法的无理要求被拒绝后，英法联军遂以炮艇12艘、登陆部队约1200人进攻大沽南北炮台。经过两个多小时的激战，守军不敌而败，驻守炮台后路的清军更是闻炮即逃。十四日，英法联军未遇抵抗，占领天津。十八日，四国使节要求清政府派出"全权便宜行事"大臣，前往天津谈判，否则将进军北京。

  大沽炮台的失陷，极大地震动了清王朝。上一次战争因为已是很久之前的事，他们也只剩下一些模糊的记忆，未想到精心设防号称北方海口最强大的大沽，竟会如此轻易地落于敌手。战前对防卫颇具自信的谭廷襄，言词大变，称"统观事务，细察夷情，有不能战，不易守，而不得不抚者"，要求咸丰帝议和。大沽、天津不同于广州，距北京近在百里，感到皇位基座微微颤摇的咸丰帝，于二十日派出大学士桂良、吏部尚书花沙纳为"便宜行事"大臣，前往天津，与各国谈判。第二天，咸丰根据惠亲王等人的保奏，起用曾在登基之初被降为五品员外郎的耆英，以侍郎衔赴天津办理交涉。他想利用耆英当年与英国等国的交情，在谈判中能得到点便宜。

  二十一日，桂良、花沙纳到达天津，先后会晤四国使节。英、法、美态度强硬，俄国使节却声称若同意应允俄国的条件，他们可以替清廷向英、法说合。对咸丰帝寄予厚望的耆英，英、法专使却拒绝会晤，只派出两名译员接见。自从英法联军攻陷广州之后，劫掠了两广总督衙署的档案，对耆英当年阳为柔顺、实欲钳制的底蕴，了解得一清二楚。耆英与英、法代表会面时，英国译员手里拿着档案，对着耆英讥笑怒骂，大肆凌辱。耆英此时已年近七旬，政坛上被冷落了8年，本来对于这次复出喜出望外，自以为凭自己当年与英、法等国的老交情，必定能有所收获，自己也可以东山再起。可没想到受到这等羞辱，不堪忍受，两天后便从天津返回北京。桂良、花沙纳没有兵权，面对英、法的嚣张气焰，忍气吞声，只能开展"磨难"功夫。他们多次请求态度相对温顺的俄、美出面说合。俄、美乘机借调停之名而最先获利。五月初三，《中俄天津条约》签订。初八，《中美天津条约》签订。

  清政府与俄、美签订条约之后，原以为俄、美"受恩深重"，理应知恩图报，帮助清政府说合。但是俄、美只是表面上敷衍清政府，实际上却希望英、法勒索得越多越好，那么他们就可以凭借最惠国条款"均沾"利益。十二日，英国发出照会，声称如果清廷仍不做出决定，英军就要进军北京。十五日，英国提交和约草案五十六款，"非特无可商量，即一定字亦不容更易"。咸丰皇帝听到这个消息，准备再次开战，而桂良等人知道开战必败，于是在五月十六日，与英方签订了《中英天津条约》，又在第二天与法方签订了《中法天津条约》。条约签订之后，桂良才上奏咸丰帝，极力陈述不可再次开战的原因，"只好姑为应允，催其速退兵船，以安人心，以全大局"。炮口下的谈判，结果肯定是这样的。咸丰帝非常恼火，只能把气撒在替罪羊身上。十九日，咸丰命令耆英自尽，罪名是"擅自回京"。

条约签订之后，侵略者要求照《中英南京条约》的例子，由皇帝朱批"依议"后才肯撤兵。二十三日，咸丰帝批准了中英、中法《天津条约》。二十八日，英法联军撤离天津，到六月初七，退出大沽口。

可惜了那园子

咸丰十年（1860年）10月18日夜里，一向静谧的北京西郊却颇不平静。圆明园一带火光冲天，烈焰飞腾。在火光的照耀下，影影绰绰看到无数太监、宫女东奔西走，试图躲避灾祸。然而他们的努力却是徒劳的，千余名英法联军的士兵一边四处纵火，一边将侥幸逃脱的太监、宫女推到熊熊燃烧的火焰中。大火足足燃烧了两天两夜。当笼罩在圆明园上空的滚滚浓烟逐渐散去，只剩下余火在废墟上毕毕剥剥地发出微响，住在附近的老百姓才敢悄悄从家中出来一探究竟。他们惊讶地发现，昔日戒备森严的皇家禁地，已经是墙倒屋塌，宛如人间地狱一般。

火烧圆明园，这在中国乃至世界历史上永远都是耻辱的一笔。

圆明园所在的海淀一带，是个水泊密布、草木繁盛的地方。元明时期，已经有人在此修建园林寺庙，此地被称为"丹菱沜"。到清代康熙年间，康熙帝在此修建了畅春园，并将周围一些旧有园林加以修葺，分封给诸皇子。分封到皇四子胤禛名下的是一片称为"镂月开云"的园林，由于胤禛笃信佛教，自号"圆明居士"，因此将这片园林改名为"圆明园"。雍正继位之后，圆明园也随之扩建为皇家园林，从雍正三年（1725年）起逐年都有修葺。

圆明园的全面扩建是在乾隆时期。乾隆对圆明园喜爱有加。由于乾隆曾经先后六下江南，对当地园林建筑留下深刻印象，因此他意欲将江南风光全面移植到圆明园中。他一方面委托外国传教士郎世宁、蒋友仁等人制图设计，一方面又召集能工巧匠进京施工，并亲自主持扩建工程。整个工程历时30余年，到乾隆三十五年（1770年）方才全面告一段落。由于外国传教士的参与和中国工匠的巧夺天工，圆明园可以说博采众长，运用了古今各种

圆明园九州清晏图　清

造园技巧，融汇了中外各种园林风格。当时的外国传教士参观圆明园后将其称为"万园之园"。

嘉庆年间，对圆明园又进行了一定程度上的扩建，将其附近的长春、绮春两处附属园林并入其中，三处园林以圆明园为主，其余两处为辅，各自独立而又相互连通，形成了园中有园的别致景观。因此又统称为"圆明三园"。经过清王朝几代皇帝先后长达150余年，耗去白银2亿两之巨的苦心经营，到咸丰年间，圆明园已经是一片规模宏大、空前绝后的园林建筑。

由于圆明园内建筑众多，造型各异，因此景观也极其丰富。圆明园四十景据说是由乾隆皇帝钦定，并亲自赋诗，最后由画师绘画，御笔题咏。

园中究竟是怎样的惊世奢华？从法国大作家雨果的描述中可以看出："你可以去想象一个你无法用语言描绘的、仙境般的建筑，那就是圆明园。这梦幻奇景是用大理石、汉白玉、青铜和瓷器建成、雪松木做梁，以宝石点缀，用丝绸覆盖；祭台、闺房、城堡分布其中，诸神众鬼就位于内；彩釉熠熠，金碧生辉；在颇具诗人气质的能工巧匠创造出天方夜谭般的仙境之后，再加上花园、水池及水雾弥漫的喷泉、悠闲信步的天鹅和孔雀。一言以蔽之：这是一个以宫殿、庙宇形式表现出来的充满人类神奇幻想的、夺目耀眼的宝洞。这就是圆明园。"

然而，就是这么一座美轮美奂的皇家园林，却在第二次鸦片战争中遭到了残酷的蹂躏。

咸丰十年（1860年）9月，再次来袭的英法联军已经逼近了北京城。迫不得已的咸丰帝只得派出怡亲王载垣等人赴八里桥与联军代表谈判。在八里桥谈判之际，清廷将联军代表一行39人扣押并监禁起来，企图以此要挟英法联军退兵。

清政府在大敌当头之际，不去考虑如何组织兵力作战，反而想出此等下下之策，殊不知此等做法不仅无助于联军退兵，反而给予对方继续进攻的口实。

果然，见到谈判失败，巴夏礼等人又被清廷扣押，英法联军决定继续用兵。在遭遇了几次毫无威胁的抵抗后，英法联军于10月初兵临北京城下。

此时的咸丰帝已逃往热河行宫，留在北京城负责善后的是恭亲王奕䜣。由于联军由东面而来，奕䜣重兵布防于东城一带，企图抵挡。然而，这一军事情报却被俄国公使伊戈那提耶夫获取，他建议英法联军避实击虚，绕行攻击西北城郊。联军依计而行，于10月6日直扑圆明园而来。此时，虽有僧格林沁、瑞麟等清军余部出城抵抗，但大势已去，联军于当日傍晚几乎不费吹灰之力便抵达了圆明园门外。

此时的清廷防守北京城犹嫌自顾不暇，根本没有余力顾及圆明园，因此圆明园几乎是不设防状态。面对着汹涌如潮水袭来的英法联军，只有20余名圆明园技勇太监进行了微弱而坚决的抵抗，然而很快就以身殉国了。

联军一拥而入，攻占了圆明园，管园大臣文丰涕泗横流，投福海而死。进入圆明园的联军被园中的富丽堂皇惊呆了。由于担心可能会对接下来与中方的交涉造成不利的影响，他们一开始还勉强压抑着心中的贪欲，命令士兵不得抢劫财物；然而很快他们就控制不住在战争中业已混乱的本性。第二天，英法联军的上层军官便开会讨论如何分配园中的财产，并很快动手实行。可是，计划中的搬运很快就变成了毫无章法的抢劫，冲昏了头脑的士兵成群结伙地开始抢掠财物和艺术品，后来军官也参与其中。

然而，更糟糕的事情还在后面：在抢劫的过程中，联军士兵发现了之前被清廷扣押的39名联军人质，已经有26人死去。已经抢劫抢到头脑充血的联军勃然大怒，英军指挥官额尔金伯爵决心给予清政府以无法挽回的损失作为报复。于是，在10月16日，本已抢劫得心满意足的英军又返回圆明园，肆意纵火，将圆明园化作一片灰烬。

圆明园的大火击倒了清廷，恭亲王奕䜣被迫答应了英法联军的所有要求，签订了《北京条约》，而咸丰也因受打击过大，于第二年驾崩了。

第四章
清末"女皇"慈禧

慈禧，一个中国近代史上永远也不可能避开的名字。从热河开始，这个女人统治了中国整整半个世纪之久。在她的治下，列强得寸进尺，人民苦不堪言。本已经日薄西山的大清帝国，一步步走向灭亡。

兰贵人的那点心计

咸丰二年（1852年）的大清帝国并不平静，太平天国连战连捷，一路北上，从西南到华南都笼罩在战火硝烟中。然而，大敌当前的形势并不能让登基伊始的咸丰帝将注意力转移到军国大事上来，这一年适逢三年一遇的选秀女入宫，他还在兴致勃勃地挑选着美女。

清代制度，所有八旗女子，都有入宫侍奉皇族的义务，但并不是所有女子都有资格入宫。为了遴选符合条件的女子，清朝入关之后，制定了所谓"选秀女"的制度。选秀女分为两种：第一种主要是为皇族挑选妻妾，因此比较正式，每三年一次，由户部负责，只有现任一定品级以上官职的八旗人家才有资格将女儿送入皇宫参加遴选。参选女子还必须身家清白，体貌端正。中选女子除了有可能被皇帝看中成为妃嫔甚至皇后之外，至少也有成为皇室直系子孙正室的机会。另一种选秀则主要是为皇宫及各王府挑选宫女，因此规格就低得多，由内务府在内务府三旗的包衣人家中挑选，中选女子由于出身较低，最多能够成为皇室子孙的侧室。

为了保证秀女的质量，清廷还制定了一系列辅助措施，如只有13~17岁并且符合条件的女子才能参加选秀女，落选者只有过了年龄才可以自行婚嫁，等等。

在这一年的选秀中，有一名相貌艳丽、皮肤白皙、声音婉转动听的17岁少女引起了负责选秀官员和咸丰帝的注意，这名女子是安徽宁池太广道道台惠征之女。咸丰将其留在宫中，并封为"兰贵人"。没有任何人能想到，这名看似柔弱的少女，竟然在10年之后掌握了大清朝的实际权力，并且长达47年，她就是后来的慈禧皇太后。

正史中并没有记载兰贵人的名字，很多野史将她的名字写作"兰儿"或者"玉兰"，但事实似乎并非如此。根据慈禧娘家后人的回忆，兰贵人入宫前的名字叫"杏贞"，在家中大家都管她叫"杏儿"。

兰贵人姓叶赫那拉。曾祖父吉朗阿是嘉庆年间的刑部员外郎，祖父景瑞则是道光年间的山东司员外郎，而外祖父惠显则是满族八大姓之一的佟佳氏族人，道光年间先后做过安徽臬台、驻藏大臣、京营卫翼总兵。

清道光十五年（1835年），杏贞出生。不过，杏贞的童年过得并不开心。清道光二十三年（1843年），已死的吉朗阿被牵涉到户部库银亏空中，景瑞被勒令补清吉朗阿欠下的21600两库银。这笔数目在当时不啻为一个天文数字，倾其所有也无法还清库银的景瑞因此被革职下狱。惠征的仕途虽未受牵连，但全家的经济状况却变得极为糟糕。

清道光二十九年（1849年），在惠显的帮忙下，景瑞被释放，并以原官致休，惠征也被外放道台，先后在山西和安徽任职。到1852年，已经17岁的杏贞参加了户部主持的选秀，并被选入宫中。杏贞入宫以前的情况，其实并没有多少记载，甚至她的出生地，迄今尚无定论。由于她日后在中国历史上留下了难以磨灭又无法替代的影响，故而产生了很多说法。

当然最有可能的一种情况就是杏贞出生在北京。清朝在选秀女时，会记录候选人的名字籍贯等个人信息，称为排单。根据杏贞妹妹，后来成为醇亲王奕譞福晋入宫时的排单来看，她家住在北京西单牌楼北劈柴胡同（现名辟才胡同）。然而，由于杏贞的排单还没有被发现，因此这并不能作为她的出生地的确凿证据。相反，根据一些清人笔记记载，杏贞的娘家是在北京城东的方家园。《翁同龢日记》便持此说。

不过，由于惠征曾经在外地任职，因此杏贞是否出生于北京亦难下结论。在浙江乍浦地区，就广泛流传着慈禧太后出生于此地的说法。据当地人说，惠征曾经于清道光十五年至十八年（1835~1838年）在乍浦担任正六品武官骁骑校尉，并且生下了杏贞。不过这一说法显然经不起清宫档案的对证。根据吏部考核京官的记载，惠征此时还在吏部担任八品笔帖式，并没有外放武官的记录。

被封为兰贵人的杏贞，一开始并没有获得咸丰帝的宠幸。此时咸丰帝的心都在同时入宫的丽贵人身上，兰贵人被安排在圆明园的"桐荫深处"居住，很少能够见到咸丰。然而，仅仅过了两年，情况就发生了变化。咸丰四年（1854年）二月，兰贵人被封为懿嫔，并于十一月举行了册封典礼，她正式成为皇帝的嫔妃，拥有了一定的权力。相比之下，丽贵人和婉贵人虽然也在同年升为嫔，但二人的册封却事出有因：丽贵人是因为为咸丰皇帝产下一女，而婉贵人的父亲则是御史，并且二人的册封典礼举行时间也晚于兰贵人。由此看来，在错综复杂、勾心斗角的后宫斗争中，兰贵人成功地占据了咸丰皇帝的心。

至于兰贵人是怎样在众多佳丽中脱颖而出，成功从丽贵人身边分一杯羹的，民间流传着多种说法：一种说法如电影《火烧圆明园》中，兰贵人久居深宫，寂寞无聊，把手帕叠成老鼠的样子，抛掷取乐，恰好丢到偶然经过此处的咸丰脚下，咸丰被兰贵人的天真所吸引，这条手帕成为定情信物。

另外一种说法认为，兰贵人由于无法接近皇帝而颇费思量，后来她用重金收买了咸丰帝身旁的太监,将咸丰皇帝的爱好摸得一清二楚,于是想出了一条妙计。有一天,她从太监处得知咸丰恰巧要经过"桐荫深处"出宫,她便着意梳妆打扮,早早在此等候。待咸丰的身影远远地出现时,她便曼声唱起了小时候学会的江南小曲儿。兰贵人的声音本就悦耳,再加上小曲儿又甚为动听,居然有余音袅袅、绕梁三日的感觉。缓缓走近"桐荫深处"的咸丰自然听到了这断断续续传来的歌声,不禁驻足侧耳凝听,听了一阵,不禁大起兴趣,便临时起意,决定巡幸此处。于是,咸丰见到了早有准备打扮得花枝招展的兰贵人。咸丰一见,大为高兴,赐予兰贵人"天地一家春"的称号。兰贵人更加曲意奉承,从此便圣眷不衰,深得咸丰宠爱。

这个说法充分显示了兰贵人的聪明才智。

牝鸡司晨

中国古语有云"母以子贵",特别是在皇宫内院,为皇帝生育子女,保证龙脉的延续,是皇帝最为关心的事情。这件事对于咸丰而言,意义更为重大。因为直到24岁时,咸丰膝下尚无子女。那一年,丽贵人的怀孕曾经让咸丰激动不已,立刻将丽贵人进位为丽嫔,可惜丽嫔生下了一个女孩。

兰贵人在进位为懿嫔之后,自然希望给咸丰帝生一个儿子,让自己更进一步。懿嫔于咸丰五年(1855年)六月被确诊怀孕。咸丰六年(1856年)三月,懿嫔分娩,产下咸丰皇帝的长子,就是后来的同治皇帝——载淳。

兴奋不已的咸丰帝非常疼爱这个孩子,将他的出生看作是对大清帝国列祖列宗最好的告慰,御笔亲书写下了这样的诗句:"庶慰在天六年望,更钦率土万斯人。"咸丰给予了懿嫔以足够的奖赏和荣宠,不仅赏赐懿嫔的娘家人房屋宅院,还立刻将懿嫔进位为妃,第二年又晋升为懿贵妃。此时的后宫,除了高高在上的皇后钮祜禄氏,懿贵妃已经将与她同时入宫的秀女远远地甩在身后,没有人能够挑战她的权威了。

已经成为懿贵妃的杏贞并不满足于这样的地位,她还梦想着有一天被封为皇后。为此,她需要比别的嫔妃更加熟悉咸丰的好恶,在不动声色中迎合咸丰。与宫中其他嫔妃相比,懿贵妃有一个独一无二的长处,那就是她读书较多,特别是能够读写汉文。与大多数嫔妃闲来无事不同,懿贵妃始终保持着学习的热情。据清人笔记记载,早在她初入宫闱,还是兰贵人的时候,就曾经不惮暑热,用功读书,从而吸引了咸丰帝的注意。此外,她为了消遣,还学习过一段时间的书法绘画,无论是花鸟鱼虫,还是颜柳欧赵,都略通一二。

懿贵妃在这方面的特长引起了咸丰帝的兴趣——这倒不是说咸丰帝像宋徽宗一样是个能书擅画的风雅之君,而是他发现有一定文化的懿贵妃可以帮助生性疏懒的他处理政务。由于咸丰才学平平,并不是一个有为之君。他登上皇位时,大清帝国正在内忧外患中风雨飘摇,这要求他不得不把更多的精力放在处理政务之上,每天都需要批阅大量的奏章和密折。时间一长，咸丰帝受不了了。这个时候，他想起了懿贵妃。既然懿贵妃能书会画，又看得懂汉文，那自然也可以帮助自己批阅奏折。

最初的时候，咸丰只是拿出一些请安折子、事务报告等不甚重要或者例行公事的折本，让懿贵妃按惯例批复"知道了""转各部知道"等。这样一来，咸丰的处事效率果然提高了不少。尝到了甜头的咸丰进而变本加厉，逐渐开始拿一些军机处送来的重要折子，甚至是机密折子给懿贵妃批阅。这些奏折本应由咸丰亲自批复，但他懒得动笔，只是自己看一遍，再口拟谕旨，由懿贵妃誊写清楚。

按照清朝祖训，后妃与宦官不得干政。为了彻底落实这一禁令，康熙时期还将其制成铁牌竖立在宫门外，以儆效尤。应该说，懿贵妃的举动，早已是赤裸裸的干政之举。可是，在咸丰看来，这并没有什么不妥之处。懿贵妃只是作为一名誊写员，帮助他减轻负担，而军国大事最后的决策权还是在他的手里，只要他心中有数，调度有方，就不会出现后宫干政、牝鸡司晨的状况。

对于懿贵妃来讲，情况却有所不同，原本她只是个深居宫中的妇道人家，虽然粗通文墨，却对政务军务一无所知。通过批复奏折文书，又有咸丰的讲解和示范，她"时时披览各省章奏，通晓大事"，逐渐明白了一些为君之道。

也许，一开始她只是以此来表示对咸丰的关心，利用其自身得天独厚的条件为丈夫分忧解难，从而巩固在宫中的地位。但是，尝过了"一朝权在手，便把令来行"的滋味以后，她的野心逐渐膨胀起来。天长日久，连咸丰都没有发觉，懿贵妃早已从一个弱女子变成了对权力怀有热切渴望的野心家。

到咸丰朝后期，懿贵妃已经成为咸丰须臾也离不得的人。此时已经不是因为懿贵妃的美貌或是才艺，而是她已经能够时时为咸丰出谋划策，分担他对政务的忧愁和苦恼。在太平天国步步紧逼、清廷一筹莫展之时，她曾经劝说咸丰帝在此非常时刻应抛开满汉分际，重用曾国藩、胡林翼等一班汉臣，赋予他们更大的权力。咸丰帝听从了她的建议，日后这一班人不负咸丰的期待，在覆灭太平天国的战争中发挥了决定性的作用。

在第二次鸦片战争的紧要关口，她的冷静与魄力都表现得淋漓尽致。

根据清人的记载，当英法联军连战连捷，攻占天津时，咸丰帝正在圆明园内与一众妃嫔饮酒作乐。闻听这个噩耗，咸丰竟然手足无措，当着妃嫔的面痛哭流涕，丑态百出。见到皇帝如此，几乎所有的妃嫔也顿时哭作一团，一时后宫内哭声震天，乌烟瘴气。只有懿贵妃面色如常，款款走近咸丰皇帝，冷静地建议咸丰皇帝：事已至此，痛哭又有何用？当今之计，应该速想应对之策才是。恭亲王奕䜣聪明决断，又熟悉外情，陛下可以宣他进殿讨论该如何是好。

之后，当咸丰在肃顺的怂恿下决定"北狩"逃离北京的时候，懿贵妃又公开提出反对意见。她认为，如果咸丰在京，众位大臣就有主心骨，办事会更加尽心尽力，而洋人也不敢肆意妄为；如果落荒而逃，不仅对士气是个严重的打击，更会让洋人乃至天下老百姓对朝廷生出轻视之心，后患无穷。

不能不说，在此生死攸关的时刻，懿贵妃的沉着机智都让她做出了在事后看来是正确的选择。饶是如此，懿贵妃的举动也已经让朝中重臣颇为不满，以肃顺、载垣、端华为首的守旧派大臣，绝对不能容忍朝堂之上出现和自己意见相左的声音，更何况这声音还是一个年轻女人所发出的。大臣们的戒惧也引起了咸丰的警惕，在他生命的最后时刻，似乎也意识到了如果没有自己的压制和管束，将来靠着儿子登上皇太后之位的懿贵妃将会一发而不可收，于是他把压制懿贵妃的重担交给了皇后。

根据野史记载，咸丰在病危时，曾有密诏授予皇后，告诉皇后如果懿贵妃之后肆意妄为，横行不法，可以出示此诏，以祖宗家法治之。咸丰帝的担心不是没有道理，可惜他却选错了对象——自幼生长在富贵之家、两耳不闻窗外事的皇后怎么能是野心勃勃的懿贵妃的对手？咸丰一驾崩，毫无宫廷斗争经验的皇后就把这封遗诏给懿贵妃过目。虽然这使得懿贵妃暂时安静了一段时间，但也因此对咸丰乃至皇后生出的恨意，终于让皇后付出了代价。

咸丰十一年（1861年）七月，咸丰在热河驾崩，皇后顺理成章晋升为慈安皇太后，而懿贵妃则因为儿子载淳继位，凭借皇帝生母的身份晋升为慈禧皇太后。这一年，她27岁。大清帝国的权力，马上就要掌握在她的手中。

女人来要权

咸丰十一年（1861年）九月三十日，北京城中弥漫着悲伤而忙乱的气氛。此时距咸丰皇帝驾崩刚刚两个多月，正处于国丧期间，酒肆茶楼大门紧锁，商铺的招牌也都取了下来。洋人烧杀抢掠后还没有完全复原的长安街上，到处高搭灵棚，立悬挽幛，在肃肃的秋风中显得格外萧瑟。穿着素色长袍马褂的行人过客都一副愁眉苦脸的表情，深一脚浅一脚地踏在因绵绵秋雨而变得泥泞不堪的路上：听说大行皇帝的梓宫已经从热河启程返京，一两天之内就要抵达。这个当口还是早点儿回家，免得冲了圣驾。然而此时，从紫禁城的方向却冲来一队人马，向着朝阳门方向一路飞奔而去，转眼就不见了踪影。只见这帮人个个弓上弦刀出鞘，威风凛凛，杀气腾腾。

这支马队出了朝阳门，一路向密云方向而去。到达密云驿馆已是定更时分。带队之人把手一举，恶狠狠地说道："派50个人把驿馆给我围起来，一个也不许走了。剩下的，跟我进去捉拿奸贼！"说完下马，咚咚几脚，将驿馆的大门踹开，后面兵丁一拥而上，早把驿馆围得个风雨不透。

驿馆外面的人喊马嘶早把里面的人惊醒了，纷纷起身查看动静。正堂房门一开，闪出一员身穿便服的中年汉子，此人身材魁梧，面目刚毅，正是御前大臣、内务府大臣、户部尚书协办大学士、署领侍卫内大臣肃顺。此次护送大行皇帝梓宫还京的正是他。

肃顺一脚踏出门来，劈头正撞上闯进驿馆的来人。他正要厉声斥责，定睛一看，却顿时大惊失色，原来来人是大行皇帝的弟弟，醇郡王奕譞。奕譞一见是肃顺，咬着牙蹦出两个字："拿下！"顿时兵丁如鹰拿燕雀一般，将兀自愣在当中的肃顺一脚踢翻，倒剪双臂捆了个结结实实。这时奕譞才面无表情地说道："肃顺接旨。"说完展开圣旨，念了起来："户部尚书、赞襄大臣肃顺飞扬跋扈，弄权误国，有篡位之心，著革去一切职务，逮捕入京，送交刑部严议，钦此！"

奕譞刚一念完，肃顺便大嚷起来："奸王！你勾结内宫，有负大行皇帝恩德……"言还未毕，早有兵丁上来，啪啪两个嘴巴，又塞了个麻核在他嘴里。奕譞长出一口气，向左右交代："我留在此地，明日奉送大行皇帝梓宫回京，你们把肃顺连夜押回北京，一路上严加看管，不得有误！"左右答应一声，将肃顺拉出了驿馆。

肃顺是宗室子弟，他的父亲是郑亲王乌尔恭阿，祖上乃是赫赫有名的"铁帽子王"济尔哈朗，但肃顺只是汉族小妾所出的庶子，因此这顶铁帽子无论如何也落不到他的头上。虽然如此，肃顺却不甘心只做个闲散的宗室子弟，成日养狗遛鸟终此一生。肃顺虽然读书有限，却很有能力，又善于笼络人心，因此颇受推崇。咸丰继位，内忧外患频仍，对国事一筹莫展的咸丰正愁无人可用，见到宗室子弟中居然有此等人才，自然大喜过望，着意提拔，几年之内肃顺就从一个散秩大臣升到了户部尚书。

和一般的满族亲贵比起来，肃顺确实与众不同。他虽然是满族人，对汉族人却毫无偏见。据说他经常挂在嘴边的话是："咱们旗人浑蛋多，懂得什么，汉族人是得罪不得的，他们那支笔利害得很。"在他的大力提拔下，咸丰年间许多汉族人被委以重任，曾国藩、胡林翼等人，都受过他的恩惠。

然而，肃顺在对待西方列强的态度上却表现出极其顽固的态度，这一点也使他和朝中不少重臣产生了矛盾。咸丰十年（1860年），英法联军进犯大沽口，咸丰帝慌作一团，不知如何是好，此时朝中大臣的意见出现分歧。以恭亲王奕䜣为首的文祥、桂良等人，主张与洋人议和；而肃顺等人却坚持与洋人开战。咸丰本与奕䜣不甚相得，又宠信肃顺，自然听从后者之言。不料清军连战连败，肃顺所献扣押巴夏礼使英军退兵的计策也弄巧成拙。眼看英法联军兵临城下，大臣们又吵开了，奕䜣等人请求咸丰留在北京城亲自主持与洋人议和，而肃顺则力劝咸丰离开北京这个是非之地，逃往热河行宫。

咸丰是个死要面子活受罪的主儿，总是觉得接见"外夷"有失身份，因此自然唯肃顺之言是听。带着妃嫔宫女，和亲信大臣一股脑地落荒而逃，把北京留给了恭亲王奕䜣等一干主和派大臣，负责善后事宜。奕䜣在北京与洋人折冲樽俎，累得要死要活；咸丰倒在热河专心饮酒享乐。谁料天有不测风云。咸丰十一年（1861年）七月十一日，咸丰在热河一病不起，留下了5岁的幼子载淳和两位皇后，撒手西去。

也许是回光返照，临死之前的咸丰，脑筋居然开窍了。他深知自己不在北京，又留下孀妻弱子，必然会造成政局的动荡。为了顺利扶保载淳成人，咸丰一方面将怡亲王载垣、郑亲王端华、协办大学士户部尚书肃顺、御前大臣景寿，及军机大臣穆荫、匡源、杜翰、焦祐瀛等八人封为参赞政务王大臣——也就是所谓的"顾命大臣"；另一方面赐予皇后钮祜禄氏一枚"御赏"图章，赐予懿贵妃一枚"同道堂"图章，要求

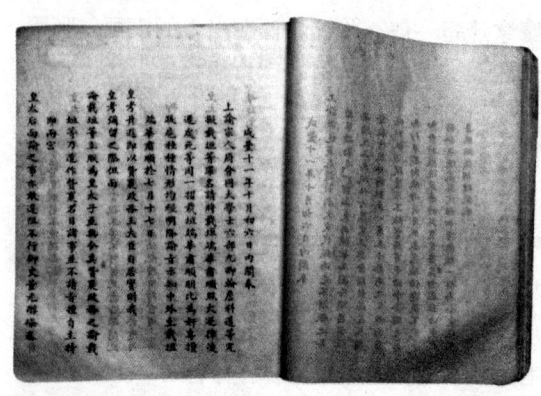

将载垣等即行治罪上谕　清

新君的所有诏书都由八大臣拟定，但要加盖两枚图章才能生效。这样，在内宫与外廷之间达成了一种制约关系。

咸丰的设想虽然看似周到，但却存在着一个致命的失误。

咸丰"北狩"时被留在北京的大臣中不乏朝廷重臣，以及一大批才学卓异之士、实心任事之材。例如军机大臣文祥、直隶总督桂良，此外还有宝鋆、翁心存、祁寯藻、彭蕴章、贾桢等人。这些人的共同之处，在于对洋人的态度比较客观，主张议和，然而正是如此，遭到了肃顺等人的排挤和咸丰帝的弃用。共同的政治取向使他们逐渐成为一个比较有影响的政治集团。不仅如此，这个集团中还包括了恭亲王奕䜣。

奕䜣有真才实学，思想也比较开明，但由于夺位斗争的余波影响，此时并没有任何实际职务，仅是个空有爵位的闲散王爷。和奕䜣境遇相同的，还有五阿哥惇亲王奕誴、七阿哥醇郡王奕譞、八阿哥钟郡王奕詥、九阿哥孚郡王奕譓等人。咸丰平日并未给这些兄弟们安排任何职务，出奔热河之时却把他们留在京城汛地挺身犯险，这自然让他们大为不满。虽然他们没有实权，但皇亲国戚的身份却也不能小视。在这种情况下，以奕䜣为首，留守北京的大臣和诸皇子逐渐勾搭连环，兼之又处于北京这一政治中心，直接处理许多军国要务，成为一股绝不逊于顾命八大臣的强大政治势力。而咸丰却完全没有想到这一点。

总之，咸丰的失误，以及他根本想不到的内外矛盾，导致了一场宫廷政变的发生。

斗争从咸丰甫一逝世就开始了。八月初一，闻听噩耗的奕䜣要求到承德奔丧，但是被八大臣拒绝了，他们要求恭亲王留在北京。奕䜣哪肯罢休，又以手足情深为理由屡次申请，八大臣考虑到人之常情，就允许了。

奕䜣到了避暑山庄，先在咸丰灵前一番痛哭。哀悼完了，他就要求见两宫太后，八大臣想以叔嫂见面不便为由拒绝，奕䜣就说八大臣可以一块儿见，这是他的一个策略，他知道八大臣不会与他一起见两宫太后。最后，八大臣没有与他一起见，他自己见了两宫太后，密谈了两个多小时，政变的计划就敲定了。然后，奕䜣又在承德待了两天，遂回北京做具体部署。

九月二十三日，大行皇帝梓宫起驾还朝。两宫太后声称孤儿寡母，一路之上多有不便，要求从小道先行赶回北京，肃顺并不放心，派出其余七大臣一路跟随。然而让肃顺始料未及的是，两宫太后特别是慈禧此时的魄力和勇气远非常人能比。这一行人日夜兼程，仅用6天就回到了北京，而此时由于秋雨连绵道路泥泞，梓宫还在路上。这就为政变提供了绝好的机会。

两宫太后回到北京以后,立刻召见奕䜣等人,并以小皇帝之名拟旨,将顾命八大臣全部革职,交部议处。第二天,一面逮捕在京中的载垣、端华等人,一面派醇郡王逮捕尚在途中的肃顺。一场震惊中外的宫廷政变就这样发生了,史称"辛酉之变"。

暗箱操作清末政治

咸丰十一年(1861年)十一月初一,刚刚正式举行登基典礼一个多月的小皇帝同治按惯例要在养心殿接见群臣处理公务。时辰未到,文武百官早已在乾清门外等候了,和往常三三两两聊天嬉笑的轻松气氛不同,这一日群臣都面无表情,不敢随意说话,毕竟刚刚经历了一场惊心动魄的宫廷政变,惊魂未定的群臣还没有回过神来。

然而,当他们进得养心殿来,眼前的情景却让他们更加大吃一惊:只见养心殿东暖阁内正中央的须弥宝座上,端端正正坐着同治小皇帝,不明所以地眨着眼睛望着鱼贯而入的群臣。小皇帝的两边,分别站着两位盛装朝服的年轻王爷,正是恭亲王奕䜣和醇亲王奕𫍽,二人神情肃穆,不怒自威。与平常最大不同的是,须弥宝座之后,原本空空如也的地方,如今竖着一道明黄色的屏风,影影绰绰可以看到后面有两人端坐的身影。群臣慌不迭下跪叩首,把头低得不能再低。因为他们心中都清楚,坐在小皇帝后面的两人,正是当今皇上的两位母亲,圣母皇太后慈安和生母皇太后慈禧。

也就是从这一天开始,大清国进入了两宫皇太后"垂帘听政"的历史阶段。曾经的兰贵人、懿贵妃,现在的慈禧皇太后,终于如愿以偿地掌握了大清帝国的最高权力。

前文已经说过,咸丰帝病重时,并没有"垂帘听政"的想法,而是指定了"顾命八大臣"辅佐年幼的小皇帝;然而由于咸丰帝想要在外廷和内宫之间保持平衡,也授予了两宫皇太后一定的权力。可是,早已热衷于权力的慈禧并不甘于受制于人。于是,她在受到咸丰冷落,被排挤出权力中心的恭亲王奕䜣密谈后,决定发动政变,实行"垂帘听政"的政治体制。

早在小皇帝尚未返回北京之时,关于"垂帘听政"的争论就已经爆发。在慈禧的授意之下,御史董元醇就上奏折,恭请两宫太后垂帘听政,并拣选亲王辅佐朝政。然而,大权在握的八大臣却坚决反对这一提议,甚至与两宫皇太后发生了激烈的争吵。史载,八大臣"哓哓置辩,已无人臣礼",甚至"声震殿陛,天子惊怖,至于涕泣,遗溺后衣"。这一状况坚定了慈禧发动政变的决心,既然谈判不能解决问题,那就只好用暴力手段了。正如前文所叙,两宫皇太后最终获得了胜利。

"垂帘听政"虽由两宫太后共同主持,但由于慈安并无政治野心,因此只是例行公事,徒具形式而已,真正的实权掌握在慈禧手中。虽然早在咸丰时,慈禧就参与奏折的批复,对军国大事有所了解,但真正自己亲力亲为,未免还是有力不从心之感。好在慈禧颇为注重学习,她请南书房、上书房师傅翁同龢等人,定期进宫讲课,学习古往今来的治国安邦之策，又命人编纂《治平宝鉴》，时时阅读，增长见识。如此刻苦用功，慈禧进步很快，逐渐已经能独立批阅奏章了。

慈禧执政伊始，就亲自接见了曾国藩，随后命曾国藩为两江总督，并统领江苏、浙江、安徽、江西四省军务，四省的巡抚、提镇以下官员全部归他节制。兴奋的曾国藩甚至写信告诉朋友：这真是开国以来没有过的恩宠。在曾国藩的保举下，整个长江流域的高级官员几乎全换成了汉族人。如江忠义为贵州巡抚、毛鸿宾为湖南巡抚、严树森为湖北巡抚、李续宜为安徽巡抚、郑元善为河南巡抚、刘长佑为广西巡抚、李鸿章为江苏巡抚、沈葆桢为江西巡抚、左宗棠为浙江巡抚。

慈禧的用人之道获得了成功，这一班以文人出世，却在战场上立下赫赫战功的大臣，不仅陆续击败了太平天国和捻军，更在东南各地掀起了一股自强求富之风，号称"中兴名臣"。

两次鸦片战争的全面惨败，促使清政府的官僚发生了分化。一部分官僚开始反思曾经的天朝上国和现在的西方列强之间的差距，并认为应该系统地学习西方的先进科学技术，主张"师夷长技以自强"；而另一部分官僚则坚决反对进行任何的改变，认为天朝上国的体制万世不可变更。双方从朝中到地方都发生了激烈的争执。

在这场争论中，慈禧无疑是站在洋务派一边的，这倒不仅仅是因为洋务派在中央的首领是恭亲王奕䜣的缘故。慈禧经历了咸丰朝的"衰世"局面，深深地认识到清政府的当务之急是找出解决内忧外患的具体方略。无论是洋务派还是守旧派，其根本出发点并无二致，都是为了挽救风雨飘摇之中的清政府。但相比起守旧派官僚坐而论道，空谈理学，却拿不出任何具体措施；洋务派官僚"中学为体，西学为用"的施政纲领无疑更有可操作性。因此，慈禧太后坚定地站在了洋务派官僚一边，支持了洋务运动的开展。

在洋务派官僚的努力下，东南沿海地区兴建了一批以制造局、招商局、船政局为代表的近代工业，并且在京师兴建同文馆，在上海、广州建立方言馆，还选送派遣了一批幼童赴美留学。这些措施揭开了中国现代化的艰难进程，为中国现代化奠定了基础。

当然，守旧派官僚对洋务派的这些举措进行了强烈的攻击。以倭仁为首的官员连番上折，反对建立同文馆和总理各国事务衙门等机构。慈禧对这些奏折进行了坚决的回击。例如，慈禧曾经命

慈禧太后像

倭仁在总理各国事务衙门行走，又叫倭仁保举通晓西洋之事的儒学人才，这些要求无疑是在为难倭仁，最终倭仁只得服软求饶。在慈禧的强硬坚持下，洋务运动最终没有被守旧派的阻挠所破坏，取得了令人瞩目的成就。

不过，慈禧主持下的同治中兴虽然取得了一定的成功，但其局限性也很明显。慈禧终究是封建帝王家的大家长，所有改革措施，都是为了清廷统治的延续和稳定，在这个大前提下，一切改革都可以进行，但如果认为有某项措施有可能威胁到这一前提，她就会毫不犹豫地加以终止。

见书头疼，说玩眼放光

咸丰十一年（1861年），咸丰帝在热河驾崩，身后留下一子载淳，年仅5岁。经过一场惊心动魄的宫廷政变，两宫皇太后掌握了实际权力，在恭亲王奕䜣的支持下，搞起了"垂帘听政"。大清国的最高权力，就落在了两个妇人之手。

幼稚无知的同治，懵懵懂懂被抬上了九五至尊的宝座，接受文武百官的三跪九叩。其实他什么也不懂，所有的军国大事，都由坐在身后的两位母亲说了算，他也只是装装相，每天的主要任务是到弘德殿读书。

清代皇子的教育是极为严格的，可是同治却是个例外。由于他从小就失去了父亲，而两位母亲又整日忙于国事无暇他顾，因此同治自小就和一帮太监、宫女厮混在一起，正是所谓入鲍鱼之肆，久而不闻其臭。本来少年心性贪玩好动，又没有得到严格的管教，同治逐渐养成了懒散不好读书的恶习。

同治的老师不可谓不好，曾经教过他的老师都是朝廷重臣、饱学之士。例如礼部尚书祁寯藻，大学士翁心存，工部尚书倭仁，翰林院编修李鸿均、李鸿藻，咸丰朝状元翁同龢都曾经教过他。无奈同治脾气喜怒无常，"天威难测"，这些老师毕竟都是臣子，不敢过分要求，只好睁一只眼、闭一只眼，得过且过。李鸿藻长年担任同治的老师，每天上课的时候不是陪他聊天，给他讲故事，就是下棋而已。而同治的几位伴读奕详、奕询等人都是他的叔叔辈，同治始终对其敬而远之，没法儿起到相互鼓励、彼此切磋的作用，这一伴读除了代同治受过，给他当出气筒之外一无所用。后来，恭亲王奕䜣的儿子载澂进宫伴读，载澂脑子好使，又能说会道，可是也不好好学习，反而带着同治成天玩耍嬉闹，成了同治的玩伴。同治在课堂上有精神的时候就打闹嬉笑、无所顾忌，没精神的时候就呵欠连连、瞌睡连天。《翁同龢日记》记载了同治十年（1871年）同治帝的学习情况：晨读懒洋洋，只是敷衍了事；作文腹内空空，几乎不能成篇；作诗吭吭巴巴，不忍卒读。完全就是一副老师最不喜欢的差学生模样。过了两年依然如此，连《大学》都背不下来。

如此学问，同治的治国能力可想而知。同治亲政之后，甚至连奏折都看不懂，只得叫苦连天。曾经有一次，同治和翁同龢聊天，其间居然抱怨："当皇帝的差使太累了！"贵为一国之君，治国平天下本为分内之事，同治居然把皇帝的宝座看成一个差使，自己只不过是在当差。怀着这种做一天和尚撞一天钟的心态当皇帝，也难怪慈禧迟迟不肯把权力交给他。

不仅如此，同治的精神世界也极为抱残守缺。或者是著名的清流派首领倭仁、李鸿藻等人先后担任他的老师，或者是幼年时期被迫随同父母出奔热河的经历给同治帝留下了浓厚的阴影，他虽然年纪不大，但却表现出强烈的排外情绪，有时候甚至强烈得令人生畏。据说当同治帝还是个小孩子的时候，就让太监用泥巴捏成洋人的样子摆在桌案上，他则拿小刀把这些人偶的头一一割下来，一边割一边嘴里还念念有词："杀尽洋鬼子，杀尽洋鬼子。"待同治帝年纪稍大，他的排外情绪愈发高涨了。曾经给同治帝做伴读的兵部右侍郎夏同善有一块怀表，有一次拿出来看时间时，被同治帝看到了，便问他是何物。夏同善不敢隐瞒，便取出怀表呈给同治帝，说此物乃是西洋之物，可以计时。谁料同治闻言大大不悦，一把将怀表摔个稀烂，斥责道："没这玩意儿，你就不知道现在几点了吗？"等他亲政以后，更是对洋务运动不以为然，认为同文馆、方言馆、船炮制造局等都是没用的玩意儿。

同治一见书就头痛，但提到玩乐就两眼放光。同治遇到载澂以后，玩儿的花样更多了。载澂极力怂恿同治出宫冶游，同治被他忽悠得一颗心扑扑乱跳，于是跟着载澂出宫寻欢作乐，从此竟然一发不可收拾。

沉迷于酒色的同治帝

同治频频出宫，北京城几乎每个角落都留下了他的身影，在清人的笔记中，记载了大量关于同治微服私行的轶事。

同治自幼养尊处优，初接触外面的花花世界，居然如乡下人进城般目迷五色，甚至不知道买东西是要给钱的。饿了就吃，渴了就喝，吃饱喝足，掉头就走，摊贩虽然不满，但见他前呼后拥，如此做派，想来必然大有来头，只得自认倒霉，不敢声张。

不过天长日久，同治自然也有所觉察。有一次，他吃饱喝足，看到别人结账，不明所以，便问老板为什么要给钱。老板哭笑不得，说道："我们做生意都是糊口，怎么能不要钱！哪儿像少爷您一看便不是凡人，我们是等着您一总赏下来呢。"

同治一听，也觉得不好意思，便说："我老来你这里吃吃喝喝，大概也欠了你不少了，不过我出门都不带钱，给你写个欠条你看如何？"说完便取纸笔，写了几个大字："饬广储司付来人银五百两。"这老板不识字，不知道写的是什么，便拿给朋友看。朋友一见骇然，说这广储司是内务府的银库啊，敢让你从广储司领银子的，只有当今圣上啦！

老板一听顿时吓得半死，说什么也不敢去，无奈朋友怂恿，只得硬着头皮去广储司一试。管事儿的一听这事儿，深感为难，不知如何是好，只得回禀慈禧。慈禧便叫来同治问可有此事，同治供认不讳。慈禧一笑，告诉管事儿的官员："皇上虽然是胡闹，可是也不能让老百姓觉得皇上说话不算数，这钱就赏下去吧！"

又有一次，同治出宫玩耍，不巧大雨滂沱，同治只得在一所寺院中避雨。可巧遇到一人，穷困潦倒。同治也是无聊，便上前搭话。二人攀谈起来，原来此人原是一大户人家的奴才，被主人赶了出来，无处容身，只得寄居在寺院中，苟活而已。同治听说如此，便问他想做什么。

同治皇帝写字像
据同治帝的老师翁同龢的日记记载，同治皇帝倦怠读书，经常嬉戏，注意力不集中。

此人长叹一声，说要是能到广东海关当几年差使，就心满意足啦。

同治立刻取纸笔来写了一封信交给他，告诉他你只要拿着这封信去步军统领衙门，包你心想事成。此人半信半疑，第二天拿着信来到步兵统领衙门，步军统领一见此信，认得是皇上御笔，心知皇上又微服私访多管闲事，然而也无可奈何，只得安排此人赴广东就任。

随着同治年纪增长，朝野中要求两宫太后停止垂帘归政于帝的呼声也越来越高。慈安禀性冲淡，对此提议自然是无可无不可，可是慈禧始终以"典学未成"为由，不允许同治亲政。这虽是慈禧权力欲望强烈使然，但这个理由倒一点儿没错，同治没有治国之才是千真万确的。

不过，慈禧终究不得不遵守祖制，于同治十一年（1872年），宣称皇帝年纪渐长，理应亲政，不过皇帝既然成人，应当先举行大婚方为妥善。于是下诏命京城内外满蒙大臣送秀女入宫备选，为17岁的同治挑选皇后。

慈禧选后的用意，是想在同治身边安插一个自己的内应，用"枕头风"间接控制同治。因此，她自然希望同治按照自己的心意立后。在众多的秀女中，慈禧看上了员外郎凤秀的女儿富察氏。说起来，这富察氏确实长得比其他秀女漂亮许多，特别惹眼。

然而慈安对此事却有不同的看法，她认为富察氏虽然漂亮，但也许是出身于小户人家的缘故，举手投足透着一股轻佻之态，一看便知缺少教养。这样的女子怎么能够统摄六宫，母仪天下。因此她看上的并非富察氏，而是翰林院侍讲崇绮的女儿阿鲁特氏。崇绮才学过人，父亲是道咸两朝重臣塞尚，岳父是郑亲王端华。因此阿鲁特氏算得上是出身于书香门第、官宦世家，从小就接受了极好的教育。据《清史稿》记载，阿鲁特氏"幼读书，知大义，端静婉肃，内外称贤"。虽然是溢美之词，却也不乏真实。总的来说，阿鲁特氏虽然长得不如富察氏，但气质却非富察氏可比。

结果，慈安和慈禧在立后问题上产生了分歧，双方都希望立自己偏爱的秀女为妃。

最后，皮球被踢到了同治的面前。

按照同治一贯好冶游恶读书的作风，他应该比较喜欢姿色过人艳丽无双的富察氏才对，可当他看见跪在丹墀下的一排美女时，一眼就看中了气质过人、温婉贤淑的阿鲁特氏。这让慈禧大失所望、大为光火。

尽管在慈禧亡羊补牢的安排下，富察氏被册封为慧贵妃。但婚后的同治却与阿鲁特氏伉俪情深，对富察氏不理不睬。慈禧的计策至此彻底失败了。

盛怒的慈禧将一腔邪火迁到了皇后阿鲁特氏的身上。变着法儿地刁难皇后，甚至不许二人见面，并逼着同治与慧妃同房，郁闷的同治只好变着法儿地抵制慈禧。他以身体欠佳为名，独居养心殿。后来同治病重，皇后偷偷去护理侍奉，二人久未见面，不免说些儿女私情之话。谁知慈禧得知此事，火冒三丈，亲自闯入养心殿暖阁，抓着皇后的头发拖出殿外，连打带骂，还要叫太监杖责，全然不顾太后和皇后的体面。

受辱不过的皇后情急之下说了句："媳妇是从大清门抬进来的，请太后留媳妇的体面！"谁知这句话反而激起了慈禧更大的怒火，慈禧本来就为自己未能在咸丰生前册为皇后而耿耿于怀，闻听此言宛如火上浇油一般，认为皇后是刻意讽刺自己，更加不依不饶。可怜同治见此，吓得不省人事，病情转重。

不久，同治病重身亡，悲痛欲绝的皇后决心殉死，吞金自尽未遂。谁知慈禧却只是淡淡地说："就随大行皇帝去了吧。"不久，慈禧择载湉为新君，皇后在宫内已经没有任何名分可言。在同治驾崩75天之后，皇后也撒手西去。

册立皇后，是同治短暂的一生中少有的独立自主的几次决定之一，然而不得不说，这个决定却颇不明智。尽管同治挑选的皇后并没有错，但他因此触怒了慈禧太后，间接导致了自己的死亡，并把阿鲁特氏推入了万劫不复的深渊。

同治十二年（1873年），同治开始亲政。由于他于第二年便遽尔驾崩，因此在这短暂的一年多时间并没有太多值得称道之处，相反倒是惹出了一桩大风波。这位小主子在政务上的所作所为，只能让人徒呼可笑，就连记载此事的清人，也直言不讳地说"真是滑稽剧"。

同治十三年（1874年），刚刚亲政没多久的同治居然打算重修圆明园，消息传出，众臣无不瞠目结舌。虽说此时太平天国和捻军的起义已经被镇压下去，而西方列强与清廷也处于"和平友好"的局面，整个朝政有所恢复，然而毕竟是战乱之后，各项事业方兴未艾。同治帝放着一大堆的政务不处理，却一心要重修圆明园，这要花多少银子？

最着急的莫过于恭亲王奕䜣，他此时是领班军机大臣，又是皇上的叔父。见到自己的侄儿如此胡作非为，真是看在眼里、急在心头。不得已，只好写奏折进谏了。于是他挥毫奋笔疾书奏折一封，提了八条建议：停园工、戒微行、远宦寺、绝小人、警宴朝、开言路、惩夷患、去玩好。写毕又怕自己的分量仍然不足以打动同治帝，于是又找来醇亲王奕譞、惇亲王奕誴、孚郡王奕譓、额驸景寿、奕劻、大学士文祥、宝鋆、军机大臣沈桂芬、李鸿藻等九名重臣一道联名上疏，希望以此让皇上幡然醒悟，迷途知返。

十大臣的奏折送上去了,然而却仿佛石沉大海一般杳无音信,并不见同治召见群臣商议此事。过了几天,几位大臣凑在一起合计,觉得这样不妥,万一同治帝没看到奏折呢,还是十个人一起去面见圣上比较好。计策已定,十大臣便决定趁宫中演戏之机递牌子面见同治帝。

谁料进宫一看,同治皇帝坐在龙书案前,手中捏着奏折,面沉似水,气色不正。奕䜣心一沉,暗叫不妙,只得连忙率众人磕头。果然,同治帝也不等大臣们起来,便兀自大嚷起来:"你们这些大臣好不饶舌!说说停工的事儿也便罢了,如何又说出其他的事来?"十大臣头也不敢抬,心中暗暗叫苦,不知这位小主子是何主张。

奕䜣贵为皇叔,毕竟地位高些。待同治怒气稍息,徐徐回复道:"皇上,臣下所奏,确实不止停工一事,还有其他条陈,请容臣一一讲来。"说罢,也不待同治答应,便从袖中取出奏折的副本念了起来。

谁知还没念几句,同治"啪"的一声,将手中的奏折往地上一摔,站起来怒气冲冲地嚷道:"别念了,你们不就是说我当不得皇帝吗?奕䜣,这位置我不坐了,让给你,你来!"

此言一出,十大臣顿时乱作一团。文祥闻听此言,连连叩头,眼前一黑,居然晕了过去。醇亲王奕譞痛哭流涕,泣不成声。其他大臣也纷纷落泪,连连叩头,七嘴八舌地苦苦劝谏。只有奕䜣黑着脸,低着头,不发一言,他是真的被这个侄子激怒了。

同治看着这些老臣,心中的怒火越烧越旺,又道:"你们说我微服私访,可有证据?竟敢污蔑我,实属可恶!"

奕䜣此时再也忍不住,抗声说道:"陛下,据臣所知,某年月日,陛下曾经到过某处;又某年月日,陛下又曾到过某处……"他口讲指划,一一道来,竟是分毫不差。

同治被说中痛处,脸上一阵红一阵白,一时居然哑口无言。他咬着牙看了看兀自滔滔不绝的奕䜣,蹦出几个字:"不错,你却是如何得知的?"

奕䜣此时也顾不得许多,直起身来说道:"臣子载澂亲眼所见亲耳所闻。"

同治再也忍耐不住:"奕䜣,你欺朕年幼,跋扈弄权,和你儿子一起把持朝纲,结党营私,莫非是要逼宫不成!朕……朕要重重地治你!来人,拟旨,革去恭亲王一切差事,降为庶人,交宗人府严行管束!其子载澂,一并处理。"

闻听此言,十大臣大惊之下竟然呆若木鸡。醇亲王反应过来,膝行几步连连叩头:"陛下,请息雷霆之怒,收回成命。不然……臣只有一死以谢天下了……陛下……"明白过来的几位大臣也纷纷附和。只有奕䜣跪在旁边,木着脸一声不吭。

同治怒气更盛,向前一步,指着奕譞:"好啊,你要以死相逼,朕就成全你。拟旨,革去醇亲王爵位,与奕䜣一体处理!"

正当闹得不可开交的时候。李莲英从殿外跑了进来,叩头道:"皇上,两宫太后有旨,宣您速赴弘德殿见驾。"

同治一听要见母亲,只得把心中的火气勉强压了一下,向十大臣吼道:"还待着干什么？朕要去见太后！你们这些狗奴才，差使都别干了，回家听候发落！"说完袍袖一抖，气冲冲走了出去。

原来，同治与十大臣在养心殿闹得不可开交，两宫太后早就听报事的太监宫女说了个一清二楚。慈禧闻听此事心中十分不悦，尽管重修圆明园是同治的主意，但其实背后却是慈禧自己的意思，聪明如奕䜣者怎么会想不到这一点，定是蓄意和自己为难。回头一想，又深恨同治这个不争气的儿子不明事理，居然把此事弄得这么僵。慈禧回头看了看端坐不动、闭目养神的慈安，暗暗决定了善后之策：园子是不能修了，奕䜣当然更不能杀，至于皇帝，让他亲政实在是勉为其难，只好继续垂帘听政。

在慈禧的调停之下，这场闹剧总算草草收尾。在慈禧的斥责之下，同治痛哭流涕，从此再不敢自作主张。奕䜣官复原职，然而猜忌和怀疑的种子却已经种在慈禧心里。

第五章
又一个傀儡

表面上是皇帝，实则是被操纵的木偶，而玩弄木偶线绳的不过一个女人。此线不断，掌控永远存在，于是一个傀儡死去，另一个傀儡替上，同样有名无实。

尚未破解的死亡谜团

同治帝载淳在位时期，清王朝内乱渐靡，外祸稍轻，就连当时名重一时的翁同龢、曾国藩等人，也对同治皇帝寄予厚望，唯愿有同治一日，清王朝得以东山再起，傲立于世界民族之林。只可惜，17岁（1873年）亲政的同治帝，未及两年，即于同治十三年（1874年）十二月初五病逝，时年19岁。

同治十三年十月二十一日，同治帝在驾幸西苑后，突然感到身体不适，随即找来太医诊治，以前的医中圣手全然无从着手。十天过后，同治帝的病情突然急转直下，发烧发热、四肢无力、浑身酸软，在皮肤上还出现了没有凸起的疹形红点，而且红点很快演化为"疹形透出，挟杂瘟痘""颗粒透出"。这让慈禧大惊失色，莫非这是天花？

果然不出所料，同治帝真是得了天花。为了让儿子安然闯过这一关，慈禧一面让御医加紧医治，半刻不敢耽误；一面让人将痘神娘娘请到了养心殿，举行隆重的仪式，希望能够让痘神娘娘把洒下来的水痘收回去。此外，慈禧和慈安两位太后还亲自去了景山寿皇殿向祖先祈福，希望他们能够帮助同治渡过这场劫难。

皇天不负有心人，同治帝的病情终于好转，身上的豆粒越来越少，一个个开始结痂脱落，慈禧的心也终于开始放松下来。但没过多久，同治帝的病情出现急剧恶化，"湿毒流聚腰间，红肿溃破流脓水……痘后余毒湿盛"。不久之后，"痘痂俱落，而腰间溃孔，左右臀部溃孔……"此后御医们束手无策。这年十二月初五酉刻，同治于养心殿东暖阁驾崩。

同治驾崩后，朝廷发布公文，声称同治皇帝因患天花不治身亡，然而单单一道公文并不能阻止流言和疑惑四起。《清稗类抄》就揣测了同治帝的死因大概有三种：

一者，是传说同治非慈禧亲生，慈禧害怕同治阻碍自己，遂将之杀害；二者，是因为皇帝想要立皇储，找来了李鸿藻商议，这让慈禧很惊恐，于是中断了同治帝的治疗；三者，是因为同治帝的皇后与太后不和，同治帝便安慰她，让她等自己好了，就

同治帝患天花进药档

同治帝气绝之日进药档

补偿她,岂料这件事情让慈禧知道了,将皇后拖出去打了一顿,同治帝遂气愤而死。

和以上三种说法相比,更多人趋向于相信另一种说法——同治帝死于梅毒。患此病的人,皮肤上毒疮会红肿溃烂,状似杨梅,民间起名为"杨梅疮"。依照同治帝临死之时的病状,再联系到同治帝生前种种,这种说法似乎有根有据。但是梅毒并不会在短期内让人丧命,不治而死者,必须要等到五年、十年甚至是更长的时间,而同治帝就在患病到死亡,也就几个月的事情,因而他死于梅毒一说,尚有待商榷。如果同治帝既不是死于天花,也非死于梅毒,那么他又是如何魂归西天的呢?

要破解这个难题,还原历史真相,还需要从当时最真切的医药记载出发。在20世纪70年代,《万岁爷天花喜进药用药底簿》从清宫档案中被搜了出来。根据书簿中的记载,从同治帝得病到驾崩前后36天的时间里,同治皇帝的脉象、用药处方和服药情况都证明同治帝死于天花而非梅毒。

之所以天花会置同治帝于死地,只有一种解释,即在天花后期,同治帝不幸皮肤感染。史料记载中说当时同治帝"发热头眩俱退,惟湿毒乘虚流聚,腰间红肿溃破,浸流脓水,腿痛筋挛,头项胳膊膝上发出痘痈肿痛"。这让同治帝本来就患了天花的身体雪上加霜,最终皮肤病发展到了"走马牙疳"的地步,也就是医学上所谓的"坏疽性口炎"。

当然,也有人怀疑,敬事房太监和御医为了掩饰同治帝的丑闻,很可能刻意地掩盖了事实的真相,将《万岁爷天花喜进药用药底簿》的所有一切都按照天花的病症造假。

作为同治帝佩服和亲近的帝师,自同治帝患病开始,翁同龢就片刻不离同治帝身边,一面监督御医的职责,一面嘘寒问暖,安抚同治帝的心情。对于同治帝之死,除了慈禧之外,恐怕只有翁同龢最为伤心了。同治帝患病期间,御医诊治的那些脉象和处方,都被翁同龢一一记录了下来,与《万岁爷天花喜进药用药底簿》的记载一对照,相差并不大。

被抱来的小皇帝

同治十三年（1874年）十二月初五，同治在养心殿东暖阁的须弥宝座上闭上了眼睛。他的驾崩让享国200余年的清帝国第一次出现了皇储断档的危机。

根据野史记载，同治去世后，慈禧命宫中侍卫封锁消息，秘密请尚被蒙在鼓中的恭亲王奕䜣进宫。奕䜣进得宫来，猛见同治的尸体放在养心殿中，吓得魂飞魄散。此时慈禧却面色平静得像刚睡醒一样，手持蜡烛在旁边徐徐说道："事已至此，怎么办？"

这不仅是有关大清"国本"之事，也涉及她是否还能继续把持大清的最高权力，对于已经垂帘听政十余年的慈禧来说，对权力的追求和控制早已成为生命中最重要的事情，她不会眼睁睁看着大权旁落的。

按照清王朝父死子继的不成文规则，同治帝载淳死后，应该由"溥"字辈接任皇帝，朝中一些大臣也如此想，便推举道光帝长孙溥伦入主大宝。但这正是慈禧太后所不愿意之事，因为如果一旦这样，她的身份就变成了太皇太后，从而失去了继续"垂帘听政"的权力。所以她以支脉太远而拒绝了这一提议。慈禧太后的意思，是继续从"载"字辈中挑选一人担任皇位，并且此人还必须是同治皇帝的近亲，如此她就可以继续以皇太后之身份继续把持朝纲。这样一来，可选择的余地就变得很小了，候选人不外乎是咸丰帝几个兄弟的儿子，也就是同治的堂兄弟。慈禧最终挑中的是醇亲王奕譞的次子载湉，也就是后来的光绪帝。这是为什么呢？

原来，在道光皇帝的几个儿子中，当时仍健在，并且育有后代的，就只有恭亲王奕䜣和醇亲王奕譞。但恭亲王奕䜣作为议政王、领班军机大臣，已经权倾朝野，倘若再有儿子继承皇位，奕䜣不啻是无冕之王，权力过大。况且，奕䜣诸子年纪也都不小，不便控制。相反，醇亲王奕譞为人低调，而其次子载湉当时年纪只有4岁，不大不小，便于从小控制。更重要的是，奕譞的正福晋，乃是慈禧的亲妹妹，两家可谓是亲上加亲。于是，事情就这么定了下来。

家中平白出了一个皇帝，似乎是件天大的喜事，但醇亲王奕譞可并不这么看。他深知慈禧的为人，明白自己的儿子当皇帝并不是要君临天下，而是要给自己的这位大姨子做个帮衬。因此在得知这一决定后，他当时就昏了过去。史载，奕譞"忽蒙懿旨下降，择定嗣皇帝，仓猝昏迷，罔知所措。身战心摇，如痴如梦"。

应该说，奕譞是个极为聪明的人，当然他的聪明与奕䜣不同。奕譞的聪明表现在文武全才，有经天纬地之能上；而奕䜣的聪明则表现在深知进退、韬光养晦上。由于曾经参与辛酉政变，又亲自捉拿了八大臣之首的肃顺，醇亲王在同治朝深受慈禧的重用，先后担任都统、御前大臣、领侍卫内大臣、管神机营事、管善捕营事、步军统领、弘德殿行走等职务，是仅次于恭亲王的重臣。然而他为了避免遭到慈禧太后的猜忌，在光绪皇帝甫一继位之时，就上奏折要求辞去一切职务。在其再三哀求之下，慈禧最终同意了他的请求，仅保留了亲王双俸的待遇。

不仅如此，奕譞还秘密给慈禧上了一道名为《豫杜妄论》的密折，其内容大致是说，由于载湉当了皇上，自己虽然身为皇父，但绝对不会要求追封皇帝的称号。如果自己有一天死了，有不知好歹的大臣，请求慈禧或光绪追封自己，请拿出这封折子驳斥他。事情果然不出醇亲王的预料，十几年以后醇亲王去世，果然有大臣提出此议，结果被慈禧骂得狗血淋头。由此观之，奕譞实在是一个深谙政治斗争之道、有大智慧的人。奕訢最终被削去官职，在家闲住，奕譞却荣宠不衰。

载湉的继位引起了朝中一些大臣的强烈不满。因为经过200多年来清朝历代皇帝不断地调整和完善，皇位继承制度已经形成了一套较为严密和合理的规则：首先，父死子继，清代历史上从来没有兄终弟及接替皇位的成例；其次，清代皇帝的确立，早期是由满族亲贵共同协商，或者皇帝留下遗诏决定的，在雍正创建秘密立储制度之后则依此而行；再次，但凡幼主继位，通常先帝都会安排辅政大臣辅佐新君。具有强烈权力欲的慈禧却罔顾祖宗家法，一口气将这些成例全部打破，以一己之言，决定了皇位的归属，并继续垂帘听政。难怪一些守旧的大臣会极度不满，甚至以死抗争。

光绪五年（1879年），同治下葬于惠陵，御史吴可读请求陪同送葬。结果吴可读半路自杀身亡，身后留下一封遗折，请求慈禧待异日光绪成年之后，将其子过继给同治，作为下一任储君，以保持大清国祚绵长。这一"尸谏"事件震动朝野，慈禧太后迫于舆论压力不得不批准了吴可读的建议。

无论如何，刚刚4岁的载湉被扶上了皇位，年号光绪，而慈禧太后也顺理成章地再次"垂帘听政"。光绪的幼年生活几乎和同治无甚区别，从6岁开始，进入毓庆宫读书，先后教过他的老师有翁同龢、孙家鼐、夏同善等人。光绪在这些饱学宿儒的教导之下受到了良好的教育。和贪玩懒学的同治不同，光绪从小就非常知书达理，慈禧也称赞他"实在好学，坐、立、卧皆诵书及诗"。两代帝师翁同龢与光绪感情甚好，在其《翁同龢日记》中记载了大量光绪小时候的逸事：光绪8岁那年，曾经向上天祈雨，为了表示虔诚，居然自行斋戒，并要求上书房的师傅一例办理；9岁那年过生

光绪帝朝服像

日，宫中唱戏庆祝，光绪甚为不满，认为沉迷戏剧，有害无益。光绪小小年纪，其行为举止便深合儒家之道，这让翁同龢大为高兴。

等光绪年纪稍长时，他不仅熟读经史子集，而且能诗善书。据史料记载，"上（光绪帝）之文学本源极厚。书法钟颜，端厚浑朴，诗文极雅"。光绪自小养成了读书的好习惯，当他亲政以后，处理朝政之余，尚且手不释卷，终日阅读，而且中西书籍，均有涉猎。此外，光绪的记忆力也相当好，称得上博闻强识。据说当他亲政以后，阅览奏折一目十行，只要一遍便了然于胸。有些年深日久的折子，军机大臣甚至都不记得，而光绪还背得出来。有一次，有大臣从江南返回，觐见慈禧和光绪，不免谈些地方见闻。慈禧偶然提到河南上报某县遭受冰雹袭击，但一下想不起是哪个县，光绪在旁立刻提醒道是巩县。过了一会儿，慈禧又问起永定门外前几年修建的电车是何人所为，光绪应声答道是德国公使海靖。由此可见，光绪的记忆力颇为了得，对国事也甚为关心。

被当皇帝很受挫

应该说，以光绪的能力，完全有资格独立处理政务，虽未必会成为一代有道明君，但必然不会像咸丰、同治那样昏庸无用。不幸的是，他当皇帝这件事本身就是一个悲剧。正如前文所说，他的继位，纯粹是为了配合慈禧掌握权力的要求。因此，当他年纪渐长，要求亲政的时候，便不可避免地与慈禧发生了冲突。

慈禧与光绪的关系，实在说不上有多好，由于二人并没有血缘关系，所以慈禧对这个小皇帝并没有特别深厚的感情。据说光绪10岁那年，慈禧生了一场大病，光绪为此心急如焚，半夜暗暗向上天祈祷，甚至要效仿古人"割股奉亲"之举，拔刀自伤，意欲割肝做药，幸亏左右侍卫连忙抢救，才不致酿成大祸。谁知道这样一份孝心，慈禧知道之后却神色漠然，不为所动。

慈禧始终提不起对光绪的兴趣的原因，可能还与年幼的光绪更加喜欢温柔可亲的慈安有关。年幼的光绪闲来无事，总是往慈安宫里跑。可是此时的慈安和慈禧早已经由于安德海的事情心生嫌隙。同治八年（1869年），慈禧身边的当红太监安德海擅自出宫，有违禁令，被山东巡抚丁宝桢诛杀，据说此事得到了慈安太后的批准。慈禧得知自然对慈安怀恨在心，由此二人结怨。光绪七年（1881年），慈安逝世，年幼的光绪从此更显孤立。

慈禧不喜欢光绪，便经常有意无意地为难小皇帝。光绪体弱多病，身体一直不好，据说是因为从小就营养不良所致。根据清宫规矩，皇帝每日进膳，都要上几十道菜，可是皇帝一个人怎么吃得了那么多，顶多就是拣离自己近的菜吃几口，结果就是离皇上特别远的菜每天都用小火煨着，每次都放在原来的地方，夏天时居然大多都发馊变臭了。就是皇上吃得到的几道菜，也不是现做，而是早就做好的，味道自然很差。

年幼的光绪正在长身体的时候,却吃不到什么像样的东西,有时候甚至忍饥挨饿。实在忍不住的时候,光绪也会让御膳房换换菜谱,做些新菜。可御膳房对光绪的命令压根儿不理不睬,而是要禀明慈禧批准。慈禧自己每顿都吃小灶现炒,根本不管光绪,反而经常教育光绪要勤俭节约,云云。如此几次,光绪再也不敢抱怨膳食。

此外,慈禧酷爱听戏,每次看戏都会叫光绪前来陪同。可是她根本不管小孩子的心情,总是点些《天雷报》之类阴森恐怖、神神鬼鬼的戏,给年幼的光绪心灵上留下了很深的阴影,以至于日后光绪非常害怕打雷。后来光绪长大了,慈禧干脆不给他座位,就让他在旁边站着陪侍。

同治和慈禧不睦,始于慈禧为同治选后;而光绪与慈禧同样因为光绪大婚的事闹得很不愉快。光绪十三年(1887年)冬,17岁的光绪皇帝将要亲政了。按照惯例,自然是要先举行大婚典礼。慈禧太后此时的心境,与当年为同治皇帝选后时并无不同,仍然是想要在光绪皇帝身边安插一个自己人。因此,她安排了自己的亲侄女、都督桂祥的女儿参选。

慈禧太后把自己的侄女安排进去,也就是想效仿孝庄太后。光绪帝并非慈禧亲生,而是慈禧的亲妹妹之子,这样算来,光绪其实是慈禧的外甥。也就是说,那位被慈禧安插进来的桂祥之女,实际上是光绪帝的表姐。

选后仪式安排在体和殿进行。这一天,备选的秀女依次排列在殿内,等待皇帝的挑选。殿内放着一张小桌子,上面放着一柄金镶玉的如意,两个红色绣花的荷包。按照清宫惯例,皇后和嫔妃由皇帝亲自挑选,如果皇上看中哪位女子,欲立其为后,则将如意赐之,欲立为妃者,则将荷包赐之。慈禧在安排秀女顺序时,特意让自己的侄女排在首位。此时没有了慈安的掣肘,慈禧自然以为光绪会乖乖听从安排。

年轻的光绪并不笨,他自然知道慈禧只不过是安排了一出戏而已,所以他根本不想配合慈禧把这场戏演下去。当慈禧拿起如意,光绪直截了当地说道:"婚姻大事,还是皇爸爸来做主,儿臣就算了吧。"谁知慈禧并未答应。也许在她看来,过程和结果同样重要。光绪毕竟年纪尚幼,看到慈禧如此做派,居然以为自己即将亲政,慈禧也要尊重自己的意见了。大喜之余,一把抓起如意,看也不看站在第一排的桂祥之女,径直走到站在第二排的江西巡抚德馨女儿面前,准备把如意赐给她。

就在这关键时刻,慈禧再也忍不住了。她也顾不得皇家的体

慈禧太后与光绪后宫妃嫔的合影。右一为隆裕皇后,左一为瑾妃,都是慈禧亲自挑选的。

面，严厉地喝了一声："皇帝！"光绪吃了一惊，愕然回过头来看着慈禧，此时慈禧却又闭上了眼睛，一语不发。只是朝着第一排的方向努了努嘴。光绪愣了一下，还是无可奈何地慢慢折回身来，把如意重重地往桂祥之女的手中一塞，迅速回到了慈禧身旁。

虽然身为皇帝，可是面对专权的慈禧，光绪也只有认命的份儿。光绪与表姐，也就是隆裕皇后在成婚前的关系一直不错，作为姐姐，隆裕对光绪特别照顾，就像对待自己的亲弟弟一样，两人的关系十分融洽。可是突然间，慈禧把表姐指给了自己当皇后，光绪心中实在难以接受。但为了服从慈禧，也为了讨好慈禧，光绪别无选择。

经此一场风波，光绪自然也不愿再挑选嫔妃。可是慈禧太后仍然不依不饶，她认为既然光绪有心于德馨的女儿，即使召入宫中作为嫔妃，日后定然也有夺宠之忧，于是自作主张，将两个荷包给了站在第三排的礼部左侍郎长叙的两个女儿。一场可笑的选后仪式就这么结束了。然而慈禧并没有想到，在这一次选后中，她仍然没有获得胜利。她的无意之举又为自己树立了一个敌人：长叙的小女儿，就是后来的珍妃。

光绪的一生就只有这么一后二妃，是清朝皇帝中后妃最少的皇帝，也是成婚最晚的皇帝。慈禧的做法是出于政治上的考虑，目的就是要把朝政交给光绪后，还能够利用皇后来操纵光绪，最起码可以监视和掌握皇帝的一举一动。

可以想象，光绪自然不会对这样一场政治婚姻感到满意，尽管珍妃、瑾妃也不是他亲自挑选的，但为了报复慈禧，他甚至刻意地疏远被封为隆裕皇后的桂祥之女，而亲近珍妃和瑾妃。与隆裕大婚当晚，光绪甚至做出了一个有悖于皇帝身份的举动——扑倒在隆裕怀里大哭着说："姐姐，我永远敬重你，可是你看，我多为难啊！"这主要是光绪对慈禧安排的政治婚姻不满。

从小养尊处优的隆裕皇后怎么能忍受光绪的这种轻蔑？因此二人时常发生争吵。光绪十八年（1892年）夏，光绪与隆裕皇后又因为小事激烈争吵起来，光绪帝许是心情不好，骂得很凶，郁闷的隆裕皇后气不过，便到慈禧的寝宫发牢骚。

隆裕的本意，只是想找个人倾诉一下，获得一些安慰罢了。谁知慈禧闻听此事，勃然大怒，当着一众太监、宫女大骂光绪，转脸又好言劝慰皇后："别太难过了，你还年轻，不用为这个病秧子想不开。我有的是办法收拾他。"隆裕皇后一听此言，知道自己做过了头，然而也无可奈何。后来连续几个月，慈禧对光绪都没有好脸色，甚至一言不发。从此，慈禧就埋下了铲除光绪的心思。

光绪亲政以后，慈禧规定，光绪必须每隔一日向她奏报政务，听候训示，还经常派人监视他的行踪。而光绪慑于慈禧的威严，每日请安时都浑身颤抖，有什么政务上的事情也根本不敢自作主张，还要主动向太后请旨才能实行。戊戌变法失败，慈禧太后以"训政"为名，重新临朝视事，居然连垂帘听政的形式都免了，与光绪帝一起坐在须弥宝座上接受群臣叩头谢恩。

俗话说"天无二日，国无二君"，这话在慈禧的面前被打破了。有大臣奏对政务，全凭慈禧一一裁决，光绪在一旁只是默然不语。有时候慈禧觉得不妥，用胳膊肘碰他，示意他说两句，光绪才提起精神，胡乱应付两句而已。要是光绪说得不妥，还要遭到慈禧的斥责。

在慈禧太后眼中，光绪帝不过是一个她实现权力欲望的玩偶与傀儡。

第六章
洋务运动：未富未强先破产

两江总督曾国藩的一封奏折，掀开了洋务运动的浪潮。君臣的一致努力，让大清以为见到了中兴的曙光。然而，在封建制度不变的前提下，洋务运动只是一场幻梦而已。北洋水师的组建与覆灭，恰恰证明了这一点。

洋务运动的兴起

外国资本主义在两次鸦片战争以后，在经济上、政治上加紧了对清政府的控制，致使清朝统治机构的半殖民地化程度日渐加深。后来，清朝统治集团内部逐渐有一些官僚开始与洋人、洋事务打交道。这些与洋务关系密切的人，逐渐形成了一个派别，而且比较有权有势，被称为洋务派。所谓"洋务"，当时也被称作"夷务"，是指一切同外国资本主义有关的事物。只要是办理过与洋人有关事务的人，均被称为洋务派。在清朝中央以总理衙门大臣奕䜣、侍郎文祥等人为代表，地方上则以封疆大吏曾国藩、李鸿章、左宗棠、张之洞等人为代表。他们手中大权在握，可以左右清朝的政局。清政府在两次鸦片战争中的失败使他们接受了沉痛的教训，尤其是他们都曾同外国侵略者勾结起来共同镇压人民反抗，从自己的亲身经历中，他们深知西方列强"船坚炮利"。于是便积极主张多多引进西方的科学技术，仿造西方船炮枪弹，运用西式方法来训练部队等。总之，洋务派要将他们学习西方的主张全部转化为实践，从而掀起一场有声有色、长达数十年之久的洋务运动。

洋务派兴办洋务的指导思想很明确，即"中学为体，西学为用"。他们认为，西方的政治制度比不上中国，中国的火器比不上西方列强，只要清王朝掌握了西方的近代军事技术和装备，便可以重振国威，扬名于世。另外，由指导思想和实践也可以看出洋务运动的目的。洋务派主张学习和利用西方先进的科学技术是为了拯救和维护清朝封建统治。所以，当人民的反抗斗争对其统治构成威胁时，就学习洋人的长处以镇压民众的反抗；当外国侵略势力明显动摇其统治时，便取洋人长技以"制夷"。

兴办企业

从19世纪60年代开始，洋务派以"自强"为口号，依照西方资本主义国家的方法来研制新式枪炮和船舰，兴办了一批军事工业企业。其中规模较大的军工厂主要有：

江南制造总局。同治四年（1865年），在曾国藩的支持下由李鸿章在上海建立。总局购买了美国旗记机器铁厂和苏州制炮局的部分机器，同时又委派容闳从美国购进一部分机器，综合构成该局的生产设备。创办经费为54万余两白银，以后又投入很多经费。拥有工人两千余人，在洋务派创办的军工企业中，规模最大。主要是生产枪炮、弹药、水雷和小型船舰。该局还附设译书馆，翻译西文书籍。

金陵机器局。同治四年（1865年），李鸿章署理两江总督时，把他在苏州创办的洋炮局迁到南京并加以改造扩建而成。主要生产枪支、火炮，为淮系军阀供应军火。

福州船政局。同治五年（1866年），左宗棠在福州闽江马尾山下设立该局，也称马尾造船厂。该局以47万两白银起家，是洋务派创办的规模最大、设备最齐全的轮船修造厂。该厂还附设船政学堂，专门教授英语、法语、算法和画法，为驾驶轮船和造船培养专门人才。该局系南洋水师的基地。

天津机器局。同治六年（1867年），崇厚在天津筹建的，英国人密妥士任总管，从国外购买机器，制造火药，虽耗资巨大但成效不佳。同治九年（1870年），李鸿章调任直隶总督时接管了该厂，招募洋匠，添置设备，扩大规模，使该局有了一些起色。随后又扩大规模，分为东、西两局。东局设在天津城外东南方的贾家沽，西局设在天津城南海光寺。主要生产弹药、水雷、炮架、洋枪等。

19世纪70年代以后，洋务运动的重点转向兴办民用工业企业，但军事工业的扩展却丝毫未放松，许多省份相继兴办了小型军工企业。此外，张之洞于光绪十七年（1891年），在汉阳创办了湖北枪炮厂，这是洋务运动后期兴办的最大的军火工厂。

上述军工企业性质都属于官办，严格地控制在清政府和湘、淮系等军阀集团手中，绝对不允许商民插手和仿办。这些企业的性质和特点主要有以下三个方面：

其一，具有浓厚的封建性。这些企业完全采用官办的形式，由官款拨充各局、厂的创办经费和巨额的常年开支，具体讲，是由军饷中拨出一部分或从税收中支付。企业管理机构按照封建衙门组建官僚机构。工人大多来自清军士兵，各局、厂的管理制度仍采用封建军队式的，对工人"以兵法部勒"，以"武弁"统领。企业生产的产品由清廷直接调拨给军队，不在市场上出售。企业既不计算成本，不负盈亏，更没有从利润转化而来的资金积累。所以，它是官府控制、垄断下的具有浓厚封建气息的近代企业。

其二，依赖性和买办性的特色很明显。这些军工企业从设计施工、购置机器设备、生产技术，直到原料供应，没有一样不依赖外国。当然，在当时的历史条件下这些也是无法避免的，但关键在于这些企业长期都是在外国人的操纵之下。例如，以李鸿章为首的淮系军阀所创办的军工企业主要操纵在英国人手中，左宗棠的湘系集团兴办的军工企业被法国人所控制。外国资本家还通过洋务派推销其国内早已落后的或者淘汰的设备和器材。一些洋务派官僚在采办经营过程中乘机贪污受贿或扩充个人势力。可谓是名为"自强",实则封建军阀趁机各自扩充本派的实力。

其三,其中也包含一定的资本主义因素。这些军工企业采用了在当时的中国还算比较先进的大机器生产,集中了一批出卖劳动力的工人,形成了资本主义形式的阶级关系。企业的产品虽不面向市场,但其本身具有部分的商品属性,从某种意义上说也受价值规律的支配。所以说,这些军工企业中间包含有一定的资本主义因素。

洋务派从19世纪70年代到90年代,在兴办军工企业的基础上,又打出"求富"的招牌,开始大量兴办民用工业企业。洋务派从19世纪70年代起大办民用企业主要有两个原因:首先,他们在创办军工企业的实践中遇到一些困难,比如资金奇缺、原材料供给不足和运输落后等,加上经办人员极度的挥霍浪费而使企业难以维持,使他们认识到"必先求富而后能强"。也就是说必须通过大力发展民用工业企业来积累资金,打下雄厚的经济基础,才能辅助军工企业的发展。其次,他们想通过兴办民用企业来抑制洋商倾销洋货和列强的经济掠夺。洋务派代表人物在奏章、书信、谈话中都表示过要"稍分洋商之利""欲收已失之利还之于民"等想法。虽然洋务派在兴办民用企业的过程中各有企图,甚至还有一些表里不一的伪君子,但也不能说他们没有抑制洋商和夺回利权的意图。从他们兴办民用企业的实践来看,也的确尝试过一些抵制洋商倾销洋货的努力。

自19世纪70年代到90年代的20余年间,洋务派大约创办了20多个民用企业,涉及交通运输、采矿、纺织、冶炼等行业,规模较大的有以下几个:

上海轮船招商局。同治十一年(1872年)由李鸿章在上海创立。这是近代中国第一家轮船航运公司,也是洋务派兴办的第一个民用企业,形式为官督商办。当时,李鸿章上奏获准后,清廷拨直隶练饷局制钱22万串,折合白银13.3万两作为股本,委托沙船富商朱其昂、朱其绍兄弟在上海设局筹集商股而创办。初期仅有轮船3艘,到光绪三年(1877年)已有大小船共30艘,在各口岸设27处分局。该局在经营过程中遭英、美轮船公司的不断排挤,在极其困难的情况下,它不仅没有被挤垮,而且蓬勃发展,是民用企业中最有成就的一个。

开平矿务局。光绪四年(1878年)李鸿章在天津创设。最初由李鸿章派唐廷枢在天津计划创立开平矿务

轮船招商局

局，目的是开采唐山煤矿。原拟官办，后因清廷财政困难，改为官督商办。光绪七年（1881年）开始开采出煤，每天的产量达五六百吨。由于该矿设备优良，煤矿储量大、煤质好，产量逐年增加。除供应轮船招商局、天津机器局、北洋海军用煤外，还在市场上大量出售，在天津很好地抑制了洋煤进口。

上海机器织布局。李鸿章于光绪八年（1882年）派人收集商股在上海筹办的，是近代中国第一个机器棉纺织厂，于光绪十六年（1890年）投产。资本来源于公款和商股，股资由50万两逐渐增至100万两。从英、美两国购置了纺织机械，包括轧花、纺纱、织布一整套设备，共有3.5万枚纺锭，布机达530台。经营兴盛，利润很高。光绪十九年（1893年）由于失火而被毁殆尽。不久，李鸿章派盛宣怀重新建厂，更名为华盛纺织厂，性质仍是官督商办。

电报总局。光绪五年（1879年），李鸿章为了军事上的需要而在大沽炮台至天津之间试设电报，试验成功。光绪六年（1880年），李鸿章在天津设立电报局，任命盛宣怀为总办。第二年就开始铺设天津到上海的线路，年内竣工。这是中国第一条长途通信线路。同时，在紫竹林、大沽口、济宁、清江、镇江、苏州、上海分设七个分局。光绪八年至十年（1882~1884年），上海至南京、南京至武汉的电线相继架设完毕。光绪八年（1882年），因官款不足，电报总局又吸纳商股和民资而改为官督商办。

铁路交通运输业。光绪元年至二年（1875~1876年），英国人在上海至吴淞段修筑了铁路，全长36华里，从此中国便有了铁路。后因机车轧死一人，清廷要求司机偿命，并派李鸿章到上海进行谈判。愚昧的清政府出28万两白银购回铁路、机车，然后把机车抛入江中，铁轨、车辆被弃置在海滩，后来全部烂掉了。此后，清政府内部争论了许多年铁路问题。开平矿务局于光绪六年（1880年）修筑了唐山到胥各庄的铁路，总长11公里，用以运煤，但这却是中国近代史上自办的第一条铁路。这条铁路后来又延长到天津，又从唐山延至山海关。光绪十三年（1887年），台湾修筑了从基隆到台北的铁路，后又把铁路延长到新竹。从此，中国的铁路事业逐渐发展起来。

洋务派接着又创办了台湾基隆煤矿、黑龙江漠河金矿、兰州机器织布局、汉阳铁厂、湖北织布局等民用企业。

这些民用企业大致上分三种经营方式，即官办、官督商办、官商合办，但官督商办的方式占主导地位。这是因为清廷缺乏资金，不得不利用社会上现有的私人资本，以解决经费来源。而拥有货币财富的买办、商人为获取最大利润，也企图在官府的保护下更加顺利地经营企业。二者便自愿结合起来，产生了官督商办这种形式的近代企业，并且一直延续到19世纪80年代。之后，官督商办的形式逐渐被官商合办所代替。官商合办也就是官、商各认股份，拥有各自的权利义务，共同经营管理企业。但是由于这种经营管理存在很多弊病，企业仍处于清政府控制之下，企业的正常发展还是遇到了很大阻碍。

民用工业企业的性质和特点主要具有以下几个方面：

第一，民用企业总体上属于资本主义性质，但仍带有明显的封建性。这些企业的资金，主要是由官僚、买办、商人以私人入股的形式筹集的。企业中雇用了大批工人，这些工人以出卖劳动力为生，与企业的主人是资本主义的阶级关系。企业的产品大部分都投放市场，经营的目的是为了最大限度地盈利。所以这种企业是具有资本主义性质的企业。但是，在洋务派官僚的控制下，这些企业在经营管理上又带有浓厚的封建性，其管理机构实为封建官府衙门的翻版。在企业中不仅由官府来决定一切，而且亏损总要由商股承担，并且官府还经常向企业进行勒索，商人被迫向封建统治者"报效"。

第二，洋务派把持下的民用企业具有垄断性，压制了民族资本主义的发展。洋务派不仅对民间发展近代工业从不给予鼓励，反而处处进行阻挠，严禁民间人士自办企业，对民用企业实行封建垄断。例如，李鸿章创办上海机器织布局后，就奏准获得10年专利权，10年之内不许商人另设新厂。福建轮船招商局设立后，李鸿章也多次阻挠广东、上海等地商人创办新的轮船公司。

第三，民用企业对外国资本主义存在很大的依赖性，并且在经营管理上极为腐败。虽然民用企业与外国资本主义势力的利益存在冲突，甚至有尖锐矛盾，但它们在很大程度上依赖着外国资本主义。同军工企业一样，它们在机器设备上、技术上、资金上依赖外国，有的几乎完全由外国侵略者操纵、控制。由于企业经营管理存在很多腐败现象，因而成为官僚买办营私舞弊的场所，最终由于官吏中饱私囊，而使大多数企业亏损非常严重。

但是洋务派兴办的民用工业企业归根到底还是中国近代史上比较先进的资本主义性质的企业，其在一定程度上推动了社会经济的发展。首先，这些新式工业企业规模较大，并开始使用大机器生产，开创了近代工业企业经营管理的新格局，奠定了中国资本主义近代工业基础。当然，这个基础比较薄弱。其次，民用企业生产的产品目的是要投放市场，这不仅扩大了资本主义商品经济的影响，而且其中一些产品还抵制了洋商洋货。再次，民用企业同军工企业一样，引进西方先进的科学技术，培养了一批工程技术人才和一批近代产业工人，积累了大量技术资料，传播了近代科技知识，对中国资本主义工业的发展起了积极的促进作用。

加强海军、倡导西学

在兴办军工、民用企业的同时，洋务派还筹建了海军，加强海防建设，设立外文学馆，派遣留学生到国外学习先进科技。

从19世纪60年代开始，由于列强疯狂侵略我国邻邦和边疆地区，导致边疆地区出现了普遍危机。同治十三年（1874年），在美国的怂恿和支持下，日本出兵侵略我国台湾，东南沿海局势变得非常紧张。光绪元年（1875年），两江总督沈葆桢、直隶总督李鸿章等人上奏请求筹建北洋、南洋和粤洋三支海军。经总理衙门核准，每年调拨海关银400万两来资助筹办海军，计划10年之内建成。光绪十年（1884年），三洋海军已初步建成。北洋海军归北洋大臣管辖，拥有15艘船舰，负责防卫山东、直隶、奉天海域；南洋海军属南洋大臣统辖，拥有17艘船舰，负责江浙海域的安全；福建海军由福建船政大臣管辖，拥有11艘船舰，防卫闽粤海域。在中法战争中，经过马尾之战后，福建水师几乎全军覆没。清政府在光绪十一年（1885年）又增设海军衙门，统理海军、海防事宜，任命醇亲王奕譞为总理海军大臣，而会办李鸿章却掌握着实权。此后，李鸿章趁机扩充由他所统领的北洋海军，任用淮系将领丁汝昌为水师提督，扩充舰只到22艘，成为海军中实力最强的舰队。此间，为逢迎讨好慈禧，奕譞、李鸿章等人不惜挪用海军经费修建颐和园。光绪十四年（1888年）以后，海军不再增加船舰及其他装备，军纪越发涣散，派系斗争严重，内部矛盾加剧。

洋务运动有一项重大贡献，那就是设立各种学馆，派遣留洋学生。为了培养精通外语和熟谙洋务的人才，洋务派积极筹划设立各级各类学馆、学堂。咸丰十一年（1861年）奕䜣奏请设立京师同文馆，第二年该馆正式成立，以教授外文为主，同时也开设了天文、历史和数理化等课程。此后，广州、上海等地纷纷效仿，成立学馆。光绪六年（1880年），李鸿章奏请设立天津水师学堂，光绪八年（1882年）设一分馆，定名为管轮学堂。水师学堂学生学习天文地理、几何代数、平弧三角、驾驶御风、测量演放鱼雷等项。管轮学堂学生学习算学几何、三角代数、物力汽理、机器画法、机器实艺、修造鱼雷等课程。光绪十一年（1885年），李鸿章在天津创办了武备学堂，专门用来轮流培训淮军及北洋各军军官，并聘请德国军官李宝等对官兵进行德国式操练，以提高各军能力。据保守统计，到光绪二十一年（1895年），洋务派共创办大约20余所外语和各类工业技术学堂。许多军工或民用企业还附设翻译馆，用来讲习、翻译外国书籍。

同治九年（1870年），在中国近代第一个留学生容闳的建议下，曾国藩奏请派遣留学生出国，清廷批准了此事。同治十一年（1872年），中国第一批学生从上海出发赴美留学。到光绪元年（1875年），共派遣120名留学生。此后，赴外国留学人员还在不断增加。例如，李鸿章在筹办海防的过程中，感到船舶与驾驶人才奇缺，便于光绪二年（1876年）奏请派福州船政局附设学堂的18名学生赴法国学习制造轮船，另外又派12名赴英国学习驾驶。福州船政局先后派出众多留学生，其中有许多在国外深造成才的，如严复、刘步蟾、林永生、萨镇冰等，他们后来均成为海军中的优秀教官和将领。李鸿章在筹办海防的同时，也对陆防进行了一番整顿，光绪二年（1876年），曾选拔一批年轻的中下级军官卞长胜等七人赴德国学习陆军的有关军事技术。光绪五年（1879年）学成归国，按照德国操法训练军队，大大提高了将士的军事技术。

总体上讲，在30余年间，洋务派相继创办了几十个近代化的军工、民用企业，组建了近代化的海军，并成立了传播西学的学堂。在世界资本主义势力频繁入侵，商战、兵战蜂拥而至，民族危机日渐加深的形势下，这些做法无疑是进步的，有重大意义。洋务派引进了西方的生产技术和设备，并且引进了先进的生产力，创办了许多近代工业企业，这一系列的活动都不自觉地促进了资本主义生产关系的产生和发展。这就使古老中国的生产方式发生了一些深刻变革，开始用大机器生产来逐渐取代家庭手工业和小作坊生产，改变了几千年来一直沿袭的封建经济结构。所以从客观上讲，洋务运动成为中国资本主义近代化的起点。

当然，洋务派学习和利用西方先进的科学技术，兴办近代工业企业的根本目的是为了拯救和维护清朝封建统治，他们主观上并不是要触动封建主义的体制和根基，而是企图对西方近代科技进行移花接木，以使中国封建体制适应正在发生剧烈变化的国内外形势。但事实上，洋务派不仅创办了中国第一批近代工业企业，而且冲击了封建思想文化的堤坝，使其产生了一个缺口，为西学的进一步传入创造了良好条件。随着西方科技知识的传入，西方的哲学、政治思想开始影响中国。西方的社会政治学说成为批判封建主义的锐利武器，奠定了资产阶级政治运动的物质和思想基础。新的经济因素必然带来新的政治、思想、文化因素，也一定会对中国传统的经济结构、思想文化结构带来很大的冲击，所以说洋务运动产生的多重后果绝对是洋务派始料不及的。

洋务运动事实上没有而且也不可能把中国改变成为西方列强那样的资本主义国家，更没有达到其"自强求富"的理想目标。当时就有人评论洋务派是"一手欲取新器，而一手仍握旧物"，只"新其貌，而不新其心"。他们从未打算改变腐朽的封建社会制度，在"中学为体，西学为用"方针的指导下来进行洋务活动，其结果必然是经营管理腐败。有许多官员徇私舞弊，贪污受贿，中饱私囊，任人唯亲，冗工滥食，许多重要企业甚至成为封建军阀集团争权夺势、扩张割据势力的资本。

清末出国热

1847年，一艘去往美国的轮船上，三位不满20岁的中国青年容闳、黄宽及黄胜跟随美国教育家勃朗牧师赴美留学。他们十分清楚当前大清朝的积贫积弱、摇摇欲坠的紧迫形势。因此他们怀着扶大厦之将倾的雄心壮志前往就学。虽然最终只有容闳一人留在美国升学，但他回国后却做出了骄人的成就，被誉为"中国留学生之父"。

1854年冬，容闳学成回到祖国，国内那些黑暗的现实却使他感到无限苦闷、彷徨和焦虑不安。他一度想通过"藉雄厚之财力"创办实业的方式来挽救国家于危难之中，但不久便发现自己既然"志在维新，自宜大处落墨，若仅仅贸迁有无，事业终等于捞月"，于是决计弃商从政。

容闳在曾国藩、丁日昌的支持下，于1870年提出了派遣幼童赴美留学的计划。

基于曾国藩的地位和影响，为了引起清廷的重视，曾国藩决定由他领衔会奏，清廷迅即批准。

按理来说，留学生正监督一职应当由精通英语、擅长西学的人来担任。也就是说，非容闳莫属。但是朝中的顽固派却表示激烈的反对，为了能让留学成行，曾国藩、李鸿章又联袂领衔会奏朝廷，决定在为留学生设立的两名监督中，正监督由翰林出身、思想保守的刑部主事陈兰彬担任，副监督则以容闳任职。

1872年8月，第一批30名幼童（年龄定为10~16岁）抵达美国，揭开了中国近代历史上批量走出国门、留学西方的第一页，是中国近代教育史上的一座里程碑。此后的三年时间里，中国留学生分三批按计划抵达美国。他们用自己的刻苦耐劳、勤奋好学征服了西方人，许多人的成绩甚至在美国学生之上。

据当时美国《纽约时报》报道：

中国幼童均来自良好高尚的家庭，经历考试始获甄选。他们机警、好学、聪明、智慧。像由古老亚洲来的幼童那样能克服外国语言困难，且能学业有成，吾人美国子弟是无法达成的。

幼童们赴美后的积极奋进、刻苦学习的精神以及美国人士的好评，让容闳内心极为欣慰。但没有想到的是，支持自己实现此项"教育计划"的曾国藩却于1871年冬因病逝世，这一噩耗令容闳感到无限惋惜与悲痛。他说，如果上苍"赐以永年"，使之"得见其手植桃李，欣欣向荣""手创事业之收效"，"其乐当如何耶"？

令容闳更加没有料想到的困难接踵而至。曾国藩的去世使他的"教育计划"失去了有力的后援，以致这些留学幼童逐渐习染西风。开始西装革履，信奉基督教，尤其是不习汉文，不再遵守封建礼节。时任留学生正监督的陈兰彬及其继任者吴子登等人便与朝廷内部的顽固派沆瀣一气，对派遣幼童赴美留学的"错误做法"群起攻击。认为这些学生"若更令其久居美国，必致全失其爱国之心，他日纵能学成回国，非特无益于国家，亦且有害于社会"，为了防患于未然，应当马上将留美学生尽数撤回，"能早一日施行，即国家早获一日之福"等。

这场斗争实际上是改革与保守、前进与倒退、西学与中学之争，自始至终能够坚定不移站在支持方一边的，整个朝廷里只有容闳一人。虽然李鸿章对留学生给予了一定的同情，却也是爱莫能助。他只能在朝野的反对声中采取妥协的方针：在责令正副监督对留学生进行严加管束的同时，向美国政府提出希望能让中国留学生进入美国陆海军专门军事院校学习的交涉，希望以此培养出国家所急需的高级军事人才，同时也可减轻顽固派所施加的压力。然而美国政府却断然拒绝了这一要求。容闳的一再努力终归无效，1881年夏，清廷最终做出解散留学生事务所、撤回全部留学生的决定。

堪堪功败垂成之际，容闳并不甘心就此承认自己努力的失败，他毕竟为此耗费了全部的精力。此时，自 1872 年以来先后赴美的留学幼童中，最小的也已满 20 岁。在他们中间，有很多人不仅高中毕业，甚至已经考入耶鲁、哥伦比亚等名牌大学，他们若是中途辍学，那将令人十分惋惜。

于是容闳向美国友人呼吁并请求他们伸以援手，希望他们可以利用自己的身份向清政府施压，请政府收回成命，让留学生们在美国继续学业。哪怕读的不是军事院校，理工及其他高等院校也是可以选择的对象，学成归国后，一样可以帮助大清加快国家近代化的进程。

容闳的呼吁博得了美国教育人士的响应，一时之间，致清政府的函文如雪片般飘落在皇帝的案头。在这些信中，美国耶鲁大学校长波特及美国教育界众多名流联名呈递给清总理各国事务衙门的信最为真诚殷切。他们在信中说道："（留学生们）自抵美以来，人人能善用其光阴，以研究学术……成绩极佳……咸受美人之欢迎……实不愧为大国国民之代表，足为贵国增荣誉也。"波特及众多名流希望，清政府能够收回成命，并地指出："令学生如树木之久受灌溉培养，发芽滋长，行且开花结果矣，顾欲摧残于一旦而尽弃前功耶？"

可言者谆谆，听者藐藐，清廷顽固派依然反对派遣留学生出国，严令这些在海外求学的孩子们必须全部按期归国。1891 年 11 月，除了坚决不归以及夭亡于异国他乡的 28 人外，剩下的 94 人回到上海。

至此，容闳心中最为华彩的教育救国之梦就这样破灭了。

虽然派遣幼童赴美留学一事本身未能善始善终，但也未遭完败，因为这百余名归国留学生仍然在为祖国的富强奉献出了自己的一分力量。因而容闳后来说：

今此百十名学生，强半列身显要，名重一时，而今日政府（指清廷）似亦稍稍醒悟，悔昔日解散留学事务所之计划，此则余所用以自慰者。

昔日轰轰烈烈的派遣留学生行动在保守派的干扰下无奈地落下了帷幕，而晚清政府则是更加风雨飘摇。国际上的环境已经容不得晚清政府明哲保身，唯有与世界相沟通，方可能争得一席容身之地。虽然清政府所采取的接轨方式过于简单，对危机四伏的统治也没有什么帮助，但总算也迈出了第一步。

设同文馆，开展近代教育

1861 年的一天，奕訢上奏朝廷，请求创立"同文馆"，其意在于培养外语翻译人才。辅政的两宫皇太后毫不犹豫地准奏，专门培养外语人才的同文馆便轰轰烈烈地开张了。

同文馆，附属于总理衙门。设管理大臣、专管大臣、提调、帮提调，及总教习、副教习等职。总税务司英国人赫德任监察官，实际管理日常事务。先后在馆任职的外籍教习有包尔腾、傅兰雅、欧礼斐、马士等。中国教习有李善兰、徐寿等。美国传教

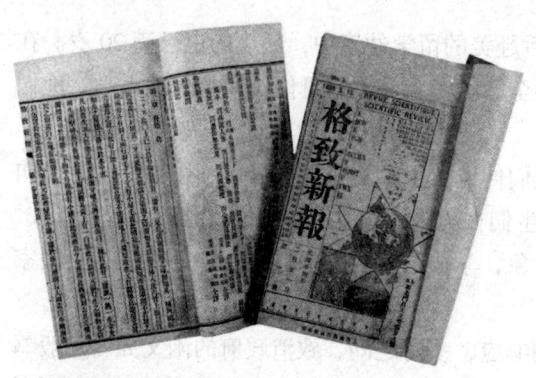

新式活字印刷刊物　清
由同文馆翻译的外文刊物。

士丁韪良自1869年起任总教习，历经25年之久。

同治元年（1862年），京师同文馆正式开办。该馆为培养翻译人员的"洋务学堂"，也是清代在北京开办的采用班级授课制的第一所洋务学堂。最初只设英文、法文、俄文三班，后陆续增加德文、日文及天文、算学等班。一开始，招生对象仅限14岁以下八旗子弟，结果6月份入学的就10个人；后来招生范围开始扩大，年龄较大的八旗子弟、汉族学生，以及30岁以下的秀才、举人、进士和科举正途出身的五品以下满汉京外各官均可入学。学生逐年增多。同文馆每3年举行大考一次，列入优等者升官阶，次等者记优留馆，劣等者除名。同文馆的学员待遇非常优厚，除膳食、书籍、纸笔由官家供给外，每月发银10两。

学习期限初定三年毕业，但自光绪二年（1876年）后改为两种：由外文而延及天文、化学、测地等各类学科的，8年毕业；年岁稍大，仅仅学习翻译的，5年毕业。课程设置在开始时只有英、法、俄、汉文，同治六年后增设算学、化学、万国公法、医学生理、天文、物理、外国史地等科目。除汉文外的其他课程大多由外国人担任教习。其经费、人事等权利基本被控制在总税务司赫德手中。

京师同文馆的课程设置和管理章程极为统一，"四书五经"之类的传统科目基本上不在课程设置之中，中国近代新式学校的发端就源于此。毕业后的学生多数就任政府译员、外交官员、洋务机构官员、学堂教习等职。该馆所附设的印书处、翻译处，曾先后编译出版自然科学及国际法、经济学书籍20余种。此外，还设有化学实验室、博物馆、天文台等。1902年1月，同文馆并入京师大学堂。

1863年前后，上海广方言馆和广州同文馆相继成立。

客居于上海的翰林冯桂芬早在1861年就曾提出"宜在广东、上海设翻译公所，选颖悟儿童，住院肄业，聘西人课以西国语言文字，并习经史算学"。李鸿章对冯桂芬的这一建议表示支持。

翌年，上海广方言馆于旧学宫（今学院路四牌楼相近）建立，昔日提出此议的冯桂芬被举荐为馆长。最初，上海广方言馆曾被拟名为"上海外国语言文字学馆"，这个名字曾经在李鸿章请设学馆的奏折中出现。不过在冯桂芬所拟试办的章程中，被改称为"学习外国语言文字同文馆"，简称"上海同文馆"，这也成为当时所使用的正式名称。这个名字沿用了四五年，1867年改名为"上海广方言馆"。

成立后的上海广方言馆培养出了一批精通西文和西学的中国学生。1872年8月11日，上海广方言馆的第一批30名14岁的学童，在陈兰彬、容闳的率领下赴美留学,近代中国官派留学生之先河由此开启。1874年9月19日,第二批广方言馆学生在上海人祁兆熙的率领下赶赴美国。不少广方言馆毕业生经选拔后成为中国第一代外交官。

同治元年(1862年),广州同文馆在李鸿章的奏请下开始组建。同治三年(1863年),在广州市北大门朝天街正式成立。继京师同文馆、上海同文馆后,这是近代中国建立起的第三所外国语学校,也是洋务派在广州所办的第一件较重大的洋务事业。

广州同文馆第一期共招收14~20岁的正途学生20人,其中满汉八旗子弟16人,汉族人世家子弟4人,学制3年,学习科目主要有英语、汉语和算学。

待到光绪五年(1879年),广州同文馆再添设法文、德文两馆,各招学生10人,共20人,其中10人来自原英文馆中英语已经学有所成的,其余均在八旗子弟中选出。学制也由3年增到8年,自然科学、社会科学、文学、艺术等课程均包含其中,同时又开设生理学、解剖学等若干选修课。不久之后又增设东语(日语)馆和俄语馆,定向对日语、俄语方面的翻译人才进行培养。

在洋务运动的浪潮中,同文馆最多算是展开近代化教育、学习外语的尝试罢了,对于改变国内现状、缓解国家危机起不到很大的作用。在列强环伺的环境下,强军,才是抗争最直接有效的办法。

强军之梦,洋务派的奋争

1866年12月11日,闽浙总督左宗棠在《详议创设船政章程折》中提出设立艺局"为造就人才之地"。同日,又上奏清廷《密陈船政机宜并拟艺局章程折》,进一步阐述道:

夫习造轮船,非为造轮船也,欲尽其制造、驾驶之术耳,非徒求一二人能制造、驾驶也,欲广其传,使中国才艺日进,制造、驾驶辗转授受,传习无穷耳。故必开艺局,选少年颖悟子弟习其语言、文字、诵其书,通其算学,而后西法可衍于中国。

他同时指出"艺局初开,人之愿习者少",必须采取"非优给月廪不能严课程,非量予登进不能示鼓舞"等措施。还提出在"恭呈御览,伏恳天恩俯准照拟办理"的同时,"即饬司刊刻章程,出示招募艺局子弟"。后朝廷照准创办福州船政学堂,又名求是堂艺局,或者称马尾船政学堂,是福州船政局办的一所近代海军学校。

同治五年(1866年)十一月十七日,船政工程全面动工,求是堂艺局亦于同时开局招生。次年,英桂在给总理衙门的《陈办理船政事》一函中提道:"于十一月十七日开局,先行鸠工庀材,派委员绅和洋员督同砌岸筑基,缭垣建屋。习学洋技之求是堂,亦经开设,并选聪颖幼童入堂,先行肄习英语、英文。"可见当时最先开设的科目为驾驶专业。

同年十二月初一，求是堂艺局正式开学。校址最初设立于福州城内定光寺（又称白塔寺）。不久之后又借来城外亚伯尔顺洋房，作为造船专业的学生就读的教室。从工程刚开始就借地办学，把"船政根本在于学堂"的战略思想付诸实践，这一点足见创办者的战略眼光。1867年，马尾造船厂建成，改名为马尾船政学堂。马尾船政学堂是中国第一所近代海军学校，在沈葆桢的苦心经营下，培养出了中国第一批近代海军军官以及第一批工程技术人才，中国近代海军和近代工业的骨干中坚都是由此毕业的学生。

马尾船政学堂，分为前后两个学堂。前学堂又称"法语学堂"，为制造学堂。主设有造船专业，目的是培育船舶制造和设计人才。学堂不仅开设有法语、基础数学、解析几何、微积分、物理、机械学、船体制造、蒸汽机制造等基础课程，还安排学生到各船厂进行实习。优等生更会作为公派留学生前往法国继续学习深造。

后学堂也称为"英语学堂"，为驾驶学堂，主要专业为驾驶专业，旨在对海上航行驾驶的人员和海军船长进行培养。后来又增设了轮机专业，下设英语、地理、航海天文、航海理论学等课程。同时，作为未来对船只的实际操作者，后学堂要求学生必须要上船实习。学习优异的学生将会被选送到英国留学。

马尾船政学堂正式成立的同年，在前学堂内又附设了绘事院，专门培养培养工程绘图人才。次年，沈葆桢为了对技术工人进行培养，又在前学堂内增设一所技工学校——艺圃。艺圃的艺徒半天上课半天工作，以3年为学习期限，其中的优异者将同前学堂学生一起赴法国各大船厂实习，其余的则安排进国内船政各厂工作。

船政学堂的学风之严谨，在国内十分有名。教学中，学堂不仅注重基础理论，更对理论与实际的结合分外看重。为了让前学堂和后学堂的学生进行实际地实习演练，船政专门制造和购买了数艘教练船。

马尾船政学堂自成立以后，为中国近代海军和近代工业培养了大批的优秀人才，因此李鸿章曾盛赞其为"开山之祖"。

为学习西方的"艺事"，而需要开设新式学堂，这就是求是堂艺局开设的目的。求是堂艺局在中国教育的近代化中，开启了先河。左宗棠在创办福州船政局时曾说过："兹局（求是堂艺局）之设，所重在学造西洋机器以成轮船，俾中国得转相授受，为永远之利。"

继福州船政学堂之后，李鸿章于光绪六年（1880年）七月十四日再次奏请朝廷，成立北洋水师学堂。朝廷准奏。

北洋水师学堂成立于光绪七年（1881年）七月，校址选择在天津城东八里、大沽口东北的东机器局附近。创办初期，北洋水师学堂的总办为吴赞诚，但因为其身体状况不佳，学堂即将竣工时，吴仲翔在李鸿章的推举下接过学堂总办的职务。同年，著名启蒙思想家严复应李鸿章之招，自福建船政局调津任天津水师学堂总教习。

创设伊始，学堂拟定了详细而严格的章程，对招考条件、学习期限、待遇奖惩等都做了具体规定。开办一年后，学额未满，成效也不是特别明显，同时招来的学生中也"少出色之才"。因此李鸿章将原定章程加以修改，告示于民。改后的章程重点有两条：一是提高待遇，将原定"学生月给赡银改为月给四两"。这意味着即便是八口之家，一旦有学生入选学堂，整个家庭的生活都可以有所保障。二是加重奖赏，"此间学生若果卓有成就，本大臣定当从优奏奖，破格录用"。

章程修改后，学堂面貌大有改观，入学者也越来越多。

学堂的学制为5年，学科主设轮船驾驶和轮机管理两科，目的是为给北洋水师培养海军人才以及储备技术力量。学堂由中外籍教习授课，开设地理、代数、几何、水学、热学、天文学、气候学、绘图、测量，及枪炮操演、鱼雷、机械仪器使用等课程，主科为英语。每星期两天学习中文经籍，目的是"教之经俾明大义，课以文俾知论人，沦其灵明，即以培养其根本"。

课程修满后，为了让学生所掌握的理论与实际更好地联系起来，学生们都要上船实习。

北洋水师学堂给北洋水师输送了许多军事技术人才。李鸿章为此感到十分欣慰，感叹道："臣于天津创设水师学堂，将以开北方风气之先，立中国兵船之本。"

光绪二十六年，八国联军入侵天津。6月17日凌晨，侵略军攻陷了大沽口炮台，开进天津卫。10天之后，以俄军为主的一支部队，将无数炮弹倾泻在天津机器局，机器局城垣内的水师学堂连同其所在的机器局一并毁于战火。至此，一座苦心经营30余年，耗费了巨大投资的机器局，和经营20年、培育出无数优秀海军人才的水师学堂尽数毁于列强之手。

技术立国，学皮毛

随着洋务运动步伐的大迈进，"运动"中致命缺陷也越发显现出来——那就是如果想真正实现富国强兵的目标，单单靠培养军事人才是不行的，必须全方位地占有当前世界上全部的领先学科。当李鸿章看到洋人使用每秒30万公里传输速度的电报，而清政府还使用驿站快马加鞭的方式传递情报时，办电报学堂及掌握世界领先技术的想法与日俱增。

其实，在架设电线之前，中国已经自己开始创办电报学堂了。福州电报学堂就是中国的第一家电报学堂。1875年，丁日昌任福建巡抚后，将老百姓所拔的丹麦大北电报公司在厦门福州间和马尾擅自架设的电线杆和电线"买回拆毁，仍将电线留存，延请洋人教习学生"。这就是福州电报学堂。大北公司的工程师成为学堂里的洋教习。至于学生来源：一是从广州、香港招来的精通英文者，二是船政学堂已有一定的"数学知识者"。

津沽电线架设之初的1880年，李鸿章即于当年10月派官员在天津设立电报学堂，聘丹麦大北电报公司洋人来华"教习电学打报工作"。李鸿章认为，自己设学堂培养电报人才，可以做到"自行经理，庶几权自我操，持久不敝"。可见设电报学堂其实是为了把电报业的利权掌握在自己的手中。

事实上，天津电报学堂所起的巨大作用在中国电报事业发展中无法抹杀。随着津沪、沪汉、沪浙闽粤等电线的架设，对电报人才的需求极为迫切，一时"皆由天津学堂随时拨往"。学生的供不应求进一步促进了学堂的发展，一年后，天津电报学堂即"招谙习英文学生四五十名一体教习"。但仍不能满足社会上的需要。

为此，左宗棠于1882年在南京设同文电学馆。此学馆采取淘汰制，放宽对所招学习电报的幼童的人数限制，注重在学习的过程对其资质进行考察，做到"聪颖者留，鲁钝者去"。这在一定程度上对学生的整体素质及专业技能有所提高和促进。

1883年，电报在全国范围内推广开来，电报专业的人士成为各地急需的人才。为了满足需要，在上海成立起一座较大的电报学堂。没用多长时间，上海便成为清朝训练电报人才的中心。正像李鸿章所说的那样，"因推广各省电线，在上海添设电报学堂教习学生"，以分拨各地。

在洋务运动中所成立的所有实业学堂中，最名副其实的应属实学馆，而实学馆中当推广东为先。这是由两广总督刘坤一所倡导的。刘坤一对广东同文馆只学习外语，而不务实业之学很是不满，且"专用旗人子弟，一味训课时文，虽仍聘一英员教习，略存其名"，"毫无实际"。他认为，根据当时的形势，务实的"西学馆之设，诚为急务"。于是在1876年时"以银八万元购买黄埔船澳为将来扩充机器局及开设西学馆地步"。这种西学馆的特点，"自不在外洋语言文字之末，以力求实际为是"。为办好这种务实的西学馆，刘坤一捐银15万两。

虽然广州西学馆是在刘坤一的提倡下建立起来的，但使它真正成立起来的却是后来担任两广总督的张树声。在他的眼里，只有学习西方科学技术知识，才能有所创造。刘坤一所捐的15万两银子，正给了张树声以启动资金，购买外国船坞，"可为考证业业之资"。一年之后工程结束开馆，取名"实学馆"。学习的科目主要是制造。当时在籍丁忧的翰林院编修廖廷相被招聘为总办馆务。

1883年，督办宁古塔等处事宜的吴大澂奏请在吉林创办表正书院，"数理精深，又能循循善诱"的江苏候补知县丁乃文接受掌管教习事宜的委任，分教习则为候选从九品廖嘉缓。该书院的校址在吉林机器制造局东部，建造房屋26间，隶属于总办机器局的江苏候补同知朱春鳌负责监督建造。其学生来源，是"吉林府教授衙门送满汉生童三十余名住院肄业，专令学习算法"；"该生童等有志向学，渐入门径，颇有可造之才，将来日进有功，与机器制造测量诸法，触类可通"。吴大澂在奏则中指出，学生的学习颇有成效。由此便可知道，表正书院的兴办与军用的制造局有着密不可分的关系。

应洋务事业需要，台湾巡抚刘铭传在台湾成立台湾西学堂。

之所以台湾要拥有自己的"西学堂"，首先是"台湾为海疆冲要之区，通商筹防，动关交涉"，然而台湾地区没有精通外国语的人才，内地的人才也处于紧缺状态中，难以向台湾输入；其次是"台地现办机器、制造、煤矿、铁路"等工业企业，对此类科技人才有着迫切的需求。

1887年4月，台湾西学堂正式建立。首批招收20余名"年轻质美之士"，聘两位汉教习，并"延订英国人布茂林为教习""于西学余间，兼课中国经史文字，即使内外贯通，亦以娴其礼法，不致尽蹈外洋习气，致堕偏诐"。

学堂的学生在第一年学习外语，而后"渐进以图算、测量、制造之学，冀各学生砥砺、研磨，日臻有用"。这样，台湾便涌现出了大批的外交人才，以及备有工业近代化中所需的科学技术等工程管理人才。

在晚清兴办事业学堂的浪潮中，湖北自强学堂不可忽视。

1893年10月，张之洞在武昌建立湖北自强学堂，分为方言、算学、格致、商务四斋，也就是四门专业，每个月均会以考试的形式对学生的学习成绩予以考核。

在四门专业中，张之洞将重点放在了方言，也就是外语上。在方言斋就读的学生必须在学堂居住，直到毕业为止。其余的三斋学生可以自行选择是不是住校。对此，张之洞认为："自强之道，贵乎周知情伪，取人所长，若非精晓洋文，即不能自读西书，必无从会通博采。"不过随着局势的发展，学堂开始对重视技艺的掌握，并在1896年，把原铁政局内的化学堂并入到湖北自强学堂，成为单独的一门专业。

与其他实物学堂不同的是，张之洞的湖北自强学堂对国外有关工农商等方面的技艺书籍分外关注，并大量引入翻译此类著作。张之洞认为，随着事物的不断发展，现在的形势与以往已经大不一样，因此，在对交涉公法和武备制造等书进行翻译时，也要对其他领域的书籍有所涉猎。张之洞称，"方今商务日兴，铁路将开，则商务律、铁路律等类，亦宜逐渐译出，以资参考，其他专门之学，如种植、畜牧等利用厚生之书，以及西国治国养民之术，由贫而富，由弱而强之陈迹"等各方面的书，都应该进行笔译并且广泛刊发及流传，"为未通洋文者收集思广益之效"。

倡导实务，向西方学习，实质上是要推动中国的近代化进程。然而，在腐朽没落的封建政治制度环境下，任何努力都只是治标不治本。

安内攘外，师夷长技以自强

李鸿章在上海剿灭太平军的过程中，发现外国枪炮性能优越，杀伤力强，而中国自己生产的质量却非常低劣。为了在战场上掌握主动权，他决定用西方新式武器装备淮军。

通过兄长李瀚章，李鸿章在广州购买了大量的西方新式枪炮，这些武器不仅用来武装改编后的淮军，同时也分拨给曾国藩、曾国荃的湘军使用。从1862年6月开始，李鸿章的淮军里面也出现了"洋枪队"。从此，湘淮两军开始了新式武器的使用。

李鸿章像

曾国藩并不迷信洋枪洋炮，他更注重战争中人的作用。当时，曾国荃屡次要求李鸿章为他代买洋枪洋炮，曾国藩就表示，打胜仗"在人不在器"，关键还是训练好。

这种认识确实存在一定的误区，不过当时的曾国藩受到种种条件的制约，没有认识到武器设备在近代化战争中的重要作用。他并不保守，对洋枪洋炮的威力有所了解后，不仅不再对李鸿章的行动表示反对，反而给他的这个得意门生以大力支持。可以说，正是在曾国藩积极地扶持和引导下，李鸿章才走上了洋务强国的道路。

最终，在奕䜣的帮助下，李鸿章的建议终于得到了慈禧太后的首肯，允许他在"剿匪"的前提下，学习制造军火。

这期间，李鸿章的洋务自强思想也在实践中不断得到深化。他认识到，想要自立自强，外国的生产技术必须掌握，长期依靠购买西方军火，只能增加对外国的依赖性。国家创办和发展自己的军工企业，实现自主生产才是强军的唯一途径。从此，他开始有意识地与经验丰富的外国军事人员接触，学习相关知识。在不断地了解过程中，逐渐坚定了生产西式武器的决心。

1862年10月，在李鸿章所提供的军费资助下，技工们由韩殿甲领导，开始生产炸药及雷管。次年，英国人马格里在李鸿章的雇用下，会同直隶州知州刘佐禹，首先在上海设立了一个洋炮局，这是上海最早成立的洋炮局，主要生产炮弹铜帽等军用品。

1863年9月，李鸿章将曾国藩的幕僚丁日昌调到上海，再建一局，对西式的短炸炮以及各种新式炮弹进行仿造。

早在李鸿章组建淮军时，就曾提议让丁日昌跟自己去上海；而曾国荃则提出要丁日昌跟自己去攻打太平天国的首都天京（今南京）。结果曾国藩谁也没有给，把丁日昌和李瀚章一起派到广东去办理厘金事宜去了。当时还在到处寻找人才的李鸿章听说丁日昌在广东军营已经督制出了36尊大小炮、2000多发子弹，心下十分羡慕，动了让他来主持炮局的心思。于是他便极力追着曾国藩要人，终于把丁日昌调到上海。

其后的事实足以证明丁日昌的炮局是最有成效的，因为他办的炮局能制造"田鸡炮（迫击炮）"，还有能发射80磅炮弹的"开花炮"。后来，丁日昌一直跟随李鸿章做事，已然成为他身边最得力的助手，并成为"洋务运动"的积极实行者。

三个洋炮局先后成立，李鸿章将其合称为上海"炸弹三局"，当时也称之为上海洋炮局。

按理说，随着1864年5月苏南各城的收复，与太平天国的战争已经接近尾声。此时的洋枪洋炮制造也该放松下来。但李鸿章不仅没有放松，反而认为更应当继续加强。同时，他进一步强调，要在仿制洋枪洋炮的基础上，逐渐学会制造"制器之器"，而且刻不容缓。他还建议朝廷向近邻日本学习，将西方的先进技术掌握在自己的手中，以此来加强国家的国防力量，扭转被动挨打的局面，再现中华世界强国的荣耀。

由韩殿甲和丁日昌分别主持的炸弹局，"都不雇佣洋匠，只选中国工匠，仿照外洋做法"，采用手工铸造炸炮的方式。

由"炸弹三局"生产出来的各种弹药被源源不断地送往与太平军作战的前线，不仅为李鸿章镇压太平天国起义提供了有力的支持，也为他日后创办江南制造总局、金陵机器局积累了宝贵的经验。

成立于1867年9月的江南制造总局又称上海机器局，初建时以生产枪炮弹药为主，待到后来修船造舰方面也能胜任，成为一家综合性的新式军用企业。曾国藩和李鸿章师徒二人成立江南制造总局的主要目的是"自立自强"。二人事无巨细，无论是机构的设立还是人事的任免，甚至是购置机器他们都要过问，这使得江南制造总局从一开始就有了强大的人力和物力的支持，发展非常迅速。

1864年，淮军攻占苏州，马格里、刘佐禹主持的洋炮局被李鸿章迁往苏州，成立了苏州洋炮局，地址设在太平天国纳王府。这期间，在李鸿章的允准下，马格里又从外国购买了一批机器，所以，洋炮局的规模不断扩大，生产也颇有成效，每一星期就可以生产1500~2000枚枪弹和炮弹，还制造了规模不同的开花炸炮。鉴于此，奕䜣于1864年5月奏请朝廷允准，从保卫宫廷的火器营中选出了8名武弁、40名兵丁前往苏州洋炮局学习。此时的李鸿章已经成了让人们另眼相看的洋务派首领之一了。

苏州洋炮局被李鸿章迁到南京后改名为金陵制造局。搬迁至南京后的金陵制造局规模逐渐扩大，生产力也随之迅速提高。该局主要以生产各种口径的大炮、炮弹和子弹为主，其他军用品也兼顾生产。该局以南京中华门外的瓷塔山为局址，规模又有所扩充，设备也有所改进，到1879年计有三个机器分厂，翻砂、热铁、柞厂各两个，还有火箭局、洋药局、水雷局等；能够制造炮位门火，车轮盘架，子药箱具，开花炮弹、洋枪、抬枪、铜帽、大炮、水雷等。

1864年5月，同太平军的战争即将结束，李鸿章再次强调制器事宜刻不容缓。他在致总署函中说：

前者英法各国以日本为外府，肆意诛求，日本君臣发愤为雄，选宗室及大臣子弟之聪秀者，往西国制器厂师习各艺，又购制器之器，在本国制习，现在已能驾驶轮船，造放炸炮。去年英人虚声恫吓，以兵临之，然英人所恃为攻战之利者，彼已分擅其长，由是凝然不动，而英人固无如之何也。

日本以海外区区小国，尚能及时改辙，知所取法，然则我中国深惟穷极而通之故，夫亦可以皇然变计矣。

1865年，李鸿章接过曾国藩两江总督的职务。这时候的他发现，三个洋炮局的设备不全，于是在曾国藩的支持下，将原来设在上海的两个洋炮局与上海虹口的一座旗记铁厂合并，扩建为江南制造总局。江南制造总局规模极大，该局经费来自两江海关二成的洋税，主要制造军械。此外，江南制造总局还附设译书局，专门翻译外文科技书籍。

该局以"自立""自强"为主旨，从经费的筹措、机器设备的购置、管理人员的委派，到洋匠的雇佣、机构的设立等问题，李鸿章和曾国藩都要一一过问，可谓尽心尽力。1867年夏天，江南制造总局从虹口一带迁至高昌庙，规模继续扩大。后经陆续扩充和添置设备，到19世纪80年代上半期，制造总局已拥有各种工厂十余座，船坞一座。1867年，用原有购置的设备及部分自造机器，每天已能生产毛瑟枪15支，12磅开花弹100发；每月平均生产发射12磅炮弹的开花炮18门。自1867年至1894年27年间，该局共计生产各种枪支5万多支、大炮585尊、水雷563枚、炮弹12万发以上。这些军工产品统一由清政府调拨，除供应淮军外，还供应南洋系统及各地的炮台、军舰，各总督所辖地区的军队。在制造枪炮之外，江南制造总局同时还生产"制器之器"，也就是生产制造机械。

除此之外，洋务派还专门设立了一个制造轮船的分厂。李、曾二人都清醒地认识到，要对付西方列强、实现自强，关键在于对海域的争夺，因此，就要多造船，用来更好地防御沿海各个重要港口。为了达到这个目的，曾国藩又奏请另外划拨两江海关的两成洋税，其中一成作为江南制造总局专造轮船的费用。终于，江南制造总局在1868年造出了第一艘大型新式兵轮。中国近代的船舶制造业从此开始。

李鸿章调任直隶总督之后，对崇厚所办天津机器局进行了接管并加以扩充。在他的经营之下，天津机器局分设东西两局，规模比以前大得多，主要生产火药、枪弹、炮弹、水雷等，辅之以修造船舰等。产品主要供应给淮军以及北洋水师。

这几个由李鸿章创办及接办的制造局，加上左宗棠于1866年创办的福建船政局，成为中国早期军事工业的主干。几年间，初具规模的制造局奠定了中国军事近代化的根基。在李鸿章和曾国藩的带领下，许多省份也先后用"机器局""制造局"的名义，不断设立军火工厂。至此，中国通过多年的不懈努力，终于开始有了自己生产新式武器的能力，从根本上改变了清朝军队的落后状况，走上了国防近代化的道路。

陆路不通走水路

西方列强用鸦片带走了中国的白银,用军舰大炮轰开了紧闭的国门。一次又一次的战败赔款,已经不是自给自足的农业经济所产生的价值所能予以支付的。人民还需生存,朝廷还要开销,国家总不能这样委屈地活着,想办法再组大清的经济命脉方是道理。轮船招商局便是这一理念下的产物。

1873年,一艘悬挂着双鱼龙旗的中国商轮出现在长江之上。它的出现,标志着中国的水上交通由木船时代进入了轮船时代,代表了中国航运的一个新开端,属于中华民族自己的民族航运正式开始,具有划时代的重大意义。

早在1867年,轮船招商局的成立便已经在洋务派领导人的头脑里有了一个雏形。曾国藩在与总理衙门的来往信件中,提到过在已经开放的通商口岸里,不少商人为了实现更为便利的运输,或购买、或租赁、或雇佣西方的轮船,同时又在西方商人的名下挂名,导致国家的税收大量流失。财政上本就捉襟见肘的清政府对此状况自然不能视若无睹,唯有解除购买或租雇洋船的禁令,方能让暗箱里的操作摆在明面上,才能获得一部分的税收。

毕竟,挂名在西方商人名下的举动,对于国内商人来说也具有很大的风险,唯有中国人自己名下的轮船公司,方能兼顾到国家和个人的利益。因此,不少商人希望成立属于中国人的新式轮船企业。

清政府不是不明白这点,但朝廷所担心的最大问题是中国航运业会受到外国公司的控制,甚至落到西方列强的手中,如此一来,不仅在商业上的运输起不到效果,就连关系到国家命脉的漕粮输运都要看西方人眼色行事。因此,对当时容闳所提出的按西方公司章程去筹组新式轮船企业的建议,总理衙门抱着非常大的戒心,批示称:轮船必须为华人所有。

1871年,李鸿章在致山西按察使张树声的信函中强调,"倡办华商轮船,为目前海运尚小,为中国数千百年国体、商情、财源、兵势开拓地步"。

这短短的一句话包含了国体(政治)、商情(经济)、财源(财政)、兵势(军事)四方面的内容,可见轮船招商局的成立对于已经是日落黄昏的大清帝国具有何等重要的意义。

轮船招商局成立之初,仅4艘轮船,总吨位仅2319吨;等到了11年后的1883年,便已拥有26艘轮船,33370吨的总吨位。略算一下便可得知,这11年里隶属于轮船招商局的船只增长5倍半,而吨位的增长却多达14倍有余。这意味着所增加的船多以大吨位为主,其经营规模和运输能力也在不断地扩大和提高中。轮船招商局所拥有的资本总额更是从最初的59.9万两激增8.5倍,达到了533万多两。短短10年间,一支颇具规模的商业船队迅速建成,"由内江外海以至泰西,逐渐开拓……或江、或河、或湖、或溪之间，皆有轮船往来，如此则华商火船之生业可以无所限止矣"。

船舶修造业与轮船的航行有着密不可分的联系。据资料显示，1874~1894年，20年间新建立的船舶修造厂家多达30家。以招商局为龙头，带动了一大批为之服务的修造工厂，规模可观的近代船舶修造行业建立起来。

招商局开办后，要消耗大量燃料，煤矿开采业也因此得到了发展，近代煤矿业也随之而生。在众多煤矿中，规模最大的当属李鸿章开办于1878年的开平煤矿。开平煤矿之创办采用了招商集股的方式，计划中的首期达80万两（实际上1878年仅募得20万两），第二期则增加到100万两。在充足的资金条件下，拥有当时最为完善和先进的设备，其雇工更是多达3500~4500人，在当时洋务派，完全是一个空前的规模。其所开采出来的煤矿，除了可以满足招商局等官督商办企业、北洋海军的需求以外，在市场上也有大量的销售。

燃料问题解决后，又要进一步解决原料问题。同茂铁厂的创办及各种有色金属，如铜矿、铅矿、金矿之开采解决了此类问题。煤与各种金属矿厂的开办，陆上运输的问题又接踵而至，于是导致了铁路的建筑。因铁路的修建，需要大量优质钢材，于是，1889年洋务派开始筹办汉阳铁厂。通讯、保险等事业也被提上日程——天津电报局于1880年开办，中国第一家船舶保险公司保险招商局也于1875年成立。此外，随之而起的是各行业人才的培养以及规章制度的创建。总之，在19世纪七八十年代短短20年时间里，一系列近代企业相继出现，取得了可喜的成果，而中国国民经济近代化事业也迈开了坚实的步伐。

李鸿章给总署衙门的信中，已经明确说明创办轮船招商局的直接目的：首先是将华商附搭洋行船只的资本收回；其次是收回长江外海航运权利，揽载客货，承运糟粮。这两条都是为了改变洋商在中国江海任意横行的局面，直接针对外国资本主义经济侵略势力而制定的。因此也可以说，轮船招商局的成立，是近代中国收回利权运动的伊始。

轮船招商局的成立与其所达到的效果，对中国民族资本主义的发展无疑起到了一个巨大的促进作用，同时，也在一定程度上遏制了西方社会在经济上对中国的掠夺，是洋务派在救国图存过程中一个具有重要意义的举动。更重要的是，轮船招商局的成立，让世人看到了封建经济在新时代的无能，以及新的经济形势所起到的效果，为日后的大革命时代打下了一个基础。

真给中国人长脸

对于清朝的腐朽统治和帝国主义的压迫，广大人民并没有坐以待毙，而是不断地奋起反抗。其中的一些爱国知识分子，更是不甘于落后、受辱的局面，不断提出各种各样的主张，要求国家"自强""雪耻"，奋起直追，赶超西方。

冯桂芬是晚清著名的思想家、散文家。他曾师从林则徐，道光二十年考中进士，咸丰初年受命在籍办团练，同治初，加入李鸿章幕府为官。在出使广东的过程中，冯桂芬目睹了两次鸦片战争带给中国的灾难和耻辱。在他看来，曾创造过无数奇迹的泱泱大国竟然被"小夷"凌辱，是中国的耻辱也是当时国人的羞耻。但是，昭雪羞耻的前提是首先承认自己落后，并认真研究外国小而强、我国大而弱的原因，然后再变革改进，迎头赶上。所以，作为清末改良主义的先驱人物，他主张变法、改革政治的同时，极力主张借鉴西方的进步之处，学习他们的先进科学技术和先进理论，这是对"中体西用"思想的最早表达。

除了冯桂芬以外，清末还有众多的思想家，提出了不少爱国主张和改革谋略。他们的思想启迪了当时的一代人，当时的很多爱国的科技人才，不仅没有被清朝的腐朽统治埋没，还在自己力所能及的范围内，做了大量的自强工作，其中的一些人还做出了十分卓越的贡献。

浙江海宁的李善兰和江苏无锡的徐寿、华蘅芳都是晚清杰出的数学家。李善兰从小就喜好数学，后来得到元代著名数学家李冶所撰写的《测圆海镜》，便自学其中知识，潜心钻研，在数学方面的造诣也与日俱增。道光年间，他陆续撰写了《四元解》《麟德术解》《弧矢启秘》及《对数探源》等书，引起学界关注，名声大噪。后来他调任同文馆任教习一职，借此机会结交了一些外国学者，并协同其中的几位合译了很多关于代数、微积分、物理、天文科学方面的书籍，传播了西方的先进科学知识。

徐寿年少时，研读经史，学习诸子百家，因为对文章的理解有独到见解，所以时常受到他人的夸赞。在他试图通过科举考试施展抱负的过程中常常受阻，几经失败后，他认定八股无用，随后毅然放弃科举取士的打算，准备学习科学技术，做些实事报国。此后，他开始广泛涉猎天文、历法、算学等方面的书籍，逐渐掌握了多方面的科学知识，尤其精于化学。

与徐寿同时的华蘅芳，自小酷爱数学，在与徐寿相识相交后，徐寿向他推荐了西方的代数学和微积分，在数学方面精进迅速，后来因才学出众被曾国藩重用。

咸丰十一年（1861年），华蘅芳和徐寿被派到安庆军械所造枪炮弹药。第二年，又奉命合制火轮。在广泛查阅科技资料、参观实物后，他们仅仅用3个月的时间就造出了中国历史上第一台自造的蒸汽机。这台蒸汽机，汽缸直径才1.7英寸，飞轮转速为每分钟240转，成为中国当时独立解决制造轮船技术的关键突破。

同治二年（1863年），他们制成了中国第一艘用螺旋桨推进的木壳轮船。同治三年（1864），军械所由安庆迁往南京，在南京他们，在此期间，他们合力绘制机械图并造出中国最早的火轮"黄鹄"号。它身长55尺，逆水时速达8公里，顺流时速已达14公里。试航当日，曾国藩赞道："洋人之智巧，我中国人亦能为之！"

1865年后，华蘅芳开始翻译介绍西方的代数学、三角、微积分等大量的数学著作，还有一些地质、海洋方面的著作，笔墨十分流畅。后来他亲自撰写的《开方别术》《开方古义》《算学笔谈》等数学书，在促进中国近代数学的发展方面做出了优异的成绩，表现出一种可贵的创造精神。

清朝末年，清廷筹办了"幼童出洋预习班"，目的是派遣学生到西方先进国家学习科学技术，为本国自强求富培养专业人才。当年预习班的很多人在国外眼界大开，深感外国的优越与先进，在学成回国后便迫不及待地要把所学知识应用到实际建设中。其中的很多人都成为自己领域的领军人物，做出了卓越的成绩。詹天佑便是其中之一。

詹天佑，字眷诚，出生于广东南海县（今南海区）。12岁的时候，年幼的詹天佑成功报考了设在香港的"幼童出洋预习班"，随同第一批赴美留学的其他幼童，一同赶赴美国。在美国，詹天佑以优异的成绩完成中学学业，然后被耶鲁大学土木工程系录取。在这所大学里，詹天佑认真学习土木工程学和铁道工程学的相关课程，仅用3年时间便获得了土木工程的学士学位和学业优秀的奖状，毕业回国。

然而当时的中国，封建守旧势力顽固不化，认识不到铁路建设的重要性，致使满腔抱负的詹天佑处处碰壁，学无所用。迫不得已，他到福州船政局改学驾驶，不久后又被清廷派往黄埔教授英文。这期间大概过了有七八年的时间，尽管几经周折，但是詹天佑并没有荒废自己的专业知识。

光绪十四年（1888年），詹天佑受老同学邝孙谋的引荐，在中国铁路公司谋到职位，开始回归本行，负责修筑塘泊到天漳的一段铁路。光绪十八年（1892年），英、德、日三国工程师在承包古冶与滦平县之间滦河铁桥时，因打桩不利一再失败，无奈之下，当时的总工程师英国人金达只好聘请詹天佑担任此项工程的负责人。詹天佑克服重重困难，桥基奠定成功，铁桥如愿修成。

10年之后，西太后为了祭陵的便捷，请外国工程师设计、修筑河北新城高碑店到易县西陵的新易铁路，并且要求所有工程在6个月内必须完成。当时正值隆冬，土地坚硬不宜动土，很多外国工程师虽然想从中捞笔钱财，也不得不望而却步。最后新易铁路的工程便交到了詹天佑的手中。结果令所有人意外，詹天佑仅用了4个月时间就结束了全部工程。而且这是由中国人自行设计、自费修筑的第一条铁路，它的修成，无疑给中国人民长了志气。

光绪三十一年（1905年），清政府又决定修筑京张铁路。按照规划，这条铁路全长300多公里，途经丰台、广安门、西直门、清河、沙河、南口、关沟、居庸关，最后到达张家口。其中，南口到康庄一段八达岭、居庸关横亘其间，险峻至极。这让很多工程技术人员，都望而生畏。詹天佑在接到朝廷的意向后，稍做斟酌便义无反顾地接受了修建京张铁路的任务。

虽然清廷将修建的任务交给了他，但是在实际建设时，却只给他委派了两个辅助的技术人员，而且这两名技术人员在上任不久竟然又被调任他处。

这样一来，一些迷信洋专家的人就开始落井下石地议论道："八达岭开不了，詹天佑是书呆子！"詹天佑听闻后，下定决心要用事实说话。

他亲自勘察，刻苦研究技术理论，选定路线。在北京青龙桥东沟，创造性地采用"人"字形轨道。在解决坡度大机车牵引力不足的问题时，更是独具匠心地采用了用两台马力十足的机车调头相互推动的方法。随后他依靠工人们的团结协作，采取各种措施，解决隧道工程中渗水、塌方等困难。结果，仅用了 8 个月的时间就开凿出了穿越八达岭的隧道，而京张铁路也只用 4 年就全部竣工通车。和原计划相比，整个工程实际提前 2 年完成，实际费用只占外国承包商索价的 1/5。在实地参观的过程中，一些外国专家都表示由衷地钦佩。

在清末涌现的科学家还有很多，如青年飞机专家冯如、徐寿之子徐建寅、独立制造中国第一台照相机的邹伯奇等。他们身上集爱国和智慧于一身，在晚清历史上留下光辉灿烂的一笔。

第七章
不败而败，不胜而胜

近代中国战乱纷起，却不曾有一场战争像中法战争这般让人哭笑不得。敌人强霸，国人抵御，老将冯子材更是为清政府送来捷报喜讯，怎奈垂暮清朝依然腐朽不堪，胜了还要给敌人赔礼道歉，做尽补偿。

爱怎么样就怎么样吧

19世纪80年代，世界资本主义市场出现了一个显著的变化，即垄断资本主义取代了原本的自由资本主义。于是，在全世界范围内，一场争夺商品市场和原料产地、瓜分势力范围的生死角逐迅速展开。

越南位于亚洲的东南面，是东亚的重要门户，法国作为老牌资本主义帝国，对越南觊觎日久。法国认为，只要占领了印度，并以之为基地，便可以长驱直入，进入中国南部地区，随着局势的发展，一场侵略和反侵略的战争一触即发。

俗话说，"唇亡齿寒、户破堂危"，大清政府意识到，一旦越南失守，则中国南部定然门户大开，本来就混乱不堪的国内局势就会变得更加难以收拾。早在乾隆五十二年（1787年），法国传教士百多禄就上书法王路易十六，建议法国出兵，占领越南，继而开辟一条进入中国南部的商道。然而，路易十六没有具体实行其计划，便在风云变幻的法国大革命中走上了断头台。

路易十六虽然死去，但是法国侵略中国之心却越未曾动摇，它妄图通过侵略手段，建立一个囊括中国云南、广西、四川和整个印度支那地区在内的"伟大的法兰西东方帝国"。于是，在第二次鸦片战争之后，法国加紧了侵略步伐，和西班牙联手入侵越南。

同治元年（1862年），法国强迫越南签订了第一次割地赔款的《西贡条约》，5年之后，越南南部尽归法国之手，同时，法军还控制了湄公河三角洲。1867年，欲壑难填的法国又向北入侵，企图控制整个越南。当法国西贡总督杜白蕾派遣统兵官安邺进占河内之时，越南阮氏王朝向早已经岌岌可危的清政府求援。当时，在中越边境保胜一带，还活跃着太平天国广西农民军残部，其首领为刘永福，越南遂请求黑旗军协同抗法，刘永福闻讯，率手下将士迅速赶来，并在同治十二年（1873年）十二月于河内城郊大败法国，击毙法国侵略军首领安邺，法军被迫退回越南南部。

黑旗军并没有乘胜追击，越南也难以抗衡强大的法国军队，1874年三月，越南和法国在西贡签订了《越法和平同盟条约》，也就是通常所说的第二次《西贡条约》。在历史上，清政府对越南几乎处于宗主国的地位，此时依然对越南具有重大的影响力。在协约签订后，法国迫不及待地照会清政府，要求清政府承认法国在越南取得的一切权益，撤销清政府在越南的影响。当时，清政府的洋务运动初见成效，太平天国等农民运动也止戈息武，为了维护国家主权，清政府最终宣布不承认这个条约，越南政府中的有识之士，也开始组建军队，反对法国的殖民政策。于是，法国加紧侵略步伐，越南政府只能继续向清政府求援。

清政府的回复是，命令滇桂两省当局督饬边外防军扼要进扎，同时，"衅端不可自我而开"。不久，刘永福的黑旗军再一次取得了大胜，法国侵略军首领李维业及副司令卢眉等被击杀。退回河内的法军，利用李维业之死大造舆论，最终迫使越南签订《顺化条约》，成为越南的"保护者"，为入侵大清帝国奠定了基础。

为了消除大清这个唯一的障碍，法国遂断绝了和清政府的一切关系，迫使黑旗军等抗法军队撤退，同时加紧军事威胁，力图通过外交策略，达到其既定目标。鉴于越南的重要地位和中越两国的特殊关系，以左宗棠、张之洞、曾纪泽等为首的主战派开始力促清政府以战争方式对抗法国的侵略。

然而，北洋巨枭李鸿章的干涉让清政府举棋不定：既想要援助越南，又不敢擅自开战，甚至还寄希望能够有第三个国家站出来调停。法国则趁机加紧部署，向越南发动了全面攻击。

法国军队的第一个侵略目标，是由黑旗军防守的越南山西，在这一地区，除了刘永福所部之外，还有7个桂军和滇军的正规营。光绪九年（1883年）12月，法军向清方军队悍然发动了袭击，黑旗军等只能反抗，中法战争正式爆发。因为装备上的巨大差距，仅仅两日，山西便陷落。

此时，在越南北宁地区，清政府还驻扎了约40营的兵力，然而却因为将帅无能昏聩、军队纪律废弛、斗志低落而战斗力低下。法军遂将目光盯向了这块肥肉。3个月后，法军1.6万人向北宁发动进攻，不久北宁就失守了。此后，法军一路高歌猛进，越南北部的许多重镇相继陷落，同时法国在外交上加大压力，并与越南签订了最后的保护条令。

当清政府得知前线大溃败的消息之后，立刻加紧步伐掩盖败绩：通过改组军机处，对政治势力进行了大洗牌，光绪帝生父即醇亲王奕譞掌握了大权。他派李鸿章作为清政府代表和法国代表福禄诺在天津谈判，商议签订了《中法会议简明条约》（又称《李福协定》）。条约规定，清政府同意越南和法国之间签订的"所有已定与未定各条约"，对法国就越南的保护权表示承认；法国需要恪守边界协定，清政府同意"将所驻北圻各防营即行调回边界"；将来中法之间通商，首先考虑"于法国商务极为有利"。最后，法军单方面照会清政府，要求在越南的清政府军队逐渐撤出，由法军来分批接收地盘。

李鸿章当时没有明确表态，事后也没有告知清政府这件事情。眼见法国的咄咄逼人的气势、越来越不合理的要求，清政府改调威望素著的广西前提督老将冯子材驰赴镇南关御敌。

就在这时，贪婪的法国又悍然挑起了北黎冲突，在当地驻守的清军顽强抗敌，成功击退了法军。然而，法军丑恶的嘴脸在顿时显露，竟然诬陷这一切都是清军挑起，以清政府破坏条约为借口，向清政府发出了最后通牒，要求清政府撤掉所有在越南的军队，同时向法国赔偿2.5亿法郎，因为担心清政府不允，还威胁要占领清朝的一两个港口作为抵押。

为了解决这一争端，两江总督曾国荃作为清政府代表，前去上海和法国公使巴德诺谈判，然而就在这一期间，法国又背信弃义，在清朝的东南沿海地区挑衅，兵锋所指，竟然是台湾省。在光绪十年（1884年）1月至4月期间，法军先后8次出动了舰队，在清朝东南沿海炫耀武力，并且策划占领台湾省以作担保。

众所周知，台湾战略地位举足轻重，然而，由于距离清朝本土较远，中间还有一道海峡相隔，因而守备力量极为薄弱。法军认为，很容易就能攻克台湾省，同时也不至于引起在华各个利益集团的争执和干涉。

1884年的6月，法国舰队便向台湾省步步紧逼，台海危急。值此关键之际，清政府最高统治者迫切需要一个可以独当一面的人物站出来，通过曾国荃的推荐，前直隶提督刘铭传被派遣到台湾省督办防务。7月，刘铭传顶着清政府授予的巡抚衔，带着一百多人轻装简行，秘密开赴台湾省。

刘铭传到任之后，采取了各种措施防备法军。一个月不到，法国三艘舰艇便开赴台湾省，向基隆发动了进攻。由于敌强我弱，刘铭传当机立断，扬长避短、诱敌深入，最终将法军打得溃不成军，基隆首战告捷。不久，法国政府迫于战场失利的压力，遂修改了条件，要求清政府赔偿八千万法郎，遭到了清政府的拒绝。于是，法军向福建水师发动突袭，福建水师仓促应战，11艘战舰被击沉或击伤，损失惨重。不久，法军又炮轰福州船政局的马尾船厂，大肆破坏清政府的岸防设施。

无奈之下，清政府只能向法国宣战，中法战争至此全面爆发。同年9月，法军舰队统帅孤拔率领11艘舰船、2250名士兵向台湾省的沪尾和基隆同时进攻。实际上，孤拔是想刘铭传顾此失彼，法军真正的进攻重点，不是基隆而是沪尾。刘铭传何等人也，自然不会上当，他当即下令，放弃基隆，驰援沪尾。最终双方决战，刘铭传"躬冒烟弹，为士卒先"，指挥若定，从容调拨兵力，最终大败法军。孤拔原本想要到直隶沿海进行骚扰的计划只能暂告放弃。

此时，法国尚没有彻底放弃台湾省，反而恼羞成怒，出动了20多艘军舰封锁了台湾海峡，想要不战而屈人之兵。刘铭传不畏惧，他坚持自给自足，发动台湾人民生产自救，最终让法国的计划破产，大展中华国威。1895年3月，法军舰队转而进攻浙江镇海，镇海守军被迫开炮还击，法军舰队首领孤拔的座舰被击中，身受重伤的孤拔不久便一命呜呼。

就在清军爱国将士在抗击外国侵略者的战争中抛头颅、洒热血、取得节节胜利之际，清政府在外交上却是一败涂地。在法国侵华期间，围绕着议和与交战的秘密谈判、外交活动就从未停止过。在战争的中后期，清政府本来取得了军事上的有利地位，但却拱手将这种优势相让。

究其原因，是因为多年的兵连祸结，已经让清政府不堪重负，而实际掌权的慈禧太后也只想着偏安一隅，实力雄厚的李鸿章出于维持自己地位、洋务运动尚未完全成功等各种原因，也不愿意和法国继续战下去。而其中最深刻的原因，就是担心因为战争会激起民变、兵变，导致江山不稳、天下大乱。于是为了维护各自的蝇头小利，清政府不惜牺牲整个中国的利益，有意无意、或明或暗地向法国侵略者摇尾乞怜，寻求议和。李鸿章更是提出了"乘胜即收"的主张，把爱国将士血战的成果作为议和的大好机会。

光绪十一年（1885年）2月，在清政府的同意下，海关总税务司赫德派人前去巴黎，以促进中法和议，并在巴黎仓促签订了《巴黎协定书》，批准李福天津《简明条约》，让驻守越南抗击法军的清军分批撤回，法国则解除了对台湾省的封锁。后来，李鸿章又在天津和法国代表谈判，签订了《中法会订越南条约》，即《中法新约》或《越南条款》，条约规定：中越边境开放贸易，"所运货物，进出云南、广西边界应纳各税，照现在通商税则较减"；同时，中方承认法国在越南取得的一切权益，日后清朝要修建铁路，"应向法国业者之人商办"；而作为条件，法国撤出了台湾、澎湖。后来，中法双方又相继签订了《中法越南边界通商章程》《中法界务条约》《中法续议商务条约》等一系列不平等条约，西南门户洞开，两广地区成为法国的势力范围。正应了当时有识之士的评论：清朝不败而败，法国不胜而胜。

姜还是老的辣

站在清政府最高统治者的立场看来，强敌环伺，敌强我弱，和任何一个国家妄开战端，都是不明智的行为。在当时有一张流传百年的周边形势图，将美国比作秃鹰，俄国比作棕熊，英国为狮子、日本则以太阳为标志等，生动地刻画了清政府的艰困局势。

如此情势之下，清政府只能选择放弃一些，保全另一些，也就是俗称的偏安政策。对于国内尚且如此，何况是一个附属国越南呢？法国自然看到了这一点，所以选择以越南作为着力点，趁着越南肆德王逝世，幼主继位之机，强迫越南签订了《顺化条约》，使得原本存在巨大争议的《西贡条约》获得确认。然而，此时的清政府尚且坚持对于越南的宗主权。后来，在越的山西和北宁地区，清军一败涂地，导致了《李福协定》的签订。正当清军准备撤退之时，战局又有了新的变化，在谅山的法军遭遇大败，但法国依然提出种种无理要求，在谈判桌上争执不下，只能诉诸武力，于是，一场战争就这样爆发了。

受到普法战争的影响，法国的工业革命成果受到了较大的损害，并不影响其在中法战争中的优势。当时的大清，洋务运动虽有发展，但是效果并不明显，工业化才刚刚起步。直到宣统二年（1910年），大清范围内的钢产量只有5011.3吨，这个比例比起法国在中法战争期间的产量，实在是不值一提。在海上，"闽仅有三轮分守福、厦、台，台、浙仅有两轮分守宁、温，江南兵轮仅三号可用，北洋只有两艘快船，有事未可远驾"。在越南，包括黑旗军在内，清军兵力虽有3万人，但是却"武器残旧，尽是火药枪、长标、大刀，敌不过有开花炮和针枪的法军"，且"内部不齐，各归各的"。因此李鸿章认为，在武器和操练上，清军万万不及法兵。

反观法国，除了英国之外，其国力堪称天下无敌。在战争爆发的两年时间内，法国的煤产量分别达到200万吨、195万吨，钢产量50万吨，在孤拔麾下的20艘舰队中，总吨位达到了2万吨，而且多为世界上最为先进的木壳、装甲巡洋舰。

中法战争爆发后，法国趁势占领了镇南关，此等形势，对于清政府殊为不利，在这样的背景下，冯子材受命于危难之间，应两广总督张树声之邀，督办广东雷、钦、高、廉四府团练，以便开赴抗法前线。1885年2月中旬，希望全面控制越南，占据清朝西南部的法军气势汹汹地杀来，这一次前来侵袭的法军有几个明显的变化，首先，法国国内的情势发生了变化，新上台的内阁野心勃勃，力争在亚洲清朝取得巨大权益来稳固其地位；其次，法军的统帅波里亲自带兵上阵，势要一举夺回在镇南关失去的军威；再次，前来犯境的法军，兵力足足有2个旅团、1万多人。

在越南北圻战场东线，领导清军抗敌的将领为广西巡抚潘鼎新。迫于法军强大的攻势，潘鼎新不战而退。法军就此兵不血刃，于2月13日占领了要地凉山。两日之后，法军开始想文渊州进攻，此处的清军将领为杨玉科。

杨玉科，清道光十八年（1838年）出生于兰坪营盘区沧东乡西营村，字云阶，是清朝著名将领。杨玉科从一个小小的军士干起，历任先锋、守备、游击、参将、总兵等官职。同治元年（1862年），杨玉科率部镇压杜文秀在云南领导的农民起义，立下了卓越战功，遂被朝廷升为陆军提督，成为岑毓英的部下。

光绪三年（1877年），杨玉科有感于家乡教育落后、文化蒙昧，遂在家乡营盘镇创办"沧江书院"。中法战争爆发，杨玉科做了广东高州镇总兵升署提督，并且奉命率广武军三营出镇南关（今友谊关）抗法。此前，面对气势汹汹的法军，杨玉科毫不畏惧，在观音桥一带，设了三道伏兵，给法军来了一个迎头痛击，连战皆捷，使法军闻风丧胆。只可惜，随着潘鼎新的不战而逃，让原本有利于清军的战局顿时陷入了被动。

光绪十一年（1885年）2月23日，法军进犯文渊州，守将杨玉科力战牺牲，清军纷纷后撤，广西门户镇南关就此落入了法军的手中，他们嚣张的炸毁关门，兵锋所指，广西危在旦夕。在关前废墟中，法军还插上一块木牌，得意扬扬地写上"广西的门户已不再存在了"几个汉字。作为对侵略者的回答，广西军民在后来也立下了一根木桩，上书"我们将用法国人的头颅重建我们的门户"。

在张之洞的命令下，冯子材率领王孝祺、王德榜、苏元春等将领奔赴镇南关驻守。一到镇南关，来不及松口气，冯子材便开始巡视当地防务。因料定法军如果想要进犯镇南关，必然会从镇南关外2里多远的东岭路过，于是，冯子材命人连夜在东岭修筑了一条长3里、宽4尺、高7尺的土石长墙，在紧要处修建堡垒，布置兵力。

姜还是老的辣，果然，法军从谅山方面气势汹汹地赶来，吵嚷着要尽数歼灭镇南关之敌。然而，法军却没有料到，尚未到镇南关，便遭到了清军的顽强阻击，于是，法军的开花大炮顺着东岭山梁朝下猛轰，掩护长枪队直扑过来。而另一边的冯子材，也在积极应战的同时向后方发出命令、调拨援军。

一时间，清军堡垒处硝烟滚滚，红尘弥漫，整个山谷像发生了地震一般摇摇欲坠，在阵地上，更是积下了厚达一寸的弹片。很快，法军便攻克了冯子材5个堡垒之中的3个，眼见形势于清军大大不利，清军将领隐约有退却之意。督办广西军务的苏元春畏敌如虎，是个不折不扣的懦夫，当法军的开花大炮轰轰隆隆地袭来之时，他马上想到了退却。然而由于冯子材的权威甚重，苏元春只能找冯子材的表哥黄云高前去劝他。

黄云高见到冯子材之后，吞吞吐吐、畏畏缩缩，好不容易说出了劝退之意，冯子材当即火冒三丈、暴跳如雷，大呼一声："汝知此处为军法地乎！"黄云高见势不妙，灰溜溜地退出营帐。后来，苏元春亲自找到了冯子材，以军中弹药不济为由，要求退兵，冯子材遂语重心长地说道："有此长墙不守，凭祥何恃？我退，敌必尾追，江左即非我有矣！我老矣，誓与此墙共存亡！君年较富，请自行，勿乱军心也！"听完冯子材一席话，苏元春羞愧不已。冯子材通过此举，断绝了大家退却的念头。

第二天，法军见前日不胜，遂倾巢而出，准备一举将清军歼灭。在开花大炮的火力掩护下，法军向着清军猛攻过去，瞬时，法军如同蚂蚁一般，潮水似的涌了过去，很多人借着威势冲向了墙头，并且翻墙而入。清军见此，许多人顿时吓得面无人色，冯子材见状，大声高呼："再让法军入关，有何面见粤人！"刹那间，清军将士震撼不已，老将尚且悍不畏死，将士怎能忍辱偷生？于是乎，将士们挥舞着大刀长矛，前仆后继地冲出了长墙，冲向了敌人。冯子材也率二子冯相华、冯相荣跃出战壕，扑向敌人。

然而，法军在装备上毕竟占据了太大的优势，清军一个个相继倒了下去，幸得援军赶到，法军畏惧后撤，这块阵地暂时得以保住。这一战关乎镇南关的生死得失，法军士气大挫，于是，冯子材乘胜追击，很快便攻克了敌军重镇凉山，并且击毙了敌军两千人马，使得凉山一役成为整个中法战争的转折点。清军在战局上处于有利地位，法国茹费理内阁也因为在亚洲战场的大溃败而轰然倒台。

第二天，法军倾巢出动，在开花大炮掩护下，主力部队猛攻长墙，有的法兵已越墙而入，有的法兵足踏墙头。在这千钧一发之际，老将冯子材足蹬草鞋，身着短衣，手执长矛，大吼一声冲入敌阵。冯子材身先士卒、奋勇杀敌的英雄气概，使全军将士精神振奋，大家一起呐喊杀出，争先恐后，冲进敌阵，展开肉搏战。敌人的开花大炮丧失了威力，但见清军将士刀矛飞舞，杀声震天，敌人尸横遍野，法军全线崩溃。冯子材取得镇南关大捷之后，乘胜出击，收复谅山。谅山一仗，扭转了中法战争整个战局。

三朝赤诚心

　　1818年8月17日，冯子材生于广东钦州（今属广西）县城沙尾街的一个小商贩之家，因父母早亡，从小艰难度世，做过木工，护送过牛帮。童年流落街头的惨痛经历，使冯子材变得疾恶如仇、坚毅果敢，还练就了一身武艺，为今后的领兵御辱打下了基础。

　　当时的两广，阶级矛盾尖锐，天地会起义不断。1851年4月，广东天地会领袖刘八起事，冯子材投奔了这支队伍。5月，刘八失败，冯子材率部千余投降了知县游长龄，被改编为"常胜"勇营。在以后的镇压起义中，冯子材不断立功，升至都司，并在1853年4月参与了围攻太平军的江南大营。1856年6月，江南大营被太平军摧毁，冯子材败逃丹阳。

　　1858年1月，钦差大臣和春在沧波门、高桥之间复立大营，围困天京。冯子材屡立战功，多次击退太平军，并攻毁其在城北修筑的栅栏营垒，几年内由都司升为总兵。清军悍将张国梁对其器重有加，曾抚其背称赞说："子勇，余愧弗如。"

　　同年9月，太平军主将陈玉成、李秀成共至滁州（今安徽滁县）乌衣，准备会攻江北大营，和春派冯子材领兵5000渡江相援。27日，双方在小店对决，冯部不敌，几乎全军覆没，仅剩三四百亲兵。

　　1860年5月，太平军第二次攻破清军江南大营。冯子材随大营次帅张国梁逃到丹阳，又被太平军击败，张国梁落水溺死。事后，冯子材收聚残军，退往镇江固守，后归曾国藩辖制。

　　由于太平军没有在镇江一带投入太多兵力，曾国藩也没打算重用他，冯子材以孤军3000守御镇江，实际上处于观战的地位。1864年7月，天京陷落，清廷大封"功臣"，冯子材被赏穿黄马褂，封骑都尉世职。

　　1865年，冯子材被派往广东督办军务，一月之内，镇压了王狂七、独角牛、李如娘等各路起义军。1867年，清军采用"步步为营"的战术，包围广西天地会起义军吴亚终部。为切断与其他义军的联系，清廷命冯子材肃清龙州起义军。他两面夹击，先攻陷了龙州，接着分兵攻打各处起义军据点，使得广西最终只剩下吴亚终独部。吴军因独力难支，不得不退入越南境内，越南政府大为恐慌，向清求援。1869年7月，清廷派冯子材率30营出关，兵力共1.2万余人。

　　冯子材入越后，配合越南军队围剿义军。8月，吴亚终在北宁城被火铳打伤，饮孔雀血自尽，部将陆续请降。1870年4月，冯子材攻克了最后一支未降力量，班师回国。

不久，起义军余部三四万人又聚集到旧将黄崇英周围，号称"黄旗军"，揭竿起义。1871年，冯子材二次出关，进攻黄旗军根据地河阳。冯子材探听到刘永福与黄崇英冲突，便给刘永福送去了五品蓝翎和功牌，请黑旗军助战。一个月以后，清军、黑旗军和越南军队联合攻破河阳，黄崇英兵败远走。冯子材因为部下水土不服，将河阳交于越南的地方长官，退回龙州。

1878年9月，李扬才万余起义军在广东灵山造反，越王派军队联合刘永福向李扬才发动了进攻，并请求清军协助"会剿"。12月，冯子材受命三度出关，会同越军、黑旗军三面夹击，在龙登山击败李扬才，将其俘获。

1881年，冯子材回到广西，任职提督，权要刘坤一对其多有排挤。冯子材与当时的广西巡抚徐延旭也有矛盾，后者上任伊始，就将冯子材的侄子冯兆金撤职。此情此景，使得冯子材不得不退避忍让，解甲归乡。此时法国侵略军步步进逼，冯子材的家乡钦州多次面临危险，他忧心国事，顾念乡里，曾多次派人深入越境，探究法军动向。

1883年12月，法军向中国军队发起进攻，中法战争正式开始。1884年3月，北宁失守，前线指挥官、广西提督黄桂兰畏罪自杀。清政府这时才想起冯子材，但李鸿章以其年老，只给了他一个督办高、雷、廉、琼四府二十五州县团练的官职。冯子材不辱使命，虽一无实权，二无饷源，但还是在几个月间成立了9个州县的团练，其中由他亲自挑选和训练出的500名钦州练勇，成了日后"萃军"的骨干。

1884年5月，张之洞任职两广总督。冯子材主动上书，要求统率1.5万军队，从钦州进入越南东北的广安、海阳，开辟战场，牵制法军兵力。张之洞同意这一想法，欣然准许。冯子材编成18营军队，准备开赴越南。

此时的抗法前线，形势变得非常严峻。1885年1月底，法军主力在船头一带向广西进军。2月13日占领战略要地谅山，23日又侵占了镇南关，深入中国境内10公里。25日，法军由于兵力不足，炸毁镇南关城墙及附近工事，退回文渊，还在废墟上树立牌木，出言讥讽。

这时，冯子材率军赶到了前线。法军攻占镇南关之时，清军总指挥潘鼎新放弃指挥任务，逃到了距镇南关百里之遥的海村，使得前线崩溃，兵士四处劫掠，难民蔽野。冯子材召集各路将领开会，鼓舞大家协力卫国，被众将推为前敌主帅。

2月25日，冯军进驻凭祥，预备与法军决战。冯子材分析了敌我情况，又亲临前线，最后确定以镇南关北八里的关前隘作为预设战场，他命令部队构筑起三里多长的长墙，并在小青山上修筑多座堡垒，建成了较完整的山地防御体系。在兵力配置上，冯子材把战斗力最强的"萃军"和"勤军"放在主阵地，又派较强的兵力在左右两翼驻守，最后以强大的预备队坐镇幕府、凭祥，随时准备投入反攻。

3月23日晨，法军趁大雾偷入镇南关，上午10时30分，主力沿东岭前进，另一路从关前隘谷地迂进，企图前后夹击清军阵地。冯子材立即调拨援军迎上，并率自部坚守长墙，拼死顶住进攻。几小时后，法军在猛烈炮火掩护下，夺占了3座堡垒，威胁清军正面阵地。冯子材高呼："法军再入关，有何面目见粤民……"寸步不退。下午4时许，援军赶来，稳住了阵脚。入夜，冯子材调整了作战部署，充实前沿阵地，并派人调遣驻扣波的"萃军"突袭法军左翼。

24日上午11时，法军以重炮猛轰长墙，掩护部队猛攻关前隘阵地。冯子材发出了"有进无退"号令，待法军接近长墙时，他持矛与两个儿子冲入敌阵，率领全军将士展开白刃战。中午，从扣波赶来的5营"萃军"到达，突袭法军后部，大获全胜，法军退回谷地。与此同时，小青山处的战役还未停止，双方尽力争夺，堡垒几次易手。傍晚时分，清军袭击同登，消灭了法军的运输队，从关外配合小青山守军夺回了全部堡垒。到这时，法军三面受敌，伤亡惨重，逃回了文渊。为扩大战果，3月26日，冯子材率"萃军"和"勤军"出袭文渊，不多时便重创法军，克复了文渊州。

法军不甘失败，为等待援军，挽回败局，决定固守谅山。冯子材深知清军攻击能力不强的弱点，便定下了"正兵明攻驱驴，奇兵暗取谅山"之计。3月28日，冯子材率各部三路进攻驱驴，下午，法军不敌，退往淇江南岸。清军于29日拂晓乘乱攻入谅山，法军残部被迫逃跑。至31日，冯子材已尽复船头、郎甲以北的城镇。

镇南关大捷作为中法战争的最后一役，起到了非常大的影响。年近七旬的冯子材，凭借对中国的极尽忠诚和高超的指挥能力，带领广大爱国将士、民众，粉碎了法军的进攻，守护了国家的主权和领土完整，并导致了法国内部矛盾激化，使得茹费理内阁被迫倒台。

冯子材回国后，负责钦廉、广西一带防务，重点防御法国对祖国西南的侵略。1886年，他赶赴海南岛，镇压黎族人民起义。1894年，中日战争爆发，他北援镇江，以备朝廷调度。1898年戊戌变法期间，维新派领袖康有为曾建议光绪皇帝调冯子材入京，控制京城局势。次年，冯子材又赴任云南提督，统领全省防营。义和团运动爆发后，他曾一度上书入京勤王，但未得批准。

1903年，冯子材86岁，为镇压广西人民起义，两广总督岑春煊奏请清廷认命其会办广西军务。冯子材扶病赴桂，报答"三朝知遇之恩"。行军途中，他不幸中暑，旧伤复发，9月18日辞世于南宁。

福建水师的噩梦

法国窥视中国西南边疆已久，因此蓄意侵占越南。1884年6月22日法国将军杜森尼于率军700人强行向谅山前进，到达北黎的观音桥，命令清军撤让或投降。

次日，清军派三名联络官到法国军营去交涉。法军气势汹汹，一副傲慢姿态，声称是前来接收越南谅山、高平两省，将前来与之协调的清军联络官无辜枪杀，并向清军发起大规模进攻。和谈不成，清军被迫还击，接连两日战斗，均以法军溃败而告终。

28日，法国代理公使福禄诺以"中国背约"为借口向总署提出抗议，并要求给予赔偿,同时要求清军立即撤出北越。7月12日,福禄诺下达了最后通牒:给清廷一星期的时间,满足其赔款、撤兵的无理要求。清朝表示可以撤兵,但赔款之事绝无商量。16日,在清廷的命令下,驻越清军全部撤至边境。这就是史家所称的"观音桥事件"。

"观音桥事件"发生后,中法两国的谈判仍没有完全结束。为了在谈判桌上取得在战场上没有获得的利益,法国决定用武力来迫使清廷屈服,用"踞地为质"的方式对慈宁宫政府施加压力。因此,法国政府在不到一年时间,将它在中国和越南的舰队合编成远东舰队,任命远东地区扩张的积极鼓吹者孤拔为统帅,准备攻占福州和基隆。

就在法国人组建远东舰队同一天,1884年6月24日,为加强台湾地区的防卫力量,清政府接受了曾国荃的推荐,派淮军将领刘铭传前往台湾,对军务进行督办。

没过多久,法国的远东舰队便气势汹汹地杀赴台湾,对基隆展开进攻。在大炮的猛烈轰击下,清兵暂且撤退,避其锋芒。法军误以为清军羸弱,不堪一击,便强行登陆,哪知道正中了刘铭传所设的埋伏。等到法兵上岸后,清军突然三路杀出,把法兵杀得晕头转向,吓得他们落荒而逃。而这时海面突然涨潮,下船容易上船难,不少法兵在清军的追赶下,葬身大海,幸好有军舰炮火的掩护,残兵才得以撤离。

法国人本以为拿下基隆不过是闲庭信步,轻而易举,没想到反被打得狼狈逃窜,还损失了上百人,眼睁睁地吃了个大败仗,这使他们十分颓丧。

其实,法国实在是太小看中国军力。负责守卫台湾的刘铭传本是李鸿章的老部下,淮军主将之一,是沙场老将了。同时,刘铭传与李鸿章还是同乡,两人关系过密。临行前,李鸿章还特意面授机宜,并拨给刘铭传3000洋枪,还有江南制造局造的30门大炮,以加强台湾的防卫。刘铭传到了台湾后,形势当然大不一样。

虽然基隆一战使法国人受到重创,但是他们并不甘心失败。8月16日,法国议会决定扩大战争,为了使中国屈服,还特别拨出专款3800万法郎,专款专用。同时,法国的外交部门在谈判中也同步调整了要价,要求清廷赔偿因基隆战败导致的8000万法郎的军费。

1884年7月14日,趁着中法还在议和之机,两艘法国军舰以"游历"为名,驶进福建闽江口。两天后,法国舰队司令孤拔也乘军舰到达闽江口,随后法国舰队居然大摇大摆地驶进了福建水师的马尾军港。两个近乎交战国的舰队同处一港,也可以算是世界战争史上的奇闻。

其实,这种怪现象也有其历史渊源。在太平天国运动被镇压下去后,左宗棠在福州筹备创办福州船政局设厂造船,邀请法国人江汉关税务司的日意格和退役军官德克碑为福州船政局的技术总监,来负责设址、建造和延请欧洲洋教习以及洋匠(多为法国人)等事务。

左宗棠调任陕甘总督,沈葆桢接手福州船政局后,仍旧是以法国人为主,开展了海事海军教学、建造兵船和建设福建水师三大事宜。客观地说，这些外国专家对于船政局的各项事务还算是尽心尽力的，譬如福建水师的很多战舰如旗舰"扬武"号等，就是在法国人日意格和安乐陶等人的监督下完成建造的。等到福州船政局和这些外国专家们所签订的五年合同期满的1874年，他们才陆续离开福州。

位于福州东南的马尾是闽江下游的天然良港，内有福建水师和马尾船厂。当时的钦办福建海疆事宜大臣张佩纶、闽浙总督何璟、船政大臣何如璋、福建巡抚张兆栋和福州将军穆图善等人，也许当时认为和议将成，因此，当法国军舰陆续闯入闽江口并进泊马尾港的时候，严格遵循了清廷"不可衅自我开"的训令，不但没有拦阻法国舰队的进入，反而给予了热情款待。

由此，法舰可以随意进出马尾港，反而是福建水师在该港处处受制，左右为难，已经成为法国的瓮中之鳖。就双方实力而言，两国的军事实力相差太多，这在后来法国舰队不到半小时就重创福建水师的情况可以看出。

福建水师的战舰大多数是法国人的设计监造的，因此，法国人对福建水师的战舰可以说是了如指掌。同时，由于战舰都是由福州船政局自己生产的，所以和强大的法国舰队相比，根本就不可同日而语。

当时的中法双方实力对比为：泊于马尾的法国有8艘军舰，2艘鱼雷艇，14500吨的总排水量，77门重炮，1800名水军官兵；虽然福建水师的兵舰比法军多了1艘，但总排水量只有9900吨，47门普通火炮和1100名水师官兵均在法军之下；同时，为防止清军塞江封口，以保障后路的安全，法军另有2艘军舰停泊在金牌、琯头一带江面。

相比之下最为糟糕的是，法国舰队都是铁甲船，而福建水师兵船的材质都是木头，正如张珮伦所言，"船略相等，而我小彼大，我脆彼坚"。法国舰队配置的都是重炮，可以轻易击穿福建水师的木肋甲板，而福建水师的火炮却对法国舰队的铁甲丝毫没有威胁。从吨位、防护能力、重炮数量、兵员素质等方面来看，法国舰队有着太过于明显的优势。而中国在马尾海战中根本就是在以卵击石。因此这场海战与其说是一场战争还不如称之为一场屠杀。

马尾港的地理位置十分优越，闽江口外，满是岛屿礁沙，譬如五虎岛、大小龟屿等，两岸都是山岭夹峙，地形相当险峻，而从闽江口至马尾港，水道极为狭窄，最窄处仅300米，如果法国舰队没有熟悉的引水员引航，则很难在此航行。

同时，马尾港沿途两岸都建有炮台，对于贸然进入的法国舰队也可以构成很大的威胁，但闽浙总督何璟和福州船政大臣何如璋等人却担心阻止法舰进港会发生冲突，甚至会影响中法和谈，责任太大，于是便无所作为。等到法国舰队进入马尾港后，一切就都来不及了。当时也有人建议对驶入马尾港的法舰进行武力驱逐，但最终的结果却是中国水师反被法国舰队掣肘。与此同时，清廷抱定"彼若不动，我亦不动"的妥协方针，而何璟和何如璋等人又是唯朝廷命令是从，因此他们的"严谕水师不准先行开炮，违者虽胜亦斩"的政策，也就不足为怪了。

在谈判毫无进展的情况下，8月22日，法国政府电令孤拔消灭中国福建海军。孤拔准备完毕，便决定于次日下午开战。

次日，原本安置在马尾港内军舰上的各国领事和商人都急匆匆地下船离开，很明显是大战在即的征兆。见此情景，福建水师的将士们纷纷向上级请战，要求立刻开始进入战争状态，为即将打响的战斗做准备。毕竟海军在战前要做升火起锚、调整炮位的准备工作，无法像陆军那样在仓促间也可以很快地进入战斗状态。然而当时督办福建军务的总负责人张佩伦对请战将士的态度是大声斥责，让其滚出自己的营帐，甚至连军火武器也不发下去。直到下午一点，法国舰队都已经升火起锚，张佩伦和何如璋等人才慌了神，赶紧派魏瀚去见孤拔，要求明日再战。

战争在即，不能说改就改。下午一点半，马尾港中潮水涨平。此时的天空突降大雨，法军趁机向福建水师发起攻击。事发突然，两艘福建水师的军舰还没能起锚就被击沉，多艘军舰受到重创。唯有旗舰"扬武"号对何如璋的禁令不予听从，在管带张成的命令下已经做好战斗准备。当法国军舰发起攻击时，在第一时间给予回击。

法军鱼雷艇见"扬武"号勇猛，便对其进行偷袭，发射了几枚鱼雷。在火力网的交织下，"扬武"号不幸被击中，搁浅后渐渐沉没。混乱之中，管带张成等人跳水逃生，事后居然被清廷以临阵脱逃的罪名问斩。

尽管福建水师的官兵都很英勇，但是，毕竟实力相距太大，又没有做好充分的准备，海战进行了还不到30分钟，11艘福建水师有9艘被击毁，其余两舰自沉，19艘运输船尽皆沉入海底，760名水师官兵英勇殉国。而法军方面，只有旗舰上的5名水兵被"扬武"号击毙，15人受伤，另有2艘鱼雷艇在战斗中受重伤，剩余的几艘战舰基本上没有任何损伤。

福建水师官兵上下英勇作战，而总负责人张佩伦和何如璋却在海港内的隆隆炮声中冒着大雨和电闪雷鸣落荒而逃。在亲兵的拖曳下，张佩伦一路逃到了鼓山，然而败军之将不足言勇，更何况是临阵脱逃的一军之将。由于当地百姓一致拒绝接待，张佩伦一行只好在一个距离船厂足有二十多里的禅寺下院里藏匿了一夜。次日，张佩伦一路跑到鼓山彭田乡。正在此时，朝廷圣旨传到，闽浙总督何如璋到处都找不到张佩伦，最后只好悬赏1000两，才算把张佩伦找到了。

当马尾海战进行到最关键时刻、也是福建水师败象尽露之时，福州船政大臣何如璋竟然吓得落后而逃，躲进了安施氏祠中。乡人们怎么能容忍这个无耻之徒对祠堂的羞辱？为了把他赶走，一把火将祠堂烧成了平地。最后何如璋迫于无奈，只好连夜逃走，投宿到洋行。第二天早晨，入城后他想借住于两广会馆，结果又被商人们驱逐，真可谓是狼狈不堪。

8月24日上午，马尾船厂在遭到法国舰队持续五小时炮击后，船厂厂房、仓库和一艘尚未完工的巡洋舰都遭到了极大破坏。海战结束后，清军已经料到法国人会对马尾船厂进行夺取，事先已经埋好地雷，打算将船厂炸毁。然而大作的风雨却把引线浇湿，地雷无法点燃，再加上法国舰队炮轰船厂时距离有些远，所以对船厂的破坏效果十分有限。战争结束后，船厂经过维修后又恢复了生产，这也算是不幸中的大幸了。

法国舰队在炮击马尾船厂后的几天里，又把布防于两岸的炮台尽数摧毁，这才离开闽江，宣告马尾大战最终结束。

马尾之战大败，清政府认为法国"专行诡计，反复无常，先启兵端"，正式对法国人宣战，并做好了发动反击的准备。

9月中旬，孤拔率5艘军舰进攻台湾基隆，副司令利士比则率3艘军舰，对台湾淡水展开攻击。法军的意图很明显，就是先占据这两处，然后继续分军行动，在台北会师。

刘铭传考虑，由于当时的台湾兵力有限，分兵防守只会造成两地皆失，故决定放弃基隆，集中兵力坚守淡水。要知道，法军之所以要占据基隆，实质上是为了将当时已经开发完善的基隆煤矿纳入自己的囊下，以保障舰队对燃料的需求。10月1日，法军在猛烈的炮火掩护下攻占压根没有设防的基隆。不过令他们万万没有想到的是，清军早已在法军到达之前将煤矿破坏，留给法国人的只是一片荒滩废墟。

然而更在法国人意料之外的是，本以为是轻而易举的淡水登陆战竟然受到清军优势兵力的顽强抵抗，非但没有如愿占领淡水，反而扔下了上百具尸体，狼狈地逃回军舰。虽然孤拔军占领了基隆，但由于没有补充到所必需的燃料，军队无法深入，只得退而求其次，对台湾实行全面的海上封锁。

鉴于刘铭传的英勇表现，刘铭传被清廷任命为第一任台湾巡抚。

1885年初，法国舰队对浙江镇海进行骚扰，截击福建水师由上海派往台湾进行援助的五艘军舰。其中，"澄庆""驭远"两舰由于航速较慢，脱离舰队于是就近避入了浙江石浦，后来这两艘军舰被七艘法国军舰追上，最终被鱼雷击沉。另外，"开济""南瑞"和"南琛"巡洋舰，凭借着较快的速度，并且依赖于大雾弥漫的海上天气，方才侥幸逃脱法国舰队的追击，进入岸防严密的浙江镇海口躲避起来。

法国军舰在击沉"澄庆""驭远"两舰后便离开了石浦。他们希望的是全歼福建水师五舰，得知逃脱的三舰在镇海口停泊，便又对镇海施展攻击。清军在浙江提督欧阳利见的指挥下，沉着应战，法军多次袭击非但没有成功，反而自己的旗舰被击伤，指挥官孤拔本人也在炮战里中弹受伤，最后只得悻悻地撤离镇海，南撤后转而攻占澎湖岛。不久，孤拔不治身亡。

这场战役之后，福建水师寿终正寝。清政府希望借海军之力"还魂"的美梦宣告破灭。

第八章
海疆上的悲鸣

在世界大航海时代来临之后,一国的海疆成为重中之重。正是因为清帝国没有一条有效的海上防线,才导致西方用坚船利炮硬生生地轰开了紧锁的国门。既然国内的洋务运动已然兴起,师夷长技已成为此际的朝野共识,那么,一条坚固的海上防线便成为必须。然而,已是夕阳西下的"老大帝国",一支再好的水师,又能够为其支撑多久?

失落的亚洲第一

北洋水师始终是清政府骄傲,但其兴起之轰烈、覆灭之惨烈,却深为后人所诟病。

1874年6月,清政府藩属国琉球的几艘渔船,因为大风意外漂流到了台湾,渔民与当地高山族人发生了冲突。清政府已经对此事做了妥善处理。但是,这件小事却引起了邻国日本的不满。原来,日本早已在琉球国内部暗中发展自己的势力,企图在条件成熟时以琉球为跳板侵占台湾。因此,他们以此次渔民冲突中清政府袒护台湾为借口,于1874年6月15日派出几艘商船,阴谋占领台湾。

日军入侵台湾的消息马上就被清政府知道。清廷急派总理船政大臣沈葆桢率领几艘近代化兵舰前往台湾。第一次见到大清国舰队的日本兵十分惊慌,因为他们乘坐的只是几艘商船。所以,迫于清军威力,纷纷逃离台湾。这场近代史上中日双方的第一次正面冲突,似乎以清军的获胜结束,但实际结果却并非如此。

由于施行了"明治维新",日本几乎在一夜之间从封建时期进入了"近代文明"时代。它通过外交手段废除了与列强签订的不平等条约,而这次改革也使日本这个亚洲国家开始向欧洲列强靠拢,成为被西方国际大家庭认可的一员。因此,当日本的目的没有达到时,他的同盟者美国联合英国和法国,帮助日本一起向清政府施压。在三国的支持下,理亏而又仗势欺人的日本向清政府索赔军费50万两,软弱的清政府竟然接受了日本的无礼要求。

恼怒的总理各国事务衙门在与日本签订赔款条约后的第六天,愤然上奏清廷,强调了海防问题的急迫性。而此时的清政府似乎也已认识到问题的严重性,以前所未有的高效率,在当天就发布上谕,令沿海沿江各省督抚们在一个月内将各自的讨论意见上奏朝廷。

一场关于"海防战略"的大讨论迅速展开。

虽然时任直隶总督兼文华殿大学士的李鸿章对这次海防大讨论并不抱太大希望,但他还是提出了许多务实的看法。

限期一个月的海防大讨论,被拖延了大半年后,终于在1875年5月由恭亲王总结整理后上奏朝廷。依据讨论的结果,皇上决定成立南、北洋水师,两支水师齐头并进。不久后,沈葆桢被任命为南洋通商事务大臣,而李鸿章则担任北洋通商事务大臣,他们兼办各自的海防事宜。

李鸿章和沈葆桢都是洋务运动中的领军人物,同时也是清政府大臣中较早放眼世界的有识之士,他们都赞成发展工商业以富国力的思想,并积极主张创立中国近代的海军,以增强国力。但是,他们虽然表面互相提携,步调一致,私下却因为清政府决定分配给南北洋水师共同使用的每年约400万两白银的海军军费而明争暗斗。

两人经过几个回合的较量,沈葆桢败下阵来。善于权术的李鸿章得到了大部分的海军经费,而沈葆桢的南洋水师只拿到了很少的一部分。在拿到了大笔的银子后,对军舰一无所知的李鸿章心中犹豫不决,因为他不知道应该向哪个国家购买最先进的军舰。

在担任清政府总税务司的英国人赫德的大力推荐下,李鸿章从1875年到1879年,先后从英国订购了8艘炮船用于港口的守卫。

然而,经过考察,李鸿章发现同时订购的两艘巡洋舰"超勇"和"扬威"存在许多弱点。经过细心比对,并暗中打探价格后,李鸿章决定向德国购买军舰。与此同时,李鸿章把北洋提督的人选,锁定在了当时清政府骑兵总兵丁汝昌身上。

就在李鸿章抓紧时间组建北洋水师的时候,雄心勃勃的日本也在马不停蹄地购买军舰。日本入侵台湾未果后,并没有放弃自己的妄想,而是痛定思痛,马上向英国订购了"扶桑""金刚""比睿"三艘军舰。8年后,朝鲜的亲中派与亲日派之间爆发战争,中日两国各自派出军舰进行干预。日本再次因海军实力远不如淮军将领吴长庆所率领的中国舰队,没有贸然发动战争。几次想要入侵朝鲜都被清政府的舰队阻碍,如此一来,日本对中国的海军恨得咬牙切齿。把大清海军,尤其是北洋水师彻底击败,是日本海军从上至下同一个梦想。然而,与清军其他兵种相比较,北洋水师的正规化及近代化已经远远地走在了前列,即使是日本也很难望其项背。

1866年,福建、广东等地的大街小巷贴满了一张张马尾船政学堂的招生告示。船政学堂是一所新式的军事技术学校,虽然它没有引起那些想通过科举考试走入仕途的学子们

北洋海军提督署

的极大兴趣，但是却吸引了许多家境贫寒的子弟。

几乎与此同时，位于日本獭户内海南端的江田岛，也成立了一个与马尾船政学堂类似的学校，叫江田岛海军兵学校。他们选拔那些日本青年中出类拔萃者，对他们进行世界上严酷无比的艰苦训练，最终将其培养成为具备古代武士道精神的现代海军军官。而具有长远眼光的李鸿章，也将首批马尾船政学堂中的大部分学生送到英国皇家海军学院留学。

李鸿章不仅对他们的能力没有产生过丝毫怀疑，而且当这些中国第一代近代海军军官带着一口流利的英语学成归来后，他在各方面都给予了他们最好的待遇。

在北洋水师中，李鸿章给海军官兵支付的军饷远超陆军的标准。海军提督丁汝昌的报酬是每年 8400 两白银，比同级别的陆军将领的报酬要高出两倍多。就连北洋水师中刚入伍的新兵，每年也会有 48 两银子的收入。此时，苦心经营北洋水师多年的李鸿章只差最后一步，便可以使这只水师称雄亚洲。

1879 年底，首创大清海军的海防大臣沈葆桢去世。他在临终前的口述遗嘱中说道：

臣所每饭不忘者，在购买铁甲舰一事，至今无及。臣以为，铁甲舰不可不办，倭人万不可轻视。

一代名将沈葆桢抱着深深的遗憾离开人间。直到他身死，也没能看到属于大清国自己的铁甲战舰。李鸿章与沈葆桢有着同样的梦想，他不甘心让沈葆桢的悲剧在自己的身上重演，因此，李鸿章将后半生的大部分精力都投入到了海军的建设之中。

铁甲舰在当时海军中的地位十分重要，是一只舰队中最关键的战舰，它有着巨型的火炮、坚硬的装甲和巨大的身躯，具有极大的杀伤力，价格也异常昂贵。

1879 年日本吞并琉球，中国的海疆再一次受到了威胁。局势更加紧迫。清政府这才下定决心，下令李鸿章尽快向外国购买铁甲舰。

在驻德国公使李凤苞的大力推荐，李鸿章选定了由德国伏尔锵船厂所建造的"定远"号和"镇远"号两艘铁甲舰，另外一艘铁甲巡洋舰"济远"号也一并在该厂订造。

"定远"和"镇远"属同一级别的姊妹舰。这两艘铁甲舰在设计时，集合了德国"萨克森"号和英国"英弗来息白"号这两艘当时世界上最先进的铁甲舰的优点。

伏尔锵造船厂先后花费了近 5 年的时间才完成了两艘舰艇的建造。两舰长 93.87 米、宽 17.98 米、排水量 7335 吨、航速 14.5 节，装甲总重为 1461 吨。为保证造舰的质量，李鸿章特派曾留学英法的刘步蟾、魏翰等人进驻工厂监督制造。

北洋水师在装备实力上大大超过日本。这种状况一方面暂时遏止了日本的扩张野心，但同时也直接刺激了日本发展海军的狂热心理。

1887 年，清政府向英德两国订造的 4 艘新式巡洋舰驶回中国。为了和西方海军接轨，李鸿章亲自下令制定北洋水师的军旗。按照海军军旗的设计惯例，军旗要以国旗作为设计基础。但是当时，大清国连自己的国旗都没有，更何况是军旗。最后几经讨论，北洋水师终于有了自己的军旗，这是一面明黄色的旗帜，上面绣了一个蓝龙戏珠的图案，开始时做成三角形，后为与西方保持一致改为长方形。

包括已经全部归国的中国订购的外国军舰以及原有的国内自建的军舰在内，此时的北洋水师共拥有 50 多艘各类舰艇，总排水量达 4 万多吨。1888 年 12 月 17 日的刘公岛上，北洋水师正式成立，再加上南洋、广东、福建等地区的水师，中国海军的装备实力一下跃居世界第九，更是成为亚洲的龙头。

打仗放一边，祝寿最要紧

天津，直隶总督兼北洋大臣衙门后堂。

直隶津海关道兼直隶津海关监督盛宣怀来了，跟他一起来到直隶总督李鸿章面前的，还有一个木盒子。

李鸿章打开盒子：数根根茎苗壮、齐全的上好高丽参！

李鸿章一眼便认了出来，在国内，只有宫中才可能在朝鲜朝贡时得到如此品质的人参。民间，乃至官场上，除了朝廷的恩赐，绝无任何合法渠道可以得到它。

走私——这是李鸿章想到的第一个词，也是唯一的一个可能。而盛宣怀的话让李鸿章更为愤怒：这只是所查获的走私货物中极小的一部分，而涉嫌走私的，正是他为之付出全部心血的北洋水师。

北洋水师利用军舰载客挣钱，利用军舰的豁免权从朝鲜向国内走私货物早已是公开的秘密，甚至连海军提督、北洋水师实际上的直接领导者丁汝昌，都在刘公岛上盖起商铺，并对外出租，靠从中收取租金牟利。

军队经商，历来是大忌，无论古代还是现代，这一点都是政府所严禁的。如今北洋水师打着朝廷海军的旗号肆无忌惮，怎不让李鸿章为之愤怒？

更为荒谬的是，军队本应时刻保持着的训练操守，完全是流于形式。海军章程上的规定，全都成了一纸空文。

《北洋水师章程》明确规定：海军之中，总兵以下各级官兵，必须常年在舰上居住，不得私自上岸，更不能在陆地上搭建、置办公馆。唯一可以例外的是需要接待朝廷官员视察的海军提督。

然而实际情况却是一到晚上，军舰上的北洋官兵人数剩下的还不足一半，其余的都跑到了岸上吃喝嫖赌。李鸿章不得不承认，北洋水师初建时的朝气此时已经荡然无存了。

李鸿章也知道，丁汝昌之所以如此纵容官兵，实际上还是朝廷的原因。

筹备海军之时，朝廷答应每年拨付南北洋水师 400 万两的军费，但从 1887 年至 1894 年的整整 8 年时间里，水师两部总共才从朝廷的口袋里拿到 1400 万两，距离 3200 万两的应得数字少了不止一半。

就是这可怜的 1400 万两是不是全数用到海军建设上了呢？把持朝政的慈禧太后

可不想这么做。

1894年是慈禧太后的六十大寿，不能马虎行事。所以朝廷开始在1888年对清漪园展开重修工程，并取"颐养冲和"之意，将之改名为颐和园，由清代200多年间主持皇家建筑设计的雷姓世家样式雷的第七代传人雷廷昌主持。

当雷廷昌伸手要钱的折子递到光绪皇帝手中时，皇上就已经宣旨，让户部如数拨款。但户部尚书翁同龢把账本给光绪过目：782万两，大清国库里的全部家当。这些钱倒是够修园子，但如果全部用来修建园子，满朝文武就没有俸禄可发了。

慈禧冲着翁同龢发了一通火，也对财政的现状表示无可奈何。鸦片战争以后，不断地割地赔款，不断地镇压各地的起义，将康乾时期积攒下来的家底全都赔了出去。但园子不修，慈禧又绝不甘心。最后，还是一直跟李鸿章有罅隙的翁同龢出了个主意：向海军军费伸手。

大清的海军组建自鸦片战争之后便被提上了日程。林则徐提出，要建立起一支由150艘西式舰船组成的具有独立指挥系统的海上新型舰队，方能"往来海上追奔逐北，彼能往者，我亦能往"。魏源在林则徐的认识基础上，进一步提出"师夷长技以制夷"的认识观点，认为应学习西方"一战舰，二火器，三养兵练兵之法"，其中战舰是重中之重。

但这些救国方略上报到朝廷时，鸦片战争已经结束，清政府在享受割地赔款换来的那份安宁。"一切以隐忍待之"的思想在道光帝的头脑中占了上风。林则徐等人的一片苦心，全被朝廷当成耳旁风。

清政府很快便尝到了没有海上力量的苦头。1856年10月，第二次鸦片战争爆发，依靠传统旧式水师护国的清政府，接二连三地惨遭败北。当时便有人提出向西方购买战舰，但因为在经费方面的掣肘而未能成行。

第二次鸦片战争结束后，太平天国起义仍旧如火如荼。恭亲王奕䜣再次提出购买兵船。面对严峻的局势，清政府方下定决心。

1862年，清政府向英国政府购买了总排水量为2635吨、总功率为660匹马力的6艘军舰，共耗银65万两。承办此次购船事宜的英国总税务司李泰国认为这是控制中国军队的大好机会。在英国政府的支持下，曾参加过鸦片战争的英国海军上校阿思本被委任为舰队司令，并毫不掩饰地把舰队命名为"英中联合舰队"。舰队的所有舰只都由英国官兵掌控，甚至连军舰的命名和海军军旗的样式都由他们说了算，而且规定舰队只接受中国皇帝和李泰国两人的命令，李泰国还有权决定中国皇帝的命令是否有效。这支几乎是李泰国私人部队的舰队，史称"李泰国舰队"。

抵达中国的"李泰国舰队"让朝廷大出所料，军政大员们无论如何也不能接受一支不受自己控制的舰队。经过反复的争辩，清政府拿出了最终的解决方案：赔了32.8万两的白银，将这支舰队拆散，分别卖给了印度、日本和埃及。

舰队卖了，但是国家没有海上防御工具是万万不可的。1864年，以恭亲王奕䜣、直隶总督李鸿章、两江总督曾国藩、两广总督张之洞、闽浙总督左宗棠等洋务派为代表，以"师夷长技以自强"为口号的洋务运动在朝野兴起。打造一支可以抵抗外侮的近代海军，便成了洋务派的首要之举。

于是北洋水师应运而生，在李鸿章的奏请下，丁汝昌任水师提督，统领北洋舰队。马尾海战之后，福建水师全军覆没，清廷方才知道一支近代化海军对于保家卫国是多么重要，便加大了打造海军的力度，正式成立海军衙门，任命醇亲王奕譞总理海军事务，庆郡王奕劻和李鸿章协办。

1887年秋，中国所有在外定购的军舰已全部回国，加上原有的自造舰只，北洋水师的舰艇总数达到62艘，计5万余吨。再加上归海军衙门节制的南洋、福建（战后重组）、广东水师，总吨位为8万余吨，炮500余门，鱼雷发射管70余具，实力居世界第九位。而在远东地区，清政府的海军力量占据首位。

北洋水师共耗资974.85万两白银，这对因战争及赔款而使得财政捉襟见肘的清政府来说可不是一笔小数目。李鸿章对这支可以称得上是自己嫡系的军队更是爱护不已。

1888年12月17日，刘公岛上，清廷正式宣告北洋水师成立，同日由刘步蟾等将领参与制定的《北洋水师章程》也由清廷颁布施行。中国拥有了一支强大的海军。

李鸿章把北洋水师视若珍宝，翁同龢却将之视为眼中钉。在这位户部尚书的眼里，李鸿章和他的北洋水师就是一个填不满的无底洞：买军舰要钱，造军舰要钱，军火、军饷、日常维护……处处都要用钱。大清几乎用了荡产之力，来供养李鸿章的这支"私家军"，翁同龢自然不满。既然颐和园要兴建，正是李鸿章该出力的时候了。

重修颐和园的7年时间里，慈禧太后一共从海军衙门拿走了750万两白银，这些已经超出了1400万两的一半。而计划中需要拨给海军的剩余部分则全部被朝廷拿去修三海（北海、中海、南海）。实际能到海军手里的银子连舰队日常的维护都不够，还怎么支付水师官兵的军饷？

大清水师官兵也是血肉之躯，不能靠喝风饮露活着。朝廷指望不上，李鸿章捉襟见肘，水师官兵只能去铤而走险，为自己谋生路。在这样的情况下，北洋水师的腐败气味已经透过厚厚的战舰钢甲，弥漫到大清海疆上去。

李鸿章对水师的腐败毫无办法，无赏即无罚，他所能给予这支海军的唯有纵容。

而此时，大清王朝的近邻，日本正在用贪婪的目光打量着大清的海域。

每日只吃一餐的政治秀

东京，日本皇宫，松之阁。

"从今天起，朕每日只用一膳。帝国海军一日不强，朕一日不再食矣。"明治天皇望着殿下群臣，极为严肃地说出这句话。

伊藤博文、陆奥宗光、伊东佑亨、夏本武扬、桦山资纪……一干大臣被天皇的这句话惊得目瞪口呆。

这是1894年发生在日本皇宫中的一幕。而能够让明治天皇下如此决心的，却源于 1886 年的"长崎事件"。

1886 年，北洋水师提督丁汝昌、琅威理率领 6 艘军舰在朝鲜东海岸海面进行例常操演。操演结束后，北洋水师并没有返回刘公岛待命，而是在李鸿章的命令下，率"定远""镇远""济远"和"威远"四舰前往日本长崎进行大修。

名为大修，实质上李鸿章却是抱着炫耀之心去的。1874 年日本侵略台湾事件始终让他耿耿于怀，那次事件，让清政府下了组建一支近代化海军的决心，如今，海军雏形已立，李鸿章迫不及待地想要拿出去震慑日本。

李鸿章的想法确实收到了成效。4 艘军舰停泊在长崎港口时，长崎市万人空巷，来自中国的先进、巨大战舰上龙旗飘扬，当真是威风凛凛。一时之间，如云的观者群中发出了羡慕的声音。着实让北洋水师赚足了面子。李鸿章没想到的是，北洋水师最终的覆灭正缘于此。

4 艘军舰在长崎停泊期间，几名水兵上岸购物，结果在烟花柳巷与当地警察发生了冲突，导致一名日本警察重伤，一名水兵轻伤。

对此，李鸿章承认，"争杀肇自妓楼，约束之疏，万无可辞"，但他却又认为，"弁兵登岸为狭邪游生事，亦系恒情。即为统将约束不严，尚非不可当之重咎，自不必过为急饬也"。

在李鸿章的眼里，这只不过是一个小小的冲突罢了，不必弄得两国都不愉快，也没必要对引发冲突的水兵给予重罚。然而日本却不这么想。

本来北洋水师的耀武扬威就在他们心里产生了芥蒂，他有己无的嫉妒，渐渐转化成了悄悄发芽的仇恨。冲突事件更似一根导火索，彻底点燃了仇恨的火焰。

1886 年 8 月 15 日，北洋水师舰队放假一天，军舰上无论官兵，除了需要坚守岗位的之外，都可以上街观光。数百人便浩浩荡荡地前往长崎。

有了上一次冲突的教训，提督丁汝昌严饬上岸水兵不许带械，更不许滋生事端。

但日本人却早已等候多时。

上岸后的水兵分散行动。当部分水兵来到长崎市广马场外租界和华侨居住区一带时，预谋已久的数百名日本警察将多条街道两头堵得水泄不通，持刀举械地向手无寸铁的水兵进行攻击。长崎市民也在混乱之中向水兵展开攻击。猝不及防的中国水兵虽奋起反击，但最终还是有 5 名死亡、6 名重伤、38 名轻伤，另有 5 名下落不明。日本方面则只有一个警察死亡，30 多人负伤。

这就是历史上的长崎事件。

长崎事件之后，李鸿章拿出了难得的强硬态度："长崎之哄，发端甚微。初因小争，而倭遂潜谋报复，我兵不备，致陷机牙。观其未晚闭市，海岸藏艇，巡捕带刀，皆非向日所有，谓为挟嫌寻衅，彼复何辞？"日方也不敢跟中国撕破脸皮，事件得到妥善的解决。但这一事件却彻底掀起了日本对中国的仇恨情绪。

军国主义愈来愈浓的日本朝野，个个都在咬牙发狠：一定要打败中国的北洋水师。

1887 年，明治天皇颁布了一纸诏令：

朕以为在建国事务中，加强海防是一日也不可放松之事。而从国库岁入中尚难以立即拨出巨款供海防之用，故朕深感不安。兹决定从内库中提取三十万元，聊以资助，望诸大臣深明朕意。

天皇一带头，下面无不响应。各级官员、富豪纷纷解囊，平民百姓也踊跃捐款。当时，日本人莫不以向海防建设捐款为荣。

不到三个月的时间里，海防捐款的总额达到了103万之多，但这些根本不够。

明治天皇挥起了鞭子，将日本新兴工业的开发权卷入到政府手中，将三井、三菱、住友等大公司，以及日本的外贸、重工业、银行全都予以控制把持，并通过各种进献、投资非法征用土地。

然而李鸿章却没有看到这一点。1891年，在日本政府的大力邀请下，他欣然派遣丁汝昌率"定远""镇远""致远""靖远""经远""来远"六舰——北洋水师的精华——自威海卫扬帆，前往日本进行访问。

殊不知，这正入了日本人布下的圈套。

此际的日本正在为对华战争做着积极的准备，但他们还需要国内舆论的支持，更需要摸清北洋水师的底细。

日本方面对北洋水师的到来可谓是举国欢迎，水师所到之处"礼意其隆"。天皇亲自接见，日本外相招待游园，海军大臣盛宴款待……一切的一切，都表现出了中日友好的假象。

作为回报，丁汝昌也在旗舰"定远"上举行招待会，答谢包括媒体在内的日本各界人士。同时，又炫耀了北洋水师的军威。

这对日本又是一个巨大的刺激。曾登上"定远"舰参观的日本法制局局长宫尾崎三郎事后记述道：

（定远舰）巨炮4门，直径一尺，长二十五尺，当时我国所未有……舰内清洁，不亚于欧洲……反观我国，仅有三四艘三四千吨级之巡洋舰，无法与彼相比。同行观舰者皆卷舌而惊恐不安。

惊恐不安之下，日本政府进一步加快了海军的建设。1894年，日本联合舰队共有各种军舰55艘，在总吨位、舰船航速、火炮射速上全面超过了北洋水师，迅速发展成为一支强大的远东海军力量。

也就在这时，明治再次上演了每日只吃一餐的政治秀。

日本天皇为了海军从牙缝里省钱的消息，在北京城里竟然被传成了笑谈。殊不知，面临危险的，正是清政府。

未烧城门，先灭池鱼

19世纪末以来，帝国主义列强对中国的邻邦朝鲜展开了激烈的争夺。在这场争夺中，通过"明治维新"走上军国主义道路的日本表现得最为贪婪和野蛮。

吞并朝鲜是日本"大陆政策"的重要组成部分。自从明治维新以来，日本军阀一直奉行"征韩论"的国策。光绪元年（1875年）八月，日本舰队进入汉江江口，并强占了永宗岛。次年一月，朝鲜被迫与日本签订《江华条约》十二款。条约规定：第一，开元山、仁川为商埠，日本货物免缴关税。第二，日本可以自由测量朝鲜海岸。第三，日本享有领事裁判权。此外，条约还明确规定："朝鲜为自由之邦。"这表明日本为了独霸朝鲜，极力想要破坏朝鲜与清政府的传统宗属关系。《江华条约》是日本强加给朝鲜的第一个不平等条约。此后，日本及其他列强侵略朝鲜的步伐都加快了。光绪三年和六年（1877年和1880年），日本又分别在元山、釜山设置了特别居留地（租界）。日本的一些商业公司利用不平等条约，大量向朝鲜倾销商品，使朝鲜的手工业遭到极大摧残，严重地破坏了朝鲜经济的发展。当时，以王妃闵氏为首的闵妃党把大院君李应排挤出去，掌握了最高统治权，日本便乘机培植亲日势力，通过各种手段把闵妃党置于自己控制之下。

日本对朝鲜的政治、经济侵略，加剧了朝鲜国内的反日情绪。大院君李应利用这种情绪，于光绪八年（1882年）六月初九在汉城（今首尔）发动兵变，处死了一些官吏和日本教官，焚烧了日本驻朝鲜使馆，最后驱除了闵妃党，重新执掌政权，史称"壬午兵变"。兵变发生后，日本政府一面派兵侵入朝鲜，一面命令驻朝公使花房义质逼迫朝鲜赔偿损失，并企图割占巨济岛和郁陵岛。得到朝鲜兵变的消息后，清朝署直隶总督张树声上报清政府，同时，派北洋水师提督丁汝昌、道员马建忠及广东水师提督吴长庆等，率军队和兵舰赴朝，于七月十三日平息了兵变，大院君被迫归政于朝鲜国王。日本的侵略计划被清军的迅速行动挫败了，花房义质看到中日两国在朝鲜的兵力悬殊，未敢轻易挑衅清朝军队。日本政府未能实现利用兵变割取朝鲜领土和夺取更大权益的企图。但是，朝鲜仍被迫于光绪八年（1882年）七月十七日与日本签订了《济物浦条约》，日本以保护使馆为借口，获得了在朝鲜驻兵的权利。

壬午兵变后，日本政府一方面加强针对中国的扩军备战，同时，竭力培植朝鲜亲日势力。当时，在朝鲜出现了金玉均、洪英植、朴泳孝、徐光范等贵族青年为首的开化党，这个党具有资产阶级改良主义的性质。日本侵略者为了利用开化党来实现其侵朝计划，便采取各种手段诱惑和拉拢金玉均，而金玉均等也想依赖日本夺取朝鲜的统治权。光绪十年（1884年）九月，日本驻朝公使竹添进一遵照日本政府的指示，开始策动开化党发动政变。他先蛊惑金玉均等人说：中法两国正在交战，清国即将灭亡，你们切不可坐失良机。接着，他又帮助开化党制订了政变的计划和具体行动方案。

光绪十年（1884年）十月十七日，金玉均等人按照与竹添进一秘密制订的行动计划，制造事端，把日军引进王宫，然后挟持国王，组织起一个由开化党人担任要职的亲日政权。史称"甲申事变"。

汉城民众对政变的发生十分愤慨，纷纷要求打入王宫把倭奴杀尽。有些朝鲜大臣来到清军营地，请求派兵援助。十九日，在朝鲜驻守的清朝记名提督吴兆有、总兵张光前、帮办袁世凯分别率领清军与朝鲜军民一同攻进王宫，击败了开化党和日本侵略军，把被挟持到宫外的朝鲜国王拦回。次日，竹添进一自己焚毁日本使馆，带领日军退到仁川。开化党人金玉均、朴泳孝等逃到了日本。

甲申事变后，日本国内出现了主战、主和两种争论。有的报纸大肆鼓吹要"占领朝鲜京城"；有些官僚政客也叫嚣要武装吞并朝鲜。但是日本政府考虑到其军事力量无法与清军匹敌，所以决定暂时维持和局，积极备战，等待时机卷土重来。光绪十一年（1885年）一月，日本政府派伊藤博文为全权大使，陆军中将西乡从道为副使，同李鸿章在中国天津举行谈判。李鸿章采取退让妥协的方针，三月初四，与日本签订了《中日天津条约》。条约规定：从签约之日起的四个月内，中日两国军队全部撤出朝鲜；将来朝鲜国内如果发生内乱或重大事件，中日两国或一国派兵，应事先告知对方，事定后要立即撤回，不得留驻朝鲜。这样，日本虽然撤走了驻朝鲜的军队，但却获得了随时可以向朝鲜派兵的特权，为其后来发动侵略战争开辟了道路。

日本侵略者早在中法战争结束时就已经形成了吞并朝鲜和占领中国的计划。日本政府根据伊藤博文为首的侵略分子的策划，积极进行备战。甲申事变后，日本的一些官僚政客竭力挑拨日本与亚洲邻国的关系，声称日本应该与西方国家一同来"兴亚洲"，要按照西洋人的办法，对朝鲜和中国发动武装进攻。从光绪十六年（1890年）开始，日本侵略集团的战争煽动达到了高潮。同年底，新上任的日本首相山县有朋在帝国议会上发表"施政演说"，提出了保持国家独立的自卫之道，鼓吹日本必须保护利益线和守卫主权线。主权线，指国家的疆域界线；利益线，指关系主权线安危的地区。朝鲜就是山县有朋所说的利益线，他把朝鲜视为与日本安危密切相关的地区，公然宣称要进行"保护"。

光绪十五年（1889年）后，日本政府疯狂扩军备战，到甲午中日战争前夕，日本已拥有陆军29万人，海军配备了31艘军舰、37艘鱼雷艇。光绪十九（1893年）底，由于日本国内各派政治力量相互倾轧，政局开始动荡不安，日本统治者决定用发动战争的方式，转移各派政治势力的视线，以防止国内出现更大的动荡。

光绪二十年（1894年）春，朝鲜爆发了"东学道"农民起义。"东学道"又称为"天教""东学教"，是朝鲜农民的秘密反抗组织，具有宗教的色彩。这年一月初十，"东学道"信徒全琫准率众在全罗道古阜郡起义，攻占郡府，俘获郡守，释放囚徒，夺取武器，严惩贪官，开仓济贫，广大群众因而十分拥护起义。四月，起义军攻占井邑、咸平、长城等郡，东学道徒和广大农民不断来投，队伍迅速壮大到万数千人，并建立了执纲所作为政权机构，发布了"辅国安民、逐灭洋倭、尽灭权贵"等战斗纲领。四月二十八日，农民起义军攻克朝鲜南部重镇全罗道首府全州，兵锋直指汉城。

农民起义的风暴使朝鲜封建统治者受到极大震撼。他们惶恐不安，立即派遣洪启薰率领八百京兵，于四月一日从京城出发，赴全州进剿。但被起义军多次打败。朝鲜统治者看到单凭自己的力量已无法镇压起义军，决定请求清政府派兵帮助围剿。四月三十日，兵曹判书闵泳骏向清政府驻朝鲜总理交涉通商事宜大臣袁世凯提出请求援兵的公文，请袁世凯"迅即电恳北洋大臣，酌遣数队，速来代剿"。接到朝鲜政府的乞兵公文后，袁世凯迅即向北洋大臣直隶总督李鸿章请示。

李鸿章立即命令北洋水师提督丁汝昌派"扬威""济远"二舰，驶往汉城、仁川，保护侨商，并派直隶提督叶志超、太原镇总兵聂士成率2000余兵士东渡。五月初三，东渡清军乘坐招商局轮船赴朝。与此同时，又向驻日公使汪凤藻发电，令其根据中日《天津条约》，照会日本外务省：清政府根据朝鲜国王的乞兵公文，按照"保护属邦旧例""派令直隶提督叶志超，选带劲旅，星驰往朝鲜忠清、全罗一带，相机堵剿，期扑灭，务使属境乂安，各国在韩境通商者皆得各安生业，一俟事竣，仍即撤回，不再留防"。

真正是心口不一

在此之前，日本侵略者就一直在密切注视着事态的发展，并大量进行阴谋活动，企图把事态扩大，以制造出兵朝鲜的机会。日本参谋本部认为，朝鲜必定要向清政府求助，而清政府也肯定会答应出兵。到那时，日本就有了借口而派兵入朝。四月二十九日，日本内阁通过了陆奥宗光的建议，即如果中国确实派遣军队赴朝鲜，不管其用何名义，日本也必须派遣相当的军队赴朝。这清楚地表明，日本早已确定了发动侵略战争的方针，决定趁清政府派兵助剿之机，出兵进占朝鲜。

但是，日本政府仍担心清政府不愿派兵赴朝，便极力诱惑。日本驻朝使馆译员郑永生曾诱劝清廷驻朝"总理交涉通商大臣"袁世凯说：东学党起义愈拖愈不好办，贵国政府为何不迅速出兵助韩，日本政府绝没有其他用意。四月二十六日，日本参谋本部根据伊地知幸介的报告，认为朝鲜政府必然请求中国援助，中国也必将同意朝鲜的请求。因此，参谋本部认为，日本有必要出兵朝鲜。当天，外务大臣陆奥宗光同回国的日本驻朝公使大鸟圭介就出兵事宜进行了磋商。四月二十九日，日本内阁召开会议。会议根据陆奥宗光的意见，正式决定出兵朝鲜。当夜，陆奥同外务次官林董及参谋次长川上操六对出兵的策略、兵力等问题进行了商讨。五月初一，陆奥向大鸟发出关于处理朝鲜问题之训令。通知他如果确认清政府出兵朝鲜时，"帝国政府应立即派遣兵员"。"如清国官吏问及我出兵的理由，可按照《天津条约》第三款回答之：朝鲜国内发生叛乱有危及帝国公使馆、领事馆及帝国侨居臣民生命财产之虑，因而出兵"。五月初二，关于日本出兵朝鲜致清国的照会被内阁会议通过。同日，日军成立了战时大本营，并命令大鸟公使返回朝鲜任职。五月初三，向日本驻中国临时代理公使小村寿太郎发出训令，让他把日本出兵朝鲜的消息通知清政府。五月初五，日军开始军事行动。从五月初七起，日军陆续抵达朝鲜。至十三日，共有八艘军舰，载着约四千名陆军，五百名陆战队入朝。兵力是赴朝清军之两倍。

五月初五，日本驻华临时代理公使小村寿太郎，向清政府提出日本出兵朝鲜的照会。清政府接到照会的第二天，据理驳斥日本出兵的理由。在给日本的复照中重申了清政府系"应朝鲜之请，派援兵戡定内乱，乃从来保护属邦之旧例"，并强调："目下釜山、仁川各港情形，虽然平静，然该两地为通商口岸，故暂留军舰，以资保护。若贵国派兵，系专为保护使馆领事馆及商民，自无必要派多数军队。贵国派兵，既非出于朝鲜请求，望勿进入朝鲜内地，以免惹起惊疑。"但日本挑衅的决心已定，因而对清政府的劝告毫不理睬。五月初九，日本政府在照复中蛮横无理地说，日本此次派兵朝鲜，"系根据日韩济物浦条约之权利；而出兵手续系根据天津条约，帝国政府可自行裁决派遣军队多寡，其进退行止，毫无受他人掣肘之理"。

实际上，早在复照清政府之前，日本就已出兵朝鲜了，五月初二，日本参谋部设立了战时大本营，并请天皇批准派出混成旅团赴朝。同日，陆奥宗光便命令大鸟圭介带领四百余名陆战队员，乘"八重山"号军舰动身。接着，一户少佐率领日军一大队向朝鲜进发。就在叶志超、聂士成率领清军分别于五月初五、初六到达朝鲜后，初七，大鸟便带兵进入汉城，其后续部队也分批不断到达朝鲜。李鸿章在得知日本出兵朝鲜的消息后，才看清了日本的阴谋，所以急电袁世凯阻止日军的行动。五月初九起，袁世凯与大鸟在汉城举行紧急会谈，就双方撤兵问题进行商讨。但日本政府侵朝的战争机器已经开动，不愿就此罢兵。因此，李鸿章阻止日本派兵的活动宣告失败。五月下旬，已有万人左右的日军进驻朝鲜。

为了蓄意扩大事态和制造出兵朝鲜的借口，五月十一日，日本内阁会议通过了所谓改革朝鲜内政的方案。声称：平定乱民以后，为了改革朝鲜内政，须由中日两国共同向朝鲜派出若干名常设委员，"查核"朝鲜有关的经济、政治、军事。清政府在收到包含上述内容的照会后，于五月十八日让汪凤藻复照日本政府，表示反对共同"改革"朝鲜内政，并再次建议中日两国军队应该共同从朝鲜撤出。对于这一答复，陆奥宗光于第二日又一次复照汪凤藻，表示日军决不能撤出朝鲜。此后，日本一方面仍继续向朝鲜增派军队，另一方面准备独自"改革"朝鲜内政。五月二十三日，大鸟公使与朝鲜国王就"改革"朝鲜内政的必要性进行了详谈。六月初十，日本向清政府提出所谓声明，即日军今后如在朝鲜发生不测，责任应由清政府承担。同时，陆奥宗光训示大鸟圭介：当前之急务应是促成中日冲突，为实行此事，可以采取任何手段。可以说中日战争已如箭在弦上，一触即发。

朝鲜朝野对日本入侵朝鲜，感到相当惊惧。五月初五，朝鲜外务督办赵秉稷强烈要求杉村，从速电告日本政府，"即施还兵之举，以敦友睦，免生枝节"，遭到日本无礼拒绝。五月初六，大鸟公使由日本回到仁川，决定于第二日率兵入京。朝鲜政府立即派人劝阻，又被大鸟严拒。初七，大鸟率420名海军陆战队员，携四门野炮，强行闯进汉城。

此时，赴朝清军已到达牙山。朝鲜政府也不断增派援军，同先期赴朝进剿的官兵协同作战，收复了全州。朝鲜局势逐渐平静下来，日本以护使护侨护商作为出兵的借口已不存在。但当赵秉稷访问大鸟，对其擅自率兵入京进行责问，并敦促其立即撤兵时，却又一次遭到拒绝。为了避免冲突，清政府决心令赴朝部队定期返回国内，并希望日本同时撤兵。各国舆论也强烈谴责日本派兵的行为是师出无名。但是，日本政府不仅拒绝撤兵，反而继续增兵，并召开内阁临时会议，做出了"日军在任何情况下都不能撤退"的决议。陆奥宗光还对大鸟圭介发出训令，"即使外交上有多少纷议，亦必使大岛少将所率之本队悉数列阵汉城"。这一切表明，日本政府已决心挑起战争冲突，因而对中朝两国的强烈抗议和各国舆论的谴责充耳不闻，一意孤行。但是，日本强词夺理，在外交上陷于被动。为摆脱困境，日本政府需要寻找新的借口，制造新的事端。

"以夷制夷"的计划落空

在日本的外交讹诈和武力威胁面前，清政府中以慈禧太后和李鸿章为代表的主和派，不敢对日军的行为进行针锋相对的斗争，不加强战守准备，而是利用帝国主义之间的矛盾，即采取"以夷制夷"的方针，来保持和局。尤其是寄希望于英俄两国进行干涉，迫使日军退出朝鲜，以避免战争冲突。

甲午战争前，英俄两国是争夺亚洲和世界霸权的主要敌手。沙俄早就对朝鲜半岛怀有野心，曾多次诱惑朝鲜签订密约，妄图控制朝鲜。俄国驻华公使喀西尼在甲午战前曾经说过，如果朝鲜发生冲突，"我们当然不能置身局外"。五月十七日，李鸿章向喀西尼要求俄国出面调停中日争端时，喀西尼表示：俄韩两国是近邻，俄国决不会容许日本侵略朝鲜。二十二日，沙俄政府通过驻华参赞转告李鸿章："俄皇已电谕驻俄使转致倭廷，勒令与中国共同商议撤兵事宜，俟撤后再议善后办法。如倭不遵办，电告俄廷，恐须用压服之法。"同一天，沙俄政府训令驻日公使希特罗渥，"劝告"日本与中国共同把军队从朝鲜撤出。五月二十七日，沙俄政府再次向日本政府发出照会，要求其与中国同时撤兵，并警告日本政府如果拒绝劝告，应当承担一切后果。五月二十九日，日本政府照复俄国，声称：日本出兵朝鲜，绝无侵略疆土之意，实属对于现在形势不得已之举，若至该国'内乱'完全消灭，回复平稳状态，将来无何等危惧时，自然撤退其军队"。这一外交照复，正如陆奥宗光自己所说的那样，不过是"以外交的笔法，婉言拒绝了俄国政府之劝告"。

这时，李鸿章为了促使俄国出面干涉，竟向喀西尼提出，由中、日、俄三国共同对朝鲜内政进行改革，三国在朝鲜分享同等权利。六月初一，喀西尼将这一情况报告给沙俄外交大臣吉尔斯。喀西尼在报告中认为,"这一建议对于我国很有利,它将保证今后得以维持朝鲜秩序,将摒除中国在朝鲜的优越势力",并要求俄国政府接受这一建议。但沙俄政府经过审慎考虑后,认为事态错综复杂。接受李鸿章建议,强迫日本撤兵,虽可获得重大利益,却会得罪日本。特别是当时英国也在等待时机,一旦俄国以任何方式援助中国,英国很可能支持日本。这就不仅促使日英靠拢,使自己受到孤立,甚至要冒战争的风险。俄国当时虽力图扩张在远东地区的势力,但由于尚未完成西伯利亚铁路工程,要在远东发动一场战争,还存在一定困难。因而,它希望暂时维持远东地区的现状。日本政府既然已经保证"绝无侵略疆土之意",也就顺水推舟,以免促成日本和英国的联合,从而加强俄国在远东的对手英国的势力。因此,六月初五吉尔斯向喀西尼发出训令说:"李鸿章对我们的信任我们完全珍视,然而我们认为不便直接干涉朝鲜的改革,因为在这建议的背后,显然隐藏着一个愿望,即把我们卷入朝鲜纠纷,从而取得我们的帮助。"这样,俄国政府为了自身利益,不愿接受李鸿章的建议。六月初七,沙俄政府向李鸿章明确表示:"倭韩事,明系倭无理,俄只能以友谊力劝倭撤兵,再与华共商善后事宜,但未便用兵力强勒倭人。至于朝鲜内政应革与否,俄亦不愿干涉。"至此,清政府乞求俄干涉的希望破灭了。

清政府在乞求沙俄出面干涉的同时,也请求英国进行调停。五月二十八日,李鸿章请英国驻华公使欧格讷,"转电外部,速令水师提督带十余艘铁快舰径直赶赴横滨,与驻使同赴倭外署,责问其以重兵压韩之无理,扰乱东方商务,与英关系重大,勒令撤兵,再商善后,谅倭必遵,而英与中倭交情尤显。此好机会,勿让俄著先鞭"。

英国对日本在远东扩张侵略势力的做法,态度很矛盾。沙俄是英国在远东的主要竞争对手,因此,英国把扼制沙俄势力作为其远东政策的出发点。后起的日本,暂时还对英国在远东的利益构不成重大威胁。考虑到利用日本可以抑制沙俄势力的南下,英国愿意支持日本在朝鲜进行扩张。但同时,又担心中日之间的战争冲突,会改变远东现状,从而影响英国在远东的既得利益和给俄国带来扩张势力的机会,因此,又想出面调停。当李鸿章与喀西尼在天津频繁接触,乞求沙俄出面干涉的时候,英国政府焦虑难安。英国驻华公使欧格讷急忙出面怂恿总理衙门,以"同保该国土地勿令他人占据"和接受"改革朝鲜内政"为基础,撇开俄国直接同日本谈判。

经过英使欧格讷的斡旋,六月初七,总理衙门王大臣与日本驻华临时代理公使小村寿太郎举行谈判。虽然英国提出的谈判条件有利于日本,但因此时日本发动战争的决心已定,对英国的调停根本不感兴趣,又找不到合适的理由拒绝,便在外交上敷衍应付,毫无和谈诚意。在谈判桌上,小村以清政府要求日本撤兵朝鲜为借口,极力破坏和谈的进行。谈判破裂后,陆奥宗光于六月十二日又发电指示小村寿太郎,令其向清政府声明:"近日驻贵国之英国公使注重中日两国之友谊,以好意居中周旋,努力调停,然中国政府除依然主张我国从朝鲜撤兵外,不为何等商议;此非中国政府徒好生事而何？事局已至此，将来如果发生不测之变，日本政府不承担责任。"这个声明被陆奥称为"日本政府对于中国政府之第二次绝交书"。这一颠倒是非、蛮横无理的外交声明，彻底暴露了日本政府的狡诈面目：既要破坏谈判，又想嫁祸于人；既要发动战争，又想推卸罪责。

接到声明后，清政府虽颇感激愤，但仍委曲求全。为谋求中日争端的和平解决，再次通过英国政府向日本表示了谈判的愿望。但此时，日本已经完成了在朝鲜的军事部署，陆奥宗光认为：已"没有与中国优游于樽俎之间再行会商之暇；若断然拒绝英国之调停，恐外交上有失礼仪，故以为不如提出中国政府无法接受之条件，使之自然中止为得计"。于是，日本政府向清政府提出无法容忍的苛刻条件：第一，即使中国政府同意对朝鲜内政进行改革，但对于此前"日本政府以独立着手之事项，中国应不容喙"；第二，中国政府必须在五日内答复日本此次提议，否则"日本政府不能与之应酬"；第三，中国不得增派军队赴朝。中国政府只有同意上述先决条件，日本才同意举行谈判。日本政府这种出尔反尔、蛮横无理的态度及所提的苛刻条件，连英国政府都认为：与日本政府曾言明之谈判基础相矛盾，且超出其范围之外，日本政府已单独着手之事项使中国政府毫不容喙协议云者，实际是违背《天津条约》之精神。但清政府仍抱着求和之心，再次退让，对日本的条件完全同意。只是提出在改革朝鲜内政时，只能劝告朝鲜政府，不能强迫。同时，还格外做出让步，承认日本在朝鲜享有的通商权利与中国同等。希望通过这些让步换取日本承认"遇朝鲜有大典，日本不能与中国并行"，以维持清政府对朝鲜的形式上的宗主国的地位和脸面。日本政府却百般刁难，坚持中日两国必须强迫朝鲜国王遵行改革朝鲜内政；遇朝鲜大典，两国必须平行，以此逼迫清政府放弃对朝鲜形式上的宗主国地位，并承认日本在朝鲜一切方面享有独断独行的权利。日本政府的目的，就是要用这些清政府无法接受的条件使谈判决裂，逼迫清政府作战。

英国政府目睹了这一切，深知日本已经决心发动战争，和谈不可能再进行下去，遂于六月二十一日向日本政府发出照会："中国之上海为英国利益之中心，故欲日本政府承认不在该港及其附近进行战争的运动"。这实际上是暗示日本：只要日本不在上海及其附近地区发动战争，不影响英国在这些地区的利益，英国就不会出面干涉。与此同时，英国与日本于光绪二十年（1894年）六月十四日正式签订了英日新约，规定：英国取消在日本的租界和租界行政权；取消在日本的领事裁判权；提高关税税率等。这个新约的缔结，实质上是使日本战时外交政策获得了英国的重大支持。英国外交大臣金伯雷在签约时也说："对于日本来说，这样的条约效果确实不小。说其效力比在朝鲜击败中国的大军更为远大也不为过。"

英日新约签订后，英国要求日本在发动战争时，把上海划为中立区，得到了日本的同意。此后，英国关注的焦点便发生了转移，转而更加重视日本打败中国后，可能带来的更多渔利的机会。由于英日间的相互勾结，清政府谋求英国调停的幻想也告落空。

这一天终于来了

当日本步步进逼，战争一触即发之际，清政府内部在和战问题上也存在着分歧。这时，慈禧太后垂帘听政和训政达20余年之久，她虽已宣布"撤帘归政"，由光绪皇帝亲政，但内外大事的最后决定权仍掌握在太后手中。此时在清廷内部逐渐形成了两个政治集团。一些顽固守旧的贵族、大官僚，依附于太后，实际上操纵和控制了清政府的军政外交大权，从而形成了"后党"集团。光绪帝自登基以来，一直受慈禧太后控制，亲政以后依然没有太大的权力。为了改变受制于人的处境，光绪皇帝依靠他的师傅翁同龢，把一部分官僚集结在一起，形成了"帝党"集团。"帝党"成员大多数是通过科举擢升的一些文职官员，没有掌握实权，力量薄弱。

面对日本的战争威胁，清朝统治阶级内部，大体上是形成了主和、主战的两派势力："后党"主和，"帝党"主战。

主和派以慈禧太后为首，主要包括庆亲王奕劻、恭亲王奕䜣、李鸿章淮系集团、军机大臣孙毓汶、徐用仪等握有实权的贵族大官僚。主战派以光绪皇帝为首，包括被李鸿章排挤的湘系集团，以及翁同龢等没有实权的文职官员。

在甲午战争中，握有清政府军事外交大权的李鸿章，一开始就一意主和，他认为敌强我弱，中国不能和日本开战，因而消极备战，把希望寄托在国际调停上。五月中旬，袁世凯、汪凤藻请"厚集兵力"，均遭他的拒绝。五月二十日，总理衙门电询李鸿章，"倭如不停地添兵，我应否多援以助声威"，李复以"今但备而未发，续看事势再定"。从这可看出，李鸿章存有侥幸观望的态度，不作战守准备。

相反，光绪帝则主张一面议和来商谈，一面做备战准备，即"实力备战以为和地"，不完全把希望寄托在英俄调停上。从五月下旬起，他一周之内连发三道上谕，指示备战。五月二十二日谕令："口舌争辩已经无济于事……此时事机吃紧，应如何及时措置，李鸿章身负重任，熟悉倭韩情势，着即妥筹办法，迅速具奏。"五月二十八日又谕："现在倭焰愈炽，朝鲜受其迫胁，其势岌岌可危，他国劝阻亦徒托之空言，决裂将不可免"；"我战守之兵及军火粮饷，必须事事筹备确有把握，才不致临时诸形掣肘，贻误时机"。五月二十九日严旨："倭人胁迫朝鲜，其焰方张，势将决裂，内防外援，自宜事先预筹"，"若待事至决裂而后议守议战，肯定来不及，不可不事先筹备"。他提醒李鸿章，"不宜借助他邦，致异日节外生枝"。对于李鸿章乞求英国派军舰赴日、勒令日本撤兵的做法，光绪帝认为："如出自彼意，派兵护商，中国亦不过问；若此意由我而发，彼将以自护之举，托言助我，将来竟要求我补偿所耗兵费，中国断不应允。"并警告李鸿章，"嗣后该大臣与洋人谈论，务必格外谨慎；假若轻率发端，以致贻误时机，定惟该大臣是问"。他还对李鸿章专恃俄使调停的做法特别提出告诫："俄使喀西尼留津商办，究竟彼国有无助我收场之策，抑或另有觊觎别谋？

李鸿章当沉几审察，勿致堕其术中，是为至要。"

六月十二日，日本驻华临时代理公使小村寿太郎照会总理衙门，把日本政府的"第二次绝交书"递交给中国，指责中国"徒好生事"，"将来如发生不测之变，日本政府不任其责"，实际上是向中国发出最后通牒。面对如此严峻局势，光绪帝感到战争势不可免，便由前一阶段的一面备战，一面和商，转而针锋相对地坚决主战。十四日，令军机大臣和总理衙门大臣讨论朝鲜事态。十六日，翁同龢等上奏《复陈会议朝鲜之事折》，主张采取"不战而屈人之术"，一方面迅速准备战事，派军前往朝鲜与日军相持；另一方面"稍留余地"，如日方"情愿就商，但使无碍大局，仍可予以转圜"。这个意见得到光绪帝的同意。在"一意主战"的同时，仍然向日本敞开"和商"的大门。

但是，日本已决心在战争的道路上继续走下去。六月二十一日凌晨，日本驻朝鲜公使大鸟圭介率领日兵攻入朝鲜王宫，发动政变，劫持了国王，并成立了以大院君李应为首的傀儡政权。接着，逼迫大院君废除同清政府缔结的一切条约，并"授权"日军驱逐在朝的中国军队；二十三日清晨，日本海军在朝鲜牙山湾丰岛附近海面，突然袭击中国舰船，悍然挑起侵略战争。同一天，日本入朝的陆军混成旅团，由汉城出发南下，向驻在牙山的清军进攻。至此，和平解决中日争端的大门被日本完全关闭了，清政府被迫应战，以战争反对战争。六月二十九日，总理衙门照会日本驻华临时代理公使小村寿太郎，指责日本首先挑衅，"致废修好之约，此后与彼无可商之事"。同一天，日本外务大臣陆奥宗光向中国驻日公使宣布，两国进入战争状态。七月初一，光绪帝正式下诏宣战。宣战诏书揭露了日本政府悍然发动侵略战争的种种事实，宣布"倭人渝盟肇衅，无理至极，势难再予姑息容忍。着李鸿章严饬派出各军，迅速进剿，厚集雄师，陆续进发，以拯救韩民于涂炭"。同一天，日本天皇睦仁也下诏宣战。中日两国政府的宣战，标志着中日甲午战争的正式爆发。

奕䜣也不能将"杯子修补完整"

慈禧太后的本意虽不想对日宣战，但在廷臣和全国主战舆论的压力下，她也一度表现出主战的姿态。但战争爆发后，清朝海陆军连遭败绩，使她丧失了抗战的信心。为了对光绪帝的"一力主战"进行牵制和为日后留有和商的余地，慈禧太后决心重新起用在中法战争中被她罢斥的恭亲王奕䜣。九月初一，她和光绪帝召见奕䜣，并颁布懿旨，令其管理总理衙门，添派总理海军，会同办理军务。但没有给他太大权力，只是"会同"办事。当时许多朝臣认为国家处于多事之秋，宫廷内部应当摒弃前嫌，和衷共济，度过这艰难的时刻。奕䜣这样的亲贵，有着多年的政治外交经验，应当让其全权统筹大局，而不应屈居于"会办"地位。有些官员奏请恢复奕䜣10年前的原职；也有人提出让奕䜣总揽军务，均未被获准。这表明慈禧太后还没有完全摒弃前嫌，对奕䜣还是有所顾虑。奕䜣也完全懂得太后是想利用他的影响，在外交上多做些弥缝工作，为议和留些余地，而不是一力主战。因此，他复出后所做的第一件事，就是在九月初八正式向各国驻华使节呼吁，请求列强出面干涉中日争端。十五日，又同英国驻华公使欧格讷讨论请求各国出面调停问题。欧格讷提出，可以由英国出面，以"联合仲裁"的方式进行调停，但必须以各国保护朝鲜、中国赔偿日本军费为条件，军机大臣孙毓汶和徐用仪对于欧格讷提出的条件表示同意，认为只有如此才能保祖宗龙兴之地；李鸿藻和翁同龢认为这是偏袒日本，反对接受。奕䜣也倾向于孙、徐意见。次日，奕䜣向太后上奏。此时，距十月初十的慈禧太后六十大寿庆典已为时不远，为了"万寿盛典"能顺利进行，她希望早日结束战争，因而急于求和。因此，她责成奕䜣按英国的条件办理。但是，俄、美、法、德等国在接到英国提出的"联合调停"建议后，由于相互间的利害冲突，并没有都认同英国的建议。十月初三，奕䜣又以恭亲王的名义恳请美国调停。

十月初四，清廷成立了督办军务处。以奕䜣为督办，奕䜣为帮办，李鸿藻、翁同龢、长麟、荣禄为会办。从此，奕䜣在军事和外交上取得了最高指挥权力。但尚未入军机，慈禧太后对他的信任仍有所保留。

这时，侵略战争的战火已被日本引向中国，清朝陆海军接连惨败，主和声浪甚嚣尘上，慈禧太后的求和心态更加明朗。因此，奕䜣虽然名义上是督办军务处督办，也提出过战而后能和的主张。实际上，他几乎把全部精力用来寻求外交解决的途径。为了求和，甚至可以赔款割地。十月初六，奕䜣邀请英、俄、德、美、法各国公使到总理衙门晤谈，并向各国公使提出照会，以皇帝和皇太后名义，请求各国公使提议本国政府出面调停。当天，奕䜣分别向清驻外使节杨儒、龚照瑗、许景澄发电，要求他们同英、俄、德、法、美、意各国外交部商洽调停事宜。第二天，为了继续要求各国公使出面调停，又以允许朝鲜独立、赔偿日本战费为条件。

十月二十七日，日军攻占旅顺口的消息传来，慈禧太后更加气急败坏。她认为国事到这种地步，是由于光绪听从主战派的意见所致。十一月初八，竟侵越皇帝权力，做出一系列打击主战势力、加强主和势力的重大决策。

此时，奕䜣受命主持军机，极力支持危局。在军事上，采纳军机处的建议，檄调刘坤一北上主持战事，以湘军代替淮军出关作战，并催促刘坤一火速北上。又调陈、魏光焘两支湘军出关支援宋庆，并给陈、魏两军拨支兵饷，竭力筹措战事；同时，遴选赴日谈判使节人选，并以"君命"委派张荫桓和邵友濂为全权代表，东渡日本乞和。

奕䜣复出后，某外国通讯社曾报道说，他有"将现任枢臣们粉碎了的杯子修补完整"的责任。然而，奕䜣也无力回天，他无法挽回清政府的败局，无法把"粉碎"了的"杯子修补完整"。

且战且求和

清政府在对日宣战的同时，派大同镇总兵卫汝贵率十三营盛军、高州镇总兵左宝贵率九营奉军、提督马玉昆率四营毅军、副都统丰升阿率六营奉天练军盛字营和吉林练军，共三十二营，总计13500人，入朝参战。卫汝贵率盛军6000人入平壤，提督马玉昆率毅军2000人进义州，左宝贵所部准备开赴平壤。为往牙山增兵，李鸿章雇用英国小商轮"飞鲸"号、"爱仁"号，载一营清军前往，由北洋舰队的"济远""扬威""广乙"三舰护航。二十一日，又租了英国商轮"高升"号，载着二营清军，运往朝鲜，军械物资则由北洋舰队的运输舰"操江"号运送。清军运兵计划被日本间谍窃取，日军遂准备在朝鲜海面截击中国军舰和运兵船。二十二日，"飞鲸"号、"爱仁"号抵达牙山。次日凌晨，"济远""广乙"二舰从牙山返航，行至牙山口外的丰岛海面遭到日本军舰的猛攻，日军"吉野"号首先开炮，"秋津洲""浪速"号也猛烈开火。北洋舰队被迫进行还击。开战不久，双方战舰都被击伤，"广乙"号中弹后起火，失去战斗力，管带林国祥令南驶搁浅，后自行炸毁。"济远"号管带方伯谦仓皇躲入仓内，并下令挂上白旗逃离战场。"吉野"号穷追不舍。爱国水手李仕茂、王国成两人自动操尾炮轰击，四发三中，把"吉野"号击退。"操江"号和"高升"号被"浪速"号、"秋津洲"号包围。"操江"号被俘。"高升"号上的爱国官兵视死如归，冒着敌人的炮火，英勇还击，直到船体全部沉没，1200名官兵除300名遇救外其余皆壮烈殉国。

二十六日，日军向牙山东北二十公里的成欢进犯，聂士成率领3000名清军奋勇抵抗。二十七日凌晨，于光等在佳龙里伏击日军，击毙日军中队长尉松崎臣等人。后因日军增援，于光等牺牲。日军猛攻聂军较薄弱的左翼，聂士成多次派兵增援，均未能成功。聂士成率众抵抗日军进攻，击毙了日军大队长桥本昌世少佐和多名士兵，终因弹药不足，遂奋力杀出重围，成欢失陷。

四路大军入朝后，清军占据了优势，本应抓住战机，主动南下进攻汉城的日军。虽然光绪帝下旨，"星夜前进，直

中日甲午海战图　清

抵汉城""相机进取,力挫凶锋"。可李鸿章置谕旨于不顾,令各军"先定守局,再图进取"。结果,四路大军入朝后,既不南下攻敌,又不据守险要之地,而是聚集在平壤,给敌军以陆续增援和集结兵力的时机。六月底,叶志超率部从牙山败退,七月下旬逃抵平壤。他谎报军情,向清政府邀功。清廷不辨真伪,对他赏银两万两以示嘉奖,并任命其统帅平壤各军。逃将升官,败军受赏,消息传出,全军哗然。叶志超对战守不做认真部署,每日与诸将狂喝滥饮,坐等日军来攻。日军利用这一有利时机大力增兵朝鲜,至八月上旬,先后运送陆军3万余人在仁川、釜山、元山等地登陆。

七月初一,中日双方正式宣战。宣战后,清政府继续坚持避战静守的策略方针,在平壤消极防御,坐待日军从容进兵。八月十三日至十五日,日本陆军约1万人,按预定计划分四路包围了平壤。十六日,日军分三路对平壤发动总攻,战斗在大同江南岸、玄武门和城北牡丹台及城西南同时进行。经过两天的激战,平壤被日军攻陷。左宝贵等爱国官兵为国捐躯,叶志超等弃城北逃。

十八日晨,完成护航任务返航的北洋舰队在驶至大东沟附近海面时遇到日军联合舰队。为了偷袭北洋舰队,日军联合舰队司令伊东佑亨竟下令悬挂起美国国旗,以此为掩护,急速驶向北洋舰队。中午时分,丁汝昌判断出这支急驶而来的是日本舰队,命令各舰升火,准备战斗。黄海海战终于爆发了。

日舰共有12艘船,其中包括由"千代田""松岛""桥立""严岛""扶桑""西京丸""比睿""赤城"八舰组成的本队和由"吉野""浪速""高千穗""秋津洲"四舰组成的第一游击队,旗舰为"松岛"号。北洋舰队包括"定远""镇远""济远""经远""致远""靖远""来远""广甲""扬威""超勇"等10艘战舰,"广乙""平远""福龙"也曾一度参战,旗舰为"定远"号。丁汝昌先以"犄角鱼贯阵"迎敌,后见敌舰是"一字竖阵",又下令改为"犄角雁行阵",以"定远""镇远"两舰居中,其余各舰横着排列。但尚未完成队形变换,激战已经开始,所以刚交战时,北洋舰队是以"人"字阵与日舰对垒。距敌近6公里时,"定远"舰管带刘步蟾即下令开炮遥击,各舰相继发出第一排炮弹,但由于距离太远均未能击中目标。日舰在相距3公里时,发炮轰击,第一游击队四艘战舰向距主力舰较远的右翼"超勇""扬威"两舰集中进攻。"扬威""超勇"中炮起火,"超勇"沉没,"扬威"搁浅,失去战斗力。"定远"舰施放大炮,船身颠簸,站在飞桥上督战的丁汝昌因而被抛到舱面负伤,改由刘步蟾指挥。刘步蟾镇定自若,水兵们顽强抗敌,"定远"等舰猛击敌舰"比睿""赤城"两舰,使它们都退出战斗。

下午,日舰采取首尾夹攻战术,对北洋舰队构成很大威胁。"致远"舰管带邓世昌率舰迎击日本舰队,鏖战中弹药即将用完,而船体受伤严重,"吉野"号又迎面开来,邓世昌便下令加大马力撞向"吉野"号,准备与敌人同归于尽。"吉野"号一边慌忙躲避,一边施放鱼雷。"致远"舰不幸被鱼雷击中,全舰沉没,邓世昌等200余名官兵,除20余名得救外,其余皆壮烈牺牲。见"致远"舰沉没后,"济远""广甲"两舰遂夺路逃走。"济远"舰慌不择路,竟撞沉了搁浅的"扬威"舰。"广甲"舰偏离航线，搁浅在大连湾的三山岛外，次日被日舰击沉。"经远"舰受到日本第一游击队的围攻，全舰将士在管带林永升的指挥下，孤军奋战，发炮攻敌。在炮战中，林永升等200余名官兵仅16人获救，其余皆壮烈殉国。"定远""镇远""来远""靖远"四舰在极端不利的情况下沉着应战，先后击中敌舰"松岛""西京丸""吉野"等，杀死杀伤众多敌人。海战进行了5个多小时后结束，双方互有损失，日舰稍占优势。李鸿章旋即下令北洋舰队回威海卫拒守。日军占领朝鲜全境并掌握了渤海、黄海的制海权，分陆、海两路向中国进逼。

九月二十六日，日本侵华第一军在山县有朋的率领下，从朝鲜的义州向清军的鸭绿江防线发动攻击；第二军在大山岩的指挥下出大同江，在花园口登陆，直犯金州，南攻辽东半岛。二十七日，与马金叙、聂士成交战后，日军攻陷虎山。二十八日清晨，日军进攻九连城，守将吕本元、刘盛休早已逃之夭夭，日本侵略者因而不费一枪一弹即占领了这一重镇，后又攻陷安东（今丹东）。同日，花园口也被日军占领，随后日军又侵占了貔子窝。十月初七，日本侵略者开始进攻金州，旅顺总兵徐邦道自告奋勇赴金州抗敌。初八，双方在距金州五公里的石门子展开大战。徐邦道因孤立无援，退守旅顺。初九，日军侵占金州，然后兵分三路向大连进犯。大连虽有炮台，配备了最新式的大炮，弹药储存丰富，但守将赵怀益贪生怕死，临阵逃脱，这样，日军于初十不战而得大连，当地的120门大炮及大量炮弹、军用物资全部落入敌手。

九月二十一日，日军开始进攻旅顺。旅顺尽管拥有30座炮台，近150门大炮，环海布有水雷，驻有30余营军队，但是作为实际统帅的龚照鄙庸劣，金州失守前曾一度逃到天津。临时统领姜桂题也是一个无所作为的庸才。因此当日军进攻旅顺时，只有徐邦道率部奋勇抗敌，并于次日在土城子一带沉重打击了日军。二十三日，徐邦道统率的爱国官兵伤亡也不小，而且疲饥交加。在这时刻，黄仕林等人却率部逃走，其部下公然抢劫银号公库，使旅顺陷于一片混乱中。二十四日，日军会攻旅顺，徐邦道寡不敌众，被迫突围。次日，旅顺失陷。日本侵略者进入旅顺后，进行了灭绝人性的大屠杀。他们见人就疯狂地乱砍乱杀，有的被割去双耳，有的被砍掉脑袋，有的被挖去双眼，有的被钉在墙上，有的妇女被奸污后开膛剖腹。这场大屠杀共进行了四天，尸横遍野，血流成河，仅有36名当地人幸免于难。日本侵略者在他们的脸部刺上免杀的记号，让他们来抬同胞的死尸。日本侵略者的残暴本性暴露无遗。

为了乞求和平，十一月二十四日，清政府正式通知日本，决定派张荫桓、邵友濂为全权大臣赴日媾和。但是，日本侵略者并不肯就此收兵，他们又把侵略的矛头指向了北洋舰队的重要基地威海卫。十二月，日本从国内调派了一支军队抵达大连湾，与入辽东半岛的部分日军会合成新的军团，以大山岩为司令官，共计2万人，由联合舰队25艘军舰、16艘鱼雷艇掩护，准备进攻山东半岛。日军首先进攻成山以抄威海卫的后路。十二月二十五日，日本侵略者攻陷成山和荣成县城后，由陆路向西挺进。山东巡抚李秉衡派兵与敌在枫岭、桥头等地交战，屡战屡败，威海卫后防诸要塞全部落入敌手。光绪二十一年（1895年）正月初五，日军向威海卫南帮诸炮台发起进攻，同时，联合舰队也从海上发起攻击。

当时，北洋舰队尚有2艘铁甲舰、5艘巡洋舰、6艘炮艇、12艘鱼雷艇，战斗力还比较强。但李鸿章等人严禁海军出击，命其死守威海卫，陷于被动挨打的不利局面。从一月初五起，日本联合舰队在伊东佑亨的指挥下，对威海卫发动了多次进攻，南北帮炮台先后被日军占领。北洋舰队因而受到日本陆、海军的夹击。十一日，"定远"舰中鱼雷搁浅。次日，"威远"号也中鱼雷沉没，"来远"舰中雷。十三日，日本联合舰队发动总攻，旗舰"松岛"号受到重创。北洋舰队12艘鱼雷艇擅自逃逸，有的被俘虏，有的被击沉。十四日，日舰又一次发动攻击，"靖远"舰受重伤。总教习美国人浩威、英国人马格禄鼓动北洋舰队的外国人及威海卫营务处提调牛炳昶等，逼迫丁汝昌投降，被丁汝昌拒绝。十五日，日舰再次进攻，"靖远"舰中炮搁浅，其余舰艇的弹药已将用尽，浩威、马格禄等人再次劝降，还挑动士兵逼迫丁汝昌投降。丁汝昌见大势已去，派人炸沉"靖远"舰。"定远"舰管带刘步蟾也派人将"定远"舰炸沉，然后自杀殉国，实践了他自己在开战初立下的"苟丧舰，将自裁"的誓言。十七日，丁汝昌也在绝望中自杀身亡。十八日，"广丙"舰管带程璧光乘"镇北"炮艇把降书递给了日本联合舰队，日本侵略者获得了"镇远""平远""济远""广丙"四舰和六艘炮艇及刘公岛上的全部军用物资。二十三日，日本舰队开进威海卫港，并在刘公岛登岸。北洋舰队全军覆没。

在日军进攻山东半岛的同时，中日双方在辽东也分东、西两路展开了激战。东路大高岭一线，依克唐阿、聂士成率部与日军不断周旋。湘军与聂士成军换防后，同东边道道员张锡銮一起，会同当地民众，分别于二月初二和初五收复了宽甸和长甸。在西线，清军先后5次反攻海城，但均告失败。日军侵入辽东半岛后，从海城、岫岩、盖平分三路出击，清军一路溃败。日本侵略者在占领鞍山等地后，于二月初八大举进犯牛庄。当日军杀进牛庄市区时，守将魏光焘、李光久等正在吸食鸦片，看到日军后迅速逃走了。广大爱国官兵自发地抵御日军，有的据屋后墙角死守，先后有2000人牺牲。次日，牛庄失陷。牛庄失守后，吴大澂从田庄台逃到石山站。守卫营口的宋庆当晚也统率3万大军逃到田庄台。十一日，日军不战而得营口。十三日，日军猛攻田庄台，宋庆经过激战，敌不过对手，弃城逃走，未及撤离的近2000名官兵惨遭杀害。日本侵略者攻陷田庄台后，纵火焚城，田庄台一市至此遂成为一堆废墟。日本侵略者占领了整个辽东半岛。

《马关条约》

光绪二十年（1894年）九月，英国提出的"联合仲裁"失败后，清政府转而请求美国出面调停中日争端。美国为了从和谈中得到好处，表示愿意出面斡旋。十月初九，美国驻日公使遵照本国训令告诫日本政府，战争要适可而止，否则"如果中国被打垮，英、法、俄、德等国将以维持秩序为名，瓜分中国"，这样不利于日本。在美国的劝告下，十一月初一，日本政府通过美国驻华公使转告清廷，同意与中国议和。十一月二十四日，清廷正式派户部左侍郎张荫桓、巡抚邵友濂为议和全权大臣。光绪二十一年（1895年）正月初七，张荫桓、邵友濂同日本全权代表伊藤博文、陆奥宗光在广岛开始进行谈判。日本虽同意清政府遣使议和，但并不是真心诚意地想实现和

李鸿章与伊藤博文等人会面图

平。这是因为，一则日本尚未实现攻占威海卫、消灭北洋舰队的图谋；二则认为张、邵二人"全权不足"，不能满足其通过谈判进行勒索的要求。一月初八，双方代表进行第二次会晤，伊藤博文等按照事先的密谋，无理刁难中国代表。他们以张、邵二人的全权证书手续不完备为借口，反诬中国没有和谈诚意，拒绝开议，并肆意践踏国际外交准则，把清政府拍给中国代表的电报扣留，拒不交出。清政府为了不使和谈破裂，委曲求全，表示可以修改全权证书，日方同样予以拒绝。日本公开点名要李鸿章为清政府全权代表，清政府被迫答应。为尽快媾和，二月十八日，李鸿章以美国人科士达为顾问，带领他的儿子李经方及随员伍廷芳、马建忠等，乘坐德国轮船，赶赴日本马关。二十四日，李鸿章与日本全权代表伊藤博文、陆奥宗光在马关开始议和。李鸿章提出先停战、后议和的要求。伊藤博文见机行事，肆意勒索，遂提出包括占领天津等地在内的四项停战条件。李鸿章见日方的停战条件极端苛刻，只好撤回停战要求，先议和款。会谈结束后，在返回寓所的途中，李鸿章的左眼下部被日本暴徒小山丰六郎用手枪击伤，谈判被迫中断。

那天正是光绪二十一年二月二十日，在风雪漫天之际，战云四逼之中，鼓轮而东，海程不到三天，二十三的清晨已到了马关。日本外务省派员登舟敬迎，并说明伊藤、陆奥两大臣均已在此恭候，会议场所择定春帆楼，另外备有大使的行馆。

威毅伯（李鸿章）当日便派公子荫白同着福参赞先行登岸，会了伊藤、陆奥两全权，约定会议的时间。第二天，就交换了国书，移入行馆。第三天，正式开议，威毅伯先提出停战的要求。不料伊藤竟严酷的要挟，非将天津、大沽、山海关三处准由日军暂驻，作为抵押，不允停战。威毅伯屡次力争，竟不让步。

这日正二十八日四点钟光景，在第三次会议散后，威毅伯积着满腔愤怒，从春帆楼出来，想到甲申年伊藤在天津定约的时候，自己何等的骄横，现在何等的屈辱，恰

好调换了一个地位。一路地想，猛抬头，忽见一轮落日已照在自己行馆的门口，满含了惨淡的色彩，不觉发了一声长叹。叹声未毕，人丛里忽然挤出一个少年，向轿边直扑上来，崩的一声，四围人声鼎沸起来，轿子也停下来了，觉得面上有些异样，伸手一摸，全是湿血，方知自己中了枪了……

……幸亏弹子打破眼镜，中了左颧，深入左目下。当时警察一面驱逐路人，让轿子抬推行馆；一面追捕刺客，把六之介获住。威毅伯进了卧室，因流血过多，晕了过去。

……日本恐挑起世界的罪责，气焰倒因此减了不少，竟无条件的允了停战。威毅伯虽耗了一袍袖的老血，和议的速度却添了满锅炉的猛火，只再议了两次，马关条约的大纲差不多快都议定了。

虽是小说家言，但曾朴笔下的这段文字恰恰记载了在教科书中看不到的一幕景象。李鸿章遇刺后，日本政府一度恐惧不安，既担心列强乘机干涉，又怕李鸿章据理采取强硬措施。为了在谈判中达到割占中国台湾的目的，日本又调兵进犯澎湖列岛。二月二十九日，澎湖列岛被日军攻陷。陆奥宗光通知李鸿章：日本政府已经同意暂时停战。李鸿章在得到陆奥宗光的通知后神情十分高兴。三月初五，双方签订了不包括台湾和澎湖列岛在内的、为期三周的停战协定。

自三月初七起，议和进入第二阶段——缔结和约的谈判。日方提出了包括要求中国承认朝鲜为完全的独立国；日本割占台湾全岛及附属各岛屿、澎湖列岛、奉天南部地方；赔偿日本军费三亿两库平银；开放北京、重庆等七处为通商口岸等十一款议和条约底稿，条件非常苛刻，并限四日内议复。经过李鸿章的再三乞求，三月十六日，伊藤博文提出了一个修正案，将战争赔款、奉天南部割地和增开通商口岸等要求做了一些缩减。"声明此系文武熟商再三核减尽头办法，请三日内回信。两言而决，能准与不能准而已"，并以"战争持之愈久，则花费必将愈多，今日我方应允之讲和条件，并非到他日亦必须应允之"进行威胁。甚至恫吓说："倘不准，定即添兵。广岛现泊60只运船，可载数万兵，小松亲王专候此信，即日启程。"在日方的催逼和威胁下，三月十八日，清廷被迫电谕李鸿章与日方订约。二十三日，李鸿章与伊藤博文、陆奥宗光签订了《马关条约》十一款及《议订专条》三款。《展期停战另款》二款、《另约》三款、《马关条约》十一款的主要内容是：

第一，中国承认日本对朝鲜的控制；

第二，中国把辽东半岛、台湾全岛及所有附属岛屿、澎湖列岛割让给日本；

第三，赔偿日本军费2亿两库平银，分八次交清。"第一次赔款交清后，未经交完之款，应按年加每百抽五之息"；

第四，日本臣民得在中国通商口岸城邑，任便从事各项工艺制造，又得将各项机器任便装运进口，只交所定进口税；

第五，开放重庆、沙市、杭州、苏州为商埠，日船可以沿内河在以上各口自由航行，载货搭客。

中日之战和《马关条约》对中国产生的影响极为严重。尽管中国军民英勇抵抗外来侵略者，用鲜血和生命谱写出一曲曲英雄壮歌，但是仍无法从根本上扭转败局。北洋水师全军覆灭、湘军的大溃败，既是清朝封建统治者主和投降造成的恶果，又暴露了其极端虚弱的本质。中国人民受到日本侵略者惨无人道的屠杀，国家领土受到强盗铁蹄的践踏。赔款及赔款利息数额巨大，超过清政府每年国库收入的3倍，清政府被迫向列强大举借取外债，中国人民的负担更加沉重。而日本侵略者则以这笔赔款大力发展本国资本主义，逐渐转化为帝国主义国家。条约规定的日本人可在中国投资建厂的权利像一根绳索，捆绑住中国民族资本主义发展的手脚，阻碍了中国近代生产力的发展，而列强对华的资本输出便合法化了。《马关条约》的签订使列强侵华的野心急剧膨胀，各国争相在中国投资，进行资本侵略；列强在中国拼命划分"势力范围"，掀起一股瓜分中国的浪潮。《马关条约》的签订，进一步加深了中国半殖民地化的程度，中华民族的危机空前严重。

重建北洋水师

甲午战争的失败，让中国海军的精华尽失。虽南洋水师仍在，但实力远不如北洋水师，担不起守护中国海疆的重任。清政府自暴自弃，把原北洋水师当作战争失败的替罪羊，将官兵全部强行遣散，海军总理衙门撤销，内外海军学堂叫停。这些顽固派认为是办海军而招来了灾祸，主张韬光养晦，彻底停办海军事业，否则会"欲御侮反而适以招侮"。

一心想通过海军来支撑大清的李鸿章，也因这场战争的关系被明升暗降，由北洋大臣调为入阁办事，但"不得与闻政"。一年之后，又被委任为总理各国事务衙门大臣，不能再插手海军事务。清末的海军事业少了李鸿章，就等于少了一块主心骨，重振海军雄风之事，也就被清政府无限期地搁置起来。

但帝国主义列强的军舰却没有因为朝廷放弃了海军便心慈手软。随着一系列不平等条约的签订，帝国主义军舰开始不满于只在中国海上游荡，长江、黄河，凡是有入海口的中国内河上，到处都挂满了异国旗帜的军舰，哪里还看得出这是中国的土地？

这一幕幕深深地刺痛了朝野上下有志之士的心。同是洋务派代表人物的张之洞挺身而出，要求把重建海军作为御敌之第一大任，从应付外敌之严峻形势角度出发，宜应建立两支海军舰艇部队分属两洋。钦差大臣刘坤一也在奏请朝廷的建议书中说，中国南北海疆绵长，如无海军则无物以资御外敌，中国海疆若失，国将不成国，因此，必须考虑复建海军。他认为，鉴于北洋水师作为编制已经撤除，目前建立海军有所不妥，宜应由各地方政府定下决心，做一些复建海军的前期准备工作，如建立学堂、训练新兵、购置新舰等。

张之洞与刘坤一的振臂一呼，唤醒了已陷入绝望的朝廷正直官员。他们在朝堂之上一力坚持，深剖利弊，那些顽固派理屈词穷，也不得不认可了没有海军便没有中国的事实。

经过朝臣们的多方努力，1896年，清廷终于在失去北洋舰队一年之后，下令重组北洋水师。在陆军部下设海军处，并再次向英国和德国订购军舰。但在一些冥顽不化的顽固派的阻挠下，北洋水师的重建工作进展困难。

这时候，李鸿章以古稀高龄、衰朽之身，不顾舆论的压力，又重新投入重建北洋水师的工作。他虽然不能以负责人的身份直接处理具体事务，但凭着他多年丰富的外交经验，屡次化解一桩桩外交危机。

李鸿章的努力没有白费。到1898年，中国开始了戊戌变法，欲通过资产阶级维新来复兴大清的光绪皇帝提出，"非添设海军、筹造兵轮无以为自强之计"，北洋水师的重建工作走上了正轨。虽然戊戌变法仅维系了短短的103天，就被慈禧太后发动的戊戌政变给扼杀，但北洋水师的重建工作却仍得以顺利进行。1899年，重建后的北洋水师已拥有巡洋舰5艘、驱逐舰2艘、鱼雷舰8艘，重新拥有了一定的规模。4月，清廷任命叶祖珪为北洋水师统领，萨镇冰为帮统。

这支重建的北洋水师却命运多舛：1900年，八国联军入侵中国，炮轰山海关，火烧圆明园，将数艘北洋水师的军舰掠走。清朝的海军建设再次陷入低谷。

1905年，清政府在南洋大臣周馥的建议下，下令统一南北洋水师，叶祖珪任提督。同年，叶祖珪去世，由萨镇冰接任。光绪三十四年（1908年）溥仪登基，次年（1909年）改元"宣统"，随即设立筹办海军事务处，任命载洵和萨镇冰为筹办海军大臣，把全国5支舰队（北洋、南洋、福建、广东、湖北）统一改编，分为巡洋和长江两个舰队，并重新分配了舰船。巡洋舰队统领由程璧光出任，负责海防事务，下辖巡洋舰4艘、驱逐舰1艘、鱼雷艇8艘，练习船和运输船各1艘，共计15艘舰船；长江舰队统领由沈寿堃出任，负责长江河防，下辖鱼雷炮舰2艘，炮舰12艘，练习舰1艘，运输船2艘，共计17艘舰船。宣统二年（1910年），清廷又将筹办海军处改为海军部，载洵出任海军大臣，萨镇冰改任海军统制，统一管理巡洋和长江两支舰队。

重建后的海军规模因财力所限，较之原北洋水师有很大的差距，更别提跻身当时世界的前列了。但对于中国海军事业来说，这次重建毕竟踏踏实实地跨出了一大步。到1910年年底，清末海军已拥有巡洋舰8艘、驱逐舰8艘、鱼雷艇12艘，再加上1艘练习舰及其他战舰总共拥有舰船46艘，其中2000吨级以上的战舰有十几艘，"海天""海圻"两艘巡洋舰更是达到了4300吨。此外，江苏、浙江、福建、奉天、山东、广西、湖北、安徽等省份仍然保留了一些舰艇。据统计，全国总共有舰艇135艘，共51627吨，但大多都为旧式小舰艇，装备陈旧落后，完全不能满足出海作战的需要。

第九章
戊戌变法,近代化政治改革的尝试

103天,中国君主立宪制的近代化改革尝试,在希冀中开启,又在闹剧中落下帷幕。它留给世人的,是中华民族不屈的抗争,也是中华儿女自强的梦想。可以说,正是因为这短短的103天,才鼓舞起了国人推翻封建制度的勇气。

公车上书

光绪二十一年(1895年)是三年一度的春闱会试之期。暮春时节,考试已毕。往年的这个时候,赶考的举人们无不呼朋唤友,连日吃酒,热闹非凡;可今年却大不一样,酒楼茶肆的老板们惊讶地发现,这一科的举人们全然无心作乐,而是各个面露凝重之色,整日匆匆忙忙,不知在忙些什么。

在宣武门达智桥胡同的杨椒山祠内,几百个举人正聚在一起,操着南腔北调,激烈地讨论着什么。在这些人中间,有一个三十多岁的男子,看起来明显比其他人老成许多,此人并不说话,只是听着这些人的争论。少顷,他才开口道:

"各位年兄年弟,都静一静。关于向朝廷上书这件事情,虽然各省举人都有去上,然而终究是各自为政之局,恐怕难以引起今上的重视。愚意以为,不若以十八省举人之名,联名上奏。我等都是国家抡才大典选出的天子门生,如此一来,庶几可以收到奇效啊!"

此言一出,顿时群情振奋。各种叫好之词、附和之语此起彼伏。此人面带微笑,顿了一会儿,举了举手示意大家安静下来,又说:"若各位年兄年弟认为此策甚好,在下便斗胆提笔作文,还要烦劳各位共同署名,稍后由卓如送到都察院去。"周围的举人们又纷纷响应。

计策既然已定,这个男子也从一片壮怀激烈的气氛中慢慢地走出来,到后院去写上疏。只见他拂开宣纸,提起狼毫笔,饱蘸浓墨,用恭恭敬敬的楷体写下几个大字:"上今上皇帝书"。他深呼了一口气,又继续写下去:"具呈举人康祖诒等,为安危大计,乞下明诏,行大赏罚,迁都练兵,变通新法……"

这个人,就是在中国历史上留下浓重一笔的康有为。

康有为原名康祖诒,字广厦,号长素,咸丰八年(1858年)出生在广东南海一个书香门第之家。他的高祖康文耀在当地设帐讲学,收徒千余名之多,颇有名望;他的祖父康赞修是道光二十六年(1846年)举人,做过钦州学正,合浦、灵州、连州训导;父亲康达初也是举人出身,后来参加曾国藩的湘军,在江西做过小官。

康有为从小就接受了良好的教育。虽然其父康达初在他11岁那年就去世,但其祖父康赞修却对这个孙子关心有加。早在康有为8岁的时候,就跟随在祖父身边学习。康赞修对宋明理学颇为崇信,对乾嘉汉学则不屑一顾,在他的影响下,康有为自然也对汉学家烦琐考据的功夫不甚在意,而是立下雄心壮志,从小就以"圣人"自许。在祖父的教育下,康有为从小就熟读经史,为以后著书立说打下了扎实的基础。

光绪三年(1877年),康有为19岁,康赞修去世。这对于刚刚成年的康有为是一个很大的打击。悲痛之余,他不得不寻找一位新的老师继续学习。不久他拜岭南学派著名的理学大师、人称九江先生的朱次琦为师。在朱次琦的指导下,康有为对理学有了更深入的了解。

然而不久康有为就感到了不足。这一时期,随着洋务运动的兴起,中国出了不少讲"西学"的书籍,身处广州的康有为自然对此接触颇多。他逐渐感到,理学"仅言孔子修己之学,不明孔子救世之学",他决心开创一种更加务实、经世致用的学问。

光绪六年(1880年),康有为到西樵山白云洞隐居读书,阅读了大量经世致用和西学书籍。光绪八年(1882年),康有为第一次赴北京参加会试,但未能录取,在返回广州的路上,他到了上海。日益繁华的上海滩让康有为深深折服,他认为这才是中国的出路。在返回广州前,康有为在上海一次购买了三千册图书,其中有相当一部分是翻译成中文的西方科技著作。他决心以此为基础,制定一套全新的学说。

康有为于1887年再一次进京赶考,再次落榜,但这一次他却并非一无所获。借此机会,他写了一篇洋洋洒洒的万言书,要求进献给光绪皇帝。在这封上疏中,康有为综合了他10年来刻苦读书的心得体会,认为当今的世界大势,不能墨守祖宗成法,而应该变法维新,并提出了"变成法,通下情,慎左右"三条纲领性主张。康有为将这封上疏交给了李鸿章,请求后者代为上奏,但李鸿章并没有答应他的要求。

回到广州以后,康有为租下了孔庙,在此创立了万木草堂,一面开馆讲学,一面著书立说。在这期间,他先后写下了《新学伪经考》和《孔子改制考》两书,后来又开始动笔写《万法公理》(后出版时定名为《大同书》)。《新学伪经考》将西汉时发现的古文经认定为伪书,而古文经学自然也就成了伪学。基于这一考证,康有为否定

康有为旧照

了汉学和宋学的学术争论,并以今文经学"微言大义"的传统为出发点,为变法维新张目;《孔子改制考》则在《新学伪经考》的基础上,进一步阐发了今文经学的"三世说"历史哲学。这一理论原本来源于春秋时期公羊学派,但长期默默无闻,在嘉道年间才由龚自珍、魏源等人重新发掘出来加以论述。康有为在他们的基础上阐发了这一理论,将孔子的理论表述为信奉变化与发展。他写道:"所传闻世为'据乱',所闻世托'升平',所见世托'太平'。乱世者,文教未明也;升平者,渐有文教,小康也;太平者,大同之世,远近大小如一,文教全备也。大义多属小康,微言多属太平。为孔子学当分二类乃可得之。此为《春秋》第一大义。"

毫无疑问,康有为的理论和学说在广州乃至其他地区的正统学者看来,不啻异端邪说,他们纷纷对其进行了猛烈的抨击。但对于一些年轻人来说,康有为的学说却极其富有新意。这些年轻人从小接受了正统的儒家思想,同时又经受着"欧风美雨"的洗礼,自然怀着和康有为同样的心情。他们进入万木草堂学习,在康有为的指点下读书,并且试着从不同的角度观察世界。康有为的渊博学识和个人魅力都深深地吸引了他们,他们和康有为一道,致力于破除儒家经典,开创维新之路。

光绪二十年(1894年),已经36岁的康有为再一次来到了北京,第三次参加科举考试。这一次与他一起来的,还有梁启超。本来这只是一次普通的会试,然而,由于甲午战争的惨败,一切变得都不一样了。

在甲午战争中,清军大败,刚刚成军没几年的北洋水师也全军覆没。面对日军从海陆两路的逼近,清政府只能派出李鸿章赴日本签订和议。在和议中,清廷不但要赔付日方两亿两白银,还要将辽东半岛和台湾划归日方。1895年4月底,这一消息传到了北京,官员百姓大哗,群情激愤。朝中的一些清流派官僚,坚决拒绝签署这一和议,在他们的策动下,大批现任官员纷纷上奏,数量竟达到数百件之多。

这一消息对于刚刚考完试、坐待发榜的举子们来说更是晴天霹雳,他们本是国家栋梁,一个个都有揽辔澄清之志,对于这个丧权辱国的条约自然不能接受,不少台籍举子甚至痛哭流涕,写血书以明志。康有为知道,自己推行变法的机会来了。5月2日,他与梁启超等人在杨椒山祠内召集一些举人开会,商议上书之事,最后商定由他撰写奏疏,并代表十八省举人联名上书都察院。

且由他们闹去

光绪二十一年(1895年)8月,在北京出现了一份名为《万国公报》的刊物。这份刊物是双日刊,虽然名字和英美传教士在上海所办的刊物一样,但内容却大不相同。这份新的《万国公报》每册登载一篇论文,有时遇到长篇论文还会分期连载,内容大多是鼓吹变法,向西方学习。到了12月,这份刊物改了名字,叫作《中外纪闻》,改版后的刊物,内容丰富了许多,比原来要多出一倍。不仅选登邸报,刊登外文报纸

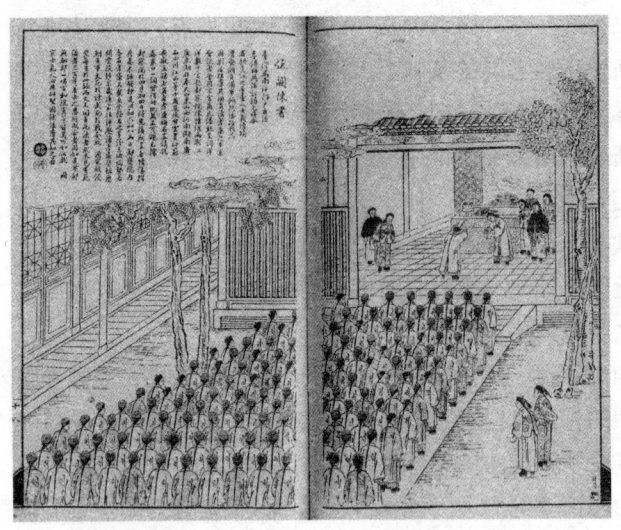

点石斋画报·伏阙陈书　清
记录康有为带领各省举人"公车上书"的情形。

和外文电讯的中译文，还介绍一些西方资本主义国家的政治经济社会情况，以及先进的科学技术等。这份杂志的出版，引起了极大的争论：守旧派官僚对其大加批判，但相当一部分具有维新思想倾向的士大夫却对此相当欢迎。这份刊物的出版者，正是康有为。

"公车上书"事件以后，康有为的名声迅速在北京一带传播开来。另外一个好消息不久又传来，在刚刚结束的会试中，他被点为进士，并受工部主事之职。此时的康有为已经并不在意这样的职位，随着名声的高涨，他已经把目光投向了更高的地方。

公车上书的浪潮，让康有为看到了将变法维新思想推向全国的希望。为了更好更快地达成这一目标，让变法维新成为当时中国的主流思潮，康有为拒绝了朝廷的任命，将注意力转向了开办学会、创办报纸上。他相信，通过这一方式可以吸引更多的人对他的思想和学说有所了解。

光绪二十一年（1895年），康有为在北京率先兴办了《万国公报》，刊物之所以取这个名字是因为可以借助原有刊物之力，便于推广。正如康有为所料，这份刊物有力地推行了维新变法思想，给予当时北京思想界以强烈的震动。据康有为的回忆："报开两月，议论渐明。初则骇之，继而渐知新法之益，吾复挟书游说，日出与士大夫讲辩，并告以开会之故，明者日众。"

不久，随着赞成维新变法思想者人数日趋增多，康有为认为"思开风气，开知识，非合大群不可"，"合群非开会不可"。于是，11月中旬，在康有为的组织下，又成立了强学会。强学会的人员主要由两部分组成，除了康有为、梁启超等持维新变法思想的知识分子以外，还包括文廷式、杨锐、沈曾植等帝党成员，李鸿藻、翁同龢等帝党元老虽未直接入会，但也在暗中给予了支持。伴随着强学会的成立，《万国公报》改名为《中外纪闻》，其影响力较以前更为强大。这让朝中的保守派人士大为恐慌，更加猛烈地攻击强学会及康有为等人。

由于保守派人士的攻击和诋毁日益激烈，强学会众人开始担心康有为的人身安全。与此同时，康有为也认为应该南下，在江南地区宣传和推广维新变法思想。于是，康有为南下南京，拜访当时被认为是具有维新思想的两江总督张之洞。出乎康有为意料的是，张之洞爽快地同意了他在上海成立强学会的请求，甚至还赞助1500两白银作为活动经费，并且要求列名其中。受到这样的鼓舞，12月下旬，上海强学会顺利成立，发起者有康有为、梁鼎芬、黄遵宪、汪康年、张謇等人。随即开始出版《强学报》，宣传维新变法思想。

此时的康有为显得比以前更为高调，《强学报》在其影响之下也表现出更为浓厚的政治色彩。它明确地倡导变法维新，并提出了具体的政治主张。

光绪二十二年（1896年）年初，御史杨崇伊上书弹劾北京强学会，他攻击强学会"专门贩卖西学书籍"，"植党营私"，"将开处士横议之风"，请求清政府立即查禁。这一奏折得到了慈禧太后的支持。于是，北京强学会被迫关闭，受此牵连，《中外纪闻》也被迫停刊了。这一消息传到上海，张之洞也趁势关闭了上海强学会，《强学报》便夭折了。康有为的变法维新活动一时陷入了低潮。

正所谓树欲静而风不止。甲午战争以后，正在步入帝国主义阶段的列强看到日本这个后起之秀都能够在对清帝国的争夺中获利甚丰，于是纷纷扑向远东，对清帝国展开了疯狂的侵略。

光绪二十三年（1897年），两名德国传教士在山东曹州被杀，德国趁机占据胶州湾地区。次年，沙俄以帮助清廷抵抗德国为名，将军舰驶入旅顺港，进而侵占了辽东半岛，将东三省划为势力范围。之后，英国也以同样的理由和方式，侵占了威海卫和香港新界地区，并将长江地区划为势力范围；法国则占领了广州湾作为租界，并将两广划为势力范围。一时间，整个清帝国面临着西方列强的蚕食鲸吞，顿成分崩离析之势，亡国危机就在眼前。

这时候，康有为等人再也坐不住了。1897年，康有为赶到北京，接连两次给光绪皇帝上书，痛陈了清帝国目前面临的危机局势，要求立刻变法。为了准备维新变法，康有为与梁启超在北京成立了保国会。保国会制定了三十条《保国会章程》，宣称"保国家之政权、土地"，"保人民种类之自立""保圣教之不失"，并要求在各省府县建立分会。在当时救亡图存的大环境下，保国会的主张得到了大多数人的热烈响应。很快，保滇会、保浙会、保川会相继成立。保国会的成立，同样遭到了保守派官僚的猛烈攻击。他们纷纷上奏，攻击保国会"保中国不保大清""名为保国，势必乱国"，要求查禁保国会。然而这时候的光绪皇帝已经坐不住了，他直截了当地驳斥了这些保守派官僚："会能保国，岂不大善？"

此时的慈禧对维新变法的事情并非一无所知，康有为第五和第六次的上书她都通过光绪帝之手看过了，慈禧非常清楚清帝国当前所面临的危机，因此实际上她并不反对康有为的维新变法理论，甚至对某些措施还颇为赞成。然而，她始终认为，改革需要在不危及清廷统治基础和可控制的范围内逐渐进行。这种思想一方面促成了她对光绪变法改革的默认，一方面又为后来变法的悲剧性失败埋下了伏笔。因此，当光绪皇帝向慈禧要求改革时，慈禧并没有表示反对，而是放手让光绪去做，自己则移居颐和园休养。

光绪二十四年（1898年）6月8日，康有为拟定《请明定国是疏》，由大学士徐致靖代为上奏,请求光绪帝正式开始变法。3天之后,光绪帝颁布了《明定国是诏》,变法运动开始。

光绪帝的努力

光绪二十四年(1898年)6月16日,天色尚未完全放亮,康有为就匆匆起身赶往紫禁城内的朝房,他是奉光绪皇帝的谕旨,前去觐见当今圣上的。康有为的心中,激动和感慨的心情交织在一起。30多年的光阴总算没有白费,今日终于可以一展宏图,大显身手。

康有为并不是第一次进入紫禁城,三年之前参加殿试时也曾来过,不过军机处倒是第一次来。在侍卫的带领下,康有为略有些好奇地进入军机处,侍卫打了个千,躬身退出去了。康有为从外面进来,只觉军机处内逼仄昏暗,尚自点着一盏灯,居然有些看不清楚。康有为揉揉眼睛,赫然发现在墙角的灯影里还坐着一个人。这人原本正在闭目养神,听到康有为进来的动静便也睁开眼睛打量来人。康有为定睛一看,不禁脸色微微一变,原来此人正是新任直隶总督荣禄。

对康有为来说,荣禄并不陌生。1898年的正月,朝廷重臣们曾经安排接见过一次康有为。那时候,康有为侃侃而谈,将自己变法维新的理论讲得头头是道,可是这些大人们似乎并不买账,特别是荣禄,屡次搬出祖宗之法来压制康有为,让康有为大为恼火,几乎和荣禄争吵起来。后来他从帝师翁同龢那里得知,荣禄是慈禧太后的宠臣,又手握重兵,无论是朝中大小官员,都要让着他。从那时候起,康有为就暗暗地将荣禄视为维新变法道路上最大的障碍。

可是如今再次相见,倘若不打招呼,反而失了体面。康有为正在盘算,不料荣禄一见是康有为,居然主动站起来拱手为礼,邀请康有为坐下。康有为见此,也只好拱拱手坐了下来,然而却是脸冲外面,把半个身子侧对着荣禄。

荣禄见此情景,脸色不由得一暗,旋即又恢复了轻松,笑容可掬地对康有为说道:"当今圣上下诏变法维新,真是可喜可贺。长素老弟,我们不是第一次见面了,荣某斗胆请问一句,以长素老弟经天纬地之才,对于当今时局,可有良策啊?"

康有为闻听此言并未回头,硬邦邦地回答道:"当今局势,唯有变法。非变法不能救中国也!"

荣禄又道:"变法固然很好,可是,祖宗之法,迄今已经二百年有余,一时之间,恐怕急切不能变通,反而伤及国本呀。"

康有为沉默了一下,并未立即回答,而荣禄也没有再说什么,气氛一时竟有些凝重。这时,只听得军机处外面侍卫的声音:"康老爷,圣上已经在养心殿东暖阁了,宣您进去回话。"康有为腾地一下站起来,几步走到门前,正要挑起竹门帘出门,却又想起什么似的停住脚步,头也不回地说道:"倘若新法不行,那便杀几个一二品的红顶子大员，则新法行矣！"说完，一躬身出门去了。

以颁布《明定国是诏》为契机，光绪终于享受到了君临天下的快感。他几乎每天都要发布两三件诏书，其变法涉及政治、经济、军事、文化教育等方面。

政治方面的改革诏令共有90多件，其中包括精简机构，裁减冗官冗职，例如通政司、光禄司、太仆寺、大理寺等已经明显过时的机构应立即撤除，而设置京卿学士一职，以集思广益。此外，大力倡导和鼓励"官民论政"，准许地方官与士民上书，并开放新闻自由，创立京师报馆，将上海《时务报》改为官方报纸等。

经济方面的改革诏令共有70多件，其中包括制定以工商立国的国策，并且鼓励民间兴办实业；大力发展铁路和矿业，在中央设立铁路矿务总局，并在各省设分局，鼓励私人开办工矿企业；在各省设商务局、商会，保护商人的合法权益，开放更多的口岸作为商埠；农业要引入西方先进技术开垦土地，并广泛开设农会，编译外国农业书籍，刊印农报，购买农具；此外，还要放开不准八旗子弟经商的禁令，废除其优待，允许其学习士农工商各种行业，并自谋生路。

文化教育方面的改革招领则有80多件，明确要求废除科举考试制度，改考历史、政治、时务及四书五经等科目，还会定期加考经济特科；在京师开办京师大学堂，在省会城市开办高等学堂，道台驻地设中等学堂，州城府县设立初等学堂，将所有书院、祠庙、义学、社学一律改为新式学堂，兼学中西学问，并且鼓励私人开办学堂，此外还要设立翻译、农务、医学、商学、矿、路、茶务、蚕桑等专科速成学堂；挑选优秀学生到日本游学，同时派皇族宗室出国游历；还要设立译书局，对著书及有发明创造者给予奖励，保举录用具有格致之学的人才。

在军事方面，全面废除旧的军事训练方法，改用西洋先进军事训练，遣散老弱残兵，削减军饷，实行精兵简政，还要大力推行团练，鼓励民兵；在武备教育方面筹办武备大学堂，并停止考核弓刀矢马步箭，改考枪炮技能，并鼓励兴办军事工业。

为了切实执行变法的各项规章制度，光绪帝还重用了一批具有维新思想的官员。除了之前他就有所了解的杨锐、刘光第、林旭等人外，在大学士徐致靖的推荐下，湖北巡抚谭继洵的儿子谭嗣同也被召入宫中，光绪帝将他们四人提拔为军机处章京行走，并令这4人全面负责新政之事。

康有为只获得总理各国事务衙门章京上行走的官职。这一职务并不能让他直接参与到政策的制定和实施中。康有为虽然有些失望，但这并没有打消他实行变法的念头。在变法维新运动期间，他一再给光绪上奏，陈述各种意见，提供各种建议。然而出乎他意料的是，自从那一次接见以后，光绪再也没有接见过康有为。不仅如此，就连后来的谭嗣同等人也极少见到光绪皇帝。一切事务来往，都依赖上谕和奏折。

7月，变法似乎陷入了瓶颈，光绪帝推行的所有新政几乎都没有得到贯彻落实。光绪帝决定让康有为到上海去办报，继续大力宣传变法维新思想。康有为拒绝了这一提议，继续留在北京，可是他并不知道，由于他和荣禄的那次碰面，不得体的对答使荣禄已经暗暗定下了对策，要清除他们这些可能会对大清朝统治不利的"乱党"。

空欢喜一场

光绪二十四年（1898年）兴起的这场变法维新运动，到 8 月间已经呈现出举步维艰的状况。由于光绪皇帝缺乏经验，加之没有得力的左膀右臂，几乎所有的改革措施都无法顺利施行，即使是各地方面大员，也以各种理由推三阻四，不愿奉旨行事。

此时的光绪皇帝如笼中的猛虎一样心绪不宁，他认识不到自己的施政手段和能力离熟练掌握这个庞大的帝国还有一定的距离，而是将一切都怪罪在大臣头上。他的脾气变得越来越坏，甚至让太监、宫女都感到战战兢兢。与此同时，在京城西郊的颐和园里，慈禧却在过着悠闲的日子，即使有对新政心怀不满的大臣来向她诉苦，她也淡淡一笑不予回应。虽然如此，慈禧却并不像表面上看起来那么安生。作为掌握大清朝最高权力的女人，她非常明白推行新政的难度有多大，以她对光绪的了解，自然知道光绪仅靠一个人的力量根本无法完成这项运动。

唯一的变数，在于康有为。慈禧虽然看过康有为的文章，却并没见过这个人。她

光绪帝读书像轴

在思考这个看起来有些离经叛道的书生是否真的有本事将已经死气沉沉的大清帝国扭转乾坤，重获新生。当她发现自己的情报并不足以做出这一判断时，她召见了李鸿章，希望从他那里得到一些消息。然而李鸿章却给出了否定的答案。

李鸿章认为，康有为、梁启超等人都是典型的书生意气，他们虽有满腔热血，却只懂得空谈救国，不懂得中国的官场之道，没有任何政治谋略和经验，更缺乏起码的政治手腕和妥协精神。

慈禧正是想要这样的答案。因为按照慈禧的想法，如果光绪体会到了治国之艰难，他最终会求助于自己，如果这样的话，她的自尊心得到了满足，又能够重新掌控权力。

然而，李鸿章的话只说了一半，而慈禧也不能完全理解这些书生意气可能带来的后果。李鸿章在不看好康有为的同时，他同样不看好光绪帝。因为光绪帝也不过是书生意气，而他既然贵为一国天子，缺点就会被无限地放大。光绪帝自小很少受到慈禧的疼爱，

又因为选后的事情颇有龃龉，想让光绪向慈禧低头服软实在是千难万难。

事情果然不出李鸿章的预料。很快，光绪皇帝和朝中大臣之间的矛盾就激化了。

9月初，礼部主事王照上疏一封，要求皇帝与皇太后出洋游历东西洋各国。由于清廷旧制，礼部主事不能够直接上奏，王照便将奏疏交给了礼部两位尚书，拜托他们代为呈上。此时礼部的两位尚书分别是满尚书怀塔布、汉尚书许应骙，他们并不十分支持变法维新。如今又见到王照这封颇有些异想天开的奏疏，自然懒得搭理。谁料王照是个暴脾气，见两位尚书如此轻慢自己，便忍不住大吵起来。一时闹得不可开交，居然惊动了光绪帝。

光绪皇帝这段时间正为新政不能顺利推行大为光火，正欲找个借口狠狠整治一下这些和自己为难的大臣。他一听说此事，便将王照、怀塔布、许应骙三人召进宫中，厉声责问他们为何不遵守新政的规定，如今新政推行，庶民都能上书言事，为何一个礼部主事、堂堂的六品官却做不到。越说越激动的光绪帝干脆将礼部两位尚书、四位侍郎的职务一并革去，而以少詹事王锡蕃、翰林院侍读学士徐致靖暂时代理左右侍郎执行公务。

朝中的大臣见皇上动了真怒，自然不敢多说什么。可是光绪太小看朝中的大臣。这些臣子大多是宗室子弟、皇亲国戚。怀塔布的妻子就是慈禧太后眼前的红人，经常进颐和园陪慈禧聊天解闷儿。被革职在家的怀塔布自然是气闷不已，便授意其妻到慈禧面前告状。怀妻便趁着入宫的时候向慈禧痛哭流涕，将事情经过讲了一遍，并且添油加醋说光绪变法新政，打算重用汉族人，把满族人都赶尽杀绝。慈禧一听这话，心里暗暗责怪光绪胡闹得太过分了。压不住火的慈禧罕见地把光绪叫到颐和园，狠狠地训斥了一番。

然而，此时的光绪已经不同往日了，初尝权力滋味的他已经不愿意再忍受慈禧的指责。他并没有冷静下来仔细思考在处理王照事件中自己是否有不当之处，反而暗暗抱怨慈禧横加阻拦、混淆是非。最终，光绪帝很容易就将矛头指向了慈禧。他坚定地认为，正是慈禧的专权，才让新政处处碰壁，因此必须除掉慈禧，才能够把所有的守旧派大臣镇住，新政才能够成功。

越想越觉得有理的光绪当即写了两封手谕，分别给军机四章京和康有为，向他们抱怨了新政推行之难，并说明自己在慈禧的控制下甚为不自由，要求他们几人速想办法，云云。这几人接到了谕旨，细读之下，自然明白了光绪帝字里行间的意思。可叹这些维新志士，热血有余，理智不足，看到皇帝的抱怨，便四处想办法"营救"光绪帝。

几个人在一起合计一夜，商量出一个计策：首先，想办法调集兵力，伺机控制颐和园，并软禁慈禧；接下来，借助洋人的力量推行新政。由于当时日本前首相伊藤博文来华访问，可请伊藤博文、李提摩太等人参与政务，管理军事、财税、外交等事项，最终形成"中美英日合邦"的局面。这样则新政能行，而守旧派大臣自然也不敢多言。

计策已定，可还有一件事情需要落实：究竟谁的兵马可以调动呢？这时候，谭嗣同想到了直隶按察使袁世凯。袁世凯原来参加过强学会，是个维新人士，如今统率新建陆军，在天津小站练兵。此人正是最佳人选。

很快，光绪皇帝一封急电就将袁世凯从天津小站召到了北京。短短一周之内，光绪帝接连三天接见了袁世凯，并加封其为兵部左侍郎。正当袁世凯惊疑不定，不知为何圣眷优隆的时候，9月19日夜，谭嗣同深夜来到袁世凯下榻的法源寺，将围园杀后的计划原原本本地告诉了他。面对谭嗣同的谆谆教导，袁世凯答应得非常爽快，他一口答应调动新建陆军进京实行计划，并拍着胸脯保证道："杀荣禄，如杀一狗耳！"

然而，维新派的苦心终究化为了泡影。一方面，慈禧太后早就通过各种渠道知道了维新派意欲与洋人联手，将主权拱手付与洋人的计划。她顿时明白光绪不可能向自己低头服软。为了不让权力旁落他人之手尤其是洋人之手，她必须重新执掌朝政。于是在谭嗣同夜晚会见袁世凯的第二天清晨，慈禧忽然从颐和园返回紫禁城，直奔养心殿，控制了政局。另一方面，袁世凯的慷慨激昂只是做戏给谭嗣同看，他对双方的实力对比看得很清楚，自然不会盲目地自取灭亡。第二天早上他一回到天津，就立刻向荣禄通报了事情的来龙去脉。大惊失色的荣禄立刻带兵返回北京，并向已经控制了局势的慈禧禀报了此事。于是，维新派的全部计划，就赤裸裸地呈现在慈禧的面前。

慈禧知道全部计划后，又痛又悔。勃然大怒的慈禧再也不听光绪的解释，遂发下懿旨，以光绪生病，不能临朝视事为由，重新训政，将光绪帝软禁于瀛台。并下诏抓捕康有为、梁启超等人。没过几日，徐致靖、军机四章京，以及御史杨深秀、康有为之弟康广仁悉数被捕，而康有为与梁启超事先已经离开了北京，从此流亡天涯。这场持续一百余天，史称"百日维新"的运动就这样宣告失败。

7天后，慈禧下令将谭嗣同、林旭、杨深秀、刘光第、杨锐、康广仁等维新派人士处死，这就是历史上的"戊戌六君子"，也是为维新变法流血的第一批人。大学士徐致靖原本在处死之列，由于李鸿章的暗中营救而幸免于难。

第十章
大清帝国最后的岁月

在慈禧的操纵下，戊戌变法的失败为大清帝国断送了最后一线生机。随之而来的，是国内愈演愈烈的反叛，是西方列强变本加厉的窃掠。任凭晚清政府如何垂死挣扎，也终难逃革命风暴的来临。

扶清灭洋，来自民间的反抗

光绪二十六年（1900年）春夏之交，北京城的居民惊讶地发现，城里忽然多了不少头裹红黄两色头巾，腰缠红黄两色板带，打着绑腿，身背大刀，手持长矛的男性农民，这些人自称为"义和拳"。

义和拳最初产生于鲁西南地区。这一地区位于山东、河南、江苏的交界地带，丘陵起伏，自古以来就是盗匪多发的不平之地。由于黄河古道经过其地，每次黄河决口改道，都会给当地人民带来严重的灾害。清末以来，太平天国的北伐和捻军的起义都严重地影响了这里。甲午战争时，此地的清军被调走参加战争，当地的治安情况更加恶化。在这种情况下，曾经在民间秘密流传的大刀会逐渐兴起了。

光绪二十一年（1895年），大刀会兴起于鲁西南的曹县、单县等地。最初它只是为了保卫家园和财产不受土匪的侵扰，而由当地村民自发组织形成的武装团体，参加者都是当地的富裕人家。

而与此同时，在鲁西北地区出现了迷信色彩更为浓厚的"神拳"组织。与大刀会不同，神拳的参加者大多是贫苦农民。

无论是大刀会还是神拳，一开始都没有受到官府的压制，因而得以迅速地发展。然而，随着这些组织的扩张，它们不可避免地与当时同样迅速发展的天主教会组织发生了矛盾，于是暴力和冲突就不可避免了。

大刀会和神拳都宣称维护正统的社会伦理道德观念，自然和教会的势力发生冲突。1896年，由于土地划界冲突问题，大刀会和教民之间发生了一系列的争斗。在争斗的过程中，大刀会将矛头指向了外国传教士。第二年年底，在曹州府巨野县发生了著名的曹州教案，两名德国传教士被不明身份的人杀害，据说凶手是大刀会的人。由此，官府开始打击大刀会。然而老百姓出于对官府的不信任，以及对官府和洋人勾结的痛恨，反而更加支持大刀会的行为。

神拳组织在对待教会势力的态度上，并不比大刀会相差多少。比较著名的就是冠县由阎书勤和赵三多领导的"拳民"组织。1897年，冠县梨园屯的玉皇庙被教民占据，改建为教堂，这激起了当地居民的强烈反对。阎书勤和赵三多的拳民示威并包围了正在修建的教堂，终于迫使教会放弃了这一努力。与大刀会受到的待遇一样，神拳也遭到了官府的镇压。

尽管自从曹州教案以来，官府严厉禁止此类反洋教斗争，但事与愿违，山东各处反对洋教的暴动和武装冲突越来越多，并且发展成为与清政府的战斗。例如著名的朱红灯和本明和尚率领的拳民，攻进平原县，并爆发了著名的森罗殿之战。在战斗中，大刀会和神拳逐渐被百姓混为一谈，而这两个组织之间确实也发生了相互融合的迹象，他们将名字改为"义和拳"，并且打出了"扶（助）清灭洋"的口号。

这时候，山东巡抚张汝梅已经由于镇压不力而被撤换，新上任的山东巡抚毓贤是一个具有强烈排外情绪的守旧派官僚，因而对义和拳的态度要温和得多。他虽然最初也进行了几次对义和拳的镇压，但发现无济于事以后，便采取怀柔政策，除了对义和拳首领严惩不贷以外，对其他普通拳民则收编为民团，企图为我所用。于是，"义和拳"又逐步改名为"义和团"。当时适逢山东地区遭受旱灾，大量的贫农参加了义和团。结果在毓贤的纵容下，山东地区的义和团运动呈现飞速发展之势，并且向直隶蔓延开来。

义和团运动的蓬勃兴起让西方列强甚为紧张。在洋人的压力之下，毓贤调任山西巡抚，由袁世凯接任山东巡抚。袁世凯坚决反对义和团运动，在他的镇压之下，山东地区逐渐失控的局势有所缓和，义和团不得不向直隶地区移动。而直隶总督裕禄则和毓贤一样，对义和团的态度甚为暧昧。于是从1899年下半年开始，义和团运动扩展到了直隶，并逐渐进入了北京。大清帝国最后的闹剧要开幕了。

借力打力

北京城外闹义和团的时候，慈禧正在为如何除去光绪帝发愁。

自从百日维新失败以后，光绪就被软禁在中南海的瀛台上，这是一个三面环水的岛。到隆冬时分，南海子结冰，不能自由活动的光绪只能带着太监踏冰而行。然而，就这点儿自由也被慈禧无情地剥夺了。慈禧为了防止光绪帝出门，特意叫人将冰块凿碎。苦闷的光绪帝只能以读书打发时间。

光绪对慈禧的抵制和不合作让慈禧颇为不满，因此她动了废帝的念头。由于光绪已经成年，不便控制，慈禧打算故伎重施，再次找一个小孩子作为傀儡。然而，自从戊戌变法以来，西方列强就一直对中国的政局保持着高度的关注。对于列强而言，保持中国政局的稳定，有助于他们更好地从中国攫取权益，而皇帝的更换，无疑会使政局动荡。因此，戊戌变法刚刚失败时，英国公使窦纳乐就直截了当地向李鸿章发出警告，不可对光绪轻举妄动。在这样的压力下，慈禧虽有废黜光绪的想法，但也只能采取比较温和的手段，徐徐图之。于是慈禧决定不直接废黜光绪，而是先行为光绪立嗣，然后再伺机拥立新君继位。慈禧选中的皇储，是端郡王载漪的次子，十五岁的溥儁。

瀛台

戊戌政变后，慈禧太后下令将光绪帝囚禁在北京城内中南海的瀛台。

载漪是道光帝第五子惇亲王奕誴的次子，后来过继给瑞郡王奕誌为子，并继承了郡王的爵位。由于在册封的诏书中出现了笔误，将"瑞"误写作"端"，载漪便成了端郡王。他的正福晋是慈禧弟弟桂祥的三女儿。光绪二十六年（1900年）初，年仅15岁的溥儁受诏入宫，被封为大阿哥，实际上就是立其为储。为了给大阿哥继位做铺垫，慈禧对外界宣布光绪病得很重。各国公使不相信，要求派法国医生进宫探病，慈禧坚决不允许，在各国公使的强求下，才答应把法国医生召进宫来，给光绪看病。没想到，这位医生看完病以后对人们说："皇帝血脉正常，根本没有什么病。"

因此，册封大阿哥的决定遭到了所有外国公使的强烈反对。他们当然知道如此一来，光绪的帝位自然岌岌可危。于是众口一词，全部不承认这位大阿哥的身份，这让慈禧非常不高兴。以这一事件为契机，中外关系重新趋于紧张。

这时候，山东义和团的反洋教斗争已经发展得如火如荼。在大阿哥事件前不久，英国圣公会传教士卜克斯刚刚在山东肥城被朱红灯所杀。在西方列强的压力下，毓贤被免职。然而他进京觐见慈禧太后的时候，却向慈禧太后和王公大臣详述了义和团的好处，认为可以招安义和团收为己用。也许是他的"妙计"起到了作用，慈禧并没有过多降罪于他，而是把他换到山西当了巡抚。

由于毓贤的"引见"，原本将义和团视作叛乱贼寇的清廷拿不定主意了。由于光绪皇帝在百日维新中曾经寻求过英、美、日、俄等国的帮助，因此，团结在慈禧周围，反对变法维新的一般守旧派官僚本来就对洋人没什么好脸色，接着又赶上了"大阿哥事件"，这些大臣对这些西方国家粗暴干涉我国内政的行为十分愤怒。再加上光绪二十三年（1897年）以后列强掀起的瓜分中国的狂潮，清廷内部已经弥漫着一股十分强大的排外气氛了。

在这种情况下，毓贤的建议不啻给这些盲目排外的群臣打了一针鸡血。端郡王载漪原本就因为儿子没有当成皇帝对西方列强耿耿于怀，闻听义和团之事，自然喜出望外。和他一个鼻孔出气的还有庄亲王载勋、载漪的弟弟载澜等满族亲贵。这些人极力怂恿慈禧招抚义和团以抵抗洋人。慈禧被这弟兄几个说得连连颔首，于是随即下了一道谕旨，要求各省巡抚停止镇压义和团，并奖励其反对洋教的行为。

直隶总督裕禄忠实地执行了这道谕旨。他不仅向义和团民发放饷银，还邀请义和团首领曹福田到天津开坛聚众。而此时在山东的袁世凯却没有理睬这道谕旨，反而继续着他严厉打击义和团的一贯策略。由于受到袁世凯的打击，山东的义和团纷纷涌入直隶，到1900年四五月间，天津、涿州、保定已经出现了大量的拳坛和拳厂。

受到清政府鼓励的义和团，把反洋教的范围扩大到了反对一切外来事物。他们四处焚烧教会，抢掠财产，甚至肆意杀人。

杀红了眼的义和团让清政府也看不下去了。五月份，驻扎在涞水县的清军同义和团发生了几次冲突，但是清军均不是义和团的对手。得胜的义和团从此气焰更为嚣张，他们占领了涿州，控制了从卢沟桥到保定的铁路，扒铁轨，烧车站，毁桥梁，弄断电话线。到六月，裕禄不得不请求清廷派兵严厉镇压义和团，清廷只好调来坚决反对义和团的聂士成之武卫军来控制局势。

这个时候的慈禧再也无法稳坐江山。虽然清廷仍然对外做出了镇压义和团的姿态，但私底下却派出了军机大臣协办大学士刚毅和顺天府尹赵舒翘到涿州考察义和团是否能够为己所用。赵舒翘得出的结论是"拳匪不可恃"。刚毅则不这么看，他平素就和端王、庄王等人关系甚好，自然认为义和团"拳民忠贞，神术可用"。赵舒翘无奈，只好和刚毅向慈禧太后汇报说义和团可以因势利导，"抚而用之，统以得帅，编入行伍"。

就在清廷得出"义和团可用"这一结论的同时，驻京各国公使开始担心日益混乱的局势有可能对北京的使馆造成威胁。英国全权公使窦纳乐作为代表，要求外国军队进行支援。5月31日，337名外国水手与陆战队员从停泊在大沽附近的10多艘军舰上登陆，并于当晚抵京保卫使馆区。之后，又有89名德国与奥匈帝国的陆战队员抵京。洋人调集军队进京的消息让清廷大为不满，也激起了义和团更大的怒火。

清廷和义和团终于取得了一致。6月9日，慈禧从颐和园返回紫禁城，开始研究如何指挥义和团之事，并调董福祥的甘军进入北京，驻扎在永定门内。董福祥和聂士成不一样，他是义和团运动的同情者，因此，他的甘军中不少是义和团成员，甚至他自己也同义和团首领之一的李来中结拜为兄弟。第二天，端王载漪被任命为总理衙门大臣，义和团终于大规模地进入了北京城。

6月13日，义和团进入北京内城，当天烧毁了11所教堂，数以千计的教徒逃入西什库教堂和东交民巷使馆区。不久，义和团烧毁了前门的老德记西药房，附近数千家商铺也化为废墟，甚至前门城楼也被烧毁。此外，义和团大开杀戒，将教民全部拉到庄王府前的大院集体屠杀，死者中不乏妇女和儿童。受此影响，禁军、甘军也开始烧杀抢掠，以至于彼此互相残杀。北京城中人人自危，甚至权贵人家也不能幸免，不少支持义和团的大臣趁机公报私仇，肆行劫掠。北京城几乎失去了控制。

大事不妙，赶快求和

当义和团把北京城搅得翻天覆地的时候，各国公使并没有闲着。他们对清廷内部的排外气氛并不是没有察觉，对于清廷和义和团的利益关系也清楚得很。因此，虽然一方面通过外交手段不断敦促清廷镇压义和团，另一方面则打算调兵进入北京自行保护使馆。

事情果不出洋人的所料，虽然总理各国事务衙门答应了各国的增兵要求，但人数限制在每国30人。这些公使自然是不管这件事，而是各调了300余人进京。随即，清廷与义和团站在了一方，义和团冲进了北京城，见洋人就杀，所有的洋人都被堵到了西什库教堂和东交民巷。

由于义和团把所有的电线都剪断了，驻天津的各国领事已经无法和北京的使馆联系，虽然义和团进城围困使馆和教堂的消息他们尚未得知，但凭着几个月来对时势的观察，他们也明白大事不好了。于是在各国领事的协调之下，由俄、英、美、日、德、法、意、奥八国迅速组织了2066名联军，由英国海军司令西摩尔率领，乘坐火车增援北京。

但是联军没有想到的是，这时候清军已经被命令配合义和团的行动了。因此，当八国联军一出天津，行至廊坊一带就遭到了清军和义和团的联合阻击。由于铁路早已被义和团破坏，联军狼狈不堪，只能下车应战，可是这毕竟是一支临时拼凑的部队，而西摩尔又是海军将领，对于陆战是个外行，因此并不是清军和义和团的对手，联军且打且退，从廊坊退回杨村，险些被清军和义和团围困在此。联军伤亡惨重，只好退回大沽口。这一次援救计划宣告失败了。

义和团在这一次战斗中也损失惨重。因为配合他们作战的清军乃是聂士成的武卫军。聂士成本是极度反对义和团，一向主张严厉镇压，他曾经在给荣禄的信中写道"拳匪害民，必贻祸国家。某为直隶提督，境内有匪，不能剿，如职任何？若以剿匪受大戮，必不敢辞"。话虽如此，但在这样的大环境中，却也无可奈何。不过，聂士成还是耍了诡计，

19世纪末，外国教会势力在中国日益扩张。这是天主教北京直隶教区的总堂——西什库大教堂。

他的武卫军是清军的精锐部队，装备有重机枪。在与联军的战斗中，聂士成命令义和团为先锋，义和团并不以为意，一口答应。谁知在联军的机枪扫射下，毫无战术纪律只知道往前冲的义和团死伤惨重。幸存者见状，又调头往回跑，结果聂士成早已架好的机枪又将义和团的人射杀。这一役，义和团伤亡殆尽。

尽管出现了这样并不愉快的小插曲，但清政府和义和团都将这次胜利看作是一场抗击外敌的重大胜利，史称"廊坊大捷"。这一仗打下来，清廷和义和团更加有理由坚信，洋人并非不可战胜的。于是，一面命令聂士成再接再厉，攻打天津紫竹林租界，一面开始围攻北京的西什库教堂和东交民巷使馆区。

北京此时已经乱成一团。6月15日，端王载漪亲率一队义和团进攻西什库教堂。法、意士兵迅速回击。两天后，清军也参加了进攻。义和团以自制的各种火器发动进攻，挖地道、埋地雷，攻势凶猛，但守军却顽固回击，数次打退义和团与清军的进攻。由于清军和义和团的长期围困，教堂内缺少粮食，半个月后，教堂内的人员开始以马匹和骡子充饥，后来则吃树皮和野草。西什库教堂被围困长达两个多月，直到8月八国联军进城，才将西什库教堂中的人员解救出来。

西什库教堂没有打下来，而东交民巷也未有大损失。虽然东交民巷的外国兵力要比西什库教堂多一些，但也只有400余人，而义和团和清军的人数达到了数十万人之多。根据记载，在攻打东交民巷之时，使馆区附近的民房顶上，密密麻麻站的都是义和团民，气势惊人。然而，东交民巷仍然顽抗了两个多月，直到八国联军前来增援。

在攻打东交民巷时，端王见久攻不下，于是矫诏调来新建陆军中的山炮营助攻，山炮营所使用的"开花大炮"系从德国进口，威力极大，一颗炮弹重几百斤，只要两三炮，使馆就该夷为平地了。可是山炮营领官张怀芝却不敢轻举妄动，找到顶头上司荣禄，讨要一道开炮的命令。

荣禄知道，要是真的下达了开炮的命令，这炮弹如果真的落在了使馆的头上，那后果可就要由自己来承担；要是表示反对开炮，端王那里则不好交代。这可不是他愿意承担也能够承担得起的。面对张怀芝的要求，他只是含含糊糊地应付，就是不肯把一纸命令写给张怀芝。

张怀芝更不想去承担这个责任，硬是缠着荣禄讨要究竟是否开炮的命令，大有不达目的不罢休的顽固。荣禄毫无办法，两难之际只得含混地说了一句："你打吧，反正让人听到炮声就得了。"

张怀芝聪明过人，闻听此言恍然大悟，当即回到营地，号称"炮位不准"，亲自动手调试，瞄准了东交民巷内一块无主空地，然后火力全开，猛烈攻击。

炮声一夜大作，端王那边听得清清楚楚，以为这下可以圆满解决掉东交民巷。结果整整一个晚上，发炮五六百响，没有一个洋人在炮火中受伤，大使馆的建筑更是纹丝未损。

清军如此三心二意，义和团也没好到哪儿去。虽说他们士气很高，但由于极端排外，坚决不使用任何西洋武器，也没有战术纪律，结果做了洋人的靶子，死伤甚众。

面对此种情况，义和团首领们不承认是自己战斗力差的缘故，反而认为是洋人邪术厉害。

如此打了几天，洋人未灭，反而使越来越多的义和团涌入北京城。慈禧一见不妙，便打算解散义和团，准备停战。但端王等人却不肯罢休，为了坚定慈禧继续作战的态度，载漪指使军机章京连文冲伪造了一份西方列强给清政府的外交照会，以强硬的语气提出了四条要求，其中包括让慈禧归还光绪全部权力，并要求将清政府的经济和军事权力交由外国人掌握。

慈禧居然对这份照会深信不疑，于是勃然大怒。6月17日，慈禧决定同洋人开战，将义和团编为民团，称为"义民"，由刚毅、载漪、载濂、载澜等人统领。6月21日，清廷以光绪帝的名义，发布了一道谴责洋人和表达抗战决心的诏书，在诏书中宣称对"彼等"开战。

一盘散沙，义和团神话的破灭

光绪二十六年（1900年）6月20日清晨，混乱不堪的北京城内已是一片狼藉。这个时候，义和团几乎已经控制了北京城的绝大多数地方，不过时间还早，烧杀抢掠了一天的义和团员很多还在昏睡之中。街上早就没有行人了，两旁街道上的商铺只剩下经过打砸抢后残破的门窗、扯碎的旗幡，在夏日的微风中孤零零地摆动着。只有一队队全副武装的清军还在街上巡逻，搜捕可能出现的洋人。

驻扎在煤渣胡同的神机营霆字队枪八队，从胡同口转出来向东单牌楼的方向走去，开始例行每日巡逻。管队章京恩海走在队伍的前面，右手搭在别在腰间的枪把上面，正在漫不经心地左右观瞧，看大街两边的胡同里是不是有形迹可疑、神色仓皇的人。

恩海所属的神机营是清廷禁军的组成部分，由端郡王载漪统率。端王爷平生最痛恨的是洋人，刚刚带上队伍，就召集所有士官训话，给他们讲扶清灭洋的道理，最后告诉他们，见洋人就杀，杀得多了，就有资格得到赏赐和提拔。端王还特别指出，重点打击对象是德国公使克林德。

克林德出生在波茨坦，曾经是一名德国军人。1881年，他辞去军职，改做外交官，不久被派往中国。他先在广州和天津当了几年领事，又到美国和墨西哥待了几年。于1899年返回中国，担任德国驻华公使。

德国人素以严谨高傲著称，克林德是军人出身，自然这种习性又加强了几分。他对清政府相当轻视，对义和团更是深恶痛绝。早在义和团在山东刚刚兴起的时候，克林德就极力要求清政府严厉镇压。义和团进入北京城后，克林德又毫不留情地下令德国使馆卫队开始了所谓的"猎取团民行动"，并要求其他使馆配合行动。他首先逮捕了一名进入使馆区的义和团民，接着又下令使馆卫队用机枪扫射聚集在使馆区外的团民。

然而，奥匈帝国使馆卫队的机枪不知为何，打出几百发子弹，却没有打死人。气急败坏的克林德展开了进一步的行动。6月14日，当义和团再一次经过使馆区时，克林德毫不留情地下令使馆卫队向义和团民开枪，当场打死20人。

克林德的行为无疑激化了义和团与洋人之间的矛盾，以至于义和团将克林德看作是元凶首恶。克林德却不以为意，他仍旧坚持对清政府实行高压政策。6月17日，慈禧太后被端王载漪的假照会所骗，决心对洋人开战。两天以后便照会所有使馆区人员，要求其在24小时之内撤离北京。各国公使一听自然大为不满，在现在的这种混乱情况下，撤离北京不啻为自投罗网。于是各国公使联名向总理衙门写信，述说了如上的理由，要求延缓离京的最后期限，并要求在次日九点之前给予答复。

按理说，回函递出去，等着回复就可以了，可是克林德却非常不满意。各国公使开碰头会的时候，他就一直说对中国太客气。因此，他建议所有国家公使一起去总理衙门谈判。其他国家的公使并没有接纳克林德的意见。他们大多认为这样只会让局势变得更糟，目前应该表现出低调的姿态来。克林德拒绝接受这个决议，并且决定次日自己单独赴总理衙门谈判。

克林德满心希望能够有公使改变主意，和他一同前往。但他的希望落空了。第二天早上他出门的时候，仍然只有孤零零一个人。于是，他只好带了翻译柯达士，怒气冲冲地出门了。

克林德和翻译柯达士被正在巡逻的清军士官恩海等人撞见。双方便开火打了起来，克林德身亡。

克林德的死让清廷和西方列强的关系彻底进入了战争状态。第二天，慈禧就颁发了与全世界为敌的"宣战"诏书，同时命令清军协助义和团攻打使馆。各国驻天津领事纷纷向本国告急，要求调集援军。不久，援军从大沽口源源不断地进入租界。

此时，天津的清军和义和团还在忙着攻打租界，他们虽然人数众多，但却各自为政，缺乏统一的作战规划，甚至连天津到大沽口的道路也没有切断。这自然不是日渐得到兵员补充的联军的对手。到7月上旬，联军在租界的人数已达到1.7万余人，并且有统一的部署和指挥，而清军和义和团则伤亡甚众。7月13日，联军展开反攻，围攻天津城，清军不敌，退往杨村一带，聂士成在战斗中中炮身亡。第二天，联军占领了天津。

经过短暂的休整，人数达到1.8万余人的外国联军于8月初向北京进发了。在路上他们几乎没有遇到什么有效的抵抗，义和团毫无战斗力，清军也一触即溃。

8月11日，联军占领通州，两天以后兵分三路攻打北京城。此时北京城内还有10万余名清军和义和团民，但是已全无战意。第二天，英军首先攻入广渠门，其他国家的军队也相继入城。经过3天的巷战，联军彻底控制了北京城。当时还留在城中的5万名义和团民几乎全军覆没，清军伤亡4000余人，联军方面仅仅死伤400余人。

到此为止，义和团的神话已经被完全戳穿了。慈禧和满朝文武已经束手无策，全然不知该如何是好。慈禧愤怒不已，迁怒于端王等人，但终究已经酿成大祸。不得已，只好再次逃跑。8月16日，就在联军即将攻入皇城前的一刻，慈禧带着光绪和内宫女眷，连同一帮文武大臣，踏上了西去的道路。

八国联军夺北京

光绪二十六年（1900年）9月，慈禧和光绪一行人"西狩"，来到了山西首府太原驻跸万寿宫。适逢中秋佳节，自以为安全的慈禧居然全然不顾家国离乱之惨，悠闲地吃着月饼赏着月，把尚陷于战火中的北京城忘在了脑后。

洋人并不会因为攻陷北京城就停止进攻，对他们来说，真正的战争方才开始。早在7月份，德国以克林德事件为借口，纠集了7000人的远征军赴华作战。在德皇威廉二世发布的诏令中，大肆宣扬所谓的黄祸论，借历史上匈奴大王阿提拉入侵欧洲的故事，将中国人看作是阿提拉的后代。他说道："你们知道，你们面对一个狡猾的、勇敢的、武备良好的和残忍的敌人。假如你们遇到他，记住：不要同情他，不要接收战俘。你们要勇敢地作战，让中国人在一千年后还不敢窥视德国人。"经过两个多月的旅途，德军于9月到达已经陷落的北京。在威廉二世的坚持下，德军统帅、陆军元帅阿尔弗雷德·冯·瓦德西被任命为联军总司令，负责协调联军行动。

八国联军侵华期间，大肆烧杀抢掠，犯下累累罪行，特别是德军、俄军、法军，更是如此。

联军穷追猛打，而清军却且战且退。到12月底，清军已经全面退守山西境内，而联军则兵分两路，尾随不舍。到第二年3月，法军已经侵占了山西的门户——娘子关。

俄国人也不甘示弱。趁着清政府忙于同联军作战，无暇他顾，俄国人除了派兵参与联军之外，还单独派兵17万，侵占了库页岛及乌苏里江以东黑龙江以北的大片领地。

面对着八国联军步步紧逼的形势，慈禧已经毫无抵抗之心，她担心联军会将自己视作义和团运动的罪魁祸首，像直隶官员一样处死。因此她脑海中只剩下了继续跑路的想法。10月，觉得太原已经不再安全的慈禧又将临时行宫迁到了西安。

此时的光绪虽然是跟着慈禧一路向西逃窜，但内心却是愤懑难当，一点儿也不想跑。他之前就不主张招安义和团，而应该同洋人和议，但慈禧却无视他的意见，还杀掉了数名主和派的大臣。据清人笔记记载，洋人进城之时，慈禧慌张逃窜，光绪却冷静异常，对慈禧说道："亲爸爸，儿臣以为可以不必逃走。想那洋人本为友邦，对我大清并无恶意，此次出兵，乃是剿灭拳匪，不会对我有碍。儿臣请求亲自去东交民巷，与各国公使面谈，必定安然无恙。"慈禧听了这话，只当光绪胡言乱语，并不理睬。光绪无奈，只好自己回到养心殿，盛装朝服，想要独自去使馆谈判。侍奉太监见光绪如此，大惊失色，连忙报告慈禧。慈禧勃然大怒，亲到养心殿，一把扯去光绪的朝服，逼着他换上粗布衣服，不许轻举妄动，随即便拉着他逃出宫去。

光绪并没死心，当慈禧一行人遇到前来护驾的岑春煊时，光绪再次提出了议和的要求。他要求岑春煊护送慈禧"西狩"，自己要返回北京，亲自与洋人议和。岑春煊知道慈禧断然不会让光绪离开她的身边，于是百般推脱，光绪终于未能成行。

到太原之后，光绪第三次提出了返回北京议和的要求，但仍未获批准。当慈禧决定继续西行至西安后，光绪再也忍耐不住了。在潼关，他愤愤不平地公开表态："朕能走，洋人就不能走吗？这么走下去什么时候是个头啊！就算去了四川，又能怎么样？太后老了，可以去西安躲躲。朕要回北京了，否则战事不了，终究还是要倒霉！"

慈禧和诸大臣面面相觑，无言可对。然而第二天，慈禧仍然带着光绪继续西行。

慈禧深知，和谈并不是不可以，可是看要由谁来谈。早在洋人刚刚入城的时候，没有离开北京的大学士昆冈等人就找到担任海关总税务司的英国人赫德，让他"设法斡旋，以救眉急"，赫德建议由庆亲王奕劻出面，与各国"商议和局大事"。昆冈随即将这个建议传给了还在流亡途中的慈禧。慈禧得信后，立刻下令已经到达宣化的奕劻立刻返回北京主持和谈。10月初，奕劻回到北京，在英军和日军的护送下见到了各国公使。根据奕劻给朝廷的奏折，奕劻不可谓不卖力，他"往拜俄、英、美、法、意、比、日本各公使，备述此次拳教相仇，致使各国动兵，并婉谢各国洋兵保护宗社臣民盛意"，十足的奴颜婢膝；可是战争进行得意犹未尽的各国公使根本懒得搭理他，纷纷跟他打官腔说，"尚未奉到本国国家训条，无从议办"，只是要求清政府赶紧转变对义和团的态度，"自行实力剿办，勿再贻误"。

收到这一消息，慈禧立刻下发谕旨，宣称："此案初起，义和团实为肇祸之由。今欲拔本塞源，非痛加铲除不可。严行查办，务尽根诛。"并且督促奕劻加紧议和，"事宜从速，夜长则梦多，不可一误再误"。

不久，各国公使礼节性地回访了奕劻，对议和之事仍然绝口不提，只是提出几条要求：首先，要求慈禧与光绪下罪己诏；其次，清除朝廷内部的顽固派势力；再次，要求战争赔款，否则八国联军不会撤军；最后，北京的防务暂时由联军管理，清政府无权参与。俄国公使格尔思更要求清军在东北立刻停战，否则俄军将继续作战。奕劻对这些要求哪敢不听，连忙一一照办。尽管如此，各国公使仍然迟迟不与奕劻谈判。奕劻也明白，他虽然位高权重，但以他的资历和地位还不足以让各国公使坐在谈判桌上。因此他再次向清廷上折，要求速调时任两广总督的李鸿章进京主持谈判。在经过几次三番的讨价还价后。9月底，清廷终于发下谕旨，委任李鸿章为全权大臣，"著准其便宜行事，将应办事宜迅速办理，朕不为遥制"。

在李鸿章的极力斡旋下，1901年，丧权辱国的《辛丑条约》签订了。这一条约的签订标志着中国半殖民地半封建社会的彻底确立，清政府彻底堕落为西方帝国主义的帮凶。

苦做了替罪羔羊

　　光绪二十七年（1901年）11月7日，大清帝国的最后一根柱石李鸿章于北京贤良寺驾鹤西去，享年78岁。临死之前，李鸿章"目张口动，欲语泪流"，然而已经没有人知道他想说什么了。他的老部下周馥伏在床前替他擦去眼泪，边擦边痛哭流涕，泣不成声。在周围人的抽泣声中，李鸿章缓缓地闭上了眼睛。

　　光绪二十六年（1900年）春夏之交，当山东、直隶一带的义和团正闹得热火朝天时，就任两广总督没多久的李鸿章却忧心忡忡地关注着朝中的局势。和陷入疯狂的端王、庄王不同，甚至和韬光养晦的庆亲王、荣禄也不同，以李鸿章为首的东南各省大员坚决反对招安义和团并与洋人开战。这些人包括两江总督刘坤一、湖广总督张之洞、闽浙总督许应骙、四川总督奎俊，以及北方的陕西总督端方和山东巡抚袁世凯。由于他们治下的地区大多数与洋人的势力范围和西方列强关系密切，因此，他们对于世界局势更加清楚，也十分明白利用义和团运动的危险性。在义和团进入北京城的时候，张之洞和刘坤一就曾经联名上奏朝廷，申明洋人已经做好了对清政府战争的准备，并且提到赫德已经对他们发出了警告。随后，在铁路大臣盛宣怀的串联下，这些方面大员通同一气，彼此密议应当如何保持所辖省份的稳定，避免西方列强以战争的名义侵略。

　　6月21日，清廷发出了向十一国的宣战诏书，诏书传到东南各省，李鸿章将其看作是慈禧和光绪在威逼利诱之下发布的伪诏，断然拒绝接旨。他通过电报通知了盛宣怀这一决定，并经由后者转告各个大员。很快，这些方面大员纷纷响应李鸿章的号召。为了确保这一意见的实施，由盛宣怀牵头，张之洞、刘坤一委派官员与以美国总领事古纳为首的各国领事签订了《东南保护约款》。其中公开宣称保护外国人在长江流域中下游的权益。这一条约签订以后，李鸿章、奎俊、许应骙、端方、袁世凯等人纷纷响应，先后加入，史称"东南互保"。

　　东南互保的成立让朝廷中的守旧派官僚极其震惊，刚毅痛斥李鸿章为"媚外汉奸"；迷信义和团的山西巡抚毓贤甚至无法相信这一事件的真实性，表示"不胜骇异"，认为这是"奸宄捏造"的假消息。然而，慈禧得知此事后，却以含含糊糊的口气默许了东南互保的存在。

　　随着战局的发展，清廷愈加发觉事情不妙，曾经急电要求李鸿章和袁世凯进京，当时正是联军攻占大沽口的时候，战局尚未明朗。清廷召他们两位进京，无疑是想借助他们在外交方面的长处从中斡旋。然而这两位却以各种理由百般推脱。李鸿章在接旨以后，连续发了5封电报，明明白白地阐述了自己的态度——进京平可以，不过要先把义和团除去再说，否则一切免谈。

　　清廷见此情况，迫不得已，只好调李鸿章为直隶总督兼北洋大臣，半强迫性地调他来京。职责所在，李鸿章不得不起身。

7月16日，李鸿章坐船到达上海，先同各国领事见了面，互通声气。此时，参加东南互保的几位大员纷纷上奏，要求赋予李鸿章全权大臣之职。8月底，已经在"西狩"路上的慈禧批准了这一建议。于是李鸿章作为全权大臣，继续北上了。

光绪二十六年（1900年）10月，李鸿章抵达北京，和八国联军展开谈判。果然如李鸿章所料，各国提出的要求，都没超出李鸿章的预想。在随后的谈判中，李鸿章根据国际法据理力争，他提出皇室之前的宣战诏书乃是受到胁迫而写成，而义和团乃是叛逆，和清政府并无关系。因此这场战争并不是清政府与十一国交战，而是外国派兵入华帮助剿灭义和团。基于这一理由，李鸿章坚决不同意割地的要求，只同意赔偿军费及其他要求。经过将近一年的谈判。终于达成了一致，这就是著名的《辛丑条约》。根据这一条约，清政府将向所有参战国赔付总数高达4.5亿两白银，史称"庚子赔款"。除此以外，清政府还被迫建立使馆区和外交部，惩罚参加义和团运动的官员和地区等。义和团运动以这个耻辱的条约为结局正式落幕了。

逃时落魄，回时铺张

1900年5月28日晚，东交民巷得知义和团焚烧了丰台火车站与京津铁路轨道被拆毁的消息后，各国公使立即举行会议，全体同意调军队前来干预。次日，外国舰队便由海河乘船抵达天津，准备向北京进犯。6月10日，各国驻津领事和海军统帅举行会议，决定组成联军进军北京，由级别最高的英国人西摩尔中将为统帅，美国人麦卡加拉上校为副统帅。

6月17日，八国联军攻打大沽炮台，义和团和清军不甘示弱，随即联合攻打紫竹林租界，天津战役爆发。6月21日，清政府宣布对各国开战。7月19日夜，八国联军逼近京城，慈禧慌忙召集王室亲贵和军机大臣，商议离京避难事宜。7月21日凌晨，慈禧与光绪帝等皇室人员，换便衣仓皇逃离京城。当时东直门、齐化门已被列强控制，慈禧一行从神武门，经景山西街，出地安门西街向西逃跑。上午，队伍到达颐和园，稍做休息，随后又马上出发。

慈禧逃跑的路上，既无被褥，又无更换的衣服，食物仅有小米稀粥，还经常连顿挨饿。曾国藩的孙女婿吴永是清末著名的画家、文人，时任怀来县令，慈禧等人经过当地时，他迎驾有功，被升为粮台，并随銮驾"西狩"，负责后勤供应补给之事。后来他写有《庚子西狩丛谈》一书，对此时慈禧等人的狼狈状况多有描述：

慈禧等人到怀来时，"饥寒已两日夜，情状极困苦"。慈禧自述："连日奔走，又不得饮食，即冷且饿。途中口渴，命太监取水，有井矣而无汲器，或井内浮有人头，不得已，采秫秸秆与皇帝共嚼，略得浆汁，即以解渴。昨夜我与皇帝仅得一板凳，相与贴背共坐，仰望达旦。晓间寒气凛冽，森森入毛发，殊不可耐。今至此已两日不得食,腹馁殊甚。"怀来早已被抢掠一空,仅能以小米绿豆粥供应。而慈禧居然大喜过望,因无筷子,便拿秸秆临时凑数。慈禧吃完,感叹良久,居然痛哭流涕,显得甚是可怜。

在怀来县稍住几天后,慈禧一行人继续前进。经由沙城、宣化、大同、忻州,一路来到太原,驻跸于万寿宫。这时,慈禧恢复了在北京时的神气,为掩饰逃跑的可耻,她以光绪皇帝的名义发表《罪己诏》,称自己为"暂行巡幸太原"。在过雁门关时,她还暂停车马以赏观风景,其间对光绪说道:"此次出京,得观世界,亦颇乐也!"到西安后,慈禧更是日夜看戏为乐,虽国家面临亡国的危险,但她仍要求地方官员供饷,漕粮也改道由汉口经汉水、丹江运往陕西。据档案文献统计,截至1901年2月初,解往西安的饷银有500万两,粮食高达100万石。

而攻陷京城的八国联军,其实只是临时拼凑而成,并非正规善战。日、俄、英、法、德五国军队为主,总数不超过2万。其中,日军7000人,法军4000人,英军和俄军各约2000人,其他国家只是象征性地派人参与。德皇听说公使克林德被杀,派出瓦德西大帅带7000兵来华,但路途遥远,京城攻破后几天才到,联军因其公使遇害,于是举瓦德西为联军统帅。

由于清军的武器和战法过于落后,而义和团迷信又无组织,因此,这样的一支杂牌军队,把十多万中国军民打得毫无招架之力。八国联军在对北京进行分区占领后,下令在8月15日至8月18日公开抢劫3天,颐和园等处的珍宝古玩、《永乐大典》等珍贵典籍被联军抢掠毁坏甚多。其中,俄军专门抢劫了中南海的仪銮殿,能搬动的全部搬走,剩下的全部被砸毁。传教士们也乘机大发横财,抢走了无数的白银、粮食等物品。

《辛丑条约》签字现场旧照

图为1901年9月7日《辛丑各国和约》(《辛丑条约》)在北京签订的情景。右二为李鸿章。

由于各国准许士兵抢劫,于是洋兵以捕拿义和团、搜查军械为名,在各街巷纵横肆虐,所到之处,无一幸免。城里的妇女害怕被欺辱,很多都跳井或者上吊自尽,联军到百姓家抢劫时,经常会遇到井里已经填满了死人。另外,城破之后,自杀的官员也不在少数,比如尚书崇绮、祭酒王懿荣等,都自杀殉国。

联军在北京大开了杀戒,开始时是疯狂地搜杀义和团,使得北京城顿时尸堆如山。他们只要见到情形稍有可疑的百姓,便指为义和团,不论真假立刻杀死。后来,联军把屠杀范围扩大到普通百姓,其状惨令人毛骨悚然。

身处西安的慈禧,为了能早日"体面"回京,命令庆亲王奕劻回京会同直隶总督李鸿章与各国交涉议和,并电令和谈"可成不可败"。为了讨好列强,慈禧不断发布上谕:此次中国变乱,得罪友邦,并非朝廷旨意,对于挑起祸乱之人,清廷一定全力肃清,决不姑息。12月24日,俄、日、德、法、英、美、意、奥、荷兰、比利时、西班牙十一国提出了苛刻无比的"议和大纲",宣布"无可更改"。慈禧太后闻讯电令"应抑照允",后又声称"量中华之物力,结与国之欢心"。1901年9月7日,李鸿章、奕劻代表清政府和列强签订了丧权辱国的《辛丑条约》。

《辛丑条约》凡12款,另有附件19件,主要内容为:

赔款银4.5亿两,从1902年1月1日算起,分39年还清,加上利息,共9.8亿余两(史称庚子赔款);

大沽炮台以及北京到天津海口的各个炮台一律平毁;

北京到山海关铁路沿线12处,各国可以驻兵;

在北京东交民巷一带设使馆区,各国可以在使馆区驻兵,中国人不准在使馆区内居住;

惩办在义和团运动中"得罪"帝国主义的清朝官员(上自亲王下至府县地方官被监禁、流放、处死者达100多人);

永远禁止中国人民建立和参加反对外国的组织,违者处死,地方官镇压不力者革职;

派亲王、大臣向德国和日本赔罪;

改总理各国事务衙门为外务部,班列六部之前;

修订新商约,外国人认为各个通商章程中应行修订之处,"均行议商"。

《辛丑条约》是帝国主义在镇压了义和团运动之后,强迫清政府签订的又一个不平等条约。这个条约的签订使列强在政治、经济、军事等方面对中国的侵略大大加深。此外,侵略者还重新确立了以慈禧太后为首的清政府充当它们掠夺中国的帮凶,实际上使中国成为各国侵略者共管之下的半殖民地国家,清政府已成为帝国主义势力控制中国的工具。中国已完全成为半殖民地半封建社会。

条约签订之后,两宫立即准备回京。为了减轻地方驿站的负担,因此他们决定分三批回京,即第一批先行者为在陕没有重要工作者,第二批继行者为两宫及随行侍卫人员,第三批为在京中没有重要事务的人。

光绪二十七年（1901年）八月二十四日，两宫从西安出发。这次回京，跟出逃时相比自然是大不相同。光慈禧一人就有3000辆车，装运金、银、绸缎、古董、玩器等名贵物品。

慈禧回京师的消息传开之后，京中王公大臣暨文武大小官吏，都聚集在马家堡车站准备迎接慈禧。各国男女，都想见中国的垂帘听政者和囚禁的皇帝，因此在车站人们蜂拥而至。

下午3时，火车到站，慈禧走在最前面，光绪紧跟其后，洋人见状，纷纷向前，争相一睹为快。使慈禧不悦的是，竟有外国人手持摄影机摄她的影，真乃"大不敬"。幸好不一会儿走出了站，进入八抬大轿，两宫历尽劫难后终于回到了久违的京都。

第十一章
封建挽歌，新世界崛起

洋务运动的失败，戊戌变法的终止，标志着封建王朝想要以自我改良的方式迎合世界潮流的梦想彻底破灭。中国的封建社会，在历经了2000多年的风雨之后，已经到了不可逆转的最后时光，清末政府的那些努力，终成为徒劳。随着光绪皇帝与慈禧太后相继离世，大清王朝挣扎了3年之后，在一片革命的浪潮中轰然倒塌。历史，又掀开了全新的一页。

袁大头火了

在清末的新政推行过程中，袁世凯是一个绕不过去的人物。他以李鸿章的继承人自诩，在晚清政坛上发挥了重要的作用，从甲午战争登上历史舞台开始，戊戌变法、义和团运动、晚清新政乃至辛亥革命中，都有他的身影。

袁世凯，字慰亭（又作慰庭），号容庵，河南项城人，出生于咸丰九年（1859年）。袁家算得上是行伍世家，叔祖父袁甲三曾经督办安徽团练，后来做到署理漕运总督，算得上是李鸿章的嫡系；父亲袁保中虽然没有出仕，但也是地方名流；叔父袁保庆也出身行伍，后来当到江南盐巡道。袁世凯自幼就过继给他的叔父为子，随着养父东奔西走，先后在济南、南京等地待过，颇长见识。后来袁保庆早亡，又把袁世凯托付给袁甲三的儿子、时任户部侍郎的袁保恒照顾。袁世凯似乎不爱学习，他17岁和20岁时，两次参加乡试都未取中，从此对科举制度深恶痛绝，但偏偏爱读兵法军书，这也为他后来走上练兵的道路打下了基础。

光绪七年（1881年），袁世凯到山东登州投奔养父的结拜兄弟吴长庆。当时吴长庆

袁世凯旧照

是淮军的重要将领，手下"庆军"6个营驻防登州，管理山东防务。他对故人之子自然格外照顾，留袁世凯在营中当了一名会办。

袁世凯的运气不错，他刚刚进入行伍不到一年的时间，当时还是清朝藩属国的朝鲜发生政变，史称"壬午军乱"，朝鲜国王请求清廷出兵，庆军接到这一任务，随即东渡朝鲜，很快平定了政变。在战斗中，袁世凯身先士卒，博得了上至吴长庆，下至普通军卒的好感。战后，吴长庆向清廷极力保举袁世凯，引起了清廷的重视。是年，年仅23岁的袁世凯作为"通商大臣暨朝鲜总督"的身份留驻朝鲜，协助朝鲜训练新军并控制税务。袁世凯在朝鲜一待就是12年，这期间他有效地控制了朝鲜，抵制了日本和沙俄对朝鲜的影响。直到甲午战争爆发，清廷失去了对朝鲜的控制，袁世凯才回到天津。战争的失败并没有影响他的仕途，李鸿章等人又保举他操练新军。

光绪二十一年（1895年），袁世凯在天津小站练兵，名为"新建陆军"。由于练兵有方，袁世凯声名日显，不久被擢升为直隶臬台，仍然主持练兵。袁世凯的转折点正是戊戌变法，由于他可耻地出卖了谭嗣同等人，从而获得了慈禧和荣禄的重视，甚至署理了几天直隶总督，并被赐予紫禁城骑马的殊荣。不久，袁世凯又调任山东巡抚。由于他大力镇压义和团，并加入东南互保，博得了洋务派官僚和洋人的一致肯定，义和团以后袁世凯已经成为清廷最重要的方面大员之一。

袁世凯深谙为官之道。荣禄死后，庆亲王奕劻领班军机大臣，成为慈禧身边最为宠信的人，慈禧对他几乎是言听计从。奕劻贪财，袁世凯便投其所好，赠以大量白银。所谓投桃报李，奕劻对袁世凯自然也是加意照顾，甚至让自己的儿子载振和袁世凯结为八拜之交。

袁世凯虽然得宠，但正所谓恶人自有恶人磨，在同时期和他并驾齐驱的重臣，还有另外一人，便是岑春煊。

岑春煊也是将门虎子。父亲岑毓英在咸丰六年（1856年）时统率乡勇赴云南助剿回民起义，逐渐由县丞晋升至知府，最后做到云贵总督之职。岑春煊年幼时在京城居住，但并没有一般纨绔子弟的习气。甲午战争时，时任太仆寺少卿的岑春煊奉命出关视察。岑春煊不畏艰苦，顺利完成了使命，后来又带兵在山东一带布防，抵御日军进攻。这使他在满朝文武心目中留下了很好的印象，不久被提拔为广东藩台。

在广东藩台任上，岑春煊和两广总督谭钟麟起了冲突。原来谭钟麟久居其位，难免有贪污受贿之事，历任官员都不敢管，只有岑春煊自恃为官清正，非要和谭钟麟大闹一场。结果，政治资格尚浅的岑春煊被调为甘肃藩台。

不过，这一调任反而让岑春煊迅速飞黄腾达。自义和团运动失败后，慈禧、光绪等人"西狩"，这之前曾经号召各省方面大员调兵护驾。岑春煊抓住这个机会，带了千余人赶到昌平，护送慈禧等人一路前往西安。在路上，岑春煊竭力表现，不仅和李莲英相交甚欢，还得到了慈禧的赞许。慈禧回銮北京之后，提拔岑春煊为山西巡抚，后又提拔为两广总督。岑春煊在任上大力惩治贪腐，频频参劾官员，时人称其为"官屠"。

岑春煊如此大张旗鼓,引起了庆亲王的不满,因为岑春煊所参奏的官员中,很多是经庆亲王之手买官的。如此一来,庆亲王便与袁世凯合谋要排挤岑春煊。

光绪三十二年(1906年),庆亲王借口云南边境不宁,调岑春煊为云贵总督,两广总督则由袁世凯的亲家周馥接任。岑春煊一眼就看穿庆亲王的诡计,因此他推说连年戎马战争,体弱多病,转道上海,一待就是多半年。无可奈何的庆亲王只好把四川总督锡良改了云贵总督,又命岑春煊改任四川总督。

正在这时,朝廷进行的新政又出了变故。由于新官制案的规定,军机大臣中有四人将退出军机处。受此影响,庆亲王和袁世凯的势力受到了削弱,而反对他们的势力则占了上风。反对派军机大臣瞿鸿禨平素就与岑春煊交好,此时便写信请岑春煊入京觐见慈禧,趁势扳倒庆亲王和袁世凯。岑春煊见信大喜,遂假意赴四川就职,乘船从长江逆流而上。

对于庆亲王而言,只要不让岑春煊见到慈禧,事情就好办了。岑春煊自然也知道这一点,为了绕开庆亲王的阻挠,他走了很妙的一步棋:船到湖北汉口,忽然电奏朝廷,说要入京觐见,随即坐火车入京。这一迅雷不及掩耳之势的做法打乱了庆亲王的部署,岑春煊顺利到达北京,并且和慈禧、光绪谈了很久。自然,岑春煊说了庆亲王和袁世凯不少坏话,把他们贪赃枉法卖官鬻爵的事情一一上奏给慈禧。慈禧自然十分不满,同时又对岑春煊格外倚重。

朝中的政治气氛已经对庆亲王和袁世凯很不利了。慈禧提拔岑春煊为邮传部尚书,使其能够直接参与中央政务。尚未上任的岑春煊随即参劾了邮传部侍郎朱宝奎,理由是其"声名狼藉,操守平常",而慈禧居然准奏。受到鼓励的岑春煊继而向慈禧连连保举盛宣怀、郑孝胥、张謇等人。

庆亲王和袁世凯已经被逼入了绝境,只能破釜沉舟,拿出最毒辣的招数来对付岑春煊。慈禧最痛恨的就是康、梁等维新派人士,庆亲王和袁世凯自然也知道这一点,便决定从此进攻。

不久,庆亲王借军机与慈禧商量军国大事之时,单独向慈禧密奏,极力将瞿鸿禨和岑春煊描绘成同情康、梁一党的人士,并污蔑他们所保举的人都是维新党人,这极大地刺激了慈禧。袁世凯随即又假造了一张岑春煊与康有为、梁启超等人的合影。慈禧见了,立刻怒不可遏,把岑春煊外放为两广总督,又借故将瞿鸿禨免职。

还蒙在鼓里的岑春煊不明就里,便再次拿出了生病的法宝,停留在上海逡巡不进,还希望慈禧重新调他进京。谁知慈禧见他如此,竟然趁势开了他的缺。不久,被认为是反庆亲王的军机大臣林绍年也被外调为河南巡抚。至此,瞿鸿禨和岑春煊可以说是一败涂地,而庆亲王和袁世凯取得了全面的胜利,朝中再也没有和他们做对的政治势力。这一场政治风波,史称"丁未政潮"。

换汤不换药的新政

光绪二十六年（1900年）底，《辛丑条约》尚未签订，八国联军还在中国的国土上肆虐的时候，驻留在西安的慈禧忽然以光绪帝的名义发布了一道"预约变法"上谕，上谕中提到，"大抵法积则敝，法敝则更，要归于强国利民而已。取外国之长，乃可补中国之短；惩前事之失，乃可做后事之师"，"事穷则变，安危强弱全系于斯"。上谕还要求朝廷百官、驻外使节、各省督抚等各抒己见，提出革新意见。

这道诏令一下，舆论大哗，没想到慈禧太后竟然也要实行新政。一时间朝野内外之人各怀心事，关注着政局的进一步发展。毕竟此时与洋人的和谈还没结束，大清的未来还难以判断。

然而慈禧似乎已经笃定了想法，于光绪二十七年（1901年）3月3日，下令成立了督办政务处，由庆亲王奕劻、李鸿章等人负责。上谕称，这一机构的设立是为了"变通政治，力图自强"，全面统筹规划新政的落实工作。

此后朝廷又数次发布上谕，再三申明变法对清帝国的重要性。在8月20日颁布的上谕中居然有这样的话："变法一事，关系甚重……朝廷立意坚定，志在必行。""尔中外臣工，须知国势至此，断非苟且补苴所能挽回厄运，唯有变法自强，为国家安危之命脉，亦即中国民生之转机。予与皇帝为宗庙计，为臣民计，舍此更无他策"。

晚清的第三次，也是最后一次变法运动——新政，就这样在众人惊疑不定的目光中开始了。

经过戊戌变法和庚子事变之后，慈禧逐渐认识到尽快变法对于清帝国的意义。在戊戌变法的时候，慈禧并未对变法的内容加以反对，只是对康、梁等维新派借助外国人的势力推进维新这一点甚为不满；但在百日维新失败以后，随着整个政局的极端保守化，变法一事就无从谈起。然而八国联军的入侵，将所有的保守派打得粉碎，这样维新变法的最后阻力也消失了，而且在洋人的步步紧逼下，慈禧意识到了只有从政治体制上也学习西方列强的那一套，才有可能和外国人"益加修睦，悉泯前嫌"。

张之洞和刘坤一很快就响应了慈禧的号召，于五六月间联名发出了三个奏折要求变法，内中详细叙述了变法的步骤和具体做法，史称"江楚会奏变法三折"。他们指出，首先要"育才兴学"，开办"文武学堂"，并且废黜八股考试制度和武科考试，并奖励到外国留学；其次，要"采用西法"，比如用洋法练兵、开展览会、铸银元、发印花税票等。看到这个奏折，慈禧自然开心，朱批"按照所陈，随时设法，择要举办"。

无论如何，慈禧的新政轰轰烈烈地发动起来。在最初几年间，慈禧主要做了如下几件事情：

第一，鼓励私人兴办工业，并给予一定的奖励。光绪二十九年（1903年），清廷成立商部，负责管理工矿业和铁路，后来又分管农业，由奕劻的儿子载振担任尚书。

载振之前曾经公派出国到欧美各国以及日本考察,对资本主义工商业也算略有所闻。载振就职后制定了一部《奖励公司章程》,改变了以往官督商办,将工业资本控制在官方手中的做法。不过这一章程效果实在有限,仅仅是对于投资兴办公司的商人根据投资额的多少赏以不同的官衔,真正降低关税、保护产权等能够切实激起资产阶级投资兴趣的措施则一点也没有。

第二,废除科举考试制度,兴办新式学校,提倡出国留学。从光绪二十八年(1902年)起,清廷就开始逐步废除科举考试制度,先是大力要求各省选派学生赴西洋各国学习专科,第二年又颁布了学生章程,规定了在各级学堂毕业者,同样可授予贡生、举人、进士的头衔,并且通过科举考试者还要进入京师大学堂继续学习。光绪三十一年(1905年),以袁世凯为首,湖广总督张之洞、两广总督岑春煊、两江总督周馥附议,奏请停止科举,推广学校。清廷批准这一奏议,下谕旨从第二年开始,停止所有乡试、会试和各省岁试,历经千年、屡有变更的科举制度,就这样被废除了。

第三,改革军制,将旧式的绿营、兵勇逐步遣散,代之以新建陆军。光绪二十九年(1903年),清廷成立了练兵处,由奕劻主管,但实际负责人是时任直隶总督的袁世凯。袁世凯早年就有在天津小站练兵的经验,对此自然得心应手。光绪三十一年(1905年),北洋军6镇编成,共6万余人。北洋军采用了德国的陆军建制,将陆军分为步兵、骑兵、炮兵、工兵、辎重等不同兵种,并分设左右两翼,每翼有若干营。此外,还配备新式武器,采用"洋操"练兵。后来,袁世凯的练兵之法逐步推广到全国,在各个省份先后都成立了"新军"。不仅如此,各省还设立了武备学堂,并从光绪三十年(1904年)起,每年选送百余人到日本学习军事。

早在《江楚会奏变法三折》中,张之洞和刘坤一就提及学习日本,推行君主立宪制,但当时尚未有太多人响应。新政推行几年后,这一看法得到了越来越多人的支持。从光绪三十年(1904年)起,先后有数名方面大员上奏要求朝廷进行政治体制改革,实行立宪政体。

在这些重臣的压力下,光绪三十一年(1905年),慈禧听从袁世凯的意见,派遣"考察政治大臣"五人出使西洋,实地调查各国宪政情况。不过,五人刚到火车站就被革命党人吴樾的人体炸弹炸死,此事只得推迟。半年以后,清政府又成立了"考察政治馆",为立宪改革提供智力支持和理论依据。同时,考察政治大臣们分为两批再次出发了。半年之后,考察团先后回国,写成了大量文字报告,陈立宪之种种好处。其中,几位满族亲贵也对宪政持拥护态度,这极大地影响了慈禧的决定。

光绪三十二年(1906年),慈禧颁布谕旨,决定"预备仿行立宪"。预备立宪的工作紧锣密鼓的准备了起来。第二年,将考察政治馆改为宪政编查馆,由奕劻亲自负责;又成立了资政院筹备处。与此同时,全国各地也纷纷成立立宪公会,准备迎接立宪。光绪三十四年(1908年),千呼万唤始出来的《钦定宪法大纲》和《逐年筹备事宜清单》终于颁布了,与此同时还颁布了"臣民权利义务""议院法要领""选举法要领"三个附录。文件中的君权色彩虽然仍旧浓得化不开,但也体现了三权分立的原则，对现代公民的权利和义务都做了规定和限制。文件还决定，第二年实行地方谘议局和中央资政院选举，并以9年的时间筹备宪法。从此以后，整个中国急速地走上了宪政国家的探索之路。

可惜的是，就在这一年，光绪和慈禧先后去世，而后来的接班人未能忠实地执行慈禧的立宪政策，使对清廷还抱有一丝希望立宪党人们大失所望。

文界也革命

当睁眼看世界的钟声敲响，中国近代一大批知识分子开始走向外国，而他们留学最为青睐的国家，便是日本。

光绪二十四年（1898年），维新变法失败后的梁启超流亡日本，并且逐渐接受了在日本的革命含义，脱离了原本汤武革命的传统范畴。正是在这样的环境下，让这个深感中国文化之不兴、明智未开需要唤醒民众的文坛巨匠，在光绪二十五年（1899年）提出了"诗界革命"。

梁启超，同治十二年（1873年）出生于广东新会，字卓如，号任公，又号饮冰子、哀时客、中国之新民、饮冰室主人、自由斋主人等。纵观鸦片战争后的半个世纪历史，梁启超的崛起无疑代表了当时社会最为先进的呼声。

从小，梁启超便在家中接受传统教育，同时也无可避免地接触到一些因为列强入侵而带来的西方文明理论，因而形成了较为独特的历史视角和较为深邃的思想认识。光绪十五年（1889年），时年26岁的梁启超中举，并于次年赶赴京师参加会试，只可惜最终名落孙山。然而，失之东隅收之桑榆，正当梁启超准备回广东之时，在上海看到了《瀛环志略》和上海机器局所译的西方著作，自此眼界大开。后来，他更结识了当时以学问博通中外而闻名天下的康有为，遂拜在了康有为的门下。

在政治上失败的梁启超，只能寄希望于在文化上有所突破，遂加紧在文化上进行宣传，文学改良运动就此展开，而诗界革命和小说界革命便是文学改良的两个重要方面。

所谓诗界革命，就是在作诗上一定程度的效法西方，恰如梁启超在《夏威夷游记》中所说："欧洲之语句意境，甚繁富而玮异，得之可以陵轹千古，涵盖一切。"因而，梁启超要求自己"竭力输入欧洲之精神思想，以供来者诗料"。康有为也深以为然，认为"新世瑰奇异境生，更搜欧亚造新声"。

然而，梁启超也存在一定的守旧思想，而且还坚持所有一切都必须和旧风格相互协调，否则便会不伦不类。为了能够将诗界革命推向高潮，梁启超积极借助音乐教育的力量，尤其是军歌。梁启超对此盛赞有加，认为其为"诗界革命之能事至斯而极"，精神雄壮活泼、沉浑深远。之所以得出这样的结论，一方面固然是因为诗界革命的需要，另一方面则是歌词创作的风靡，尤其是黄遵宪写下《军歌》《幼稚园上学歌》等

"新体"诗,给了梁启超很大的震动。

光绪二十九年(1903年),《江苏》杂志开辟专栏,发表了几首歌词,被梁启超视为"中国文学复兴之先河"。并且梁启超还认为,音乐和有韵之文的结合,历来是中国传统文化的一部分,只可惜随着清军入关,这个传统被中断,国民从此失去了文学的熏陶。如今恰逢3000年未有之大变局,有志者当奋发有为,"调和之以渊懿之风格,微妙之辞藻",造就东方中国的莎士比亚和弥尔顿。

早在一年前,梁启超便创办了《新小说》,黄遵宪便建议刊物上发表的诗歌,"斟酌于弹词、粤讴之间",或三言,或五言,或七言,或九言,或长短句,名之为杂歌谣。梁启超欣然接受,并且连续发表了《爱国歌》《新少年歌》《粤讴·新解心》和《新粤讴》等歌词,梁启超赞美这些作品为"芳馨悱恻,有《离骚》之意",而其作者则是"文界革命之骁将"。在一定程度上改造和利用了民间歌谣体。

随着时代的发展和时局的变动,对于诗界革命,梁启超也提出了新的主张,如"以旧风格含新意境"。梁启超在其《夏威夷游记》中写道:"欲为诗界之哥伦布、玛赛郎,不可不备三长:第一要新意境,第二要新语句,而又须以古人之风格入之,然后成其为诗。"同时,在其《饮冰室诗话》中也提道:"革命者,当革其精神,非革其形式。吾党近好言诗界革命,虽然,若以堆积满纸新名词为革命,是又满洲政府变法维新之类也。能以旧风格含新意境,斯可以举革命之实矣。"

在梁启超看来,诗界革命前期形式主义较为严重。而后期,更加偏重于"新意境",诗歌开始脱离了政治宣传品这个范畴,成为一个艺术的项目,返回了其本质所在。所谓"革其精神,非革其形式",虽然促进了文化的传播和国人视野的增长,但也存在一定的片面性。而在政治上,梁启超为代表的改良派在政治上逐渐走向了堕落,诗界革命也不再是一面旗帜,反而成为他们对付资产阶级革命派的武器。资产阶级革命派也妄图"别创一宗",诗界革命就此销声匿迹。

而与诗界革命同时进行的,则是蜚声中外、影响更为深远的小说界革命。

为何要掀起小说界革命?梁启超在《论小说与群治之关系》中提出了一个著名论断:"欲新一国之民,不可不先新一国之小说。故欲新道德,必新小说;欲新宗教,必新小说;欲新政治,必新小说;欲新风俗,必新小说;欲新学艺,必新小说;乃至欲新人心,欲新人格,必新小说。何以故?小说有不可思议之力支配人道故……故今日欲改良群治,必自小说界革命始;欲新民,必自新小说始。"此后,梁启超又在《告小说家》一文中声称:"今后社会之命脉,操于小说家之手者泰半。"于是,小说界革命的动因出现,并且逐渐兴起。

在流亡日本期间,梁启超发现了小说特别是政治小说的积极效用:"于日本维新之运有大功者,小说亦其一端也。明治十五六年间,民权自由之声,遍满国中。于是西洋小说中,言法国、罗马革命之事者,陆续译出;有题为《自由》者,有题为《自由之灯》者,次第登于新报中。自是译泰西小说者日新月盛。……翻译既盛,而政治小说之著述亦渐起……著书之人,皆一时之大政论家,寄托书中之人物,以写自己之政见，固不得专以小说目之。而其浸润于国民脑质最有效力者，则《经国美谈》《佳人奇遇》两书为最云。"可见，梁启超不仅发现了小说可以"浸润于国民脑质"，也总结出了小说界革命的具体步骤，即先翻译，后创作，继而又翻译又创作。

光绪二十八年（1902年）十月，在积聚了充足的写小说经验之后，梁启超开始在日本横滨创办《新小说》杂志。此谓小说界革命的开始。在此后的小说界革命中，梁启超积极倡导小说对社会改革和进步的积极意义，可以和经史、语录、律例相提并论。千百年来，中国都有着鄙薄小说的传统偏见，经过梁启超的一番运作，小说的地位顿时上升了不少。与此同时，梁启超积极地研究小说，认为小说有很多独特的艺术特点，如"浅而易解""乐而多趣"，甚至还有支配人道的艺术感染力。最后，梁启超将小说界革命重新回归到社会改革上，将小说的范畴引入了反映社会现实，揭示社会现状上。由是，梁启超小说界革命的号召产生了巨大影响，繁荣了新文化。

当然，站在进步的立场上，也应该意识到，梁启超所谓的小说界革命，主要还是为了改良社会，而非纯粹的艺术追求。

光绪死亡之谜

光绪三十四年十月二十一日（1908年11月14日）傍晚，光绪皇帝于紫禁城中南海的瀛台涵元殿驾崩。第二日未刻，慈禧太后亦于故宫仪鸾殿病逝。在两日时间内，二人双双毙命。因为二人生前的恩恩怨怨，不得不让人怀疑，莫非光绪帝之死还有什么没有解开的秘密？

光绪之死，有3个疑点：

首先，光绪死得突然，但却是静悄悄的。在光绪驾崩之时，身边竟然没有一名亲属和臣子，连个太监都没有。

在光绪死前的一段时间内，他的身体确实不好，然而，这个病根应该是从小便落下的。1908年初，光绪帝第一次患病，御医诊断的症状为：阴阳两亏，标本兼病，胸满胃逆，腰胯酸痛，饮食减少，气壅咳喘，益以麻冷发热。精神困惫，夜不能寐。

一来，从医学角度分析，光绪的病，无非是个呼吸道疾病，虽然身体虚弱，旦夕之间还不至于有生命之危。二来，从光绪个人角度分析，他的心情还很轻松，并没有感到自己的病情会致人死亡，正所谓人之将死其言也善，如果光绪帝真的有预感自己死期将近，大概会抓紧时间料理后事了。但直到他死后，连个陵寝都没有选择好，使得群臣手足无措。

其次，光绪之死和慈禧之死，实在是难以置信的巧合。

就在光绪驾崩消息传出的第二天，慈禧仙逝的消息也传了出来，顿时天下震动，中外皆疑。光绪帝年纪轻轻，竟然死在了慈禧的前面，而且前后相差不过一天，说是巧合，怕没有几个人相信，说是处心积虑的谋害，却也证据不足。于是乎，流言四起。

想到自维新变法开始，二人便长期处于矛盾状态，光绪甚至一度处于慈禧的软禁之下。如此特殊的政治背景，加上慈禧的个人秉性，让人有充分的理由相信，光绪之死和慈禧有着莫大的关联。

再次，慈禧在此前的政治布局。就在光绪死前的一天，溥仪从醇亲王府被接进紫禁城，同时，还将醇亲王封为摄政王。光绪帝一死，慈禧太后的寝宫仪鸾殿中便传出了懿旨，立溥仪为嗣皇帝，命摄政王载沣为监国。根据清代最重要的官方典籍《清德宗实录》记载，慈禧太后通过光绪皇帝，向内阁发布了两道谕旨，其一，钦奉慈禧端佑康颐昭豫庄诚寿恭钦献崇熙皇太后懿旨，醇亲王载沣之子溥仪，在宫内教养，并在上书房读书。其二，钦奉皇太后懿旨，醇亲王载沣授为摄政王。

似乎慈禧已经预料到了，光绪帝即将死去，这一切都在为他的死做准备，而且布局环环相扣，决然能够避免一场因帝王驾崩而引起的政治动乱。光绪帝被圈禁，对于这一切丝毫不知，反而向全国督抚颁布命令，在民间访求名医，为自己治病。由此而观之，光绪莫非就是慈禧所害？

在徐珂所编著的《清稗类钞》和晚清御史、光绪的近臣恽毓鼎的《崇陵传信录》中，极力宣扬了光绪为慈禧所害的论断，认为慈禧当时也病危，她在预感到自己行将就木之后，害怕将来光绪亲政，会推翻她所有的政策，平反她一手制造的冤假错案，继而损害她的名誉。于是，慈禧派人在光绪的饮食中下毒，将他毒死。

而溥仪在《我的前半生》中则称，光绪之死，全系袁世凯所为。众所周知，当初维新变法之时，正是因为袁世凯的叛变，才导致了变法的失败。光绪帝最痛恨之人，莫过于他。只是此时袁世凯权倾朝野，光绪帝受制于慈禧，只能等到亲政后，才能够有实力对付他。于是，袁世凯先下手为强，趁着送药的机会，将光绪帝毒死。

此外，还有人认为，光绪之死，慈禧并不知情，一切不过是慈禧的座下大太监李莲英在捣鬼。如英国人濮兰德·白克好司的《慈禧外传》和德龄的《瀛台泣血记》记载称，李莲英在慈禧身边是红人，仗着慈禧的宠信，对光绪百般无理。眼见慈禧病重，李莲英遂担心光绪亲政会彻底清算自己。于是，李莲英便借着慈禧的名义，将光绪谋害。

光绪被毒杀的消息就这样不胫而走。明暗相生，正反相依，就在光绪被毒死之说风传之时，很多史籍则记载光绪纯属自然病死。如《苌楚斋三笔》卷六称：早在光绪三十四年（1908年）二三月间，光绪帝久病未愈，早入膏肓，是时肝气大发，以手扭太监顶戴，以足踢翻电灯，情势日见。在《光绪朝东华录》《德宗实录》《清史稿·德宗本纪二》等正史中也提到，光绪久病不治而死。就连亲自为光绪治病的名医杜钟骏，也在其所著的《崇德请脉记》中从脉象、病状、用药等角度，论证其属于正常死亡。

毒死和正常死亡两种争论，一直持续百年，谁也不服谁，及至大清国灭亡后的今天，研究者得以研究光绪之死，唯一的突破口，就是在堆积如山的清宫档案中去寻找答案。

从这些档案中，研究者得出了两点结论：第一，光绪从小体弱多病，自幼失于调养。第二，成年之后的光绪，不仅体质没见好转，而且还有腰背酸沉等现象。到光绪二十六年（1900年），光绪皇帝的疾病不断恶化，病已入五脏，气血双亏。到了光绪临终前半年，已经是病入膏肓，宫中御医无药可施，光绪帝只能请民间医生前来诊治。

除了生理上的疾病，在心理上也笼罩着巨大的阴影。光绪成婚之事由慈禧一手包办，将自己的侄女嫁给他做皇后，而光绪真心喜欢的珍妃，却遭到慈禧的严惩，在八国联军侵华期间，命令太监崔玉贵把珍妃推到宁寿宫外的井中害死。本来光绪的心情就很压抑，而他精神上的最后寄托也被谋杀，光绪一时间精神崩溃，旧病复发，从此一病不起。由此而观之，慈禧即使不是杀死光绪的直接凶手，却也难辞其咎。

近年，清西陵文物管理处在清理崇陵地宫时，发现光绪遗体完整，无刃器伤痕。通过化验，发现光绪死于砒霜中毒。此结论一出，天下震动。

慈禧之死

到了光绪三十四年（1908年），74岁高龄的慈禧进入皇宫已有58年，对大清的统治已48年。十月，慈禧因年纪大了，体力不支，她的精力明显不够用了，此时她也不免有些担心，于是千方百计保养，但尽管如此，她还是病倒了。

她在病倒之后，尽管想不到自己的寿命不久了，但自知年纪大了，既然病倒就十分不利。所以，她一方面依然将朝廷权力握在手中不放，甚至到死前的最后一刻；另一方面必须得考虑自己的身后之事，做一些安排。

慈禧在病重期间，做出了一个重要的决定，就是将醇亲王载沣将近3岁的儿子溥仪接入宫中。光绪去世之后，慈禧就在朝廷内外宣示溥仪为入关后第十代皇帝，这是慈禧所立的第三个傀儡皇帝。

在溥仪继位之前，慈禧就下了一道懿旨，曰："现值时事多艰，嗣皇帝尚在冲龄，正宜专心典学，著摄政王载沣为监国，所有军国政事，悉秉承予之训示施行，俟嗣皇帝年岁渐长，学业有成，再由嗣皇帝秉裁政事。"这充分表明，慈禧虽然立了皇帝，但她绝不放弃手中大权，哪怕一点点。

这年十月二十二日，慈禧太后正在中南海仪鸾殿的御榻上，静卧养病。几天来，慈禧的病情加重了，而且是明显加重，御医们绞尽脑汁，用尽医术为她治疗，但也无济于事，应诏赴京的全国各地名医也轮着为慈禧诊断、治疗，开出许多方子，但慈禧的病情却日益严重。

慈禧出生在大清帝国中衰之际。西方资本主义列强对东方的富庶很感兴趣，更想吞掉中国这块土地。他们极力用各种方式来撬开中国的大门。在她6岁那年，英国发动了鸦片战争，中国的大门被隆隆的炮声打开了。列强涌了进来，眼看大清政府面临着危亡。她在宫中正受咸丰宠幸的时候，洪秀全在南方闹起了太平天国革命。没有多久，英法发动了第二次鸦片战争，咸丰内外交困，逃入热河避难。在一个集权专制的政体下，最高统治者皇帝重色轻政，为所欲为，手中的大权自然就会失去。在咸丰纵情声色、不问政事的情况下，肃顺等人乘机想篡权，后妃不甘受人指使，与奕䜣联合，最后使肃顺大败，慈禧垂帘听政，步入了政治舞台。她与慈安、奕䜣制定对洋人妥协、集中全力镇压太平天国革命的政策，终于外揖洋人，内平太平天国。由此形成了所谓的"同治中兴"。但时间不长，中法战争中，中国军民齐心协力，镇南关一战大败法军，法国茹费理内阁倒台。慈禧害怕再发大乱，导致别的国家也来干涉内政，因此同李鸿章等人积极鼓吹乘胜即收，与法国签订《中法新约》，造成了不败而败的局面。10年后，中日甲午战争爆发，中国惨败，被迫签订《马关条约》，丧失主权，大大加深了半殖民化。民众对洋人的侵略十分愤恨，山东闹起了义和团。慈禧采取利用义和团反洋人的策略，招来了八国联军，结果北京被攻陷，慈禧西逃。自《辛丑条约》签订后，中国进入了半殖民地半封建社会，洋人几乎掌握了大清帝国的命运。

慈禧每每回忆起这些，她都怨恨至极点，但她痛恨的不是自己，而是道光与咸丰，更怨恨肃顺、载垣、端华等人。她怨恨上台时就接的是他们的烂摊子。她更怨恨奕䜣、慈安、光绪、康有为、梁启超、载漪、载勋等人不尽心尽力，导致国家败落。对自己，慈禧本人不但没有怨恨，反而自豪。她曾经说过："我不逊于任何一个男性统治者！"慈禧认为，她接过这样一个烂摊子，能将大清帝国维持到这种地步已经够可以的了。历史上有几位能像自己这样，统治的时间长达48年，况且又是在内忧外患的情况下，毫无分裂割据局面，她的确为之自豪。

慈禧不但破坏大清祖制垂帘听政，而且将列祖列宗不得重用太监，更不允许他们参政干政的祖训抛到九霄云外，重用起安德海、李莲英等太监，导致他们在朝中胡作非为、权重一时。但是，也许是慈禧在自豪过后又痛心疾首的缘故，慈禧在临终前留下遗言："以后勿再使妇人预闻国政，此与本朝家法有违须严加限制；尤须严防，不得令太监擅权，明末之事可为殷鉴。"

慈禧的殡葬前后，所烧的纸人、纸马、楼库、器皿、松亭、松轿、衣、帽、鞋、被、枕、褥等数不胜数。在出殡前两个月，仅仅一次就在东华门外烧掉一只"大法船"。这只船价值十几万两银子，是用绫罗绸缎扎成的。

慈禧的棺材木料，来自云南的森林，仅运费就花去了几十万两白银。棺材做完后，先用一百匹布缠裹衬垫，然后刷49次油漆。由几千杠夫抬棺，分几十班轮流杠运，每班128人。在出殡前，杠夫在德胜门外"演杠"整10天，按照正式送葬的要求，抬着一块和棺材重量相同的大厚板，厚板中心放着满满的一碗水，直练到碗中水不溢时，演练才可停止。

出殡的那一天，送葬队伍声势浩大，旗伞飘扬，在最前面走的是64人的引幡队，举着花花绿绿的万民旗、万民伞。在其后是上千人的法架卤簿仪仗队，举着无数个金瓜、钺斧、朝天镫，刀枪如林、幡旗蔽日。跟在仪仗队后面的是由100多人组成的抬着慈禧的巨大棺材的大杠。皇家规矩特别多，还把棺材装饰成轿的模样，称为"吉祥轿"。跟在棺材后边的是十路纵队的武装兵弁。最后面是由数千辆车子组成的文武百官、皇亲国戚的车队。送葬队伍绵延十多里,所路过的地方,不能有任何障碍物,只要是有的,不问大小、多少,一律拆掉。

从北京到东陵,要走六七天。途中不仅有已设可供食宿休息的行宫,而且还每隔一段距离用高级布匹搭起芦殿、黄幄。即使这些临时住所,也是金瓦玉阶,金碧辉煌。芦殿是供棺柩暂停用的,它先以黄绸围成内城,又以白绫子围成外城,外城之外,还有一道网城。

慈禧葬礼准备了近一年的时间,花了120万两白银,消耗资金是如此惊人。

一语成谶,大势已去

光绪三十四年(1908年)十一月初九,天气冷得出奇。紫禁城太和殿内钟鼓齐鸣,一派雍雍穆穆的景象。年仅3岁的小皇帝溥仪的登基大典正在举行。然而这次登基大典举行得却是前所未有的荒唐。拥立了新皇上的文武群臣不但没有露出开心的神色,反而一个个忧心忡忡。慈禧和光绪的同时驾崩,还没有让大臣们从震惊中清醒过来。登基大典上闹出的乌龙,让这些国家柱石们的心头蒙上了一层阴影。

由于溥仪入宫不久,他是怀着恐惧的心情面对这一切的。天气的寒冷也让这个小皇帝早就受不了了。他一个人孤零零地坐在须弥宝座上,听着震耳欲聋的皇家音乐,看着一群陌生人在自己的脚下,三跪九叩,终于再也无法忍受这个场面。

正当登基大典举行得热闹的时候,溥仪突然开始哇哇大哭,边哭边喊:"我不挨这儿,我要回家!我不挨这儿,我要回家!"说着就要从宝座上跳下来。

溥仪的父亲、摄政王醇亲王载沣此时正单膝侧身跪在宝座之下,扶着小皇帝。见溥仪如此折腾,也不敢动弹,只好死死地压着溥仪。动弹不得的溥仪不断地挣扎,哭喊声越来越响,"我要回家"的声音伴随着盛大的钟鼓声在太和殿内回荡。急得满头是汗的载沣只好连连安慰道:"别哭,别哭,快完了,快完了!"

对于历来迷信的清廷官员而言,这些话实在是不祥之兆。他们交头接耳

幼年溥仪旧照

窃窃私语:"怎么可以说'快完了'呢?""说'要回家'可是什么意思呵?"

溥仪就这样登上了皇位,成为大清王朝的最后一任皇帝。

由于光绪无子,挑选大清帝国的下一任皇帝的重担便又落在了慈禧的肩头。慈禧虽然深知自己已经不能再像从前一样垂帘听政,但她仍然要挑选一位和自己沾亲带故、关系甚近的皇族接替皇位。根据光绪入宫的前例,自然是还要从奕譞这一支中选择。

此时奕譞早已去世,接替醇亲王爵的是其第五子载沣。慈禧为了笼络载沣,又使出了她熟悉的策略,将宠臣荣禄的女儿认作了养女,并指婚给载沣。本来载沣当时已经定亲,但慈禧坚持如此,载沣只得听从。这样,载沣又成了慈禧的干女婿。载沣和这位大小姐生了两个儿子,溥仪和溥杰。慈禧立储的时候,就挑中了年纪稍微大一点儿的溥仪。

不过,有了前车之鉴的醇亲王府并不愿意把溥仪交出去——溥仪的亲叔叔,现在的光绪帝载湉当初也是这么被送进宫去,在宫里活活地被折腾了三十多年,此时马上就要撒手人寰。

奕譞尚在人世的妻子、载沣的母亲一听说自己视若掌上明珠的大孙子又要被抱进皇宫去,当时就两眼一黑昏了过去。醒来以后死死地抱着溥仪不松手,而溥仪则又哭又叫又喊又闹——整个醇王府一片混乱。所有的人都在盯着年轻的摄政王载沣,载沣一句话也说不出来,只是无可奈何地苦笑。

溥仪继位之后,由于年纪太小,载沣掌握了大清朝实际的权力。对于这个两代为帝的家庭来说,所谓树大招风,因此不得不韬光养晦、低调做人。奕譞在光绪继位以后,便辞去了全部职务,希望以此远离政治斗争。然而,光绪长大以后与慈禧的对立还是让奕譞的处境极为尴尬。一方面,他与荣禄等人关系甚好,最后还结为亲家;另一方面他和支持光绪的翁同龢等人关系也很不错。为了不让慈禧对他有任何意见,他甚至放弃了所有原则,在督办北洋海军的建设时,挪用经费给慈禧修造颐和园。载沣亦是小心翼翼,明哲保身。朝中大事,几乎都由庆亲王奕劻和其他军机大臣做主,他则摆出一副与世无争的架势。

载沣虽然低调如此,有一件事情他却耿耿于怀。他始终认为,如果不是袁世凯关键时刻倒戈,百日维新就

溥仪朝服像

不会失败，而光绪也就不会受到慈禧的百般凌辱，最终郁郁而终。因此，他处心积虑要为哥哥光绪报仇。

然而，载沣要想除去实力已经异常强大的袁世凯，几乎是不可能的。他只能团结一帮年轻气盛却没有任何政治斗争经验的少壮派满族亲贵来筹划此事，然而这一举动却遭到了庆亲王奕劻和张之洞的坚决反对。

据说，当载沣和几位军机大臣碰头，把自己的计划和盘托出时，所有的军机大臣都吓了一跳。庆亲王更是连说不妥。他认为，袁世凯虽然现在已经被夺了军权，但北洋新军都是他的手下，段祺瑞、冯国璋、王士珍等人都是他一手提拔起来的。如果这些人造反，带兵进京，谁挡得住？

载沣像

最后，万般无奈的载沣只好同几位军机大臣达成妥协，以袁世凯患"足疾"为由，将其免职，令回原籍。载沣自以为从此可以安然无恙，然而过了不久，革命的风暴席卷全国，已经对清廷彻底失望的袁世凯卷土重来，趁势夺取了政权。

大清朝的政局，愈加动荡了。

清政府在推行新政时，定下了预备立宪的计划。由于慈禧的去世，继续推行这一计划的权力交到了载沣的手里。由于这也是光绪遗诏中所关心的事情，载沣并不敢怠慢。宣统元年（1909年），清廷如期举行了各省谘议局的选举；第二年，资政院也告开院。正当全国人民翘首以盼第一任内阁的建立的时候，载沣却做出了一个愚蠢的决定。

宣统三年（1911年），载沣任命了第一届内阁。这一届内阁有13名成员，居然有9人是满族人，而这9人中又有7人是宗室子弟。内阁总理大臣就是军机大臣庆亲王奕劻。除此之外，清廷还宣布，由于内阁制度为首创，为了慎重起见，本届内阁仅根据内阁办事暂行章程成立，具体国务处理还依照原来的政治模式进行。另外，军事方面的问题也不由内阁总理大臣负责，而是由军咨府大臣载涛负责。

由于这届内阁徒有其表，它被立宪党人和革命党人异口同声地讽刺为"皇族内阁"。载沣的决策失误，也让社会舆论大失所望，认为清廷根本无意立宪，既然和平手段无法解决，就以武力夺取之。很多立宪党人从此倒向革命派，革命的暴风迅速席卷了大江南北。

大清掘墓人

早在光绪二十一年（1895年），康有为等人即将在北京发起"公车上书"之时，在香港的一间洋楼上，十几个年轻人也聚在一起成立了一个叫兴中会的组织。和康有为一心要辅佐光绪、实现君主立宪制不同，这个兴中会在创办伊始，就打出了"驱除鞑虏，恢复中华，创立合众政府"的口号。不久，兴中会决定发动一次起义，打算进攻广州，并以此作为继续革命的根据地。可惜由于事机不密，清政府发现并镇压了兴中会，大多数兴中会成员都不幸罹难，只有兴中会的秘书幸免于难。为了躲避清政府的通缉，他剪掉辫子，穿起西服，以"中山樵"的名字流亡到了日本。他就是孙中山。

孙中山，原名孙文，于同治五年（1866年）出生于广东香山县翠亨村一个普通的农民之家。孙文5岁时，大哥孙眉背井离乡去夏威夷"淘金"，后来因经营牧场成为商人，孙家的家境因此好转，而孙中山日后的活动经费也大多来自兄长的支持。

孙中山9岁进入私塾，接受了3年私塾教育。光绪四年（1878年），12岁的孙中山来到夏威夷，进入当地的意奥兰尼书院学习，孙中山学习成绩优异，熟练掌握了英语，并萌发了对基督教的兴趣。光绪九年（1883年），孙中山进入美国公理会教会学校奥阿厚书院继续就学，由于孙眉担心他沉迷于基督教，故而将其送回家乡。然而，此时的孙中山已完全成为一个"英年洋派"的人物，他回乡之后不仅捣毁神像，还擅自到香港接受了基督教洗礼，并在香港继续读书。

光绪十二年（1886年），孙中山进入广州博济医院附设医学堂学医，次年转入香港西医书院。孙中山在此学习了5年，香港的市容市貌给他留下了深刻的印象，因此他暗暗下定决心，要在中国推广资本主义制度。光绪十八年（1892年），孙中山以第一名的成绩毕业，之后来往于澳门、广州等地行医。年轻的孙中山爱好畅谈国事，热衷发动革命，推翻清政府统治，时人闻听皆仓皇失色，躲避不及，只有尤列、陈少白、杨衢云等人赞同之，故此四人被称为"四大寇"。

光绪二十年（1894年），孙中山北上天津，向时任北洋大臣的李鸿章上了一封万言书，书中要求变法改革，提出"人能尽其才，地能尽其利，物能尽其用，货能畅其流"的主张，并要求与李鸿章面谈。可惜正在操心中日冲突的李鸿章根本无暇顾及这个28岁的小伙子，拒绝了他的要求。失望的孙中山从此转而走向武装革命推翻清政府的道路。

然而，孙中山等人组织的第一次革命失败了，他的好友陆皓东等人都死在了清政府的刀下，他也成为清廷通缉的政治犯。孙中山并不气馁，他在日本结识了大量政界要人，并希望借助他们的力量来推翻清廷统治。

光绪二十六年（1900年），八国联军入侵中国，孙中山希望能够再次与时任两广总督的李鸿章见面，说服他趁机自立为总统，脱离清朝统治。后来却发现这只是清政府为了捉拿他而设下的陷阱。愤怒的孙中山转往台湾,希望在日本的支持下在惠州发动起义,因日方改变主意,起义再次失败。

这之后,孙中山远渡重洋到达美国,希望可以得到海外华侨华人的支持。然而由于康有为的保皇立宪思想早已传播至此,孙中山在美国很是吃了一些苦头。不久,他又转向欧洲传播革命思想。1904年,孙中山回到日本,并结识了黄兴。经过交谈,他们决定联合彼此的组织,成立一个正式的革命团体。

光绪三十一年(1905年),在日本人内田良平的协调下,孙中山、黄兴、宋教仁、蔡元培、章炳麟、吴敬桓、张继等人在日本成立中国同盟会,将之前的兴中会、华兴会、爱国学社、青年会等组织合并,由孙中山出任总理。同盟会确立了"驱除鞑虏,恢复中华,建立民国,平均地权"的革命政纲,并发行《民报》作为机关刊物。同盟会首次提出了"三民主义"学说,并以此为武器,与康有为、梁启超等保皇立宪党人展开了激烈的论战。同盟会的建立,标志着中国资产阶级民主革命进入了一个新的阶段。

同盟会建立以后,在孙中山、黄兴等人的组织下,先后进行了一系列反对清廷统治的起义。

1907年4月,同盟会会员、新加坡华侨许雪秋在孙中山的支持下,组织当地会党的力量发动黄冈起义,占领了潮州饶平县黄冈城。然而,在潮州总兵黄金福的镇压下,会党一战即溃,许雪秋等人只好停止了进一步行动的计划,流亡香港,黄冈起义宣告失败。

同样是新加坡华侨的同盟会会员邓子瑜随即在惠州七女湖一带召集三合会的力量起义,这支队伍一度击败了清军,占领数个村庄,并与清军的巡防营交战数十日,但由于黄冈起义的失败,这支队伍也自行解散了。

这两次起义失败后不久,孙中山又在钦州、廉州一带发动了一次起义,这次起义依赖的是当地会党首领王和顺的力量。7月下旬,王和顺攻占防城县,然而在与当地清军接触的过程中,王和顺却把希望寄托在说服清军"反正"上,结果计划失败,心灰意冷的王和顺也解散了队伍只身逃至越南,钦州廉州起义再次失败。

不久,孙中山转移到镇南关一带活动。12月2日,革命军夜袭镇南关,一举攻下镇南、镇中、镇北三座炮台,孙中山、黄兴等人立刻亲赴前线指挥。然而,由于革命军缺乏军火,不得不停止继续进攻,坚守关隘,孙中山等人返回越南河内筹集军火。当孙中山返回河内的时候,他们听到了广西提督龙济光攻陷镇南关的消息。

不久,由于清廷的压力,孙中山不得不离开河内,临行前他仍然布置了两次起义的计划。1908年,黄兴重新召集会党成员和越南华侨,重新攻打钦州,这一次他们再次遇到了驻守在此地的清军。黄兴再一次相信了对方"反正"的话,结果被对方以优势兵力包围,黄兴率兵坚持40余天最终不敌。

仅一个月后,在镇南关起义中失败的黄明堂等人偷袭云南河口,并趁势向蒙自和个旧进攻,但被云南总督锡良击退回越南境内。

经过这一系列的起义失败,孙中山和同盟会元气大伤,直到1910年才重新发动起义。这一次，主要依靠黄兴等人在广州发动新军中的革命分子。然而由于机事不密，同盟会成员、炮兵军官倪映典仓促率1000余人起义，结果不敌，倪映典中弹后被杀害。

1911年，孙中山、黄兴等人再次决定在广州发动起义，这一次他们花了大力气进行了周密部署，计划派遣800名"选锋"先期进入广州占领要害部门，接着打开城门，引进起义的新军。然而，这一计划并未得到很好的执行。由于清廷再次察觉了革命党人的起义计划，最终起义仓促发动，仅有160余人参与进攻，最终全军覆没。事后，有人将牺牲者的尸体合葬在黄花岗，共72具，这就是著名的广州黄花岗七十二烈士。

到此为止，孙中山奋斗十余年，所经手的大小起义已有10次之多。

抛夫弃子闹革命

"男儿何不带吴钩，收取关山五十州。请君暂上凌烟阁，若个书生万户侯。"李贺的这首《南园》，旨在表现书生男儿投笔从戎、拜将封侯的愿望。有道是巾帼不让须眉，女子何尝没有这样的愿望？即使是在封建思想的禁锢下，女中豪杰依然层出不穷，古有花木兰替父从军，清有秋瑾为国为民。

秋瑾于光绪元年（1875年）出生在福建厦门，原名秋闺瑾，字璇卿，号旦吾，乳名玉姑，东渡日本之后改名为瑾，字（或作别号）竞雄，自号"鉴湖女侠"，写作之时笔名汉侠女儿、秋千、白萍等。

秋瑾出生在一个书香门第，其父亲秋寿南是个典型的知识分子，每当茶余饭后，总是喜欢教授秋瑾一些书籍，点评其诗歌。在这样的教育背景下，秋瑾便成为女性代表人物。17岁时便写下"红颜谁说不封侯"，带有明显的反叛意识。她一直坚信："人生在世，当匡济艰危，以吐抱负，宁能米盐琐屑终其身乎？"

在她那个年代，厦门作为清政府最先在不平等条约下被迫开辟的通商口岸，较早地受到了外来西方思想和风气的熏染。秋瑾家境较好，从小在这样一个环境中成长，接触了大量西方的近代思想，从而也养成了她不拘封建礼法的性格。

自她懂事起，便立下宏愿："这并不是我个人的事情，是为天下女子，我要让男子屈服，我要做男人也做不到的事情。"为此，秋瑾常以花木兰、秦良玉自喻，大力提倡男女平等的思想。经常穿戴男装，习文练武，性格豪爽。用她于《满江红》中的话说："身不得男儿列，心却比男儿烈！"

秋寿南于光绪二十年（1894年）做了湘乡县督销总办。同年，秋寿南将秋瑾许配给了今双峰县荷叶乡神冲王廷钧为妻。两年之后，秋瑾应父母之命，与王廷钧完婚，婚后的生活平淡无奇。就在这一时期，中日甲午战争爆发，北洋海军战败，举国同悲。秋瑾经常向人打听国内局势，深以为忧。

当时，王廷钧在湘潭开设"义源当铺"，秋瑾也就嫁夫从夫，在湘潭居住，偶尔回到婆家，却表现得忧心忡忡。一次，亲朋好友前来拜访之时，秋瑾当众朗诵了自作的诗:"幽燕烽火几时收,闻道中洋战未休;膝室空怀忧国恨,谁将巾帼易兜鍪。"忧国忧民之情溢于言表,当地有识之士,对之越发尊重。

光绪二十三年(1897年)6月,秋瑾生下儿子王沅德。3年之后,秋瑾的丈夫王廷钧花钱买了一个户部主事的官职,于是,秋瑾得以和王廷钧一道去往北京,也算得见了市面。然而北京并没有给秋瑾留下什么好印象,除了衰败就是死气沉沉,正好还赶上了八国联军侵华,慈禧太后、光绪皇帝都不知道跑到哪里去了。秋瑾只能回到了家乡,并在第二年生下了女儿王灿芝。

光绪二十九年(1903年),王廷钧再次去京复职,秋瑾携女儿一同前往,此时的北京已经沦为了列强逞威的地方,秋瑾深以为痛。在痛苦的煎熬中,在文明与野蛮的对抗中,在外来先进思想和封建思想的冲突中,秋瑾终于觉醒:处文明之世,吸文明之空气,当不甘为人之奴隶也。

按常理而言,秋瑾是幸福的,年纪轻轻,衣食无忧,丈夫王廷钧更是湖南有名的富豪人家,只可惜,襄王有梦,神女无心,此二人渐渐琴瑟异趣。有所明悟的秋瑾,已经无法容忍自己再生活于这样一个男人的身边。

在北京生活期间,秋瑾积极地参加各种妇女协会和运动,当时比较有影响力的便是书法家吴芝瑛创立的"上层妇女谈话会"和"妇女不缠足会"。秋瑾很佩服吴芝瑛的博学多才,而吴芝瑛也盛赞秋瑾的胸怀大志,二人一拍即合,相见恨晚。

秋瑾看到了希望,便毅然决然地离开了丈夫,搬到吴芝瑛家中居住。在与吴芝瑛的相处中,秋瑾接触到了大量的先进读物,思想的洪流洗涤了她原本晦暗不明的心绪。后来,秋瑾离开了故土,自费去日本学习。其间写下了《日人石井君索和即用原韵》一诗,诗中云:"漫云女子不英雄,万里乘风独向东。诗思一帆海空阔,梦魂三岛月玲珑。铜驼已陷悲回首,汗马终惭未有功。如许伤心家国恨,那堪客里度春风。"表达了她等候学成归来、报效黎民国家的宏图伟愿。

在日本学习期间,秋瑾首先进了日语讲习所,后来又转到青山实践女校学习,对西方自由民主的思想尤其青睐,并在横滨加入了冯自由等人组织的"三合会"。此后,秋瑾陆续参加了天地会、光复会和同盟会,还担任过同盟会评议部的评议员和浙江主盟人。

几年后,学成归来的秋瑾在上海创办中国公学,后又到浔溪女校任教。此时,秋瑾已经看清了国内局势,并随时准备为革命牺牲。与此同时,她又对曾经舍弃的家庭、家人抱以担忧,用她自己的话说就是:"自立志革命后,恐株连家庭,故有脱离家庭之举,乃借以掩人耳目。"

后来,借着筹措创办《中国女报》经费的机会,秋瑾回到了婆家,忍痛断绝了和家庭的关系。这期间,王廷钧给秋瑾筹措了一大笔经费,让秋瑾能够顺利地开办《中国女报》。秋瑾借着《中国女报》的舆论平台宣传妇女解放,提倡女权,宣传革命。在第一期《中国女报》的发刊词中,秋瑾将此刊物比喻为脱身黑暗世界,放大光明的一盏神灯,并对吴芝瑛道:"女子当有学问,求自立,不当事事仰给男子,今新少年动曰革命,革命,吾谓革命当自家庭始,所谓男女平权事也。"

介绍秋瑾加入光复会的徐锡麟和陶成章一道,在绍兴开办了大通师范学堂,以便同盟会成员能够加入学习,训练军事。光绪三十三年正月(1907年2月),秋瑾接任徐锡麟做了大通学堂督办。此时,革命的思想在国内已经迅速传播开来,在同盟会的积极活动下,为革命打下了坚实的经济基础和舆论基础。徐锡麟和秋瑾商议,决定在这一年分别于浙江、安徽两省同时举事。

只可惜出师未捷身先死,因为绍兴士绅汤寿潜的出卖,这件事情被清政府知道,秋瑾在当年七月十三日被逮捕。而就在此前,徐锡麟由于刺杀安徽巡抚恩铭而死,革命遭受了重大打击。被捕的秋瑾遭遇了敌人的残酷迫害,在严刑拷问之下,秋瑾始终坚持理想、不为所动。被捕两日之后,秋瑾从容就义于浙江绍兴轩亭口。

光绪三十四年(1908年),生前好友将其遗骨迁葬杭州西湖西泠桥畔,清政府不许,其子王源德只能在宣统元年(1909年)秋将秋瑾墓迁葬湘潭昭山。

在秋瑾死后,舆论压力骤然兴起,不管是革命党、维新派还是保守派,都对秋瑾报以同情之心。吴芝瑛在《记秋女士瑾文》中公开对杀害秋瑾的浙江巡抚张曾敫嘲讽:"反常移性者欲也,触情纵欲者禽兽也,以浙帅之贤,岂嗜欲之流、禽兽之类与?"在强大的舆论压力下,张曾敫的仕途走向了穷途末路,不久便一命呜呼了。其他牵涉杀害秋瑾一事的人,此后也是黯淡收场,"民权之膨胀,亦有其肇其端也"。

秋瑾一生做了很多首诗歌,大多是展现女子抱负、表达忧国忧民等思想性极高的著作,被收录在《秋瑾集》中。后来人对她给予了至高的评价,1912年12月9日,孙中山致祭秋瑾墓,撰挽联:"江户矢丹忱,重君首赞同盟会;轩亭洒碧血,愧我今招侠女魂。"四年之后,孙中山和宋庆龄一道去凭吊秋瑾,认为:"光复以前,浙人之首先入同盟会者秋女士也。今秋女士不再生,而'秋风秋雨愁煞人'之句,则传诵不忘。"

君主立宪梦被搅了

黄花岗起义以失败而告终,革命形势也陷入了暂时的低谷。不过,晚清政府却从中看到政治改革的必要性。朝廷中的立宪党人都抱着在政治改革的进程中分得一杯利益之羹的幻想。可以说,这种幻想,正是滦州兵谏的根源所在。

滦州兵谏的主要领导人吴禄贞、张绍曾和蓝天蔚,三人在日本留学时一见如故,结为莫逆。由于三人在留学时成绩突出,志趣不凡,有"士官三杰"之美誉。

吴、张、蓝三人在日本留学之时,颇受孙中山思想的影响,更与湖北籍的革命者刘成禹等人交往密切。然而,他们的身份是清廷官派的军事留学人员,对于晚清政府,仍然保有着无限的幻想和忠诚。因此,他们并不是严格意义上的革命者。他们心里只是有着变法强国的愿望,却没有从根本上改变政治制度的勇气,只能称之为朝廷中的立宪党一派。

1911年，吴禄贞任陆军第六镇统制；张绍曾任新军第二十镇统制，驻守沈阳、新民一线；蓝天蔚则任第二混成协统领官。可以说，这三人手中所掌握的新军兵力之总和，在北方来说当属首屈一指。这也为他们举起滦州兵谏的大旗创造了条件。

黄花岗起义之后，政治改革的呼声愈加强烈，清政府也开始主动寻求改革。一时间，朝中的立宪党人仿佛看到了一线曙光。

5月8日，清政府开始实行责任内阁制。然而，建立的却是"皇族内阁"或"亲贵内阁"。这一责任内阁制的出台使得立宪党人先前的政治期待全都化为泡影，激起了他们极大的恼怒。紧接着，盛宣怀所提出的铁路国有化之建议又为朝廷所采纳，南方各省群情激奋，反抗声音此起彼伏。最终导致了保路运动的爆发。

这种国内局势可不是清政府希望看到的。为了压制各地风起云涌的抗议声浪，清廷决定，于当年秋天调动大军举行永平秋操。

所谓的永平秋操，也就是当年秋天在永平县举行的军事演习。清军共分为东西两军。一是以满族人为主的禁卫军为西军；二是以汉族人为主的新军为东军。早在演习开始之前，朝廷便已将结果内定为西军胜东军败。一场演习变成了演戏。

军咨大臣载涛被朝廷特别任命为永平秋操大元帅，舒清阿为西军总统官，东军总统官则为冯国璋。禁卫军的第一混成协、第二混成协和第三混成协，新军的第一镇、第四镇、第二十镇及第二混成协被指定为参加秋操的队伍。两军先后从原驻地向滦州一带集结。

新军第二十镇由张绍曾所统领。当张部从驻地新民府开往滦州之时，武昌起义爆发，一时之间全国大震，士气不振，军心大哗。朝廷当即下令将当年秋操的一切准备活动予以停止，并计划将新军第二镇、第四镇及第六镇的一协编为第一军，将第二十镇和第三镇、第五镇各一协及第二混成协编为第二军，赶往湖北前线。

接到朝廷旨意后，从各地进发滦州集结的各路大军相继回撤，返原驻地待命。唯有张绍曾所部的第二十镇仍旧驻扎于滦州。

滦州乃北京门户，拱卫帝都的京畿要地。张绍曾在此要害之地按兵不动，朝廷顿时起了疑心。此时正值多事之秋，紫禁城里自然担心武昌之事在滦州重演，而一旦武昌变局再现，北京势必会成为起义者首当其冲的目标。为避免这一极为不利的后果，清廷派出多名与张绍曾相交的将领，赶往滦州当说客。第六镇的统领吴禄贞便是其一。

此时的吴禄贞已经奉清廷之命返回原驻地保定。出生于湖北吴禄贞、蓝天蔚等人对家乡发生的武昌起义尤为关心，再加上留日期间受到革命党人思想的熏陶，对武昌起义确有遥相呼应的考虑。而且，张绍曾滞兵滦州不归，其实也是"士官三杰"最初的计划之一。

朝廷派吴禄贞前去游说张绍曾，实际等于给了士官三杰一个名正言顺的沟通串联机会。三人也正好借此良机，对之前制定的计划做一番修正。

10月27日，张绍曾坐拥滦州之兵，联络一批新军将领，发动兵谏，联名向朝廷施加压力，要求朝廷将立宪事宜尽快提上日程，以政治制度上的彻底变革回应南方革命党人的合理要求。张绍曾他们认为，此措施不仅能维系清政府继续存在下去，也能在政治上推动中国的进步。

很明显，张绍曾等人的建议触动了满族皇族的切身利益。面对自身利益与国家未来，一时之间，朝廷难以抉择。张绍曾等人又继续施压，要求将军队驻扎在南苑，以兵临城下之势逼迫朝廷。

这种重兵逼宫的要求朝廷当然不敢答应，否则的话，将使紫禁城血流成河。

朝廷的态度让率先发难的张绍曾等人骑虎难下。他们既不能放弃政治要求，也不能真的不顾朝廷旨意，兵发北京城。要是如此做，他们就是革命者而不是立宪党。

这时，一列载满发往武昌前线军火的列车，又给张绍曾一个向朝廷施压的机会。

这趟专列上的军火采购于欧洲，奉朝廷之命，由东三省总督赵尔巽发往武昌前线，天津兵站司令部副官彭家珍负责押运。赵尔巽万万没有想到，这个彭家珍，竟是一个潜伏得极深的革命党人。

彭家珍知道，这批军火一旦被送到武昌前线，将会对革命形势产生不利影响。因此，他接到这个特别紧急的任务后，马上通过特殊渠道通知第二十镇统制张绍曾，希望张绍曾用各种手段将军火截留或扣留，以用来支援武昌前线的革命将士。

张绍曾心里非常清楚这批军火之于武昌前线的意义，但他却不欲将之据为己有，而是想用被扣留的军火向朝廷施压。这与彭家珍以及其他革命党人的想法明显不同。

张绍曾扣押支援武昌前线军火的消息传到北京，马上引起了一系列连锁反应。朝廷动用了各种关系，通过各种方式劝张绍曾以国家大事为重；身处前线或者准备开往前线的冯国璋、段祺瑞等人也相继劝说，但张绍曾等人并没有把这些劝告放在心上。目的没有实现，军火不可能就此乖乖交出。10月29日，张绍曾、卢永祥、蓝天蔚、伍祥桢、潘榘楹（吴禄贞因调任山西巡抚而未一同联名）等新军将领联名向朝廷上奏，要求清政府立即实行真正、彻底的君主立宪制，"以定国危而弭乱"。

这份洋洋洒洒万余言的奏折归根结底只有一句话，就是要求朝廷立刻进行政治体制的改革。为此，张绍曾等人在这个奏折后，附上了十二条政纲：

1. 大清皇帝万世一系。
2. 立开国会，于本年内召集。
3. 改定宪法，由国会起草议决，以君主名义宣布，但君主不得否决之。
4. 宪法改正提案权专属国会。
5. 陆军直接归大皇帝统帅，但对内使用应由国会议决特别条件遵守，此外不得调遣军队。
6. 格杀勿论、就地正法等律，不得以命令行使；又对于一般人民不得违法随意逮捕、监禁。
7. 关于国事犯之党人一律特赦擢用。

8. 组织责任内阁，内阁总理大臣由国会公举，由皇帝敕任；国务大臣由内阁总理大臣推任；但皇族永远不得充任内阁总理及国务大臣。

9. 关于增加人民负担及媾和等国际条约，由国会议决，以君主名义缔结。

10. 凡本年度预算未经国会议决者，不得照前年度预算开支。

11. 选任上议院议员时，概由国民对于有法定特别资格者公选职。

12. 关于现实规定宪法、国会选举法及解决国家一切重要问题，军人有参议之权。

张绍曾的奏折与十二条政治纲领，其基本精神就是要建立起一个类似于英国的君主立宪制国家。如果张绍曾等人的建议能够为朝廷所采纳，武昌方面那场如火如荼的革命就完全可以结束，因为此时的革命党人还需要借助封建官僚的势力，这种折中的结局也正是他们所期待的。然而清廷对张绍曾等人的建议采取了糊弄的对策：一点点让步，一点点为皇族争取更大的权益，结果君主立宪的机会完全丧失。大清帝国也就在武昌首义的革命浪潮中走向了最终的灭亡。

惨淡谢幕

从光绪末年开始，革命党人不断地起义，又不断地被清政府镇压下去。1911年4月，黄花岗起义失败以后，同盟会内部甚至发生了分歧，消极悲观的情绪弥漫在每一个同盟会员的心头。正如黄兴所言："此番以党之全力举事，中外周知，而事机坐误，不能有成。粤省一失，各处都不能发。"

1911年10月10日夜，刚过中秋节，凉风习习，月明星稀。然而驻守武昌的陆军第八镇的驻地上却是紧张不已，如临大敌。近日发现城内有乱党活动的踪迹，并且有可能已经渗透到军营里，因此上级要求各级军官要提高警惕，密切注意有异常举动的士兵。

工程第八营后队二排哨长陶启胜正在查夜，走进营房看他手下的兵都规规矩矩，放心了些。他刚想回自己的住处，却看到班长金兆龙抱着枪在东张西望。别的士兵见陶启胜过来都忙不迭站起来敬礼，只有这个金兆龙不理不睬。

陶启胜怒极，走过去踢了金兆龙一脚，厉声骂道："想造反哪！"他本以为金兆龙会乖乖地站起来认错。谁知金兆龙一个鲤鱼打挺跳起来，嚷嚷道："老子今天就是反了。"说完劈面一拳，和陶启胜扭打在一起。

两人打得热闹，周围的士兵面面相觑不知如何是好。突然，"砰"的一声，一声清脆的枪响，陶启胜应声栽倒，鲜血从他的背部缓缓流出来。所有人都惊呆了，扭头一看，是金兆龙班的士兵程正瀛端着枪口，开火时的一缕青烟还没散尽。

正当大家不知所措的时候，一阵杂乱的脚步声由远及近，还有人高声喝道："是哪个人开枪？赶紧出来。"说完，几个身影出现在营房门口。众士兵还没看清楚是谁，只听得又是几声枪响，几个人七扭八歪地倒了下去，依然是程正瀛开的枪。

士兵们好容易才从惊呆中回过神来，去看那几具倒在地上的尸体，原来是前队队官黄坤荣、司务长张文涛、八营代理管带阮荣发等人。顿时"哗"地一下，八营大乱，不少士兵像没头的苍蝇一样到处乱窜。

忽然"嘟嘟"的哨声响起，众士兵惊疑不定，向哨声处望去，却见是另一个班长熊秉坤鸣哨。见众人望向他，熊秉坤跳上一个弹药箱，厉声大叫"反了"，说完拿出一条白毛巾，缠在头上，举枪振臂一呼，向外冲去。众士兵愣了一下，纷纷拿起手中的枪，一窝蜂地随着熊秉坤向楚望台的军械库涌去。

改变中国历史进程的武昌起义就这么爆发了。

1911年，清廷颁布了"铁路国有"法案，宣布将此前商办的所有铁道收归国有。这激起了民众的不满，正在修建中的渝汉铁路的各股东更是愤怒不已。四川很快成立了保路同志会，并掀起了骚乱。清廷为了镇压保路风潮，派遣原本驻扎在武昌的渝汉铁路督办、钦差大臣端方率兵入川。这样一来，湖北的清军力量顿时削弱。

两湖地区的革命团体文学社和共进会见此良机，便准备在武昌和长沙联合举行起义。在同盟会的协调下，两个团体的代表在武昌召开会议，初步定于10月6日于武昌和长沙同时起义。

然而，计划赶不上变化。就在会议召开的当天，新军八镇炮标三营的几个退伍士兵饮酒行令，与执勤的排长发生了争执，事情越闹越大，士兵发生了哗变，直到马队前来镇压方才平息。

因为这一事件，湖广总督瑞澂担心革命党人趁机作乱，因此宣布八月十五（即10月6日）不放假，并且全城戒严，新军官兵一律不得外出，并禁止携带弹药。在这种情况下，革命党人的起义计划自然不能实行。另外，由于湖南方面也没有准备充分，因此又延期10天，重新定于10月16日发动起义。

10月9日，共进会领导人在汉口俄租界秘密制造炸弹时不慎引起爆炸，闻声而至的俄国巡捕拘捕多名革命党人，并搜出革命党人的花名册与起义文告。俄国方面当即通知了瑞澂。如临大敌的瑞澂立刻下令全城戒严搜捕革命党人。受此打击，文学社领导人当即决定提前发动起义，但由于计划临时更改，起义各方无法联络。只好再次宣告推后进行。与此同时，瑞澂在城内指挥军警大肆捕杀参与起义的新军官兵。到10月10日，起义的领导人已有多名牺牲，眼看起义又要失败。

这时，新军士兵们决心自行发动起义。10月10日晚，武昌北门外，第21混成协炮11营辎重队士兵李鹏升首先点燃了草料库，举火为号，同情革命的新军士兵们纷纷响应，各自向楚望台军械库进发。随后就发生了金兆龙等人起义的一幕。

经过一夜的激战，起义的新军士兵占领了武昌城。汉口、汉阳随即闻风而动，发动起义。10月12日，武汉三镇全部为起义军所掌握。起义士兵迅速成立了中华民国军政府鄂军都督府，改国号为中华民国，一个新的政权成立了。

惊慌不已的清政府连忙调集北洋陆军前往镇压。这时候，听说革命成功喜讯的黄兴等人连忙赶到武昌。双方在汉口和汉阳展开了激烈的争夺，战斗持续了41天，史称"阳夏保卫战"。虽然最终汉口和汉阳重新被清军夺回,但在这41天中,湖南、广东等15个省份纷纷通电起义,宣布拥护共和。在清政府所谓的关内十八省中,只有甘肃、河南、直隶、山东四省效忠清朝。

这时候,束手无策的载沣想到了袁世凯。不得已,他只好请袁世凯回来主持大局。1911年11月1日,"皇族内阁"解散,袁世凯任内阁总理大臣。

袁世凯一方面命令北洋新军保持对革命军的压力,另一方面又联络英国公使朱尔典从中斡旋议和之事。在袁世凯的指使之下,同盟会最终与袁世凯派出的议和代表达成了共识。双方答应由袁世凯劝说清帝退位,而以支持袁世凯担任中华民国大总统为交换条件。

此时的摄政王载沣、隆裕皇太后已经完全做不得主。虽然对袁世凯出尔反尔的行为切齿痛恨,但也无可奈何。1912年2月12日,隆裕皇太后宣布接受南京参议院通过的《清室优待条件》,并发布《逊位诏书》,在诏书中宣布宣统退位,并委托袁世凯组织临时政府。隆裕与宣统则"帝得以退处宽闲,优游岁月,长受国民之优礼,亲见郅治之告成"。

从这一刻起,大清帝国走到了历史的尽头。

第十二章
不绝如缕写哀情

清末矛盾不断激化，问题不断累积，终使一代盛世王朝难受重负，崩落坍圮，无力回天。此时的文人，眼看"盛世"幻灭，胸中的沉闷，在几近窒息的空气中，挥毫泼墨，道尽哀情无数。其中文界女子，自树一帜，在清朝的末世留下了自己的背影灼灼。文界男儿，或狷介不屈，或文笔犀利，或放浪形骸，以各自独特的方式，为衰落的王朝唱着挽歌。

给女人们一个乌托邦

中国古代文人中，有不少人对女子的"三寸金莲"颇有研究心得，也不乏将这种促狭的赏玩之心付诸文字、成书传世的人。相比之下，李汝珍称得上一个异类。在他花费十数年心血完成的小说《镜花缘》中，有这样一个情节：

有一个叫林之洋的人去女儿国参观时，被国王看中了，于是被强行带入王宫立为妃子。女儿国国王对他进行了一番"改造"。首先要沐浴，然后是化妆，化妆完毕，还要穿耳。穿耳的过程中，林之洋被几个身强力壮的宫女死死拉住，只觉耳朵上一阵剧痛，不免疼得大叫。待到接下来被强行缠足时，他才知道穿耳只是小痛，大痛还在后头。

足缠完了，林之洋感到脚底如踩在火上一般，痛得难以忍受，于是他趁人不注意，就偷偷将缠足布松开，没想到立刻就被发现，结果遭到痛打。就这样一个多月下来，脚上腐烂的血肉早已化脓结痂，疼痛也已麻木，双足倒是成了真正的"三寸金莲"。

让一个男子切身感受女子的痛楚，从而引发人们对于女子生存现状和命运的思索，这就是李汝珍写这段文字的初衷。他认为，和男子一样，女子原本也是健全的人，她们之所以成了"异样"，是因为男子偏让女子"矫揉造作"，女子长期处在这种阴影之下，也就习惯成自然了。

李汝珍在《镜花缘》里提出"男女平等，男女平权"的观点，这在当时的社会可谓超前。他反对让女子修容、穿耳、缠足，反对男子娶妾，倡导一夫一妻制，认为女子也应参政，因为女子的智慧并不比男子低。

这些主张尽管石破天惊，却并未在当时引起太大的反响。超前的思想总是难免寂寞的命运。

李汝珍曾做过河南县丞，这是他一生的最高官职。他不喜欢八股文，也不善于钻营，不为权势低头，所以仕途终生不显。但是他学问广博，精于古代礼制、乐律、历算，尤其对疆域沿革很感兴趣。他精通音韵，在年轻时就写了《音鉴》一书。同时也精通围棋，曾有与九位棋友对局的记载流传于世。但是，他一生最大的成就还是《镜花缘》。

　　《镜花缘》全书分两部分，前五十回写秀才唐敖、林之洋和多九公出海游历的故事，后五十回则写武则天开科考试，录取百名才女，随后笔锋便拉杂闲游，详细记述了才女们的贺宴情形，表现她们的惊人才华。从小说内容和艺术上而言，前五十回比较精彩，是全书的精华，后五十回则成了作者炫耀学识的工具，技痒之下便难以自控，因此内容冗长乏味，可读性不强。

　　《镜花缘》既可当幻想小说读，又可当历史小说读，其中又隐约有讽刺小说的影子，它同时还是一部游记。

　　在前五十回中，三人沿途经过几十个国家，见闻千奇百怪，不一而足。记录沿路见闻，这是游记的套路。途中奇人异事、奇岛怪兽，极具想象力，因而又是幻想小说的路数。小说虽然写的是武则天一朝，却又极力淡化或故意歪曲朝代背景，从而为自己创造了更为广阔自由的表现空间，各种历史故事穿插演绎，影射指称，灵活运用，因而可当历史小说来读。至于讽刺的艺术手法，则随处可见。不同于吴敬梓《儒林外史》冷峻、辛辣的讽刺手法，李汝珍的讽刺艺术更倾向于夸张和幽默。

　　李汝珍在《镜花缘》中寄寓了自己的理想。在对"君子国"的描写里，他描绘了一个理想社会的蓝图：人与人之间相互谦让、相互信赖、诚实无欺，社会风气和谐，国君开明、礼贤下士，官吏清明、勤俭守正。

　　小说中的象征手法别具一格。明明故事中所描述的全是在现实生活中不可能发生的现象，然而这些现象所象征的意义却具有惊人的真实效果。一字一句，都在讽刺和挖苦现实，引发读者对现实状况的反思。

　　如描写"两面国"的人天生有两张脸，人前一张，人后一张，这是讽刺人的两面三刀，这种讽刺很直接，却又有不露声色的味道。"翼民国"的人，头有五尺长，因为那个国家的人爱听奉承话，所以头越变越长，这种描述很容易让人联想到现实中的"戴高帽"现象。

　　不过，《镜花缘》中最有独创性、最具开创之功的仍是"男女平权"观的提出。据说，当年李汝珍写《镜花缘》，写到"女儿国"时，便有些踌躇。倘若蹈袭前人，那么专门列出一个"女儿国"便毫无意义。

　　究竟该如何超越呢？他苦思冥想一整天，终于还是毫无对策。烦闷之下，他信步走出门，来到院中散步，忽然听到有细细的哭声从院墙一角传来，循声走过去，原来是隔壁的小女孩。他问她为什么哭得如此伤心，小女孩不答。再问，仍是不答。后来，她的玩伴来寻她，这才告诉李汝珍实情。原来，小女孩很快不能再出去玩了，因为她娘说该给她缠足了，因此她才伤心地躲到这里哭泣。

　　李汝珍听到这里，愤慨之情油然而生。他想，千百年来，女子忍气吞声，受尽痛苦，我何不在女儿国中将男女的位置互换？如此一来，也让男子来体验一下缠足之痛，方知女子一直以来遭的是什么苦楚。

在李汝珍生活的嘉庆、道光年间，尽管许多觉醒的知识分子已经感受到了整个社会给人带来的压抑和绝望，但大多数人关注的仍是自己的思想和情感，能像李汝珍这样站在社会的弱者一方，并为其代言，且提出主张建议的人，实在少之又少。

嬉笑怒骂龚自珍

龚自珍（1792~1841年），浙江仁和（今浙江杭州）人，晚清思想家、文学家。他出身于学术氛围浓厚的官宦家庭，祖父和父亲都有传世之作，母亲是著名小学（古汉语指文字学）家段玉裁之女，可谓家学深厚。

龚自珍年少聪颖，从8岁开始，他就学习经史、文学、科名掌故、古今官制、目录学、训诂学、金石学、通读《四库全书提要》等，这为他日后的思想成就和文学成就奠定了坚实的基础。另外，嘉庆二十四年（1819年），28岁的龚自珍师从今文学家刘逢禄研读《公羊春秋》，这对于他能够写出与现实政治紧密联系的政论文、诗歌、散文等都产生了深远的影响。

20岁开始，龚自珍开始应乡试，但是直到嘉庆二十三年（1818年）才中举。嘉庆二十五年（1820年），龚自珍以举人身份被选为内阁中书。其间，他利用便利条件，阅读了大量档案和典籍，并潜心研究历代的政治得失。

龚自珍生活的时代，国内阶级矛盾日益尖锐，外国资本主义侵略势力不断加强，统一的封建国家正逐步走向半殖民地半封建社会。

青年时期的龚自珍逐渐接触到社会政治现实，深刻地意识到封建国家的严重危机，并从屡次科举失意中体验到政治的腐败，于是产生了强烈的改革思想，写出了《明良论》《乙丙之际箸议》《平均篇》《尊隐》等政论文。

在《明良论》和《乙丙之际箸议》中，龚自珍对清王朝的腐朽统治进行了猛烈抨击，对"官愈久则气愈偷，望愈崇则谄愈固，地愈近则媚益工"的风气进行了入木三分的揭露和批判。对此，他的外祖父段玉裁曾经给予极高的评价。《平均篇》一文指出了贫富不均所造成的严重后果："小不相齐，渐至大不相齐，大不相齐，即至丧天下。"他提出"均田"的主张，要求"贵乎操其本源，与随其时而剂调之""挹彼注兹"，平均贫富，显露出初步的民主思想。在《尊隐》中，他表达了对农民起义的大胆想象和热情颂扬，并期望未来时代可能发生巨大变化。

龚自珍才华绝世，但直到清道光九年（1829年）第六次会试时才中进士，时年已经38岁。他的激进和对现实政治的热情，引起当时主持殿试的大学士曹振镛的不满。曹振镛是个有名的"多磕头、少说话"的人，于是将龚自珍列入下等，不得入翰林，仍为内阁中书。之后他又担任过其他很卑微的官职。

龚自珍的思想发展经历了一个曲折、复杂的过程。他最初接受的是正统派考据学，但他没有囿于考据学的藩篱，而是有所突破。直到28岁，他学习公羊派《春秋》，对考据学和今文经学批判继承，取其精华，去其糟粕，主张学术要"经世致用"，为现实政治服务。于是，他更加自觉地将学术研究与现实政治以及社会问题紧密联系起来，研究课题也更为广泛。

龚自珍有着强烈的爱国主义情怀。他对外国资本主义侵略造成的严重民族危机有着深刻的认识，在《阮尚书年谱第一序》中他毫不客气地指出"近惟英夷，实乃巨诈，拒之则叩关，狎之则蠹国"。道光十八年（1838年），林则徐奉命到广东海口查禁鸦片时，他作了《送钦差大臣侯官林公序》，主张严禁鸦片，坚决抵抗英国侵略者。在鸦片战争爆发后，他在丹阳书院写信给驻防上海的梁章巨，表示希望共同抵抗英国侵略者，表现出了坚决抵抗外国侵略的爱国主义精神。

这时期，龚自珍也写过不少散文名篇，如《捕蜮》《书金伶》《己亥六月重过扬州记》《病梅馆记》等，其中尤以《病梅馆记》著名。这篇讽刺性寓言小品托物言志、以梅喻人，通过谴责人们对梅花的摧残，"斫其正，养其旁条，删其密，夭其稚枝，锄其直，遏其生气"，形象地揭露和抨击了清王朝统治阶级束缚人们的思想，压制和摧残人才的恶行。最后，作者表达了追求个性解放、改革政治弊端的强烈要求："纵之顺之，毁其盆，悉埋于地，解其棕缚""安得使予多暇日，又多闲田，以广贮江宁、杭州、苏州之病梅，穷予生之光阴以疗梅也哉"！

清道光十九年（1839年），龚自珍辞官南归，在途中，他百感交集，写下了著名的《己亥杂诗》315首。《己亥杂诗》独创性地运用了七言绝句的形式，内容无所不包，诗人的旅途见闻、生平经历和思想感情的变化，历历如绘，成为一种自叙诗的形式。在这一组诗中，诗人充分反映了当时社会的主要矛盾，具有深刻的现实意义和历史意义。他不仅指出了统治阶级的腐朽堕落、外国资本主义势力对中国的侵略和危害，而且也看到了人民的苦难，并对此表示了深切的同情，当然还表达了自己改革时弊的强烈愿望。

龚自珍的文学创作，以其先进的思想性和独特的艺术性，开一代新文风。在艺术形式上，他自觉继承了古典诗歌的多种形式，尤其擅长五七言古体诗和七言近体诗，但又不受格律的束缚，而是自由发挥，不断追求多样化，风格或凝练、或奔放、或含蓄、或通脱，语言不拘一格，瑰丽与朴实并存，古奥与平易同在。

龚自珍今存诗歌600多首，主要是针对腐败政治和封建官僚的"伤时""骂坐"之作，因此不断遭到权贵的排挤和打击。龚自珍在中年以后，由于仕途失意，他的思想也陷入了矛盾和痛苦中。他有时想以专门研究学问来打发余生，有时又想寄托佛教，以求解脱。龚自珍的很多抒情诗就表达了这种深沉的忧郁感和孤独感，以及寻求解脱的愿望。如《漫感》："绝域从军计惘然，东南幽恨满词笺。一箫一剑平生意，负尽狂名十五年。"深刻表达了自己的志向抱负不能实现的苦闷。作于1821年的《能令公少年行》则相当集中地表现了诗人思想中的矛盾，诗中就有逃向虚空的消极因素。《己亥杂诗》最后一首诗："吟罢江山气不灵，万千种话一灯青。忽然阁（搁）笔无言说，重礼天台七卷经。"龚自珍有着强烈的改革的愿望,但凭一己之力终究不能力挽狂澜,在这种苦闷下,他只好想到佛教中去寻求精神上的慰藉。但是,他的忧国忧世情怀,使得他不可能脱离现实寄情于佛教,他的政治思想和态度始终是积极的,他所谓的寻求解脱不过是一时的自我安慰罢了。

"当朝柳永"

百炼钢成绕指柔,男儿壮志女儿愁。今朝并入伤心曲,一洗人间粉黛愁。我谢絮才,生长闺门,生耽书史;自惭巾帼,不爱铅华。敢夸紫石镌文,却喜黄衫说剑。若论襟怀可放,何殊绝云表之飞鹏?无奈身世不谐,竟似闭樊笼之病鹤。咳!这也是束缚形骸,只索自悲自叹罢了。

杂剧《饮酒读骚图》,又名《乔影》。吴藻在故事中塑造了一位不爱红妆、爱女扮男装的才女谢道韫这一鲜明形象,挑战了传统文化中女子的形象,展露了朦胧的女性解放意识。上面这段唱曲,便是这女子内心的独白,满是巾帼不让须眉的情怀。在这部戏剧当中,吴藻也暗揭自己的内心敢于与男儿共比肩的自信和自豪,于是后人评论吴藻说是"前生名士,今生美人"。

吴藻天生丽质,自十五六时起,就络绎不绝地开始有说媒做亲的人出出进进。可惜,这些人一个都入不了这位才女的眼。这一转眼,吴藻就22岁了,这在古代可是名副其实的晚婚,吴藻再也拖不起了。于是,就听从父母的安排,嫁给了一个姓黄的大商人。

当才女遇到商人,一个是才情满腹,一个是不解风情;一个是举止文雅,一个是粗俗不堪;一个看的是美文佳句,一个看的是数字满篇的账本。两个完全不同世界的人,怎么能揉到一起过王子与公主的幸福生活呢?

"曲栏低,深院锁,人晚倦梳裹。恨海茫茫,已觉此身堕。"虽然黄先生对吴藻生活起居上百般宠爱,还专门为吴藻布置了一间雅致的书房,但物质的满足并不能夺得佳人的芳心。面对庸俗的丈夫,吴藻更是懒于梳妆,无意取媚讨欢。于是,她天天待在书房里编织她的闲愁。

她不甘心,不甘心自己被世间的尘埃所吞没,她要让自己走出这牢笼,重新开出一朵花来。

在丈夫的许可下,她开始女扮男装地去赴男人的聚会。随着她的词在文人中流传,邀请她参加诗文酒会的人越来越多了,性情也变得开朗起来。

儒巾长袍,翩翩公子,从此,吴藻就走进了男人的世界,过上了男人的生活,郊游、去画舫、饮酒酬唱,甚至逛起了妓院,成了"当朝的柳永"。

渐渐地,她就沉迷在了性别的错位中,而且精神分裂得越来越严重。她想摆脱的不仅仅是女儿身,而是这个身份上的附加压抑。虽然这种错位不是天生所致,只是后天性格的敏感催生,但人生的压抑和愁闷还是侵蚀着她的真实生活。

吴藻怨自己命苦，苦就苦在锦衣玉食、绫罗绸缎填不满她那颗名士的心；苦就苦在跟她走过漫漫人生路的人不是文人墨客、真人雅士，而是务实的商人；苦就苦在自己心高命薄。她的心高高地悬在生活之上，这一悬就是十年，她仍然还是她，她的丈夫却因病而离开了。她并不爱他，所以他死了她也没觉得有多悲伤，只是有些许的伤感。

可谁知道，没有丈夫的日子，寂寞就现了行，每天围堵在她周围。

32岁的吴藻成熟了，虽然一切都错过了。

古语道："人到伤心才学佛。"也许一切都应该归于平静了，所以她移居南湖，伴随青灯古佛，一心执手古书：

一卷《离骚》一卷经，十年心事十年灯，芭蕉叶上几秋声！欲哭不成还强笑，讳然无奈学忘情，误人在自说聪明。

在长期的隐居中，吴藻将自己的生平创作整理、编成了两本集子，一是收录30岁以前作品的《花帘词》；一是收录她30岁以后作品的《香南雪北词》。

吴藻的词对后世对词史影响很大。为了超越闺阁语，吴藻常常用典以显示其博雅。她曾一口气写了《满江红》十阕，分别对宋高宗、岳飞、韩世忠、白居易、苏轼、济颠、苏小小等历史人物做出独到的评价，既敢于嘲讽，又勇于抱不平，同时还坦诚地表白自己的胸臆，透露自己对历史的深悟，展现了自己的思想魅力。

胡云翼在《中国词史略》中赞女性词人唯吴藻一人，"词誉遍大江南北，为清代女词家中第一人"。谢秋萍认为清代的词，"除了纳兰性德，我们只看见吴藻女士，用这样轻巧、活泼、流畅的白话，来抒写自己美丽的心情，自然怪不得她要名噪大江南北了"。

男有容若，女有太清

顾太清的文学作品涉及诗、词、小说、绘画，可谓多才多艺。她在词作上的成就得到后人的一致欣赏，近代词学家况周颐认为，太清词"深稳沉着，不琢不率，极合倚声消息……其佳处在气格，不在字句"。另一位近代词学家王鹏运也曾说过："满洲词人，男中成容若，女中太清纯。"把她与清杰出的词人纳兰性德相提并论，可见对她的评价之高。虽说顾太清的词不像李清照那样享誉天下，但她的词委婉清丽、自有一番风格，被人称为清代的词后。

因顾太清祖父受文字狱牵连被赐自尽，所以她一出生便是"罪臣之后"。其祖母为避忌和祖父鄂昌的关系，把顾太清带到了苏州，由姑父、姑母抚养，并改原姓西林觉罗氏为顾氏。

顾太清出自大学士的家庭，从小就受到良好的教育。因为女儿身，学习不为科举，所以专攻诗词歌赋。凭着天资聪颖，不久她的词作就在江南闺秀中有了名气。

眼看着就到了要出阁的年纪，可巧顾太清与他的真命天子在一次接风宴上相遇了。

贝勒王奕绘是个笃好风雅的皇族子弟，此次南游到了苏州，当地文人特别为他安排了接风宴。宴席上，风流倜傥的奕绘遇上了才貌双全的顾太清，他一方面惊讶于顾太清作为一个女子竟有如此的诗词造诣，一方面倾情于她明丽可人的容貌，不免心猿意马。奕绘在苏州住了一段时间，有意与顾太清交往，越相处越觉得顾太清灵气逼人，于是决定让她做侧王妃。

回京后，两人在城西太平湖畔的王府里每日吟风弄月，宴请好友，日夕酬唱，过着神仙眷侣一般的生活。

两人各有诗词集，奕绘有诗集《流水篇》，顾太清就取名《落花集》；奕绘词稿名《南谷樵唱》，顾太清就取名《东海渔歌》。这"流水"对"落花"，"南谷"对"东海"，"樵唱"对"渔歌"，真是夫唱妇随，好一片浓情蜜意，足见两人的感情之深。

在甜蜜生活的滋润下，顾太清的词作源源不断，每出一词，都会被京都文人争相传诵。

不知不觉，9年婚姻生活就这样过去了。正当二人浓情惬意，要订下三世良缘时，40岁的奕绘突然一病不起，一个月后就过世了。

丈夫骤亡，让生活惬意的顾太清一时反应不过来，这一切是真的吗？每当顾太清有所迟疑的时候，儿女的啼哭就会把她拉回现实的生活。

再没有了比翼齐飞，没有了相依相伴，人去楼空，独留一纸墨迹。顾太清从此深居简出，安心教子，日渐消瘦。

日子还是一天一天地过，有了时间这味药，顾太清对丈夫离世的哀伤也逐渐淡去了。她又恢复了从前的精神，开始与文人共赏美景、交往诗词。诗友中，与大文豪龚自珍相处颇深。龚自珍才华横溢，但职为宗人府主事，常常清闲无事，所以常去顾太清家做客，谈诗作赋聊寄胸中苦闷。

在奕绘王爷去世的第二年秋，龚自珍写了一首"己亥杂诗"：

空山徒倚倦游身，梦见城西阆苑春。
一骑传笺朱邸晚，临风递与缟衣人。

诗后还有一句小注："忆宣武门内太平湖之丁香花。"众所周知，在太平湖畔贝勒王府附近有一片丁香树林，再加上顾太清住在"朱邸"王府中，常着一身白衣裙，引来大家对"缟衣人"的猜测。

谣言就是从这里开始的。本来闲言杂语就已经让绯闻四起，再加上有小人添油加醋更是乱上加乱了。当年杭州文人陈文述培养了一批吟诗舞墨的女弟子，要为他的女弟子们编辑一本诗册《兰因集》，为了给诗册增加声望，便向闺秀魁首顾太清求诗，怎料被顾太清断然拒绝。然而《兰因集》刊行后，里面竟出现了署名顾太清的"春明新咏"诗一首。顾太清无奈便回赠陈文述诗一首，以讽刺他故作高雅。陈文述见诗后气得直敲桌子，可又奈何不得顾太清。

当时无所作为并不代表以后无所作为。侥幸看到这首"己亥杂诗"的陈文述，利用这个机会肆意扬言,说顾太清又名"春",诗言"梦见城西门苑春",表面上是梦丁香花,实则是梦会顾太清。

一波未平一波又起。龚自珍在这首"己亥杂诗"后不久,又有一阕记梦的"桂殿秋":

明月外,净红尘,蓬莱幽宫四无邻;九霄一派银河水,流过红墙不见人。

惊觉后,月华浓,天风已度五更钟;此生欲问光明殿,知隔朱扃几万重。

"这简直就是约会的真实再现!"陈文述因曾被顾太清嘲讽,故不怀好意地将己亥杂诗和记梦的词联系起来,再稍加偏意,就编成了龚自珍与顾太清偷情的铁证。再加上其他人的煽风点火,这一说法很快就传遍了京城。虽然说清者自清,但人言可畏,何况一个是皇室王妃,一个是政坛新秀。最后,顾太清被奕绘与正福晋的儿子载钧逐出王府。

命运把顾太清推到了谷底。从寝食无忧的王府落到了破败的草屋,从失去丈夫到受冤偷情,她一颗柔情似水的心再禁不起任何打击,只能把希望寄托在一双儿女身上。

顾太清晚年身体多病,在双目失明的情况下,仍坚持写作,抒发自己对亡者的想念和对往事的追忆。光绪三年(1877年)十一月初三,顾太清病逝,享年79岁。

行云流水一孤僧

苏曼殊,广东香山(今广东珠海)人。原名戬,字子谷,学名元瑛(亦作玄瑛),法号曼殊。光绪十年(1884年)出生于日本横滨。苏家是广东的名门大族,父亲苏杰生长年在日本横滨经商,母亲若子是苏杰生的第四房妻子河合仙的妹妹。苏曼殊出生后,河合若将他托付给河合仙抚养,不久就被父亲带回广东,苏曼殊本人一直到成年都认定自己是河合仙所生。

由于异族血统又没有亲母庇护,苏曼殊幼年饱受族人的歧视和欺辱,后来苏曼殊曾经提起:"家庭事虽不足为外人道,每一念及,伤心无极矣。"父亲苏杰生离开家乡去上海经商后,家务由嫡母陈氏主持,苏曼殊生了大病,奄奄一息,陈氏就将他丢到柴房里自生自灭。命不该绝的苏曼殊没有死在柴房里,病愈之后,到广州长寿寺(一说广州六榕寺)剃度出了家,不过不久之后,年幼的苏曼殊就因为偷吃鸽肉被逐出了山门。

1898年,15岁的苏曼殊被父亲送到日本横滨留学,在这里他邂逅了他的第一份爱情。在母亲的家乡,少年苏曼殊与菊子一见钟情,然而二人的恋情遭到了苏家族叔和菊子父母的强烈反对。一场争闹之后,菊子投海自尽,曼殊一腔热肠尽化冰,心灰意冷地返回广州,在蒲涧寺出了家。

数年之后,苏曼殊将自己与菊子的故事写成了小说《断鸿零雁记》,这部凄凉惨痛、肝肠寸碎的爱情小说风靡一时,不仅赚了不少痴情泪,甚至有读者因此书自杀。后来,苏曼殊还陆续写就了《绛纱记》《焚剑记》《碎簪记》《非梦记》等作品。

爱情是这些作品永恒的主题，在这一行行文字当中，皆是主人公内心的痛苦挣扎，字里行间中无不充满了悲情，文辞动人，情节曲折。

除了小说创作，苏曼殊还通晓英、法、中、日、梵等多种语言，与陈独秀合译的《悲惨世界》（时名《惨社会》）在《国民日报》上连载，引起了轰动。苏曼殊还首次将拜伦、雪莱、歌德等人的诗歌作品翻译成中文，后来苏曼殊与严复、林纾被并称为清末民初三大翻译家。

苏曼殊既是奇人，必有奇事。

苏曼殊之奇，奇在多情。苏曼殊常常流连于青楼楚馆之间，与歌妓舞女唱酬往还，曾与他相来往的女子不计其数。苏曼殊去世后，有人根据他留下的残账统计出，他花在买书上的钱数是500多元，而花在歌妓舞女身上的钱却多达1800多元。

苏曼殊虽然在烟花之地一掷千金，却始终守身如玉，据说他招来妓女之后往往自顾自在一旁打坐，一时被称为"痴子"。苏曼殊还和西班牙牧师庄湘的女儿雪鸿、日本弹筝女百助枫子、南京名妓金凤，以及歌妓花雪南等女子热恋，然而却始终拒绝婚姻。

苏曼殊热于恋爱而冷于结婚，流连欢场而拒绝肉体接触，看似冷情，实为痴于爱情之理想完美以至于极。他说："与其结为注定走向痛苦的夫妻，招忧惹怨，倒不如各自归四海，反倒值得回味。"

苏曼殊之奇，还奇在贪吃。有人说，糖果类的甜食可以增加人的幸福感。也许只有糖果的甜蜜才能略略抵消心中永劫无期的悲苦。苏曼殊爱吃糖，自称"糖僧"。

苏曼殊最喜欢吃西洋摩尔登糖，次则苏州酥糖，又好糖炒栗子。他自己曾说："日食酥糖三十包。"一次囊空如洗，床头糖尽，他就取锤敲碎自己的金牙，拿去典当换糖而食。章士钊曾就此事写诗调笑："齿豁曾教金作床，只缘偏嗜胶牙糖；忽然糖尽囊羞涩，又脱金床付质房。"

苏曼殊之奇，还奇在热血。他在日本积极从事反清活动，曾参加过兴中会、光复会等革命组织，还曾经做过孙中山的秘书。辛亥革命之后，袁世凯当上了临时大总统，他又投入"二次革命"的洪流，参加反袁斗争。"二次革命"失败后，他甚至计划刺杀保皇党领袖康有为，后来被友人劝阻了。

戴启钧《在曼殊说集跋》中说："革命在进行中曼殊尽了自己所有的力量投入在革命工作中，当革命胜利后曼殊就退出了。他从来没有去找任何人为自己谋一点利。"苏曼殊自己则说："昨天在海上碰到本家的弟弟，听老家的人谈我已经还俗了并且做了什么官、什么党、什么会，这都是瞎说，我的性格这么懒惰怎么可能去厕身于四间房呢？"

1918年5月2日，苏曼殊因肠胃病在上海病逝，时年35岁，遗物只有几粒糖果、一只旧箱子以及几盒胭脂和香囊。这位有才、有情、有胆识的奇人在生命的末尾言道："最后付嘱，但言念东岛老母，一切有情，都无挂碍。"